U0920967

2011年贵州宣传工作年鉴

中共贵州省委宣传部　编

贵州人民出版社

责任编辑:夏　昆　周于飞
封面设计:唐锡璋

图书在版编目(CIP)数据

2011年贵州宣传工作年鉴/中共贵州省委宣传部编. —贵阳:贵州人民出版社,2012.12
ISBN 978-7-221-10612-4

Ⅰ.①2…　Ⅱ.①中…　Ⅲ.①宣传工作—贵州省—2011—年鉴　Ⅳ.①D64-54

中国版本图书馆CIP数据核字(2012)第305499号

2011年贵州宣传工作年鉴
中共贵州省委宣传部　编

贵州人民出版社出版
(地址　贵阳市中华北路289号　邮编　550004)
贵阳经纬印刷厂印刷
880×1230mm　16开本　28.5印张
750千字　26插页　印数1000册
2012年12月第1版　2012年12月第1次印刷

ISBN 978-7-221-10612-4　定价:128.00元

《2011年贵州宣传工作年鉴》编委会

编 辑 说 明

一、《2011年贵州宣传工作年鉴》是中共贵州省委宣传部编辑出版的内部性资料工具书。本书汇集2011年贵州宣传思想工作信息资料，全面反映全省宣传思想文化工作战线在“创优年”取得的新进展、新成效和新经验，为推动宣传思想文化工作发展服务。

二、《2011年贵州宣传工作年鉴》所用稿件分别由各市（州）党委宣传部、省直宣传文化系统各单位和省委宣传部各有关处室提供，并经领导审阅。编辑部根据情况对部分内容进行了适当调整。

三、根据我省宣传思想工作实际情况，本书设立《工作总述》、《重要会议及活动》、《领导讲话》、《余声心文章》、《省委宣传部工作》、《省直宣传文化部门工作》、《各市（州）宣传思想工作》、《文件选编》、《大事记》、《干部队伍》等部类，对2011年度全省宣传思想工作的大事、重要活动均尽量收入，较为全面地反映了2011年贵州宣传思想工作的实际进展情况。

四、《2011年贵州宣传工作年鉴》在撰稿、编辑、印发过程中得到各级领导、有关方面和社会各界的关心和支持，在此特表示感谢。

《贵州宣传工作年鉴》编辑部

2012年7月

重要会议及活动

中国共产党贵州省第十届委员会第十二次全体会议通过《中共贵州省委关于贯彻党的十七届六中全会精神推动多民族文化大发展大繁荣的意见》

全省宣传部长会议

省委书记栗战书会见省委宣传部部长办公会议成员

全省文明办主任会议

全省外宣办主任会议

重大主题宣传活动

——全省纪念建党90周年活动

6月21日，贵州省纪念建党90周年系列党务信息新闻发布会在贵阳举行

省委宣传部中心组集中学习贯彻胡锦涛总书记在庆祝中国共产党成立90周年大会上的重要讲话精神和省委书记栗战书在我省庆祝中国共产党成立90周年大会上的讲话精神

6月14日，全国(贵州省)青少年“永远跟党走”纪念建党90周年青春歌会在贵阳举行，1300名贵州各族青少年欢聚一堂，用嘹亮的歌声歌颂党、歌颂祖国、歌颂家乡

6月9日，纪念建党90周年·黔东革命根据地(铜仁)创立77周年系列特别活动启动式在铜仁市举行

中国文学艺术界纪念建党90周年主题系列演出

——第九届全国少数民族传统体育运动会

第九届全国少数民族传统体育运动会在贵阳市隆重开幕

国家民委副主任、组委会副主席丹珠昂奔，省委副书记、组委会副主席兼执行主席王富玉介绍运动会筹备情况

9月8日—9日，第九届全国少数民族传统体育运动会各项工作新闻发布会在贵阳集中举行

第九届全国少数民族传统体育运动会开幕式文艺演出

——2011年"宏立城杯"多彩贵州旅游商品两赛一会

省领导出席总决赛现场

省委副书记王富玉，省委常委、统战部部长龙超云，省委常委、宣传部部长谌贻琴参观展销大会

旅游商品展馆

参赛工匠现场制作

中国(贵州)国际酒类博览会

开幕式

外国朋友参观酒博览会

国酒茅台展台

国外酒展台

2011年中国·贵州国际绿茶博览会

茶博会开幕式文艺演出

茶博会贵阳人民广场古筝演奏

茶博会现场

理论武装

6月24日—27日，中共贵州省委在革命圣地遵义举行“重温《共产党宣言》坚定理想信念 推动历史跨越”主题的教育活动

6月29日，贵州省纪念中国共产党成立90周年理论研讨会

省文化体制改革和文化产业发展工作领导小组办公室举行贵州民族文化产业发展研讨会

省委宣传部举办“重温胡锦涛总书记重要讲话精神，实施工业强省和城镇化带动战略，努力实现贵州经济社会又好又快、更好更快发展”座谈会

宣 传 教 育

中央宣讲团成员、中宣部副部长、文化部部长蔡武作报告

中央宣讲团党的十七届六中全会精神报告会在贵州省委大礼堂举行

省委宣讲团省委十届十二次全会精神报告会

纪念龙大道纪念诞辰 110 周年座谈会

省委宣传部举办省社科界“学习杨善洲同志先进事迹践行社会主义核心价值体系座谈会”

杨兴举同志看望“中国网事·感动 2010”年度网络人物、贵州省道德模范阿里木

贵阳市举办“2011 年贵阳市道德模范巡讲首场报告会”

文化艺术

——文化活动

2011年1月6日，电影《少年邓恩铭》开机仪式暨邓恩铭塑像揭幕仪式在贵州荔波举行，图为时任贵州省委副书记王富玉为邓恩铭塑像揭幕

2011年7月30日，电影《少年邓恩铭》首映式在贵阳举行，省委常委、省委宣传部长谌贻琴接见电影主要演员

贵州省文联参与拍摄6部电视剧

电视剧《奢香夫人》剧照

贵州日报报业集团·黔森影视文化工作室出品的电影《幸存日》、《云下的日子》在北京同时举行首映典礼

电影《幸存日》剧照

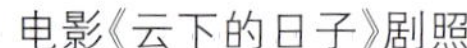

电影《云下的日子》剧照

“印度尼西亚之夜”演出

2011年贵州省春节联欢晚会

2011年多彩贵州歌唱大赛

2011’多彩贵州歌唱大赛总决赛现场

颁奖晚会

黔东南代表队的金蝉歌队

箐林之声歌队在演唱《笃谷笃杉》、《果山果者》

文化体制改革与文化产业发展

赵克志省长一行到贵州电视台进行文化产业发展调研

省直四大文化集团公司成立大会

贵州广播电视台成立暨挂牌仪式

省市领导为多彩贵州城奠基

全省宣传部长座谈会暨文化体制改革工作调度会

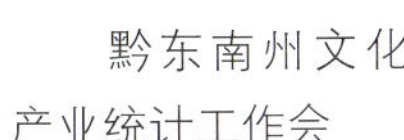

黔东南州文化产业统计工作会

黔西南州文化和广播电影电视局、州广播电视台挂牌仪式

贵阳市文化广播电影电视局揭牌仪式

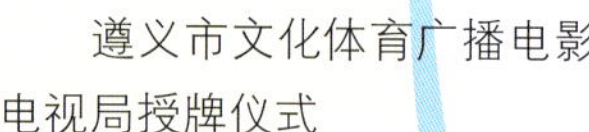

遵义市文化体育广播电影电视局授牌仪式

铜仁地区广播电视台授牌仪式

精神文明建设

——“四在农家”创建活动

余庆县松烟镇“四在农家”创建活动

毕节市梨树镇车坝村开展“四在农家”创建活动

盘县“富在农家”大棚蔬菜基地

安顺市平坝县“四在农家”创建示范点

“四在农家”示范点兴义市下纳灰村

“四在农家”示范点湄潭县核桃坝村

"整脏治乱"专项活动

风景如画的南明河已成为贵阳市一道亮丽的风景线

4月12日，毕节地区在威宁召开"整脏治乱"和文明县城测评工作现场培训会议

湄潭县兴隆镇靓丽的街景

全国文明城市与文明村镇创建活动

中央文明委授予贵阳市“全国文明城市”称号

全省农村精神文明建设座谈会在水城县法那村召开

省委宣传部、省文明办召开农村生活环境改善工程和公共文化服务体系建设工程工作协调会

湄潭县创建文明城市 县四家班子领导上街宣传

中央文明委授予毕节市金沙县岩孔镇板桥村“全国文明村”称号

"和谐贵州·三关爱志愿服务"活动

中央文明办在贵阳市召开"百万空巢老人关爱志愿服务行动"座谈会

2011年"和谐贵州三关爱"绿丝带志愿服务行动经验交流会

志愿者们在白云中心敬老院开展和谐贵州·三关爱活动

和谐贵州·三关爱绿丝带志愿服务

和谐贵州·三关爱志愿服务

未成年人思想道德教育活动

2011 年全省祖国好·家乡美主题活动

2011 年全省祖国好·家乡美主题活动颁奖典礼

全省"千校万师"未成年人思想道德建设骨干教师培训工程启动会

六盘水市开展祖国好·家乡美主题活动

贵阳市祖国好·家乡美主题活动启动仪式

对外宣传活动

省委、省政府在香港举行贵州·香港投资贸易活动周媒体推介会

5月3日，由中共贵州省委、贵州省政府主办的贵州·香港投资贸易活动周媒体推介会在香港举行，贵州省委书记、省人大常委会主任栗战书在推介会上发言

省委常委、宣传部部长谌贻琴出席贵州·香港投资贸易活动周

全国政协副主席董建华出席开幕式活动，并观看“两岸四地摄影家聚焦多彩贵州”摄影展

2011年多彩贵州踏春行第三届全国网络媒体多彩贵州行启动仪式暨新闻发布会

美国媒体采访王富玉副书记

『多彩贵州风』演职人员在新泽西演出结束后合影

中国日报贵州记者站成立揭牌典礼

“听多彩之声 说魅力贵州”全国 50 家媒体节目主持人走进贵州活动

"四帮四促"活动

省委常委、宣传部部长谌贻琴在平塘县参与"四帮四促活动"

9月24日，省委常委、宣传部长谌贻琴主持召开省委宣传部帮扶平塘县工作汇报会，省委宣传部部务会成员、各处室负责人，平塘县委政府、县政府有关领导参加会议

省委宣传部"四帮四促"培训会

省委宣传部副部长、贵州日报报业集团党委书记、社长姚远，机关党委书记杨樱在平塘县开展"四帮四促"活动

省委宣传部常务副部长李建国在平塘县大塘镇帮助村民抗旱救灾

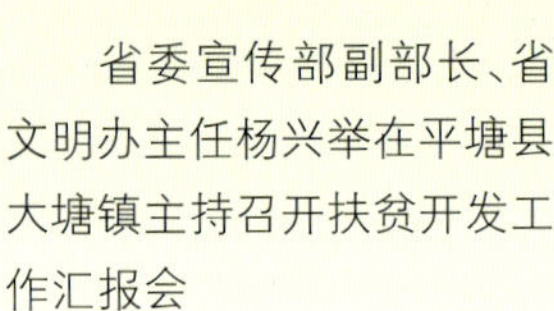

省委宣传部副部长、省文明办主任杨兴举在平塘县大塘镇主持召开扶贫开发工作汇报会

省委宣传部领导赴平塘调研座谈会

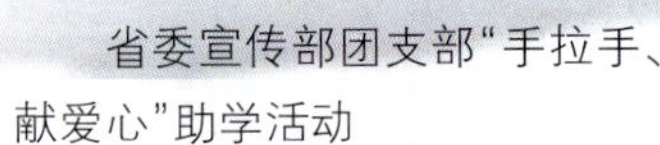

省委宣传部团支部“手拉手、献爱心”助学活动

目　　录

工作总述

重要会议及活动

领 导 讲 话

栗战书同志讲话

王富玉同志讲话

谌贻琴同志的讲话

余心声文章

省委宣传部工作

省直宣传文化部门工作

各市(州)宣传思想工作

文件选编

2011年省委宣传部工作大事记

干部队伍

工 作 总 述

全省宣传思想工作情况

2011年,全省宣传思想文化战线在中央和省委的正确领导下,高举中国特色社会主义伟大旗帜,坚持以邓小平理论和“三个代表”重要思想为指导,深入贯彻落实科学发展观,认真贯彻中央和省委决策部署,全面贯彻落实党的十七大、十七届五中、六中全会和省委十届十次、十一次、十二次全会精神,按照高举旗帜、围绕大局、服务人民、改革创新的总要求及年初全省宣传部长会议的安排,扎实开展宣传思想文化工作“创优年”活动,各项工作稳步推进、亮点纷呈、成效显著,为全省经济社会发展提供了有力的思想舆论保证和精神文化支持。

一、深入学习宣传马克思主义中国化最新成果,扎实推进学习型党组织建设

一是全面准确宣传中国特色社会主义理论体系及中央和省委重要会议精神。围绕学习宣传贯彻胡锦涛同志“七一”重要讲话、党的十七届五中、六中全会和省委十届十次、十一次、十二次全会精神,在全省范围内开展宣传教育。认真做好中央宣讲团来黔宣讲党的十七届六中全会精神工作。组织召开学习贯彻“七一”重要讲话、党的十七届六中全会和省委十届十二次全会精神系列座谈会。编写印发宣讲提纲和学习纲要,举办学习贯彻“七一”重要讲话和全会精神的宣讲骨干培训班,200余人参加集中培训备课。组织省委宣讲团深入各市县各系统宣讲,省直宣传文化系统各单位主要负责同志带头参加,宣讲场次130余场,直接听众7万余人。同时,各地各系统也采取多种形式组织开展了广泛的宣传宣讲活动。围绕“十二五”发展的主题主线和主基调主战略等重要内容,组织社科专家学者深入各地开展“社科理论下基层”活动。撰写推出《论做好社会管理这张“新试卷”》、《论创造更加绚烂的多民族文化》等5篇“余心声”文章,制作播出三集电视专题片《迈向跨越》,深入阐释中央和省委重大决策部署。

二是深入推进学习型党组织建设。认真做好省委中心组学习服务工作,联系邀请中央有关部门领导和专家为省委中心组学习作专题辅导报告。加强各级党委(党组)中心组学习的指导督查,推进党委(党组)中心组网络学习平台发挥重要作用。印发《贵州省推进学习型党组织建设工作方案》,提出“分层推进、分类落实、品牌带动、示范引领”的工作思路,推进学习型党组织建设不断向广度和深度发展。组织召开全省党委(党组)中心组学习暨学习型党组织建设经验交流会,总结交流经验,推广先进典型。围绕重大主题和热点问题,举办“甲秀视线讲坛”12期,省直有关单位近2000人听取报告。组织开展“学习理论、指导实践”读书征文、“县市书记学习型党组织建设网上谈”、省级学习型党组织建设示范点申报、人文社科知识竞赛等活动。组织有关专家撰写文章参加中宣部举办的“学习型党组织建设创新理论征文”活动,其中一篇获优秀论文奖,我部获组织奖。抓好中宣部《理论热点面对面·2011》通俗理论读物和《党建》杂志等的学习宣传工作。

三是积极开展重大问题理论研究。组织召开“推进贵州经济社会又好又快更好更快发展”系列研讨会、纪念中国共产党成立90周年理论研讨会等,刊载研讨综述和要点摘编10余篇,编辑出版《学习理论，指导实践》、《波澜壮阔90年，春华秋实谱新篇》等文集。围绕宣传阐释中央和省委、省政府的重大战略部署，组织省中国特色社会主义理论体系研究中心各基地积极开展理论研究工作，推出理论文章100余篇。修订《贵州省哲学社会科学规划课题管理办法》，扎实抓好国家和省级课题申报工作。全省申报国家课题立项82项，增幅46.4%，资助金额达1189万元，成为全国首批立项资助金额过千万的11个省份之一。

二、坚持正确舆论导向，营造良好舆论氛围

一是突出抓好重大主题、重大会议、重大活动宣传。精心组织、周密部署全国和省“两会”、党的十七届五中、六中全会、中央经济工作会议和省委十届十次、十一次、十二次全会等重要会议的宣传报道。认真做好“两加一推”主基调、工业强省和城镇化带动主战略、“创先争优”、“三个建设年”、“四帮四促”、庆祝建党90周年、辛亥革命100周年等重大主题的宣传报道工作。组织开展第九届全国少数民族传统体育运动会、全省产业园区（开发区）暨项目建设年现场观摩会、2011年中国（贵州）国际酒类博览会等重大活动的选题策划和宣传报道工作，反响深远，效果良好。

二是着力提升对突发事件、自然灾害等舆论引导能力。深入推进“走基层、转作风、改文风”活动，深入群众生产生活一线，挖掘现实素材、采写现场报道。及时协调省级主要新闻单位和中央驻黔新闻媒体加强对抗旱、抗洪救灾的宣传报道。修订完善《贵州省突发公共事件新闻报道应急方案》、《贵州省新闻阅评工作制度》等四项新闻工作制度，为新闻报道提供遵循和规范。成功处置7·28安顺事件、8·11黔西事件、福泉爆炸事故、安顺公务员考试被拒事件等突发事件的舆论引导工作，妥善引导热点和敏感问题，切实维护社会和谐稳定。

三是着力加强网络文化建设和管理。精心组织“红旗漫卷——庆祝建党九十周年贵州网络文化传播活动”、“加速发展、加快转型、推动跨越”网上知识竞赛答题、“走进贵州工业园区”专家笔客会等重大主题宣传活动。充分发挥“1129”网评队伍舆论引导作用，纵深推进我省网评工作。成功举办第三届全国网络媒体“多彩贵州行”、“争创文明网站”活动和“我们都是东道主”、“为贵州文化发展献良策”宣传活动。积极运用微博客等新媒体形式加强正面宣传引导，开通省政府新闻办官方微博、第九届全国少数民族传统体育运动会官方微博。在新浪网、人民网推出“微博贵州”，在腾讯网开通贵州微博大厅，推动全省9个市（州）政府新闻办官方微博在腾讯网集体上线。建立健全我省互联网内容管理工作体制，成立省互联网信息办公室，出台《贵州省互联网舆论事件专项应急预案》，大力加强网络舆情报送和研判，加大网上有害信息查处力度。

三、加强文艺精品创作，促进文化事业发展

一是大力实施文艺精品带动战略。深挖贵州题材，创作生产《幸存日》、《少年邓恩铭》、《云下的日子》、《炫舞天鹅》等8部电影，在全国院线上映。组织摄制并推动电视剧《奢香夫人》在央视一套黄金时段播出，创下同档电视节目收视率新高，在全国引起较大反响。推动《青山绿水红日子》、《风雨梵净山》等电视剧在央视或多家省级卫视播出。推动京剧《布依女人》、花灯剧《月照枫林渡》、广播剧《月亮山、月亮河》、歌曲《家乡的味道》等跻身全国高端平台展示，在全国文艺界形成了特有的“贵州现象”。

二是突出抓好重大文艺活动。组织《迎七一·促跨越》贵州省庆祝中国共产党成立90周年文艺晚会和《党旗高高飘扬》等大型电视文艺活动，举办2011’多彩贵州歌唱大赛。组团参加央视《梦想合唱团》比赛，取得了第二名的好成绩。支持省文联组织“遵义会议”主题节目参加中国文联《百花芬芳·党的旗帜高高飘扬》主题演出、在遵义革命老区开展中国文联“送欢乐、下基层”活动，支持黔东南州委宣传部组织“将军后代重走长征路”大型活动等。

三是组织施行重大文艺政策。修订《贵州文艺作品高端平台展示奖励办法（暂行）》，对46件优秀作品进行奖励，推进优秀文艺作品创作生产。开展贵州省第十届“新长征”职工文艺创作评奖活动。加大人才培训力度，举办原生态音乐高级研修班、小戏小品高级研修班、舞蹈高级人才研修班等，累计培训150人次。

四、有效推进社会主义核心价值体系建设，不断提升社会文明程度

一是推动践行社会主义核心价值体系。积极探索用社会主义核心价值体系引领多样化社会思潮的有效途径，大力加强和改进思想政治工作，创优"三下乡"活动形式和实效。全力打造以遵义会议会址为核心的贵州精品红色旅游线路，制定完善"遵义会议纪念体系建设项目"规划，拍摄第四批全国爱国主义教育示范基地电视系列专题片，新增国家级免费开放爱国主义教育基地14家。深入宣传报道遵义市人民政府副秘书长王中勤、"全国模范检察官"彭文忠、第四届"我最喜爱的人民警察"潘琴、贵州省妇联副主席杨玲等优秀人物的感人事迹，认真开展全省道德模范先进事迹巡讲及第三届全国道德模范评选推荐活动，阿里木江·哈力克、张蕾荣获第三届全国道德模范称号，进一步营造学习先进、见贤思齐、择善而从的浓厚氛围。

二是深化拓展品牌创建活动。以"整脏治乱"、"满意在贵州"、"四在农家"等活动为载体，深入推进文明城市、文明单位、文明村镇创建及评选表彰活动，城乡文明程度不断提升，涌现出一批先进典型。省市合力推进"三创一办"工作，贵阳市荣获第三批全国文明城市、2009—2011年度国家卫生城市称号。广泛开展"迎盛会、讲文明、树新风"及"喜迎九届民族运动会、争做文明有礼贵州人"等活动，为第九届少数民族运动会的召开营造了良好氛围。深化拓展"祖国好·家乡美"主题系列活动，参与人数达到580万。继续实施"千校万师"未成年人思想道德建设骨干教师培训工程，培训中小学教师6000多人。"和谐贵州三关爱"、"绿丝带"等志愿服务活动不断深入，影响力不断扩大。

三是切实保障群众的基本文化权益。牵头实施"十大民生工程"中的农村生活环境改善工程和公共文化服务体系建设工程。大力改善文化民生，广播电视"村村通"实现全省行政村和20户以上的自然村全覆盖，建成农民文化家园347个、农家书屋3654个、文化信息资源共享工程513个。组织"文化三下乡"演出500余场，较好地满足了人民群众的文化需求。推动建设乡村学校少年宫124所，向国家争取赠送基层文化站和农村学校绿色电脑5000台。依托传统节日、节庆日和丰富的民族民间节日，组织引导群众开展"我们的节日"文化活动，丰富基层群众文化生活。

五、深化文化体制改革，加快文化产业发展

一是文化体制改革取得决定性成效。牵头草拟了《中共贵州省委关于贯彻党的十七届六中全会精神推动多民族文化大发展大繁荣的意见》、《中共贵州省委贵州省人民政府关于深化文化体制改革的意见》。全省287家需转企改制的经营性文化单位，已有263家单位基本完成改革任务；221家公益性文化事业单位已初步完成内部机制改革任务。省直经营性文化单位改革全面突破、成效显著，各市州经营性文化单位转企改制全面推进，组建成立一批集团公司。整合省直经营性文化单位资源，组建省直广电、报业、期刊、演艺4个集团公司。贵州出版集团公司整体转企改制不断深化完善。贵州人民广播电台、贵州电视台合并组建贵州广播电视台，全省9个市(州)、88个县(市、区)已全面完成"两台"及"三局"合并任务。省图书馆、省博物馆、省文化馆加快内部三项制度改革步伐。各市县公益性文化事业单位不断深化完善内部机制改革，积极探索建立事业单位法人治理结构。全省9个市(州)、88个县(市、区)全面实施文化市场综合执法改革，分别组建文化市场综合执法机构履行职责。

二是文化产业发展取得新突破。大力推进实施"六个一批"文化工程，规划并推动实施一批重大文化产业园区、基地和项目。实施"多彩贵州"品牌市场专业化运作，在全国首个全面注册省级文化品牌并率先实现规范管理，荣获第七届"中国最佳品牌建设案例"城市品牌奖和中国元素国际创意大赛年度社团文化贡献奖。大力推动文化产业项目招商引资，参加2011年第七届深圳文博会，签约项目51个，金额达167亿元。做好文化产业基础性工作，规范开展全省文化产业统计，在国家统计局召开的全国会议上作了经验介绍。建设开通"贵州省文化产业项目数据库管理平台"和"贵州省文化产业项目招商引资对外发布平台"。参与起草了《贵州省国民经济和社会发展第十二个五年规划纲要》、《贵州省"十二五"文化事业和文化产业发展专项规划》等。安排4750万元省文化产业发展专项资金扶持项目建设，获得中央文化产业专项资金3500万元。成立贵州文化产权交易公司，筹备组建贵州文化产业基金。

六、做精做亮对外宣传，营造良好外部环境

一是加大“走出去”推介的广度和深度。继续办好“世界感知多彩贵州”系列活动，组织赴美国、日本开展文化旅游推介交流活动，在我驻意大利大使馆举办“多彩贵州图片展”。圆满完成2011贵州·香港投资贸易活动周、贵州省党政代表团赴有关省份考察访问等系列对外经济、商贸宣传，成功举办西安世园会贵州日活动暨《多彩贵州·锦绣黔程》特刊发行仪式。实施外宣精品工程和“灯下亮”工程。组织设计制作蕴含我省自然、人文典型元素的“贵州”形象标识。拍摄制作“走遍大地神州，醉美多彩贵州”新版系列贵州形象广告片并在央视投放，制作、出版《贵州恋歌》DVD光碟，进一步提升贵州知名度和影响力。

二是增强“请进来”宣传的力度和影响。邀请人民日报“开局之年看转变”重点报道团等中央、省外、境外媒体记者2000余人次来黔采访，举办“多彩贵州踏春行”、“全国名家看贵州”、2011年“听多彩之声，说魅力贵州”全国50家广播电台著名节目主持人入黔采访大型直播、“全国卫视看贵州”、“全国党刊贵州行”、“全国画报类媒体贵州行”等集中采访报道活动。争取中央媒体在黔设立分支机构、开辟贵州报道通道。中央电视台成立贵州记者站，中国日报、中国新闻社相继在贵州设立记者站和分社。认真做好第九届全国少数民族运动会、2011中国(贵州)国际酒类博览会暨中国·贵阳投资贸易洽谈会、全国工商联十届五次执委会和全国民营企业助推贵州发展大会、生态文明贵阳会议、第六届贵州旅发大会等重要活动的外宣工作。

三是提升新闻发布工作的权威性和规范性。围绕经济社会发展和对外宣传需要，精心策划重点新闻发布活动，全年组织协调召开62场新闻发布会。全国“两会”、第九届全国少数民族运动会、庆祝建党90周年、2011贵州·香港投资贸易活动周、“酒博会暨投洽会”等重大主题和活动的新闻发布会，层次高、成系列、有规模、影响大。不断完善新闻发布工作机制，升级改版“贵州省新闻发布权威发布平台”，修改完善《新闻发布会工作流程》，编印《新闻发布工作手册》，推进新闻发布口径库建设。组织党委新闻发言人参加中央外宣办培训班，与复旦大学联合举办全省外宣干部和新闻发言人培训班。

七、围绕“创优年”主题，着力夯实工作基础

一是创优宣传思想文化工作内容形式。做好《贵州宣传》编辑工作，开展“创优宣传思想文化工作”征文活动，反映基层宣传思想文化工作的好做法好经验。继续开展2011年贵州宣传思想工作创意奖评选活动，鼓励全省宣传思想文化战线为贵州宣传思想工作出谋献策。继续开展全省市(州)党委宣传部业务目标绩效考核工作，推动落实宣传思想文化工作各项任务。

二是提高调查研究和舆情信息收集工作水平。加强对省直宣传文化系统各单位和各地党委宣传部调研课题的规划指导，编印优秀调研报告。组织召开全省宣传文化系统舆情信息暨调研工作会议。加强舆情信息的深度分析与研判，全年被中宣部、省委办公厅采用舆情信息100余篇。加大对舆情信息队伍培训力度，提升各级信息员能力和素质。

三是加强干部队伍建设和管理。制定《中共贵州省委宣传部“十二五”期间深化干部人事制度改革的意见》，修订完善《全省宣传文化系统“四个一批”人才选拔培养管理办法》，不断提高选人用人满意度。组织评选了全省第四批“四个一批”人才50名。面向基层遴选选调生，开展干部轮岗交流，进一步加大宣传文化干部上下交流锻炼力度。做好省文联、省新闻“两会”、省作协、省美协换届工作。认真抓好政工、新闻、出版、社科等职称评定工作。制定贵州省宣传文化系统干部培训规划、省委宣传部干部培训工作安排，合理安排干部学习培训。举办武汉大学研究生班、“贵州省文化产业和文化经营管理人才培训班”、哲学社会科学教学科研骨干研修班，共300余人参加培训。贯彻落实中宣部等六部委《关于加强地方县级和城乡基层宣传文化队伍建设的若干意见》，设立县级和城乡宣传文化队伍培训专项资金。制定《中共贵州省委宣传部机关干部职工年度考核办法》，创优考核方式，注重考核结果运用。

过去的一年，全省宣传思想文化战线深入学习中国特色社会主义理论体系，切实用科学发展观统领全局，宣传思想文化各项工作取得突出成效，为全省改革发展稳定作出了重要贡献。总结回顾一年来的工作，我们有这样几点深刻的体会：

第一，坚持围绕中心、服务大局，把宣传思想文化工作与中央和省委中心工作紧密结合，努力为推动经济社会发展、维护团结和谐稳定营造良好氛围。

第二，坚持以人为本、服务人民，不断满足人民群众精神文化需求，使宣传思想文化工作切实做到一切为了人民、一切依靠人民，让人民群众共享文化发展成果。

第三，坚持统筹兼顾、协调推进，努力统筹城乡和区域文化发展，统筹内宣和外宣两种资源，让宣传思想文化工作充满生机和活力，努力增强宣传的竞争力和影响力。

第四，坚持改革创新、创先争优，在理论武装、新闻宣传、文艺出版、对外宣传、文改文产、思想道德建设和精神文明创建等各方面，不断创新内容形式、载体平台，宣传思想文化工作针对性和实效性、吸引力和感染力都得到明显增强。

重要会议及活动

全省宣传部长会议

1月12日至13日，全省宣传部长会议在贵阳召开。省委副书记王富玉主持会议并讲话。省委常委、省委宣传部部长谌贻琴，副省长谢庆生出席会议。省委书记、省人大常委会主任栗战书出席会议并讲话，强调要按照“高举旗帜、围绕大局、服务人民、改革创新”的总要求，举全战线之力，有力配合全局工作，对内统一思想、振奋精神、凝聚人心，对外全面扩大宣传、展示提升贵州新形象，为我省加速发展、加快转型、推动跨越提供有力的理论指导、思想保证、精神动力和文化支持。栗战书强调，全省宣传思想文化战线要重点做好五项工作。一是进一步抓好理论武装，着力打牢全省人民团结奋斗的共同思想基础。坚持不懈地用马克思主义中国化的最新成果统一思想、武装头脑，把理论学习与宣传贯彻中央的要求和省委加速发展的一系列重大决策部署结合起来，使中央的重大方针政策和省委的决策部署真正家喻户晓、深入人心。二是进一步改进舆论宣传，着力营造积极、向上、和谐的氛围。对有领导参加的活动的报道，不一定只突出领导，要严格执行中央有关规定；对领导的活动，不一定事事报道，要根据内容和指导性来定；对省委书记公务活动的报道，不一定都是头版头条，要根据分量轻重来定。各级党委、政府领导同志的新闻报道，要尽量简练、简短，不是越长就越重要，更要严禁溢美、恭维之词，严禁夸张、渲染，做到实事求是、平实活泼。要精心组织重大活动的宣传报道，用正确的舆论引导人、教育人、鼓舞人、激励人，加强对社会热点问题的引导，加强和改进舆论监督，加强对各类宣传阵地特别是互联网、手机等新兴媒体的管理，把握好改革、发展和稳定的关系。领导干部要有开放的胸怀，鼓励舆论监督，敢于接受舆论监督，通过正确监督、科学监督、依法监督、建设性监督，推动党委、政府不断加强和改进工作。三是进一步加强思想政治工作和思想道德建设，着力振奋干部群众精神。大力弘扬长征精神、遵义会议精神和“不怕困难、艰苦奋斗，攻坚克难、永不退缩”的贵州精神，在全省树立敢与强的比、敢向高的攀、敢同勇的争、敢跟快的赛的“四敢”意识，培育不甘落后、奋发进取、开放包容的社会心态，树立起贵州人加快发展的精气神，大力唱响“热爱贵州、建设贵州”的主旋律。四是进一步发展文化事业和文化产业，着力满足人民群众的精神文化需求。着力推进文化体制机制改革创新，大力发展文化产业，突出培育发展特色文化产业，加强文化产品的创作生产，扩大贵州文化影响力，培育新的经济增长点。五是进一步扩大对外宣传，着力展示贵州积极进取、奋力赶超的新形象，提高贵州对外知名度和美誉度，让国内外更广泛、更深入地了解贵州，进而走进贵州、投资贵州。

王富玉在主持讲话中强调，全省宣传思想战线要把思想统一到中央和省委的要求上来，着力提高正面引导能力、同境内外媒体打交道的能力、应用新媒体的能力、对突发事件的引导能力、舆论监督能力、舆情研判能力。要整合资源，把宣传思想工作同各个领域的行政管理、行业管理、社会管理更加紧密地结合起来，形成强大合力和整体效应。要进一步创新理念，创新思路，创新举措，创新方法，使宣传思想工作保持旺盛的生机活力。要加强宣传策划，进一步形成系统化、立体化、网络化的工作机制，形成有典型、有特色、有亮点的工作局面。

谌贻琴要求，要把今年确定为宣传思想文化工作“创优年”，全省宣传思想文化战线要在统一思想、助推发展上创优宣传思想文化工作，在深化认识、普及运用上创优理论武装工作，在营造氛围、凝心聚力上创优舆论引导工作，在巩固品牌、扩大覆盖面上创优精神文明建设工作，在繁荣文艺、推出精品上创优贵州文化工作，在巩固深化、壮大实力上创优文化体制改革和文化产业发展工作，在扩大影响、提升形象上创优对外宣传工作，在夯实基础、加大培训上创优干部队伍建设工作，以优异成绩开创我省宣传思想文化工作新局面。

参加会议的还有：省委各部委、省级国家机关有关部门、各人民团体有关负责同志，各市（州、地）、县（市、区、特区）党委宣传部长，省直宣传文化系统各单位领导班子成员，省军区、省武警总队政治部、中央驻黔主要新闻单位负责同志。

贵州省隆重召开纪念邓恩铭诞辰110周年座谈会

1月6日，我省纪念邓恩铭诞辰110周年座谈会在荔波县隆重召开。省委副书记王富玉，山东省委原常委、纪委书记谭福德出席会议并讲话，省委常委、省委秘书长张群山出席并主持会议，省委常委、省委宣传部部长谌贻琴出席会议并在邓恩铭雕像揭幕暨电影《少年邓恩铭》开机仪式上讲话，省人大常委会副主任顾久，省政府副省长谢庆生，省政协副主席陈海峰，省军区副政委陈钢出席座谈会。

邓恩铭是中国革命的先驱，中国共产党的创始人之一。他一生追求真理，献身革命，为马克思主义的传播，为中国共产党的创立，为山东、青岛等地早期党组织的建立和工人运动的发展做出了重要贡献。

王富玉在简要回顾邓恩铭的革命生涯和丰功伟绩后说，邓恩铭同志的一生，是革命的一生，是战斗的一生，是为党和人民事业无私奉献的一生，他的不朽历史功绩，受到广大人民群众的尊敬和爱戴；他的高尚品格和奋斗精神，永远值得我们学习和怀念。在新的形势下，我们缅怀和纪念邓恩铭同志，目的是继承和发扬光荣的革命传统，进一步弘扬革命精神，激励全省广大党员干部群众进一步解放思想，坚定信念，迎难而上，奋力赶超，推动跨越。

王富玉强调，缅怀和纪念邓恩铭同志，就是要学习他对共产主义理想坚定不移，对党的事业无限忠诚的精神，高举“发展、团结、奋斗”三面旗帜，为加速发展、加快转型、推动跨越作出积极贡献；学习他密切联系群众，为人民群众谋福祉的优良作风，深怀爱民之心，恪守为民之责，善谋富民之策，多办利民之事；学习他英勇顽强、百折不挠的革命品格，围绕工业强省战略和城镇化带动战略，围绕农业产业化、现代化进程，围绕转变旅游发展方式、加快建设旅游大省，扎实工作，奋力赶超；学习他艰苦奋斗、克己奉公的崇高品质，顾大局、讲原则，自觉将个人利益服从于党和人民的利益，不断丰富艰苦奋斗的精神内涵。谭福德指出，邓恩铭生在贵州，长在山东，他是贵州人民的好儿子，也是山东人民的骄傲。他远离家乡，读书为国，在山东传播革命火种，带领有志青年踏上救国道路，是加强对青少年爱国主义教育的典范。我们要继承革命先烈的遗志，发扬党的优良传统，为全面建设小康社会而不懈奋斗。

省直有关部门、武警贵州省总队、黔南州、荔波县负责同志，中央党校、山东、福建、济南、青岛等地党史研究室负责同志和省内外专家学者200余人参加座谈会。

“整脏治乱”“满意在贵州”满意度出炉

为深入了解“整脏治乱”专项行动5年、“满意在贵州”主题活动3年来取得的成效及群众的满意度,2010年第四季度,省文明办分别委托国家统计局贵州调查总队、省统计局社情民意中心进行了群众满意度测评。国家统计局贵州调查总队对全省88个县(市、区、特区)“整脏治乱”专项行动的调查结果显示,受访群众对市容卫生总体环境综合满意率为88.82%;对车辆交通秩序的综合满意率为73.76%,比2006年的调查结果提高了14.36个百分点,对行人交通秩序的综合满意率为74.71%,比2006年的调查结果提高了21.31个百分点;对基础公共设施建设管理综合满意率达91.65%;“整脏治乱”相关活动受访群众的参与和关注度达到了93.76%;受访群众对“整脏治乱”工作的知晓率由2006年的84.6%提升到2010年的98.98%;99.5%的受访群众希望继续开展“整脏治乱”工作。调查反映出受访群众认为还需要进一步改进的问题主要有五方面,其中,治理乱贴乱画占到首位,占32.85%,加强交通秩序治理23.9%,加强乱吐乱扔行为治理22.97%,加强对集贸市场的管理19.33%,加强对乱停乱放行为的整治18.78%。省统计局社情民意中心在全省9个市(州、地),针对“满意在贵州”主题活动群众直接感受的旅游接待环境、窗口服务部门等8个子项的调查结果显示,窗口服务部门86.45分、教育环境86.21分、诚信兴商创建活动86.11分、旅游接待环境85.77分、学校周边环境85.43分、政府部门依法办事82.85分、医疗卫生环境82.30分、网吧管理80.31分。2010年“满意在贵州”主题活动群众综合满意度分值为84.43分,比2009年测评提高3.18分,比2010年上半年测评提高0.94分,群众满意度呈明显上升趋势。在全部8个子项上,群众满意度分值悉数迈过80分,前期相对落后的医疗卫生环境和网吧管理趋向好转。调查显示“满意在贵州”主题活动已经深入人心,主题活动对经济社会发展的推动作用日益显现,对改善人民生活、改进机关作风、优化投资环境、提升贵州形象都产生了积极而深远的影响。

全省“整脏治乱”和“满意在贵州”工作电视电话会议召开

2月24日,全省“整脏治乱”和“满意在贵州”工作电视电话会议在贵阳召开。会议公布了2010年度全省“整脏治乱”专项行动考核结果。在考核中,贵阳市、铜仁地区、黔东南州、毕节地区、遵义市获得一等奖。根据抽样调查显示,贵阳市得分最高,为89.19分。省委副书记王富玉出席会议并讲话,省委常委、省委宣传部长谌贻琴主持会议,副省长谢庆生通报了2010年度全省“整脏治乱”专项行动考核结果。王富玉指出,省委、省政府开展“整脏治乱”专项行动和“满意在贵州”主题活动以来,取得了阶段性成果。下一步,全省各级部门要统一思想,深化认识,进一步增强继续抓好“整脏治乱”与“满意在贵州”工作的紧迫感和责任感。“整脏治乱”与“满意在贵州”工作不仅是人民群众的强烈愿望,更是促进贵州又好又快、更好更快发展的必要要求;同时,在落实“创先争优”、提高我省城乡文明程度等工作方面有着重要的意义。王富玉强调,今后几年的“整脏治乱”和

"满意在贵州"工作要明确任务,突出重点,营造优美公共环境,建立优良公共秩序,提供优质公共服务,培育优秀公民素质,着力解决环境"脏"、秩序"乱"、服务"差"、素质"低"四个方面的问题。针对以往存在的问题和薄弱环节,要从加强领导、理顺体制、营造氛围、考核问责上下功夫,要强化双向考评机制,实现动态管理,采用明察暗访、交叉检查、中介调查等方式进行督查,发现问题及时督办。确保两项工作扎实推进,取得实效,群众满意。

"贵州——香港投资贸易周"在港举行

"贵州——香港投资贸易周"活动项目推介会2月23日在香港会议展览中心举行。贵州副省长蒙启良在推介会上说,贵州十分重视香港在世界经济中的重要地位,决定2011年5月初在香港国际会展中心举办"贵州·香港投资贸易活动周",并作为贵州省2011年系列招商引资活动的重要内容之一。贵州省拟在"贵州·香港投资贸易周"推出的1000余个项目涉及公路铁路等基础设施建设、现代物流、装备制造、煤和磷精细化工、无公害现代农业、旅游基础设施、金融地产、工业园区建设等领域,这些项目紧紧依托贵州的生物、能源和矿产等资源优势,并充分考虑到贵州高速公路、高速铁路和机场等交通和区位优势,项目成熟,商机无限。蒙启良表示,贵州将采取与推进中央企业签约项目实施一样的措施,做好活动周签约项目的跟踪和服务,切实落实各项优惠政策措施,及时协调解决项目在实施过程中遇到的关键问题,确保项目早落地、早投产、早见成效。同时,将继续加强基础配套设施建设,完善配套服务体系,优化投资环境,提高政府工作效率,简化行政审批程序,提高服务质量和水平。招商局集团香港有限公司、香港各界文化促进会、香港汉彩事业有限公司、香港协成行集团、华润集团、香港中华总商会、香港厂商联合会、香港工业总会、瑞安集团等企业和商会的150余位著名企业家、商(协)会领袖出席了本次项目推介会。香港文汇报、经济导报、中国日报、资本杂志等10余家媒体记者莅会采访报道。此前,蒙启良一行考察了香港会议展览中心,对5月"投资贸易周"拟用场馆安排和相关准备工作表示满意,并先后拜访了中联办、外交部驻香港特派员公署、香港特区政府商务及经济发展局和香港贸易发展局,还拜会了香港文汇报等香港主流媒体,就贵州赴港推介、招商引资事宜,作了全面深入沟通和探讨。

贵州人民出版社成立60周年庆典活动举行

2月12日,贵州人民出版社成立60周年庆典活动在贵阳举行,省委副书记王富玉发来贺信,省委常委、省委宣传部部长谌贻琴出席并讲话,省人大常委会副主任顾久、省政协副主席左定超出席。中宣部出版局、新闻出版总署致信祝贺。贵州人民出版社是我省最大也是唯一的综合性出版社,自1951年2月建社以来,以"承薪火,传文明,创特色,出精品"为宗旨,始终坚持正确的出版方向,高扬先进文化大旗,年均出版图书400余种,先后出版各类图书一万余种,数十亿册,获得全国及省部级奖500多个,获奖图书多达千余种,成为全国较有影响的地方人民出版社,在推进全省经济社会发展中发挥了重要作用。王富玉在贺信中说,60年来,贵州人民出版社在民族文化、原创文艺作品等众多出版领域形成规模、形成特色,受到社会各界的关注和好评,取得了良好的社会效益和经济效益，为繁荣社会主义文化做出了积极贡献。希望贵州人民出版社进一步丰富新闻出版产品，为满足人民群众日益增长的文化需求，推动社会主义文化的大发展、大繁荣，再创新业绩，再续新辉煌。谌贻琴充分肯定了贵州人民出版社60年来在推动全省经济社会发展中作出的重要贡献。她指出，当前，全省上下正深入学习贯彻落实党的十七届五中全会、省委十届十次全会和省"两会"精神，抢抓深入实施西部大开发战略机遇，以饱满的热情、昂扬的斗志迎接"十二五"建设新高潮的到来。希望全省出版战线抢抓机遇、开拓进取，增强服务大局的能力，扎实做好图书出版工作，为加速发展、加快转型、推动跨越提供有力的精神动力和文化支持；增强改革创新能力，推出更多体现国家意志、弘扬时代精神、深受市场欢迎、可传之久远的原创精品力作和优秀产品；增强服务群众能力，始终把社会效益放在首位，出版更多反映人民群众主体地位和现实生活、群众喜闻乐见的优秀出版物；增强科学发展能力，推进我省出版技术的信息化、网络化和数字化，努力做大、做强我省出版事业，为提升贵州文化软实力和区域竞争力，为实现贵州经济社会发展的历史性跨越作出新的更大贡献。省委宣传部、省新闻出版局、省文化厅、贵州日报报业集团等单位负责人及出版系统数百人参加庆典活动。

全省文化产业统计工作会召开

3月22日，全省文化产业统计工作会在筑召开。作为全国唯一开展文化产业全行业全面统计的省份，我省在去年首次初步摸清全省文化产业家底，为全省各级党委、政府调整经济结构、制定文化产业发展政策提供重要决策依据。去年经过12个部门及省、地、县的艰辛努力，出炉了我省首份文化产业统计：《贵州省2009年文化产业统计报告》。该报告显示，截至2009年底，我省文化产业单位共有8209个，个体工商户6875户，共有从业人员21万人，收入186.71亿元，全省文化产业增加值达到62.23亿元，占GDP的比重为1.59%。该数据不仅反映我省文化产业发展的总体规模及其发展结构和效益，还为我省国民经济和社会发展第十二五年规划纲要、《贵州省文化产业发展战略研究》和我省《关于振兴文化产业的意见》等提供了决策依据。中央和省对文化产业的重要性认识上升到新的高度，并明确提出要将文化产业培育成为国民经济支柱性产业。今年，我省将在过去统计领域的基础上，着重探索文化在旅游产业中的贡献的统计，也将做好投影扩印服务、室内娱乐活动和文化用品、设备及相关文化产品(含奇石)等指标的统计，为指导全省文化产业实现又好又快、更好更快发展提供科学客观的决策依据。

全国"两会"涉黔宣传报道总结表彰座谈会在筑举行

3月30日下午，全国"两会"涉黔宣传报道总结表彰座谈会在筑举行。省委常委、省委宣传部部长谌贻琴代表省委向中央、香港驻黔新闻媒体和省主要新闻单位为此做出的辛勤努力表示衷心的感谢，并对做好下一阶段宣传报道殷切寄语。今年全国"两会"期间，中央媒体和境外媒体对贵州进行持续的、高度的关注，省主要媒体推出了一系列宣传贵州、推广贵州、鼓舞民心、增强志气、振奋信心的新闻作品，并在重要版面、重要时段进行了浓墨重彩的报道。据不完全统计，人民日报、新华社、中央电视台等30多家中央媒体刊播涉黔报道800多条。贵州省主要媒体和重点新闻网站首发稿件2100多条，省各级媒体和网站共刊播报道4000多条。10多家境外媒体也刊播了大量涉黔宣传报道。通过各媒体聚焦，一个开放的贵州正越来越被社会各界所关注，一个自信的贵州正越来越被社会各界所认知，一个奋进的贵州正越来越被社会各界所了解。谌贻琴指出，要认真总结全国“两会”宣传经验，不断探索，积极实践，精心策划好主题宣传，更好地展示贵州、宣传贵州，将贵州的声音不断地放大。要唱响主旋律，打好主动仗，围绕中央和省委、省政府的中心工作，进一步加强重大主题报道的策划与挖掘，推动宣传效应最大化。要借梯登高，创新思路、整合资源，积极搭建外宣渠道平台，加大市场运作，建立外宣投入运行机制，着力抓好重大外宣活动，不断提升多彩贵州知名度和美誉度。要牢牢把握舆论引导主动权，进一步改进舆论宣传，着力营造积极、向上、和谐的氛围，为推动贵州经济社会又好又快、更好更快发展提供良好的坚强的舆论保障。会议对2011年全国“两会”涉黔宣传报道14个先进集体和44篇优秀作品进行了表彰。受到表彰的各新闻单位负责人和记者代表在座谈会上交流了工作经验，并对做好下一阶段主题宣传报道进行了探讨。

2011“多彩贵州踏春行”大型采访启动

4月7日，我省今年重要外宣活动2011“多彩贵州踏春行”大型采访活动在贵阳启动，省委常委、省委宣传部部长谌贻琴出席启动仪式并致辞。谌贻琴指出，举办“多彩贵州踏春行”大型采访活动，目的是通过邀请高端媒体来我省采访，集中资源和时段，全方位、立体式地宣传报道贵州，把贵州的发展变化、资源优势和良好投资环境等介绍给全国人民和世界各国朋友，让更多的人感知贵州、了解贵州、走进贵州、投资贵州，参与建设和发展贵州。今年的采访活动，希望各媒体结合我省“加速发展、加快转型、推动跨越”的主基调，展示贵州“十二五”经济社会发展的新思路、新举措、新经验、新成效；结合中国共产党建党90周年，展示贵州的沧桑巨变和丰厚的红色文化资源；结合第九届全国少数民族传统体育运动会的举办，展示积极进取、奋力赶超、文明开放、和谐进步的新贵州形象；结合第六届贵州旅游产业发展大会的召开，展示贵州多姿多彩的旅游文化资源，从而对外展现一个多彩的贵州、奋进的贵州、充满希望的贵州。在为期一周的活动中，来自新华社、澳亚卫视、香港文汇报、人民网、腾讯网、搜狐网等78家境内外媒体、门户网站的100多名编辑、记者，将分赴贵阳、遵义、黔东南、黔西南、黔南、安顺、毕节等地，围绕“红色经典、丹霞滴翠”、“民族体育、共襄盛会”、“加速发展、推动跨越”、“神奇喀斯特、魅力黔西南”、“穿苗乡走侗寨、探访和谐贵州”、“行走花海鹤乡、感悟奢香情怀”等主题，开展各具特色的采访报道活动。金黔在线网站首页开设了“多彩贵州踏春行”专页，新浪、腾讯开通了微博，主办单位还将开展活动优秀作品和优秀专题评选。启动仪式暨新闻发布会上，省民委、省商务厅、省体育局、省旅游局有关负责人分别介绍了我省第九届全国民族运动会筹备工作、旅游文化产业发展、投资环境建设、招商引资工作等情况，并回答了记者们提出的10余个问题。

全国画报媒体行摄多彩贵州大型采风活动启动

4月20日,全国画报媒体行摄多彩贵州活动20日在贵阳举行启动仪式,贵州省委常委、宣传部长谌贻琴向采风媒体团授旗。“全国画报媒体行摄多彩贵州大型采风活动”由贵州省委外宣办、中国画报协会等共同举办。有来自《人民画报》、《民族画报》等全国三十多家画报媒体的80余位资深摄影记者参加。他们将在贵州进行为期7天的全方位摄影报道,从多个角度见证与展示改革开放、西部大开发以来贵州所取得的经济社会建设成就及贵州丰富的旅游文化资源。

“全国名家看贵州”采风活动启动贵州日报《27°黔地标》文化周刊创刊

4月25日下午,“全国名家看贵州”铜仁采风活动暨贵州日报《27°黔地标》文化周刊创刊活动在贵阳金阳世纪金源大酒店隆重举行。省委常委、省委宣传部部长谌贻琴,全国政协常委、中国作协党组副书记、书记处书记张健,省人大常委会副主任顾久、贵州日报报业集团领导、嘉宾代表共同见证“全国名家看贵州”采风活动授旗仪式,并为《27°黔地标》文化周刊创刊揭幕。全国文化名家张健、梁衡、乐黛云、邓友梅、叶辛、周明、雷抒雁、彭程、刘醒龙等,人民日报、新华社、光明日报、中国青年报、新京报、南方周末、凤凰卫视、中国日报、深圳商报、搜狐网、腾讯网以及南方日报、广州日报、新华日报等全国主要省(自治区)报的相关负责人,以及我省文艺界、社科界、理论界等社会名流200多人参加创刊活动。创刊主体活动当天,在隆重推出《27°黔地标》文化周刊创刊号的同时,举行了周刊战略合作伙伴、全国作家、艺术家签约仪式,《27°黔地标》文化公益基金启动仪式,《27°黔地标》重点作家、智库专家、艺术家签约仪式,全国书画名家现场书画、黔籍艺术家与多彩贵州风演出剧组文艺表演等诸多活动。

我省6部重点电视剧签约投拍

5月18日,我省“十二五”规划的6部重点电视剧签约投拍仪式在贵阳举行。省委常委、省委宣传部部长谌贻琴出席签约仪式并讲话。此次签约投拍的《伟大的转折》、《二十四道拐》、《磅礴乌蒙》、《蓝色乌江》、《春晖》、《大歌》等6部电视剧总集数达176集,总投资金额达1.18亿元,全部取材于贵州,分别将于今明年开机拍摄。签约仪式上,贵州日报报业集团黔森影视工作室分别与省文联、团省委、黔东南州、黔西南州、铜仁地区、毕节地区、思南县、北京世纪华融文化传播有限公司、贵州喜顺工贸有限公司等相关单位、地区、企业签订了合作拍摄协议。谌贻琴指出,此次签约项目整体规模大,参与主体多,题材涉及广,分别由地方政府、宣传文化单位、国有企业、民营企业以及北京知名影视文化公司等有关方面联合打造,既有反映红色文化的历史题材,又有反映志愿者行动的现实题材,还有反映贵州少数民族生活变迁的民族题材,展示出贵州影视整体繁荣发展的良好态势,呈现出省内、省外方方面面支持参与贵州影视创作的良好局面,在满足人民群众多方面文化需求的同时,全方位展示推介贵州文化。谌贻琴说,中央和省委对我省加强影视创作寄予厚望,要求我们巩固良好态势,不断推出精品力作,促进贵州文化全面发展繁荣,为实现省委提出的"依靠改革创新,建设文化强省,推动历史跨越"的文化建设目标作出贡献,全省宣传文化系统责无旁贷。贵州日报报业集团迅速反应、超前谋划,创造性地落实中央和省委的有关安排部署,依托黔森影视文化工作室的工作基础,跨行业、跨体制整合资源,深度介入贵州影视创作,向全社会展示出全省宣传文化系统发展文化事业和文化产业、建设文化强省的强烈主体意识。各级地方党委政府把推动影视创作,作为推动文化发展繁荣,更好地满足人民群众日益增长的精神文化需求的重要着力点,以及鼓舞信心、凝聚力量、推介地方、展示文化、提升形象的重要着力点,体现了各级党委政府大力推动文化事业和文化产业、建设文化强省的强烈责任意识。广大企业顺应文化产业发展趋势,把投入影视创作为企业构建良好形象、扩展投资领域、发展壮大自身的重要渠道,展示出投身文化事业和文化产业,建设文化强省的强烈的机遇意识。谌贻琴强调,我省影视剧创作近年来在全国崭露头角,纵向比,实现了跨越突破,横向比,实现了增比进位,呈现出空前繁荣的局面。要巩固发展这一良好局面,需要全社会大力支持、积极参与、共同维护。希望社会各方精诚团结,精益求精,打造出无愧时代的精品,实现社会效益和经济效益的双丰收,为奋进贵州增光添彩。

深圳文博会贵州省文化产业项目签约仪式和"深圳多彩贵州博览会"项目恳谈会在深圳举行

5月13日和14日,深圳文博会贵州省文化产业项目签约仪式和"深圳多彩贵州博览会"项目恳谈会在深圳举行。5月13日,贵州省文化产业项目签约仪式在深圳文博会会展中心六楼茉莉厅举行,贵州51个项目签约167亿元,成为历届深圳文博会签约金额最多的一次。在推动经济社会加快发展的同时,贵州实施品牌战略,以打造多彩贵州文化品牌为切入点,积极推进文化的繁荣发展。"多彩贵州"成为统领全省文化的品牌,实现了内聚人心,外树形象的目标。走出了一条以公益性活动培育品牌,以市场机制推广和巩固品牌的有效路径,受到了中央领导和各有关方面的高度评价。此次签约的51个项目中,重点项目16个,包括"贵州下司文化产业园区"、"大汉帝国牂牁古城复建"、"铜仁市川硐文化旅游开发"、"清镇市百花湖休闲文化创意小镇"、"桐梓小西湖"、"大方慕俄格古城开发"、"六枝特区迴龙溪温泉度假区"、"兴义市布谷鸟民族风情园"等,涵盖全省9个地州市。全省9个地州市分别组织的其他签约项目37个,其中以黔东南苗族侗族自治州、铜仁地区及安顺市最为瞩目,分别名列前一二三名。在此次签约项目中文化旅游方面的项目达37个,占项目总数的70%以上,体现了贵州文化产业一个显著的特点,即丰富的文化资源与旅游相结合。5月14日,出席深圳文博会的贵州代表团20多名代表在深圳南山区凯宾斯基大酒店与深圳三叠纪文化创意传播有限公司及深圳部分企业举行"深圳多彩贵州博览会"项目恳谈会。该会议的举行,标志着酝酿了一年多的这一项目已进入实施阶段。经贵州省文化体制改革领导小组办公室批复，深圳三叠纪文化创意传播有限公司拟投资10亿打造“多彩贵州博览会”。经过一年多时间的征地、规划及相关手续完善，已经正式落地于深圳光明新区，建筑面积40000多平方米。据悉，这个会展项目将被建设成为一个365天全天候展示的博览会，建成后将为贵州88个区县市分别设置单独的办公和会谈空间，并配有超大展示厅，展示贵州各地民俗风光，成为“多彩贵州”面向粤港澳地区招商、展示、交流的主要平台。该博览会还设“会诊贵州论坛”，邀国家部委、黔粤两省相关领导、著名经济学家、优秀企业家为贵州发展建言献策。

全省文艺精品创作座谈会在贵阳市召开

6月17日上午，全省文艺精品创作座谈会在贵阳市召开，会议由省委宣传部常务副部长李建国主持，省委常委、省委宣传部部长谌贻琴同志参加会议并讲话。来自省文化厅、省广播电影电视局、省新闻出版局、省文联、贵州日报报业集团、贵州人民广播电台、贵州电视台、贵州出版集团公司和各市（州、地）宣传部的相关负责人，对贵州省精神文明建设“五个一工程”和“十二五”期间文艺精品的创作思路、创作内容以及创作进度等进行了工作汇报。另外，来自文学界、影视界、音乐界、广播剧界、戏剧界等的杰出代表进行了发言。谌贻琴同志强调，要认真贯彻落实李长春同志、栗战书同志对贵州省文化建设和文艺创作的指示精神，实施《贵州省精神文明建设“五个一工程”“十二五”规划纲要》和《“十二五”时期贵州文艺精品创作重点目录》，加强机遇意识、忧患意识、责任意识、主体意识，着眼贵州需要，力争在服务贵州经济社会大局上取得突破。同时，鼓励各个文艺创作单位履好职尽好责，闯出一条贵州特色的创作之路。

我省学习贯彻全国学习型党组织建设工作经验交流会精神会议召开

6月21日，我省学习贯彻全国学习型党组织建设工作经验交流会精神会议召开。会议强调，要紧密结合我省实际，进一步推动学习型党组织建设，让学习成为我省跨越发展的“助推器”。省委常委、省委宣传部部长、省学习型党组织建设工作协调小组组长谌贻琴出席并讲话。谌贻琴对各地在学习型党组织建设取得的明显成效给予充分肯定。她指出，要认真学习、深刻领会、全面贯彻全国经验交流会精神，把学习贯彻会议精神与学习贯彻中央对学习型党组织建设的一系列要求部署结合起来，系统全面深入地领会学习型党组织建设的重大意义、目标要求、工作措施，把学习型党组织建设工作不断引向深入。谌贻琴强调，要充分认识抓学习就是抓方向，抓学习就是抓机遇，抓学习就是抓发展，抓学习就是抓文明，抓学习就是抓跨越。通过学习，努力把握正确前进的方向，自觉把思想和行动统一到省委、省政府的决策部署上来；通过学习，理清发展思路，提高工作本领，促进跨越发展；通过学习，进一步推进全省精神文明建设；通过学习，切实解决思想认识、精神状态、能力素质问题。谌贻琴要求，要把进一步推进学习型党组织建设与正在开展的“创先争优”、“三个建设年”、“四帮四促”等活动结合起来，以领导班子和领导干部为重点，着力深化党的理论创新成果的学习，着力打造学习品牌，着力创新学习方式方法，不断提高学习型党组织建设科学化水平，努力为推动我省科学发展，促进社会和谐提供强有力的思想保证和智力支持。

我省召开庆祝中国共产党成立90周年党务信息系列新闻发布会

为隆重纪念中国共产党成立90周年，充分展示贵州省经济社会发展和党的建设成就以及丰富的红色历史文化资源，经中共贵州省委同意，贵州省委对外宣传办公室从21日至24日，在贵阳连续举办四场系列党务信息新闻发布会。贵州省委、9个市（自治州、地区）党委和省委各部委19名新闻发言人和有关负责人，参加四场系列党务信息新闻发布会，集中发布相关党务信息。每场新闻发布会侧重点都略有不同，第一场新闻发布会以展现贵州省委及9个市（自治州、地）党建工作的特色与亮点，其他发布会以贵州省委各部委为代表凸显贵州省经济社会发展及丰富的红色文化资源。

全省文化体制改革工作会议在贵阳召开

6月29日，全省文化体制改革工作会议在贵阳召开。会议的主要任务是，认真贯彻落实全国文化体制改革工作会议和李长春同志今年“两会”期间参加贵州代表团审议时的重要讲话，以及省委书记栗战书在“学习贯彻李长春同志重要讲话精神促进贵州文化跨越发展座谈会”上的重要讲话精神，加快推进我省文化体制改革步伐，推动文化事业和文化产业又好又快、更好更快发展。省委副书记、省文改文产领导小组组长王富玉出席并讲话，省委常委、省委宣传部部长、省文改文产领导小组副组长谌贻琴主持会议，省人大常委会副主任陈华祥，省政协副主席左定超出席会议。会议传达了全国文化体制改革工作会议精神和《栗战书同志在“学习贯彻李长春同志重要讲话精神促进贵州文化跨越发展座谈会”上的讲话》。王富玉代表省文改文产领导小组分别与省文化厅、省广播电影电视局、省新闻出版局及9个市（州、地）文化体制工作领导小组签订《文化改革发展责任书》。省文化厅、省广播电影电视局、省新闻出版局主要负责人分别就落实《文化改革发展责任书》作表态发言。省文改文产领导小组成员，省直宣传文化系统以及各市、州、地文改文产领导小组负责人出席会议。

我省举行纪念建党90周年理论研讨会

6月29日下午，由省委宣传部、省委组织部、省委党校、省委党史研究室、省教育厅、省社科院、省军区政治部、省武警总队联合召开的贵州省纪念中国共产党成立90周年理论研讨会在贵阳举行。省委常委、省委宣传部部长谌贻琴出席。全省社科理论工作者欢聚一堂，围绕党的光荣历史、丰功伟绩、宝贵经验等内容进行研讨，重点研讨深入推进学习型党组织建设、加强党的先进性和执政能力建设，正确把握国际国内形势并抓住和用好我省发展面临的重要战略机遇期，推动科学发展，促进社会和谐，巩固干部群众团结奋斗的思想基础，凝聚发展力量，推进我省经济社会又好又快、更好更快发展提出了一些好的意见和建议。据了解，本次会议共收到论文300多篇，经专家评审，选出60篇作为参会论文，再从60篇中选出部分论文作交流发言。

贵州省哲学社会科学“十二五”规划工作会议在贵阳召开

7月13日，贵州省哲学社会科学“十二五”规划工作会议在贵阳召开。会议总结过去5年全省哲学社会科学工作，部署未来5年工作，审议《贵州省哲学社会科学研究“十二五”规划纲要》，评审2011年度省社科规划课题。省委副书记、省哲学社会科学工作领导小组组长王富玉出席会议并讲话，省委常委、省委宣传部部长、省哲学社会科学工作领导小组副组长谌贻琴主持，副省长、省哲学社会科学工作领导小组副组长谢庆生出席。王富玉要求，各级党委、政府要充分认识哲学社会科学工作在经济社会发展中的重要作用，把抓好哲学社会科学工作纳入重要议程，提高认识，切实担负起对哲学社会科学工作的领导责任；深化改革，不断提高领导哲学社会科学工作的科学化水平；真抓实干，不断加大对哲学社会科学研究经费的投入，努力推动哲学社会科学实现新的更大的繁荣发展。谌贻琴对认真学习贯彻会议精神，结合工作实际制定好本单位本部门的社科“十二五”规划或计划，注意突出贵州特色，体现各自特点，切实把“十二五”时期社科研究工作的目标和任务落实到具体工作之中，以实际研究成果服务于党和政府的决策提出具体要求。谢庆生传达了李长春同志在2011年度国家社科基金项目评审工作会议上的讲话精神。贵州师范大学等7家单位的代表在会上作交流发言。省哲学社会科学工作领导小组成员单位负责人，市（州、地）党委宣传部分管部长或相关负责人，各科研机构和高校有关负责人及相关专家参加会议。

2011 年上半年贵州省新闻宣传工作总结座谈会在贵阳举行

7 月 19 日上午,2011 年上半年贵州省新闻宣传工作总结座谈会在贵阳举行,传达学习贵州省经济工作电视电话会议精神,总结上半年新闻宣传工作,对下半年重点工作进行安排部署。会上,贵州省委常委、宣传部部长谌贻琴作讲话,人民日报贵州分社、新华社贵州分社、中央电视台贵阳应急点、贵州日报、当代贵州、贵州人民广播电台、贵州电视台等新闻单位负责人作交流发言。谌贻琴说,2011 年上半年,在贵州省委、省政府的正确领导下,贵州新闻宣传战线团结拼搏、真抓实干,在全国"两会"、建党 90 周年、贵州·香港投资贸易活动周等重要的宣传战役中,声势足、亮点多、冲击力强、效果好,弘扬了主旋律,打赢了主动仗,为贵州经济社会发展营造了良好舆论氛围。其中,中央驻黔媒体发挥了极其重要的作用,创造了贵州外宣的多个第一次。谌贻琴总结了上半年工作的四条成功经验:超前谋划,抓重大主题宣传;同心同德,致力于共同目标;敢打敢拼,闯开工作新局面;精益求精,让亮点更耀眼。谌贻琴要求,今年下半年重大主题多、工作任务繁重,各新闻单位要进一步突出重点,为贵州省委省政府中心工作提供强大舆论支持,做到四个"更加注重"。一是更加注重政治责任,认真做好学习贯彻胡锦涛总书记"七一"讲话精神的宣传。二是更加注重围绕中心,切实做好全省经济形势、经济成就的宣传。三是更加注重服务大局,认真抓好全年各项重大主题的宣传。四是更加注重舆论引导,巩固积极健康向上的主流舆论。人民日报社贵州分社社长龚金星在交流发言中说,2011 年上半年,贵州分社发稿数量增长快、位置好、影响大,并且分量重的稿件占大部分。分社记者深入基层,扎实调研,集中采访力量,出色完成重大选题报道,同时创新宣传方式,配合贵州省的宣传报道工作,取得了重大成果。

全省"整脏治乱"工作经验交流会在威宁县召开

7 月 20 日,全省"整脏治乱"专项行动工作经验交流会在威宁县召开,会议深入学习贯彻了胡锦涛总书记"七一"重要讲话和省委十届十一次全会精神,研究部署了我省第二个"整脏治乱"专项行动五年规划。省委常委、省委宣传部部长、省文明委副主任谌贻琴出席会议并作重要讲话,副省长、省文明委副主任谢庆生主持会议,地委副书记、地区文明委主任安金黎致辞,地委委员、县委书记杨兴友代表我县向大会作了经验交流发言。省委宣传部副部长、省文明办主任杨兴举,省文明办专职副主任田茂松,省卫生厅党组成员、机关党委书记何美,省商务厅副巡视员曾韵,地委委员、地委宣传部部长朱江华出席了会议。谌贻琴指出,今年以来,全省各级党委政府高度重视"整脏治乱"工作,着力在管理上求创新、在措施上谋强化、在工作中抓落实,呈现出你追我赶、积极向上的良好态势。谌贻琴要求,要总结新经验,学习新典型,切实增强做好"整脏治乱"工作的信心。要总结和学习毕节地区整治工作创造的四条经验:"深化认识、树立信心是前提,领导重视、身体力行是关键,真抓实干、狠抓落实是根本,加大投入、创新管理是基础"。这四条经验值得全省借鉴和推广。谌贻琴强调，要从加强和创新社会管理的战略高度，切实增强做好整脏治乱工作的责任感和使命感。要切实认识到"整脏治乱"是促进发展的环境工程，是展示贵州对外形象的基础工程，是汇集广大群众的民生工程，是提高城乡文明程度的素质工程。谌贻琴强调，要围绕新要求，落实新任务，切实提升整治工作水平。要在重视程度有新提高、基础设施建设有新进展、重点部位整治有新面貌、长效机制有新突破、市民素质有新提升五个方面不断努力，切实提升整治工作水平。谌贻琴强调，深入持久地推进"整脏治乱"专项行动工作，是精神文明建设的重要载体，是"三个建设年"活动的基本要求，也是人民群众的期盼，因此要认真学习贯彻胡锦涛总书记"七一"重要讲话，坚定信心，真抓实干，保持"整脏治乱"的强劲势头，努力开创整治工作的新局面，以崭新的形象迎接第九届全国少数民族传统体育运动会在我省召开，为全省经济社会又好又快、更好更快发展做出更大贡献。省委宣传部、文明办、整治办、住建厅、交通运输厅、工商局等省直有关部门负责人和全省各市(州、地)文明委主任、文明办、整治办及各县(市、区、特区)文明委负责人参加了会议。

《贵州省哲学社会科学研究"十二五"(2011—2015年)规划纲要》公布

8月4日，中共贵州省委对外宣传工作办公室举行新闻发布会，公布《贵州省哲学社会科学研究"十二五"(2011—2015年)规划纲要》。纲要总结了我省"十一五"时期哲学社会科学研究取得的主要成绩，分析了当前面临的新形势，提出了今后五年哲学社会科学研究的指导思想、基本原则、主要任务、保障措施和重点课题。纲要明确了"十二五"时期我省哲学社会科学研究的五大任务：一是加强对中国特色社会主义理论体系的研究，推进马克思主义中国化、时代化和大众化；二是加强对全省经济社会发展重大问题的研究，不断提高服务党委、政府决策的能力和水平；三是加强基础理论研究，拓展贵州特色的哲学社会科学研究重点领域；四是加强文化体制改革和文化建设研究，推动文化发展繁荣；五是加强社会建设和社会管理研究，推动贵州和谐社会建设。纲要提出要加强课题管理、项目成果转化、全省哲学社会科学统筹、哲学社会科学阵地管理等方面工作，充分发挥社科规划管理在繁荣发展全省哲学社会科学研究中的作用。纲要确定"十二五"时期哲学社会科学研究的保障措施：加强对哲学社会科学研究的领导；加大对哲学社会科学研究经费的投入；深化哲学社会科学管理体制改革；加强哲学社会科学研究队伍建设。

全省中小学"祖国好·家乡美"传统经典红色经典诵读大赛举行

8月7日，2011年全省中小学"祖国好·家乡美"传统经典红色经典诵读大赛在贵州省青少年活动中心举行。来至全省各地的中小学生经过层层选拔，最终由全省各地州市分别选出中、小学组各2组节目参加此次的诵读大赛。本次大赛最终将评选出一等奖8名，二等奖12名，三等奖16名。

2011 年全省中小学“祖国好·家乡美”传统经典红色经典诵读大赛，由省委宣传部、省文明办、省教育厅、团省委、省妇联、省关工委共同举办、贵州省青少年活动中心承办，是今年全省纪念建党 90 周年的系列活动之一。活动至 3 月启动以来受到了全省各地中小学生的积极响应，蓬勃展开了形式多样、主题鲜明的活动。“祖国好·家乡美”传统经典红色经典诵读大赛通过对传统经典红色经典的吟诵和传唱，使全省广大中小学生通过参加活动加深对中华传统、革命传统以及历史文化的了解和认识。在诵读活动中，同学们诵读了《百家古韵》、《弟子规》、《笠翁对韵》、《我骄傲，我是中国人》、《祖国啊，我亲爱的祖国》、《青春中国》、《少年中国说》、《我和祖国一起飞》等传统经典红色经典作品。同学们抑扬顿挫的朗读，将我国优秀经典文化的厚重恢弘和深邃悠远的无穷魅力演绎得淋漓尽致。

全省新闻战线开展
“走基层、转作风、改文风”活动

8 月 12 日，省委宣传部召开视频会议，对全省新闻战线广泛深入开展“走基层、转作风、改文风”活动进行部署。省委常委、宣传部部长谌贻琴出席会议并讲话，强调全省新闻战线要深入贯彻落实胡锦涛总书记“七一”重要讲话精神，扎实深入开展“走基层、转作风、改文风”活动，推动新闻宣传工作迈上新台阶，为促进贵州经济社会发展历史性跨越作出应有贡献。谌贻琴指出，全省宣传文化系统要高度重视“走基层、转作风、改文风”活动的深远意义，牢固树立群众观点，自觉践行群众路线。这是坚持党的新闻事业性质宗旨、履行新闻工作责任使命的必然要求，是落实“三贴近”要求、增强新闻宣传吸引力感染力、提高舆论引导能力的重要途径，是加强队伍建设、提高新闻工作者综合素养的有效举措。谌贻琴强调，广大新闻工作者要在走基层的过程中实现转作风、改文风。她指出，“走基层”是途径，“转作风、改文风”是目的。新闻工作者要带着对人民群众的深厚感情到基层去、到群众中去，把群众是否满意作为标尺，倡导清新朴实、生动鲜活、言简意赅的文风，让群众爱读爱听爱看，实现最佳宣传效果，不断提高新闻宣传引导的能力，切实回答好“为了谁、依靠谁、我是谁”的问题。谌贻琴要求，“走基层、转作风、改文风”活动是立足当前、着眼长远，推动新闻事业健康发展的基础性工作，各级党委宣传部门和各新闻单位必须高度重视，强化领导责任、细化工作方案、精心组织实施、确保抓出成效。省委宣传部秘书长肖凯林主持会议，省委宣传部副部长、贵州日报报业集团党委书记、社长姚远传达了全国新闻战线开展“走基层、转作风、改文风”活动动员会的有关精神，省新闻出版局党组书记、局长刘援朝，省广电局副局长胡德怀分别就新闻单位如何贯彻学习提出要求。来自贵州日报社、贵州人民广播电台、贵州电视台的记者代表在会上发言。全省宣传文化系统各单位负责同志和编辑记者代表在主会场出席会议。各市州地党委宣传部负责人以及当地主要新闻单位负责同志、编辑记者代表在各分会场参加会议。

学习贯彻胡锦涛同志“七一”重要讲话精神理论研讨会召开

8月25日下午，由中共贵州省委宣传部、贵州省社会科学院、贵州省社会科学界联合会共同主办，贵州省社会科学院承办的全省学习贯彻胡锦涛同志“七一”重要讲话精神理论研讨会，在中共贵州省委组织部培训中心顺利召开。会议由贵州省社会科学院院长吴大华主持，中共贵州省委宣传部副巡视员周飞燕，贵州省社会科学界联合会党组成员、专职纪检员陈新义，贵州省人大农经委主任、中国特色社会主义理论研究中心省社科院研究基地特聘研究员向阳生，贵州师范大学副校长、贵州省社会科学界联合会副主席蔡永生教授，中共贵州省委政策研究室副主任阮晶，贵州省社会科学院纪委书记逯献珉及省直机关、企事业单位、人民团体的实务工作者和专家学者50余人出席研讨会。本次理论研讨会主要围绕胡锦涛同志“七一”重要讲话提出的重大理论观点、重大创新思想、重大战略部署进行研讨。重点研讨关于马克思主义基本原理同中国具体实际相结合，推进马克思主义中国化、时代化、大众化；倍加珍惜、长期坚持、不断发展中国特色社会主义理论；坚持中国特色社会主义道路和中国特色社会主义制度；坚持党的基本路线、坚持改革开放；推进党的建设新的伟大工程、在新的历史条件下提高党的建设科学化水平；以经济建设为中心是兴国之要；坚持发展是硬道理的本质要求就是坚持科学发展；在前进道路上继续推进改革开放、经济建设、政治建设、文化建设和社会建设等内容。

“中天城投杯”2011’多彩贵州歌唱大赛颁奖晚会举行

8月28日晚，“中天城投杯”2011’多彩贵州歌唱大赛颁奖晚会在贵州省国际会议中心举行。省委副书记、大赛组委会名誉主任王富玉，省委常委、省委宣传部部长、大赛组委会主任谌贻琴，副省长、大赛组委会副主任谢庆生等领导出席颁奖晚会，并为金黔、银瀑奖各奖项获奖选手颁奖。本次大赛把金黔、银瀑奖的悬念留在了最后，在颁奖晚会现场揭晓。通过第二现场画外音，实录播放了金黔、银瀑奖密码箱设置、护送至晚会现场的全过程。经过现场开箱、唱票，嘉宾、著名音乐家胡松华、杨洪基、马秋华、肖白、陈哲、刘婕、包胡尔查、李松、严当当等在晚会现场一一揭晓了各奖项的金黔、银瀑奖。最终，单项赛原生态、民族、美声、流行、合唱金黔奖分别由金蝉歌队、韩灵花，吴发健，吴李红，彝人传奇组合，贵阳合唱团获得；团体赛金黔奖由贵阳市代表队获得。

相关产业与文化融合发展专题会召开

9月1日，相关产业与文化融合发展专题会议在贵阳召开。会议深入贯彻落实中央和省委精神，研究部署我省大力推动相关产业与文化深度融合相关工作。省委常委、省委宣传部部长、省文化体制改革和文化产业发展工作领导小组副组长谌贻琴，副省长、省文化体制改革和文化产业发展工作领导小组副组长谢庆生出席会议并讲话。在认真听取各有关部门和单位工作汇报后，谌贻琴指出，推动相关产业与文化融合发展，是落实中央推动文化繁荣发展要求的具体体现，也是落实我省在“十二五”开局之年提出把文化产业培育并发展成为支柱性产业目标的重要举措，对我省建设文化强省具有十分重要的意义和作用。要充分发挥和利用好我省丰富的资源优势，大力推动相关产业与文化深度融合，全方位、多角度地积极拓展贵州文化产业的外延。各部门、各单位要按照《贵州省相关产业与文化融合发展总体方案》，推进旅游、农业观光、创意设计、工艺观摩、传统民族商品生产和地方特色商品制造、动漫制作、康体养生、赏石藏石、风味餐饮与文化融合发展，加大工作力度，加快工作进度，认真抓好落实，不断满足人民群众的精神文化需求，推动我省文化大发展大繁荣。谢庆生指出，我省在加快相关产业与文化融合发展上已取得一定成效，但仍然比较滞后，各部门要从省情出发加强优势产业发展的政策配套和基础环境建设，并对文化产业发展模式、文化项目招商引资、文化产业园区建设以及加强科技与文化的融合等提出了具体要求。会上，省有关部门和单位相关负责人就如何推动相关产业与文化的融合提出具体建议及对策。

第十届“新长征”职工文艺创作颁奖大会举行

9月20日，以“唱响共产党好、社会主义好、改革开放好、伟大祖国好、各族人民好”为主题的贵州省第十届“新长征”职工文艺创作颁奖大会在省文联隆重举行。本届职工文艺创作活动以“向党献礼”为主题，反映出我省企业职工在“两加一推”的开局之年，勇挑重担，勇往直前的精神风貌。省委宣传部常务副部长李建国在颁奖大会上说，在实施工业强省战略，又好又快，更好更快发展全省经济的形势下，希望广大职工要进一步增强责任感和使命感，通过不断提高自身的理论和文化素质，善于从丰富多彩的生活中寻找和提炼蕴含深刻意义的富有表现力的素材和题材，为2013年举办的第十一届“新长征”职工文艺创作评奖活动提供更多更好的文艺作品。

贵州省召开学习宣传道德模范座谈会

9月21日，省委宣传部、省文明办、省总工会、团省委、省妇联等单位在贵阳机场国际会议厅召开简短座谈会，迎接我省载誉而归的第三届全国道德模范和获提名的候选人。省委常委、省委宣传部部长谌贻琴参加了20日在京举行的第三届全国道德模范评选表彰颁奖典礼及全国道德模范座谈会暨第八届中国公民道德论坛,并亲切看望我省受表彰人员。她强调,要广泛开展学习和宣传道德模范活动,充分发挥道德模范的榜样引领作用,切实加强社会主义核心价值体系建设,在全社会形成知荣辱、讲道德、促和谐的文明风尚,努力为贵州经济社会更好更快发展凝聚强大精神力量。

在第三届全国道德模范评选活动中全国共有54名道德模范获奖者,我省毕节地区“烤羊肉的慈善家”阿里木江·哈力克、“带着失明父亲上大学”的铜仁学院学生张蕾榜上有名;在全国260多名提名奖中我省占8名。同时,来自贵阳的杨昀鹰和遵义的钟利获“美德少年”的殊荣,这在全国仅有14名。根据中央文明办关于评选表彰第三届全国道德模范的有关通知要求,我省精心策划、认真组织开展了评选推荐活动。今年2月,由省委宣传部、省文明办等单位组成了活动组委会,广泛发动社会各界积极参与评选推荐活动。活动组委会还组织了全省道德模范代表赴88个县(市、区、特区)进行道德模范基层巡讲活动,现场听众达4万余人次。座谈会上,阿里木江·哈力克、张蕾等表示,不辜负党和政府的厚望,一定要敬业爱岗,做好本职工作,勤勤恳恳做事,实实在在做人。会议提出,要在全省掀起学习道德模范的热潮,在全社会倡导好人有好报的价值取向。

贵州省作家协会第六次代表大会召开

9月27日,贵州省作家协会第六次代表大会在贵阳召开。省委书记栗战书,中国作协党组书记、副主席李冰出席会议并讲话。省委副书记、省长赵克志,省委副书记王富玉,省委常委、省委宣传部部长谌贻琴,省委常委、省委组织部部长孙永春,省人大常委会副主任顾久,省政协副主席左定超等出席会议。栗战书代表省委、省政府,向大会的召开表示热烈的祝贺,向参会代表和全省广大文艺工作者致以诚挚问候和崇高敬意,向长期以来关心支持贵州文学事业的中国作家协会表示衷心感谢。栗战书指出,推动社会主义文化大发展大繁荣,是时代的要求、人民的要求,也是推动贵州又好又快、更好更快发展的重要战略任务。广大文学工作者必须做责任的坚守者,追求并守护人文精神的美好家园,时刻关注时代的坐标与脉动,与人民休戚与共,为贵州的发展和群众的根本利益鼓与呼,出精神、出精品、出人才、出成效,在推进贵州文化大发展大繁荣中作出更大的贡献。要始终自觉主动地传播和发展先进文化,在引领全省各族人民昂扬前进的征程中弘扬贵州精神。要始终担当起时代赋予的神圣使命,在讴歌人民、讴歌时代、讴歌贵州的文学创造活动中催生精品力作。要始终为贵州文艺发展提供人才支撑,巩固发展我省文艺创作舞台群英辈出、人才济济的生动局面。要始终立足自身实际、突出贵州特色,为全省文化大发展大繁荣添砖盖瓦、贡献力量。要用先进的思想和文化的力量,把全省人民群众的思想统一起来、干劲调动起来、力量凝聚起来、智慧激发出来,进而在全社会激荡起发展的志气、前行的勇气、进步的豪气,使贵州努力攀登,奋力实现与全国同步建成全面小康社会的宏伟目标。栗战书强调,各级党委、政府和宣传文化部门要充分尊重文艺发展规律,尊重作家、艺术家的创造性劳动。进一步密切同广大文学工作者的联系,政治上充分信任、创作上热情支持、生活上真诚关心、在全省营造善待、厚待作家的良好氛围,营造团结、和谐、积极、健康的创作生产氛围。对各级文联、作协在政策倾斜、加强培训、设立激励机制、搭建创作和深入生活平台等方面,要给予切实有效的支持和帮助。各级作协要更加广泛地团结凝聚和组织动员各领域的文学工作者,深入生活,服务社会,努力创作,携手开创贵州文学事业大发展大繁荣的崭新局面。李冰代表中国作家协会向大会的召开表示热烈祝贺并讲话。

全省党委中心组暨学习型党组织建设经验交流会召开

9月28日，全省党委中心组暨学习型党组织建设经验交流会在贵阳举行。省委常委、省委宣传部部长、省学习型党组织建设工作协调小组组长谌贻琴出席会议并讲话。谌贻琴指出，近年来，全省各级党委按照中央和省委要求，加强领导，重视构建学习长效机制；率先垂范，充分发挥领导干部示范带动作用；创新形式，不断增强学习的吸引力和感染力；学用并重，不断提高推动科学发展、促进社会和谐的能力水平，全省学习型党组织建设工作进展顺利、态势良好，为推动我省改革发展提供了思想保障和智力支持。谌贻琴强调，要联系实际，突出重点，进一步增强学习型党组织建设的针对性和有效性。广大党员干部要通过扎实有效的学习，进一步坚定理想信念，提高政治素养和政治水平；进一步掌握新思想新知识，提高贵州发展所需的工作本领；进一步提出新思路新举措，提高解决复杂矛盾和问题的能力，带领全省广大干部群众推动经济社会又好又快、更好更快发展。谌贻琴要求，要精心组织，狠抓落实，不断提高学习型党组织建设科学化水平。要着力加强组织领导，切实为学习型党组织建设提供服务保障；着力把握学习重点，切实加大对党的理论创新成果和重大决策部署的学习教育；着力推进示范引领，切实形成学有榜样、赶有目标的良好氛围；着力强化品牌带动，切实提升品牌的时效性、针对性和影响力；着力健全学习制度，切实确保各项学习任务落到实处。

贵州民族文化产业发展研讨会召开

9月29日至30日，贵州民族文化产业发展研讨会在贵阳举行。省委常委、省委宣传部部长谌贻琴，副省长谢庆生出席会议并讲话。谌贻琴指出，在党的十七届六中全会即将胜利召开之际，省内外民族文化产业研究专家学者和我省民族文化骨干企业代表、省直有关部门负责同志齐聚一堂，为贵州民族文化产业发展献计献策，为即将召开的省委全会提供理论成果和实践经验，对推动我省文化大发展大繁荣具有十分重要的意义。谌贻琴强调，要深刻把握我省发展民族文化产业面临的形势，抢抓机遇，乘势而上，促进我省民族文化产业加快发展；要深入探讨推动民族文化产业发展的实际问题，把握发展规律，理清发展思路，促进我省民族文化产业健康发展；要深化改革创新，通过创新观念、体制机制和手段，形成推动民族文化产业发展的合力，推动民族文化从资源到资本的转变，促进我省民族文化产业蓬勃发展。谢庆生指出，要有效利用好本次会议的研讨成果，积极探索和创新我省民族文化产业发展的体制机制，大力推进民族文化产业科学发展；要认真贯彻落实好中央和省关于发展民族文化产业的意见和精神，抢抓发展我省民族文化产业的良好机遇，以重大项目为依托，带动整个产业群的发展，全力协同地抓好我省民族文化产业的发展，切实为民族文化产业的发展营造环境，创造条件。

全省宣传部长座谈会暨文化体制改革工作调度会召开

10月6日至7日，全省宣传部长座谈会暨文化体制改革工作调度会在毕节召开。会议传达了全国宣传部长座谈会精神和全国文改领导小组办公室主任座谈会精神，通报了全省文化体制改革工作情况，分析面临的形势，研究部署当前和今后一段时期宣传思想文化工作。省委常委、省委宣传部部长谌贻琴出席并讲话。谌贻琴指出，今年以来我省宣传思想文化战线服务大局更加有力，舆论引导正确有效，对外宣传亮点频现，文化体制改革步伐加快，文明创建扎实推进，取得显著成绩。她说，党的十七届六中全会和省委十届十二次全会即将召开，要以高度的政治责任感，把为会议胜利召开营造良好氛围作为当前宣传思想文化工作的头等大事，提前准备，提前谋划，通过长时段、高密度、深层次的宣传报道，迅速烘托气氛，让全社会高度关注全会，进而更加支持文化改革发展，增强人们的文化自觉和文化自信。谌贻琴强调，必须坚持把正确导向放在新闻宣传工作的首位，严格规范新闻采编行为，建立健康新闻传播秩序，加强阵地管理，壮大主流舆论，凝聚思想共识，为全省改革发展稳定提供强有力的舆论支撑。必须按照中央和省委所明确的文化改革发展目标，尤其是要抓住中央和省委全会研究部署文化改革发展工作的宝贵机遇，查找差距，认清形势，进一步加大改革力度，进一步加快改革进度。必须向发达地区看齐，向人民群众满意看齐，深化延伸学习型党组织建设，坚定不移开展精神文明创建活动，拓宽规范“走基层、转作风、改文风”活动，以只争朝夕的精神，采取更加有针对性的措施，推动工作深入开展，确保圆满完成今年各项工作任务，为贵州实现经济社会发展历史性跨越作出新的更大贡献。会上，省直文化、广电、新闻出版部门负责人和各市（州、地）党委宣传部长就本地区本部门文化体制改革进展情况、存在问题和如何加快改革任务作了交流发言。与会人员围绕如何深化文化体制改革和建立健全突发事件新闻应急机制问题开展了热烈讨论。

全省宣传部长会议在贵阳召开

10月28日，省委十届十二次全会结束后，省委宣传部立即召开全省宣传部长会议，对认真学习领会全会精神，落实全会作出的重大决策进行安排部署。省委常委、省委宣传部部长谌贻琴强调，全省宣传思想文化战线要认真学习、深刻领会全会精神，以高度的文化自觉和文化自信，发挥文化建设“主力军”和“排头兵”作用，促进文化跨越发展，推动多民族文化大发展大繁荣，在全省上下迅速兴起学习宣传贯彻全会精神的热潮。谌贻琴指出，省委十届十二次全会结合我省实际，深入贯彻落实党的十七届六中全会精神，重点研究部署我省文化改革发展并出台重要意见，为我省推动文化繁荣发展指明了方向。全省宣传思想文化系统要学习贯彻好全会精神，准确把握我省文化改革发展的现实条件、指导思想、奋斗目标、重大举措和组织保障，把思想和行动统一到省委全会精神上来，促进文化跨越发展，努力为建设文化强省打牢坚实基础。谌贻琴强调，要把握重点，理清思路,采取有力措施全面落实省委全会明确的各项任务。要牢牢用社会主义核心价值体系统领我省文化建设,打牢共同思想基础;弘扬先进文化思想,增强贵州文化自觉自信;完善公共文化服务体系,切实保障文化民生;繁荣发展文艺创作,提供更多更好的精神食粮;壮大文化产业实力,提供文化发展有力支撑;深化文化改革开放,释放文化发展持久动力;发展壮大文化队伍,夯实文化建设人才基础。谌贻琴要求,要把深入学习宣传贯彻全会精神作为宣传思想文化战线的头等大事和分内之责,切实增强政治责任,广泛开展培训宣讲,推动全会精神深入人心。要积极推进研究阐释,深化认识文化发展重大问题,精心组织新闻宣传,营造良好舆论氛围,迅速在全省兴起学习宣传贯彻全会精神的热潮。全省各市、州、地党委宣传部长,全省宣传文化系统各单位主要负责人参加会议。

中央宣讲团党的十七届六中全会精神报告会在贵阳举行

10月30日上午,省委大会堂座无虚席,气氛热烈。中央宣讲团党的十七届六中全会精神报告会在这里隆重举行。中央宣讲团成员、中央宣传部副部长、文化部部长蔡武作宣讲报告。省政协主席王正福出席报告会。省委副书记王富玉主持报告会。省领导王晓东、龙超云、李军、黄康生、谌贻琴、孙永春、傅传耀、顾久、陈华祥、袁周、蒙启良、孙国强、刘晓凯、谢庆生、刘鸿庥、孔令中、左定超、武鸿麟、谢晓尧、班程农、孙华璞和省直机关领导干部及部分离退休干部,省军区、省武警总队、省消防总队部分官兵,省直宣传文化系统各单位班子成员和部分中层干部,省属高校领导干部和师生代表共1400多人认真聆听了报告。报告会上,蔡武围绕深化文化体制改革、推动社会主义文化大发展大繁荣,进行了深入讲解。报告回顾总结了改革开放特别是党的十六大以来文化建设取得的显著成就和成功经验,分析了推进文化改革发展的重要性和紧迫性,阐述了中国特色社会主义文化发展道路的基本内涵和要求,阐述了建设社会主义文化强国的战略目标和到2020年的奋斗目标,阐述了推进文化改革发展的主要任务和重大举措以及全会提出的一系列新思想、新观点、新论断、新要求,密切联系我国经济社会发展实际和文化改革发展现状,运用大量客观翔实的数据和生动的实例,对十七届六中全会精神进行了深入、系统的阐释和解读。蔡武指出,十七届六中全会是我们党在全面建设小康社会关键时期和文化改革发展重要阶段召开的一次十分重要的会议,是总结过去、规划未来,从战略上对文化改革发展进行研究部署的重要会议。全会通过的《决定》内容十分丰富,理论上有新概括,政策上有新突破,举措上有新实招,充分体现了我们党对肩负历史使命的深刻把握,对国内外形势的科学判断,对文化建设的高度自觉,是指导我国文化改革发展的纲领性文件。贵州是多民族聚居省份,具有多姿多彩的民族文化。相信通过学习贯彻落实十七届六中全会精神,贵州必将在文化建设和发展方面取得更大突破,从而进一步促进本地区经济社会更好更快发展。中央宣讲团的报告站得高、讲得透,坚持理论与实际相结合、国际与国内相结合、历史与现实相结合,系统透彻、深入浅出,在现场听众中引起热烈反响。大家聚精会神,认真记录,不时对精彩的讲解报以热烈的掌声。大家纷纷表示,要按照中央的要求,深入学习党的十七届六中全会精神,把思想和行动统一到六中全会和省委十届十二次全会精神上来,凝聚力量,努力奋斗,确保完成文化改革发展的各项任务,为促进贵州文化跨越发展,建设文化强省贡献自己的力量。

中共贵州省委十届十二次全体会议在贵阳召开

10月27日至28日，中国共产党贵州省第十届委员会第十二次全体会议在贵阳举行。会议的主要任务是，认真学习贯彻党的十七届六中全会精神，研究推进贵州多民族文化大发展大繁荣问题，决定召开中国共产党贵州省第十一次代表大会，听取省委常委会关于十次全会以来的工作报告。全会由省委常委会主持。省委书记栗战书代表省委常委会讲话。省委副书记、省长赵克志主持第二次全体会议并讲话。全会审议通过了《中共贵州省委关于贯彻党的十七届六中全会精神推动多民族文化大发展大繁荣的意见》。省委常委、省委宣传部部长谌贻琴就《意见（讨论稿）》向全会作了说明。

全会充分肯定了省委十届十次全会以来省委常委会的工作。一致认为，一年来，中央对贵州支持力度空前加大，省委常委会按照中央领导同志对贵州工作的重要指示和党的十七届五中全会精神，团结和带领全省各族干部群众，高举“发展、团结、奋斗”的旗帜，把思想统一到发展上，把心思集中到发展上，把力量凝聚到发展上，围绕“加速发展、加快转型、推动跨越”的主基调，大力实施工业强省和城镇化带动主战略。一年来，省委常委会认真学习科学理论，坚定理想信念；始终扭住发展这个第一要务不放松，推动经济社会又好又快、更好更快发展；坚持以民生带发展，扎实推进社会建设和社会管理；狠抓作风转变，倡导和形成干事创业、风清气正的新风貌；加强和改进党的领导，围绕发展抓党建，切实把党的政治优势和组织优势转化为科学发展优势。目前全省思想统一，人气很旺，呈现出团结奋斗、积极向上、发展加速、社会进步、民生改善的良好局面，实现了“十二五”的良好开局。

全会认为，总结一年多来的工作，最关键的一条，就是坚持了“科学发展、干字当头”。没有“干”，就一丁点的马克思主义都没有；没有“干”，就一丁点的科学发展观都没有；没有“干”，一切豪言壮语都是大话、空话、假话；没有“干”，一切宏伟蓝图都是“乱涂”、“烂图”、一文不值。正是省委常委班子和省人大、省政府、省政协领导班子带头，全省各级领导班子坚定不移地贯彻落实锦涛总书记对贵州工作的重要指示精神，以对党忠诚、对人民负责的高度责任感使命感紧迫感，理性分析、慎重决策，自加压力、奋力争先，脚踏实地、埋头苦干，团结一心、愚公移山，才干出了贵州的今天。实践证明，发展靠干，跨越靠干，想富起来还是靠干。不干就没有美好未来。

全会指出，刚刚闭幕的党的十七届六中全会，是在全面建设小康社会关键时期召开的一次重要会议。全会深刻分析了中国特色社会主义文化建设面临的形势和任务，深入总结了我国文化改革发展的实践和经验，鲜明提出了建设社会主义文化强国的目标任务，全面部署了深化文化体制改革、推动社会主义文化大发展大繁荣各项工作，发出了进一步兴起社会主义文化建设新高潮的动员令。胡锦涛总书记的重要讲话，站在时代和全局的高度，回顾总结了中央政治局一年来的工作，对贯彻落实全会精神、做好当前工作提出明确要求，为我们做好工作进一步指明了方向。全会通过的《中共中央关于深化文化体制改革推动社会主义文化大发展大繁荣若干重大问题的决定》，提出了新形势下推进文化改革发展的指导思想、重要方针、目标任务、政策举措，是指导我们建设社会主义文化强国的纲领，对统一全党思想，激发全国人民的积极性和创造性，开创文化改革发展新局面，必将起到巨大的引领和推动作用。

全会指出，要充分认识推动贵州多民族文化大发展大繁荣的重要性和紧迫性，以高度的文化自觉和文化自信推动文化跨越发展，加快建设文化强省。必须深刻认识到文化建设是深入贯彻落实科学发展观的根本要求，是中国特色社会主义事业总体布局的重要组成部分，文化更加繁荣是全面建设小康社会的重要目标和重要保证；深刻认识文化对经济强大的助推作用，充分挖掘和弘扬贵州优秀的多民族文化，增强干部群众文化认同感和文化自信心，形成推动贵州跨越发展的强大精神力量；深刻认识到文化产业是全局性、导向性、长远性的新兴产业，具有优结构、扩消费、增就业、促跨越、可持续的独特优势；深刻认识到文化建设在促进民族团结、增强民族凝聚力、提升公民素养、促进社会和谐中的重要地位和作用。当前，我省发展面临许多重大机遇，全省上下期盼加快发展、创造美好生活的愿望十分强烈。贵州经济社会发展正处于关键时期，进入了文化消费大幅提升的阶段。全省上下要顺应经济社会发展的新变化和人民群众的新需求，推动文化强省建设，努力使全省人民不仅物质生活更加殷实，而且精神生活更加充实。

全会强调，到2020年，我省文化改革发展的总体目标是：社会主义核心价值体系建设深入推进，良好思想道德风尚进一步弘扬，公民素质明显提高；文化管理体制和文化产品生产经营机制充满活力、富有效率；基本建立覆盖城乡、结构合理、功能健全、实用高效的公共文化服务体系，实现基本公共文化服务均等化；基本建立文化产品特色鲜明、产业链条完整、市场要素繁荣的文化产业体系，形成公有制为主体、多种所有制共同发展的文化产业格局，到“十二五”期末，文化产业增加值达到全省生产总值的5%以上，文化产业成为我省国民经济支柱性产业；基本建立较为完善的文化法规体系，文化资源得到有效保护和科学开发；基本建立创意理念不断涌现、科技手段广泛运用的文化创新体系，贵州文化凝聚力、竞争力、创新力、辐射力显著增强；基本建立结构合理、素质优良、作风过硬的文化人才体系，文化繁荣发展的人才保障更加有力，促进贵州文化跨越发展，为建设文化强省打下坚实基础。

全会强调，充分挖掘特色，突出和彰显贵州文化的特质、特点、特色，按照体现社会主义先进文化的要求，正确把握民族共性文化与个性文化、通俗文化与高雅文化、传统文化与当代文化、整体文化与区域文化、贵州文化与外来文化这五个重要关系，实施好文明素质工程、文化惠民工程、文化保护工程、文艺精品工程、文化产业工程、文化科技工程、文化融合工程、文化传播工程、文化人才工程这“九大文化工程”。在贵州文化建设过程中，要有贵州印记、贵州特色、贵州标志；在文化资源的利用上，要认真盘点，摸清家底，深入挖掘；在文化创造的过程中，要着眼于突出贵州文化的特色，大胆创新，积极探索具有时代特征、贵州特点的文化建设新路子。

全会强调，要扎实推进社会主义核心价值体系建设，在全省上下大力倡导“爱国、敬业、诚信、友爱”的价值取向，夯实各族人民团结奋斗的共同思想道德基础。要切实把爱国主义精神体现在维护国家发展大局上，体现在建设家乡上，将爱国热情转化为干事创业的行动，转化为艰苦奋斗的作风，转化为开拓创新的激情。要在全社会大力弘扬敬业精神，教育和引导全省各族干部群众立足本职岗位、干好本职工作。要大力推进诚信贵州建设，在全社会弘扬诚实守信的良好风尚。要大力弘扬社会主义友爱，在全社会形成团结互助、平等友爱、共同前进的人际关系，为构建和谐贵州、平安贵州、幸福贵州奠定坚实基础。

全会强调，要大力弘扬“开放创新、团结奋进”的贵州时代精神，凝聚建设美好贵州的强大力量，奏响贵州时代乐章“最强音”，吹响贵州跨越发展的“冲锋号”。弘扬贵州时代精神，就是要进一步坚定理想信念，把思想统一到发展上、心思集中到发展上、力量凝聚到发展上，不动摇、不懈怠、不折腾，不为任何风险所惧，不被任何干扰所惑；就是要始终坚持解放思想、实事求是、与时俱进，着力破除阻碍科学发展的思想观念，推进体制、机制和管理创新，以世界眼光、开放意识做好工作，让创先争优的积极性充分发挥出来，让创新创业的热情充分迸发出来，让创造社会财富的活力充分激发出来；就是要自觉践行全心全意为人民服务的根本宗旨，坚持以人为本、执政为民，站在群众的立场上谋划工作，汲取群众的智慧改进工作，千方百计排民忧、解民难、帮民富、惠民生；就是要倍加顾全大局，倍加珍视团结，团结一切可以团结的力量，调动一切可以调动的积极因素，努力形成推动科学发展的强大合力；就是要坚持艰苦奋斗、长期奋斗、不懈奋斗，不甘落后、奋力攀高、加力赶超，以励精图治、奋发有为的精神状态为党和人民干事创业，更好地推进发展、造福于民。

全会强调，要大力实施省级重大文化工程、市县文化馆和图书馆建设工程、乡镇（街道）综合文化站和村（社区）文化室建设工程、广播电视“村村通”工程、文化信息资源共享工程、农村电影放映工程、农家书屋工程、实施优秀文化遗产保护工程等“八大文化惠民工程”，完善公共文化服务体系，加快发展公益性文化事业，构建覆盖城乡的公共文化服务体系，让群众广泛享有免费或优惠的基本公共文化服务。要做大做强我省特色文化产业，重点实施好“六个一批”，即：有一批文化单位通过实施转企改制，建立现代企业制度，争取有几个在“十二五”期间实现上市，有几个产值上百亿；规划和建设好一批文化产业园区、基地和重点项目，建成一些既是旅游景点、又是文化载体的精品工程；有一批有影响的作品问世；培养和积聚一批文化产业的“尖子人才”；组建一批文化中介机构；搭建几个文化产业投融资平台。

全会强调，推进文化跨越发展、加快文化强省建设，关键在党。要深化文化改革开放，加快构建促进多民族文化繁荣发展的体制机制；发展壮大文化队伍，为加快文化改革发展提供人才支撑；加强组织领导，为推动多民族文化大发展大繁荣提供有力保障。各级党委、政府要清醒认识肩负的文化使命，加强和改进对文化改革发展的领导，像抓经济工作一样抓文化工作，像抓工业项目一样抓文化项目，像培养经济人才一样培养文化人才。各级领导干部要树立新的文化发展理念，抓紧学习文化方面的知识，加强对文化发展重大问题的研究，努力做到懂文化、会管理、善领导。要建立健全抓落实的工作机制，对文化建设的各项任务实行目标化管理、项目化推进、责任化考核，一项一项地落实到位、抓出成效。

全会要求，全省上下要再接再厉，加倍努力，集中精力抓好经济工作、尽心竭力维护社会和谐稳定、切实做好宣传思想工作、大力加强和改进党的领导。要认真学习、深刻领会党的十七届六中全会精神和此次全会精神，抢抓机遇、乘势而上，把贯彻落实会议精神与推进全省文化体制机制改革创新结合起来，努力增强贵州文化的凝聚力和生命力；同增强文化自觉、文化自信，弘扬贵州时代精神结合起来，大力提振干事创业的精气神；同抓好当前工作结合起来，全面完成和超额完成今年各项目标任务，实现“十二五”良好开局。

全会审议通过了《中共贵州省委关于召开中国共产党贵州省第十一次代表大会的决议》，决定省第十一次党代会于2012年4月在贵阳举行。这次大会，是我省与全国同步进入全面建设小康社会关键时期和加速发展、加快转型、推动跨越攻坚时期召开的一次十分重要的会议，是全省各族人民政治生活中的一件大事。

全会号召，全省各级党组织和广大党员干部要更加紧密地团结在以胡锦涛同志为总书记的党中央周围，振奋精神、锐意进取、勇于创新、扎实工作，推动多民族文化大发展大繁荣，夺取经济社会发展新胜利，以优异成绩迎接党的十八大和省第十一次党代会胜利召开。

学习中央和省委全会精神宣讲骨干培训班暨省委宣讲团动员会召开

11月8日，省委宣传部和省委讲师团在贵阳召开学习贯彻党的十七届六中全会和省委十届十二次全会精神宣讲骨干培训班暨省委宣讲团动员会。省委常委、省委宣传部部长谌贻琴出席会议并作动员讲话。谌贻琴指出，党的十七届六中全会对文化改革发展进行了战略部署，省委十届十二次全会为我省推动文化繁荣发展指明了方向。全省各地各部门要认清形势，深刻认识到开展宣讲活动有助于进一步营造氛围、兴起学习热潮，有助于进一步深化认识、凝聚发展共识，有助于进一步指导实践、推进贯彻落实，切实增强做好全会精神宣讲工作的责任感和使命感。谌贻琴强调，要全面准确、突出重点，紧密结合我省文化建设实际，切实把全会精神宣讲好阐释好。要深入宣讲我省文化改革发展取得的重大成就、推进我省文化改革发展的重大意义、我省文化改革发展的奋斗目标和重大举措。注重突出推动多民族文化大发展大繁荣这个主题，突出推进社会主义核心价值体系建设、弘扬贵州时代精神这条主线，突出促进文化跨越发展、努力建设文化强省这个目标，突出抓好公益性文化事业和经营性文化产业这两个重点。谌贻琴要求，要认真总结运用以往宣讲的成功经验，既全面理解和深刻把握全会精神，又注重讲究宣讲艺术，让宣讲更加深入浅出、更加鲜活生动，为群众喜闻乐见，努力增强宣讲的吸引力和感染力。全省各地各部门一定要按照中央和省委的要求，高度重视，加强领导，精心组织宣讲工作，努力扩大宣讲影响，确保宣讲活动取得实效。

贵州省委组织宣讲团赴全省各地宣讲中央和省委全会精神

为深入学习宣传贯彻党的十七届六中全会和省委十届十二次全会精神，省委组织宣讲团赴全省各地各系统进行宣讲。11 月 9 日上午，省委宣讲团成员、省委常委、省委宣传部部长谌贻琴在省委大礼堂为省直机关作首场宣讲报告。报告会上，谌贻琴围绕《以高度的文化自觉和文化自信，推动贵州多民族文化大发展大繁荣》主题，从近年来我省文化改革发展取得的重要成就，推动贵州多民族文化大发展大繁荣的重要性紧迫性，推动贵州多民族文化大发展大繁荣的主要任务和重要措施，学习贯彻全会精神需要重点把握的问题等 4 个方面进行了宣讲。报告紧密结合贵州省情和贵州文化发展实际，用大量客观翔实的数据和生动的实例，深入浅出地对党的十七届六中全会和省委十届十二次全会精神进行了系统的阐释和解读。报告有很强的理论性、针对性和指导性，在现场听众中引起热烈反响。大家聚精会神，认真记录，纷纷表示，要按照中央和省委的要求，深入学习贯彻全会精神，把省直机关各级党组织和广大党员干部的思想和行动统一到全会精神上来，以学习的成果促进我省多民族文化大发展大繁荣，为贵州“加速发展、加快转型、推动跨越”作出新的贡献。省直各单位负责人，省直宣传、文化系统单位班子成员，省宣讲骨干培训班成员以及省直机关干部职工代表共 1000 余人认真聆听了报告。

“第四届‘听多彩之声·说魅力贵州’——全国50家广播电台著名节目主持人入黔采访大型直播”活动启动

11月28日晚,“第四届‘听多彩之声·说魅力贵州’——全国50家广播电台著名节目主持人入黔采访大型直播”活动正式启动,活动执行单位贵州新闻广播在贵阳南天酒店举办了简朴而热烈的启动仪式暨欢迎晚宴。省委副书记王富玉,省委常委、省委宣传部部长谌贻琴出席。在为期两天的活动中,来至黑龙江人民广播电台、吉林人民广播电台、新疆人民广播电台、内蒙古人民广播电台交通广播、包头人民广播电台新闻广播、陕西人民广播电台经济广播、山西人民广播电台等电台的著名节目主持人聚集贵州,集中广播优势资源宣传多彩贵州。11月29日中午,全国50家广播电台著名节目主持人入黔采访大型直播活动在贵阳市乌当贵御温泉作首场直播;11月30日中午将在大方县奢香夫人博物馆举行第二场直播。通过这两次大型直播及活动期间进行的各种采风,让来自全国的广播“名嘴”以电波的方式向全国的朋友推介贵州的温泉资源、独特的民族文化、厚重的历史文化和经济社会发展。

领 导 讲 话

栗战书同志讲话

在省委十届十二次全会第二次全体会议上的讲话

（10 月 28 日）

这次全会开得很好。全会听取了省委常委会的工作报告，审议通过了《中共贵州省委关于贯彻党的十七届六中全会精神推动多民族文化大发展大繁荣的意见》、《中共贵州省委关于召开中国共产党贵州省第十一次代表大会的决议》，圆满完成了各项议程。

下面，我就贯彻落实党的十七届六中全会和这次全会精神，推动我省多民族文化大发展大繁荣以及做好当前各项工作，讲两个方面意见。

关于贯彻落实六中全会精神推动贵州多民族文化大发展大繁荣

党的十二届六中全会、十四届六中全会部署精神文明建设和思想政治工作之后，党的十七届六中全会专题研究部署深化文化体制改革、推动社会主义文化大发展大繁荣问题，意义重大，影响深远。六中全会以后，全省各级党组织和广大党员干部按照中央的部署和省委的要求，迅速掀起了学习贯彻的热潮。我们要在前一阶段学习贯彻的基础上，进一步拓展深度和广度，进一步把思想和行动统一到中央精神上来，努力使认识有新的提高、工作有新的进展。

这次全会认真贯彻党的十七届六中全会精神，结合贵州实际，审议通过的《意见》符合中央精神，符合贵州实际。我们要进一步吃透中央《决定》和省委《意见》精神，结合本地本部门本单位实际，以改革创新精神落实好各项任务，扎实抓好文化改革发展的各项工作。

一、以高度的文化自觉和文化自信推动文化跨越发展，夯实建设文化强省的基础。文化自觉是一种内在的精神力量，是推动文化繁荣发展的思想基础和先决条件。文化自信是对自身文化价值的充分肯定，对自身文化生命力的坚定信念。胡锦涛总书记强调："当今时代，文化在综合国力竞争中的地位日益重要。谁占据了文化发展的制高点，谁就能够在激烈的国际竞争中掌握主动权"。哈佛大学历史学、经济学教授戴维·兰德斯在《国富国穷》中也提出，国家贫富取决于深层次的文化因素。贵州文化厚重，但由于经济上的欠发达，"夜郎自大"一度变成"夜郎自卑"，一些人对贵州文化发展缺乏信心。刘云山同志在我省考察指导工作时指出："经济欠发达，文化不一定落后，有时还可以超越经济发展，创造出不平凡的成就。"当前，我省发展面临许多重大机遇，全省上下期盼加快发展、创造美好生活的愿望十分强烈。

贵州经济社会发展正处于关键时期，人均GDP已经超过1800美元，进入了文化消费大幅提升的阶段。在这种情况下，如何抢抓历史性机遇，顺应全省人民的期盼，凝聚力量、形成共识，在加速发展、加快转型、推动跨越的进程中，加快文化强省建设步伐，是我们必须深入思考和解决的重大战略问题。全省上下要顺应经济社会发展的新变化和人民群众的新需求，推动文化强省建设，努力使全省人民不仅物质生活更加殷实，而且精神生活更加充实。

推进文化跨越发展，关键在党。地区之间文化实力和竞争力的此消彼长，很大程度上取决于领导者的眼光、谋略和能力。各级党委、政府要清醒地认识肩负的文化使命，加强和改进对文化改革发展的领导，像抓经济工作一样抓文化工作，像抓工业项目一样抓文化项目，像培养经济人才一样培养文化人才。各级领导干部要树立新的文化发展理念，抓紧学习文化方面的知识，加强对文化发展重大问题的研究，努力做到懂文化、会管理、善领导。要建立健全抓落实的工作机制，对文化建设的各项任务实行目标化管理、项目化推进、责任化考核，一项一项地落实到位、抓出成效。

二、充分发挥优势，突出和彰显贵州文化的特质、特点、特色。《意见》明确提出我省文化发展要正确把握好民族共性文化与个性文化、通俗文化与高雅文化、传统文化与当代文化、整体文化与区域文化、贵州文化与外来文化等五个方面的关系。总的要求就是要按照体现社会主义先进文化的要求，在贵州文化建设过程中要有贵州印记、贵州特色、贵州标志。这些年来，我们打造了《雄关漫道》、《绝地逢生》、《杀出绝地》、《烽火不息》、《水凤凰》、《奢香夫人》等一批影视精品，培育了“多彩贵州”文化品牌并在全国产生较大影响，形成文化领域的“贵州现象”，很大程度上归因于体现了贵州文化的特质、特点、特色。作为一个多民族的内陆山区省份，我省虽然经济发展相对滞后，但也保留了弥足珍贵的多样性原生态民族民间文化资源，还有地域特色极为突出的史前文明、夜郎文化、屯堡文化、阳明文化以及对中国革命产生重要影响的红色长征文化、对贵州建设具有重要作用的三线建设文化等；典型的喀斯特地貌和丹霞地貌、宜人的气候、珍贵的地质遗址、繁多的生物种类，构成了独特的自然景观和良好的文化生态环境。所有这些，都为贵州的文化建设提供了丰富、独特的产品内容素材和创意基础元素，是我们推动贵州文化发展繁荣取之不尽的资源宝库。我们为拥有这样多姿多彩的资源禀赋、文化优势感到骄傲和自豪，同时我们更要按照先进文化的前进方向，顺应时代要求，推动文化资源优势转化为文化发展优势和经济社会发展优势。在文化资源的利用上，要认真盘点，摸清家底，深入挖掘，特别是要妥善处理好文化遗产保护与开发利用的关系，防止以发展文化为名，破坏和毁弃物质及非物质珍贵文化遗产的事情发生。在文化创造的过程中，要着眼于突出贵州文化的特色，大胆创新，积极探索具有时代特征、贵州特点的文化建设新路子。不管是在发展的手段、途径上，还是在发展的内容、载体上，都要充分考虑突出和彰显贵州文化的特质、特点、特色，尤其要在少数民族文化、红色文化等领域，发展壮大一批龙头文化企业或企业集团，规划实施一批重大文化项目、文化工程，培育打造一批文艺精品和文化品牌，推动特色文化与旅游业、工业、商业等相关产业深度融合、协同发展。

三、扎实推进社会主义核心价值体系建设，大力倡导“爱国、敬业、诚信、友爱”的价值取向。社会主义核心价值体系是兴国之魂，是社会主义先进文化的精髓，决定着中国特色社会主义发展方向。李长春同志在党的十七届六中全会上指出，目前“概括出能够得到广泛认同的社会主义核心价值观条件尚不成熟，需要在实践中继续探索”。我们这次全会提出大力倡导爱国、敬业、诚信、友爱的价值取向，就是对概括社会主义核心价值观的一种探索，主要目的是立足贵州干部群众的思想意识和价值观念，进一步提炼和概括社会主义核心价值观的基本内涵，使之具体化、为群众所掌握，成为全省不同社会阶层的共同精神追求。

爱国是民族自我认同的心理基础，爱国主义是中华民族精神的核心。不论什么党派、团体，不论哪一阶层、哪一层面的人士，都应爱国，都应有爱国之心、爱国之行。对于贵州来说，要切实把爱国主义精神体现在维护国家发展大局上，体现在建设家乡上，将爱国热情转化为干事创业的行动，转化为艰苦奋斗的作风，转化为开拓创新的激情，不断创造新的更大的业绩，推动贵州早日实现经济社会发展的历史性跨越。

敬业是中华民族的优良传统，是社会主义职业道德的集中体现。我省经济基础薄弱，要与全国同步建成全面小康社会，除了苦干实干，没有任何其他捷径可走。我们要在全社会大力弘扬敬业精神，教育和引导全省各族干部群众立足本职岗位、干好本职工作，做到干一行、爱一行、钻一行、精一行，脚踏实地、埋头苦干，兢兢业业、扎扎实实地做好每一项工作。

诚信是我国传统道德文化的重要内容，也是现代文明的基石与标志。在社会主义市场经济条件下，诚信是最佳的发展环境和特殊的发展资源。贵州正处于大发展、大跨越的关键时期，没有一个好的诚信环境，谁会来投资？没有一个好的诚信环境，恐怕连基本的秩序都难以维持。我省开展的“诚信农民”活动就产生了很好的社会反响。要大力推进诚信贵州建设，增强全社会诚实守信意识，把诚实守信作为基本行为准则，加强政务诚信、商务诚信、社会诚信体系建设，在全社会大力弘扬诚实守信的良好风尚。

友爱是一种重要的人类情感，是社会和谐进步的重要基础。我省是一个多民族省份，人口数量多，大杂居、小聚居，“十里不同风、五里不同俗”，始终倡导一种多民族大家庭团结友爱的社会氛围十分重要。要大力弘扬社会主义友爱，以互助互爱为纽带，努力营造人人为我、我为人人的良好社会公德，在全社会形成团结互助、平等友爱、共同前进的人际关系，为构建和谐贵州、平安贵州、幸福贵州奠定坚实基础。

四、大力学习弘扬贵州时代精神，凝聚建设美好贵州的强大力量。时代精神是一个社会精神风貌和社会风尚的综合体现，引领着时代进步潮流。长期以来，我省传承凝炼、铸就升腾了长征精神、遵义会议精神、三线建设精神、大关精神及在抗旱中形成的贵州精神。这次全会提出的以“开放创新、团结奋进”为核心的贵州时代精神，是贵州当代文化之“魂”，它源于实践，贴近实际，体现群众意愿，易于记忆传诵，是民族精神和党的优良传统的生动体现，是长征精神、遵义会议精神在新时期的发扬光大，是贵州各族人民的宝贵精神财富。今后五年是贵州加速发展、加快转型、推动跨越的关键时期，也是贵州文化自觉、文化自信、文化自强的重要时期。全省上下要适应新形势新任务的需要，大力弘扬贵州时代精神，奏响贵州时代乐章“最强音”，吹响贵州跨越发展的“冲锋号”，全力推动全省经济社会又好又快发展。弘扬贵州时代精神，就是要进一步坚定理想信念，把思想统一到发展上，把心思集中到发展上，把力量凝聚到发展上，不动摇、不懈怠、不折腾，不为任何风险所惧，不被任何干扰所惑；就是要始终坚持解放思想、实事求是、与时俱进，着力破除阻碍科学发展的思想观念，推进体制、机制和管理创新，以世界眼光、开放意识做好工作，让创先争优的积极性充分发挥出来，让创新创业的热情充分迸发出来，让创造社会财富的活力充分激发出来；就是要自觉践行全心全意为人民服务的根本宗旨，坚持以人为本、执政为民，站在群众的立场上谋划工作，汲取群众的智慧改进工作，千方百计排民忧、解民难、帮民富、惠民生；就是要倍加顾全大局，倍加珍视团结，团结一切可以团结的力量，调动一切可以调动的积极因素，努力形成推动科学发展的强大合力；就是要坚持艰苦奋斗、长期奋斗、不懈奋斗，不甘落后、奋力攀高、加力赶超，以励精图治、奋发有为的精神状态为党和人民干事创业，更好地推进发展、造福于民。

当前，各地各部门要把学习弘扬贵州时代精神融入精神文明创建和思想道德建设的方方面面，使其内化于心、外用于行，成为全省各族人民奋发向上的精神力量和团结和睦的精神纽带。要及时总结、大力宣传弘扬贵州时代精神，抓发展、促转型、谋跨越的先进典型。各级领导干部要带头弘扬贵州时代精神，把时代精神落实到加强党性修养和作风传承上，贯彻到改革开放和现代化建设中，以新作风、新作为推进各项工作取得新成就。

五、大力实施“八大文化惠民工程”，完善公共文化服务体系，加快发展公益性文化事业。这些年来，在中央的大力支持下，我们大力发展广播电视“村村通”、农村公益电影放映、公共图书馆及文化馆、农民文化家园、农家书屋、乡村少年宫等公共文化事业，取得了明显的阶段性成效。但我省还是一个欠发达地区，公共文化服务能力和水平与人民群众日益增长的文化需求还不相适应。我们要按照中央的部署和这次全会的要求，深化公益性文化事业单位改革，实施文化惠民工程，健全基础设施，完善服务网络，建立保障机制，让群众广泛享有免费或优惠的基本公共文化服务。

发展公益性文化事业是社会主义制度下保障人民基本文化权益的基本途径，要按照公益性、基本性、均等性、便利性的要求，以政府为主导，以公共财政为支撑，以公益性文化事业单位为骨干，以全民为服务对象，以基层特别是农村为重点，构建覆盖城乡的公共文化服务体系。尤其要注意向未成年人、老人、城市低保户、农民工等倾斜，提供"文化低保"，推出一批老少皆宜、雅俗共赏的群众文化精品和服务项目，不断为公共文化服务注入新的理念、内涵和方式。当前和今后一个时期，重点实施"八大文化惠民工程"：

一是省级重大文化工程。抓好贵州省博物馆、遵义会议纪念体系项目、贵州日报报业集团印务传媒研发基地建设，新建贵州省美术馆、贵州演艺中心、贵州文艺家之家、当代贵州杂志社办刊业务基地、多彩贵州品牌研发基地、贵州省文化馆、贵州省少儿图书馆、贵州省工人文化宫等重大文化设施。

二是市县文化馆和图书馆建设工程。到2015年，按照国家分类建设标准，建成市（州、地）图书馆、文化馆、博物馆，维修改造好县级图书馆、文化馆。

三是乡镇（街道）综合文化站和村（社区）文化室建设工程。做到乡镇（街道）有综合文化站、公共电子阅览室，村有农家书屋、文化小广场、综合文化活动室、农民文化家园、农民阅报栏，城市社区有文化中心。

四是广播电视"村村通"工程。完成20户以下通电自然村广播电视覆盖，基本实现户户通。推动媒体办好农村版和农村频率、频道，鼓励文化单位面向农村提供流动服务、网点服务。

五是文化信息资源共享工程。完善覆盖城乡的网络，以数字资源建设为核心，以乡镇及社区基层服务网点为重点，加强基层站点人员的技能培训，提高全省文化信息资源共享工程信息化、网络化水平，把先进文化传播到广大的城市社区、边远山区。

六是农村电影放映工程。实施好农村公益电影放映，建立全省统一的农村电影院线公司。到2020年，实现县有数字电影院和数字电影放映设备，乡镇有一套数字电影放映设备。

七是农家书屋工程。满足农民文化需要，在行政村建立、由农民自己管理，为农民提供实用书报刊和音像电子产品阅读视听服务，力争到2012年全面完成农家书屋全覆盖，2020年前实施数字农家书屋全覆盖。

八是实施优秀文化遗产保护工程。实施全省文化遗产保护"百村计划"，建立"多彩贵州"文化线路保护和利用体系。积极推进非物质文化遗产数据库建设。编辑出版《贵州文库》，扶持非物质文化遗产传承。申报建立黔东南苗族侗族国家级文化生态保护实验区，建立水族、布依族、仡佬族、彝族、土家族、瑶族等省级文化生态保护实验区，建设一批少数民族博物馆。

六、重点实施好"六个一批"，做大做强我省特色文化产业。发展文化产业是满足人民群众精神文化需求的重要途径，也是实现贵州经济社会发展历史性跨越的重要支撑力量。从国外看，美国文化产业增加值占整个GDP的三分之一，美国的电影业、英国和意大利的创意产业、日本的动漫业、韩国的游戏业产值都超过了各自国家钢铁业的产值。文化产业对GDP的贡献越大，经济结构就越趋向合理平衡。从国内看，兄弟省份文化产业发展得很快。2010年，北京、上海、广东、湖南、湖北、云南等6个省市的文化产业增加值占GDP比重超过了5%。2010年浙江文化产业增加值总量近1000亿元，北京GDP中有12.6%是由文化创意产业所构成。我们的邻省云南，"十一五"期间打造了《云南映象》、《丽水金沙》等一批文化品牌，文化及相关产业主营业务收入增长1.33倍，增加值增长1.64倍，年均增长27.5%，高于同期GDP增长速度。

近年来，我省文化产业发展取得了重要进展，呈现出很多亮点，但与发达地区相比，无论是数量上还是效益上都有较大差距，在全国处于较落后地位。各地各部门要按照这次全会审议通过的《意见》，结合实际制定贯彻落实意见，突出特色，发挥优势，抓紧做好工作，真正使文化发展战略定位准确、目标任务具体、发展布局科学，确保文化改革发展的各项目标任务落到实处、见到实效，力争到2015年全省文化产业增加值达到全省生产总值的5%以上，使文化产业成为国民经济的重要支柱产业。当前和今后一个时期，要重点实施好“六个一批”：一是要有一批文化单位通过实施转企改制，建立现代企业制度，争取有几个在“十二五”期间实现上市，有几个产值上百亿。二是要规划和建设好一批文化产业园区、基地和重点项目，建成一些既是旅游景点、又是文化载体的精品工程。三是要有一批有影响的作品问世。要积极引导各方投入，努力推动创作有广泛影响的文化力作。四是要培养和积聚一批文化产业的“尖子人才”，带动文化产业快速发展。五是要组建一批文化中介机构，包括咨询、策划、创意、法律服务、市场交易和文艺评论队伍，为文化产业大发展提供服务。六是要搭建几个文化产业投融资平台，拓宽文化产业发展的资金渠道，满足文化建设的资金需求。

在实施中，要进一步改变传统的不合时宜的工作方法，创新文化发展的新方法，同时注重学习借鉴发达国家和地区的好经验、好做法。比如，要出台一系列促进文化与相关产业融合发展的政策措施，推动文化与旅游融合，不断丰富旅游的文化内涵；文化与科技融合，带动涵盖数十种新兴业态的新媒体产业快速发展；文化与创意融合，推动文艺创作、艺术设计、动漫游戏研发、广告会展项目策划等凸显为可以独立实现价值的“高端产业”；文化与金融融合，创新支持重大文化产业项目跨地区、跨行业、跨所有制发展的社会融资机制，创新文化企业股权、版权等交易方式；文化与贸易融合，推动一批文化企业“走出去”，实现内外文化的交融。

关于做好当前工作以优异成绩迎接党的十八大和省第十一次党代会胜利召开

这次全会审议通过了《关于召开中国共产党贵州省第十一次代表大会的决议》，会后，省第十一次党代会的筹备工作就要启动。现在距年底还有两个多月的时间，各方面的任务艰巨而繁重。全省上下要再接再厉，加倍努力，切实做好当前各项工作，努力完成全年各项目标任务，实现“十二五”良好开局，为省第十一次党代会的召开营造良好环境。这里，我着重强调几点。

一、集中精力抓好经济工作。今年在干旱导致秋粮减产，水电机组大量停发，电煤供应十分紧张，保煤、保电供应任务极其艰巨的情况下，前三季度完成生产总值3692.96亿元，增长15%，增速比去年同期提高3.5个百分点。各地各部门要再接再厉，力争提前和超额完成全年目标。要不折不扣地贯彻落实中央宏观调控政策，正确处理好加速发展、调整结构与管理通胀预期之间的关系。要把加大投资作为“增收救灾”的重大措施来抓，多开工一些工程，努力扩大投资规模，加快推进重大工程、重点项目建设，争取完成更多的实物工作量，更多地增加农民收入。要着力抓好经济运行调节，搞好电煤供应和电力调度，促进经济社会又好又快、更好更快发展。要抓紧组织好秋冬种，帮助农民抓好灾后恢复生产，调整种养结构，增加灾民收入。要着力提高科技创新能力，促进科技成果向现实生产力转化。要毫不放松地抓好节能减排，进一步加大生态建设和环境保护力度。要努力在重点领域、关键环节取得重大突破，提高对外开放的水平和质量。省直各有关部门要加强与中央有关部委的对接，争取把中央对我省的支持落到实处。各地都要算算账、对对标，横向比、找差距，铆足劲、加把力，冲刺最后两个月，避免落后和掉队。

二、尽心竭力维护社会和谐稳定。今年我省遭受了严重干旱灾害，保障和改善民生的任务繁重，搞不好会引发社会不稳定。要进一步落实好改善民生的各项政策措施，加快推进“十大民生工程”。要完善社会救助和保障标准与物价上涨挂钩的联动机制，对城乡困难群众及时发放临时价格补贴，确保他们的基本生活不发生大的问题。要继续抓好抗旱救灾工作，加大打井找水力度，切实保障受灾群众的基本生活。要实施更加积极的就业政策，多渠道开发就业岗位，千方百计让老百姓就地就近稳定就业。要贯彻中央关于加强和创新社会管理的决策部署，加强社会管理法制、体制、能力建设。要坚决纠正损害群众利益的问题，更加重视从源头上化解各种社会矛盾。最近，新华社刊发了《从瓮安之乱到瓮安之变警示录：在痛定思痛中浴火重生》，记述了瓮安“6·28”事件三年后发生的深刻变化和启示。瓮安的经验再次表明，抓社会稳定，最基础、最根本的还是坚持以人为本，扎扎实实地帮助人民群众排难解困，化解民怨，理顺情绪，凝聚人心。现在，一些地方对损害群众利益的问题，总是拖来拖去，哄来哄去，长期不予解决，这样迟早会出问题的，希望各地务必警觉，抓紧解决。要进一步加强社会治安综合治理，严防重特大安全生产事故的发生。要严厉打击境内外敌对势力的各种分裂、渗透、颠覆活动。这里我宣布一条：省委常委会讨论认为，如果哪一个县市区再发生像西秀区、黔西县那样的事件，应毫不含糊地追究县市区委书记、县市区长的责任，也要追究所在市州地的责任。

三、切实做好宣传思想工作。加强中国特色社会主义理论体系学习教育，教育引导广大党员干部坚定不移地坚持党的领导，坚定不移地走中国特色社会主义道路，始终保持政治上的清醒和坚定。要善待、善用、善管、善容各类媒体，提高舆论引导水平，牢牢把握正确导向，唱响主旋律、打好主动仗，为全省改革发展营造良好的舆论环境。要密切关注社会思想动态，加强意识形态领域管理，牢牢掌握领导权，切实把好关。

四、大力加强和改进党的领导。做好当前各项工作，关键在加强党的领导，充分发挥党的政治优势和组织优势。要以省委和市(州)党委换届为契机，进一步加强各级领导班子建设。以提高领导水平和执政能力为目标，选好发展型干部、配强发展型班子，努力把各级班子建设成为团结、务实、勤奋、廉洁，善于领导科学发展的坚强领导集体。通过换届工作，真正使各级党组织战斗力明显增强，使换届成为进一步统一思想、形成共识的过程，成为学习党章和实践党内民主的过程，成为保持党的先进性、进一步赢得民心的过程。要妥善处理好换届与抓日常工作的关系，切实做到思想不散、秩序不乱、工作不断。要按照中央统一部署，搞好我省党的十八大代表推荐提名和选举工作。各级党委要发挥总揽全局、协调各方的领导核心作用，调动各方面的积极性和创造性。要继续加强反腐倡廉工作，严肃党的纪律，抓好廉政文化建设。各级领导干部要进一步改进工作作风，恪尽职守，敢抓善管，真抓实干，推动各项工作不断取得新进展，巩固和发展贵州的大好形势。

同志们，让我们更加紧密地团结在以胡锦涛同志为总书记的党中央周围，振奋精神、锐意进取、勇于创新、扎实工作，推动多民族文化大发展大繁荣，夺取经济社会发展新胜利，以优异成绩迎接党的十八大和省第十一次党代会胜利召开！

为“加速发展、加快转型、推动跨越”提供有力的理论指导、思想保证、精神动力和文化支持

——在全省宣传部长会议上的讲话

(1月12日)

同志们：

这次全省宣传部长会议，是在刚刚跨入“十二五”开局之年的关键时刻召开的，具有特殊重要的意义。这也是我到贵州工作以后第一次参加全省宣传思想文化系统的会议，能在这里见到省、市（州、地）、县三级宣传部长我感到很高兴，借此机会向在座的各位同志和全省宣传思想文化战线上的同志们致以新年的问候！祝大家在新的一年里取得新的更大的成绩。

近年来，全省宣传思想文化战线在中央和省委的正确领导下，按照“高举旗帜、围绕大局、服务人民、改革创新”的总要求，不断加强改进创新宣传思想文化工作，各项工作扎实推进，为推动全省经济社会发展实现历史性跨越发挥了重要作用。概括起来，有四个突出特点：一是导向正确。始终坚持宣传思想文化工作的正确导向，着力宣传中国特色社会主义理论体系、科学发展观、社会主义核心价值体系，着力宣传中央和省委的重要会议精神、重大决策和战略部署，着力宣传西部大开发10周年、改革开放30周年、新中国成立60周年和贵州解放60周年重大成就和宝贵经验，着力搞好抗击雪凝灾害、援助汶川抗震、北京奥运会、抗击特大旱灾等重大主题宣传。特别是近一段时间来，在促进我省又好又快、更好更快发展宣传方面打了一个漂亮仗，对党的十七届五中全会和省委十届十次全会的宣传很有声势。二是注重创新。不断创新工作思路、体制机制、内容形式、手段载体，一年一个主题，一年一个台阶，使全省宣传思想文化工作一波接着一波地向前推进。努力构建大宣传格局，整合宣传思想文化系统及社会资源，不断壮大宣传思想文化工作的实力和影响。实行党政推动与市场运作相结合，保证“多彩贵州”系列活动可持续性、创新性和生命力。创新文艺精品创作激励机制，拍摄出了电视剧《雄关漫道》、《绝地逢生》等在央视黄金时段播出的好作品。文化体制改革有较大进展，贵州广电网络有限公司和“家有购物”频道搞得不错，在全国产生了较大影响。三是打造品牌。在理论工作方面，推出“余心声”系列政论文章，开办“生态文明大讲坛”和“甲秀视线”系列讲座；在文明创建方面，开展“四在农家”、“整脏治乱”、“满意在贵州”等活动；在对外宣传方面，推出“多彩贵州踏春行”、“听多彩之声·说魅力贵州”等大型旅游文化采访报道活动，大力宣传推介贵州民族文化，使“多彩贵州”系列文化活动名声在外；在未成年人思想道德建设方面，开展“祖国好·家乡美”主题实践活动，将爱祖国、爱家乡教育融会在中小学生学习生活中，加强爱国主义教育。四是成效显著。通过大家卓有成效的工作，全省宣传思想文化工作在协调推进中实现了重点突破，在服务大局中做到了有位有为，在改革创新中焕发出新的活力，为满足人民群众精神文化需求、维护社会和谐稳定发挥了重要作用，较好地宣传了党的路线方针政策，有力地配合了省委、省政府中心工作，为促进经济社会又好又快、更好更快发展营造了良好氛围。总之，我省宣传思想文化工作队伍是一支值得信赖的队伍，省委对大家的工作是满意的。

今年是中国共产党成立90周年，是实施“十

二五”规划的开局之年，我省将承办第九届全国少数民族传统体育运动会，做好今年宣传思想文化工作，具有十分重要的意义。在前几天召开的全国宣传部长会议上，中央政治局常委李长春同志就进一步做好新形势下宣传思想文化工作作了重要讲话，提出了新的要求；中央政治局委员、中央书记处书记、中宣部部长刘云山同志就做好“十二五”开局之年的宣传思想文化工作进行了全面部署。全省宣传思想文化战线要结合贵州实际，认真贯彻落实，扎实推进新一年宣传思想文化工作。具体工作贻琴同志还要做安排部署，下面，我着重就宣传思想文化工作如何更好地服务全省经济社会发展大局的问题，讲几点意见。

一、新形势、新任务、新目标要求我们奋力开创全省宣传思想文化工作的新局面，牢牢把握宣传思想文化工作的主动权

宣传思想文化工作历来是党的事业的重要组成部分，担负着统一思想、凝聚力量的重大任务，担负着推动社会主义文化发展繁荣的重大使命，具有极其重要的地位和不可替代的作用。邓小平同志1950年在西南区宣传工作会上，就提出“宣传工作就是一切革命工作的粮草”的著名论断。胡锦涛总书记强调：“不论我国改革发展推进到什么阶段，不论党所处的历史方位和执政条件发生怎样变化，宣传思想工作这个政治优势都不能丢。”做好新形势下的宣传思想文化工作，从大处讲，关系全面建设小康社会进程，关系中国特色社会主义事业发展，关系党的前途命运，关系国家长治久安；具体到一个地方，关系经济发展、政治稳定、社会和谐和人民福祉，关系各项事业的活力、后劲，关系一个地方的对外形象，关系党委、政府的执政能力和领导水平。正如胡锦涛总书记所提出的，“经济工作搞不好要出大问题，意识形态工作搞不好也要出大问题”。我们一定要充分认识宣传思想文化工作的极端重要性，进一步增强做好工作的责任感、使命感和紧迫感。尤其是进入到“十二五”发展的新时期，进一步做好我省宣传思想文化工作，具有特殊重要的意义。这是因为：

*第一，当前宣传思想文化战线面临新形势，我们要进一步增强忧患意识。*深入分析当前宣传思想文化工作面临的国内外形势，首先要看到我们面临许多有利条件，最大的有利条件，就是我国各项事业蓬勃发展。特别是中央高度重视宣传思想文化工作，提出了体现时代要求的指导思想、理念观念和方针原则，作出了一系列关系宣传思想文化事业发展的重大部署，这是我们做好宣传思想文化工作的根本保障；中国特色社会主义理论和实践的丰硕成果，为我们提供了极其丰厚的宣传教育资源；现代传播技术的迅猛发展和广泛运用，进一步丰富了宣传思想文化工作的手段、渠道和载体；我国国际地位不断提升，为提高国家文化软实力提供了有利的外部环境；我国意识形态的主流是好的，宣传思想文化工作的大方向是正向的、正确的。但必须看到，随着我国进入经济转轨、社会转型的加速期和社会矛盾的凸显期，各类社会问题叠加出现，各种力量都试图发出自己的声音，加上信息传播手段日益多样便捷，思想理论领域也呈现十分活跃、十分复杂的状态，统一思想、凝聚力量的任务十分繁重。随着经济体制深刻变革、社会结构深刻变化、利益格局深刻调整，人们的思想意识、价值取向、道德观念多元、多样、多变的特点更加明显，引领和整合的难度加大；社会上的许多热点和敏感问题，往往是思想认识问题与现实社会问题相互交织，一般认识问题与政治原则问题相互交织，群众的各种利益诉求与别有用心的人插手利用相互交织，境内思想动态与境外社会思潮相互交织，辨别和处理的难度加大；来自国际环境中的干扰增多，特别是西方敌对势力出于意识形态偏见和战略利益考虑，对我围堵牵制、丑化渗透，维护我国意识形态安全的任务十分艰巨，美国等西方国家通过互联网进行攻击渗透的活动更加系统，手段更加多样，技术含量更高，防范和应对的难度更大。全省宣传思想文化战线的同志，要从当前面临的形势中进一步明确工作定位，完善应对之策。

*第二，贵州面临加速发展、加快转型、推动跨越的新任务，我们要增强责任意识。*省委十届十次全会明确了“十二五”期间“加速发展、加快转型、推动跨越”的主基调，提出了“十二五”又好又快、更好更快发展的重大战略和目标任务。要把这个主基调和目标任务变成全省广大干部群众的实际行动，就必须最大限度地统一思想、集中心

思、凝聚力量。这就要求我们宣传思想文化战线要坚决贯彻省委的决策部署，举全战线之力，有力配合全局工作，做到一切为了大局、一切服务大局。要强化理论武装，认真研究解决我省发展中遇到的重大理论和现实问题，搞好方向引导；需要强化舆论支持，针对社会热点、难点问题做好释疑解惑，搞好舆论引导；需要强化精神培育，积极营造崇尚真抓、鼓励实干的氛围和正气，形成精神动力；需要强化文化建设，努力满足人民多层次、多方面、多样化的精神文化需要，提升广大人民群众的思想道德素质、科学文化素养，提高贵州特色文化的影响力，优化贵州发展新环境；需要强化对外宣传，推介发展团结奋斗、创新创业创优、追比进位争先的新贵州，展示贵州新形象。全省宣传思想文化战线的同志，要在当前面临的任务中进一步明确工作重点，突出自身亮点。

第三，我省宣传思想文化工作面临巩固和发展良好局面的新要求，我们要增强创新意识。从总体上看，面对新的形势和任务，全省宣传思想文化战线坚决贯彻中央要求和省委的决策部署，为我省加快发展发挥了重要作用，保持了积极健康、蓬勃向上良好态势。但与面临的加快发展的新的更高要求相比，还存在着一些需要进一步加强和改进的地方。主要是：工作形式、手段和方法比较“老化”，尤其是对互联网等新兴媒体的科学管理能力还比较欠缺。对群众的思想政治工作比较薄弱，有的对群众开展宣传思想文化工作习惯于说“官话”，缺乏群众性语言；有的宣传报道大同小异，难以让人信服；有的舆论宣传报道上面的多、报道基层的少。文化事业和产业发展比较缓慢，特别是文化供需矛盾突出、文化产业发展规模不大、实力不强，制约文化发展的体制机制障碍还没有完全从根本上破解。在对外宣传、提高我省知名度方面还需要进一步加强和改进，等等。全省宣传思想文化战线的同志要勇敢面对新要求，奋力开创宣传思想文化工作新局面。

总之，这些新形势新任务新要求，既为我省宣传思想文化工作提供了前所未有的发展机遇，注入强大生机与活力，又对宣传思想文化工作提出了新的挑战。我们必须适应新的形势和目标任务的要求，围绕加快经济社会发展历史性跨越，以更加坚定清醒的政治自觉、更加开放的思想观念、更加执著的创新精神，把我省宣传思想文化工作提升到一个新的水平。

二、为“加速发展、加快转型、推动跨越”提供有力的理论指导、思想保证、精神动力和文化支持

当前和今后一个时期，进一步做好我省的宣传思想文化工作，要按照“高举旗帜、围绕大局、服务人民、改革创新”的总要求，着重抓好理论武装、新闻宣传、思想政治工作和思想道德建设、文化事业和文化产业发展以及扩大对外宣传，为我省加快发展、科学发展提供有力的思想和文化保障，为贵州加快发展鼓与呼。要突出“五个着力”：

第一，进一步抓好理论武装，着力打牢全省人民团结奋斗的共同思想基础。坚持不懈地用马克思主义中国化的最新成果统一思想、武装头脑，深入学习宣传贯彻中国特色社会主义理论体系特别是科学发展观等重大战略思想。要坚持理论联系实际，把理论学习与宣传贯彻中央的要求和省委加快发展的一系列重大决策部署结合起来，与目前正在集中开展的形势政策宣传教育活动结合起来，与“创先争优”、“三个建设年”、“四帮四促”等活动结合起来，推动学习型党组织建设向纵深发展。当前，要重点抓好党的十七届五中全会和中央经济工作会议、省委十届十次全会精神和全省经济工作暨西部大开发工作会议精神的学习宣传贯彻，集中优势力量加大对重要战略机遇期、重大发展战略和“十二五”规划的宣传，特别是要着眼于推动又好又快更好更快发展、实施工业强省和城镇化带动两大战略等重大目标任务的实现，加强理论研究，加大宣传阐释力度，做到报纸上常有文、电台上常有声、电视上常有影、网络上常有议，做到“锣鼓常敲、号角长鸣”，使中央的重大方针政策和省委的决策部署真正家喻户晓、深入人心。通过理论宣传，真正把全省干部群众的思想统一到省委关于省情的基本判断上来，不断增强加快发展、赶超进位的责任感和紧迫感；统一到我省“十二五”时期经济社会发展的指导思想、总体思路、基本要求、目标任务和战略措施上来，心往一处想，劲朝一处使，合力推进发展；统一到解放思想、改革创新、勇于探索、敢想敢干上来，在全省努力形成想干事、能干事、干成事的干事创业氛围；

统一到增强信心、振奋精神、团结拼搏、奋勇争先上来,激励广大干部群众为实现我省“十二五”奋斗目标、加快推动经济社会发展历史性跨越而努力奋斗。

第二,进一步改进舆论宣传,着力营造积极、向上、和谐的氛围。坚持正确导向,巩固积极健康向上的主流舆论,努力为我省加快发展营造良好的舆论环境,是宣传思想文化工作的重要任务。要始终坚持团结稳定鼓劲、正面宣传为主,用正确的舆论引导人、教育人、鼓舞人、激励人。精心策划组织实施重大主题宣传活动,唱响主旋律,打好主动仗。围绕中央和省委、省政府的重大工作部署,特别是实施新一轮西部大开发战略、“十二五”发展规划和“创先争优”、“三个建设年”和“四帮四促”活动等,充分利用广播、电视、报纸、网络等多种舆论工具开展重大主题宣传,着力报道好各地各部门贯彻落实的好做法、好经验和实际成效,加大对各类重大项目、重大典型的宣传报道。要精心组织庆祝建党90周年、纪念辛亥革命100周年和全国全省“两会”、第九届全国少数民族传统体育运动会、省第六届旅游产业发展大会等重大活动的宣传报道,形成较大声势,营造推动贵州经济社会又好又快、更好更快发展的良好舆论氛围。需要指出的是,当前我省正处于改革发展的关键期,也是社会矛盾的高发期,宣传报道要十分注意把握好改革、发展和稳定的关系,本着实事求是的原则,按照“正面为主、大局为重、稳定为上”的要求,多讲维护大局的话,多讲代表主流的话,多讲鼓舞人心的话,多讲促进发展的话,防止片面性和简单化,做到适度、适时、适量,帮忙而不添乱,鼓劲而不泄气。要加强对社会热点问题的引导,用事实说话,听群众声音,解疑释惑,形成共识,凝聚力量。要加强和改进舆论监督,对于那些侵害人民利益、阻碍改革发展、影响全省大局的人和事,以及社会上各种阴暗的、腐朽的、落后的东西和不文明现象,要及时曝光、促其警醒、督其整治。要注意监督方法,做到准确监督、科学监督、依法监督、建设性监督,推动党委、政府部门不断加强和改进工作。要进一步改进和加强对各类宣传阵地的引导、建设与管理,把握传播规律,掌握现代传播手段,提升主流媒体的传播力,增强对互联网、手机等新兴媒体的掌控力。网络媒体要坚持正面引导为主,注意搜集、倾听网民呼声和意见,促进我们改进工作,促进经济社会发展。特别是主流网站,要及时传递党委、政府声音;要架起与中央门户网站的联络、沟通、共享机制,及时反映全省工作和发展方向的新思路、新动向、新成果,并做到快捷、准确。要改进新闻报道,研究采取群众喜闻乐见、生动活泼的方式方法进行宣传,力戒生硬的说教,讲究传播艺术,力求做到“随风潜入夜,润物细无声”,使群众易于理解、乐于接受。

第三,进一步加强思想政治工作和思想道德建设,着力振奋干部群众精神。国内外加快发展的实践表明,精神是一种强大的资源,是一个国家、一个地区核心竞争力的重要组成。所以,我们要加快发展,既要靠政策、靠机制、靠投入,也要靠精神。今年是中国共产党成立90周年。在党的领导下,贵州各族人民为中国革命的胜利和我国的经济建设与改革开放同样作出了重要贡献。要结合开展建党90周年等重大宣传教育活动,大力弘扬长征精神、遵义会议精神和“不怕困难、艰苦奋斗,攻坚克难、永不退缩”的贵州精神,在全省树立敢与强的比、敢向高的攀、敢同勇的争、敢跟快的赛的“四敢”意识,培育不甘落后、奋发进取、开放包容的社会心态,树立起我们贵州人加快发展的精气神。要大力唱响“热爱贵州、建设贵州”的主旋律,激发干部群众对家乡的自信心和自豪感,激发干部群众建设家乡、加快贵州发展的责任感和使命感。要注重通过宣传思想工作树立典型,尤其通过深入实际、深入生活,挖掘和发现基层干部和群众中的先进典型,反映他们在平凡的工作岗位上做出的不平凡业绩,展现他们不平凡的精神境界和追求,让广大干部群众学有榜样、赶有目标。这些年来,在推动我省加快发展、抗灾救灾、维护社会稳定的过程中,涌现出了一大批先进模范人物。比如,前不久,为保护人民群众和法院干警生命安全,与歹徒英勇搏斗、壮烈牺牲的我省优秀共产党员、司法警察钟世鑫同志,以及评选出的“十佳”道德模范,对他们的先进事迹和崇高精神,要进一步广为宣传、广为学习,用身边的先进模范人物的先进事迹激励广大干部群众,为我省加快发展拼搏进取,为实现自己美好生活而不懈奋斗。

同时，要大力弘扬中华传统美德，形成良好的社会风尚。

第四，进一步发展文化事业和文化产业，着力满足人民群众的精神文化需求。随着物质生活水平的逐步提高，我省各族人民群众的文化需求日趋强烈和多样。宣传思想文化工作要适应新形势，组织文化工作者创作群众喜闻乐见的精神文化产品。要充分发挥先进文化引导社会、教育人民、推动发展的功能，按照体现公益性、基本性、均等性、便利性的要求，加强城乡公共文化基础设施建设，认真实施好公共文化服务体系建设工程项目，加快构建我省公共文化服务体系，努力丰富城乡居民的文化生活。与此同时，要大力发展文化产业，这既是满足群众文化需求的必然要求，也是培育新的经济增长点的重要举措。我省文化底蕴深厚，尤其是民族文化资源丰富，发展文化产业具有独特的优势。要充分挖掘、整合、利用我省丰厚的历史文化、红色文化和民族文化资源，突出加快培育发展特色文化产业。着力推进文化体制机制改革创新，抓住转企改制这一中心环节，注重改革改组改造紧密结合，推动经营性文化单位转企改制，进一步整合资源，实施一批新闻出版、广播影视重大文化产业项目，实施一批以民族文化产业为龙头的特色文化产业项目，加快培育建设一批特色文化产业群、文化产业园和特色文化产业基地，加快培育打造一批产值超百亿元的文化企业或企业集团。加强文化产品的创作生产，力争每年推出一至二部在全国有较大影响的影视剧作品，扩大贵州文化影响力。

第五，进一步扩大对外宣传，着力塑造贵州的良好形象。从一定意义上讲，贵州的落后，更多的是封闭带来的，因而开放是贵州振兴的关键，这也包括进一步扩大对外宣传。前段时间，我收到一封陕西的来信，一位陕西游客反映说，我到贵州行走了六天，深切感受到贵州风光绮丽、民族和睦，回去二十多天了，心情依然沉浸在贵州的山山水水中，只是觉得贵州对于外界来说还是太封闭，还是宣传不够。我认为，这种看法有一定的代表性，这说明，我们抓开放，需要在整治优化投资软环境的同时，大力树立贵州对外新形象，提高贵州对外知名度和美誉度，这是摆在全省宣传思想文化战线面前的一项紧迫而艰巨的重大任务。要借梯登高，善于创新思路、整合资源，积极“走出去”，大力宣传贵州的能源、矿产、生物、文化、旅游等资源优势，大力宣传贵州改革开放以来经济社会发展的显著成就，为贵州发展营造良好的外部环境。要借力传播，立足贵州，面向全国、放眼世界，积极借助中央级主流媒体、知名网络媒体和省外、国外重要媒体的影响力和传播力，采取“请进来”的办法，与省内外企业、有关各方联合推介贵州，不断扩大贵州对外知名度。要借势宣传，善于把握发展趋势，把贵州的对外宣传纳入全国性和区域性重大主题、重大活动和重大节点的宣传之中，继续办好“多彩贵州”系列主题文化活动，做大做强“多彩贵州”文化品牌。今年要以举办第九届全国少数民族传统体育运动会等重大活动为契机，通过主流媒体聚焦和大众关注的大平台、大舞台，展示贵州积极进取、奋力赶超的新形象，让国内外更广泛、更深入地了解贵州，进而走进贵州、投资贵州，参与建设和发展贵州。

三、进一步加强和改善党对宣传思想文化工作的领导

党管宣传、党管意识形态工作，是我们党的政治优势，是我们党在长期实践中形成的重要原则和制度，必须始终坚持。各级党委一定要增强政治意识、责任意识和大局意识，切实担负起政治责任，进一步加强和改善党对宣传思想文化工作的领导，着力构建全方位、多层次、宽领域的“大宣传”格局，使宣传思想文化工作成为我省经济社会又好又快、更好更快发展的“催化剂”和“助推器”。

一是党委要抓。各级党委要坚持“两手抓，两手都要硬”的方针，始终把宣传思想文化工作放在重要位置，摆上重要议事日程，纳入经济社会发展总体规划，纳入党委工作的重要内容，纳入年度目标管理，纳入干部工作实绩考核内容，与经济、政治、社会建设领域的工作任务一同研究部署、统一规划，一同检查落实。尤其是党委主要负责同志要切实负起领导责任，对宣传思想工作亲自过问，亲自抓，确保人员到位、工作到位、投入到位，履行好加强领导、统筹协调、督促检查的责任，不断提高对宣传思想文化工作的领导能力，积极主动掌握工作的主动权,及时协调解决工作中的重大问题,指导总结和推广新鲜经验,推动各项任务的落实。各级各部门都要针对当前经济发展、体制环境和社会条件发生深刻变化的新形势,针对宣传思想文化工作与部门管理、行业管理、社会管理密切相连的新特点,调动各方面的积极性,发挥各方面的优势,整合各方面的力量,共同做好宣传思想文化工作。

二是推进创新。宣传思想文化领域,是最需要创新的领域。要按照"贴近实际、贴近生活、贴近群众"的要求,把改革创新精神贯穿宣传思想文化工作各个方面,确保宣传思想文化工作始终保持旺盛的生机与活力。要着重从工作的思路、途径和方法上进行创新,从改进领导方式、组织方式、工作方式、管理方式上进行创新,形成鼓励创新的法制保障、政策体系、激励机制,充分调动广大宣传思想文化工作者的积极性、主动性和创造性,努力探索走出符合我省省情特点的宣传思想文化工作新路子。比如,新形势下宣传思想文化工作的内涵越来越丰富,外延越来越扩大,工作对象、工作环境越来越发生深刻变化,这就要求宣传思想文化部门必须开阔视野,把新社会组织人群、城市新移民等社会群体纳入工作范围,充分发挥新兴文化组织、民营文化机构等体制外力量的作用,不断拓展工作领域。比如,从这些年的工作成功经验来看,品牌是提升竞争力和影响力的有效手段。全省宣传思想文化战线要围绕我省经济社会发展的重大事项和各地各部门促进加快发展的重大典型、生动事例,在已有栏目、品牌的基础上,集中优势,精心策划,努力打造出在全省乃至全国都有一定影响的宣传品牌,不断增强宣传思想文化工作的针对性、实效性和影响力、感染力。

三是转变作风。全省宣传思想文化系统工作者要深入开展好"创先争优"、"三个建设年"、"四帮四促"等活动,以更高标准、更快节奏、更严要求推动工作。要以更强的责任心、更精细化的操作把握细节,以更好的精神状态、更深入的作风、更优质服务推进工作。要千锤百炼打造"亮点",千辛万苦化解"难点",千方百计关注"热点",及时传递党委、政府的声音,做到快捷、准确,及时反映全省工作发展方面的新思路、新动向和新成果,及时把握舆论引导的主动权,绝不能等、绝不能慢。要切实做到深入、透彻、到位,及时准确地掌握社会舆情和思想动态,多渠道、全方位地引导社会公众理解、支持。宣传工作要注意从实际出发,全面加强、扩大影响,不能只突出领导,对于领导活动的报道,要严格执行中央有关规定,不一定事事报道,要根据内容和指导性来定;不一定均是头版、头条,要根据分量轻重来定;要尽量简练、简短,不是越长就越重要、越好,更要严禁溢美、恭维之词,严禁夸张、渲染,要实事求是,平实活泼。

四是建强队伍。宣传思想文化工作要服从和服务好经济社会发展大局,关键在于有一支政治靠得住、发展意识强、工作有本事、作风过得硬、群众信得过的干部队伍。要以科学发展观为指导,把政治上清醒坚定、熟悉意识形态工作、勇于创新的优秀干部选拔和配备到宣传思想文化战线各级领导岗位上来,确保宣传思想文化战线各部门、各单位的领导权牢牢掌握在忠于马克思主义、忠于党、忠于人民的人手中。要打破部门、行业和地域限界,加大干部交流力度,把宣传思想文化战线的优秀干部交流到经济部门、地方党政部门去,同时也要考虑把优秀的基层干部选拔到宣传部门领导岗位上来。要继续深入开展"三项学习教育"活动,开展"杜绝虚假报道、增强社会责任、加强新闻职业道德建设"专项教育活动。要大力推进人才队伍建设,组织好大规模的宣传干部和人才培训。宣传思想文化工作的重点在基层,重心在一线,切实加强县级和城乡基层宣传文化队伍建设,采取有力措施,解决好人员编制、经费投入、阵地手段、工作待遇等方面的问题,推动有关政策措施落到实处,努力使基层基础工作有一个大的改观,为顺利推进基层宣传思想文化工作创造必要条件。

同志们,我们已跨入了充满希望的"十二五",新的起点、新的目标赋予了宣传思想文化工作新的使命。希望全省宣传思想文化战线的同志们牢记职责、肩负使命、勤奋敬业,以锐意进取的精神状态、求真务实的工作作风、更加突出的工作业绩,为推动全省经济社会加快发展作出新的更大贡献!

兔年春节将至,借此机会给大家拜个早年。祝大家身体健康、工作顺利、阖家幸福!

担当历史重任推动贵州文学大发展大繁荣

——栗战书在贵州省作家协会第六次代表大会上的讲话

(9月27日)

贵州省作家协会第六次代表大会在全省文学界的热切期盼中,今天隆重开幕了。开好这次大会,对于团结和动员广大文学工作者高举旗帜,围绕中心,服务人民,改革创新,深入贯彻落实科学发展观,更加自觉、更加主动地推动贵州文学事业大发展大繁荣,促进文化强省建设,具有十分重要的意义。在此,我代表省委、省政府,向大会的召开表示热烈的祝贺!向全体代表,并通过你们向全省广大文学工作者致以诚挚的问候和崇高的敬意!长期以来,中国作家协会始终重视和关心支持贵州文学事业的发展,今天,中国作协党组书记、副主席李冰同志亲临大会,刚才又作了重要讲话。李冰同志在讲话中提出了实施精品战略任务,讲了五个方面的意见,指出了文学事业发展的方向和文学工作者承担的抱负、成长的道路,具有很强的指导性。大家一定要认真学习,贯彻落实。我们向李冰同志表示热烈欢迎和衷心感谢!

悠悠薪火相传,片片桃李满园。一代代贵州文学工作者修身笃行、博学致新,始终与时代发展大势同频共振;潜心创作、殚精竭虑,始终与人民群众同呼吸共命运。自省第五届作代会以来,以一大批深受群众喜爱的优秀作品,以一系列群众喜闻乐见的文化活动,展示了贵州作家和文艺工作者令人钦佩的时代精神、人文品质和艺术风范。近年来,我省的小说创作成绩斐然,《雄关漫道》等一批优秀作品荣获全国“五个一”工程奖、少数民族文学骏马奖等全国性大奖;诗歌散文亮点纷呈、蒸蒸日上,网络创作也崭露头角;影视创作异军突起,借助新媒体丰富了表现方式和手段,拓展了文学发展空间,一些文学作品改编成电影、电视剧,产生了广泛的社会影响,可喜可贺、令人振奋!贵州文学界艰辛创业、励行精进的历程证明着一个简朴而深刻的道理:文学事业坚持以推进国家富强、民族振兴、人类进步为己任,就能蓬勃发展;作品立足于服务人民、服务国家、服务人类,就有不竭生命;作者植根于贵州这片热土,以创作更多更好的文学作品来引领风尚、激励群众、推进发展,就可大有作为。我省广大文学工作者以自己的激情创造和无私奉献,为全省的文化建设和社会发展做出了重要贡献,党和人民感谢你们!

胡锦涛总书记指出:“物质贫乏不是社会主义,精神空虚也不是社会主义。”“在前进道路上,我们要继续大力推动社会主义文化大发展大繁荣,坚定不移发展社会主义先进文化。”下个月将要召开党的十七届六中全会,专门研究推进我国文化大发展大繁荣,并作重大决策部署。省委也将及时召开全会,对推进我省文化的发展和繁荣作出安排部署。中华民族之所以一直屹立在世界民族之林,其中一个重要原因就在于我们五千年的文化一直没有断流、停止,文明很好地延续传承下来,并将在我们手中发扬光大。我们深深认识到,只有不断提升文化软实力,才能增强国家的竞争力;国与国之间,更深刻的较量是思想和意志的较量。面对当今世界各种思想文化相互激荡的大潮,面对国家发展和人民生活改善对文化的期盼,面对社会文化生活多样、活跃的态势,推动社会主义文化大发展大繁荣,是时代的要求、人民的要求。文化是民族凝聚力和创造力的重要源泉,是综合国力竞争的重要因素,是经济社会发展的重要支撑。加强文化建设事关全面建设小康社会奋斗目标的实现,事关中国特色社会主义事业兴衰成败,事关中华民族的伟大复兴,也是推动贵州经济社会又好又快、更好更快发展的重要战略任务。文学是艺术之母,缺少好作品,广播、电视、出版等等就成了无米之炊。“铁肩担道义,责任成伟业。”在新的征程中,广大文学艺术工作者作为文化事业繁荣和文化产业发展的核心力量,肩负着建设文化强省、推动跨越发展的历史重任,必须做责任的坚守者,追求并守护人文精神的美好家园,时刻关注时代的坐标与脉动,与人民休戚与共,为贵州的发展和群众的根本利益鼓与呼,立德、立功、立言。我们殷切期望贵州文艺界特别是文学界的同志们、朋友们出精神、出精品、出人才、出成效,在推进贵州文化大发展大繁荣中作出更大的贡献。

要始终自觉主动地传播和发展先进文化,在引领全省各族人民昂扬前进的征程中弘扬贵州精神。一个地区的发展与进步,最重要的是人,是人的精、气、神。文艺是民族精神的火炬、人民奋进的号角。拉开历史的长焦与广角,我们不难发现,在贵州十七万六千平方公里的热土上,先后传承凝炼、铸就升腾了长征精神、遵义会议精神、"三线建设"精神,以及在大旱中屹立的"不怕困难、艰苦奋斗、攻坚克难、永不退缩"的贵州精神,一代又一代贵州人树雄心、立壮志、图发展,百折不挠、自强不息,在悠悠的岁月长河中,演绎着贵州精神升华的轨迹。伟大的精神推动伟大的事业,伟大的精神造就伟大的时代。"精神为主人,形骸为屋舍;主人渐贫穷,屋舍亦颓谢。"一切有理想有抱负的文学工作者都要倍加珍惜、代代传承,发扬光大以爱国主义为核心的民族精神,发扬光大我省各族人民共同拥有的精神支柱和宝贵财富,将其内化于心、外化为形、物化为力。要树立马克思主义的科学文艺观和正确的价值方向,努力做社会主义核心价值体系的坚定传播者、弘扬者和实践者。大凡优秀作家总是力图生动地表达对那些体现社会进步的价值观的肯定与赞扬,引导鼓舞人们去奋斗、去追求更加美好的生活。弘扬新时期的贵州精神,必须将文化自觉当成一种内在的力量,把文化立场作为自身文化生命力的坚定信念,让文化自信成为对中华文化和贵州文化价值的充分肯定,弘扬爱国主义和共同理想,唱响时代发展、社会进步的主旋律,讴歌人间的真善美;弘扬新时期的贵州精神,必须坚持"二为"方向,贯彻"双百"方针,把文学的生动创造融入进步发展的时代洪流,不断追求高尚文化格调,塑造美好心灵,培育高尚情操;弘扬新时期的贵州精神,必须用新思维、新理念、新方法、新手段为文学创作注入新的活力,积极发现、挖掘、总结和发扬贵州文化的先进内涵和优秀品格,努力开拓既具有贵州特色、贵州风格、贵州气派,又面向全国、面向世界、面向未来的广阔文学空间,展现科学发展的社会风貌,描绘人民共创和谐的美好蓝图,更好地把全省人民的意志和力量凝聚起来,激励和鼓舞全省人民共同书写贵州跨越发展的伟大篇章和壮丽史诗。

要始终担当起时代赋予的神圣使命,在讴歌人民、讴歌时代、讴歌贵州的文艺创作活动中催生精品力作。好的文艺作品,不仅能满足群众的文化需求,也能陶冶情操、开阔视野、激励上进。从两年前的《建国大业》公映起,各地掀起了新一轮观影热潮,产生了很大的影响。就我省而言,从获全国"五个一"工程奖的长篇小说《雄关漫道》到中央电视台在黄金时段播出的《绝地逢生》,从获少数民族文学骏马奖的《雪豆》、《碎麦草》到《幸存日》、《云下的日子》、《邓恩铭》、《奢香夫人》等贵州题材的很多优秀作品,不仅宣传了贵州,讴歌了先进,还都深深地感染并激励着广大群众,给群众以高品质的精神享受。精品发祥于多样的资源,力作来源于厚重的历史与生动的实践。漫长的历史长河中,神奇的贵州高原上,勤劳智慧的人民创造和积淀了多彩的文化,积累了丰富的历史文化资源、民族民间文化资源、红色文化资源以及生态文化资源。此时此刻,我不禁想起今年5月习近平同志在贵州大学和学生们交流时说的话,他说他很景仰龙场悟道的王阳明先生,贵州的文化传人对王阳明先生的学习更应该有深刻的心得。我们的古代优秀文化值得自豪,要把文化变成一种内生的源泉动力,作为我们的营养,像古代圣贤那样格物穷理、知行合一、经世致用。当前,我国正处于实现中华民族伟大复兴的重要历史时期,贵州已站在新的发展起点上,全省人民精神面貌焕然一新,"加速发展、加快转型、推动跨越",全面推进小康社会建设的氛围已经形成。这些都为文学创作提供了取之不竭的丰富源泉。如果我们没有利用好这些文学创作资源,缺少好的文艺作品,一些低级庸俗、负面消极的东西就会乘虚而入。面对伟大的时代和纷繁的世界,我们必须大力繁荣贵州文学创作,努力推出一批又一批精品力作,提高作品的格调。高格调不是唱高调。一切有理想有抱负的文学工作者，都要植根于我们生动的社会现实和人民的多彩生活，去热情讴歌人民、深情描绘贵州，倾情创造更多无愧于时代、无愧于历史、无愧于人民的高格调的好作品，奉献给伟大的时代和伟大的人民。出精品力作，必须与时俱进，在继承中创新，在创新中发展，在发展中繁荣，既弘扬主旋律又提倡多样化，更好地满足人民群众多层次、多样化、多方面的精神文化需求；出精品力作，必须牢固树立人民至上的价值观，克服浮躁心理和沉不下、蹲不住、摸不透、把不准就出作品的轻浮作风，始终坚持贴近实际、贴近生活、贴近群众，真情热爱人民，真心关切人民，真正了解人民，真诚服务人民，更多地表现老百姓身边的感人故事，更多地抒发普通人的美好情感，更多地塑造体现高尚品德的先进人物，努力创作出更多既反映人民精神世界又满足人民精神生活的好作品。

要始终为贵州文学发展提供人才支撑，巩固发展我省文学创作舞台群英辈出、人才济济的生动局面。人才是文学发展的第一资源，繁荣贵州的文学创作事业，关键在于从事创作的作家和艺术家，在于他们的人文水准、思想境界和创造性劳动。一切有理想有抱负的文学工作者，都要不断提高自身的人格修养和艺术品格，努力实现德艺双馨。著文章、搞创作，要传道义、担道义，这是中国文学创作的一个优良传统。文学工作者要恪守职业道德，加强思想修养，大兴团结之风，把传播先进文化、塑造美好心灵、弘扬社会正气放在第一位，使自己的作品成为人民群众健康有益的精神滋养，让自己成为人民群众交口称赞的良师益友。时代和人民期待着涌现一大批优秀的文学艺术家，期待着我们的文艺百花园开出更加鲜艳的花朵、结出更加丰硕的果实。首先，要有一批文学创作的拔尖人才和领军人物，也就是文学创作的大家、大师，他们就像百花园中的参天大树，在遥远的地方我们就能看到，走近了，还能给人一片绿荫；同时，要有一大批层次完整、相互促进的文学工作者，比如民族民间文学创作者、乡土文学创作者、群众文化创作者、各类复合型创作者以及文学传播、普及的工作者，他们在文艺百花园中是主力、是栋梁。在培育文学大军中，要特别注重培养一大批青少年文学工作者、创作爱好者，他们是小树小苗小花小草，(下转第3版)(上接第1版)吸收阳光雨露成长，将使文艺百花园更加繁花似锦、生机盎然。因此，我们要表彰奖励和大力扶持优秀文学人才，形成优秀人才脱颖而出的良好机制，使贵州文学创作的大舞台上，有一群勇于创新、乐于奉献、人民满意的文学艺术家，有一支为贵州文学创作提供坚强支撑的文学大军，形成老作家壮心不已、中青年作家实力充分展现、文学新人不断涌现、作家队伍不断发展壮大的生动局面。

要始终立足自身实际、突出贵州特色，为全省文化大发展大繁荣添砖加瓦、贡献力量。国运昌盛，文运必兴。中华民族的伟大复兴必然伴随着中华文化的大发展大繁荣，贵州要实现跨越发展，必须凝聚全省各方面力量，高举“发展、团结、奋斗”的旗帜，不断满足全省人民群众的物质需求、健康与多元化精神需求。我们贵州经济欠发达，但文化并不落后，我相信还可以创造出不平凡的成就。省委、省政府明确提出了“靠改革创新，建文化强省，促历史跨越”的思路，积极创新体制机制，不断完善政策措施，深入实施文化建设工程，文化改革发展呈现良好态势。在这样的文化及经济社会发展氛围中，一切有理想有抱负的文学工作者，都要为满足人民群众精神上更高层次的需要、为全省文化大发展大繁荣、为贵州的发展和未来贡献自己的力量，创作出最“带劲”、最“解渴”的作品，献上精神食粮、玉液琼浆。文化产业的发展具有优结构、扩消费、增就业、促跨越、可持续的特质特性，我们要把它作为转变经济发展方式的重要工作来抓；文化具有滋人心、净心灵、育美德的特殊功能，我们要把文化与旅游、与现代科技和传媒结合起来，通过有效的载体、途径和手段，把贵州特色的文化传播出去，影响传播出去，形成内聚人心、外树形象的大好局面。我们特别要善于通过先进文化的引导力、集纳力、推动力，把全省人民群众的思想统一起来、干劲调动起来、力量凝聚起来、智慧激发出来，进而在全社会激荡起发展的志气、前行的勇气、进步的豪气，形成海纳百川、万流归一的局面，使贵州上下一心努力攀登，奋力实现与全国同步建成全面小康社会的宏伟目标。

文学界是一支重要的力量，非常值得我们重

视和发挥;文学工作者是宝贵的人才资源,非常值得我们珍惜和爱护。各级党委、政府和宣传文化部门要充分尊重文艺发展的规律,尊重作者、艺术家,尊重作者、艺术家的创造性劳动。要多与作家交朋友,进一步密切同广大文学工作者的联系,加强文学创作队伍建设,对文学工作者政治上充分信任,创作上热情支持,生活上真诚关心,让广大文学工作者的才华有展示的舞台,创作有实现的空间,贡献得到社会的尊重,在全省营造善待、宽待、厚待作家的良好氛围,营造团结、和谐、积极、健康的创作生产氛围。当前要对各级文联特别是作协在加强培训、完善激励机制、搭建创作和深入生活的平台等方面,给予切实有效的支持和帮助。各级作协要认清新形势,明确新任务,探索新机制,创造新效益,更加广泛地团结凝聚和组织动员各领域的文学工作者,深入生活,服务社会,努力创作,携手开创贵州文化大发展大繁荣的崭新局面。

"等闲识得东风面,万紫千红总是春。"新的时代需要创新的文学,壮丽的事业呼唤伟大的作品,崇高的使命渴望杰出的人才。为了中华民族的伟大复兴,为了贵州人民的幸福康宁,为了贵州文艺百花园更加绚丽多彩、姹紫嫣红,让我们——包括所有文学艺术工作者和各条战线的同志们,担当起光荣的历史使命,在新的征程上自强不息、创新不断、奋斗不止,创作出更多的无愧于时代、无愧于历史、无愧于人民的"伟大作品"!

祝大会圆满成功!

王富玉同志讲话

弘扬革命精神　推动跨越发展

——在纪念邓恩铭同志诞辰110周年座谈会上的讲话

(1月6日)

同志们：

在中国共产党成立90周年即将到来之际，今天，我们怀着十分崇敬的心情在这里举行座谈会，隆重纪念中国革命的先驱，中国共产党的创始人之一邓恩铭同志诞辰110周年，深切缅怀他为党和人民的解放事业建立的不朽功勋，追思和学习他为国家、为民族、为人民不懈奋斗的崇高品质和坚定不渝的革命精神，进一步激励全省各族人民把富民兴黔伟大事业不断推向前进。在此，我代表中共贵州省委、贵州省人民政府和栗战书书记、赵克志省长，向邓恩铭同志表示崇高的敬意和深切的怀念，向邓恩铭同志的亲属表示亲切的问候，向出席今天座谈会的山东省委、青岛市委和福建、济南党史研究室等各位领导、专家和来宾表示热烈的欢迎和衷心的感谢！

邓恩铭同志是我省荔波县人，1901年生，水族。1918年考入济南省立第一中学。"五四"运动爆发后，他积极响应北京学生爱国运动，组织学生参加罢课运动。1920年11月，他与王尽美等人组织励新学会，积极宣传革命。1921年春，与王尽美等人发起建立济南共产党早期组织。同年7月，出席在上海举行的中国共产党第一次全国代表大会。会后回济南建立中共山东支部，任支部委员。1922年1月，赴莫斯科参加远东各国共产党及民族革命团体代表大会，会后留在苏联参观考察，受到列宁的接见。回国后，主要从事工人运动。同年底，赴青岛开展革命活动，先后任中共直属青岛支部书记、中共青岛市委书记。

在邓恩铭等的领导下，1925年2月8日，胶济铁路工人举行大罢工，威震千里胶济线。同时，四方机车厂工人也举行同盟大罢工，历时9天，取得了胜利。同年4月，青岛日商纱厂工人同盟大罢工，罢工工人达到1.8万人。5月4日，青岛反动政府当局拘捕了邓恩铭，并于5月11日将他赶出青岛，但他仍继续领导青岛的工人运动。8月，他被任命为中共山东地方执行委员会书记。11月，在济南东关筹备纪念十月革命活动时，被反动当局侦知，邓恩铭被捕入狱。在狱中，遭受敌人的残酷折磨，经党组织多方设法营救，得以保外就医。1926年6月，邓恩铭再次秘密回到青岛，主持市委工作。当时，青岛的党组织遭到很大破坏，亟待恢复和整顿。他不顾疾病痛苦，在极为困难的情况下，迅速恢复了青岛的党组织。1927年4月，他出席在武汉举行的党的五大。会后，应邀到中央农民运动讲习所讲课，介绍山东地区工农运动情况。回到山东后，任中共山东省执行委员会书记。大革命失败后，辗转山东各地，领导党组织坚持斗争。1928年春，中共青岛市委进行改组，邓恩铭任书记。同年12月，由于叛徒告密，在济南被捕。在狱中，他领导难友们同敌人进行斗争，并两次组织越狱，使部分同志冲出监狱脱险。邓恩铭因受刑过重，行动困难，未能越狱脱险。1931年4月5日凌晨，被国民党军警枪杀于济南纬八路刑场，牺牲时年仅30岁。邓恩铭一生追求真理，献身革命，为马克思主义的传播，为中国共产党的创立，为山东、青岛等地党组织的建立和工人运动的发展做出了重要贡献，是"100位为新中国成立做出突出贡献的英雄模范人物"之一，在中国共产党的历史上具有重要的地位。

邓恩铭同志的一生，是革命的一生，是战斗的一生，是为党和人民事业无私奉献的一生，他的不朽历史功绩，受到广大人民群众的尊敬和爱戴；他的高尚品格和奋斗精神，永远值得我们学习和怀念。在新的形势下，我们缅怀和纪念邓恩铭同志，目的是继承和发扬光荣的革命传统，进一步弘扬革命精神，激励全省广大党员干部群众进一步解放思想，坚定信念，迎难而上，奋力赶超，推动跨越。

我们缅怀和纪念邓恩铭同志，就是要学习他对共产主义理想坚定不移、对党的事业无限忠诚的精神。邓恩铭同志的革命生涯始终同祖国的前途命运紧紧联系在一起，早在济南求学期间，他就以救国救民为己任，在“五四”运动的影响下积极组织学生参加罢课运动。1921年春，他与王尽美等人成立了济南共产党小组，并于同年7月代表山东共产党小组出席了中国共产党第一次全国代表大会。正是有了坚定的理想信念，才使他在短暂而光辉的革命生涯中，无论遇到什么艰难困苦，都立场坚定，不屈不挠，表现出一个共产党人的政治本色，实现了“男儿立志出乡关，学业不成誓不还。埋骨何须桑梓地，人间到处是青山”的豪迈誓言。理想信念是政治信仰和世界观在奋斗目标上的集中体现。未来五年，既是我省可以紧紧抓住并且大有作为的战略机遇期，又是我省实现经济社会发展历史性跨越、全面建设小康社会的重要加速期，更是我省调整经济结构、转变发展方式的历史攻坚期。在这个时候，我们缅怀邓恩铭同志的丰功伟绩和崇高的共产主义品格，有着十分重要的意义。我们要像邓恩铭同志一样，始终坚持崇高的理想信念，把党和人民的事业放在首位，把个人理想同祖国的前途命运紧紧联系在一起，同我省经济社会发展的目标任务紧紧联系在一起，高举“发展、团结、奋斗”三面旗帜，把思想统一到发展上，把心思集中到发展上，把力量凝聚到发展上，为加速发展、加快转型、推动跨越作出积极贡献。

我们缅怀和纪念邓恩铭同志，就是要学习他密切联系群众，为人民群众谋福祉的优良作风。中共“二大”后，为加强工人运动，邓恩铭在淄博煤矿区住了下来，并亲自调查了解矿工的劳动生活状况，向工人介绍世界各国及中国各地工人运动形势。在他的领导下，矿区工人很快组织起“矿区工会淄博部”，并建立了淄博矿区第一个党支部。在青岛期间，他经常身着短裤，深入工厂车间、铁路车站和职工家庭，启发工人觉悟，建立工作组织，先后发动了胶济铁路、四方机车厂、青岛日商纱厂三次大规模的工人罢工，形成了青岛历史上震惊中外的第一次罢工高潮。我们要像邓恩铭同志一样，深怀爱民之心，恪守为民之责，善谋富民之策，多办利民之事，真正把群众呼声当作第一信号，把群众需要当作第一选择，把群众利益当作第一考虑，把群众满意当作第一标准，时时处处为人民群众着想，说到更要做到，脚踏实地，真抓实干，切实为他们办实事、解难事。真正认识到党和人民的关系就像船与水的关系，始终坚持发展为了人民、发展依靠人民、发展成果由人民共享，把广大人民群众的积极性、创造性充分调动和发挥出来，努力形成全体人民共同参与、共同奋斗、共同推进的良好局面。积极开展“创先争优”、“三个建设年”、“四帮四促”等活动，努力在推动科学发展、促进社会和谐、服务人民群众，加强基层建设中走前列、作表率，为实现我省国民经济和社会发展第十二个五年规划，加快推进经济社会发展历史性跨越提供坚强保证。

我们缅怀和纪念邓恩铭同志，就是要学习他英勇顽强、百折不挠的革命品格。大革命失败后，邓恩铭同志辗转山东各地领导党组织继续开展斗争。被捕入狱后，在遭受酷刑摧残折磨和痼疾复发的艰苦条件下，他咬紧牙关，领导了两次绝食斗争和越狱斗争，和敌人抗争到底。正是这种英勇顽强、百折不挠的精神，激励着一茬又一茬的共产党人为了民族的利益和人民的解放，甘愿抛头颅、洒热血。当前，我省各方面的条件仍然比较艰苦，在光荣而艰巨的任务面前，我们只有比别人作出更大的努力，比别人付出更为艰辛的劳动，始终保持和发扬艰苦奋斗的创业精神，才能不辜负党的期望，不辜负贵州4000万人民的重托。我们要像邓恩铭同志一样，勇挑重担，勇往直前，发扬“不怕困难、艰苦奋斗、攻坚克难、永不退缩”的贵州精神，在成绩面前不妄自尊大，在困难面前不怨天尤人,不动摇、不懈怠、不折腾,始终保持坚忍不拔、奋力拼搏、勇往直前的良好精神状态,从我省实际出发,在“十二五”时期紧紧抓住新一轮西部大开发的历史机遇,围绕工业强省战略和城镇化带动战略,围绕农业产业化、现代化进程,围绕转变旅游发展方式、加快建设旅游大省步伐,扎实工作,为奋力赶超、增比进位而不懈努力。

我们缅怀和纪念邓恩铭同志,就是要学习他艰苦奋斗、克己奉公的崇高品质。邓恩铭同志一生生活清寒,每月组织发放的生活费,多被他用于接济困难的同志。家中多次向他寻求经济支持,他只是回信说明自己“生性与人不同,最憎恶的是名与利”,“只能谋个人的温饱,无力顾家”。他长期对外以小学教员的身份作掩护,春秋都穿一件灰白大褂。到工厂活动时,他又总是粗布裤褂,和朴实地道的工人一样。我们要像邓恩铭同志一样,始终保持克勤克俭,清正廉洁,克己奉公的良好作风,时时处处以身作则、率先垂范,顾大局、讲原则,自觉将个人利益服从于党和人民的利益,把顽强拼搏的革命精神与实事求是的科学态度结合起来,把一心为公的奉献精神与讲求效益的思想结合起来,把倡俭从实的工作作风与勇于创新结合起来,不断丰富艰苦奋斗的精神内涵。

同志们!党的十七届五中全会和省委十届十次全会为我们指引了实现经济社会发展历史性跨越的正确方向。缅怀过去,我们对老一辈无产阶级革命家和无数先烈创造的辉煌业绩感到由衷的敬佩;放眼当前,我们为积极投身改革开放和富民兴黔伟大事业感到无比自豪;展望未来,我们对贵州美好的未来充满信心。让我们更加紧密地团结在以胡锦涛同志为总书记的党中央周围,坚定不移地高举中国特色社会主义伟大旗帜,坚持以邓小平理论和“三个代表”重要思想为指导,深入贯彻落实科学发展观,高举发展、团结、奋斗的旗帜,艰苦奋斗,扎实工作,为实现“十二五”时期我省经济社会又好又快、更好更快发展而努力奋斗。

谢谢大家!

在2011年中国文联“送欢乐·下基层”走进贵州遵义革命老区慰问演出活动开幕式上的讲话

(1月8日)

尊敬的胡振民书记,各位艺术家,遵义的父老乡亲们:

飞舞的雪花沁透着绿意,凛冽的寒风牵引着春天。元旦刚刚过去,春节即将来临,值此辞旧迎新的喜庆时刻,我们迎来了胡振民书记率领的中国文联“送欢乐·下基层”的各位领导和艺术家们。在此,我受省委书记栗战书、省长赵克志的委托,代表中共贵州省委、贵州省人民政府向各位领导、全体演职人员和新闻界的朋友们表示热烈的欢迎和诚挚的问候!向长期以来关心和支持贵州发展的中国文联和各位艺术家表示衷心的感谢!向在座的各位致以新年的祝福和美好的祝愿!

“送欢乐·下基层”活动,是党和政府联系艺术家和群众的一座重要桥梁,是落实文化民生、让广大人民群众共享文化发展成果,提升基层群众幸福指数的重大举措。今天,“送欢乐·下基层”活动走进遵义,带来了党中央、国务院对革命老区的亲切关怀,体现了中国文联对贵州的深情厚谊,彰显了艺术家“贴近实际、贴近生活、贴近群众”的工作作风。既为我们送来了异彩纷呈的文化盛宴,也为我们营造了欢乐祥和、喜庆文明的节日氛围。我们要以此为契机,向中国文联学习、向艺术家们学习,努力建设先进文化,不断提高文艺水平,为富民兴黔事业提供精神动力和思想保证。

2010年是不平凡的一年,我们克服了百年未遇的干旱灾害,经济建设稳步推进,城乡面貌日新月异,社会各项事业全面进步。这些成绩的取得,得益于党中央、国务院的正确领导,得益于全省人民的努力拼搏,得益于包括在座艺术家在内的社会各界人士的大力支持!今年是"十二五"的开局之年,机遇前所未有,挑战前所未有,加快发展的困难多,潜力也大。我们坚信,有党中央、国务院的正确领导,有社会各界的大力支持,有广大干部群众的艰苦努力,我们一定能在"加速发展、加快转型、推动跨越"的进程中,抓住机遇,迎接挑战,战胜困难,努力实现经济社会又好又快、更好更快发展。

祝本次活动圆满成功,祝大家新年愉快、身体健康、阖家欢乐、万事如意!

谢谢大家。

在主持全省宣传部长会议时的讲话

(1 月 12 日)

同志们:

这次会议的主要任务是,深入贯彻落实党的十七大、十七届五中全会、中央经济工作会议、全国宣传部长会议和省委十届十次全会、全省经济工作会议暨深入实施西部大开发战略工作会议精神,总结 2010 年宣传思想文化工作,分析当前形势,研究部署今年和今后一个时期全省的宣传思想文化工作。

刚才,战书书记作了重要讲话。战书书记的讲话以邓小平理论和"三个代表"重要思想为指导,深入贯彻落实科学发展观,充分肯定了近年来我省宣传思想文化战线取得的成绩,围绕新形势、新任务、新目标对全省宣传工作提出的新要求,阐述了宣传思想工作在我省"十二五"时期经济社会发展中的特殊重要意义。对当前和今后一个时期的宣传思想文化工作,从切实抓好理论武装,着力打牢全省人民共同奋斗的思想基础;切实改进舆论宣传,着力营造积极、向上、和谐的氛围;切实加强思想政治工作和思想道德建设,着力振奋干部群众精神;切实发展文化事业和文化产业,着力满足人民群众的精神文化需求;切实扩大对外宣传,着力塑造贵州的良好形象等方面进行了全面部署。对加强和改善党对宣传思想文化工作的领导提出具体要求。

战书书记的讲话具有很强的理论性、针对性和指导性。各级党委(党组)特别是宣传文化部门要认真学习、深刻领会、贯彻落实。

一是作好汇报。各市(州、地)、县(市、区、特区),省直各单位参加会议的同志回去后,要迅速向党委(党组)作好汇报,让主要领导了解中央和省委宣传部长工作会议精神,重视和支持做好宣传工作。

二是认真学习。要认真学习全国宣传部长会议、全省宣传部长会议和战书书记的重要讲话精神。宣传思想战线的广大干部要先学一步、多学一些、学深一层。通过学习,深刻领会精神实质,把思想统一到中央和省委的要求上来,准确把握宣传思想工作的总体要求和工作重点,抓好各项工作的落实;通过学习,着力提高正面引导能力,着力提高同境内外媒体打交道的能力,着力提高应用新媒体的能力,着力提高对突发事件的引导能力,着力提高舆论监督能力,着力提高舆情研判能力,切实为我省加速发展、加快转型、推动跨越提供理论指导、思想保证和精神动力。

三是整合资源。要明确党政各部门、社会各方面的责任,坚持谁主管谁负责,把宣传思想工作同各个领域的行政管理、行业管理、社会管理更加紧密地结合起来,努力把做好宣传思想工作的要求体现到政策法规制定、组织实施之中,把可利用的人力、物力和财力集中起来,优化资源配置,动员各方面力量共同做好宣传思想工作,形成强大合力和整体效应。

四是开拓创新。要深入把握新形势下宣传思想工作的特点和规律,进一步创新理念,创新思

路，创新举措，创新方法，使宣传思想工作保持旺盛的生机活力。要加强宣传策划，进一步形成系统化、立体化、网络化的工作机制，形成有典型、有特色、有亮点的工作局面。

在省文化体制改革和文化产业发展工作领导小组成员会议结束时的讲话提纲

（1月24日）

同志们：

今天的会议开得很好。从我省《2011年全省文化改革发展工作要点及任务分解》（下称《要点及任务分解》）来看，今年全省文化改革发展的工作任务十分艰巨繁重。刚才，大家对《要点及任务分解》进行了讨论，提出了具体意见。贻琴、庆生同志作了很好的讲话，各部门单位必须严格按照责任分解，逐项抓好落实。这里，就落实《要点及任务分解》明确的各项任务，我再强调两点。

一、文化体制改革只能进一步强化，而不能有丝毫松懈。我省通过近几年来的不断努力，不少文化体制改革的工作任务已基本完成，尚未完成的改革任务也正在逐步推动完成中，但从目前完成改革任务的情况来看，多数属于初步完成任务。随着改革的不断深入推进，深层次的矛盾和问题越来越多，如产权的明晰、内部管理经营方式的完善、法人治理结构的健全、转制企业改组改制改造等，尤其是在整合资源、做大做强上还需要下大力气。今年要着重抓好以下工作：一是关于演艺、广电、报业、期刊四个集团公司的组建工作。这几项工作已经写入了今年的政府工作报告，集团公司组建的总体方案已经上报省政府研究，省文化厅、省广播电影电视局、省新闻出版局和贵州日报报业集团、当代贵州杂志社等省的有关部门和单位不能等待省委、省政府的正式批复，要抓紧制定并上报具体的实施方案，待组建集团公司总体方案正式批复下来后，立即组织实施。二是要把握好非时政类报刊改革的工作。我省第一批非时政类报刊改革的单位共涉及20多家，面广量大，省新闻出版局一定要认真组织实施，严格按照“做大做强一批，调整重组一批，淘汰退出一批”的要求，坚决完成非时政类报刊改革任务。应该说，方案制定得很好，但关键要抓落实，省新闻出版局一定要认真履行好职责，确保任务保质保量完成。三是电台电视台两台合并工作。这也是2011年文化体制改革的重点。省及各市（州、地）都要完成电台电视台合并组建广播电视台的工作，贵阳市已经合并电台电视台组建成立了广播电视台，为省及其他市（州、地）提供了经验，省的电台和电视台更要起带头作用，抓紧通过深入调研和论证，制定两台合并方案。这里提一点要求，两台合并方案一定要体现实质性合并，不能是电台电视台的简单相加，除了频道、频率等少数特殊业务机构可考虑分设之外，其他原电台电视台内部所有的管理机构、带有共性的一般经营业务机构都必须整合，要真正通过资源整合，进行实质性的改革，促进广电产业发展壮大。省广播电影电视局要抓紧制定贵州人民广播电台和贵州电视台合并组建贵州广播电视台的方案上报。

二、关于发展文化产业工作。《要点及任务分解》与往年有很大区别，今年的工作任务达到了19条，十分具体，也十分艰巨。今年是实施“十二五”规划的开局之年，按照中央经济工作会议精神和省委、省政府的要求，“十二五”期末要将文化产业培育成我省国民经济支柱性产业，任务非常重。同去年相比较，今年发展文化产业的任务具体、涉及部门多、实施项目也多。各部门和单位要严格按照任务分解，针对发展文化产业，制定具体的实施意见和方案，并报省文改文产办，要切实将发展文化产业工作落实到组织实施文化产业项目上来。同时,省文改文产办要进一步加强督促检查,适时就重大文化产业项目的组织实施进行调研。在适当的时候,省里召开全省文化体制改革和文化产业发展工作大会,进行经验总结与交流。

在2011年省文明委全体会议结束时的讲话

(1月24日)

同志们:

刚才,大家对省文明委2011年工作要点及几个工作方案进行了讨论,提了具体的意见,文明办要认真梳理、修改完善,按程序送审印发。贻琴、庆生同志作了很好的讲话,大家要认真贯彻落实。下面我再强调几点。

1、大力开展建党90周年等纪念活动,唱响主旋律。要围绕纪念建党90周年和辛亥革命100周年,立足社区、农村、企业、学校、机关、军营等基层单位,面向基层党员、基层群众、基层官兵、广大青少年特别是大中小学生,结合当地实际,组织开展歌咏、报告会、座谈会、红色旅游、主题实践等丰富多彩、生动活泼、群众喜闻乐见的宣传教育活动,唱响共产党好、社会主义好、改革开放好、伟大祖国好、各族人民好的主旋律。

2、广泛开展"迎九运、讲文明、树新风"活动,不断提升全省人民的文明素质。今年9月,全国第九届少数民族传统体育运动会将在我省召开,要围绕迎接九运会的召开,通过形式多样、贴近群众的文明礼仪普及宣传活动,广泛普及社会礼仪、职业礼仪、家庭礼仪、赛场礼仪和个人礼仪基本常识,不断提升全省人民的文明素质。省直机关要进一步加大参与支持贵阳市"三创一办"工作力度。要以迎接九运会的召开为契机,充分展示贵州"加速发展、加快转型、推动跨越"的新形象,让全国人民、全世界人民更广泛、更深入地了解贵州。

3、广泛开展文明城市、文明单位、文明村镇评选活动,深入推进"整脏治乱"、"满意在贵州"工作。要紧紧围绕工业强省和城镇化带动的战略目标,结合今年全国、全省文明城市、文明单位、文明村镇评选表彰,继续加大"整脏治乱"、"满意在贵州"工作力度。今年"整脏治乱"的重点是抓公厕和农贸市场。小公厕、小集市、小菜场能见大文明。住房城乡建设部门要抓好公厕的建设和管理,工商部门要按照文明集市的创建标准,切实把农贸市场、集市菜场管理抓起来。"满意在贵州"的重点是抓好旅游、交通、医疗、金融、通信和购物环境的服务质量。

4、实施好十大民生工程,着力深化"四在农家"创建活动。"十大民生工程"中的全省农村生活环境改善工程、全省公共文化服务体系建设工程这两项属于文明建设的内容。要以此为契机,进一步深化"四在农家"创建活动,从服务全省社会主义新农村建设、推进城镇化发展战略布局出发,以"黔中城市带"为中心,以交通干线、重点旅游线路沿线村寨为抓手,以"100个村庄整治工程"为龙头,以农村沼气工程、一事一议财政奖补、农村清洁工程为重点,统筹协调、抓好示范、充实内涵,推动"四在农家"等创建活动深入开展,建成一批规划科学、管理有序、整洁美观、风气良好的文明村镇。

5、贯彻落实中央《关于净化社会文化环境促进未成年人健康成长的实施意见》,加强未成年人思想道德建设。要切实把未成年人活动教育阵地建设纳入各地国民经济和社会发展"十二五"规划,重点整治校园周边环境,加强对流动摊贩、"三无"产品的治理。加大网吧监管力度,扎实推进净化银屏、声频、互联网工作,一旦发现接纳未成年人上网,坚决取缔,严肃处理。切实抓好"千校万师”全省未成年人思想道德建设骨干教师培训工程,进一步转变师德师风。加大未成年人优秀文化产品创作扶持力度,大力实施优秀童谣、少儿歌曲创作推广计划,推出一批叫得响、传得开、深受未成年人欢迎的精品力作。

6、切实加强领导,力求精神文明建设工作取得更大成效。各党委党组要坚持两手抓、两手都要硬,切实把精神文明建设工作摆上更加突出的位置,纳入重要议事日程,纳入经济社会发展总体规划,纳入科学发展考核体系,与经济工作同部署、同推进。各级文明委要在党委的统一领导下,充分发挥在群众性精神文明创建中统筹全局、协调各方的优势,注重整合党政部门的行政资源、群团组织的社会资源和社会力量的共建资源,充分发挥各方面的积极性、主动性和创造性,形成不断推进创建工作的强大合力。

在全省“整脏治乱”专项行动和“满意在贵州”主题活动电视电话会议上的讲话

(2月24日)

同志们:

今天召开全省“整脏治乱”专项行动和“满意在贵州”主题活动电视电话会议,主要任务是总结过去几年的成绩和经验,奖励先进,统一思想,对两项工作进行深入动员部署,立足新起点,适应新形势,扎扎实实地把“整脏治乱”与“满意在贵州”两项工作推向前进。

省委、省政府分别自2006年、2008年开展“整脏治乱”专项行动和“满意在贵州”主题活动以来,各级党委政府在思想上高度重视、政策上全力支持、组织上加强领导、工作上强力推进、投入上切实保障,完成了“整脏治乱”和“满意在贵州”从“软指标”到“硬任务”的转变,分别实现了“三年全面推进”、“五年大见成效”的既定目标,取得了阶段性成果。总的来看,全省城乡环境显著改观,人居环境明显改善,城市管理水平明显提升,优质服务明显加强,市民素质不断提升。据去年底国家统计机构的调查,群众对居住地城市的市容卫生总体环境与公共场所卫生环境的满意率分别为88.82%和84.72%,所居住城市变化最明显的体现在主要街道、基础公共设施、居住周边环境、交通秩序、集贸市场和公共厕所六个方面,取得了较为明显的整治效果;“满意在贵州”2010年度综合群众满意度为84.43分,比2009年提高了3.18分,群众满意度呈上升趋势。

可以说,“整脏治乱”和“满意在贵州”已经成为我省精神文明创建的重要品牌,成为推进创建文明城乡的重要抓手,对于改善民生,促进党群干群关系改善,对于对内凝聚人心、鼓舞斗志,对外提升形象、扩大影响,促进贵州经济社会又好又快、更好更快发展产生了积极的推动作用。“整脏治乱”与“满意在贵州”的阶段性成果,是省委、省政府高度重视、强力推进的结果,是全省人民大力支持、共同努力的结果,是各级各部门齐心协力、密切配合的结果,是各级一线人员默默无闻、扎实工作的结果。在这几年的工作中,基层一线的同志吃了很多苦,受了很多累,大家的艰辛与酸楚、委屈与压力我们都看在眼里、记在心里,党和人民是永远不会忘记的。在这里,我代表省委、省政府,向为“整脏治乱”及“满意在贵州”付出辛勤劳动、做出突出贡献的同志们致以崇高的敬意和衷心的感谢!向受到奖励的先进集体表示热烈祝贺!

战书书记、克志省长对“整脏治乱”和“满意在贵州”工作高度重视,指示我们要善始善终地抓紧抓好。刚才,庆生同志通报了2010年两项工作的考核结果,省住房城乡建设厅等6个单位作了很好的发言,大家要认真抓好贯彻落实。下面,我就

做好下步全省"整脏治乱"和"满意在贵州"工作讲三点意见:

一、统一思想,深化认识,进一步增强继续抓好"整脏治乱"与"满意在贵州"工作的紧迫感和责任感

省委十届十次全会已将"十二五"的宏伟画卷展现在我们眼前,省委提出的"加速发展、加快转型、推动跨越"为"十二五"定下了主基调,工业强省、城镇化带动战略正全面实施,"创先争优"、"三个建设年"、"四帮四促"等主题活动的深入开展,特别是第九届少数民族传统体育运动会今年将在我省举办,都要求"整脏治乱"与"满意在贵州"只能加强、不能放松,只能一抓到底、不能半途而废。我们一定要从战略和全局的高度深刻把握"整脏治乱"和"满意在贵州"工作面临的新形势、新任务、新挑战,切实增强做好"整脏治乱"和"满意在贵州"工作的责任感和使命感。

一是继续抓好"整脏治乱"和"满意在贵州"工作,是人民群众的强烈愿望。经过五年的努力,已经有了很好的基础,但是成果还很不巩固,发展也不尽平衡,尤其是硬件基础差,市民素质不高的问题尚未根本解决,个别地方卫生死角仍不同程度存在。为此,必须克服松懈麻痹思想、厌烦厌倦情绪,树立长期作战的思想。党的十七届五中全会提出,要让人民群众有尊严的生活。试想,一个脏兮兮、乱糟糟的地方,怎么可能让老百姓有尊严地生活呢?从近期的暗访情况看,各地又有不同程度的反弹。如果不将"整脏治乱"、"满意在贵州"工作进行到底,人民群众是不会答应的。去年底的调查结果显示,高达99.5%的受访群众希望将两项工作继续抓下去。我们必须以对人民高度负责的态度,做到民有所呼,我有所应,坚持把两项工作进行到底。

二是继续抓好"整脏治乱"和"满意在贵州"工作,是促进贵州又好又快、更好更快发展的必然要求。促进贵州又好又快、更好更快发展,需要强大的精神支撑,需要树立良好的对外形象,需要大力改善投资环境。开展"整脏治乱"和"满意在贵州"工作,有利于改善人们的工作生活环境,增强人民群众的归属感、满意感和幸福感,激发和调动全省各族干部群众热爱贵州、建设贵州、美化贵州的自豪感和积极性,为贵州经济社会又好又快、更好更快发展提供精神支撑;有利于提升窗口行业服务水平,提升公民文明素质,树立贵州良好形象,优化软环境,增强硬实力,为贵州经济社会又好又快、更好更快发展提供形象支撑;有利于加强基础设施建设,整治城乡环境,提升城市管理水平,改善城乡环境面貌,为贵州经济社会又好又快、更好更快发展提供环境支撑。

三是继续抓好"整脏治乱"和"满意在贵州"工作,是落实"创先争优"、"三个建设年"等活动的具体举措。为确保实现我省"十二五"各项奋斗目标,省委、省政府决定在全省深入开展"创先争优"活动,深入开展"环境建设年、作风建设年、项目建设年"活动,深入开展"四帮四促"活动,深入实施"十大民生工程"。全省各行各业都要按照省委、省政府的要求,结合自身实际积极有效地开展工作。"整脏治乱"和"满意在贵州",着力于精神文明的创建,在服务和环境上增比进位,是"创先争优"的重要内容;着力于强力推进城镇化进程,改善城乡环境,营造优美舒适的环境,是"环境建设"的基础工程;着力于提高各个部门的服务水平,优化发展环境,提供规范优质的服务,是"作风建设"的具体抓手;着力于塑造自身形象、提升竞争实力,为项目建设提供有力保障,是"项目建设"的有力促进;着力于人民群众生产生活环境的改善,是民生发展的重要基础。

四是继续抓好"整脏治乱"和"满意在贵州"工作,是提高我省城乡文明程度的发展需要。通过前几年的努力,我省城乡环境面貌有了明显改善,两项活动已成为促进全省城乡文明程度提高的有效载体。目前,我省的城镇化发展还较为落后,2010年城镇化率仅为29.9%,落后全国平均水平16.6个百分点;各地的农贸市场、公共厕所、城市管网、道路交通等基础设施无论在数量上、档次上,还是在管理上、服务上,仍然还比较落后。在去年中央文明办组织的测评中,我省的各项指标都较为滞后,突出的问题表现在公共环境和市民素质方面。今年第九届少数民族传统体育运动会将在我省举办,对我省的城乡环境卫生、旅游景区接待和市民素质提升等方面提出了更高的要求,这就更加需要强力推进"整脏治乱"和"满意在贵州”两项工作。

总之，希望大家充分认识“整脏治乱”和“满意在贵州”活动的重要意义，进一步增强紧迫感和责任感，按照“工作创一流，目标争第一”的精神，拿出贵州人的自信和志气，敢与强的比、敢向高的攀、敢同勇的争、敢跟快的赛，理直气壮地抓，坚持不懈地抓，齐心协力地抓，抓出一个新天地来，抓出一个新贵州来。

二、明确任务，突出重点，认真谋划好今后五年的“整脏治乱”和“满意在贵州”工作

省委办公厅、省政府办公厅即将印发的两个《纲要》和今年的《实施方案》，明确了指导思想、目标意义和主要任务，大家要结合实际尽快出台具体实施意见，抓好抓实，抓出成效。在这里，我着重强调四点：

（一）着力营造优美公共环境，解决环境“脏”的问题。我们到一个地方，第一印象是这个地方的环境怎么样，而对环境的第一感觉就是干不干净、卫不卫生。通过这几年的工作，我们的主要街道基本上做到了整洁卫生、美化亮化，但公共厕所、农贸市场、背街小巷等部位还有不少问题，需要进一步加强治理。今年“整脏治乱”工作的重点是公共厕所、农贸市场建设年，要把公厕和农贸市场好好地抓一抓。因为，厕所虽小，关系重大，小公厕、小菜场能见大文明。省文明委牵头，省住建厅要制定标准，出台规范，指导督促各地把公厕建设好、管理好。要建设一批三星级以上的公共厕所，有条件的还要建设五星级公共厕所，特别是高速公路厕所，要建设成水冲厕所，要做到无尿碱、无污垢、无异味。省工商局要按照文明集市的创建标准，切实把农贸市场、集市菜场管理抓起来；各级地方党委政府要加大投入，改建、新建一批功能完善、布局合理、档次较高、管理规范的厕所和市场。

（二）着力建立优良公共秩序，解决秩序“乱”的问题。从总体上看，各地的交通秩序、公共场所秩序有了一定的转变，但乱停乱行、占道经营、排队无序等现象还不同程度存在，特别是车辆乱停，行人不走斑马线、闯红灯等尤为严重。各地要按照城市道路交通设计规范，加强城市交通建设和管理，加强标识标线设置，有效解决乱、堵的问题。在今年的春晚中，有两个小品明确提到了北京交通的拥堵问题，这不得不引起我们的深思。贵阳市要强力采取严管措施，重点解决城市交通拥堵、车辆乱停乱行、行人闯红灯的问题，确保九届民族运动会期间的秩序井然、交通畅通、形象良好。新闻单位可以继续对一些违章行为进行曝光。省公安厅交警总队要继续抓好“文明交通行动计划”，多管齐下，努力实现基础设施完善、秩序井然、管理规范的目标。

（三）着力提供优质公共服务，解决服务“差”的问题。“满意在贵州”开展三年来，虽然窗口行业的服务质量和服务水平有了明显提升，但仍存在设施不完备、服务态度差、办事效率低、服务不规范等突出问题。各级各部门要进一步优化服务环境，完善便民措施，推行微笑服务、文明服务和规范服务，努力解决“差”的问题。省交通运输厅要进一步加强对公交车、的士车的管理，重点是加强对贵阳市出租车的管理，省文明办、省交通厅、省交警总队、贵阳市要组织开展“文明驾驶员”、“文明的士”、“十佳出租车评选”活动，有效改善出租车的车容车貌和服务质量；省卫生厅要切实加强医德医风教育，改善病人就医环境，提高医护人员服务水平，这类活动每年都要开展，文明办要参与；省商务厅、省工商局要加强诚信兴商教育，广泛开展诚信企业、诚信个体工商户评选活动，为老百姓营造诚实守信的购物消费环境。清镇的诚信农民教育搞得不错，今年 3 月份准备在清镇开现场会。还有遵义市的“十谢共产党”花灯戏，都要纳入省精神文明建设的重要内容进行推广。

（四）着力培育优秀公民素质，解决素质“低”的问题。随着“讲文明、树新风”活动的不断深入，广大市民公德意识和文明素质有了一定提高，但在我们身边，随地吐痰、高声喧哗、不走斑马线、闯红灯等不文明现象仍不同程度存在。今年要以第九届全国少数民族传统体育运动会在我省举办为契机，深入开展“迎九运、讲文明、树新风”活动，组织实施好文明礼仪“六百”工程和编印《贵州公民文明手册》，通过形式多样、贴近群众的文明礼仪普及宣传活动，广泛普及社会礼仪、职业礼仪、家庭礼仪、赛场礼仪和个人礼仪等基本常识，着力解决公德意识不高、言行不够文明、参与意识较弱等问题，不断提升全省人民的文明素质。

三、明确责任，狠抓落实，不断开创“整脏治乱”和“满意在贵州”工作新局面

开展“整脏治乱”和“满意在贵州”工作以来，建立了一些好的机制，也积累了一些好的经验，需要不断巩固和完善。针对以往存在的问题和薄弱环节，重点要在以下几个方面下功夫：

第一，进一步在加强领导上下功夫。“整脏治乱”和“满意在贵州”是省委、省政府统一安排部署的战略任务，是事关发展、影响全局的重要工作，而不是哪一个部门的工作。从近几年情况看，余庆、松桃、瓮安等工作开展得好的地方，无一例外都是党政极其高度重视，强力推进的结果。各级党委、政府要以更大的决心、更多的精力、更实的措施，扎实推进“整脏治乱”和“满意在贵州”工作。要纳入党委、政府重要议事日程，纳入经济社会发展总体规划，纳入科学发展考核评价体系，放在突出位置来抓。各级党政一把手要切实履行好第一责任人的责任，经常听取汇报，调查研究，掌握动态，解决问题。各级党委、政府要认真研究解决文明办的机构设置、人员编制、经费保障等问题，充实和配强文明办人员，切实改变各级文明办特别是市县两级文明办人少事多、疲于应付的现状，创造宽松环境和必要条件，确保有人干事、有钱办事、有制度管事。

第二，进一步在理顺体制上下功夫。对环境秩序的整治，全国各地有不同的模式。从我省实际来看，由党政统一领导、文明委牵头协调、有关部门各负其责、社会各界支持参与的领导体制是有效的。当然有一些地方还存在协调不力、部门履责不力甚至相互推诿等问题。各级文明委要发挥好牵头作用，敢抓敢管敢干，树立文明委的权威；各级卫生、公安、旅游、建设、交通、环保、工商等相关职能部门作为成员单位要发挥主体作用，制定细化方案，明确分管领导及责任人，确保每一项任务都有人抓、有人管、有人落实，做到各司其职，守土有责，尽职尽责；各级文明办、整治办、满意办要发挥协调作用，认真做好组织协调和联络服务工作，形成推动“整脏治乱”和“满意在贵州”工作的强大合力。

第三，进一步在营造氛围上下功夫。各级报纸、广播、电视、网络等新闻单位要充分发挥各自优势，发动群众参与，进行舆论监督，通过公布举报信箱、设立专栏专题、利用言论、新闻、公益广告等多种形式，宣传先进典型，倡导文明风气，曝光脏乱问题，监督不文明现象，为“整脏治乱”和“满意在贵州”营造良好的舆论氛围。要加大社会宣传力度，通过组织开展干部测评、知识竞赛、征文比赛、小品大赛、演讲比赛等活动和灯箱广告、LED显示屏、手机短信等载体，加强对“整脏治乱”和“满意在贵州”的主要内容、目的意义、基本要求以及公民道德规范、市民行为准则的宣传，做到家喻户晓，入脑入心，努力提高群众理解、支持、参与“整脏治乱”和“满意在贵州”的知晓率和满意率。

第四，进一步在考核问责上下功夫。这几年一条重要经验，就是考核上动真来实，没有 2006 年、2007 年的几张黄牌，“整脏治乱”工作就没有今天的成效。要明确将“整脏治乱”和“满意在贵州”工作纳入党政领导班子政绩考核评价体系，作为干部考核的重要依据；列入各级党委政府督查室的专项督查内容和各级人大、政协的专项视察内容，列入各级各部门年度目标管理考核的主要内容。今年开始，要强化双向考评机制，即纵向考评市县两级，横向考评各级牵头部门。要实行动态管理，采用明察暗访、交叉检查、中介调查等方式进行督查，发现问题及时督办。对于工作滞后、整改不力、效率低下的地区和部门要通报批评，问题严重的要挂黄牌，确保两项工作扎实推进、取得实效、群众满意。

同志们，2011 年是“十二五”发展的起步之年，也是“整脏治乱”专项行动和“满意在贵州”主题活动第二个五年纲要的开局之年，我们一定要高举“团结、发展、奋斗”的旗帜，发扬“不怕困难、艰苦奋斗、攻坚克难、永不退缩”的贵州精神，以高度负责的政治责任感，奋发进取的精神风貌，求真务实的工作作风，扎扎实实做好各项工作，努力开创“整脏治乱”和“满意在贵州”工作新局面，以实际行动为贵州“加速发展、加快转型、推动跨越”作出新的更大的贡献！

在贵州省哲学社会科学工作领导小组会议上的主持词及讲话

(2月24日)

同志们:

这次贵州省哲学社会科学工作领导小组会议,主要是审议《2011年贵州省哲学社会科学工作要点》。

首先,请省社科规划办主任蔡中孚同志就《2011年贵州省哲学社会科学工作要点》作说明。

(说明毕)

现在,请各位成员审议《工作要点》。

(审议毕)

下面,请庆生、贻琴同志讲话(征求庆生、贻琴同志意见)。

(讲话毕)

刚才,与会同志认真审议了《工作要点》,提出了一些重要的修改意见,省社科规划办要集中大家的意见,对文稿再作必要的补充和修改,使之进一步完善,并抓紧按程序送审,尽快下发。

2010年,我省完成国家课题申报立项56个,国家资助总金额756万元,比2009年增长76%,重大项目和后期资助课题实现零的突破,完成省级招标课题23个,青年课题48个。在贵州省第八次哲学社会科学优秀成果评奖中,涌现出了《区域能源经济发展研究》(专著)、《农地习俗元制度及其实施机制研究》(专著)、《社会转型时期的群体性事件研究》(论文)、《贵州省主要农产品市场开发问题研究》(调研报告)等一批质量较高的研究成果。这些成果选题针对性强,瞄准理论研究前沿,贴近社会实际问题;研究方法科学严谨,材料翔实,论证周密;研究结论真实可靠,理论创新之处较多,实践意义较强。一些研究成果被贵州省"十二五"规划采纳,为我省谋划经济社会发展大局和推动相关实际工作开展提供了有力的理论支持。

今年是实施"十二五"规划的开局之年,为切实抓好今年的哲学社会科学工作,我讲几点意见:

一要抓好选题设置。选好题,研究方向才能对路,研究成果才能得到应用,研究工作就成功了一半。要围绕贯彻落实锦涛总书记在省部级主要领导干部专题研讨班上的讲话精神,加强对社会管理及其创新的研究;要围绕贯彻落实克强同志视察贵州时的讲话精神,加强对"四个同步"问题的研究(即:到2020年贵州与全国同步建成全面小康社会的问题,促发展与转方式同步的问题,实现经济增长和民生改善同步的问题,推进黔中经济区与其他少数民族地区同步发展的问题);要密切关注省委、省政府的中心工作,围绕抢抓新一轮西部大开发机遇,实施工业强省战略和城镇化带动战略,推动经济社会更好更快发展;推进农业产业化、现代化进程,促进农民增收;向"绝对贫困"发起总攻,基本消除绝对贫困现象;转变旅游发展方式,加快旅游大省建设步伐等工作重点来确定选题,以战略的眼光、理性的思考、专业的学识,对事关贵州经济社会发展的一系列重大课题,进行深入研究,作出理论回答。要主动联系各级党政领导机关,征集各条战线实际工作中遇到的各种理论和实践问题,从实际工作中提炼出重点问题,开展有针对性的研究。要密切联系群众,发现群众生产生活中遇到的实际问题,深入研究,提出解决建议。要密切关注国内外学术动态,对我省有一定优势的前沿型课题,进行大胆攻关,力争在全国学术界产生影响。

二要注重理论创新。创新是一个民族兴旺发达的不竭动力,社会科学创新是思想创新、管理创新、体制创新的先导。要在坚持四项基本原则、坚持"二为"方向和"双百"方针的前提下,紧密结合社会生活进行研究,把社会当成实验室、资料库和样板房,从社会中吸取养分,发现规律,寻找对策,实现理论创新,不能窝在家里搞经院式、书斋式研究。结合新的时代特点和社会实践,对前人的基本理论和观点进行创造性的丰富和发展,作出符合时代和实践要求的新的阐释和说明。站在理论和实践前沿,以宽广的世界眼光,实现传统社会科学从内容到形式的自我超越和突破,总结新的实践经验,回答新的实际问题,探索新的发展规律,深入努力拿出无愧于时代的成果,更好地为人民服务、为党和政府决策服务。

三要加强队伍建设。要通过社会科学规划项目,造就一批用马克思主义理论武装起来,立足贵州、放眼世界、学识渊博的哲学社会科学理论专家,形成学科门类齐全、学术水平领先、研究实力超群的科研骨干力量。党委、政府要经常就经济社会发展的重大问题听取哲学社会科学界专家的意见,在决策中重视运用哲学社会科学成果。重视培养年轻科研人才队伍,形成以老带新、以新促老、老中青三结合的科研人才队伍。要开辟多渠道投入的科研经费渠道,加大对科研项目的经费支持力度,帮助科研人员克服研究中的困难和问题。加强对哲学社科人员的理想信念教育,树立崇高的理想。提倡认真、严谨的科学态度,减少浮躁风气对科研工作的干扰,抵制学术腐败对科研工作的侵蚀,为学术创新创造适宜的环境和风气。

四要促进资源整合。要探索完善省委统一领导、各部门分工负责的哲学社会科学管理体制,形成既能有效整合资源,又能充分发挥各方面积极性的调控机制,逐步打破科研机构条块分割局面,以全面性、前瞻性、战略性的重大问题为主攻方向,以功能整合为平台,促进不同单位、不同学科之间的合作。要充分发挥省委宣传部、省委政研室、省委党校、省委讲师团、省社科院、省社科联等单位理论骨干集中的优势,调动大家的积极性,促进贵州哲学社会科学事业向深层次、宽领域方向繁荣发展。加强与中央社科规划办、中央政研室、中央党校等,以及社科研究部门的沟通联系,借助外力推动我省社会科学发展。省社科规划办要加强与各成员单位的联系,努力发挥规划工作对全省社会科学工作的引导、促进作用,推动社会科学不断繁荣,更好地服务于全省经济社会发展。

今天的会议就开到这里,散会。

在学习贯彻李长春同志重要讲话精神促进贵州文化跨越式发展座谈会上的主持词

(3月29日)

同志们:

3月11日,中共中央政治局常委李长春同志在参加十一届全国人大四次会议贵州代表团审议时作了重要讲话,强调贵州要以开放促开发、以民生带动发展,努力探索贵州经济社会发展的新途径,并对大力发展文化产业,加快构建覆盖城乡的公共文化服务体系等工作提出了明确要求。省委高度重视李长春同志讲话精神的贯彻落实工作,“两会”结束后立即召开全省领导干部会议进行传达学习。今天上午,省委召开这个座谈会,主要是进一步深入学习贯彻落实长春同志的重要讲话精神,总结我省文化产业发展工作,研究部署下步工作,推动我省文化产业努力实现跨越式发展。

出席今天会议的省领导有:省委书记、省人大常委会主任栗战书同志,省委常委、省委宣传部长谌贻琴同志。参加会议的有:省直有关部门主要负责同志,各市(州、地)文改文产领导小组组长、宣传部长,部分文化骨干企业代表。

今天会议的议程有三项。一是请贻琴同志介绍我省文化改革发展的基本情况;二是由部分市

(州、地)和省直相关部门简要汇报学习长春同志重要讲话精神中文化发展部分的认识和体会,以及本地本部门下一步在促进文化跨越式发展上的思路和打算;三是请战书同志作重要讲话。下面,依次进行。

首先,请贻琴同志介绍我省文化改革发展的基本情况。

(通报毕)

下面,请贵阳市副市长季泓同志同志汇报;

(汇报毕)

下面,请遵义市委副书记、市长王晓光同志汇报;

(汇报毕)

下面,请铜仁地委委员、地委宣传部部长顾明杰同志汇报;

(汇报毕)

下面,请省发改委主任刘远坤同志汇报;

(汇报毕)

下面,请省文化厅厅长徐圻同志汇报;

(汇报毕)

下面,请省广播电影电视局局长白方芹同志汇报;

(汇报毕)

下面,请省新闻出版局局长刘援朝同志汇报;

(汇报毕)

下面,请省旅游局傅迎春同志汇报;

(汇报毕)

下面,让我们以热烈的掌声,请战书书记作重要讲话。

(讲话毕)

同志们,今天的座谈会开得很好,贻琴同志介绍了近年来贵州文化改革发展的基本情况,部分市(州、地)和省直单位汇报了学习体会和工作打算,认识体会是全面的、深刻的,提出的思路和措施是可行的。刚才,战书书记作了重要讲话。讲话深刻把握长春同志的重要讲话精神,阐述了实现贵州文化产业跨越式发展的重要性和紧迫性。深刻认识贵州文化的内涵和特点,明确了贵州文化跨越式发展的目标和重点,提出要“分两步走,建立一个体系、实现一个指标”,即:建立完善覆盖城乡的公共文化服务体系,到2015年奠定坚实基础,到2020年建立与全面小康社会完全相适应体系。到2015年,力争文化产业增加值达到240亿元以上,年均增长达20%以上,在国民经济中的比重接近全国平均水平,在“十三五”头几年确保实现我省文化产业增加值占GDP的比重指标要达到5%的指标。为此,要围绕贵州省“十二五”规划明确的重点工作,一件一件抓好落实。并要求推进管理创新,完善投入政策,构建推动贵州文化产业跨越式发展的体制机制。战书同志的讲话具有很强的针对性、指导性和可操作性。大家要认真学习、深刻领会,贯彻落实。一是各地要及时将此次会议精神向党委政府主要领导作好汇报,深入学习贯彻好长春同志的重要讲话精神,并结合战书书记所提出的意见,专题研究,突出重点,明确责任,抓好落实。二是宣传文化系统各部门和政府各相关部门,要抓好贵州省“十二五”规划所明确的文化园区、基地和重大项目的建设工作,做到既分工负责,又协调配合,共同推进文化的跨越式发展。三是省文改文产办对各地各部门的学习贯彻情况要进行督促检查,协调解决文化产业发展中存在的困难和问题。

今天的座谈会到此结束,散会。

在贵州日报报业集团传媒有限责任公司、贵州广电传媒集团有限责任公司、当代贵州期刊传媒集团有限责任公司、贵州文化演艺集团有限责任公司成立大会上的讲话

(6月26日)

尊敬的东东副署长、发文副会长,各位来宾、同志们:

在纪念中国共产党建党90周年大喜日子前夕,我们在这里共聚一堂,隆重举行贵州日报报业集团传媒有限责任公司、贵州广电传媒集团有限责任公司、当代贵州期刊传媒集团有限责任公司、贵州文化演艺集团有限责任公司成立大会,这是我省贯彻落实"依靠改革创新,建设文化强省,促进历史跨越"的重要举措,也是我省文化体制改革和文化产业发展取得的重要成果。在此,我代表省委、省政府向四大集团公司的成立表示热烈的祝贺,向亲临会议指导工作的东东副署长、国家有关部委领导表示诚挚的欢迎,向长期以来关心支持我省文化体制改革和文化产业发展的国家新闻出版总署、国家文化部、国家广电总局和社会各界朋友表示衷心的感谢!

深化文化体制改革和文化产业发展,是党中央作出的一项关系社会主义现代化建设全局的重大决策。对此,省委、省政府高度重视,省委常委会对组建四大集团公司进行了专题研究,战书书记、克志省长多次发表重要讲话、多次作出批示,提出明确要求。四大集团公司,就是在战书书记、克志省长的关心支持下组建起来的。他的成立,对于整合资源,提高产业集中度,打造具有较强市场竞争力的文化骨干企业和企业集团,具有重要意义。借此机会,我提四点希望。

一是要坚持正确方向。新闻宣传工作是一项政治性、思想性、导向性、政策性很强的工作,必须坚持正确的舆论导向,牢牢把握话语的主动权。要唱响主旋律,打好主动仗,坚持团结、稳定、鼓劲和正面宣传为主的方针,用健康向上的精神产品占领思想文化阵地。坚持贴近实际、贴近生活、贴近群众,不断提高新闻宣传质量和水平。要围绕中心、服务大局,为"两加一推"主基调,为工业强省战略和城镇化带动战略的实施,为农业现代化、旅游大省建设营造良好的舆论氛围。

二是要不断深化改革。四大集团公司的成立,仅仅是在体制改革上迈出了第一步,今后的道路还很长,深化改革的任务还很重。要学习借鉴兄弟省市的成功经验,优化资源配置,创新内部机制,加强经营管理,按照建立现代企业制度、完善法人治理结构的要求,从管理体制、资本构成、公司架构、运行机制等方面实现彻底改制改革,使四大集团公司成为符合现代企业制度要求、体制机制更有活力、法人治理结构更加完善的文化市场主体,不断增强发展的活力、动力和实力,为全省文化体制改革和发展作出榜样。

三是要持续壮大产业。坚持"两手抓、两手硬",通过2到3年的不懈努力,推动相关企业利用资本市场上市融资,真正增强实力、带动产业、提高竞争力,实现更好的社会效益和更大的经济效益。党报党刊和广电的时政频段要在发挥党的喉舌作用,打造品牌的同时,不断拓展,经营多种产业。演艺集团公司要拓宽投资合作视野,整合各方力量,精心打造具有我省文化特色的民族歌舞剧目,在不断丰富和满足广大人民群众对演艺节目的需求的同时,把贵州的演艺产业做大做强做优,让贵州丰富多彩的精品、精致、精湛艺术节

目更多地占领市场，走出贵州、走向全国、走向世界。

四是要确保社会稳定。要把党中央、国务院和省委、省政府关于文化体制改革的方针政策讲透彻，把改革发展的思路讲清楚，把对职工群众的利益安排讲明白，妥善解决好人员分流安置、社会保险接续等问题，切实维护职工群众的基本权益。在这方面，省委、省政府制定了很多更灵活、更宽松的优惠政策。在组织实施方案时，要充分听取职工意见和建议，做好耐心细致的思想政治工作，充分调动广大干部职工理解改革、拥护改革、支持改革、参与改革的积极性和主动性，确保改革改出稳定、改出和谐、改出生产力、改出创造力、改出更好效益。

我们深信，在国家有关部委的悉心指导下，在省委、省政府的强力推动下，在省直有关部门的密切协作下，四大集团公司必将在进一步拓展文化市场，壮大发展实力，引领全省报业、广电、期刊、演艺产业发展，在实现将文化产业打造成我省国民经济支柱性产业的目标上发挥积极作用，为我省经济社会又好又快、更好更快发展作出重要贡献。

谢谢大家！

依靠改革创新 建设文化强省 推动历史跨越
把“六个一批”文化工程抓得富有成效

——在全省文化体制改革工作会议上的讲话
（6月29日）

同志们：

这次全省文化体制改革工作会议是根据省委常委会的要求召开的，主要任务是认真贯彻落实全国文化体制改革工作会议精神，加快推进我省文化体制改革步伐。刚才，李裴、文阳同志分别传达了全国文化体制改革工作会议精神和《栗战书同志在“学习贯彻李长春同志重要讲话精神 促进贵州文化跨越发展座谈会”上的讲话》精神，我代表省文改文产领导小组与省文化厅、省广播电影电视局、省新闻出版局和9个市（州、地）文化体制改革工作领导小组分别签订了《文化改革发展责任书》，省文化、广电、新闻出版三家行业主管部门的负责同志作了发言，谈得都很好。为了更好地贯彻落实长春、云山同志的重要讲话和省委常委会精神，我讲几点意见。

一、认清形势，进一步增强做好文化改革发展工作的责任感和紧迫感

近年来，按照中央精神，我省不断推动文化体制改革，对文化改革发展规律的认识越来越深化，明确了推动文化改革发展的基本思路、指导思想、具体目标、主要任务，出台了一系列支撑改革发展的政策措施，对全省文化体制改革工作作了总体部署，明确提出在明年省第十一次党代会召开前基本完成我省文化体制改革各项工作任务，在党的十八大召开前全面完成各项改革任务的目标。

党中央高度重视文化改革发展，胡锦涛、温家宝、李长春等党和国家领导人多次就文化改革发展作出重要指示，提出了“三加快、一加强”的工作任务和“加大力度、加快进度、巩固提高、重点突破、全面推进”的总体思路，明确了文化体制改革进入攻坚阶段的总要求。今年4月，全国文化体制改革工作会议在安徽召开，全面部署了在党的十八大召开前基本完成的各项改革任务。今年“两会”期间，李长春同志在参加十一届全国人大四次会议贵州代表团审议时指出，贵州要充分发挥文化资源丰富的优势，大力加快发展文化产业，实现文化繁荣发展。省委、省政府高度重视文化改革发展，去年8月份以来，省委常委会两次研究部署全省文化改革发展工作。今年3月,战书书记在"学习贯彻李长春同志重要讲话精神促进贵州文化跨越发展座谈会"上,提出"依靠改革创新、建设文化强省、推动历史跨越"的总体思路和实施"六个一批"文化工程。6月7日,省委、省政府印发了《关于深化文化体制改革的意见》,为切实推动完成文化体制改革任务、促进文化大发展大繁荣提供了强有力的政策支持。这些都为我们做好文化体制改革工作提供了积极有利的条件和保障。

周总理说过,贵州会后来居上。从贵州的资源优势来看,我们建设文化强省,大有干头、大有希望。我到贵州工作将近7年,我认为贵州确实有条件发展得更好。前几天,省委中心组重温《共产党宣言》,坚定理想信念,我在发言时说了一句话,贵州不该这么穷。为什么这么说呢,贵州发展条件很好,是能源资源大省、矿产资源大省、生物资源大省、旅游资源大省、气候资源大省、三线工业大省、文化资源大省、生态资源大省,有着光荣的革命传统和可贵的奋斗精神。这些都是我们加快发展的重要基础、重要条件。我们的历史文化,是完全可以做出名堂来的。镇远满街都是文化,隆里古城满城都是文化,旧州满城都是文化,黔东南遍地是文化。关键是我们的思想还是很保守,没有意识到文化的价值。西江不就是靠文化发展起来的吗?一个村一年旅游收入1.6亿元,10个村就16个亿,100个村就160亿。如果把整个巴拉河串起来做苗侗文化一条河,形成一个文化带,西江就不会搞得那么挤,别的地方也不至于那么冷清。最近,新加坡悦榕集团就看上了贵阳的民族文化,准备在青岩古镇建超五星级酒店,贵阳一定要支持人家干。肇兴不过就是黔东南的一个小镇,一年3万多欧洲人去旅游,靠什么啊,靠老祖宗留下的那栋楼和"侗族大歌",这就是文化。再比如遵义的海龙囤,就可以搞成一个影视基地,这也是文化。湖南新晃县炒夜郎古城,我们省好几个地方也在炒夜郎古城,这都是在做文化。夜郎是游牧民族,加上战乱连连,居无定所,是来回跑的。可乐遗址证明夜郎在赫章呆过。如果在阿西里西大草原里边建一个夜郎古城,那草原就值钱了。还有安顺的屯堡,我为什么要下决心推黄果树旅游集团重组,因为黄果树一上市,拿上市的钱,就盖十几个寨子,把老百姓搬出来,然后把古寨腾出来作为集团的资产,做旅游,一个古寨一台戏,能吸引多少人来啊。另外,明昭宗朱由榔在安龙住的那个文华殿、十八先生祠堂、多节亭等得赶紧修整出来,把安龙到黔西南、安顺做成一个文化旅游带。还有红色文化,咱们贵州17.6万平方公里一片红,到处都是红色文化。对这些文化项目,四大集团公司可以和市(州、地)互相参股,互相利用资源,互相整合资源,这样搞下来以后到处都是影视基地、创作基地、文化产品基地、文化精品基地。还可以做文化房地产。开封府按照清明上河图做了一个城市,这不就是文化房地产吗?黎平翘街、都匀石板街、兴义新街、青岩古镇、松桃寨英和苗王城,都可以做文化房地产。所以说,贵州到处是文化,只要党委书记眼里有文化,宣传部长眼里有文化,下决心把它做好,就能产生巨大的效益。

当然,我们也要看到面临的挑战。从发展目标来看,我省明确提出要力争在"十二五"期末,把文化产业培育并发展成为我省国民经济支柱性产业的目标。2010年全省文化产业总收入200多亿元,增加值突破100亿元,这意味着到"十二五"期末我们的文化产业增加值要翻两番,才能达到占GDP8000亿元的5%,难度是较大的。从改革任务来看,据统计,全省国有经营性文化单位共299家,在基本完成改革任务的243家中有59家是近三年来通过努力完成任务的,而剩余56家未完成改革任务单位则要在不到一年的时间内全面完成,任务艰巨。此外,9个市(州、地)均未完成整合文化(新闻出版)、广电等行政管理部门组建统一文化行政主体的任务,6个市(州、地)尚未完成电台、电视台合并组建广播电视台的工作。我们一定要进一步认清形势、提高认识,利用积极的有利条件,认真总结和深刻剖析文化改革发展中存在的问题和挑战,切实增强责任感和紧迫感,坚决贯彻落实中央和省委精神,抢抓机遇,干字当头,采取积极措施,深化文化体制改革,推动文化事业和文化产业又好又快、更好更快发展。

二、攻坚克难,全面落实文化体制改革各项

任务

要按照省委、省政府《关于深化文化体制改革的意见》的要求，重点做好下列各项改革工作。

一是基本完成国有经营性文化单位转企改制任务。按照《关于开展文化体制改革任务完成情况检查验收的通知》，根据注销事业法人、核销事业编制、进行国有资产产权登记和工商登记，依法与在职职工签订劳动合同，建立和接续社会保险关系等标准，高标准高质量地全面完成各项既定任务。按照"可核查、不可逆"的要求，改革一块、巩固一块、提高一块，在深化拓展、规范运行上下功夫，在提高层次、提高水平上下功夫，确保改革不走回头路，改革出活力出效益。

二是基本完成建设一批国有骨干文化企业任务。进一步完善法人治理结构，明确转制企业的出资人主体，确保产权清晰、权责明确；强化企业内部管理和成本核算，形成面向市场的运行机制；扩大投融资渠道，以资本为纽带兼并重组，提升资本运作能力；加强企业文化建设，不断提高企业的凝聚力和整体形象，形成体现文化企业特点的经营理念和发展模式，力争在较短时间内培育一批富有活力、实力和竞争力的国有骨干文化企业。我这里还要讲一下经营性文化企业的发展，要特别注意转变传统的发展观念，传统的发展模式和传统的推进发展手段，只有这样，才能走出一条改革的路子来。比如，我们的《多彩贵州风》，到北美去演出，90美金一张票，共演了四场，座无虚席，非常成功，很有影响。但是这里面有个问题，我们自己的节目，钱让人家当地的文化公司赚了。我们是靠茅台集团，黄果树集团和中烟公司凑了四百多万去的。演出那么成功可我们没赚到钱。通过这件事，一是我们有了信心，因为有市场。二是我们走的路子有问题，必须下决心把文化体制改革，特别是演艺集团的改革搞起来。最近贵阳大剧院每天晚上的商业演出座无虚席，场场爆满，一场不够，还搞两场。所以改革是逼出来的，理顺就好了。现在要抓紧时间整三台节目，国内一台，省里一台，国外一台。没有三台节目是不行的。还有就是我们的印刷行业太落后了。我们到云南去考察，遵义烟厂的烟盒，就是昆明一个村办企业做的。我们贵州大概有四五十个亿产值的印刷都是在深圳，在外地。怎么样把我们自己的印刷业做起来，路子怎么走，要整合资源，形成合力，放开市场，让人家来做，别自己舍不得。

三是基本完成有线电视网络整合任务。要加快完善各项改革的手续，真正打造合格市场主体，积极做好融资上市各项准备工作。贵州人民广播电台、贵州电视台合并组建贵州广播电视台方案，待省委、省政府研究后要抓紧组织实施。尚未实施"两台合并"工作的遵义、六盘水、安顺、黔南、黔西南、铜仁等市(州、地)需加紧按中央和省的要求完成"两台合并"任务，促进广播电视优势互补，融合发展。这六个市(州、地)国庆节前要基本完成任务，到时候我听汇报。

四是基本完成文化市场综合执法改革任务。省文化市场综合管理办公室要集中力量，协调指导各市(州、地)落实机构和人员参公、三定方案、执法经费纳入财政预算等。省编办、财政、人事社保等部门要加大工作力度，推动配合各市(州、地)全面完成文化市场综合执法改革工作。通过完善执法制度，充实执法力量，提高执法效能，推动文化市场执法工作进一步科学化、法制化、规范化。

五是基本完成公益性文化事业单位内部机制改革任务。省文化厅要抓紧制定措施推动全省公益性文化事业单位完成内部机制改革任务，既要与国家事业单位改革作好衔接，又要考虑到公益性文化事业单位在文化发展中的特殊性，加快提前完成内部机制改革。此外，党报、党刊、电台、电视台等实行事业体制的新闻媒体，也要完成内部三项制度改革，调动职工积极性、激发创造活力。

六是基本完成文化行政管理体制改革任务。加快推进政企分开、政事分开、政资分开、政府与市场中介组织分开和管办分离，进一步理顺文化行政管理部门与所属企事业单位的关系，推动文化行政管理部门切实履行好政策调节、市场监管、社会管理、公共服务等职能。贵阳市、安顺市要在已有工作基础上，加快组建统一的文化行政主体，早日全面完成改革任务，为全省作出示范。其他市(州、地)也要不甘落后，加速推进，争取后来居上。

七是推进文艺院团和非时政类报刊社转企改制取得突破。文艺院团和非时政类报刊社转企改制具有特殊性，是文化体制改革的重点和难点。能否在这两个方面取得突破、完成任务，直接关系我省文化体制改革的整体进程，关系各项改革目标任务的实现。各地各部门对此一定要予以高度重视，狠下功夫，着力在这两个改革的重点和难点上取得突破，不掉队、不拖后腿，确保全面完成任务。关于文艺院团转企改制。我省除省黔剧团保留事业体制、实行企业化管理外，其他所有国有文艺院团均应按要求实施转企改制。一是有关部门要积极探索建立扶持文艺院团发展的长效机制，充分考虑文艺院团资产底子薄、人员包袱重、市场发育程度低的实际情况，在财税、土地、人员安置、优秀剧目创作、演出场地建设等方面出台更加优惠的政策。这方面，毕节地区的做法值得各地借鉴。二是牢牢坚持改革标准。以前我们一些地方以“一团两制”、“两块牌子一套人马”等方式探索改革。现在标准已明确，必须严格按标准坚决推动国有文艺院团实施转企改制，绝不允许走回头路、做无用功。这次省里改得比较彻底，如果京剧院再改，基本上就改完了。三是充分结合我省旅游资源丰富的优势，积极推动演艺与旅游结合，借助旅游市场，大力发展旅游演艺产业，充分体现和展示贵州民族文化特色。关于非时政类报刊社转企改制。要按照统筹规划、分类指导、突出重点、分批实施的原则，本着“做大做强一批，调整重组一批，淘汰退出一批”的要求，抓紧组织上报实施非时政类报刊社转企改制方案。对具有独立法人资格的非时政类报刊社一律在2012年上半年前完成转企改制的任务。对小报小刊，要一路改革，坚决限制，财政不能给予支持，编办要收回事业编制，不留后路。要以拥有品牌的省级党报集团和期刊传媒集团为重点，着力推动非时政类报刊社完成转企改制后整合进入以党报党刊为出资人的综合性报刊集团公司，加强联合重组，推动地方报刊传播力建设。对应转制而不能如期完成转企改制任务的非时政类报刊社，各级财政一律停拨原有事业经费，各级编办要收回事业编制。

三、实施“六个一批”文化工程，加快文化强省建设

按照战书书记“依靠改革创新、建设文化强省、促进历史跨越”的要求，开拓创新，深化改革，把“六个一批”文化工程抓得富有成效，不断把我省文化体制改革引向深入，促进我省文化繁荣发展。

一是着力推动一批转制文化企业不断做大做强。首先，是推动省和各市（州、地）转制文化企业尽快建立现代企业制度，打造合格市场主体，明确经营发展目标，真正解放文化生产力，培育骨干文化企业，确保在引领、带动全省文化产业发展上发挥主力军、排头兵作用。其次，是按照省委、省政府明确的“十二五”期间要“有2至3家文化企业产值各实现百亿元，2至3家文化企业实现融资上市”的目标，大力推动贵州广播电视信息网络股份有限公司、贵州家有购物集团有限公司、贵州星空影业股份有限公司等加快融资上市步伐，加速企业发展，成为贵州文化产业发展的龙头。最后，是在积极推进国有经营性文化单位转企改制的同时，进一步落实全省加快民营经济发展暨表彰大会精神，加大省文化产业发展专项资金投入力度，扶持民营文化企业发展，努力营造公平竞争、共谋发展的良好环境。昨天，我和贵州证监局的梁局长，还有一家收藏文物的民营企业，在一起商量，在贵州做一家艺术品的交易所，我们现在缺这个东西。文化厅牵头，文物局大力支持。你们一分钱都不用出，让企业做主体，搞股份制的艺术交易所。我们罗甸县的猫眼、水晶、宝石，铜仁的紫袍玉带石，还有蜡染、苗绣、侗绣、马尾绣等等，都可以做成珍贵的艺术品，包括我们的老牛角都是好东西。所以一定要把交易所搞起来。

二是着力打造一批有特色的文化基础设施和文化精品工程。第一，是认真落实规划，大力推动文化产业园区、基地建设。省的“十二五”规划明确要建成“十大文化产业园区”和“十大文化产业基地”，要按照规划的内容和要求，认真组织实施，确保园区、基地早日开工建设、早日见到成效，充分发挥优势，在文化和旅游融合发展上取得更大突破。比如，黔东南可以认真规划，集中打造，把能人都集中在一起，搞银饰基地、苗绣基地、侗绣基地。第二，加大招商引资力度。招商引资关键在项目的储备、准备。这次深圳文博会，我们的招商搞得不错，签了很多协议，落实得也不错。积极参与省及各市（州、地）组织的各类招商活动，推动重大文化产业园区、基地在省内外引资招商。各园区、基地的牵头单位和责任单位也要借助各类招商引资平台,积极组织开展招商引资活动。文化项目的前期准备,我看宣传部长,管文化的副书记和副市长、副州长、副专员要认真对待,出去招商,来了以后让人家干,让人家发财求自己发展。第三,加大扶持力度。中央抓文化体制改革和文化产业发展的确是一件大事,如果经济上去了,文化下来了,那人的价值观差了,文化落后了,精神也就没有动力了。各地各部门要从资金支持、优惠政策、提供服务等多个方面加大对园区、基地建设的扶持力度,合理分工、齐抓共管,共同打造文化旅游精品工程。

三是着力创作一批有影响的文化作品问世。首先,是打造和传播彰显贵州特色的精品力作。要围绕提升贵州文化的传播力和知名度,深度挖掘贵州文化的内涵,充分体现贵州文化的优势,不断彰显贵州文化的特色,出精品、出大作。其次,是走品牌化道路。积极探索以"多彩贵州"品牌为龙头,通过公益性活动培育品牌,通过市场机制推广和巩固品牌,提升贵州文化影响力。最后,是实施资源整合共同打造文化力作。最近,毕节地区和六盘水市联合创办的《乌蒙新报》将成为省内第一个跨区域拓展市场的刊物,值得肯定。歌舞演艺、影视剧作、文学艺术等领域也要通过大力实施跨区域跨行业跨所有制合作,打造一批精品力作。省里要跟市(州、地)合作,把我们省的文化资源搞起来,这样才能发挥优势。比如,市(州、地)的报纸,可以跟省报一起办。当然我不是说省报都办得很好,但把市(州、地)的精英联合起来一起搞,肯定是有好处的。一定要跨区域发展,非这么干不可。四是进一步建立健全激励机制。通过制定实施演艺、影视、图书出版、文艺作品等激励机制,催生精品,助推贵州文化繁荣发展。

四是着力培养和聚集一批文化产业专业人才和尖子人才。首先,是加强文化产业人才尤其是"尖子人才"的培养和使用,大力实施"文化产业金黔人才培养工程",培养和使用一批既懂文化发展规律又懂市场经济规律、既善于谋划艺术生产又熟悉市场运作和科学管理的综合性复合型人才。其次,是通过教育培训、资助扶持、"走出去"等方式,加大本土文化产业人才队伍建设力度。最后,是通过"引才引智",以文化产业项目为依托,重点引进一批创新型、复合型、外向型文化产业拔尖人才,不求所有,但求所用,不断创新人才引进奖励机制。

五是着力培养和成立一批文化中介机构。文化改革发展是一项复杂而艰巨的系统工程,涉及多个领域多个方面,需要构建一个健康全面有利于文化发展的综合体系。各地各部门要结合文化发展的实际需求,认真研究,积极推动成立咨询、策划、创意、法律服务、文艺评论等为文化发展提供服务的中介机构。同时,有关部门要加强引导,加快建立完备的中介组织体系,为文化产业发展提供更好的服务环境。

六是着力搭建一批文化产业投融资平台。投入欠账大、资金不足一直制约和影响着我省文化产业的快速健康发展。要千方百计、想方设法进行多方筹措,引资入黔、融资发展。省直层面将搭建"两金一所一公司",即设立贵州省文化产业投资基金、成立公益性文化发展基金会、文化产权交易所和贵州文化产业股份有限公司。以资本为纽带,设立投资基金、组建基金会、创立投资公司等,这些是我省过去没有做过而现在必须做的事情,需要我们以更大的胆魄、更新的思路、更多部门的协助配合才能做好。"两金"的设立要加快落实,尽快组建。要继续探索银企合作,建立平台,推动银企之间的良好互动机制,做成几家典型案例,为全省银企合作推出示范。"十二五"期间,我们的文化要打翻身仗,不用乘法解决问题是不行的。现在我们搞文化的干部,老用加减法解决问题,省里面给我多少钱,市里面给我多少钱,然后我来办多少事。等着上面给钱过日子,那是计划经济。一定要用乘法解决问题,资本市场就是乘法,为什么我要白芳芹同志做三个上市公司,甚至将来做四个上市公司,就是用乘法解决问题。包括我们的出版集团,以主业为主,能放开的就放开,能走出去的就走出去,这样做文化产业才能富得起来,才能发展得快,一定要解放思想。要搞文化产业基金,找几个文化企业做发起人,然后财政出一部分资金,做一个上百亿的文化产业基金,这样我们才有可靠的后盾。另外我们可以发行文化产业债券。

四、加强领导，确保我省文化体制改革任务如期完成

要切实加强组织领导，严格落实责任，抢抓改革发展机遇，努力建设文化强省，实现历史跨越。

*一是完善体制机制，形成工作合力。*进一步完善文化体制改革的领导体制和工作机制，在党委统一领导下，政府要加大组织实施力度，宣传部门要加强协调指导，文化行政主管部门要加快落实进度，有关部门要全力配合支持。要广泛听取人大、政协以及社会各方面的意见建议，集思广益、形成合力，坚定不移地走群众路线，认真做好群众思想政治工作，全面宣传解读政策，广泛凝聚改革共识，激发群众支持和参与改革发展的热情，积极投身文化建设，推动我省文化改革发展不断取得新突破新进展新成效。

*二是按照《责任书》明确的任务和要求，确保各项工作落到实处。*从现在起到明年省党代会召开，不到十个月的时间，时间非常紧迫，任务十分艰巨。各级领导要高度重视，党政一把手要亲自听汇报、亲自开会研究，亲自抓；各地各部门一定要结合实际，抓紧调整改革的"时间表"、"路线图"，将《责任书》明确的文化改革发展的任务落实到位，细化实施方案，做好责任分解，明确时间步骤，狠抓任务落实，务必按时完成《责任书》明确的各项任务，明年党代会之前要交成绩单。

*三是抓好政策落实，有力支持推动文化改革发展。*从目前来看，我省制定出台的政策，无论是改革成本的支付，还是对干部职工利益的保障、对转制企业今后的发展都有明确要求，尤其是在人的问题上，政策还要宽一些，只要落实得好，完成改革的任务应当是顺利的、扎实的、持久的。各地各部门一定要深入学习领会政策精神，并在推动文化改革发展的实践中切实抓好贯彻落实，用足用好用活，充分发挥政策保障作用，促进改革顺利推进、产业加快发展。

*四是加强考核督办，迎接检查验收。*各地各有关部门要紧紧围绕改革任务，认真对照验收标准，加快推动完成改革任务，要及时对任务完成情况进行检查验收，查找不足，不断完善提高。今年，省里将把省直有关部门文化体制改革工作纳入省直机关绩效目标考核内容，落实责任追究，由省委组织部、省委宣传部、省直机关目标绩效管理领导小组办公室共同配合抓好落实，并报告省委、省政府主要领导。省委督查室、省政府督查室、省文改文产办要适时对各地各部门文化改革发展任务的落实情况进行督办督查，督办督查情况要向全省通报，并报告省委、省政府主要领导同志。我将给战书同志建议，到明年3、4月份，省委常委要带队去督查文化体制改革任务落实情况。各地各部门要比照省的做法，加强考核督办，一级抓一级，层层抓落实，确保高质量完成各项改革任务，迎接中央和省的检查验收。

谢谢大家！

在全省哲学社会科学"十二五"规划工作会议上的讲话

（7月13日）

同志们：

这次全省哲学社会科学"十二五"规划工作会议的主要任务是：回顾总结过去五年全省哲学社会科学工作，研究分析哲学社会科学研究面临的新形势新任务，部署今后五年工作。下面，根据会议安排，我讲三点意见。

一、五年来哲学社会科学工作扎实推进、成效显著，呈现出良好的发展态势

"十一五"时期是贵州哲学社会科学事业发展最迅速、研究活动最活跃、工作成绩最显著的时期之一。哲学社会科学界主要开展了以下工作:一是把握方向,深化对中国特色社会主义理论体系的研究阐释。撰写理论文章和调研报告,召开学术研讨会、报告会、座谈会、课题研究、社科评奖等系列学术活动,组织社科界深入研究中国特色社会主义理论体系和社会主义核心价值体系,取得了明显成效。二是围绕中心,推动应用对策研究工作不断深入。五年来,我省国家课题共立项189项,获资助总额达1956万元;省社科规划课题共立项299项,资助总额约630万元,涌现出一大批具有较强应用价值和鲜明地方特色的研究成果,为党委、政府的决策提供了重要依据。三是突出特色,加快哲学社会科学学科体系的建设和发展。“十一五”期间,全省新增哲学社会科学学科博士点1个,新增省级重点学科和重点扶持学科近30个,初步建成门类齐全、重点突出的学科体系。四是抓好普及,推动优秀社科成果的推介和转化。围绕学习研究宣传中国特色社会主义理论体系及中央和省委重要会议精神,开拓社会科学宣传普及阵地,创建社会科学宣传普及平台,开展内容丰富、形式多样的普及活动。五是注重培养,加大社科人才队伍的建设力度。除对核心专家、省管专家进行津贴补助外,贵州是全国首个对在省内党政和教育系统工作的博士每年补助7200元的省份。省委宣传部、省委组织部、省委教育工委和省委党校等单位联合举办哲学社会科学教学科研骨干研修班20余期,对来自全省30余所高校的教学科研骨干进行集中培训。同时,引进了一批高学历、高素质的中青年哲学社会科学工作者。六是完善管理,落实社科阵地建设各项任务。省委宣传部成立了贵州省中国特色社会主义理论研究中心,下设省委党校、省社科院、省社科联三大基地,加强了中国特色社会主义理论体系的研究和宣传阵地。省社科工作领导小组办公室认真落实涉外学术活动报批的相关规定,定期对境外非政府组织在我省学术活动情况进行调研,特别是对涉及我省社会稳定敏感问题的学术活动,及时进行了解,掌握相关情况,依法加强管理。七是突出服务,完善哲学社会科学研究的体制机制。适应市场经济发展的需要,深化科研体制改革,在科研管理中引入竞争、激励机制,尝试“科研经营型”的新体制,探索建立课题招标制度,成功举办了7次重大课题招标活动。通过以上工作的开展,哲学社会科学取得了显著成绩,比如,在贵州省第八次哲学社会科学优秀成果评奖中,涌现出了《区域能源经济发展研究》(专著)、《农地习俗元制度及其实施机制研究》(专著)、《社会转型时期的群体性事件研究》(论文)、《贵州省主要农产品市场开发问题研究》(调研报告)等一批质量较高的研究成果。这些成果选题针对性强,瞄准理论研究前沿,贴近社会实际问题;研究方法科学严谨,材料翔实,论证周密;研究结论真实可靠,理论创新之处较多,实践意义较强。一些研究成果被贵州省“十二五”规划采纳,为我省谋划经济社会发展大局和推动相关实际工作开展提供了有力的理论支持。

今年是“十二五”开局之年,我省国家课题立项取得新突破,共立项77项,比去年同期多26项,资助经费约1044万元,比去年同期多432万元,增幅达70%,国家课题立项在西部已处于中等偏上水平。同时,我们也要清醒地看到,我省哲学社会科学研究还不能很好地适应新形势、新任务、新发展的要求,主要表现在:对哲学社会科学研究的投入还不够;哲学社会科学研究创新能力还不强;有影响、有深度的重大成果还不多;研究成果应用转化机制还不健全,服务社会的能力和水平需进一步提升;在国内外知名的专家和优秀中青年人才,特别是基础理论人才还比较缺乏等。对这些问题,要高度重视,认真研究,采取有力措施加以解决。

二、进一步明确努力方向和工作重点,全面推进今后五年的哲学社会科学工作

今后五年,是我省实现经济社会发展历史性跨越、全面建设小康社会的加速时期,是我省调整经济结构、转变发展方式的攻坚时期,面临着既要“赶”又要“转”的双重压力、双重任务。这对全省哲学社会科学工作提出了更高的要求,也给全省哲学社会科学事业带来了进一步发展和繁荣的契机。广大哲学社会科学工作者要抓住机遇、用好机遇,在时代潮流的前面,以开拓新境界的巨大勇气,真抓实干,锐意进取,努力开创我省哲学社会科学事业的新局面,为实现贵州经济社会发展的历史性跨越提供思想保证、精神动力和智力支持。

第一，要大力加强马克思主义中国化理论成果的研究。锦涛总书记在"七一"讲话中，对马克思主义中国化的两大理论成果进行了概括，即毛泽东思想、中国特色社会主义理论体系。坚持和发展这两大理论成果，是巩固和加强马克思主义在我国意识形态领域指导地位的重大战略问题。要通过哲学社会科学工作，推动深入研究这两大理论成果，深入研究"什么是社会主义、怎样建设社会主义"，"建设什么样的党、怎样建设党"，"实现什么样的发展、怎样发展"等重大问题上提出的新思想、新观点、新论断，推动理论武装工作，巩固马克思主义的指导地位，巩固全国人民团结奋斗的共同思想基础。坚持马克思主义，不是要人们恪守经典著作中的字句，而是要始终坚持马克思主义的立场、观点和方法，着力掌握马克思主义活的灵魂，沿着毛泽东思想、中国特色社会主义理论体系的发展轨迹，进行理论创新，要着眼于马克思主义在当代世界和中国的新发展，着眼于回答中国特色社会主义建设提出的深层次问题，着眼于提高马克思主义的信仰水平。在贵州，尤其要加强对锦涛同志在贵州工作时期思想的研究，及其他对中国特色社会主义理论体系的贡献的研究。

第二，要大力加强应用对策研究。能否成为名副其实的思想库和智囊团，关键在于我们的研究方向是否符合全省工作大局的前进方向，是否同广大人民群众前进的洪流相一致，为"加速发展、加快转型、推动跨越"提供理论指导和思想保证。《中共中央关于进一步繁荣发展哲学社会科学的意见》强调，"地方社会科学研究机构应主要围绕本地区经济社会发展的实际开展应用对策研究，有条件的可开展有地方特色和区域特色的基础理论研究。"这为我们指明了方向。开展应用对策研究，重要的有四个方面。一是要加强社科研究课题的规划和指导，理顺进入决策的途径和渠道。确定社科研究课题，要结合实际，认真论证。党委和政府要加强规划和协调，要向社科研究部门和人员压任务，出题目，重大课题要过问，必要时要亲自抓。这样既能加强对哲学社会科学的领导，又能解决理论与实际相结合的问题。二是要为党委、政府理清工作思路服务，加强事关区域发展全局的战略性、前瞻性问题的研究。比如，李长春同志给贵州提出的"开放带开发、民生带发展"的问题，李克强同志给贵州提出的"四个同步"的问题(即：到 2020 年贵州与全国同步建成全面小康社会的问题，促发展与转方式同步的问题，实现经济增长和民生改善同步的问题，推进黔中经济区与其他少数民族地区同步发展的问题)。三是要从帮助党委政府抓好工作落实出发，加强重大现实问题的研究。比如，工业强省的问题，为什么要走工业强省，如何大力实施工业强省，怎样保障工业强省，如何走贵州特色的新型工业化道路，就需要我们在理论上和实践上作出回答。比如，省委、省政府提出的十大工业产业，是我省实施工业强省的重要举措，如何保证完成这一任务，也需要我们去研究。比如，贵州转变发展方式在哪几个方面转、怎么转，诚信农民怎么做，怎么更好地发展民营经济，如何抓好百万农民工创业，在当前宏观政策下如何使房地产业健康持续发展，等等，都值得我们去认真研究。四是要充分运用大众媒体的作用，大力宣传哲学社会科学研究的优秀成果，扩大优秀成果的社会影响力，推动优秀成果更多更及时地应用于实际。总之，要紧紧围绕全面建设小康社会的宏伟目标，围绕经济建设这个中心，围绕党委政府迫切需要研究解决的改革发展稳定中的重大问题、群众生产生活中的迫切问题、党的建设中存在的突出问题，开展哲学社会科学工作，提出富有理论意义和实践价值的建设性意见，更好地为党委、政府的决策服务。

第三，要大力加强贵州特色的基础理论研究。基础理论研究是学术进步的根基，是哲学社会科学持续发展的支撑。我们要坚持贴近实际、贴近生活、贴近群众，立足当代又继承民族优秀文化传统，立足本省又充分吸收省外、国外优秀文化成果，大力扶持对我省历史悠久的地域文化和特色鲜明的民族文化的研究，大力扶持对我省山地文化、红色文化、夜郎文化、屯堡文化、阳明文化等独特历史文化遗产的研究，以及制约贵州发展的思想文化方面的研究，努力在地域文化、民族文化研究方面实现重大突破。同时，要充分发挥"五个一工程"和社科评奖的导向和激励作用，大力支持关系哲学社会科学发展全局、对学科建设起关键作用的基础研究，力争推出一批既具有浓厚贵州特色，又能在全国产生影响的高质量研究成果，逐步形成面向全国、具有贵州特色的基础理论研究体系。

第四，要大力加强社科人才队伍建设。繁荣发展哲学社会科学，必须建设一支潜心研究、理论创新、开拓进取的哲学社会科学工作者队伍。要适应新情况新变化，在稳定现有人才的基础上，加强人才培养、引进、使用工作。按照政治强、业务精、作风正的要求，培养造就一批用马克思主义武装起来、熟悉省情、把握国内外哲学社会科学发展趋势、具有较高理论水平和研究能力的专家学者，培养造就一批理论功底扎实、勇于开拓创新的学科带头人，培养造就一批年富力强、政治和业务素质良好、锐意进取的青年理论骨干。要完善哲学社会科学人才培养选拔和管理机制，建立既能体现哲学社会科学特点，又能发挥市场作用的开放、灵活的人才配置机制和人才培养协作机制，鼓励人才合理流动。哲学社会科学工作者要努力用发展的马克思主义武装自己，改造自己的主观世界，树立正确的世界观、人生观和价值观，大力弘扬求真务实精神、大兴求真务实之风，坚持严谨治学、实事求是、民主求实的学风。要贴近实际、贴近生活、贴近群众，立足国情、省情，努力从人民群众广阔而丰富的实践中提炼研究题材，汲取思想养分，提出真知灼见，创造学术精品。要增强社会责任感，加强学术道德修养，提倡做人、做事、做学问相一致，坚决抵制各种不正之风，踏踏实实搞研究，扎扎实实做学问，保持严谨活泼、锐意创新的良好学风，自觉维护哲学社会科学工作者的良好形象。

第五，要大力推广应用哲学社会科学研究成果。各级党委、政府和社科界要高度重视哲学社会科学普及工作，结合重大专题、重大事件，有计划地组织哲学社会科学普及宣传活动，大力支持哲学社会科学专著和普及读物的出版、宣传、发行工作，利用报刊、广播、电视、网络等大众传媒，在全社会广泛进行中国特色社会主义理论体系等哲学社会科学知识的宣传。要以青少年为重点，组织专家、学者编写出版适合青少年阅读的普及中国特色社会主义理论体系和哲学社会科学知识的读物，加强哲学社会科学知识的教育。在全省高校，逐步实施中国特色社会主义理论体系“进课堂、进教材”，加强和改进马克思主义理论课、思想政治教育课，定期举办学术讲座和专题报告会，开展哲学社会科学知识竞赛，不断提高当代大学生的理论素养。在中、小学校，以课堂教学为主渠道，加强哲学社会科学初步知识教育，并利用班会、团队活动和第二课堂，开展形式多样的普及宣传活动，提高学生对哲学社会科学基础知识的认识，培养学生对哲学社会科学理论的兴趣。

三、加强和改善党的领导，不断开创哲学社会科学新局面

落实好“十二五”时期哲学社会科学工作任务，繁荣发展哲学社会科学，必须加强和改善党的领导。各级党委、政府要充分认识哲学社会科学工作在经济社会发展中的重要作用，把抓好哲学社会科学工作纳入重要议程，加大领导和支持力度，努力推动哲学社会科学实现新的更大的繁荣发展。

第一，提高认识，切实担负起对哲学社会科学工作的领导责任。各级党委、政府要充分认识繁荣发展哲学社会科学的重大意义，切实提高领导水平；省哲学社会科学规划领导小组要加强对全省哲学社会科学研究和事业发展的宏观协调，把握正确的政治导向，统筹哲学社会科学研究和发展；要坚持党管干部、党管人才的原则，加强哲学社会科学研究单位的机构建设和领导班子建设；要进一步加强各级领导部门与广大哲学社会科学工作者的联系，建立经常性的沟通机制，及时向他们传达党和政府的方针政策，及时把哲学社会科学研究的优秀成果运用到各项决策中去；要更加关心哲学社会科学工作者，采取扶持政策和措施，为哲学社会科学工作者多办实事好事，使哲学社会科学繁荣发展的任务真正落到实处。

第二，深化改革，不断提高领导哲学社会科学工作的科学化水平。要健全哲学社会科学人才管理体制和现代科研体制，努力形成高水平、集约型、资源共享的研究基地和创新平台；要激发各级科研管理部门的工作主动性和积极性，加强交流、及时总结和推广成功经验，不断提高课题管理水平和研究成果质量；要完善科学的评价机制，努力提高课题立项、成果鉴定等评审程序的规范化、科学化水平；要继续发挥贵州省哲学社会科学优秀成果等评奖活动对于哲学社会科学研究的导向、激励和促进作用，奖励哲学社会科学领域做出突出贡献的个人和优秀研究成果；依法保护哲学社会科学工作者的创造性劳动和知识产权。

第三，真抓实干，不断加大对哲学社会科学研究经费的投入。哲学社会科学研究经费投入少，是制约我省哲学社会科学事业发展的一个突出问题。“十二五”时期，要保证哲学社会科学研究经费每年都有增加；要根据我省哲学社会科学研究队伍状况、学科建设和研究任务的需要，合理确定科研规模、科研结构和经费资助额度；在以财政支持为主的前提下，鼓励有条件的单位和课题组，面向市场和企业需求广开渠道，积极探索多元化的科研经费融资渠道；努力促进科研成果的利用和转化，实现研究成果的社会效益与经济效益双赢。

同志们，今年是“十二五”的开局之年。站在新的历史起点，哲学社会科学工作者责任重大、使命光荣。广大哲学社会科学工作者一定要解放思想、求真务实、开拓创新、扎实工作，努力担负起认识世界、传承文明、创新理论、咨政育人、服务社会的职责，更好地为党委和政府决策服务，为改革开放和现代化建设服务，不断增强哲学社会科学的吸引力和感召力，为夺取全面建设小康社会新胜利、实现贵州经济社会发展历史性跨越作出新的更大贡献。

在全省非时政类报刊出版单位体制改革工作会议上的主持词及讲话提纲

(8月30日)

同志们：

刚才，大家对《我省非时政类报刊出版单位体制改革实施方案》进行了讨论，贻琴同志就有关工作作出了安排部署并提出要求。应该说，方案制定得较为具体，体现了改革出竞争力、出精品、出效益、出积极性、出创造性的要求，有重点、有步骤，坚持了以人为本，注重了职工权益保障，是符合贵州实际的，是大体可行的。会后，请省文改文产办和省新闻出版局及时对《实施方案》进行修改完善，以省文改文产领导小组名义批复实施。

下面，我讲三点意见。

一、认清形势，统一思想，进一步增强非时政类报刊出版单位体制改革责任感和紧迫感

深化非时政类报刊出版单位体制改革，是落实中央部署、深入推进文化体制改革、转变报刊出版业发展方式的重要任务，是增强我国报刊传播力和舆论引导力、加快文化发展的迫切要求；是贯彻科学发展观，使文化适应社会主义市场经济体制，增强自身发展能力的迫切需要。

今年以来，中央就加快文化改革发展提出一系列新的论述、作出一系列重要部署。中央已经决定，今年10月份召开党的十七届六中全会，主题就是深化文化体制改革、推动社会主义文化大发展大繁荣。省委、省政府高度重视文化改革发展，提出我省文化改革和发展要坚持“依靠改革创新、建设文化强省、促进历史跨越”的思路，大力实施“六个一批”文化工程，目标明确、任务艰巨、责任重大。这些都为我们加快文化改革发展提供了强大的动力和根本保障，为进一步推进文化改革发展指明了努力方向、提出了新的目标任务和更高要求。

我们必须积极应对，不能消极等靠。大家必须把思想和行动统一到中央和省的决策部署上来，顾全大局，切实推进非时政类报刊出版单位体制改革工作。

二、坚定信心，攻坚克难，强力推动抓好组织实施和贯彻落实

我们一定要深刻领会中央确定的指导思想、

方针原则、政策措施和工作要求，结合实际，坚持先易后难，积极稳妥地全力推进。一定要坚定信心，攻坚克难，强力推动抓好组织实施和贯彻落实。

一是要严格按照中央要求分期分批推进转制。省地各部门各单位的非时政类报刊，文化、艺术、生活、科普类等非时政类报刊，以及专业技术性较强的行业性报刊，要率先转企改制或并入划转。省级及省会城市党报党刊所属的晚报、都市类和财经类报刊等出版单位，经中宣部、新闻出版总署批准可进行转制。按照我省改革总体方案中分批确定的名单，我省目前共涉及非时政类报刊出版单位 34 家，第一批 10 家于 9 月开始启动，今年年底前完成转制，其余的 24 家明年 3 月底前完成改制。需要明确的是，这些转制划转的出版单位一定要严格按照审批所明确的要求予以实施，要按照时间节点，规范程序，保质保量完成任务。

二是做大做强主流媒体调整优化报刊业结构。在改革过程中，要具体明确非时政类报刊转制的条件，“关停并转”一批不符合资质或严重亏损的报刊，切实提高报刊集中度。要把非时政类报刊出版单位转企改制与资源整合、优化结构结合起来，重点推动以党报党刊所属的子报子刊和实力雄厚的行业性报刊为龙头，对本区域、本行业的有关媒体资源进行整合，培育形成一批大型综合性或专业性报刊传媒集团公司。今年 6 月，我省四大集团公司的成立，既是省委、省政府进一步深化改革的战略举措，也是为进一步提高文化产业集约化程度，实现贵州文化又好又快、更好更快发展的战略举措。在这次改革中关于整合并转，之前对方案征求过意见，各出版单位都提出了自己的想法，考虑到我们有的集团才刚成立，还处于调整阶段，原划转过去的报刊还未见起色，现在重要的是把现有的子刊子报办好，“做大做强”不光是要数量，更要求质量，不要贪多求全。要通过改革做大做强一批内容贴近实际、贴近生活、贴近群众的非时政类报刊出版单位，不断扩大主流舆论的吸引力和影响力，努力实现社会效益和经济效益的有机统一，推动我省新闻出版业大发展、大繁荣。

三是不具有独立法人资格的报刊编辑部原则上不单独转制。中央明确，要区别不同情况，并入其他新闻出版传媒企业或予以撤销；科研部门和高等学校主管主办的非独立法人科技期刊、学术期刊编辑部，另行制定具体改革办法。在具体实施方面，一定要严格按照“做大做强一批，调整重组一批，淘汰退出一批”的要求，摸清底数，准确定性，规范推进，坚决完成我省 34 家出版单位的转企改制各项工作。

三、强化责任，狠抓落实，确保完成非时政类报刊出版单位各项改革任务

根据中央明确的非时政类报刊出版单位体制改革“路线图”和“时间表”，非时政类报刊体制改革必须在 2012 年 6 月前完成改革任务。要做好解疑释惑工作，向相关人员讲清楚政策，使他们明白“早改早主动、晚改就被动、不改没出路”的道理。要破除事业体制依赖症、市场经济恐惧症，引导广大职工群众增强改革自觉，充分认识改革是适应市场经济深入发展、满足人民群众精神文化需求的客观要求。各非时政类报刊出版单位的主管主办单位，是这次报刊体制改革的责任主体，一定要正视现实、顾全大局，该改的一定得改，像杉乡文学、夜郎文学、花溪、校园歌声、电影评介、贵州水力发电、广播电视报等出版单位的改制是按照中央要求必须予以实施的。各报刊主管单位一定要切实负起责来，不折不扣围绕贯彻中央和省的部署安排，全力推进改革。各出版改革单位要认真研究、理解吃透、准确把握中央关于非时政类报刊体制改革的指导方针及要求，尽快制定出符合中央要求、符合贵州实际情况的改革方案。各相关部门及成员单位要全力配合改革工作，把改革工作放在首要位置，为改革工作创造条件。联席会议办公室设在省新闻出版局，负责日常工作，已经在开始履行职责。联席会议办公室要按照中央制定的改革路线图和时间表，切实开展督促检查工作，指导推动所属承担改革任务的相关单位改革，掌握进度，限期完成。总体方案及督办情况要及时报告中央改革领导小组、新闻出版总署及省文改文产领导小组，确保各项改革任务如期完成。

在中央宣讲团党的十七届六中全会精神报告会上的主持词

(10月30日)

同志们:

因为战书书记、克志省长有重要接待任务,今天的报告会由我主持。党的十七届六中全会以文化改革发展为主题,吹响了建设社会主义文化强国的进军号。10月22日,我省召开省委常委(扩大)会议传达学习贯彻党的十七届六中全会精神,结合贵州实际研究贯彻落实意见。10月27日-28日,中共贵州省委十届十二次全体会议在贵阳举行,认真贯彻落实党的十七届六中全会精神,推动贵州多民族文化大发展大繁荣。

在全省上下认真贯彻落实党的十七届六中全会的重要时刻,中央宣讲团到我省宣讲党的十七届六中全会精神,对于我省广大干部群众进一步深刻理解、全面把握全会精神,加快文化改革发展、推进社会主义文化大发展大繁荣,进一步用全会精神统一思想、凝聚力量,夺取经济社会发展新胜利,以优异成绩迎接党的十八大和省第十一次党代会胜利召开,具有十分重要的意义。

参加今天报告会的有省委、省人大、省政府、省政协在家的领导同志,省直机关领导干部(含部分离退休干部),省军区、省武警总队、省消防总队部分官兵,省直宣传文化系统各单位班子成员和部分中层干部,省属高校领导干部和师生代表,共1000多人。

今天为我们作报告的是中央宣讲团成员、中央宣传部副部长、文化部部长蔡武同志。我谨代表贵州省委、省政府对蔡武同志的到来表示热烈欢迎!

蔡武同志毕业于北京大学,法学博士。2008年9月起任中央宣传部副部长、文化部部长、党组书记。蔡武同志是中国共产党第十七届中央委员,中共十五大代表,第十届全国政协委员,既是国家文化部门的重要领导,又是宣传文化系统的专家。我们相信,通过蔡武同志的深入宣讲,对我们全面准确把握六中全会精神将会有很大的帮助。现在,让我们以热烈的掌声欢迎蔡武同志作报告。

(蔡武同志作宣讲报告)

同志们,刚才蔡武同志作了一个非常系统、非常有水平的宣讲报告,报告紧扣党的十七届六中全会的主题,坚持理论与实践结合、历史与现实结合,围绕党和国家各项工作取得的巨大成就,中央对当前形势的科学判断,全会作出的新形势下推进文化改革发展的指导思想、重要方针、目标任务、政策举措等,进行了深刻阐述。报告既全面准确又深入浅出,具有很强的思想性、理论性和指导性,对我们进一步认识六中全会的重大意义,进一步理解六中全会精神实质,进一步增强学习贯彻六中全会精神的自觉性和坚定性,具有很重要的启迪和帮助作用。让我们对蔡武同志的精彩报告表示衷心的感谢!

在这里,结合我省实际,我就深入学习宣传贯彻六中全会精神讲几点意见:

*一是要深入学习领会,准确把握精神实质。*宣传贯彻落实党的十七届六中全会精神,首先要学习好、领会好全会精神,在全面、准确、深入上下功夫。要从认真研读全会文件原文入手,深入分析全会关于我国文化建设面临的国内外形势基本判断,深化认识全会关于我国文化改革发展的重大成就和宝贵经验,深刻领会全会提出的推进文化改革发展的指导思想、重要方针、目标任务、政策举措等重要内容。各地各部门要把学习贯彻全会精神,作为当前和今后一个时期的首要政治任

务，与深入推进学习型党组织建设结合起来，与当前开展的各项学习活动结合起来，高度重视，强力推进，真正领会精神实质，准确把握科学内涵。

*二是要加强宣传阐释，持续兴起学习热潮。*省委对学习宣传十七届六中全会精神高度重视，全会一结束，就立即作出部署，提出明确要求，全省学习热潮正逐步兴起。这次中央宣讲团到我省宣讲，必将把我省学习宣传贯彻活动进一步引向深入。我们要借鉴中央宣讲团的好做法、好经验，成立省委宣讲团，赴全省各地巡回宣讲。全省宣传思想文化战线要充分发挥讲师团、党校及基层文化阵地的作用，深入城乡基层和学校开展宣讲活动。各级新闻媒体要紧紧围绕全会精神，在重要时段、重要版面开设富有特色的专栏、专题，进行全方位、多角度的宣传报道，为学习贯彻全会精神营造良好舆论氛围。

*三是要立足贵州实际，努力推进贯彻落实。*10月27—28日，省委召开了十届十二次全会，战书书记代表省委常委会作了重要讲话，对学习贯彻党的十七届六中全会精神，结合贵州实际提出了明确要求。会议审议通过了《中共贵州省委关于贯彻党的十七届六中全会精神推动多民族文化大发展大繁荣的意见》，明确了我省文化改革发展的指导思想、总体目标、重要任务和政策举措等，描绘了我省文化改革发展的宏伟蓝图，全省广大党员干部群众精神振奋，信心倍增。面对新形势新任务，我们要紧紧抓住这样难得的机遇，把学习党的十七届六中全会精神与学习省委十届十二次全会精神紧密结合起来，与推进各地各系统的工作结合起来，把学习贯彻全会精神落实到行动上、贯穿在工作上、体现在努力完成中央和省委确定的各项任务和目标上。

总之，我们要按照中央的要求，以中央宣讲团的宣讲为契机，以高度的文化自觉和文化自信，认真学习宣传贯彻党的十七届六中全会精神和省委十届十二次全会精神，形成有声势、有深度的学习热潮，使全会精神为广大党员、干部和群众所掌握，转化为促进贵州文化跨越发展的自觉行动，推动贵州多民族文化大发展大繁荣。

最后，让我们再次以热烈的掌声对蔡武同志为我们作的精彩报告表示感谢！

宣讲报告会到此结束。散会。

谌贻琴同志讲话

在邓恩铭塑像揭幕暨《少年邓恩铭》开机仪式上的讲话

(1月6日)

各位领导、各位来宾,同志们、朋友们:

新年伊始,万象更新!

今天,我们聚集在革命老区、美丽的世界自然遗产保护地荔波县,隆重举行邓恩铭塑像揭幕暨电影《少年邓恩铭》开机仪式,以此纪念中国共产党创始人之一邓恩铭烈士诞辰110周年。在此,我谨代表省委、省人大、省政府、省政协,向为塑像落成和影片开拍付出心血的同志们表示崇高的敬意,向出席今天纪念活动的各位领导、各位来宾、各位专家学者表示衷心的感谢!

邓恩铭是中国革命的先驱,中共"一大"代表,他为中国革命作出了重要贡献。1901年1月5日邓恩铭出生在我省荔波县玉屏镇水浦村一个普通的水族家庭。16岁就离开家乡赴山东投亲求学,接受马克思主义思想,走上了革命道路。在他的革命生涯中,足迹遍及山东省济南、青岛、淄博,以及上海、浙江、湖北、河南、莫斯科等地,先后担任过中共山东地方执行委员会书记、中共青岛市委书记、中共山东省委书记等职务。他是山东中共地方党组织的创建者、工人运动的开拓者和领导者,是中共"一大"、"二大"、"五大"代表。大革命失败后,他在国民党反动派的白色恐怖中,凭着共产主义者的坚定信念和共产党人的坚强意志,坚持做好地方党组织的领导工作,长期站在斗争的第一线。他三次被捕入狱,二次越狱,在狱中始终坚持斗争,于1931年4月5日在济南英勇就义,牺牲时年仅30岁。邓恩铭烈士短暂而辉煌的一生,是为中华民族独立和人民解放事业不懈奋斗的一生。他坚定的共产主义的信念、百折不挠的革命意志和追求真理、献身革命的崇高精神,光照千秋、长存史册,永远激励着后人。在建国60周年开展的全国"双百"评选活动中,邓恩铭同志被评为"100位为新中国成立做出突出贡献的英雄模范人物"称号。他不仅是荔波水族人民的优秀儿子,也是贵州各族人民的杰出代表,是贵州的骄傲。

为了更好地缅怀邓恩铭烈士的光辉业绩,继承和弘扬先烈的革命精神,在省委省政府和黔南州、荔波县党委政府的高度重视以及社会各方面的大支持帮助下,邓恩铭故居及陈列馆得到进一步修缮,命名了邓恩铭广场,今天邓恩铭塑像落成,将与邓恩铭故居、陈列馆和广场交相辉映,形成完整的革命传统教育基地和党史教育基地,成为我省红色文化的重要组成部分。影片《少年邓恩铭》的拍摄,对于广大人民群众多角度、多侧面了解、学习和缅怀邓恩铭烈士,宣传党的光辉历史,宣传多彩贵州,加强对人民群众特别是青少年爱国主义及革命传统教育等,具有十分重大的意义。

"春风已解千层雪,后辈难忘先烈恩。"在邓恩铭烈士诞辰110周年之际,站在邓恩铭烈士塑像前,我们每一个工作生活在先烈故乡的人,无不倍感肩上责任的重大,倍感加快发展的紧迫。我们只有继承发扬革命先辈的光荣传统和优良作风,忠实践行党的宗旨,大力弘扬新时期贵州精神,在省委、省政府的坚强领导下,深入贯彻落实党的十七届五中全会精神和省委十届十次全会精神,高举发展、团结、奋斗的旗帜,抢抓深入实施西部大开发战略机遇,加速发展、加快转型、推动跨越,努力把家乡建设得更加繁荣、把多彩贵州打扮得更加美好，才是我们对先烈遗志的最好继承、对先烈英灵的最好告慰！

最后，预祝《少年邓恩铭》电影拍制工作取得圆满成功！祝各位领导、各位来宾、各位专家学者新年快乐、工作顺利、身体健康！

立足新起点　争创新业绩
奋力开创宣传思想文化工作新局面

——在全省宣传部长会议上的总结讲话
（1月13日）

同志们：

为期一天半的全省宣传部长会议就要结束了。会议传达贯彻了全国宣传部长会议精神，回顾总结了2010年我省宣传思想文化工作，分析了当前面临的形势，研究部署了今年的工作。省委高度重视这次会议，昨天上午，战书书记出席会议并作重要讲话，富玉副书记主持会议，庆生副省长出席会议。战书书记代表省委充分肯定了我省近年来的宣传思想文化工作，并对做好当前和今后一段时期的工作提出了明确要求，讲话总揽全局、内涵丰富，政治性、思想性、指导性和针对性都很强，我们要深刻领会和认真贯彻落实。会议还通报了去年工作情况，对今年工作要点作了说明，书面传达了全国学习型党组织建设座谈会精神。昨天下午，大家就学习贯彻落实全国宣传部长会议精神和战书书记重要讲话精神，围绕省委宣传部2011年宣传思想工作要点，进行了分组学习讨论，同时分别召开了全省文明办主任会议、全省外宣办主任会议。刚才，省文化厅、省广电局、省新闻出版局负责同志和贵阳市、遵义市、安顺市党委宣传部部长作了大会发言，通报了去年全省市（州、地）党委宣传部年度业务目标绩效考核结果，宣布了2010年贵州宣传思想工作创新方案征集活动的结果，并颁发了证书。会议规格高、规模大，内容丰富，安排紧凑，开得很好。与会同志认真学习全国宣传部长会议精神，深刻领会战书书记的重要讲话，在学习交流中受到新启发，在集思广益中有了新收获。

大家一致认为，通过学习领会战书书记重要讲话，对过去的工作成绩和宝贵经验有了更加深刻的认识。战书书记的重要讲话，从深入贯彻落实科学发展观，贯彻落实党的十七届五中全会和省委十届十次全会精神，实现贵州经济社会发展历史性跨越的高度，充分肯定了我省宣传思想文化工作“导向正确”、“注重创新”、“打造品牌”、“成效显著”四个方面的突出特点，高度评价了中央驻黔媒体在宣传报道贵州方面发挥的重要作用，深刻阐述了我省宣传思想文化工作的重要职责和历史使命。大家体会到，做好新形势下的宣传思想文化工作，必须紧紧围绕中心、服务大局，做到“三贴近”；必须坚持正面宣传为主，把握好舆论导向；必须坚持改革创新，努力建好平台、抓好载体、打造品牌；必须强基固本，加大基层工作力度，抓好宣传文化系统干部和人才队伍建设。大家表示，经验和成绩来之不易，一定要认真总结，倍加珍惜。

大家一致认为，通过学习领会战书书记重要讲话，对做好今后宣传思想文化工作有了更加准确的把握。战书书记的讲话，特别强调宣传思想文化工作要突出“五个着力”，为“加速发展、加快转型、推动跨越”提供有力的理论指导、思想保证、精神动力和文化支持，并对加强和改善党对宣传思想文化工作的领导提出了明确要求。讲话明确了今年宣传思想文化工作的总体要求、目标任务和工作重点，为做好我省“十二五”开局之年的宣传思想文化工作进行了全面部署。充分体现了省委的战略决策，体现了形势发展对宣传思想文化工作的新要求，为我们做好今年工作指明了方向，具有很强的指导性和可操作性。

大家一致认为，通过学习领会战书书记重要讲话，对做好全年工作有了更加坚定的信心。战书书记在讲话中对全省宣传思想文化战线广大干部寄予了很高的期望，这既是亲切关怀，又是更高要求；既是巨大鼓舞，又是激励鞭策。使我们更加深刻地体会到省委对宣传思想文化工作的高度重视，更加深刻地体会到宣传思想文化工作的重要地位，更加深刻地体会到宣传思想文化工作肩负的重大责任。越是这样，我们越要看到差距和不足，认识到在体制机制、新阵地建设管理、基层基础工作等方面还有很多不适应。大家表示，一定要按照战书书记的要求，进一步坚定信心、振奋精神、奋发进取、敢于担当，以更高的标准、更实的作风、更优的业绩做好新形势下的宣传思想文化工作，不断开创宣传思想文化工作新局面，决不辜负省委的期望和全省人民的重托。

为贯彻落实全国宣传部长会议和战书书记的重要讲话精神，切实做好今年的宣传思想文化工作，我们把今年确定为宣传思想文化工作“创优年”。下面，我着重就如何做好“创优年”工作讲几点意见。

一、认清形势、统一思想，切实增强做好“创优年”工作的责任感紧迫感

今年是中国共产党建党 90 周年和辛亥革命 100 周年，是“十二五”开局之年和实施新一轮西部大开发战略的起步之年，做好今年的宣传思想文化工作，意义十分重大。大家要充分认识确立宣传思想文化工作“创优年”主题的重要性和必要性，切实增强做好“创优年”工作的责任感紧迫感。

（一）*确定“创优年”主题，是宣传思想文化工作更好地适应新形势、应对新挑战的需要。*当前，中国的崛起深刻地影响着世界格局，国际环境总体上有利于我国和平发展。但西方敌对势力也加紧对我国进行牵制遏制和西化分化，特别是意识形态领域里的较量与斗争更加复杂激烈，像去年以来的谷歌事件和刘晓波事件就是典型的例证。敌对势力还竭力利用我国当前收入分配问题、房价问题、腐败问题等社会热点，以及社会上部分人存在的“仇官、仇富”心理，夸大社会阴暗面，发酵放大和激化矛盾。全省各级宣传部门要时刻绷紧意识形态斗争这根弦，特别是要加强对敏感问题、突发事件的舆论引导，防止敌对势力和别有用心的人借机炒作，尤其是在“三网集一屏”、“一键知天下”的网络时代，领导干部必须要学会有效运用各种媒体进行沟通交流的技巧，占领信息发布的制高点，牢牢掌握舆论引导的主动权，切实做到“守土有责、守土尽责”。我们必须胸怀全局、着眼大势，打破常规、大胆创新，以更宽广的视觉、更强烈的使命感和更高的工作水平，不断创优宣传思想文化工作，更好地适应新形势、应对新挑战，创造出无愧于时代、无愧于人民的业绩。

（二）*确定“创优年”主题，是宣传思想文化工作更好地服务“十二五”发展大局的需要。*省委十届十次全会科学规划了我省“十二五”发展蓝图，提出了振奋人心的发展目标。国家实施新一轮西部大开发战略，为我省发展带来了历史性机遇。巩固当前加快发展的良好态势，顺利实施省委、省政府确定的一系列重大战略部署，迫切需要宣传思想文化工作对内凝聚人心、鼓舞斗志，对外提升形象、扩大影响。前不久，在我省与中央企业举行的投资发展恳谈会上，签约了近 3000 亿元的大单，对这一重大成果高度密集的宣传，在社会上产生了强烈的反响，极大增强了全省人民加快发展的信心，受到了战书书记和克志省长的充分肯定。近期在我省刚刚发生凝冻灾害的时候，我们快速反应、抢占先机，在中央电视台等媒体推出了一批真实感人的报道，充分展现了我省抗凝冻、保发展、保民生、保稳定的生动场景，得到省委、省政府的高度评价。我们要认真总结这些宣传报道的成功经验，进一步提升围绕中心、服务大局的水平。今年为保证我省“十二五”规划的实施开好头、起好步，省委、省政府正在全省大力开展“创先争优”、“三个建设年”、“四帮四促”三项主题活动，迫切需要宣传思想文化工作精心策划新闻报道，深入挖掘先进典型，大力宣传经验成效，发挥舆论监督作用，切实为三项主题活动的顺利开展营造良好舆论氛围。特别是昨天战书书记就理论宣传、舆论宣传、对外宣传等方面工作，提出了许多精辟透彻、指向明确的重要指示，我们更要认真抓好贯彻落实,在创优工作上下功夫,在服务大局上求深入,为我省顺利实施“十二五”规划提供强有力的思想舆论支持。

(三)确定“创优年”主题,是宣传思想文化工作更好地发展壮大自身实力的需要。今后一段时期既是我省经济社会发展的关键时期,更是全省宣传思想文化工作抢抓机遇、发展壮大自身实力的关键时期。我们不仅要通过深入推进学习型党组织建设,不断增强理论武装工作的说服力、影响力,还要提高舆论引导能力和传播力,做大做强我省主流媒体;不仅要通过顺利完成我省文化体制改革,做大做强贵州文化产业,还要不断增强文化产品供给能力,满足人民群众精神文化需求;不仅要拓展对外宣传新领域新渠道,提升贵州影响力,还要大力夯实宣传文化阵地,发展壮大宣传文化队伍。昨天上午,富玉副书记向我们提出了着力提高“六种能力”的要求,这是根据新形势对我们的鞭策和期望。特别是省委、省政府高度重视宣传思想文化工作,在政策上、资金上、项目上都给予了比以往更大的支持,为我们做好宣传思想文化工作提供了强有力的保证。可以说,现在我省宣传思想文化工作正处于发展环境最好的时期,我们需要解决什么问题和困难,省里就帮助我们解决。省委、省政府给我们提供了最好的平台,如何唱好服务经济社会发展这台大戏,就看我们的本事。我们一定要顺应发展、抓住机遇、振奋精神、开拓创新,按照更好、更高、更优的要求,拓展新领域、占领新阵地、掌握新技术、创造新手段,不断加强自身建设,壮大自身实力,从整体上进一步提高宣传思想文化工作的影响力和竞争力。

(四)确定“创优年”主题,是宣传思想文化工作更好地巩固良好发展态势的需要。从 2008 年开始,我省宣传思想文化工作每年都确定一个主题,围绕这个主题,明确努力方向、谋划工作重点、制定工作措施、落实工作要求。2008 年是“实效年”,我们要求要像抓经济工作那样追求宣传思想文化工作效益最大化;2009 年是“创新年”,我们要求把改革创新精神贯穿到宣传思想文化工作的各个方面;2010 年是“提升年”,我们着力提升宣传思想文化工作整体水平。每一年都形成了卓有成效的工作作风、工作思路和创新做法,每一年都取得了实实在在的工作成效、长足进步和特色亮点,使全省宣传思想文化工作一波接着一波推进,一年迈上一个台阶。这些成绩既为我们做好今后的工作创造了有利条件、打下了扎实基础,也向我们提出了一个新课题,那就是在“十二五”开局之年,在巩固发展前几年取得成绩的基础上,如何更好更快地推进我省宣传思想文化工作。正是基于这种考虑,我们提出“创优年”这个主题,就是要追求一种更优的工作思路、更优的工作能力、更优的工作作风、更优的工作业绩,抓住机遇、乘势而上、有所作为、力求突破,进一步开创我省宣传思想文化工作的新局面。

二、把握重点、科学谋划,扎实推动宣传思想文化各项工作不断创优

全面贯彻落实全国宣传部长会议精神和战书书记重要讲话精神,要求我们把“创优年”这一主题贯穿于今年宣传思想文化工作的全过程,把握重点、抓住关键、科学谋划,以进度更快、标准更高、效果更好、成绩更优的要求,扎实推进各项任务的落实,为全省又好又快、更好更快发展作出积极贡献。

(一)切实在统一思想、助推发展上创优宣传思想文化工作。落实好“十二五”发展规划,是我省当前和今后一个时期的中心任务,是全省工作的大局。宣传思想文化工作只有更加自觉、更加主动地服从服务于这个大局,才能真正发挥出应有成效,创造出一流业绩。我们要抓住科学发展这个主题和加快转变经济发展方式这条主线,广泛宣传、深入阐释、营造良好氛围,着力统一思想、凝聚力量,把全社会的积极性引导到走科学发展之路、加快转变经济发展方式上来。一要立足大局开展工作。从推动经济社会又好又快、更好更快发展的总要求和“加速发展、加快转型、推动跨越”的主基调出发,进一步找准职能定位,把握努力方向、明确工作重点,制定工作措施,切实把工作抓到点子上,抓出成效来。二要切实增强主动意识。面对我省加快发展的迫切形势,宣传思想文化工作围绕中心、服务大局的责任更加重大。我们必须不断增强服务大局的主动性,时刻做到舆论先行、宣传先行,为中心工作的开展做好必要的先行铺垫和舆论准备,更好地把全省干部群众

的智慧和力量凝聚到贯彻落实省委、省政府的重大决策部署上来。三要把握研究中心工作。全省宣传思想文化战线尤其是领导同志,一定要认真把握研究当前省委、省政府的中心工作,对总体部署、战略措施、重点项目、推进步骤、有利条件、制约因素等,都要心中有数、了然于胸,使我们的工作更好立足全局、把握重点、体现主动,更好发挥宣传思想文化工作的重要作用。

(二)切实在深化认识、普及运用上创优理论武装工作。深入推进中国特色社会主义理论体系大众化,扎实推动全省学习型党组织建设,不断增强干部群众坚持中国特色社会主义一面旗帜、一条道路、一个理论体系的自觉性和坚定性,是当前我省理论武装工作担负的最重要任务。一要在创新和实效上下功夫。发挥好各级党委宣传部牵头抓总、组织协调的作用,加强和改进党委(党组)中心组学习,通过召开经验交流会,抓好网络学习平台建设,开展读书征文活动、举办热点问题讲座等,深入推进我省学习型党组织建设。要不断丰富拓展学习内容,制定有效激励机制和办法,采取"走出去学"、"请进来学"、"走下去学"等方式,进一步活跃学习氛围,确保学习活动取得实效。二要在广泛和深入上下功夫。围绕庆祝建党90周年和纪念辛亥革命100周年,集中推出一批理论文章,举办形式多样的座谈会、报告会、研讨会。抓住领导干部这个关键,突出干部群众这个主体,广泛开展宣讲活动和形势政策宣传教育,开展好"社科理论下基层"活动。通过广泛深入开展理论宣传教育,使政策理论为干部群众所掌握,转化为建设贵州的巨大力量。三要在应用和转化上下功夫。组织省内各大高等院校、社科研究单位以及学术团体,围绕"十二五"期间我省经济社会发展的重大问题开展理论研究工作,推出一批有价值的理论研究成果,为省委、省政府工作大局提供有效决策参考。

(三)切实在营造氛围、凝心聚力上创优舆论引导工作。当前我省舆论总体态势良好,保持了"发展团结奋斗"良好氛围,今后我们要再接再厉,按照战书书记要求的"从大局出发,从实际出发,全面加强、扩大影响,为贵州发展而鼓而呼",坚持团结稳定鼓劲、正面宣传为主,大力唱响"热爱贵州、建设贵州"主旋律。一要组织抓好重大主题宣传。今年的重大主题宣传很多,各级宣传部门和新闻单位要以高度的政治责任感和使命感,精心组织策划,有计划有步骤地加以推进。扎实抓好十七届五中全会、省委十届十次全会、建党90周年、辛亥革命100周年、全国和省"两会"、第九届全国少数民族传统体育运动会等主题宣传;扎实抓好"贵州精神"、"四敢"意识、先进人物和道德模范等典型宣传;扎实抓好重大建设项目、重大民生工程、重大招商活动等成就宣传。积极争取中央媒体支持,继续在中央媒体推出一批亮点报道,在全国推出一批重大先进典型。二要不断增强舆论引导能力。开展省主流媒体传播能力调查及相关对策研究,建立重大选题会商制度,协调省主要媒体围绕全省中心工作大胆创新,继续推出像"西部行"、"新南行记"这样既围绕大局,又有很高新闻价值的大型采访报道。要严格按照战书书记的要求,进一步加强和改进新闻报道方式和舆论监督方法,"做到适度、适时、适量,帮忙而不添乱,鼓劲而不泄气。"不断改进对领导同志活动及会议的报道,"严禁溢美、恭维之词,严禁夸张、渲染",把版面更多地留给基层,把镜头更多地对准群众。要进一步增强新闻敏感性,及时捕捉我省经济社会发展中的鲜活场面、先进典型、感人事迹,推出更多"三贴近"的新闻报道。三要做大做强网上主流舆论。大力唱响团结奋进的网上主旋律,围绕"十二五"发展、第九届全国少数民族运动会、"多彩贵州"歌唱大赛等重大主题活动,开辟专门网页和网站,浓墨重彩地配合主流媒体做好宣传报道。大力开展"爱网青年志愿者行动"等网络文化传播活动,积极营造和谐向上的网络氛围。要不断增强对互联网、手机等新兴媒体的掌控力,不断增强网上正面宣传的及时性、主动性,做到与传统主流媒体同步造势、形成合力。

(四)切实在巩固品牌、扩大覆盖面上创优精神文明建设工作。当前我省精神文明创建的几项品牌活动都抓得有声有色,如何"百尺竿头,更进一步",在活动中提升群众素质、树立贵州文明形象,更好地优化我省发展环境,让人民群众共享文明成果,我再强调三点。一要发挥品牌影响,扩大活动覆盖面。"四在农家"、"整脏治乱"、"满意在贵州”、“祖国好·家乡美”、“千校万师”培训工程、“和谐贵州三关爱”这六大品牌活动，是我们落实中央要求，经过具体实践取得的具有贵州特色的创造性成果。总的来看，这些品牌活动虽然影响不断增大，内涵不断丰富，但是在扩大活动覆盖面，增强群众参与性方面仍需不断加强。比如“整脏治乱”专项行动，目前已经基本实现了大见成效的目标，但在基础设施建设，在进社区、进村入户方面，还有很多工作要做，“满意在贵州”主题活动开展了近三年，但一些社会公共服务行业和单位仍然存在服务效率低、态度差和不规范现象。今年要继续强化品牌影响、深化活动内涵，使活动覆盖有新扩大，群众参与有新提升，环境改善有新成效，服务水平有新进步，文明风尚有新气象。二要加大资源整合，保障群众得实惠。省委、省政府今年“十大民生工程”中的农村生活环境改善和公共文化服务体系建设两大工程，都由我们牵头抓总。这两项工程，是省委、省政府交给我们全省宣传文化系统的重大任务，是对我们的高度信任，目前这两项工程的目标任务已经确定，省委办公厅制定下发了任务分解表，年内要拿出具体成果。大家必须高度重视，全力推进，保质保量地如期完成工作任务。三要强化任务职能，提高工作整体水平。六大品牌活动和“迎九运、讲文明、树新风”活动，不仅是社会系统工程，更是较真碰硬的战斗，必须强化职能、明确任务、健全机制、合力推动。省文明办要整合资源、加强协调，切实发挥牵头作用，充分运用好督查督办和考核调研手段，确保工作任务落到实处。文明委各成员单位要在强化部门职能、认真履行职责上下功夫、抓落实，共同推动活动扎实开展。

（五）切实在繁荣文艺、推出精品上创优贵州文化工作。今年我们要集中力量，继续抓好重大文化活动和文艺精品创作生产，不断提升贵州文化影响力。一要突出抓好重大文艺活动的深入开展。突出活动的创新性、开放性和实效性，精心组织“多彩贵州”歌唱大赛，要在以往基础上，多出精品、多出成果、多出人才。精心组织开展群众性文化活动，组织文艺工作者深入基层，进一步丰富群众文化生活。积极搭建平台、借船出海，积极组织作品参加中宣部有关评选活动，面向全国、国际大力开展文艺交流活动，继续推动贵州文艺走向世界。二要突出抓好重大文艺精品创作生产。精心筹备召开全省文艺作品创作座谈会，在去年基础上继续推出更多文艺精品。要按照今年的工作要点，围绕庆祝建党90周年和纪念辛亥革命100周年，抓好重点文艺作品创作生产；认真落实《贵州省精神文明建设“五个一工程”“十二五”规划纲要》，抓好重点项目制作展播的前期工作。三要突出抓好文艺作品奖励制度建设。要立足推作品、推人才，继续健全和完善以奖代补机制，用制度管人、按制度办事，加大对全国“五个一工程”、中宣部批准设立的全国性文艺奖获奖作品的奖励力度，支持我省团体和个人参评全国性文艺评奖活动，不断推动我省文艺作品跻身全国高端文艺平台。

（六）切实在巩固深化、壮大实力上创优文改文产工作。目前我省文化体制改革势头良好，省委、省政府对全省文化产业发展寄予厚望，我们一定要乘势而上，按照胡锦涛总书记“三加快、一加强”总要求和李长春同志“二十字”总体思路，不断深化完善改革，发展壮大我省文化产业。一要在深化改革上有大进展。在省级层面加快推动省直广电、演艺、报业、期刊四大集团公司组建，上半年内要全部挂牌，并积极启动网站资源整合，组建企业集团公司，切实发挥骨干集团的主力军作用。同时，严格按照中央明确的“时间表”、“路线图”，不断深化完善改革，在推进各地综合性文化体制改革上取得实质性进展。二要在产业发展上有大步伐。要按照“十二五”时期我省文化产业总体规划和产业布局，大力发展文化旅游、民族民间演出、民间工艺美术、会展广告等产业，壮大提升广播电影电视、新闻出版、休闲娱乐等产业，培育扶持网络、新媒体、动漫网游、文化艺术创意设计等产业。同时要扎实推进实施“百个骨干企业培育工程”、“百佳品牌培育工程”，力争到“十二五”期末，至少形成2至3家产值超100亿元的骨干文化企业集团，实现1至2家文化企业融资上市，打造一批国内知名的品牌企业。三要在项目实施上有大动作。今年是我省文化产业项目建设年，要大力实施“百个产业项目推进工程”，推出一批影视、演艺、新闻出版、动漫等项目精品，并在招商引资

在"农村生活环境改善"和"公共文化服务体系建设"工程协调会议上的讲话

(1月27日)

同志们:

今天,我们召开这次协调会议,主要是贯彻落实省委、省政府的有关要求精神,对实施好十大民生工程中的"农村生活环境改善"和"公共文化服务体系建设"两大工程进行安排部署。

刚才,省住房和城乡建设厅、省农委、省财政厅、省文化厅、省广电局等责任单位负责同志作了很好发言,省委宣传部、省文明办同志也对相关工作提出了意见和建议。从发言情况看,省委、省政府作出实施"十大民生工程"的重大决策后,省委宣传部、省文明办召集相关责任单位召开了协调会,对任务和责任进行了细化分解;各牵头部门和责任部门高度重视,迅速行动,按照自身的职责细化工作任务,制定了初步的细化方案和工作措施、工作制度。从总体上看,两项工程责任明确、措施有力,开头良好,下一步关键是抓好落实,确保圆满完成各项任务。借此机会,我讲几点希望和要求:

一、以高度的政治责任感来看待民生工程,以深厚的感情来实施实施民生工程。

十大民生工程在全省经济工作会议上正式提出,又郑重地写入了省十一届人大五次会议通过的政府工作报告。实施十大民生工程,这是省委、省政府深入落实科学发展观,结合贵州实际,深思熟虑作出的一项重大决策部署,是关心群众疾苦的德政工程,是增强经济社会发展后劲的基础工程,也是体现执政为民宗旨的作风工程。我们要将思想和行动统一到省委、省政府的决策部署上来,增强光荣感和使命感,把工程的实施过程,作为投身"三个建设年"、"四帮四促"、"创先争优"等活动的具体行动,以对人民群众的浓厚的感情,切实把好事办实、实事办好。

二、明确责任,周密部署,切实抓好工程的实施。

要做到"四到位两确保":一是领导重视要到位。省直各相关部门各部门党委(党组)要把民生工作作为重要任务来抓,切实担负起责任,要明确专人来分管;相关市州地党委、政府及职能部门要高度重视,切实抓好项目的实施。二是工作安排要到位。要制定详细可操作的工作方案,并及时通过会议和文件等形式进行部署。三是责任落实要到位。要明确项目责任人,落实到处室,落实到人。四是保障措施要到位。要积极筹资金,为项目实施提供人、财、物等方面的保障。要通过周密细致的组织实施,做到确保工程进度,在规定的时间内完成建设任务;确保工程质量,坚决杜绝豆腐渣工程。

三、科学规划,整合资源,加大统筹协调力度。

今天在座的所有单位,包括与两项工程相关的所有部门,既要各司其职、充实发挥自身的职能和优势,也要加强协调配合,形成合力,做到分工不分家,必须坚决克服畏难情绪和推诿扯皮等现象。省委宣传部、省文明办要按照省委、省政府的要求,积极主动地搞好协调和服务。在项目规划布局上,既要考虑示范性,也要考虑代表性;既要考虑今年的试点任务,更考虑今后五年的发展目标;既要考虑本部门本系统的工作需要,也要考虑与其他方面的配合与协作。在全省城镇化建设工作会,省委、省政府要求村级规划要全覆盖,这是推进全省新农村建设的基础性工作,其他各项建设的规划也要统筹进来考虑。尤其是在项目资金的投入使用上,必须加强整合,集中力量办事,按照"渠道不变、集中投入、各记其功"的原则,农村沼气工程、一事一议财政奖补、农村清洁工程、农民文化家园、农家书屋以及农村信用社小额贷款等，都要优先向100个村庄整治试点村进行集中。在此基础上，要突出抓好高速公路、高速铁路、重要风景名胜区周围的覆盖工作，更好发挥示范作用，以此带动全省。近些年遵义“四在农家”、毕节“五园新村”模式之所以取得成功，除了党政重视、合力推动外，还有关键的一点，就是整合各方资源，抓好示范。这一条重要经验一定要坚持。

四、强化项目跟踪管理，着力加大督促检查力度。

各责任单位，要建立详细的工作台账制度，定期反馈工作动态，切实提高工作效率。按照工作时间表并保证工作质量的要求，加强工作的跟踪管理力度。要加强督促检查，针对资金、规划设计、施工管理、配合协调等各方面问题，认真研究解决问题的措施。各责任部门至少每两个月对系统内工作情况开展一次督查；牵头单位要会同责任单位，每季度对项目进展情况开展一次跟踪督查；同时，牵头单位要建立信息反馈制度，及时报送工作信息，对工作不力的单位报请省委、省政府进行通报。如果因为某个部门和单位的工作滞后而影响“全盘”工作的进展，我们将追究相关部门的责任，到时候绝不留情。

五、切实转变作风，保证工作落实到位。

实施两项民生工程，既是助推农村经济社会发展的一种手段，也是密切联系群众、转变机关作风的一种途径。推进新农村建设，群众是受益者，也是建设的主体。搞好这两项工程，必须调动广大群众的积极性，有的甚至要群众投工投劳。为此，我们必须进一步转变作风，既要当好指挥员，更要当好战斗员，不能浮在面上，要沉下去，倾听农民群众呼声，为农民群众出谋划策，与基层群众一起建设美好家园。只要我们心往一处想、劲往一处使，群策群力，狠抓落实，就一定能够如期向省委、省政府交出一份满意的答卷，让人民群众如期享受到民生的成果。

同志们，再过几天，我们就迎来“我们的节日——春节”。在此，提前祝大家新春快乐、合家幸福、万事如意！

在贵州人民出版社建社60周年社庆庆典上的讲话

（2月12日）

同志们、朋友们：

今天，我们欢聚一堂，隆重庆祝贵州人民出版社建社60周年，这是我省出版战线的一件大事、喜事。在此，我代表省委、省政府向贵州人民出版社表示热烈的祝贺！向贵州人民出版社全体工作人员、向全省出版战线的同志们致以诚挚的问候，向贵州人民出版社离退休老同志致以崇高的敬意！

60年风雨兼程，一甲子沧桑巨变。在省委、省政府的高度重视下，我省出版事业从无到有、从小到大，在艰难中创业，在探索中进取，在改革中发展，在竞争中壮大，整体实力进一步增强，年均出版图书四百余种，先后出版各类图书一万余种，数十亿册，成为全国较有影响的地方人民出版社，在推进全省经济社会发展中发挥了不可替代的重要作用。

60年来特别是改革开放以来，贵州人民出版社始终坚持正确的出版导向，牢牢把握社会主义先进文化，以传承人类文明、构建民族精神、传播历史新知为己任，开拓进取，不断创新，在古籍整理、学术文化、民族民间文化、红色文化、少儿读物等领域取得了可喜的业绩，相继出版了大批弘扬民族精神、服务人民大众、彰显地方特色、凝聚时代特征的优秀图书，先后获得了全国“五个一工程奖”、“中国图书奖”、“中国出版政府奖”、“中华优秀出版物奖”等五百余个全国及省部级奖项，获奖图书达上千种。2009年12月，贵州人民出版社顺应文化体制改革的大潮，顺利完成了转企改制工作，进入了全新的发展阶段。转企改制后的贵州人民出版社，不断增强市场竞争意识，强化现代企业管理，着力精品力作打造，企业面貌焕然一新。2010年，取得了销售额突破亿元大关的好成绩。实践证明，贵州人民出版社的出版方向是正确的，工作是卓有成效的，省委、省政府和广大读者是满意和肯定的。

当前，我省正处于加速发展、加快转型、推动跨越的关键时期，全省上下正深入学习贯彻落实党的十七届五中全会、省委十届十次全会和省"两会"精神，抢抓深入实施西部大开发战略的难得机遇，以饱满的热情、昂扬的斗志迎接"十二五"建设新高潮的到来。新的形势、新的任务为广大出版工作者创造了良好的条件，提供了更为广阔的舞台和难得的发展机遇，全省出版战线要按照"高举旗帜、围绕大局、服务人民、改革创新"的总要求，深入贯彻落实栗战书书记在全省宣传部长会议上的重要讲话精神，坚持一手抓繁荣、一手抓管理，努力实现社会效益和经济效益双丰收，努力开拓贵州出版事业大发展、大跨越的新局面。为此，我对全省出版战线提四点希望：一要增强服务大局能力。出版事业任何时候、任何情况下都必须把围绕中心、服务大局牢牢放在首位。牢固树立政治意识、大局意识、责任意识、阵地意识，紧紧围绕省委、省政府中心工作，围绕我省"十二五"目标的顺利实现，扎实做好图书出版工作，为加速发展、加快转型、推动跨越提供有力的精神动力和文化支持。二要增强改革创新能力。出版领域是最需要推陈出新的领域，只有不断解放思想，打破循规蹈矩，才能实现内容和形式的创新。要根据形势和任务需要，进一步创新出版工作的观念思路、方法手段、体制机制，推出更多体现国家意志、弘扬时代精神、深受市场欢迎、可传之久远的原创精品力作和优秀产品。三要增强服务群众能力。要坚持贴近实际、贴近生活、贴近群众，面向基层、服务群众、深入实际，始终把社会效益放在首位，出版更多反映人民群众主体地位和现实生活、群众喜闻乐见的优秀出版物，出版更多群众买得起、看得懂、用得上的出版产品，满足人民群众多样化、多层次、多方面的精神文化需求。四要增强科学发展能力。要建立现代企业制度，树立精品意识，实施重大项目带动工程，将信息技术、网络技术、数字技术和现代传媒技术应用于我省出版工作，推进我省出版技术的信息化、网络化和数字化，努力培育新的文化业态，成为新的经济增长点，不断增强我省出版事业科学发展的能力。

同志们，今年是我们党建党90周年，是实施"十二五"规划和新一轮西部大开发的开局之年，站在新的历史起点上，我省出版事业和贵州人民出版社大有希望、大有可为。希望全省出版战线和广大出版工作者充分认识肩负的重要职责和崇高使命，不断总结经验、发扬成绩，锐意进取、开拓创新，努力做大、做强我省出版事业，不断提升贵州文化软实力和区域竞争力，为实现贵州经济社会发展的历史性跨越作出新的更大贡献！

值此新春佳节，衷心祝愿贵州人民出版社在新的一年"百尺竿头、更进一步"，争创新业绩，再铸新辉煌！衷心地祝愿大家新年快乐、工作顺利、身体健康、阖家幸福！

谢谢大家！

在新闻宣传表彰暨工作座谈会上的讲话

(2月16日)

同志们：

很高兴与中央、香港驻黔主要新闻媒体和省主要新闻单位的负责同志座谈，一起回顾去年工作，共同谋划今年发展。

2010年，是迎难奋进的一年，也是新闻宣传工作硕果累累的一年。去年一年，各新闻单位认真贯彻落实中央、省委的宣传工作部署，紧紧围绕省委、省政府中心工作，扎实工作，锐意进取，大胆创新，提升水平，宣传报道工作取得重要进展。在重大主题宣传方面，打好了几个漂亮仗。冷洞村抗旱先进事迹、瓮安违法青少年帮教、“春晖行动”、贵阳市“三创一办”等四项工作被列入中宣部全国重大主题宣传，“又好又快、更好更快发展”、“加速发展、加快转型、推动跨越”等宣传报道见势早、启动快、振奋人心、反响热烈，上海世博会贵州活动周、多彩贵州风赴台湾、北美演出等活动报道浓墨重彩、效果显著。在热点敏感问题引导方面，做出了重要贡献。在关岭“1·12”枪击事件中，各新闻单位讲立场、顾大局，帮忙不添乱，刊发了大量正面报道，为事件妥善处置营造了良好舆论氛围。关岭“6·28”特大山体滑坡灾害发生后，主流媒体滚动发布大量信息，积极抢占舆论制高点，为抢险救援工作提供了有力的舆论支持。在对外宣传方面，发挥了积极作用。“多彩贵州踏春行”、“听多彩之声·说魅力贵州”等大型旅游文化采访报道活动，得到了各新闻媒体、尤其是中央媒体的大力支持，进一步提高了贵州知名度、美誉度，扩大了贵州的对外影响。

去年一年，中央、香港驻黔新闻单位继续加大对贵州的宣传力度，推出了一系列鼓舞士气、提振信心的新闻作品，为推动贵州经济社会又快又好发展营造了良好的舆论氛围。一是稿件数量继续增加。《人民日报》全年各版面头版稿件共15篇，头版头条2篇，头版报眼3篇，其他版头条33篇；新华社贵州分社发稿4600多条，其中有60条得到中央领导同志批示，4条被评为新华社社级好稿；中央人民广播电台驻黔记者站发稿1929条，其中《全国新闻联播》头条4篇、二条4篇；中央电视台贵阳应急报道点成立才2个多月，直接组织和支持了17场直播，其中《回眸十一五展望十二五贵州：打破交通瓶颈凸显区位发展优势》、《贵州湄潭：花灯新戏唱响农村》等深度主题报道，加深了贵州在全国的推介和宣传力度；光明日报、经济日报和香港驻黔媒体的发稿量也有大幅增长，尤其是专题报道、特别报道不断增多。二是重点报道出新出彩。如人民日报的《科学发展要有好的政治生态》，新华社的《贵州危机中“抢机遇、抓项目”谋求跨越发展》，香港文汇报“一事一议”专题系列报道，引起了中央领导和省领导的重视。经济日报的稿件《玉米地里走出来的育种专家》发表后，引起广泛好评，报道对象后被评为全国优秀共产党员。三是新闻应急报道正确有效。2010年，贵州自然灾害重、突发事件多。在抗旱救灾、关岭“1·12”事件、“6·28”特大山体滑坡灾害中，中央、香港驻黔媒体与省委宣传部紧密配合，报道及时、客观、全面、充分，积极引导社会舆论和网上舆论，为事件的妥善处理和贵州的和谐稳定大局作出了重要贡献。

一年来，省主要新闻单位按照统一安排部署，发挥各自优势，主动策划创新，各项工作均取得一定成绩。贵州日报报业集团扎实开展“改革发展年”，发扬“实干有成、创新无败”精神，通过改革，极大激发了集团各报网编采人员改革创新活力，新闻报道不断出新出彩，中宣部《新闻阅评》先后11次给予肯定，策划的“新南行记”大型采访活动，受到广泛赞誉和认同。贵州人民广播电台坚持凝聚人心、夯实基础、整合资源、创新发展，工作迈上了一个新台阶，新闻作品《大山深处光明行》荣获中国新闻奖二等奖，广播文艺制作中心10件作品荣获全国广播节目技术质量奖。贵州电视台的抗旱报道深入扎实，中宣部《新闻阅评》、国家广电总局《收听收看日报》作了专题点评。《西部行》活动反响很好，得到了中央有关部门的充分肯定和赞扬。去年，贵州电视台在央视的上片量突破1000条(次)，其中在《新闻联播》中播出新闻100多条，超额完成了年初既定的目标任务。当代贵州也做了大量卓有成效的工作。

总的来说，各驻黔新闻媒体和省主要新闻单位在过去的一年，对宣传贵州都做出了很大贡献，取得了显著的成绩，省委、省政府是满意的。在此我代表省委向大家表示衷心的感谢！

今年，重大主题宣传很多、任务繁重，需要集中智慧、各展所长，统筹协调，各项重大主题的宣传报道工作必须深之又深、细之又细、实之又实。当前一个阶段最重要的任务，就是做好即将到来的“全国”两会宣传。近日，战书书记专门就此作出指示：全国“两会”是展示贵州的重要平台，要把这次“两会”宣传作为一场外宣攻坚战，务必打好打赢打胜。刚才，四家办公厅和各媒体发表了很好的意见，下面，就贯彻落实战书书记的重要指示精神，我讲几点意见：

一、高度重视，精心组织，靠前指挥，务求打好

这场外宣攻坚战

全国“两会”是中国政治生活中的一件大事，今年的“两会”更是具有特殊意义，2011年是“十二五”开局之年，此次会议既面临着加快经济转型的任务，又要为未来发展定调，改革、发展、民生等各方面的话题将成为举世瞩目的焦点。对于贵州而言，这次全国“两会”，是战书书记和克志省长到贵州履新以后，在全国人民面前的第一次亮相。大家都知道，自去年八月以来，我省先后推出“又好又快、更好更快发展”、“加速转型、加快发展、推动跨越”、“三个建设年”等一系列重大的理论观点、战略部署和工作举措，引起全国广泛关注。此次“两会”，是面向全国宣传贵州的一次良好机遇，是展示贵州发展新理念、争取广泛社会支持的重要平台。“两会”宣传做得好不好，关系到全局，关系到发展，关系到对外形象，具有重大的政治意义。各新闻单位务必高度重视此次“两会”宣传，把“两会”宣传作为重大的外宣攻坚战役，制定周密的宣传方案和采访计划，成立专门的班子和队伍，加强培训、责任到人。主要领导同志要靠前指挥，抓策划、抓采制、抓节目、抓落地，确保各项工作顺利推进。

二、紧扣主题，突出重点，展示亮点，确保圆满完成“两会”宣传报道任务

全国“两会”期间，各地记者云集北京，这是对“两会”报道记者政治素质、业务水平、工作能力的一次集中检验。希望各新闻单位紧扣“两会”主题，抓住重点、打破常规、加强策划、突出亮点，采写一批有深度、有影响的精品力作，确保圆满完成“两会”宣传报道任务。与以往的“两会”相比，我想，应突出几个特点：一是内容要深。除指定性、规定性动作外，要结合贵州实际，超前进行选题策划，在“深”字上做文章，增强报道的厚重感，扩大报道的覆盖面，提高报道的可读性，把我省的工作思路、工作特色、工作亮点展示充分，提高贵州的影响力。二是工作要细。在内容上，要针对干部群众普遍关心的问题，多角度、全方位地做好释疑解惑工作。在具体工作中，要从选题策划、栏目设置、内容撰写、工作对接等方面，做到细之又细，确保不出差错。三是形式要活。善于使用报道方式，才能有效展现丰富的“两会”内容。在“两会”报道中，要结合实际情况，利用专访、侧记、摘登、花絮、专题报道等多种方式，全面展示“两会”盛况；四是工作要实。两位主要领导到贵州后，提出“风气要正、工作要实，干部要干”和“团结、务实、勤奋、廉洁”的要求，他们在日常工作中以身作则，发挥了榜样作用，作出了很好的表率。希望大家认真落实上述要求，在此次“两会”宣传中做到报道实、工作实、文风实、效果实，向外界展示贵州新闻工作者良好的精神面貌。

三、各展所长，明确职责，形成合力，共同做好全国“两会”的宣传报道工作

“两会”报道时间紧、任务重、敏感度高，建立顺畅的沟通渠道和明确的职责分工，才能确保宣传报道任务的顺利完成。我建议，省委办公厅、省政府办公厅主动担当起信息提供者的角色，精心梳理各项报道选题，为新闻单位提供足够的报道素材；省人大常委会办公厅、省政协办公厅做好联络沟通的工作，认真推荐人大代表、政协委员接受媒体采访，并就采访主题把好材料关，为宣传报道工作提供便利条件；媒体之间要各展所长，精心策划，互相帮助、互相配合，尽可能做到信息资源共享，努力形成宣传报道的总体合力，共同扩大社会影响。各新闻单位内部也要安排好要闻版和各类专版、专刊，共同为“两会”营造良好舆论氛围。

四、注重对外宣传，报道出新，工作出彩，确保贵州各项工作在中央级媒体报道中形成影响力

这次“两会”，一个重中之重的任务是做好对外宣传，把贵州发展的新思路、新战略，贵州经济社会的新形象、新气象，贵州人的新精神、新品质推介出去。这是一个核心任务，这个任务完成得好不好，关系到此次“两会”宣传的成败。希望中央驻黔媒体的同志们加强与北京总部联系，把各种资源都利用起来，争取在重要版面、重要时段、重要专栏多上贵州的稿件，充分反映贵州代表委员认真参会、正确行使民主权利、忠实履行职责、积极参政议政的情况，充分宣传贵州“又好又快、更好更快发展”、“加速转型、加快发展、推动跨越”、“三个建设年”等重大战略思想和工作部署，充分推介团结奋斗、创新争优、赶超进位的新贵州，大力展示贵州的新形象。省各新闻单位的随团记者要积极配合中央媒体的稿件采写，多为中央媒体记者提供选题和素材。贵州电视台、贵州人民广播电台要积极向中央台提供相关稿件，努力提高上片率、用稿率，扩大贵州的对外影响。总之，这次新闻报道攻坚战一定要打赢打好打胜，一定要出新出彩出影响力。

同志们，今年是中国共产党建党90周年和辛亥革命100周年，是“十二五”开局之年和实施新一轮西部大开发战略的起步之年，也是宣传思想工作的“创优年”。当前，首要的任务是把全国“两会”的宣传报道做出成效、做出影响。此外，希望大家进一步突出重点，为省委省政府中心工作提供强大舆论支持，进一步加强策划，把各项重大主题宣传做出气势、做出影响，进一步关注民生，及时反映贵州经济社会发展的新成就、新变化，进一步加强管理培训，打造一支能力强、作风硬、素质高的新闻队伍，为实现贵州经济社会又好又快、更好更快发展作出新的更大的贡献！

最后，祝大家工作顺利、阖家幸福！

在北京贵州籍新闻宣传工作者恳谈会上的讲话

（2月20日）

各位在京从事新闻宣传工作的贵州老乡和关心贵州发展的朋友们，各位领导、同志们、朋友们：

大家下午好！

今天，我们邀请各位在京从事新闻宣传工作的贵州老乡和关心贵州发展的朋友们在这里进行面对面的恳谈，目的是让大家切实感受贵州新变化，了解贵州建设和发展情况，为贵州对外宣传出谋划策、贡献力量，争取你们本人及所在单位、媒体加大对我省宣传报道工作的支持力度，更好地发挥你们作为我省对外宣传重要渠道的作用。长期以来，各位在上述方面已经为贵州做了很多工作和贡献，在此，我代表中共贵州省委、贵州省人民政府，代表贵州省委宣传部，向各位及你们所在单位、媒体表示衷心的感谢！希望大家在接下来的交流中结合各自工作特点，为贵州的发展、特别是对外宣传出谋划策，提出更多好的意见和建议。我们也将认真梳理归纳，把大家的意见和建议纳入下一步工作安排。

借此机会，首先，我简要介绍一下过去五年贵州全省经济社会发展情况及未来五年经济社会发展思路。

一、关于“十一五”规划期间我省经济社会发展情况

过去五年，贵州全省各族干部群众在省委、省政府的领导下，坚持以邓小平理论和“三个代表”重要思想为指导，深入贯彻落实科学发展观，奋力克服百年不遇的雪凝灾害、国际金融危机和特大旱灾带来的不利影响，经济平稳较快发展，社会事业全面进步，基本完成了“十一五”规划的主要目标任务，进入了全面建设小康社会新的历史时期。

总体看，“十一五”期间，我省经济社会在以下六个方面取得了新成就、新进展。一是综合经济实力迈上新台阶。2010年年末全省地区生产总值达到4594亿元，比上年增长12.8%，五年年均增长12.6%；财政总收入969.7亿元，比上年增长24.4%，五年年均增长21.6%；固定资产投资3186.3亿元，比上年增长30%，五年年均增长24.1%。二是经济结构调整取得新进展。省财政投入支农资金371.6亿元，是“十五”的2.7倍。农业综合生产能力不断增强，粮食生产基本稳定，草地生态畜牧业加快发展，经济作物对农业增长的贡献率逐年加大。能源工业成为第一支柱产业，原材料、烟酒、民族制药、特色食品、高新技术等产业不断壮大。旅游、金融、物流、信息等服务业加快发展。非公有制经济在国民经济中的比重不断提高。国家下达的节能减排目标任务全面完成。三是基础设施建设实现新突破。铁路通车里程1983公里，在建里程1216公里；高速公路通车里程达到1507公里，在建里程2556公里；公路通车总里程近15万公里。以黔中水利枢纽工程为代表的水利基础设施建设稳步推进，解决了 1060 万农村人口饮水安全问题。四是改革开放取得新成效。国有资产监管体系进一步完善，省属国有大中型企业竞争力进一步提升。新一轮政府机构改革基本完成。农村土地承包经营权流转稳步推进，集体林权制度主体改革基本完成。文化、医药卫生体制改革不断深化。努力扩大对外开放，引进省外到位资金 2914 亿元，是“十五”的 5.1 倍。五是人民生活水平得到新提高。减少农村贫困人口 272.4 万人。全面实施农村居民最低生活保障制度，实现新型农村合作医疗制度全覆盖；实现城镇职工社会保险覆盖面不断扩大，保障水平不断提高。城镇登记失业率控制在 4% 以内。全面推进农村危房改造工程，着力解决城镇低收入家庭住房困难问题。六是各项社会事业取得新进步。省财政对科教文卫体事业的投入达到 252.3 亿元，是“十五”的 2.9 倍。民主法制和精神文明建设、依法行政和廉政建设不断加强。民族团结进步事业取得新进展。国防建设与经济建设协调发展。

二、关于“十二五”规划期间我省经济社会发展思路

未来五年，围绕转变经济发展方式的主线，贵州省委、省政府将“加速发展、加快转型、推动跨越”明确为经济社会发展的主基调，重点实施工业强省战略和城镇化带动战略，力争使这一时期成为改革开放以来发展最好最快的时期，为实现经济社会发展历史性跨越、全面建设小康社会打下具有决定性意义的坚实基础。经过五年努力，到“十二五”期末，全省地区生产总值实现 8000 亿元，力争翻一番，突破 10000 亿元。全省综合经济实力上一个大台阶，人民生活水平上一个大台阶，生态环境保护上一个大台阶！

为此，要在以下六个方面实现重大突破。一是加强基础设施建设，在改善发展条件上实现重大突破。推进交通基础设施建设，加快形成连通内外、覆盖城乡的综合交通运输体系。到“十二五”规划期末，新增铁路通车里程 3000 公里左右，其中，高速铁路 2200 公里左右，铁路通车总里程争取达到 5000 公里。加快实施“六横七纵八联”高速公路网规划，新增高速公路通车里程 3000 公里以上，高速公路通车总里程超过 4500 公里，实现县县通高速、乡乡通油路、连接周边省份的高速公路通道都有两条以上。建成黔中水利枢纽等重点水利枢纽工程，基本建成城乡供水体系，基本解决工程性缺水问题。二是实施工业强省战略，在开发培育主导产业上实现重大突破。以重点骨干企业为龙头，以重大技改项目为抓手，以名优品牌为引领，发展壮大支柱产业。提升化工等传统产业竞争力，加快培育电子信息等战略性新兴产业，实施产业园区建设行动计划，推进产业集群，促进非公有制经济加快发展，并着力发展现代服务业。到 2015 年，全省工业总产值要达到 1 万亿元以上，比 2010 年增加 1.5 倍，年均增速 20% 以上，其中，产业园区产值占全省工业总产值的比重要达到 50% 以上。三是加强教育、科技和人才工作，在提升科技创新能力和人口素质上实现重大突破。优先发展教育事业，加大政府投入力度，新建或改扩建 90 所高中阶段学校，到 2014 年以县为单位基本实现初中毕业生能够继续接受高中阶段教育。完成花溪高校聚集区和贵州大学等省属高校新建或改扩建任务，调整高等教育布局。加大政府对科技的投入，加快科技成果向现实生产力转化。加大人才培养力度，积极引进各类急需人才，提高人力资本对经济增长的贡献率。四是推进城镇化带动战略，在统筹城乡发展上实现重大突破。坚持走有特色的山区城镇化道路，实现黔中城市群重点突破，大力发展一批区域性中心城市和各具特色的小城镇，创新管理体制机制，提高城镇建设和城镇化发展管理水平。截止 2010 年底，我省城镇化率达到 31%，“十二五”规划期间，全省城镇化率每年提高 1 个百分点以上，到规划期结束，力争达到 37%。五是实施扶贫脱贫攻坚工程，在全面保障和改善民生上实现重大突破。向绝对贫困发起全面“总攻”，开展整乡整县推进，对集中连片特殊困难地区进行脱贫攻坚。实施积极的就业政策，加快推进工业化和城镇化，进一步完善城乡社会保障体系。以增加农民收入为核心，加快推进社会主义新农村建设。到“十二五”期末，按照国家扶贫标准，农村贫困人口数量比 2010 年减少一半。六是加强生态环境建设，在增强可持续发展能力上实现重大突破。转变资源开发利用方式，发展循环经济，推进石漠化治理等重点生态工程建设，提高森林覆盖率。开展卫生城市、环保模范城市、文明城市创建活动。结合乡村规划和农村危房改造开展村庄整治，用3年左右时间使村庄面貌有较大改善。实行最严格的耕地保护制度，尽量少占耕地，严格保护基本农田。

国家实施西部大开发战略以来特别是“十一五”期间，是贵州省经济增长速度快、发展质量好、社会进步显著、城乡面貌变化大、人民群众得实惠最多的时期，总的来说发展势头看好。但是，贵州省委、省政府立足长远分析认为，作为一个经济社会发展还相对滞后的西部省份，发展速度“慢”、发展方式粗放仍是贵州面临的两个关键性问题。“十二五”时期，既是贵州可以紧紧抓住并且大有作为的战略机遇期，又是贵州实现经济社会发展历史性跨越、全面建设小康社会的加速期，更是贵州调整经济结构、转变发展方式的攻坚期，必须在解决上述两个问题上寻求突破。机遇与挑战并存，逆水行舟，不进则退。抓住机遇、战胜挑战，需要全省上下的努力工作及海内外社会各界的鼎力支持，尤其需要海内外贵州同乡、在贵州工作过的人士和与贵州有各种各样联系的人士，需要各位在京贵州籍新闻宣传工作者的关注，希望各位充分借助所在单位、媒体平台，力所能及地调动一切可以调动的宣传资源，帮助我们全面对外宣传展示贵州经济社会发展思路、采取的各项举措和成效，为贵州争取到更多外援，为家乡发展提供强大的精神动力和有力的舆论支持。

下面，为在今后工作中更好地建立与各位的长效联系，更好地借重、发挥各位在家乡对外宣传等工作中的作用，结合贵州省委、省政府主要领导同志对宣传思想工作“内振精神，外塑形象”等有关要求和贵州外宣工作的实际需要，我表达两点希望。

一、更加充分认识和发挥在京贵州籍和关心贵州发展的新闻宣传工作者作用，争取对涉黔宣传报道的更大支持

近年来，各位在京贵州籍新闻宣传工作者充分发挥各自优势和条件，以所在单位和媒体为平台，利用各种机会，整合各种资源，在宣传贵州经济社会发展情况和建设成就、塑造“多彩贵州”新形象等方面作了很多卓有成效的工作，收到了很好反响和效果，为家乡发展营造了良好的外部舆论氛围。在座有几位同志虽然不是贵州籍，但由于各种原因与贵州结下了深厚情缘，在对外宣传展示贵州上也发挥了重要作用，可以说，各位已经成为我们重要的外宣渠道之一。今后的工作中，要更好地发挥大家的作用，以下几点需要我们共同来把握：一是通过近年的努力，贵州对外的知名度和美誉度有了很大提升，但离全省干部群众、离省内外贵州同乡的期待还有差距，今后对外宣传的力度必须进一步加大、方式方法必须进一步创新、效果必须更加明显，要通过外宣，进一步吸引国内外社会各界对贵州的关注、理解和支持，进一步鼓舞和激励贵州全省干部群众把握历史性发展机遇、干事成事的士气和决心，把思想统一到发展上，把心思集中到发展上，把力量凝聚到发展上来。这就需要各位创造条件，发挥优势，为贵州进一步争取到所在单位、媒体和整个社会的理解和支持。二是在我们主动加强与各位联系的同时，也请各位尽可能多地加强与我们的联系沟通，结合各自所在单位和媒体工作特点，共同研究策划更多、更有分量的符合贵州实际的宣传报道选题，运用多种方式和手段更多地对外宣传我省经济社会发展各方面成就。需要我们配合的，我们一定全力配合、做好服务。三是欢迎各位和各媒体对不符合、不适应贵州经济社会又好又快更好更快发展要求的一些现象进行有效的舆论监督，当然，也希望大家从工作大局出发，立足于帮、把握好分寸，充分考虑社会影响，做到既履行了舆论监督的职责，又不影响贵州全省团结稳定大局，还发挥了促进发展的积极作用。

二、共同努力、积极争取更多宣传资源支持，做好贵州近期重要中心工作宣传报道

接下来一段时间，我省立足于实现经济社会又好又快更好更快发展的中心工作、重要活动多，一些重要安排部署将陆续落到实处、逐渐取得成效，我们的宣传报道任务将十分繁重。根据省委、省政府工作安排和部署，近期，希望各位在以下几个方面支持、帮助我们做好宣传工作：一是以即将举行的2011年全国“两会”为平台，支持我们做好贵州经济社会发展宣传报道。历年全国“两会”都是各省对外宣传自己、展示自己的一个极好机会，我们希望在各位的帮助下共同做好这段时间的宣传报道工作，对外界全面展示贵州经济社会发展成就。尤其是宣传展示“十二五”规划期间贵州全省经济社会发展蓝图和思路，以及贵州省委、省政府确定的工业强省和城镇化带动战略，开展的“三个建设年”、“四帮四促”等重要活动。二是帮助宣传好今年贵州省委、省政府一系列重大招商引资和旅游文化外宣活动。今年是“十二五”规划开局之年，为确保各项工作任务目标高质量完成，省委、省政府安排部署了一系列的招商引资和旅游文化外宣活动，旨在全面对外展示贵州良好的投资环境、优美的自然风光和浓郁的民族风情，吸引外界更多投资，进一步塑造“多彩贵州”整体形象，希望各位全力协调所在单位、媒体和其他宣传资源对这些活动进行充分报道。三是帮助加大对今年9月我省承办的第九届全国少数民族传统体育运动会的宣传力度。九届民族运动会是新中国成立以来我省首次承办的全国综合性运动会，对贵州来讲意义重大，我们不仅要做好赛会本身的宣传报道，更要把它作为对外宣传贵州的重要机会和平台，希望各位积极协调所在媒体和其他宣传资源加大报道、关注力度，尽可能增加报道数量、密度和质量。四是帮助加大对我省纪念建党九十周年系列活动的宣传报道力度。贵州是中国革命转折之地，有着厚重的红色历史文化，全省88个县(市、区、特区)中就有67个留下了红军转战的足迹，贵州因此被列入全国12个重点红色旅游区之一。今年恰逢建党九十周年，我省安排了一系列的纪念活动，旨在充分对外展示贵州红色历史文化，届时也请各位在这方面给予帮助，有效提升贵州红色文化在全国红色文化中的地位和影响。

除了近期支持做好上述这些工作外，为进一步对外传递“多彩贵州”新形象，我们还希望各位提供以下帮助和支持：一是进一步推动所在单位、媒体与贵州建立长效合作机制，今年内，针对有关选题，我们希望邀请各位和各媒体负责同志带队赴黔进行重点采访报道，开展相关工作。二是推动贵州与各媒体派驻各省(区、市)、境外分支机构建立联系，争取他们对贵州在外开展的重要活动进行充分报道。

各位老乡、关心贵州发展的同志们，贵州17万平方公里的土地，是省内外4000万贵州人的共同家园。贵州要早日实现经济社会发展历史性跨越的目标，既要靠全省各族干部群众秉持“不怕困难、艰苦奋斗、攻坚克难、永不退缩”的贵州精神，锐意进取、不懈奋斗，也有待于各位的倾力相助。希望大家能一如既往地关注贵州发展、帮助贵州发展、支持贵州发展。希望你们发挥层次高、交际广的优势，做推介“多彩贵州”的形象使者，广泛、深入宣传贵州的发展决心、发展变化、发展优势、发展战略，尤其是招商引资优惠政策和投资环境建设成效，让北京更了解贵州，让全国更了解贵州，让海外更了解贵州。希望你们发挥理论素养高、视野开阔的优势，充分借鉴你们所掌握的外地成功经验，在透彻了解贵州发展思路和决策的基础上，为贵州实现又好又快更好更快发展出良谋、划良策。希望你们发挥部门熟、朋友多的优势，积极帮助“多彩贵州”进大媒体、做大宣传、招大项目，为家乡经济社会发展做出更大的贡献！

今天这个会规模不大、时间不长，但内容很重要，是我省加强与在京贵州籍和关心贵州发展的新闻宣传工作者及其所在单位、媒体及相关宣传资源合作的一个新起点。在当前贵州正处在承上启下、继往开来的又一个关键时期的历史背景下，要加速实现经济社会又好又快更好更快发展，更加离不开各位的积极参与和投入，离不开各位的加油鼓劲、呐喊助威。我们旨在通过这种座谈交流的形式，进一步加强与各位的联系，共同做好我省宣传工作，共同塑造“多彩贵州”新形象。今年，我们还将组织开展“贵州籍知名媒体人士感受家乡发展”活动，建立与贵州籍知名媒体人士互动机制，疏通渠道，充分发挥和调动大家为家乡做贡献的积极性。在此，我代表省委、省政府，代表省委宣传部向各位发出乡情之邀：我们热忱欢迎每一位同乡或在贵州工作过、与贵州有感情联系的人士，利用工作机会或闲暇时间常回家走一走、看一看，真切感受贵州这些年来的发展变化。“多彩贵州”的大门永远向你们敞开！

最后，祝各位老乡、关心贵州发展的同志及家人工作顺利，身体健康，万事如意！

在 2011 年全省“整脏治乱”和“满意在贵州”工作电视电话会议上的主持词

（2 月 24 日）

同志们：

现在开会。

这次会议的主要任务是，认真贯彻落实栗战书书记在全省宣传部长会议上的重要讲话精神和省文明委全体会议精神，总结五年来全省开展“整脏治乱”专项行动和三年来开展“满意在贵州”主题活动情况，安排部署下一阶段工作任务，进一步统一思想、明确任务，强化责任，努力开创全省“整脏治乱”专项行动和“满意在贵州”主题活动新局面。

在主会场出席会议的领导同志有：省委副书记、省文明委主任王富玉同志，副省长、省文明委副主任谢庆生同志。在主会场参加会议的同志还有：各市（州、地）文明委主任、政府分管领导、文明办主任；省“整脏治乱”专项行动领导小组成员单位和“满意在贵州”主题活动领导小组成员单位负责同志。在各分会场参加会议的同志有：各市（州、地）、县（市、区、特区）党政领导及相关单位负责人。

今天会议议程有三项。一是请副省长、省文明委副主任谢庆生同志通报 2010 年全省“整脏治乱”专项行动考核结果；二是请两项活动省领导小组部分成员单位发言；三是请省委副书记、省文明委主任王富玉同志作重要讲话。下面，我们依次进行。

首先，请副省长、省文明委副主任谢庆生同志通报 2010 年全省“整脏治乱”专项行动考核结果。大家欢迎。

（通报毕）

下面，请两项活动省领导小组部分成员单位发言。

首先，请省住房城乡建设厅副巡视员朱家禄同志发言。省交通运输厅准备。

（发言毕）

请省交通运输厅副厅长张群力同志发言，省卫生厅准备。

（发言毕）

请省卫生厅党组成员、机关党委书记何美同志发言，省工商局准备。

（发言毕）

请省工商局局长杨正国同志发言，省公安厅准备。

（发言毕）

请省公安厅交警总队副总队长陈建州同志发言。

（发言毕）

下面，请省委副书记、省文明委主任王富玉同志作重要讲话。大家欢迎。

（讲话毕）

刚才，庆生副省长对 2010 年全省“整脏治乱”专项行动考核结果进行通报。五个主要责任单位的负责同志对下一步工作作了发言，富玉书记作了重要讲话。富玉副书记在讲话中对五年来开展“整脏治乱”专项行动和三年来开展“满意在贵州”主题活动取得的成绩给予了充分的肯定，对今后五年工作作了全面部署，富玉副书记讲话重点突出、要求明确、措施有力，指导性、针对性、可操作性很强。各级各部门要按照富玉书记的讲话精神，结合本地本部门实际，抓好贯彻落实。

下面，我对贯彻落实好会议精神提三点要求：一是迅速传达学习，狠抓贯彻落实。各地各相关部门要及时向党委（党组）及主要领导汇报会议精神，各级党委、政府和部门领导班子要认真进行部署，尤其要分析形势，找准差距，切实帮助解决工作中存在的困难和问题。二是细化方案，明确责任。会后，省委办公厅、省政府办公厅即将下发《贵州省"整脏治乱"专项行动纲要(2011—2015)》和《贵州省"满意在贵州"主题活动纲要(2011—2015)》。各地各部门要根据省里的统一部署，制定细化方案，明确目标、任务、责任人和督查考评奖惩措施，扎实推进各项工作。三是完善体制机制，创造工作条件。要在党委、政府领导下，充分发挥文明委的统筹协调和督促考核作用，更好发挥各相关部门的职能作用。要根据工作需要充实文明办(整治办、满意办)及相关单位的一线工作力量，切实解决好人员、经费、装备、设备等方面的问题，尽力为工作开展创造必要条件。

同志们，今年是"十二五"开局之年，是工业强省、城镇化带动战略全面实施的启动之年，抓好"整脏治乱"和"满意在贵州"工作，对于配合搞好"四帮四促"、"三个建设年"活动，对于迎接第九届全国少数民族传统体育运动会在我省召开，对于促进全省经济社会又好又快、更好更快发展都具有重要意义。我们一定要在省委、省政府的领导下，立足新的起点，不断开创工作的新局面，为营造良好的发展环境，为实现贵州经济社会发展历史性跨越做出积极贡献！

在贵州省科协七届五次全委(扩大)会议上的讲话

(3月3日)

各位委员、同志们：

新春刚过，正当全省上下认真学习贯彻党的十七届五中全会、省委十届十次全会精神之际，省科协召开七届五次全委(扩大)会议，回顾总结2010年工作，研究部署2011年的任务。这对科协组织进一步统一思想、提高认识，全面谋划"十二五"开局之年工作，推进科协事业创新发展，意义重大。在此，我谨代表省委、省政府向参加会议的全体委员和各级科协组织表示亲切问候！向为我省经济社会又好又快、更好更快发展而不懈奋斗的全省广大科技工作者致以崇高敬意！

2010年，全省各级科协组织在省委、省政府的坚强领导和中国科协的有力指导下，深入贯彻落实科学发展观，按照科协工作"三服务一加强"职责，突出"创建品牌、整合资源，夯实基础、注重实效"主题，动员和组织全省广大科技工作者将聪明才智融入经济社会发展的主战场，在服务全省经济社会发展、服务全民科学素质提高、服务科技工作者方面做了大量工作，取得了显著成绩。特别是以省科协牵头主办的"黔东南生态文明建设试验区发展研讨会"、倡导的"百万公众网络学习工程"活动、实施的"科普惠农兴村计划"和"科技致富'二传手'培训工程"等在全省产生了积极影响，彰显了科协工作鲜明特色，为全省经济社会又好又快、更好更快发展作出了积极贡献。在今年元月召开的中国科协工作会议上，中国科协党组书记、常务副主席、书记处第一书记邓楠同志所作报告中四次表扬了贵州省科协工作，这是对我省科协工作的褒奖和鞭策，省委对科协2010年的工作是满意的！

下面，我就做好今年的科协工作讲几点意见：

一、把握大局，抢抓机遇，进一步增强做好新形势下科协工作的使命感、责任感和紧迫感

今年1月7日，中共中央书记处听取了中国科协党组关于2010年工作情况和2011年工作安排汇报，明确提出了"要深入贯彻党的十七届五中全会和中央经济工作会议精神，引导科技工作者统一思想凝聚力量、心无旁骛奋发有为；要发挥科协作为科普工作主要社会力量的作用，千方百计为提高全民科学素质、建设人力资源强国服务；要为抓好创新型科技人才队伍建设服务，及时发现和举荐一批世界一流科技创新人才和创新团队；要把深入开展创先争优活动、做好新形势下群众工作同加强科协自身建设结合起来，把广大科技工作者更加紧密地团结在党的周围”四个方面的要求和希望。中央书记处的重要意见，具体明确，对我省科协工作具有重要的指导意义，是做好全省科协工作必须遵循的行动指南。各级科协组织及所属团体以及广大科技工作者要认真学习领会，切实把中央的要求贯彻落实到科协工作的方方面面。

当前，我省已进入了“十二五”加速发展关键时期。这个时期既是我省可以紧紧抓住并且大有作为的战略机遇期，又是我省实现经济社会发展历史性跨越、全面建设小康社会的重要加速期，更是我省调整经济结构、转变发展方式的历史攻坚期。省委十届十次全会确定了“加速发展、加快转型、推动跨越”的主基调，提出实施“工业强省”、“城镇化带动”两大战略，到“十二五”期末确保实现生产总值8000亿元，力争翻一番、突破1万亿元的奋斗目标，这是省委、省政府贯彻落实党的十七届五中全会精神，结合我省实际作出的战略决策。可以说，如果把握好“两加一推”这个主基调，实施好两大战略，就能顺利实现我省经济社会发展的历史性跨越。全省各级科协组织及所属团体一定要充分认识到围绕主基调实施主战略自己肩上应有的使命和责任，按照省委、省政府的要求，深入贯彻落实科学发展观，更加振奋精神，发挥优势，不断开创我省科协工作新局面。

二、围绕主基调主战略，切实在做好“三个服务”中推动科协工作取得新成效

当前，全省上下正紧紧围绕我省“十二五”规划经济社会发展的主基调主战略，思发展、谋发展、千方百计加速发展。全省各级科协组织一定要高举发展、团结、奋斗的旗帜，围绕实现“十二五”目标，凝心聚力、开拓进取、扎实工作，推动科协事业科学发展。

一要更加自觉、更加主动地服务全省经济社会发展大局。科协具有学科齐全、人才荟萃、网络健全、联系广泛的独特优势，在推动科技创新和学科发展、促进科技与经济紧密结合、提高全民科学素质、开展学术研讨决策论证等方面发挥着重要的作用。各级科协组织及所属团体要进一步增强为实现“十二五”奋斗目标提供科技支撑的自觉性，找准服务大局的切入点和着力点，组织和动员全省广大科技工作者围绕“加速发展、加快转型、推动跨越”的主基调和实施“工业强省”、“城镇化带动”主战略，引导广大科技工作者奋力攻关，努力破解制约经济社会发展的技术瓶颈。要推动建立以企业为主体、市场为导向、产学研相结合的技术创新体系，把更多创新要素引向企业；通过建设工业强省科技思想库、院士专家工作站，开展科学考察、学术研讨、博士论坛等活动积极建言献策；紧紧围绕推动十大产业发展主题，深入研讨解决关键技术和科技难题，搭建平台聚集高端智力资源和创新人才，助力十大产业科学发展。

二要更加自觉、更加主动地服务全民科学素质的提高。据2010年调查统计，我省公众具备基本科学素质的比例仅为1.54%，远远低于全国3.27%的平均水平，也低于西部地区2.33%的平均水平，说明我省公众科学素质的提高任重道远。全省广大科技工作者要把普及科学技术、促进人民群众了解科技知识作为义不容辞的社会责任，努力成为科学知识的传播者、科学方法的实践者、科学思想的倡导者、科学精神的弘扬者。各级科协组织及所属团体要充分发挥科普工作主要社会力量的作用，着眼于推动形成社会化科普工作格局，大力推进资源整合，加强各个层面的统筹协调，采取大联合大协作的方式，深入开展各类科普活动。要继续提高未成年人、农民、城镇劳动人口、领导干部和公务员等重点人群科学素质。同时，把社区居民纳入科学素质提升的重点人群，通过实施《科学素质纲要》、“百万公众网络学习工程”、“社区益民计划”、“科普惠农兴村计划”等，进一步提升我省公众科学素质。要继续开展好“全国科普日”、“科技活动周”、“三下乡”等主题科普宣传活动，把优质高效的科普服务送到千家万户。要继续开展全国、全省科普示范县（市、区）创建工作，加强科普教育基地、科普活动站、科普宣传栏、科普大篷车等城乡科普设施建设，激发公众参与科普的热情和兴趣，更好地服务公众科学素质的提高。

三要更加自觉、更加主动地服务科技工作者。各级科协组织及所属团体要认真履行党和政府联系科技工作者的桥梁和纽带职责，在科技工作者与各级党委、政府之间建立畅通稳定的沟通渠道，不断密切同广大科技工作者的思想沟通、情感交流和工作联系，把科协建设成为“科技工作者之家”，使科协干部成为“科技工作者之友”，增强科协组织对科技工作者的凝聚力、吸引力。要切实贯彻落实人才强省战略，把科技工作者紧密地团结在党的周围，以卓有成效的工作团结带领广大科技工作者为经济社会发展作出新贡献。要切实加强对科技工作者的人文关怀，通过开展面对面、手拉手、心贴心的对话、交流，广泛了解科技工作者在就业方式、科研环境、生活状况、流动趋势、思想观念方面出现的新情况、新问题，协调各方力量为科技工作者多办得人心、暖人心、稳人心的好事、实事。要积极为科技工作者提供科学研究、学术交流、成果转化、信息咨询、专题调研和继续教育等方面的服务，促进创新型科技人才的成长。要继续加大对杰出科技工作者先进事迹的宣传力度，在全社会努力营造尊重劳动、尊重知识、尊重人才、尊重创造的良好氛围。

三、扎实开展“创先争优”、“三个建设年”、“四帮四促”活动，切实加强科协自身建设

为贯彻落实党的十七届五中全会和省委十届十次全会精神，省委、省政府作出了在全省开展“创先争优”、“三个建设年”、“四帮四促”活动的决策部署。各级科协组织及所属团体一定要按照省委、省政府的要求，把精力集中到推动各项事业科学发展之中。要继续推进省科协常委联系县级科协工作制度的深入实施，加大对县级科协的帮扶、指导力度；要结合省级领导联系点的集团推进，做好科技服务工作；要积极探索建立推动各级学会开展活动的体制、机制，努力增强服务科技工作者的能力和水平；要抓好“四帮四促”联系点的帮扶活动，通过搭建有效的平台和载体，切实做好对基层的帮扶工作。

科协工作是党的群众工作的重要组成部分，也是国家科技工作的重要组成部分。各级党委和政府要进一步加强和改进对科协工作的领导，帮助解决科协工作中遇到的实际问题，千方百计为科协及所属团体的工作创造有利环境和条件，支持各级科协组织在改革发展稳定中更加卓有成效地开展工作。

同志们，做好“十二五”开局之年的科协工作意义重大，时代赋予科技工作者的使命神圣而光荣，各级科协组织及所属团体任务繁重而艰巨。让我们在省委、省政府的坚强领导下，服务大局，锐意进取、扎实工作，努力为推动全省经济社会又好又快、更好更快发展作出新的更大贡献，以优异成绩向建党90周年献礼！

在2011’多彩贵州歌唱大赛组委会会议上的主持词

（3月15日）

同志们：

现在开会。今天我们召开2011年多彩贵州歌唱大赛组委会会议，主要任务是听取大赛《总体方案》要点说明，请大家就如何增强大赛开放性、创新性、实效性，使这次办得更有水平、更有特色、更有影响，提建议意见，进一步完善方案，安排部署大赛各项工作，正式启动大赛。

现在请建国同志就大赛的《总体方案》向大家作要点说明。

（说明毕）

下面，请芳芹同志汇报一下大赛招商及其他有关准备情况。

（汇报毕）

下面，请永兴同志汇报一下大赛评审组织工作的设想

（汇报毕）

下面，请省直机关工委、武警贵州总队政治部、贵阳市、遵义市、黔西南州赛区组委会的同志分别汇报一下各自的工作情况。

（发言毕）

听了大家的发言，知道各地各单位为今年的大赛都做了比较充分的准备工作，使我更加充满信心。

下面，我先讲三点意见，最后，再请富玉书记给我们作指示。

一、要肯定成绩，增强办好大赛的信心志气

2005年至今，多彩贵州主题文化活动已连续举办六届，六届主题活动坚持"党政推动、市场运作、社会参与、媒体搭台、旅游文化唱戏"的运作模式，突出创新性、开放性和实效性，依托现代传播手段，以"贵州题材"文艺作品为依托，以"热爱贵州、唱响贵州、展示贵州、鼓舞贵州、建设贵州"为主题，全方位、大态势挖掘、整合贵州文化资源，取得了巨大成效。

一是推出了一批优秀的文艺人才和作品，促进了贵州文艺创作的发展繁荣。六年的大赛，共有约600个节目获奖，选拔了56名选手保送到贵州大学等高校进行深造，很多参赛选手如阿幼朵、黄莺、马关辉等已成长为我省文艺界的骨干人才；《高原我的家》、《贵州恋歌》等歌颂贵州为主题的歌曲广泛流传；《水姑娘》、《大转折》等一大批具有浓郁贵州本土色彩的优秀舞蹈作品，引起全国舞蹈界的广泛关注。优秀人才和优秀作品的大量涌现，为贵州文艺的崛起奠定了良好基础。在备受关注的青歌赛场和全国民族民间舞"荷花奖"比赛中，依托主题活动的成果，贵州代表队取得历史性突破。其它艺术门类的创作生产也不甘落后，空前活跃，如在影视剧、文学等领域，喜讯不断、捷报频传。

二是提升和展示了贵州新形象。六年的主题活动，对贵州的整体形象进行了展示和提升，以艺术独有的传播力和感染力丰富和强化了贵州的"个性"，凸现了贵州文化的丰富性、差异性、独特性与时代性。贵州独特的民族文化，丰富的历史文化，厚重的红色文化，优美的自然风光，以及怡人的气候通过"多彩贵州"这个载体逐渐为人们所了解、所感受。"多彩"成为贵州整体形象的生动概括，成为省内外广大群众对贵州的共性认识，"多彩贵州"已然成为省内外普遍认同的富有地域特征与时代特征的文化标识符号。

三是增强了全省各级党委政府对"文化软实力"重要性的认识。通过六年的活动，各级党委政府对"文化软实力"的重要性有了进一步的认识。文化本身不仅仅是一种"精神"，还能做成产品，形成产业，同时，还能促进其他产业上台阶、上水平，提升核心竞争力。抓文化就是抓发展，发展文化就是发展经济，成为各级党委政府的共同认识，保护好、开发好特色文化资源成为各级党委政府推动经济社会发展的一个重要着力点。

四是增强了全省各族干部群众"推动跨越"的信心志气。六届主题活动紧扣"热爱贵州，建设贵州"主题，唱响了贵州实现历史性跨越的时代强音，展示了充满希望、富有活力的贵州新形象，在全省上了一堂促进贵州人自我认识的"大课"。贵州各族干部群众看到了贵州实现历史性跨越的后发优势，看到了贵州各级党委政府推动历史性跨越的决心和信心，备受鼓舞，加速发展、加快转型、推动跨越的信心志气不断坚定，建设新贵州的责任感和使命感不断增强。

五是促进了文化与旅游的结合发展。主题活动始终把大赛作为发掘本地文化资源、提升旅游文化品位、打造文化旅游品牌的重要载体，全方位，大态势宣传推介贵州文化旅游资源。六年来，依托大赛成果，相继推出了四版大型民族歌舞诗《多彩贵州风》，在取得经济效益的同时，还在更广阔的空间宣传了贵州文化旅游资源。各地把大赛海选现场设在旅游景点，融入大型节庆和赛事活动，广泛开展各种对外宣传，提升了贵州旅游的市场号召力，促进了文化与旅游的结合，直接助推了我省旅游经济的快速发展。

二、要正视差距，把握好主题活动的目标定位

尽管主题活动取得许多成效，但用省委省政府的高标准要求来衡量，用广大人民群众的高标准期待来评判，主题活动还存在一定差距，或者就

从主题活动本身一些数据的变化来看，活动也还存在诸多不足。这主要体现在以下几个方面。

一是活动内容、形式比较单一，特别是通过电视终端呈现出来的比赛，亲和力、吸引力、感染力不够，导致留不住人，电视观众人次下滑很明显。二是在外省的影响还较多局限在专业及其相关领域，省外的普通大众对活动的关注较少，外宣效果不很突出。三是涌现的优秀作品、优秀人才较少，特别是在全国产生较大影响的拔尖人才、高端作品很少。四是市场运作办法不多，市场号召力不够。除了茅台集团、中烟公司分别冠过一次名外，其他四届冠名都是中天城投集团，这就说明“多彩贵州”的品牌效应还不够，市场号召力亟待加强。五是直接服务基层、服务文化旅游的措施不多，对文化旅游的推介力度不够。六是基层经费和工作压力比较大，积极性、主动性不够，被动应付的较多。

导致这些不足，有我们活动内容本身的限制，有工作推动力度的原因，但究其根本，还是我们对活动的目标定位认识不精准、把握不全面。在这里，我想再重申和强调一下多彩贵州主题活动的目标定位。

第一，要出人才、出精品。就是要通过多彩贵州主题活动这个平台，挖掘、锻炼、培养一批文艺人才，造就一批在全省乃至全国知名的文艺领军人物；就是要发掘、创作一批文艺作品，打造一批流传得下、流传得开、流传得远的文艺精品。出人才、出作品，不仅仅是活动开展自身的需要，也是满足人民群众日益增长的精神文化需求，保障人民群众基本文化权益的需要。同时，出人才、出作品还是提升贵州文艺整体实力、实现贵州文化崛起、更好地开展文艺外宣的需要。所以我们的主题活动还有一个重要功能，就是要为贵州的文艺作品能跻身全国的高端平台进行展示储备、打造作品，发现、培养人才。

第二，要出凝聚力、战斗力。就是要通过多彩贵州主题活动这个载体，向全省人民传达省委、省政府“加速发展”的坚强信心、“加快转型”的坚定意志、“推动跨越”的豪情壮志；就是要努力把全省人民“热爱贵州、建设贵州”的巨大热情转化为奋发有为、真抓实干的自觉行动；就是要大力弘扬“不怕困难、艰苦奋斗、攻坚克难、永不退缩”的贵州精神，进一步营造又好又快、更好更快的发展氛围。出凝聚力、战斗力，不仅仅是宣传思想文化战线守土有责、守土尽责的需要，更是宣传思想文化工作围绕中心、服务大局，“为‘加速发展、加快转型、推动跨越爷提供有力的理论指导、思想保证、精神动力和文化支持”的需要。

第三，要出知名度、美誉度。就是要通过多彩贵州主题活动这个窗口，进一步向全国乃至世界介绍贵州经济社会建设取得的巨大成就，推介贵州的优势资源，宣传贵州良好的投资环境，展示贵州独特的山水地貌和人文风情。就是要把贵州的亮点、特点广而告之，吸引更多的人到贵州投资兴业、观光旅游。出知名度、美誉度，不仅仅是改变世人对贵州落后印象的需要，更是为贵州发展营造良好氛围、积聚人气、凝聚力量的需要。最近，浙江的常委部长带队来贵州，江西常委部长打算来贵州，都指明要了解多彩贵州主题活动，看“多彩贵州风”。可见多彩贵州还是有一定知名度、美誉度的，但是还不够，要努力让全国人民都来了解“多彩贵州”，了解贵州的多彩。这是我们的努力方向。

三、要与时俱进，提升组织大赛的能力水平

今年是落实“十二五”规划的开局之年，是新一轮西部大开发的起步之年，是中国共产党成立90周年，第九届少数民族传统体育运动会也即将在我省召开，统一思想、集中心思、凝聚力量、营造氛围的任务尤其繁重，意义尤为重大。希望各级宣传文化部门及有关单位要与时俱进、开拓创新、奋发有为，按照宣传思想文化工作“创优年”的有关要求，高水平地组织大赛的各项工作。

一是要公开、公平、公正地开展评审工作。公开是公平的基础，公平是公正的保障。评审工作的基本要求就是公开，关键是要公开评审标准、评审流程，比赛绝不允许暗箱操作。不能因为评审的不公挫伤基层的积极性，不能因为评审的不公抹杀了选手的辛勤努力，不能因为评审的不公影响优秀选手和优秀作品的选拔，不能因为评审的不公在社会上引发负面效应。我同意评审工作的设想，一定要坚持本人回避原则，半决赛各地、州、市可推荐评委参加评审，决赛大部分评委外请。

二是要精心组织好基层选拔工作。各赛区组委会一定要加强对本级比赛的领导，加大人、财、物的投入力度，抽调专人负责各项工作，精心组织好每一场比赛，让每一场比赛都能充分发挥对内增强信心、凝聚力量，对外提升形象、扩大影响的作用。同时，要加大对下级赛区比赛工作的指导、帮助力度。我们不硬性要求基层搞海选，但希望有条件、有基础的地方和单位，结合本地本单位宣传文化工作实际尽可能开展海选活动。这既有利于出人才、出精品，也有利于丰富群众性精神文化活动，更好地满足群众的文化需求，为大赛开展、贵州发展营造浓厚的氛围。

三是要高标准抓好电视呈现工作。多彩贵州主题活动，在现场参加、参与的人毕竟很少，最终要依托电视媒介来呈现，放大其作用和影响，其成效如何，要依靠广大电视观众来检验。比赛现场再轰轰烈烈、风生水起，电视播出来没人看，或者留不住观众，成效就不大。因此，要高度重视、精心策划，高标准抓好电视录播、直播工作，在完成比赛这一基本任务的基础上，努力增强节目的吸引力、亲和力、感染力。各市、州、地、县对本级组织的比赛，也要尽量安排录播。四是要着力提升大赛宣传工作。大赛能否达成预期目标，取得实效，宣传报道工作责任重大，报道力度只能加大不能削弱。希望各级各类媒体统筹安排好各项宣传报道任务，立足各自的特点，努力提升大赛宣传报道的水平和成效。一是对各级组委会安排的任务不能打折扣，要创造性地完成；二是主动策划，抓好大赛的亮点宣传、特色宣传；三是宣传报道的重点要立足基层，把宣传大赛和宣传地方发展有机结合；四是努力创新宣传的形式、深挖宣传的内容，多做有价值的深度报道。

我就讲这些。

下面，请富玉书记给我们作指示。

（讲话毕）

同志们，刚才，富玉书记就如何开展好今年的歌唱大赛，发表了重要讲话，提出了明确要求，生动深刻，针对性、指导性、可操作性很强。大家要认真学习、深刻领会，抓好落实。大家在讨论中发表了一些好的建议和好的意见，下来请组委会办室认真吸收。今天，2011 年多彩贵州歌唱大赛就正式启动了。希望各地各单位认真贯彻落实战书书记在全省宣传部长会议上的重要讲话精神，按照本次会议的安排部署，更加解放思想，更加奋发有为，更加开拓创新，统筹安排好大赛各项工作，确保大赛达到预期目标，为贵州经济社会实现又好又快、更好更快发展营造氛围、凝聚力量。

散会，谢谢大家！

在省文联六届九次全委（扩大）会议上的讲话

（3 月 16 日）

同志们：

在全省上下深入贯彻落实党的十七届五中全会、省委十届十次全会和全国“两会”精神之际，贵州省文联在这里召开六届九次全委会，认真学习传达中国文联八届七次全委会和全省宣传部长会议精神，总结工作，分析形势，研究谋划全年文联工作的新思路、新举措。首先，我代表省委宣传部向会议的召开表示热烈祝贺，向各位委员和全省文学艺术界的同志致以诚挚的问候！

过去的一年，是国家实施“十一五”规划的收官之年，也是我们经受考验、战胜困难、取得巨大成就的一年。在这一年里，我们深入贯彻科学发展观，排除困难、共同奋斗、扎实工作，各项事业取得新的显著进展。贵州省文联在省委、省政府的正确领导下，牢牢把握“高举旗帜、围绕大局、服务人民、改革创新”的总体要求，坚持用科学发展观统领文艺工作和文联工作，认真履行联络、协调、服务职能，团结带领广大文艺工作者奋力拼搏、开拓进取，为我省社会主义文艺大发展大繁荣做出了积极贡献。

对省文联一年来的工作，碧川同志一会要做全面回顾和总结。我感到去年文联工作有以下几个显著特点：一是文艺活动亮点突出，重点活动成效显著。去年省文联承办了第四届全国少数民族曲艺展演及颁奖晚会，规格高，效果好，影响大；特别是去年底到今年初省文联承办中国文联“送欢乐、下基层”赴遵义革命老区慰问演出活动，组织“杜鹃贵州”板块文艺节目参加“百花迎春———中国文学艺术界 2011 年春节大联欢”演出，有力地宣传了贵州，提升了我省的知名度和美誉度，充分展示了贵州形象和贵州魅力，叫响了“贵州金贵、黔途无量”这一口号，进一步激发了我省广大群众的自信心和自豪感。二是牢记社会使命，惠民活动蓬勃开展。去年省文联举办“抗旱中挺立的贵州精神”大型图片展，记录抗旱一线广大干部群众可歌可泣的感人事迹；深入开展“送欢乐、下基层”活动，把精彩、优质的文化大餐送到移民新村；组织文艺家到生产建设一线开展“心系建设者”慰问演出活动，带去省委、省政府的关怀。这些，不仅进一步丰富了基层民众的精神文化生活，同时还使得广大文艺工作者进一步牢固树立群众观点，不断增强服务意识，深入基层、深入群众，文化服务的内容更加丰富、渠道更加畅通、手段更加多样、覆盖更加广泛。三是文艺创作整体推进，新品力作不断涌现。去年，省文联紧扣实际和我省文化特色，打造、推出了一批文艺精品和重点剧目。大型布依族现生态舞剧《利悠热谐谐》公开上演，电影《酥李花盛开的地方》成功举办首映礼，推荐的一批文艺作品先后获全国性文艺奖项。紧紧抓住繁荣创作这个主题，增强文艺评论的针对性、实效性和权威性，召开一系列的研讨会，推出了不少评论力作，为倡导健康说理的评论风气做了大量卓有成效的工作。四是自身建设不断加强，组织工作保障有序。去年省文联大力推进学习型党组织建设，重点抓好领导班子、干部队伍的思想建设、组织建设、作风建设和制度建设，努力树立新形象、展示新面貌、发挥新作用。积极为老艺术家办实事办好事，重视做好中青年艺术家的联络和培养工作，切实维护广大文艺工作者的合法权益。做好职工综合大楼的建设筹备工作、贵州画廊公产的流失清理工作，以及文艺家之家项目工作。这些工作的开展，促使文联的战斗力、吸引力、凝聚力进一步增强，社会影响日益扩大。

2011 年是实施“十二五”规划的开局之年、起步之年，是中国共产党成立 90 周年、辛亥革命 100 周年，做好今年的宣传思想文化工作，具有十分重要的意义。刚刚结束的中国文联八届七次全委会和全省宣传部长会议精神为我们做好当前和今后工作指明了方向，新形势、新任务、新要求赋予了文联新的历史使命，借此机会，我对省文联的工作提三点希望和要求。

一、要始终坚持用科学发展观统领文联工作

全面落实科学发展观，努力实现贵州经济社会发展历史性跨越，不仅是胡锦涛总书记对我们贵州发展的殷切希望，也是全省广大干部群众的要求。面对发展的新形势新任务，面对日益增长的多层次多样化多方面文化需求，发展和繁荣社会主义文艺事业、贵州特色的先进和谐文化，必须坚持和贯彻科学发展观。要坚持把发展文艺事业作为文联工作的第一要务。贵州有着丰厚的文化资源，近几年来在全省文艺工作者的努力下，主题活动开展得有声有色，创作评论整体推进，文化惠民工程蓬勃开展，贵州的文艺事业有了突出的发展进步。新的一年，贵州文艺工作者要站在新起点，以“三个建设年”、“创优年”为契机，牢牢把握贵州“两加一推”发展的主基调，着力把握文艺发展规律，创新文艺发展理念，开创贵州文艺事业又好又快、更好更快发展的新局面。要坚持以人为本的文艺发展繁荣宗旨。全心全意为人民服务是党的根本宗旨，党的一切奋斗和工作都是为了造福人民。随着社会物质生活水平的提高，人民群众的精神文化需求也日益增长，满足人民群众的精神文化需求，保障人民群众基本文化权益，让人民群众共享文化发展成果，是社会主义文化建设的根本目的，也是我们广大文艺工作的庄严职责。全省文艺工作者要坚持“三贴近”原则，深入实际、深入生活、深入群众，以人民群众为创作和表现主体，从他们的生活和创造中汲取营养、激发灵感，创作出更多人民群众喜闻乐见，思想性、观赏性和艺术性相统一的优秀文艺作品，以满足人民群众日益增长的文化需求，使群众在文化薰陶中全面提高素质。要坚持文艺事业的全面协调可持续发展。繁荣贵州文艺事业，推动文艺事业的全面协调、可持续发展，就是要促进文艺的各艺术门类，百花齐放、百家争鸣，相互协调，相互促进，共同发展。全省文艺工作者应立足本行，兼收并蓄，相互学习，共同进步，使贵州文艺事业实现百花争艳，欣欣向荣的大好局面。

二、要积极引导文艺创作，牢牢把握建设社会主义核心价值体系这个根本

民族精神和时代精神，是社会主义核心价值体系的精髓。它是一个民族赖以生存和发展的精神支撑。在五千年历史演进中，中华民族形成了以爱国主义为核心的团结统一、爱好和平、勤劳勇敢、自强不息的伟大民族精神。在改革开放新时期，中华民族形成了勇于改革、敢于创新的时代精神。二者相辅相成、相互交融，已深深熔铸在中华民族的生命力、创造力和凝聚力之中，共同构成中华民族自立自强的精神品格，成为推动中华民族伟大复兴的精神动力。社会主义荣辱观，是社会主义核心价值体系的基础。一个社会是否和谐，一个国家能否实现长治久安，很大程度上取决于全体社会成员的思想道德素质。全省文艺工作者坚持正确的文艺创作方向，自觉地把弘扬民族精神和时代精神作为自己的神圣使命，努力讴歌社会主义建设中涌现出来的先进事迹和先进人物，引领人民群众向往真善美，鞭挞假丑恶，传播先进文化，抵制腐朽文化，努力承担社会责任，力求让自己的文艺作品成为提升全体社会成员思想道德素质的动力，成为保障社会长治久安、社会主义事业蓬勃发展的基石。要坚持用马克思主义的立场、观点和方法分析文艺现象，引领文艺思潮，指导文艺创作。要紧紧围绕纪念中国共产党成立90周年、辛亥革命100周年等重大主题，集中资源，精心组织，力争推出一批展现中国革命建设和我省改革开放历史画卷，真实记录各族人民在党的领导下实现民族伟大复兴奋斗历程的精品力作。要开展内容丰富、影响广泛的文艺活动，大力唱响共产党好、社会主义好、改革开放好、伟大祖国好、各族人民好的时代主旋律。

三、要更加注重加强文联自身建设

贵州的文艺创作要实现大发展大繁荣，离不开一支高素质的文艺工作者队伍。当前，国内思想文化多元、多样、多变的趋势更加明显，人们在思想认识、道德判断、价值取向等方面的独立性、选择性、多变性、差异性日益增强，文艺思潮和文艺现象更加复杂。文联是党领导的文艺界人民团体，是党和政府联系文艺工作者的桥梁和纽带，是建设社会主义先进文化的重要力量，在推动社会主义文艺大繁荣大发展中担负着重大责任。要按照建设学习型党组织和创先争优要求，切实加强文联领导班子建设和党员队伍、文艺队伍建设。要讲政治、讲大局、讲责任，关心文联前途，维护文联形象、献身文联事业，用自己的言行，树立好贵州形象，树立好文联队伍形象，树立好个人形象，真正做到让党放心、让人民满意。要进一步增强服务意识，拓宽服务渠道，改进服务方法，增强服务本领，政治上关心爱护、创作上热情支持、生活上真诚帮助，努力为广大文艺工作者做好事、办实事、解难事，为作家、艺术家提供良好的工作环境和生活环境，使文联真正成为文艺家之家。要引领文艺工作者，树立正确的世界观、人生观、价值观，坚持用马克思主义的立场、观点、方法，分析文艺现象、研究文艺思潮、指导文艺创作，增强政治敏锐性和政治鉴别力，自觉深入工厂、工地、乡村、学校等基层一线，汲取创作源泉，不断提高我省文艺工作者的创作水平，使我省的文艺作品越来越多地在高端平台展示。

同志们，新的一年，新的目标，新的任务，我们面临的机遇前所未有，面临的挑战艰巨复杂，让我们更加紧密地团结在以胡锦涛同志为总书记的党中央周围，高举中国特色社会主义伟大旗帜，坚持以邓小平理论和“三个代表”重要思想为指导，深入贯彻落实科学发展观，在省委、省政府的坚强领导下，扎实工作、开拓进取，为实现我省经济社会发展历史性跨越，为推动社会主义文化大发展大繁荣作出新的更大贡献。

关于我省文化改革发展情况通报

（3月29日）

尊敬的战书书记、各位领导、同志们：

长春同志在参加十一届全国人大四次会议贵州代表团审议时发表了重要讲话，一方面对文化产业在转变经济发展方式中的重要作用和公共文化服务的基本属性进行了深刻阐述，另一方面，深刻分析了贵州发展文化的条件、路径、目的、关键和动力。长春同志关于文化发展的重要讲话思想深刻、内涵丰富，对贵州文化发展具有极强的指导性，始终体现了科学发展的精髓，始终站在国家发展战略同贵州实际紧密结合的高度，饱含思想、饱含感情，具有极强的理论性、实践性、针对性，体现了以胡锦涛为总书记的党中央对贵州经济社会发展的殷切希望，是指导贵州文化产业跨越式发展的重要遵循。现结合长春同志讲话精神，就贵州近年来探索文化改革发展的情况进行汇报和通报。

一、加快改革进度，加大改革力度，不断焕发文化发展的生机和活力

近年来，我省从贵州实际出发，按照中央要求，积极推进文化体制改革，加快经营性文化事业单位转企改制，全省295家经营性文化单位中已有241家基本实现转企改制任务，不断培育发展了一批文化市场主体，推动文化产业的发展。主要在9个方面取得了突破。

一是在广电网络资源整合上取得了突破。在全国率先组建了“省、地、县一张网”的贵州省广电网络公司，受到中央领导和有关部门的高度评价，被评为全国改革的先进，20多个省（区、市）先后到我省考察广电网络改革，为全国网络改革提供了示范。目前，广电网络公司正快速进行网络改造和数字化建设，提升了网络传播质量，数字电视用户已近300万户。

二是在贵州出版集团公司整体转企改制上取得了突破。集团所属6家经营性文化事业单位，包括可以允许保留事业体制的人民出版社和民族出版社都一并实行了转企改制，核销事业编制近400人，改革全面彻底，符合验收标准。目前，出版集团公司积极探索主业为主、多元拓展的道路，与中天、贵大合作实施文化项目和教育项目。

三是在“两京”整合上取得了突破。推动贵州京剧团和贵阳市京剧院实施组建了贵州京剧院，在全国较早实现了同城同类剧种的整合，得到了国家文化部的充分肯定。

四是在文化市场综合执法改革上取得了突破。9个市（州、地）实施了综合执法改革，组建了综合执法机构，规范了执法行为，强化了执法能力，改变了多头执法的状况。

五是在整合电影资源组建龙头企业上取得突破。充分利用电影职能划转改革的机遇，以资本为纽带，整合省地电影资源，组建了贵州星空影业股份有限公司。目前，公司以贵阳为重点，向市（州、地）、县拓展，现已建成运营一批现代影院，并积极推动全省城乡电影院线建设。

六是跨行业、跨区域、跨所有制整合发展取得了突破。贵州电视台注资甘肃电视台共同组建企业，拓展业务，取得了良好的经济效益。安顺黔中报业集团整合福建、广东的人才和资本，创办《黔中早报》，成为全国首家从市级城市向省会城市跨区域发行的报纸，引入了竞争机制，普遍提升了省会城市都市类报刊的质量。出版集团借梯登高、借力发展引进四川文轩共同组建新华文轩有限责任公司，打造了贵州最大的书城。

七是在深化改革、组建文化集团公司上初步取得突破。去年9月以来，在省委、省政府推动全省经济社会又好又快、更好更快发展的有利形势下，加快了深化改革组建集团公司的步伐。目前，贵州文化演艺、广电传媒、当代贵州期刊传媒、贵州日报报业集团传媒等4大集团公司组建方案，已经反复修改论证，按程序报省政府。下一步，我省将呈现出包括出版集团公司在内的5大集团公司，引领贵州广播影视、新闻出版、文化艺术产业加快发展的新局面。八是在以改革催生文化产业新业态上取得了突破。贵州电视台发挥频道资源优势，跨区域整合北京、上海、宁夏、吉林等地的资源组建了贵州家有购物集团公司，仅2010年就实现销售额12亿元，发展势头迅猛。贵阳市持续打造亚洲青年动漫大赛发展平台，促进了动漫、网游的发展，推动中广传媒积极发展手机电视达20多万户。

*九是在市（州、地）的改革发展上取得了突破。*9个市（州、地）文化体制改革进展加快，成效明显。其中，贵阳、安顺已基本完成改革的主体任务，并纵深推进，实施集团化改革，起到了较好的示范作用。

我们坚持从实际出发推动改革，以改革促发展，在发展中完善改革，我省文化体制改革取得了一些阶段性成果，一些改革工作分别得到了长春同志、云山同志以及中宣部、文化部的肯定和好评，得到中央主流媒体的宣传报道。通过深化文化体制改革，进一步解放和发展了文化生产力，为把我省文化资源优势转变为文化产业优势，把文化产业培育成为我省经济新的增长点，增强我省文化“软”实力，奠定了坚实基础。

二、创新工作方式，开展重大文化活动，打造文化艺术精品，促进贵州文化与旅游的融合发展

从我省具有丰富的文化资源实际出发，为了提升我省对外文化形象和影响力，促进文化与旅游的融合发展，近几年来，我们创新工作方式，从以下几个方面进行了有益的探索：

一是整合资源，市场运作，实现贵州影视业发展的重大突破。“十一五”期间，我们通过整合资本和人才资源，利用市场机制，打造推出了《雄关漫道》、《绝地逢生》、《杀出绝地》、《烽火不息》、《水凤凰》等5部在国内有较大影响的电视剧和电影。“十二五”开局之年，推出的《幸存日》、《云下的日子》、《炫舞天鹅》、《旷继勋蓬遂起义》等4部电影，已经在国内各大院线和中央电视台电影频道黄金时段上映，即将推出的《奢香夫人》、《战俘营：1938》、《风雨梵净山》、《女子炸弹部队》、《青山绿水红日子》、《少年邓恩铭》等5部电视剧和1部电影，也将在中央电视台和国内各大院线上映。“贵州制造”的影视创作目前的数量和质量，在全国位居中上之列，被称为“贵州现象”。

*二是开展活动，塑造品牌，大力提升贵州整体形象。*针对我省长期以来文化形象缺失的状况，我们实行“党政推动、市场运作、社会参与、媒体搭台、文化唱戏”的机制，开展了以“热爱贵州、建设贵州”为主题的“多彩贵州”文化系列活动，注重突出活动的开放性、创新性、实效性和群众的参与性。从2005年开始，在全省范围内连续开展了七届分别以歌唱、旅游形象大使选拔、舞蹈、小品为主题的“多彩贵州”文化系列活动，每一届大赛，群众都踊跃参与，最多的一次，报名人数高达10万以上，达到了“数百万人参与、数千万人关注”的效果。通过大赛的举办，使一大批优秀人才和优秀作品脱颖而出。连续举办了五届多彩贵州旅游商品“两赛一会”，推出一大批旅游工艺精品，培养了一大批民族民间工艺人才。同时，为管理维护运营好“多彩贵州”文化品牌，成立了多彩贵州文化产业发展中心，全面注册商标，实施品牌规划，推广商业使用，目前已有46件“多彩贵州”商标注册证、460项“多彩贵州”商标专有权全部注册到位，成为在全国率先全面注册的省级文化品牌，并探索以品牌整合演艺、会展、工艺、金融等各类产业，走出了一条以公益性活动培育品牌，以市场机制推广和巩固品牌的有效路径。

*三是推出精品，组织参赛，为贵州文化发展培训人才锻炼队伍。*通过制定实施文艺作品高端平台展示的激励机制，助推贵州文化繁荣发展。近几年，我们在很多重大奖项的评比中，做到了“不缺席、不缺奖”。中宣部颁发的最近两届全国精神文明建设“五个一工程”优秀作品奖中，贵州就有5件作品榜上有名，范围涵盖电视剧、广播剧、长篇小说、歌曲等。中宣部批准设立的全国少数民族文学创作骏马奖、中国文化艺术政府奖、中国电视金鹰奖、中国民间文艺山花奖、中国曲艺牡丹奖等奖项中，仅最近两年，贵州就先后有24件（次）作品获奖。同时，我们组队参加中央电视台主办的三届青年歌手大赛和一届舞蹈大赛，分别获得了“两银三铜”和“一金一银”的佳绩，在三届中国舞

蹈“荷花奖”民族民间舞蹈大赛上取得了“四金四银三铜”的优异成绩，为贵州文化发展繁荣储备了人才和作品。

四是形成合力，推进文化与旅游结合，促进贵州文化旅游业发展。积极探索，构建宣传、文化、旅游、体育、农业等“五位一体”的工作机制，共谋发展，打造和推出了一批文化旅游产品。进一步构建全方位、多层次、宽领域的大外宣格局，加强外宣工作的市场化运作，探索在外宣项目和活动运作中更多引入市场机制，拉动更多社会力量投入外宣。成功组织了“多彩贵州风”北美文化交流活动、“世博·感知多彩贵州”系列活动、“台湾·感知多彩贵州”系列活动、“听多彩之声，说魅力贵州”、“多彩贵州踏春行”等大型文化旅游活动。不断创新演艺剧目，针对旅游市场需求，推出一批以《多彩贵州风》、《天婵地傩》、《红军魂》、遵义杂技为代表的演艺精品，在国内外进行巡演，产生了广泛的社会影响和较好的市场效应。以公益性文化活动促进旅游产业发展，通过博物馆、美术馆、文化馆和爱国主义教育基地等文化设施的免费开放，促进红色文化与贵州旅游的结合，全省已有33个博物馆、纪念馆和22个省级以下爱国主义教育基地免费开放，取得了较好的社会效益和经济效益。

此外，在社会主义精神文明建设中，总结、推广、提升以“富、学、乐、美”为主要内容的“四在农家”活动，“四在农家”已成为国内影响较大的农村文化品牌，有力地促进了社会主义新农村建设，得到中央领导的赞扬和肯定。不断增加投入，完善公共文化服务设施，积极实施“五项惠民工程”，其中，全省完成了10.38万个20户以上自然村“村村通”的建设任务，数量为全国之最，全国两次广播电视“村村通”现场会都在贵州举行。

通过不断创新工作方式，全省文化发展呈现出良好态势。文化融入旅游，促进旅游，文化在旅游中的贡献越来越大，文化对旅游的推动也越来越强，文化对转变经济发展方式，促进经济社会发展的重要作用得到体现。开展各项重大文化活动，精心打造“多彩贵州”文化品牌，对内增强了贵州干部群众的文化认同感、自信心和凝聚力，鼓舞了士气，对外增强了贵州文化的传播力、影响力和吸引力，提高了贵州的知名度和美誉度。实践证明，经济欠发达地区，通过努力，也能实现文化的快速发展。

三、正视差距，振奋精神，推动贵州文化更好更快发展

总的来看，近几年，贵州文化改革发展整体推动、不断突破，有不少亮点。但是，与一些先进地方相比，与省委、省政府提出的“又好又快，更好更快发展”的要求还存在不少问题和差距。

一是文化体制改革发展还不平衡。一些地方和单位旧的体制机制和思想观念未能完全从根本上消除，对文化体制改革的重要性和紧迫性的认识还不到位、思路还不清晰。一些单位的改革还处在初期阶段，一些深层次问题和矛盾尚未得到有效解决，深化完善改革、培育合格市场主体的任务依然还很繁重。二是公益性文化事业单位内部三项制度改革进度相对缓慢，公共文化服务设施建设尚待加强，并且存在管理不善、作用发挥不力等问题。三是文化与旅游结合的体制机制还需要进一步完善，结合的内容和方式还需要不断深化创新。四是文化产业的集中度还不够，散、小、弱的状况依然存在，缺乏一批实力雄厚的骨干文化企业，文化产业园区、文化产业基地、重大文化产业项目的建设还相对滞后。这些都需要在下一步工作中大胆探索、不断完善、加以改进。

长春同志对贵州文化作出的分析、论述和要求，倾注了对贵州的关爱，为我们今后文化改革发展工作指明了方向，具有极强的针对性和指导性，我们宣传文化系统各部门各单位备受鼓舞、倍感振奋，同时也感到责任重大、任务艰巨。下一步，我们将以贯彻落实长春同志重要讲话精神为契机，结合今天战书书记将要作的重要指示，认真开展好文化改革发展的各项工作。

一是按中央要求加大改革力度，加快改革进度，力争在明年上半年以前基本完成我省文化体制改革各项任务。通过进一步深化文化体制机制改革，最大限度释放文化生产力，真正将贵州丰富的文化资源优势转变成具有竞争力的经济优势和文化优势。

二是充分发挥宣传文化部门的优势，积极推动文化与旅游结合，促进贵州文化旅游产业发展。

我们将进一步深入持续地开展“多彩贵州”系列活动，巩固提升“多彩贵州”文化品牌形象，不断提升“多彩贵州”对内的文化凝聚力和对外文化影响力。加强贵州文化旅游宣传推介和市场营销，促进贵州文化旅游产业又好又快、更好更快发展。

三是我们宣传文化系统要在贵州文化改革发展中率先垂范，努力成为推动贵州文化改革发展的主力军。在“十二五”开局之年，宣传文化系统的同志要紧紧抓住实施文化项目这一载体，进一步理清思路、明确目标、创新路径、提高效率，为贵州文化发展作出新的贡献，不辜负长春同志的期望，不辜负省委、省政府的重托。

总之，我们坚信，在省委、省政府的坚强领导下，在各有关部门的紧密配合下，通过大家的艰辛努力，坚信贵州文化一定会实现跨越发展。

在全国“两会”涉黔宣传报道总结表彰会议上的讲话

（3月30日）

同志们：

刚才部分中央、香港驻贵州新闻单位和我省主要新闻单位负责同志结合自身工作实际，介绍了今年全国“两会”期间宣传报道的成功经验和做法，并对做好今后主题宣传报道提出了许多很好的意见和建议，让我深受启发。

今年全国“两会”期间，各新闻单位认真贯彻落实中央、省委的宣传工作部署，紧紧围绕省委、省政府中心工作，通过创新宣传内容和报道方式，内宣和外宣、前方和后方配合联动，中央媒体和境外媒体对贵州进行持续的、高度的关注，省主要媒体推出了一系列宣传贵州、推广贵州、鼓舞民心、增强志气、振奋信心的新闻作品，并在重要版面、重要时段进行了浓墨重彩的报道。据不完全统计，全国“两会”期间人民日报、新华社、光明日报、经济日报、中国新闻社、中央人民广播电台、中央电视台等30多家中央媒体刊播涉黔报道800多条。贵州省主要媒体和重点新闻网站首发稿件2100多条，省各级媒体和网站共刊播报道4000多条，创我省在全国“两会”期间宣传报道之最。英国金融时报、美国彭博新闻社、日本共同通讯社、凤凰卫视、香港文汇报、香港商报、香港大公报等10多家境外媒体也刊播了大量涉黔报道。

通过各媒体聚焦，一个开放、自信、奋进的贵州，正越来越被社会各界所关注。省委书记、省人大常委会主任栗战书同志先后两次作出重要批示，对全国“两会”的宣传报道工作给予充分肯定。省委、省人大常委会、省政府、省政协及省直工作部门领导同志和社会各界也对此次全国“两会”我省的宣传报道工作给予了高度关注，社会反响热烈。

全国“两会”我省宣传报道能够出彩出新、引起强烈社会反响，我想有几条经验值得总结：

一是领导靠前指挥，加强统筹安排，确保正确的舆论导向。全国“两会”之前，省委书记、省人大常委会主任栗战书作了“充分利用2011年全国‘两会’平台，做好涉黔宣传工作”的重要指示。省委宣传部高度重视，将此次全国“两会”宣传工作作为一次重要的“外宣战役”进行精心策划和安排部署，制定了《2011年全国“两会”宣传报道方案》，对全国“两会”的新闻宣传和对外宣传工作进行统筹部署，明确以“两会”为对外宣传平台，全面展示“十一五”我省经济社会发展成就和“十二五”期间我省经济社会发展总体思路，把贵州宣传出去，让全国了解贵州。我部还积极争取中宣部、中央新闻单位对贵州代表团宣传报道工作的支持。省委办公厅、省人大常委会办公厅、省政府办公厅和省政协办公厅充分发挥主动性，积极做好新闻宣传的配合协调工作。省委政研室等省有关厅局也认真为"两会"宣传提供了大量选题资料。各新闻媒体、网站发挥对主题宣传的积极性和主动性,加强相互间协调行动、密切配合,确保打好"两会"组合宣传战役,在重要版面和重点时段开设了专版和专栏。各媒体负责同志靠前指挥,既当指挥员、又当战斗员,选派精兵强将组成近50人前方报道队伍,创历年全国"两会"前方采编人数之最。

二是紧扣"两会"主题,创新报道方式和内容,使宣传规模和声势达到新高度。会议期间,各新闻媒体充分发挥优势,紧扣主题,精心打造精心策划并刊播了大量深度报道和言论文章。实现了前方记者与后方报道组的双视窗连线,一条新闻串起会上和会下、中央和地方、会场和现场。注重报道方式创新,突出主题报道的新闻性。报道更加注重鲜活生动、图文并茂,更加注重实录呈现、事实说话,高度重视面向基层,刊发了大量各地扎实工作,推动经济社会又好又快、更好更快发展的鲜活新闻和特写,把重要思想、重大举措用代表委员身边正在发生的变化来进行阐释和解读。进一步加强了网络媒体和传统媒体互动,省各主要网站充分发挥新技术优势,创新宣传方法手段,将"博客"、"微博"等新的网络形式运用到"两会"的配合宣传中,进一步拓宽了宣传的广度。

三是整合媒体资源,内宣和外宣呼应配合,构建大宣传格局。各新闻媒体强化大宣传概念,对内"开拓创新、精心组织",确保报道出新出彩,对外"积极主动、有所作为",全力以赴做好外宣配合工作。3月9日上午,十一届全国人大四次会议贵州代表团记者会在中央电视台梅地亚中心举行。记者会长达80分钟,11家中外媒体和4家网站提出12个问题,栗战书、赵克志等5位代表从容作答,现场气氛活跃热烈,实现了一次贵州整体形象的全方位推介和有效传播,掀起了全国"两会"贵州宣传战的新高潮。此次贵州代表团记者会,实现了贵州省历史上的几个"第一":贵州省代表团第一次在全国"两会"期间举行记者会;省委、省政府主要领导第一次共同出现在如此高规格的记者会上;共有100多家媒体、近300名中外记者参加了贵州代表团记者会,同时关注贵州、聚焦贵州,全国人大新闻中心有关负责同志称,是历年来各省(区、市)在全国人大平台上召开的记者会中最受媒体关注的一次。在人民网与百度新闻3月10日联合推出的《两会热搜榜》上,栗战书、赵克志排名前两位,热度达30万人次。记者会后,许多兄弟省(区、市)的有关领导同志纷纷来电表示祝贺,认为记者会"大展风采,刮起了贵州风,长了贵州人的志气";很多网友评论贵州领导同志话语朴实、具有实干家的精神,展现了贵州"不想垫后、奋力爬高"的志气和信心。

四是通过宣传实战,彰显我省主要媒体的集体智慧和社会责任担当意识。全国"两会"前,各媒体专门组织随团记者和采编人员精心制订报道计划,梳理报道选题,采集报道背景资料,进行充分的前期准备工作,为做好"两会"报道奠定了坚实基础。为打一场漂亮的宣传组合战役各媒体做到三个共享:对会场的文字实录和图片共享;所有程序性报道新闻稿共享;重要采访线索共享。从"两会"宣传报道前期准备到工作展开期间,前方和后方工作人员主动放弃休息日,废寝忘食、夜以继日,以高度的政治意识、责任意识和大局意识,发扬不怕疲劳连续作战的顽强作风,高质量地完成了2011年"两会"各项报道任务,获得了省委省政府领导的充分肯定、代表委员的高度认可和广大读者的积极好评。这些经验归纳起来就是,领导重视不重视不一样,策划精心不精心不一样,工作主动不主动不一样,工作创新不创新不一样,资源整合不整合不一样。

总的来说,中央、香港驻黔新闻媒体和省主要新闻单位在全国"两会"期间,对宣传贵州都做出了很大贡献,取得了显著的成绩。在此我代表省委向大家表示衷心的感谢!

2011年是"十二五"时期的开局之年、起步之年,做好今年的新闻宣传工作,为构建"和谐贵州"、推进全省经济社会发展历史性跨越提供强大的精神动力、创造很好的文化条件、取得很好的舆论支持,是我们面临的重要而艰巨的任务。下面,就进一步做好下一阶段宣传报道工作,我讲几点意见:

一、认真总结全国"两会"宣传经验,不断探索,积极实践,将贵州的声音不断放大

通过这次全国"两会"宣传报道工作,我们深刻感受到，当前我省正处于加速发展、扩大开放的重要机遇期，加强对媒体的指导和协调，深入研究媒体传播规律，积极探索新的传播方式和传播手段，精心策划好主题宣传，更好地展示贵州、宣传贵州，显得尤其迫切和必要。宣传部门和新闻单位要认真总结此次全国“两会”的成功经验，再接再厉，积极探索，大胆创新，在新闻实践中扩大贵州的知名度和影响力，让贵州的声音不断扩大。要围绕中央、省委关于新闻宣传的重要部署和省委、省政府的阶段性主要工作，切实加强重大新闻选题会商，提高重大主题策划的专业化水平，增强新闻报道的吸引力、感染力，加强新闻单位的交流合作，促进新闻资源的整合优化，进一步加强和改进重大新闻选题策划工作。

二、唱响主旋律，打好主动仗，进一步加强重大主题报道的策划与挖掘，推动宣传效应最大化

今年的重大主题宣传很多，宣传部门和新闻单位要以高度的政治责任感和使命感，精心组织策划，有计划有步骤地加以推进。要围绕中央和省委、省政府的中心工作，特别是实施新一轮西部大开发战略、“十二五”发展规划、围绕“两加一推”主基调，开展“创先争优”、“三个建设年”和“四帮四促”活动等，充分利用广播、电视、报纸、网络等多种舆论工具开展重大主题宣传，开设专栏和版面，组织好相关报道、言论和评论员文章，着力报道好各地各部门贯彻落实的好做法、好经验和实际成效，抓好重大建设项目、重大民生工程、重大招商活动、重大先进典型等宣传。要精心组织庆祝建党90周年、纪念辛亥革命100周年、第九届全国少数民族传统体育运动会、省第六届旅游产业发展大会等重大活动的宣传报道，形成较大声势，营造推动贵州经济社会又好又快、更好更快发展的良好舆论氛围。要进一步加大对主题宣传的策划力度，注重素材的收集，加强选题提炼，把握导向性、时代性、贴近性、针对性，充分发挥主流媒体的舆论主阵地作用和新兴媒体的传播优势，使主题宣传具有强大的声势和社会影响力。要注重主题报道的深化和升级，各新闻媒体集中推出主题报道和典型报道后，宣传部门根据情况主动向中宣部申报选题，争取上级主管部门支持和指导，努力打造在全国有影响力的主题报道和典型报道精品，发挥我省新闻宣传和对外宣传的最大效应。

三、创新思路，整合资源，着力抓好重大外宣活动，不断提升多彩贵州知名度和美誉度

认真总结今年“两会”宣传报道工作的成功经验，抢抓机遇，不断策划有影响力的新的外宣品牌活动，助推我省经济社会实现又好又快、更好更快发展。一要借梯登高，创新思路、整合资源，不断推出高水准的外宣主题活动。要立足贵州，面向全国、放眼世界，大力实施“走出去”、“请进来”战略，积极借助中央级主流媒体、知名网络媒体和省外、国外重要媒体的影响力和传播力，着力推出一批高水准的外宣主题活动，大力宣传贵州的能源、矿产、生物、文化、旅游等资源优势，大力宣传贵州改革开放以来经济社会发展所取得的显著成就，为贵州发展营造良好的外部环境。二要借势宣传，加强协作，积极搭建外宣渠道平台。在实施重大外宣活动和项目上，要进一步密切党政部门的沟通协调，联合作战，通过与省内外企业、有关各方联合推介，利用黔籍在外知名人士搭建平台等方式，加大对外宣传力度，不断扩大贵州知名度和美誉度。要把对外宣传纳入全国性和区域性重大主题、重大活动和重大节庆的宣传之中，通过主流媒体聚焦和大众关注的大平台、大舞台，展示贵州积极进取、奋力赶超的新形象，让国内外更广泛、更深入地了解贵州，进而走进贵州、投资贵州，参与建设和发展贵州。三要精心策划，加大市场运作，建立外宣投入运行机制。在外宣项目和活动实施中，要更多地引入市场机制，拉动更多社会力量投入，在外宣投入方面逐步形成以政府投入为导向、社会各方面共同参与的格局。

四、牢牢把握舆论引导主动权，进一步改进舆论宣传，着力营造积极、向上、和谐的氛围

要始终坚持团结稳定鼓劲、正面宣传为主，用正确的舆论引导人、教育人、鼓舞人、激励人。一要注意把握好改革、发展和稳定的关系，本着实事求是的原则，按照“正面为主、大局为重、稳定为上”的要求，多讲维护团结的话，多讲代表主流的话，多讲鼓舞人心的话，多讲促进发展的话，做到适度、适时、适量，帮忙而不添乱，鼓劲而不泄气。二要加强和改进舆论监督，对于那些侵害人民利益、阻碍改革发展、影响全省大局的人和事，以及社会上各种阴暗的、腐朽的、落后的东西和不文明现象，要及时曝光，通过正确监督、科学监督、依法监督、建设性监督，促进问题解决，推动党委、政府部门不断加强和改进工作。对一些突发事件的报道，一定要有利于社会稳定，有利于问题的处理，不要炒作，不要推波助澜，激化社会矛盾。三要进一步改进和加强对各类宣传阵地的引导、建设与管理，提升主流媒体的传播力，增强对互联网、手机等新兴媒体的掌控力。网络媒体要坚持正面引导为主，注意搜集、倾听网民呼声和意见，促进改进工作，促进经济社会发展。特别是主流网站，要及时传递党委、政府声音；要架起与中央门户网站的联络、沟通、共享机制，及时反映全省工作和发展方面的新思路、新动向、新成果，并做到快捷、准确。

同志们，做好今年的新闻宣传工作，任务艰巨、责任重大、使命光荣。我们要以良好的精神状态和务实的作风，扎实做好各项工作，努力打造一支能力强、作风硬、素质高的新闻队伍，为省委、省政府中心工作提供强大舆论支持，为实现贵州经济社会又好又快、更好更快发展作出新的更大的贡献！

谢谢大家！

在“2011 多彩贵州踏春行”启动仪式暨新闻发布会上的致辞

(4 月 7 日)

各位来宾、新闻界的各位朋友们、同志们：

大家上午好！

由中共贵州省委宣传部和贵州省民委、省体育局、省旅游局联合主办的“2011 多彩贵州踏春行”大型采访活动今天在这里隆重启动。在此，我谨代表中共贵州省委、贵州省人民政府，向大家的到来表示热烈的欢迎！向中央、省外、境外媒体一直以来对贵州工作的大力支持和帮助表示衷心的感谢！

贵州位于中国的西南部，全省国土面积 17.62 万平方公里，全省常住人口 4000 万，是一个山川秀丽、气候宜人、资源丰富、人民勤劳、少数民族聚集、发展潜力很大的省份。贵州是天然的大空调，年均气温在 18 度左右，冬无严寒、夏无酷暑、气候宜人，省会贵阳已六度荣膺“中国避暑之都”称号；贵州是天然的大氧吧，森林覆盖率达 40%，年均降雨量达 1300 毫米，空气中负氧离子含量高，极有利于身体健康；贵州是天然的大公园，到处是奇山秀水、瀑布峡谷、溶洞石林，是名副其实的瀑布之省、漂流之省、溶洞之省；贵州是天然的大宝库，能源、矿产、生物资源非常丰富，开发条件十分优越；贵州是各民族团结的大家庭，少数民族人口占全省总人口的 38.9%，有苗族、布依族、侗族等 17 个世居少数民族，各民族勤劳善良、和睦相处，民族文化多姿多彩，民族风情十分浓郁。世界旅游组织秘书长弗朗西斯科·弗朗加利先生称赞贵州是“美景之州、美酒之州、生态之州、文化之州、歌舞之州”。台湾连战先生到贵州考察后，也赞誉贵州是“宝贵之州”。

改革开放特别是中央实施西部大开发以来，在党中央、国务院的亲切关怀和省委、省政府的坚强领导下，贵州经济社会发展取得了巨大成就，基础设施明显改善，人民生活水平明显提高，城乡面貌焕然一新。刚刚过去的“十一五”时期，我省各项主要经济指标增长率均在两位数以上，2010 年全省生产总值 4594 亿元，财政总收入 969.7 亿元，农村贫困人口五年减少 272.4 万。站在“十二五”新的历史起点上，全省上下正高举“发展、团结、奋斗”的旗帜，以“加速发展、加快转型、推动跨越”为主基调，重点实施“工业强省战略”和“城镇化带动战略”，大力实施“十大民生工程”，奋力实现全省经济社会又好又快、更好更快发展，到2015年全省生产总值要确保实现8000亿元，力争翻一翻、突破10000亿元，人均生产总值接近3000美元，使“十二五”时期成为改革开放以来贵州经济社会发展最好最快的时期，为2020年贵州与全国同步建成小康社会，实现经济社会发展历史性跨越，打下决定性意义的坚实基础。

为进一步宣传贵州、推介贵州，让外界更加充分地了解贵州，近年来我省重点实施“走出去”、“请进来”的对外宣传战略，取得了积极成效，有力地提升了贵州的知名度、美誉度。这次“多彩贵州踏春行”大型采访活动就是“请进来”的一个重要举措，目的是通过邀请高端媒体来我省采访，集中资源、集中时段，全方位、立体式地宣传报道贵州。这项活动从去年首次举办，我们将每年举办一次、每次一个主题，使之成为我省对外宣传的一个重要品牌。今年的采访活动，我们希望结合我省“加速发展、加快转型、推动跨越”的主基调，展示贵州“十二五”经济社会发展的新思路、新举措、新经验、新成效；结合中国共产党建党90周年，展示贵州的沧桑巨变和丰厚的红色文化资源；结合第九届全国少数民族传统体育运动会的举办，展示积极进取、奋力赶超、文明开放、和谐进步的新贵州形象；结合第六届贵州旅游产业发展大会的召开，展示贵州多姿多彩的旅游文化资源。

各位朋友，实现贵州经济社会又好又快、更好更快发展和“十二五”奋斗目标，离不开新闻媒体包括在座的记者朋友们的大力支持与帮助。接下来的几天，各位记者朋友将奔赴我省一线深入采访，实地感受多彩的贵州、奋进的贵州、充满希望的贵州，欢迎各位在采访中给我们多提一些宝贵意见。我们由衷地希望，通过本次采访活动，能让大家充分领略和感受到多彩贵州的独特魅力。我们更期待，通过大家的辛勤工作，全面生动地宣传推介贵州，把贵州的发展变化、资源优势和良好投资环境等介绍给全国人民和世界各国朋友，让更多的人感知贵州、了解贵州、走进贵州、投资贵州，参与建设和发展贵州。

最后，衷心祝愿“2011多彩贵州踏春行”大型采访活动取得圆满成功！祝大家在黔期间工作顺利、心情愉快、身体健康！

谢谢大家！

在回眸与展望中坚定理想信念

——在贵阳医学院所作的大学生形势政策报告

（4月15日）

各位老师，各位同学：

今天到贵阳医学院来，主要是与各位朝气蓬勃、充满活力的青年朋友一起，深入学习领会党的十七届五中全会、今年全国和省“两会”精神，放眼世界大势，回眸“十一五”辉煌成就，展望“十二五”宏伟规划，共话贵州发展未来，畅谈青春理想！今天的形势报告会，我想谈三个方面的体会，向同学们简要介绍当前国际国内形势和全省经济社会发展等方面的情况，谈谈对学习、对成长、对人生等问题的看法，与同学们、老师们共勉。

一、大学生要正确把握当前国内外形势，切实增强大局意识、忧患意识、责任意识

梁启超在《少年中国说》一文里讲，“少年智则国智，少年强则国强”。大学生是祖国的未来，是民族的希望，在新的历史条件下，大学生热爱国家、立志成才，不仅需要忠诚和激情，还需要理智和远见，需要培养正确看待形势发展的能力和眼光。广大青年只有顺应社会发展的潮流，与祖国共命运，与时代同发展，与社会齐进步，把个人的前途命运与国家、民族的前途命运紧紧联系在一起，并为之奋斗不息，才能铸就精彩人生。下面，围绕当前国内外发展形势与党和国家事业发展全局,我简要讲三点。

1、要正确认识当前世界发展的总体趋势

2008 年以来,世界形势经历了自冷战结束后最为剧烈的震荡和大幅调整。总体上看,在国际金融危机影响下,世界加速进入经济大动荡、格局大调整、体系大变革的新阶段。

从世界经济发展的现状上看。大家知道,2008 年以来的国际金融危机,严重冲击了世界经济,目前全球经济出现企稳回升迹象,但金融危机的负面深层影响继续在全球经济领域显现。美国、欧洲国家和日本等主要发达经济体经济复苏乏力,而亚洲、拉美和非洲经济增长较快,特别是中国、巴西、印度、俄罗斯等新兴经济体增长势头强劲。这次国际金融危机也暴露了资本主义的诸多弊端,不仅严重动摇了人们对资本主义的信心,而且在西方引发了两大热潮:一是马克思热,欧美等国的学者开始反思资本主义并试图从马克思主义中寻找出路。英国《泰晤士报》报道称,在德国,马克思的著作成为畅销书,金融危机使西方人突然开始重新审视马克思的《资本论》。欧美很多经济学家一致认为,马克思对于资本主义经济危机和灾害的分析是不可替代的。二是中国热,国际社会纷纷高度评价中国政府在应对这场“世纪危机”中的巨大作用。在 2009 年 4 月,二十国集团领导人第二次金融峰会召开之际,各国人士就中国维护全球经济和金融稳定、应对国际金融危机给予高度评价。2010 年以来,国际舆论更是认为中国是世界经济的领跑者,中国不但成功抵御了国际金融危机的冲击并保持本国经济持续增长,也给外国企业提供了许多发展机会。

从国际关系的重大变化上看。国际金融危机引发国际政治经济体系的深刻变革,一方面,世界多极化趋势更加明显。由于受金融危机和主权债务危机等影响,欧美传统发达国家普遍内外交困,影响力相对下降。而与此形成鲜明对照的是,新兴大国发展势头强劲,国际货币基金组织预计,2011 年发展中国家占全球 GDP 比重将达到 52%。以“金砖国家”为代表的新兴大国在国际政治、经济中发挥着越来越大的作用,一个显著的标志就是二十国集团(G20)峰会迅速取代原来的八国集团(G8)成为全球经济治理的核心平台。另一方面,大国之间加紧调整对外战略。虽然美国仍然在国际政治、经济、文化、军事、科技以及话语权等方面仍占主导地位,但是基本格局已经由过去苏联解体后的“一超多强”转变为目前的“多强一超”,美国在处理国际事务方面不得不依靠其他大国的支持。虽然国际关系的变化有利于发展中国家的崛起,但是我们仍要看到,由于国际力量对比北强南弱的基本格局在相当长时期内难以改变,包括中国在内的发展中国家仍有很长的路要走。尤其是中美关系,可以说是一波三折,但总体上是平稳发展的。今年 1 月 19 日中美两国元首在华盛顿举行会谈,发表了《中美联合声明》,为中美两国关系前行设立了新航标,意义非凡、影响深远。

从安全问题和不稳定因素上看。在大国之间传统军备竞赛日趋激烈的同时,各种热点事件此起彼伏。比如去年朝韩“天安号”事件、互相炮击事件、美日韩大规模军演导致朝鲜半岛局势再度紧张。今年开年以来,日俄领土争端又不断升温。尔后中东、北非地区更是陷入三十多年来罕见的政治动荡期,突尼斯、埃及政府相继垮台,巴林、约旦、阿尔及利亚、沙特、也门、叙利亚出现不同程度的社会动荡。特别是利比亚,目前可以说是全球焦点,自 2 月份发生局势动荡以来,内战打得不可开交,以法英美为首的北约多国部队持续打击卡扎非政府军,帮助反政府武装夺取政权。除了这些“人祸”,自然灾害频发、气候变化、粮食安全、水资源纠纷等“天灾”也成为国际社会关注的焦点问题。尤其是 3 月 11 日,日本宫城县东部海域发生 9.0 级大地震,并由此引发大海啸,对日本造成巨大人员伤亡和财产损失,因地震破坏而造成的福岛核电站 4 台机组全部发生核泄漏事故,在一定范围引起了“核恐慌”,对日本乃至整个东亚的生态环境造成严重影响。

从中国的国际地位和影响来看。在中国与世界这个问题上,一方面,我们要看到,面对复杂多变的国际形势,我国积极开展全方位政治经济合作和外交活动,维护了总体有利的外部环境。比如,我国成功抵御国际金融危机冲击,在世界经济中的分量进一步增加。大力开展峰会外交,“世博外交”、“奥运外交”、“亚运外交”取得显著成果。稳定和发展同主要大国的关系,深化同周边国家和发展中国家的友好合作。另一方面，我们也要看到，中国国际地位提升，在吸引全球关注目光的同时，也将自己置于风口浪尖之上。一些国家在对我进行“棒杀”的同时，也进行“捧杀”，相继抛出“中国威胁论”、“中国崩溃论”、“中国责任论”、“中国领袖论”等五花八门、别有用心的论调。有的借两岸统一问题、南海问题、钓鱼岛问题、朝韩问题以及人民币升值问题、贸易摩擦问题等对我进行牵制和打压。作为当代大学生，一定要清醒地看到我们国家面临的挑战和威胁，时刻保持一种危机感、责任感和使命感，高度自觉地维护当前发展和谐稳定的大局。

2、要充分认识我国发展取得的巨大成就及经验启示

进入新世纪特别是“十一五”以来，以胡锦涛同志为总书记的党中央，系统谋划、运筹帷幄，带领全党全国各族人民奋力开拓、战胜困难，推动我国经济社会发展取得新的重大成就，谱写了中国特色社会主义建设事业的新篇章，使国家面貌发生了新的历史性变化。

从发展成就来看。“十一五”时期是中国经济社会发展极不寻常的5年，在国际金融危机及汶川大地震、玉树地震、舟曲特大山洪泥石流、历史罕见的旱灾、水灾、雨雪冰冻等自然灾害不断发生的情况下，党中央、国务院带领全国人民战胜空前严峻的困难，使经济社会发展继续保持高速增长。一是国民经济迈上新的台阶，2010年国内生产总值达到39.8万亿元，五年年均增长11.2%，财政收入达到8.31万亿元，五年年均增长21.3%。即使是在应对国际金融危机的2009年，我国全年GDP增长也达8.7%。二是三次产业快速发展，“十一五”以来，我国第一产业五年年均增长4.6%以上，2010年粮食产量达到1.09万亿斤，连续五年增产。同时第二产业、第三产业的五年年均增速都达到12%以上，速度之快是世界上其他国家都无法相比的。三是人民生活水平显著提高，2010年，我国城镇居民人均可支配收入19109元，五年年均实际增长9.7%；农村居民人均纯收入5919元，五年年均实际增长8.9%。目前，中国的经济总量已经超过日本排到世界第二位，人均GDP已经超过3700美元。钢、煤、水泥等主要工业产品产量稳居世界第一位。我国的汽车产量已经超过美国，成为世界第一大汽车生产国和汽车消费市场。全世界都在用“奇迹”来形容中国取得的巨大成就。国外一些学者纷纷撰文称赞“中国发展模式”，巴基斯坦驻华大使马苏德·汗就曾撰文道：“在过去的30多年中，中国形成了一种独特的发展模式。这种模式最引人注目的特点是，人类历史上从未有过一个国家在如此短时间内、如此大规模地发展得如此迅速。更重要的是，从未有过一个国家在这么短的时间跨度内，使数量这么多的人口摆脱了贫困并改善了人们的生活水平”，中国发展模式会成为未来发展中国家学习的典范。

从经验启示来看。我认为至少有这样四个方面：一是中国特色社会主义正显示出无可比拟的优越性。为什么我们能在改革开放30多年来取得如此辉煌的成就？根本原因，就在于我们找到了一条中国特色社会主义发展道路，在于中国制度模式不断焕发出强大生机与活力。在“十一五”期间的几场与重大自然灾害及突发事件的抗争中，特别是抗击汶川特大地震中，社会主义中国的制度优势显示出巨大威力。这种优势至少体现在四个方面：其一，体现了高效率，能够迅速作出决策并立即付诸实施；其二，体现了强大的组织动员能力，能够在全国范围动员起巨大力量、汇聚形成强大合力；其三，体现了集中力量办大事，能够举全国之力攻艰克难；其四，体现了一方有难、八方支援，能够团结全国各族人民同舟共济、共渡难关。前不久的利比亚撤侨大行动，再一次向世界展现出中国强大的国家动员能力。这是1949年以来最大规模的组织撤离海外中国公民的行动，短短12天之内，动用国内外各类飞机141架次，轮船近20艘，通过海陆空三种方式成功撤离35860人。二是科学发展是解决中国一切问题的关键。“十一五”以来，我国经济实力和综合国力上了一个大台阶，经济总量跃居世界第二，积累了巨大财富，为我们战胜各种灾害、考验和挑战提供了有力物质保障。这一切正是由于坚持科学发展。同学们想一想，为什么出席北京奥运会的外国领导人数量和参赛人数之多创历史之最，为什么外媒会称赞中国是国际金融危机后世界经济的

新引擎、发动机？最根本的原因就是我们这些年通过科学发展，实力增强了，朋友更多了，许多国家看好我们的发展前景，愿意同我们加强交往。三是中国共产党的领导是我们事业发展的根本保证。历史已经充分证明，在我们这样一个发展中大国，只有共产党才能把13亿人的力量凝聚起来。特别是抗击汶川大地震、玉树地震、舟曲特大泥石流、西南大旱，应对国际金融危机、成功举办北京奥运会、上海世博会、广州亚运会，这一系列难事大事要事，充分验证了我们党的先进品格和执政能力，证明中国共产党不愧为中国工人阶级的先锋队，不愧为中国人民和中华民族的先锋队。四是当代中国拥有强大的民族精神力量。2010年10月22日至24日，环球舆情调查中心通过电话调查的方式，在北京、上海、广州三地对18岁以上市民展开了抽样调查。调查结果显示，有83%的人对中国取得的巨大成就表示肯定和认可，有91%的人对中国的未来充满信心。北京奥运火炬在境外传递期间，包括海外华人在内的华夏儿女焕发出空前高涨的爱国热情；在汶川大地震、玉树地震等罕见的自然灾害面前，中华民族和中国人民展现了无比坚强的意志品格和大无畏的英雄气概；在庆祝新中国成立60周年盛会、北京奥运会、上海世博会期间，全国各族人民向世界展现出强大的“中国力量”！作为当代大学生，一定要自觉弘扬民族精神和时代精神，使之成为国家民族不断开拓新局面、创造新未来的不竭动力。

3、要清醒认识我国发展面临的重大机遇和挑战以及今后5年的发展重任

从机遇和挑战来看。大家要重点把握5个不变。一是我国发展面临的重要战略机遇期没有变。当前和今后一个时期，世情、国情继续发生深刻变化，但世界和平、发展、合作的主题没有变，世界多极化的格局没有变，经济全球化的趋势没有变。这三个没有变说明，国际环境总体上有利于我国和平发展，我国仍处于可以大有作为的战略机遇期。但是，我们仍有很多意想不到的困难，必须居安思危、审慎研判发展形势。二是我们仍将长期处于社会主义初级阶段的基本国情没有变。尽管我国经济总量已经上升到世界第二位，但是我国是一个有13亿人口的大国，是一个有960万平方公里辽阔幅员的大国，而且我们过去的底子比较薄、基础比较差，东西部、城乡之间的不平衡非常大。所以，我国仍然处于社会主义初级阶段，而且这个过程还会比较漫长。三是我们作为一个发展中国家的地位没有变。西方有些国家总是想“忽悠”我们，说中国已经成为发达国家了，要担负起所谓相应的大国责任。对此，我们必须时刻保持清醒的认识，时刻牢记我们仍是发展中国家。实际上，我国的人均GDP在国际上排90多位，显而易见，我们作为发展中国家的地位仍没有变。四是我们目前的主要社会矛盾没变。我们的主要矛盾仍然是人民群众日益增长的物质文化需求同落后的社会生产之间的矛盾，仍然是供给适应不了需求的问题。虽然我们现在物质生产极大地丰富了，总量多了，但是除以我们13亿人口这个“分母”，人均数量仍然很低。五是西强我弱的国际大格局没变。敌对势力对我们分化、西化，试图改变我国社会主义性质的图谋没有变。国际上总有一些势力不愿意看到中国的发展强大，他们会利用各种手段遏制中国的发展。他们看到在经济上打不垮我们，就企图在政治改革的问题上“西化”我们，在国家统一的问题上“分化”我们，在反腐倡廉的问题上“丑化”我们，这些手法都是近年来敌对势力的惯用伎俩。以上五个不变，第一个不变是机遇，后四个不变是我们面临的困难和挑战。当代大学生要从这五个不变中，加深对世情、国情的认识，胸怀祖国，放眼世界，切实增强大局意识、忧患意识，时刻怀着一种忧国忧民之心，发奋学习，报效祖国。

从今后五年的发展重任来看。大家知道，去年我们党召开了十七届五中全会，审议通过了《中共中央关于制定国民经济和社会发展第十二个五年规划的建议》。今年3月召开的第十一届全国人大第四次会议审议批准了《中华人民共和国国民经济和社会发展第十二个五年(2011—2015年)规划纲要》。“纲要”阐明了“十二五”时期我国发展的指导思想、战略意图、发展重点，规划了未来五年我国经济社会发展的宏伟蓝图，是全国各族人民共同的行动纲领。《纲要》明确指出，要以科学发展为主题，以加快转变经济发展方式为主线，这是“十二五”规划指导思想的精髓和灵魂。

这里我着重讲一下这个主题和主线。以科学发展为主题,就必须全面落实、践行科学发展观。科学发展观的第一要义是发展,核心是以人为本,基本要求是全面协调可持续,根本方法是统筹兼顾。通俗地讲,科学发展观所讲的发展,其一,必须是全面的发展,即全面推进经济、政治、文化、社会、生态建设,实现经济发展和社会全面进步;其二,必须是协调的发展,就是要统筹城乡发展、统筹区域发展、统筹经济社会发展、统筹人与自然和谐发展、统筹国内发展和对外开放,即五个统筹;其三,必须是可持续的发展,就是要促进人与自然的和谐,实现经济发展和人口、资源、环境相协调,保证资源一代接一代地永续利用,保证人类一代接一代永续发展;其四,必须坚持以人为本,就是从人民群众的根本利益出发谋发展、促发展,不断满足人民群众日益增长的物质文化需要,让发展的成果惠及全体人民、惠及子孙后代。以转变经济发展方式为主线,就是主要体现在"三个转"上:即转增长方式,由过去追求单一的GDP增速,转向注重质量、效益的速度;转经济结构,由过去主要依靠外需拉动经济增长,转向主要依靠内需拉动,实现投资、消费、出口"三驾马车"的齐头并进;转发展支撑,由过去主要依靠引进外部技术为支撑,转向以技术创新、自主创新为支撑。由于将发展的着力点放到加快转变经济发展方式上来,《纲要》对"十二五"时期经济增长指标提出了7%的预期目标,比"十一五"8%的目标调低了一个百分点,而且没有做出强制性安排,预期性目标主要体现的是国家的政策导向,是要各地从实际情况出发,避免互相攀比增长速度,这体现了贯彻落实科学发展观、加快转变经济发展方式的内在要求。通过《纲要》的实施,我们国家经济将继续保持平稳较快发展,经济结构调整将取得重大进展,科技教育发展将明显加快,资源节约环境保护将取得显著成效,人民物质文化生活将全面改善,综合国力、国际竞争力、抵御风险的能力将显著提高,将为全面建成小康社会打下具有决定性意义的基础。在座的每位大学生都将投身到"十二五"建设的火热实践中去,都将担负着全面建设小康社会的伟大历史使命,大家要充分认识自己肩负的重任,以"天下兴亡、匹夫有责"的责任感、使命感,立志成材、敢于担当,在实现中华民族伟大复兴的壮丽事业中发光发热,贡献自己的全部青春、智慧和力量。

二、大学生要努力了解贵州、认知贵州,高扬热爱家乡、建设家乡的蓬勃激情

前两年有一本很畅销的书叫《世界是平的》,我想有不少同学可能都看过吧。里面写的网络化、全球化、多元化、虚拟化进程正是我们这一代大学生最深切的感受。但是,作为当代大学生,除了要有世界眼光,了解世界的发展,更重要的是要了解自己的家乡,了解脚下的这片土地。下面,我将重点围绕贵州省情特点、"十一五"建设成就和"十二五"战略规划,和同学们一道展望贵州的发展前景。

1.全面了解贵州的自然、人文特点和资源优势。贵州于明朝永乐11年(公元1413年)正式建省,成为当时中国的第13个行省。再过两年,我们就将迎来建省600周年。明代开国元勋刘伯温曾寄望,"江南千条水,云贵万重山。五百年后看,云贵赛江南。"周恩来总理也曾对贵州深情寄语,他说,"贵州山川秀丽,气候宜人,资源丰富,人民勤劳,只要贵州各族人民在中国共产党的领导下,加强团结,努力工作,贵州的社会主义建设必将后来居上,大有希望。"这些赞赏都充分讲出了我们贵州的特点和优势。目前,贵州正迎来前所未有的发展机遇,正处于又好又快、更好更快发展的关键时期,胡锦涛总书记2005年春节视察贵州时就鼓励我们,"贵州的同志要有志气、有信心","努力实现经济社会发展的历史性跨越"。作为当代大学生,要建设好家乡,必须首先认识了解家乡,把握贵州的自然、人文特点和资源优势。我想用五个"大"来概括贵州得天独厚的优势。一是"大公园"。贵州是世界上发育最典型、最完整、最集中、规模最大的"喀斯特地貌王国",数以千计的瀑布、溶洞和奇山秀水,在中国乃至世界上都首屈一指,有"公园省"的美誉,被外界称为"千瀑之省"、"漂流之省"、"温泉之省"、"千洞之省"。黄果树瀑布、龙宫、织金洞、马岭河峡谷、兴义万峰林等国家级风景名胜区,梵净山、茂兰喀斯特森林、赤水桫椤、威宁草海等国家级自然保护区更是闻名世界,吸引着海内外的游客,荔波喀斯特地貌和赤水丹霞地貌还被列入《世界自然遗产名录》。目前,全省已建成18个国家级风景名胜区、9个国家级自然保护区、8个国家级地质公园、21个国家级森林公园、4个国际性生态博物馆、39个全国重点文物保护单位,59个省级风景名胜区。二是“大空调”。从气候来讲,贵州是名副其实的“避暑之州”。全省大部分地区年平均气温18摄氏度左右,是全国乃至全球紫外线辐射最少的地区之一,是天然的“大空调”,适宜常年旅游、避暑度假。近几年,在很多权威机构的评比中,省会贵阳市都荣登中国避暑旅游城市榜首,连续六年被评为“中国避暑之都”。三是“大氧吧”。贵州森林覆盖率高达40.5%,有数百座原始森林,有著名的百里杜鹃、百里竹海、百里茶海,特别是赤水桫椤原始森林,是世界最大的侏罗纪森林公园。茫茫林海,涛声阵阵,再加上全年雨量充沛,空气负氧离子含量高,使贵州称为名副其实的天然“大氧吧”。海内外游客都盛赞贵州是洗肺、吸氧、享受森林浴的好去处。四是“大家庭”。贵州是多民族聚居的省份,千百年来,苗、布依、侗、水等17个世居少数民族,在贵州这块土地上繁衍生息、同生共存、和谐相处,成为民族团结之州。各民族的团结和谐促进了文化发展,积淀了丰富多彩、神奇迷人的民族文化,国家级非物质文化遗产位居全国前列,一年中仅少数民族的节日就达1000多个,可以说是“小节天天有,大节三六九”,是我国民族地区民间节日活动最多的省份,被称为“世界上最大的原生态民族博物馆”,被联合国教科文组织圈定为“人类需要保护的生态文化圈”之一。五是“大宝库”。贵州既是旅游资源大省,又是能源大省、矿产资源大省、生物资源大省。全省电力远景装机容量在4000万千瓦以上,水能理论蕴藏量居全国第六位,是国家“西电东送”的重要基地。煤炭远景储量2400多亿吨,居全国第五位,超过江南12省区总量之和,素有“江南煤海”之称。除煤炭外,储量居全国前5位的矿产就有27种。目前贵州建有全国最大的电解铝厂、最大的磷矿肥基地、最大的铁合金厂、最大的磨料和人造金刚石生产出口基地,以及世界最大的钡盐生产出口基地。贵州还是全国重要的动植物种源地和中药材四大产区之一,有“夜郎无闲草,黔地多良药”之美誉。贵州还是当年红军长征途中经历时间最久、路线最长、故事最多的省份,产生了极其丰富的红色文化资源,以遵义会议会址和红军四渡赤水遗迹为代表的红军长征文化,更是举世闻名。正是这些丰富的能源、矿产、生物、气候、旅游、文化等资源,使贵州不断凸显出巨大的后发优势,日益成为投资兴业的热土。世界旅游组织秘书长弗朗西斯科·加利先生称赞贵州为“美景之州、美酒之州、文化之州、生态之州、歌舞之州”。

2. 充分认识“十一五”以来贵州经济社会发展的重要成就。“十一五”以来,在省委、省政府的坚强领导下,全省人民奋力克服百年不遇的雪凝灾害、百年不遇的国际金融危机和百年不遇的特大旱灾的影响,艰苦奋斗、努力拼搏,使“十一五”时期成为我省经济增长速度快、发展质量好、社会进步显著、城乡面貌变化大、人民群众得实惠最多的五年。主要体现在六个新上:一是综合经济实力迈上新台阶。2010年,全省生产总值达到4594亿元,五年年均增长约12郾8%;财政总收入969.7亿元,五年年均增长约21.6%。2010年城镇居民人均可支配收入达到14142元,农民人均纯收入超过3472元。二是基础设施建设实现新突破。仅以交通为例,全省平均每年增加公路通车里程约1万公里,2010年全省公路通车总里程近15万公里,近97%的乡镇和近30%的村通油路或水泥路;高速公路通车里程达到1507公里,在建里程2556公里,超过目前东南亚某些大国全国的高速公路里程。铁路通车里程近两千公里,在建里程1216公里。特别是2008年开工建设的“贵广高速铁路”建成后,贵阳至广州的铁路客运时间将由20小时缩减至3个小时左右。去年11月全省召开了铁路建设大会,决定“十二五”期间投资3000亿元建设铁路,其中高速铁路1500公里。今后贵阳到上海将由目前的27小时压缩至6小时左右,贵阳到昆明、长沙、南宁、重庆都将缩短至4个小时。届时贵州这个“三不沿”省份,将真正实现由西南“地理枢纽”向国家级“交通枢纽”的华丽转身。三是生态环境建设迈出新步伐。全省森林覆盖率年平均增长约1个百分点,至2010年已达40.5%;其间退耕还林工程新增森林1690万亩;解决了1060万农村人口饮水安全问题。四是特色经济得到新壮大。能源工业成为第一支柱产业,2010 年贵州电力总装机容量达 2832 万千瓦,是贵州解放前 50 年电力装机的 5 倍还多;煤炭产量从 2006 年的 1.18 亿吨增加到 2010 年的 1.59 亿吨,是国家亿吨级煤炭基地;全省粮食年产量稳定在 1100 万吨以上;2010 年全省旅游人数达 1.29 亿人次,旅游总收入 1061 亿元,五年年平均增长 33.4%,旅游文化产业成长为第三产业的龙头。五是民生得到新改善。"十一五"省财政对各项社会事业的投入达到 252.3 亿元,是"十五"的 2.9 倍。教育"两基"攻坚提前一年完成,"普九"人口覆盖率在 2007 年就达到 100%。实现了新型农村合作医疗制度全覆盖,城镇居民基本医疗保险制度全面推行。"十一五"以来,省财政投入一百多亿元,完成 60 多万户农村危房改造,解决近 14 万户城镇低收入家庭住房困难。六是文化建设取得新进展。连续 7 年在全省范围内举办"多彩贵州"系列文化活动,形成了"多彩贵州"文化品牌,以"多彩贵州风"为代表的贵州文化符号走出贵州、走向全国、走向世界,极大提升了贵州的知名度和美誉度;贵州文艺精品层出不穷,全国性文艺大奖获奖不断,一批影视创作在全国崭露头角。可以自豪地告诉大家,近几年来我省在很多全国性重大奖项的评比中,做到了"不缺席、不缺奖"。近两届全国精神文明建设"五个一工程"优秀作品奖中,贵州就有 5 件作品榜上有名;全国少数民族文学创作骏马奖、中国文化艺术政府奖、中国电视金鹰奖、中国民间文艺山花奖、中国曲艺牡丹奖等奖项中,仅最近两年,贵州就先后有 24 件(次)作品获奖;我省组队参加中央电视台主办的三届青年歌手大赛和一届舞蹈大赛,分别获得了"两银三铜"和"一金一银"的佳绩,在三届中国舞蹈"荷花奖"民族民间舞蹈大赛上取得了"四金四银三铜"的优异成绩,为贵州文化发展繁荣储备了人才和作品。特别值得一提的是,近几年贵州影视业发展取得了重大突破。"十一五"期间,我们打造推出了《雄关漫道》、《绝地逢生》、《杀出绝地》、《烽火不息》、《水凤凰》等 5 部在国内有较大影响的电视剧和电影。最近两个月来,我省推出的《幸存日》、《云下的日子》、《炫舞天鹅》、《旷继勋蓬遂起义》等 4 部电影,已经在国内各大院线和中央电视台电影频道黄金时段上映,即将推出的《奢香夫人》、《战俘营:1938》、《风雨梵净山》、《女子炸弹部队》、《青山绿水红日子》、《少年邓恩铭》等 5 部电视剧和 1 部电影,也将在中央电视台和国内各大院线上映。贵州影视创作目前的数量和质量,在全国较有影响,被称为"贵州现象",说明经济发展相对滞后的地区,文化发展完全可以率先实现跨越,贵州人的文化自信心和自豪感不断增强,建设文化强省迈出坚实步伐。在文化体制改革上,我省一些文化产业集团的组建和整合在全国走在前列,文化产业日益成为支柱产业。例如:我们在全国率先完成了全省广电网络资源整合,组建了"省、地、县一张网"的贵州省广电网络公司;贵州电视台注资甘肃电视台共同组建企业,同时整合北京、上海、宁夏等地的资源组建了贵州家有购物集团公司,在全国率先迈出地方电视台跨区域资源整合的步伐;贵州出版集团公司所属 6 家经营性文化事业单位,实现整体转企改制;先后组建或筹建贵州出版集团公司、贵州文化演艺、贵州广电传媒、当代贵州期刊传媒、贵州日报报业集团传媒等 5 大集团公司,等等。此外,在精神文明创建上,我省开展的"四在农家"农村精神文明创建活动成为全国先进典型进行推广,"整脏治乱"、"满意在贵州"等主题活动深入广泛开展,提高了贵州文明程度,改善了贵州对外形象。

3. 准确把握"十二五"时期贵州经济社会发展的重大战略。大家知道,去年 8 月份,中央任命栗战书同志为贵州省委书记,赵克志同志为贵州省委副书记、代省长。他们到任后,在大量调研基础上进一步理清了贵州的发展思路,提出了一系列切实可行的重大战略决策部署,贵州进入了实现经济社会发展历史性跨越的加速期。栗战书书记提出,全省上下要高举发展的旗帜、团结的旗帜、奋斗的旗帜,把思想统一到发展上来,把心思集中到发展上来,把力量凝聚到发展上来。去年 10 月底,省委召开了十届十次全会,通过了我省"十二五"规划《建议》,描绘了贵州今后五年的发展蓝图。今年 1 月召开的省"两会",正式通过了这个《建议》。"十二五"规划强调,要以科学发展为主题,以转变经济发展方式为主线,以保障和改善民生为出发点、落脚点,做到又好又快、更好更快发展,为与全国同步建成全面小康、实现经济社会发展历史性跨越打下具有决定性意义的基础。确定把"加速发展、加快转型、推动跨越"作为我省"十二五"时期发展的主基调,把"工业强省"、"城镇化带动"作为主战略。提出"要努力使'十二五爷时期成为我省改革开放以来发展最快最好的时期;成为我省调结构、转方式取得重大实质性进展的时期;成为我省工业快速提升、初步转型,第三产业快速发展、明显升级,传统农业快速转变、现代农业稳步推进,城乡经济社会发展一体化初具雏形的时期;成为我省人民生活改善最为显著的时期。"今后五年,全省经济社会发展的主要目标是:全省生产总值确保实现8000亿元,力争翻一番、突破10000亿元,人均生产总值接近3000美元。发展目标激动人心,实现这一目标则要付出艰苦的努力。同学们要准确把握我省"十二五"时期经济社会发展的重大战略,最根本的就是要把握好"十二五"规划中的一个主基调和两大主战略。首先,关于"两加一推"的主基调。"加速发展、加快转型、推动跨越"主基调,是从贵州省情出发提出的,必须贯穿于"十二五"的全过程,落实到实施"十二五"规划的各领域。"加速发展",就是要创造条件,奋力拼搏,使我省经济发展速度高于以往历史时期、高于西部地区同期平均水平、高于全国平均水平。"加快转型",就是要按照转变经济发展方式的要求,加快推进经济结构调整,扎实推进政府职能向创造良好发展环境、提供优质公共服务、维护社会公平正义转变,推进社会管理向全覆盖、社会化转变,推进社会形态由二元结构向城乡一体化转变。"推动跨越",就是要推动工业化、城镇化水平显著提高,推动经济总量跃上新的台阶,推动人民生活水平由总体小康迈向全面小康。其次,关于两大主战略。为什么要实施"工业强省战略"?我认为:一是从全面建设小康社会的要求来看,建设社会主义新农村是全面建设小康社会的一个重要组成部分,以工促农、以城带乡又是建设社会主义新农村的必然要求,因此从实现全面建设小康社会目标这个战略高度来说应该重视工业;二是从发达国家和地区的成功经验来看,工业化是现代化不可逾越的历史阶段,任何国家、任何地区都不能缺少这个发展阶段,发达国家都是依靠工业加快发展,国内现在一些发展较快的新区,比如天津的滨海新区、重庆的两江新区等都是工业产业集群区,对当地经济带动辐射作用很大;三是从贵州实际来看,工业是我省的经济短板,贵州发展的差距在工业,潜力在工业,希望也在工业。我省最大的优势是资源优势,资源优势又主要集中在矿产资源和生物资源方面。资源优势转化为经济优势,毫无疑问,唯一的途径就是推进工业化。四是要清醒认识到,发展生态文明和发展工业两者并不矛盾。贵州生态资源丰富,需要大力建设生态文明,但是生态文明的内涵应该包括生态文明的发展理念和生态产业,生态产业就包括生态农业、生态工业、生态旅游业等等。比如贵阳走生态文明城市建设的路径,实际上就是发展生态旅游业、生态工业,两者是不相矛盾的。我们现在发展工业走的是新型工业化的道路,高能耗不代表高污染,有的能耗虽然高,但是在目前看来已经属于先进的技术,又是有市场需求的,我们就可以发展。总之,在相当长的时期内,对贵州经济社会发展起决定性作用的仍是工业经济,工业在贵州国民经济中的地位是其他任何产业代替不了的。为什么要实施"城镇化带动战略"?这是因为,城镇化能够通过城镇建设,可以扩大社会固定资产投资规模,增大经济总量;可以增加工作岗位,扩大社会就业,转移农村剩余劳动力,推动城乡协调发展;可以增大消费空间,扩大内需,提升城镇综合承载能力,成为经济社会又好又快、更好更快发展的平台和载体;可以提高城乡居民生活水平,减弱对贵州本来就很脆弱的山区生态环境的压力,等等。贵州人口的70%分布在农村,城镇化率只有约31%,比全国低16个以上百分点,居全国倒数第二。因此,加快推进城镇化是解决贵州经济社会发展"慢"的问题,转变经济发展方式,实现经济社会更好更快发展的重要途径。

4.全面认识"十二五"时期贵州面临的发展机遇和压力挑战。"十一五"时期的较快发展,为"十二五"发展打下了坚实的基础,使贵州驶入了发展的快车道,站在了新的历史起点上。应该看到,"十二五"时期,我省既面临着前所未有的机遇,也面临诸多的困难和挑战。一是我省经济社会发展的内外环境相对有利。当前,和平、发展、合作这一时代主潮流没有改变，世界多极化格局没有改变，经济全球化趋势没有改变，这三个没有改变，决定了我们正处于加快发展的重要战略机遇期。世界进入后金融危机时代，我国在国际上的重要性和影响力显著提升，有利于我省更好运用两个市场、两种资源加速发展；国家实行扩大内需的方针、深入实施西部大开发战略，中央企业加速扩张，东部产业加快转移，有利于我们争取中央支持、借助外力加快发展；我省资源丰富，基础条件逐步改善，人均生产总值已达到1800美元，正进入工业化、城镇化的加速期，有利于我们激活内生动力，谋求更好更快发展。二是“十二五”时期，我省经济社会发展需要解决的矛盾和问题较多。经济总量小、人均水平低、发展速度慢仍是我省的基本省情和面临的主要矛盾，工业化水平低、城镇化进程慢、区域发展不平衡、产业结构不合理、城乡发展不协调、农村贫困程度深、人口资源环境压力大等问题仍将非常突出，思想观念陈旧、办事效率低下、发展方式粗放、科技创新乏力、社会矛盾易发多发、体制机制转换滞缓等制约科学发展的问题亟待解决。三是“十二五”时期，我省经济社会发展面临的挑战和压力不小。西部大开发十年以来，全国呈现出东部率先发展、中部迅速崛起、西部竞相开发的格局，纵向比我省发展明显加快，横向比多数省区市的发展速度更快。我省与先进地区的差距不仅没有缩小，而且在很多方面还在继续扩大。一些数据可以说让我们“如坐针毡”：目前贵州人均GDP全国倒数第一，仅相当于全国平均水平的38.9%；经济总量在全国排第25位，生产总值仅为全国的1.1%；投资仍然较弱，全社会固定资产占全国的比重仅为1.14%；工业化程度系数0.8，落后全国15年；城镇化率31%，与全国水平相差16.6个百分点，排倒数第二。进入“十二五”以后，全国已进入以转变发展方式为重点，贵州则既要转变发展方式，又要加快发展速度，面临着既要‘转’、又要‘赶’的双重压力、双重任务。各地特别是西部地区将在前十年蓄积能量的基础上继续加速，给我们带来更大的压力。我省如不加速发展，就会在实施西部大开发战略的过程中丧失机遇，就会在全面建设小康社会的进程中拉大差距。所以，从总体上看，“十二五”时期，既是我省可以紧紧抓住并且大有作为的战略机遇期，又是我省实现经济社会发展历史性跨越、全面建设小康社会的加速期，更是我省调整经济结构、转变发展方式的攻坚期。这一时期，对我们省来说太重要了，抓住用好了这一时期，我们就可以为2020年与全国同步进入小康社会打下决定性意义的坚实基础，否则就会拖全国现化代建设的后腿，就会辜负总书记关于“贵州努力实现经济社会发展历史性跨越”的殷切期望。因此，省委提出，我们已没有退路，只能“背水一战”，全省上下要发挥“不怕困难、艰苦奋斗、攻坚克难、永不退缩”的贵州精神，为实现“十二五”宏伟目标而努力奋斗。在刚刚结束的全国“两会”上，“欠发达”的贵州如何实现历史性跨越成为中外媒体关注的热点，栗战书书记在新闻发布会上发出了“我们不想总是垫底，我们也要奋力爬高”的铿锵之声，赵克志省长发出了“领导干部开启发展的快车，人民就能坐上民生的快车”的感人之言。贵州代表、委员表现出来的开放、自信让人刮目相看！奋进、开放、文明、和谐的贵州新形象，正在中国西部的大地上跃动而出，书写新篇章！

三、大学生要勤奋学习、志存高远，在坚定理想信念中去努力实现人生价值

大学时代，是一个人一生中最值得怀念的时光，当代大学生是最富有朝气、最富有激情、最富有创造活力的群体。时代为大学生展示才华、建功立业、实现志向提供了广阔的舞台。毛泽东主席曾经这样深情寄语中外青年，“世界是你们的，也是我们的，但是归根结底是你们的。你们青年人朝气蓬勃，正在兴旺时期，好像早晨八、九点钟的太阳。希望寄托在你们身上。世界是属于你们的。中国的前途是属于你们的。”借此机会，结合我个人的学习工作经历，向同学们提几点希望。

1. 坚定理想信念，树立远大志向。理想信念是推动社会进步的重要动力，也是广大青年知难而进、走向成功的精神支柱。理想信念是“总开关”，是一个人的人生观、价值观在奋斗目标上的体现。大文豪托尔斯泰说过：“理想是指路明灯，没有理想，就没有坚定的方向，没有方向，就没有真正的生活。”失去了理想和信念，就失去了根、失去了本，也就失去了奋斗目标，失去了前进的动力。古往今来,凡是有作为的人,无不具有远大的理想和坚定的信念,而且大多立志于青年时代,追求于一生之中。坚定理想信念,树立远大志向,不仅要做到在顺境中始终坚持,更要做到在逆境中毫不动摇。即使身处逆境也要有改变现状的理想抱负,哪怕困难再大也要有奋发进取的决心雄心。只要你不改初衷、奋斗不息,哪怕千折百转,也一定能达到成功的彼岸。毛泽东、周恩来、邓小平等老一辈革命家就是在青年时代树立了坚定的理想信念,并矢志不渝、终生奋斗,为我们树立了光辉的榜样。国外同样如此。1960年,一位美国学者对哈佛大学1520名学生做了学习动机的调查,只有一个题目:“你到哈佛商学院上学,是为了赚钱,还是为了理想?”结果有1245个人选择“为了赚钱”,有275个人选择“为了理想”。20年之后,人们对这批学生做了跟踪调查,结果让人大吃一惊:这1520名学生中有101人成了百万富翁,而其中100人当初的选择就是“为了理想”。说明一个人只有把自己的追求建立在崇高理想之上,把实现个人价值体现在为社会作贡献之上,才能发挥自己的最大潜能,矢志不渝地去实现奋斗目标。胡锦涛总书记殷切期望:“广大青年要自觉把个人的命运同祖国和民族的命运紧紧联系在一起,把个人的理想追求同全面建设小康社会的伟大事业紧紧联系在一起,自觉服务祖国,无私奉献社会,艰苦奋斗,不懈进取,在火热的社会实践中创造出无悔的青春、永恒的青春。”这为我们当代大学生指明了正确的人生方向。作为当代大学生,就应当自觉地用中国特色社会主义理论体系武装头脑,用社会主义核心价值观熏陶心灵,把个人理想和国家的前途命运、民族的复兴大业和社会的迫切需要结合起来,锤炼自己的人生境界,培养自己向上、向善、向强的人生品格,在报效国家、服务社会中建功立业。再过两个多月,就是我们党90周年华诞,同学们要认真学习党的奋斗史,加深对党的历史、党的知识和党的理论路线方针政策的认识,从我们党90年来带领中国人民求独立、求解放、求富强、求幸福的波澜壮阔历程中,进一步坚定共产党好、社会主义好、改革开放好、伟大祖国好、各族人民好的理想信念,不断汲取营养智慧、增添奋进力量。

2.加强学习实践,增强素质本领。温家宝总理曾对大学生说过这样一句话:“年轻人,既要敢于仰望星空,也要学会脚踏实地”。意思是既要有远大理想,又要有实干精神。古人云:“千里之行,始于足下”,“立身百行,以学为基”,讲的也是这个道理。在座的各位大学生,正处于“以学为基”阶段,我向同学们提三点建议:一是要珍惜学习机会。青年时期是一个人学习的黄金阶段,而大学期间更是一生中积淀知识厚度的宝贵阶段,是人生中一段最值得珍惜的时光。大学校园里名师荟萃,教学资源十分丰富,学习氛围十分浓厚,希望同学们一定要珍惜大好时光,发奋学习、刻苦钻研,紧跟时代发展的步伐,打牢人生成长进步的根基。二是要加强学习自律。大学学习,相对高中而言,十分宽松、自由,这既给同学们提供了极大的自主学习的空间,也容易让人放松自己,有的同学以为上了大学就万事大吉,以为有了大学的牌子就是“香饽饽”,跨出校门就会有单位争着要,找工作就不愁,从此就完全放松了自己,这绝对不行,长江后浪推前浪,时代在不断前进。现代社会分工越来越细,各类职业的专业化要求越来越高,就业竞争自然也越来越激烈,找工作要靠真本事,看你的水平,如果只是空有一张大学的文凭,而没有真才实学,进入社会后根本站不住脚。因此同学们一定要加强自律,珍惜时间,制定严格的学习计划,勤学苦读,孜孜不倦。常言道:“书到用时方恨少”,我再送同学们一句叫:学到苦时方觉甜。这里,我再建议大家,学一点马克思主义哲学。不少人大学毕业工作多年后,都感叹知识更新太快了,大学学的东西很多都过时了,但有一种东西没有过时,那就是在大学时学会了学习、学会了思考,这种学习方法、思考的方法,什么时候都不会过时。马克思主义哲学就是关于世界观、方法论的学问,是能使人变得聪明智慧的学问,不管是学医学的还是学其它专业的大学生,都要掌握唯物论、辩证法,学会用全面的、联系的、发展的观点来看待问题、分析问题、解决问题,这确实可以使一个人终身受益。三是要拓展学习途径。古人云:“读万卷书,行万里路”。书本知识和实践能力如同鸟之两翼,只有这两个方面都得到提高,才能飞得更高、更快、更远。作为当代大学生,不仅要学习书本知识，还要通过参加各种讲座、社会调查、社团活动等多种途径来丰富学习内容，陶冶情操。一个人学的知识可以从书本中来，但是要增长见识，增长才干，还要善于向实践学习、向群众学习。我们既要读课本上的“有字之书”，又要读社会这本“无字之书”，积极参加社会实践，注重培养实践能力，提高解决实际问题的本领。这些年，我省教育部门和学校为同学们的社会实践搭建了许多平台，在暑期组织大学生“三下乡”、志愿服务、社会调查等等。这些都为同学们增长知识、锻炼才干、奉献社会，提供了广阔的舞台。希望同学们积极投身社会实践，深入我省企业、农村和社区，开展社会调查，参加志愿服务，投身于全省又好又快、更好更快发展的伟大实践，努力在实践中学习提高、增强本领。

3. *永葆良好心态，勇敢战胜挫折。*在人的一生中，或多或少都会碰到这样那样的挫折，没有谁会永远一帆风顺。但是当我们遇到挫折时，千万不要气馁，更不能走极端。由于适应能力不够、生活压力增大、学习就业受挫等问题，最近几年，大学生自杀事件和恶性事件时有发生，引起社会广泛关注和震惊。同学们进入大学，不仅要学习文化知识，还要提高自己的心理素质，敢于面对和战胜挫折，真正走向成熟。这里我给大家两个方面的建议：一方面要敢于面对挫折。生活中的挫折和失败虽然能对人造成打击，但是也可使人走向成熟、取得成就，关键在于你敢不敢面对挫折。司马迁在《报任安书》中有一句著名的话：“仲尼厄而作《春秋》”。厄，就是厄运，就是挫折。仲尼是孔子的字，他的一生充满挫折，而且是非常大的挫折，曾经几乎饿死，几乎被人害死，但他一直不气馁，最终成为我们中华民族的圣人。温家宝总理曾这样用自己的亲身经历来激励青年人，他说他上地质学院的时候，正赶上困难时期，第一个学期就患上了肺结核，休学半年，而且还被隔离了，那时又吃不饱，这对他是一个很大的打击。但是面对这样大的挫折，他没有一天放弃学习，他一边治病，一边用比别人多一倍的时间用来学习，最后五年时间过去了，终于以优异的成绩毕业。同学们学习、奋斗、做事、做人，就要敢于走崎岖不平的道路，就要准备应对各种困难，战胜各种挫折。另一方面要培养良好心态。对人生中的挫折，我们不仅要敢于面对，决不气馁，还要培养良好心态，从自己身上找原因，不强调客观原因，不怨天尤人，学会正确看待人生，而不是去抱怨为什么我会遇到而别人不会遇到。有人说过，“每个人都有长处，就要互相学习；每个人都有自己的短处，就要学会弥补；每个人都有自己的难处，就要互相帮助；每个人都有自己的苦处，就要相互体谅。”“面对失落而泰然处之，是成熟；面对失落而笑口常开，是豁达；面对失落而不改初衷，是坚韧；面对失落而重新开始，是奋斗。”这些希望同学们都能够深刻领会。总之，同学们在学习生活和今后的工作中可能会遇到这样那样的困难和挫折，但是只要大家敢于面对，勇于战胜，坚定地走好自己的路，就会一直拥有阳光灿烂的日子。

4. *勇于创新创业，实现人生价值。*当前大学生感到压力最大的几个问题之一就是就业。对大学生的就业问题，从中央到地方，都在积极想办法，千方百计疏通和扩大就业渠道。就业难的因素多，有客观因素，也有主观因素，其中有一个重要的主观因素，就是一些家长和青年的就业观念存在不少误区，有的只把进党政机关、事业单位、国有大中型企业工作看成是就业，没有把目光更多地投向大有可为的市场经济和自主创业领域，投向非公有制企业，投向急需人才的农村基层。这里我想对大家提几点建议。一是敢于奔赴基层。条件艰苦的地方、祖国和人民最需要的地方，往往是青年实现抱负、增长才干的沃土。特别是贵州这样的地方，基层尤其需要人才。大家不妨调整就业心态，放宽择业范围，选择到基层去，到农村去，到艰苦环境中去，到祖国和人民最需要的地方去，经受锻炼，施展才华，实现自身的价值。二是勇于自主创业。近年来，省委、省政府高度重视我省大学生创业和就业工作，出台了一系列创业优惠政策，取得了明显的成果。省里在2009年成立了青年创业就业基金会，建立了多个国家级青年创业就业见习基地，鼓励全省青年以创业的方式施展才能、展示自我。省委在关于大力推动非公有制经济的发展方面出台了一系列政策，提供了有很多青年创业就业的重要渠道。特别是大家都是学医学的，前景十分广阔，希望同学们用好政策，敢于自主创业，在创业中成就梦想，闯出自己的一片天地。三是正确看待成才。近年来，社会上出现了一些关于大学生就业的说法和炒作，比如有一种说法叫"考大学靠自己，要就业靠家长"，还有一些从大学生毕业去养猪等事例中得出"读书无用论"的观点。总的来看，这类现象肯定存在，但绝不是大学生就业的主流，内在能力才是决定就业竞争力的关键因素。大家可以观察，一些从农村出来的子女和贫困家庭的子女，他们成长为有用之材、栋梁之材，并不是靠父母，而是靠党和政府的培养教育，靠自己的努力奋斗。这些年进入公务员行列的都是通过公开招考，从招考进省委机关的人来看，大都是来自基层、来自农村。我想告诉大家的是，一个人的成长是有规律的，成功的背后往往都洒满了汗水与艰辛，就像流行歌曲《真心英雄》里面唱的，"不经历风雨，怎么见彩虹，没有谁能够随随便便成功。

5. 培育医德医风，锻造品质操守。培育医德医风，弘扬仁心仁术，是对医务工作者的基本要求。对于医学院的大学生来说，医德医风尤为重要。既然我们选择了医学，就意味着选择了"救死扶伤"这项崇高的职业。早在唐代，著名医学家孙思邈在《备急千金要方》序中就写道："人命至重，有贵千方。五方济之，德愈至此。"讲到医德医风，我还想到了白求恩，毛泽东同志在《纪念白求恩》一文中，赞誉白求恩是"一个高尚的人，一个纯粹的人，一个脱离了低级趣味的人，一个有益于人民的人"，白求恩"毫不利己，专门利人"，对工作"极端热忱，极端负责任"的精神激励着一代又一代的医务工作者，他们在平凡的岗位上任劳任怨、无私奉献，为保障人民生命健康，推动医疗卫生事业发展而不懈奋斗。今天我们身边许许多多的医疗工作者也正在用他们的实际行动诠释着这一传统美德。比如2003年的抗击非典疫情，2008年抗击汶川大地震，在这些没有硝烟的战场上，临危受命的医护人员发挥了救死扶伤的人道主义精神和无私奉献的革命精神，叶欣、李志韧等医务工作者人置个人生死度外，以自己的良知、责任和精湛的医术，挽救了一个又一个生命，成为人们心目中生命的守护神。我省从江县大塘村乡村医生李春燕，卫校毕业后回到乡下开办诊所，走村串寨为苗族同胞送医送药，热心服务、风雨无阻、无怨无悔，得到当地群众的好评，被评为中央电视台"感动中国2005年度人物"和"100位新中国成立以来感动中国人物"。同时，我们也要看到，在社会主义市场经济的新形势下，极少数医务人员价值观扭曲，追逐利欲，损人利己，导致医患关系紧张，影响了医务工作者的整体形象。因此，有必要加强医德医风建设。医生不仅要治疗疾病，更要关怀和照料病人，做不通"人"的文章，摆不正"人"的位置，就不能真正地理解医学。我们的责任心强一点，业务水平高一点，病人的痛苦和损失就会少一点，社会才会更加和谐。所以，医学院的学生不仅要加强医学科学基础知识、临床技能、群体健康和卫生等的学习，更要重视医德医风、沟通技能等方面的培养。希望各位同学在培养自身医德医风的建设过程中端正人生观、价值观，做一名救死扶伤、社会满意、患者满意的合格医生。

同学们，胡锦涛总书记曾指出："一个有远见的民族，总是把关注的目光投向青年；一个有远见的政党，总是把青年看作推动历史发展和社会前进的重要力量。"一百多年前，生于贵州、长于贵州的清代名人张之洞在他的名篇《半山亭记》中写道："美不自美，因人而彰"。未来贵州的画卷，将因你们这一代贵州青年的奋发有为而更加绚丽多彩、美不胜收。伟大的时代催人奋进，伟大的事业召唤着你们。希望大家倍加珍惜无限美好的青春年华，牢记党和人民的重托，不辜负父母亲人的厚望，刻苦学习、矢志奋斗、不懈进取，在又好又快、更好更快发展的时代洪流中建功立业，在实现贵州经济社会发展历史性跨越的历史征程上谱写出更加辉煌壮丽的青春乐章。

谢谢大家！

在中国日报社贵州记者站揭牌仪式上的致辞

（4 月 19 日）

尊敬的富玉副书记、朱灵社长，

各位来宾、同志们、朋友们：

大家下午好！

在这春意盎然的美好季节里，中国日报社贵州记者站成立了，这是中国日报社的喜事，也是我们贵州新闻宣传事业发展的喜事。在此，我代表中共贵州省委、贵州省人民政府和贵州省委宣传部对中国日报社贵州记者站的成立表示热烈的祝贺！

中国日报社是中央直属的副部级新闻单位，创刊于 1981 年，旗下的《中国日报》作为国家英文日报，是承担党和国家对外宣传任务的综合性党报，也是唯一有效进入西方主流社会、国外媒体转载率最高的中国报纸。2009 年，党中央、国务院将中国日报社等六家中央主要媒体确立为加强我国国际传播能力建设的重点媒体。

此次，中国日报社在贵州设立记者站，充分体现了中国日报社对贵州外宣工作的高度重视，体现了对贵州各族人民的深情厚谊。中国日报社贵州记者站的设立，将更好地发挥《中国日报》在世界范围内客观真实地宣传贵州、正确引导涉黔舆论等重要作用，必将成为对外宣传贵州的一个重要窗口和平台。贵州是内陆省份，与沿海发达地区相比，我们的对外开放程度相对较弱，在国际社会的影响力和知名度有待提高。因此，我们更需要像《中国日报》这样在国际上有影响的媒体来关注和支持贵州的发展，向世界全方位、多角度地展示多彩贵州魅力，争取海内外社会各界对贵州更多的关心和支持，为贵州经济社会又好又快更好更快发展营造良好的外部舆论环境，让贵州走向世界，让世界了解贵州。

贵州山川秀美，气候宜人，文化多彩，资源富集，像闻名世界的黄果树大瀑布，列入世界自然遗产的荔波喀斯特、赤水丹霞地貌，列入世界非物质文化遗产名录的“侗族大歌”，以及纳入联合国人与自然生物圈、全国五大佛教名山之一的梵净山，等等，无不令来宾心驰神往，这些丰富的旅游资源都需要通过《中国日报》向全世界很好地进行宣传和介绍；贵州的“茅台酒”、“老干妈”等特色优势产业的知名品牌，也需要通过《中国日报》向海外进行积极推介；我们还需要通过《中国日报》招揽更多的海外人才，吸引更多的外商，来贵州投资创业、发展共赢。

最后，祝愿《中国日报》越办越好，办成与中国国际地位相符的世界一流的英文媒体。

谢谢大家！

在第九届民族运动会筹委会新闻宣传工作会议上的讲话

（4 月 26 日）

同志们：

自第九届民族运动会筹备工作启动以来，我省新闻宣传战线和相关部门把运动会的宣传纳入总体部署，提上重要日程，在前一阶段，时间紧、任务重，经验不够，人力物力缺乏的情况下，开展了大量卓有成效的基础性工作，取得了阶段性成果。

现在，离运动会开幕只有四个多月的时间，各项工作开始进入倒计时，宣传工作从现在起进入升温阶段，宣传要加大力度，加强密度，希望大家发扬连续奋战的精神，以最大的热情，尽最大的努力，全体动员、全力以赴，努力提供一流的媒体服务，营造一流的舆论氛围，实现第九届民族运动会新闻宣传的决战决胜，为向全国人民展示一届富有特色、热烈祥和、群众满意的盛会作出积极的贡献。下面，我就进一步做好第九届民族运动会的新闻宣传工作讲几点意见。

一、高度重视，进一步统一思想认识

四年一届的全国少数民族运动会，是我国规格最高、规模最大的综合性民族体育盛会，是弘扬民族传统文化、展示民族地区经济社会发展成就的重要平台。举办全国少数民族传统体育运动会，推动少数民族体育事业发展，是党的民族政策的具体体现，这既是体育工作，也是民族工作，更是一项严肃的政治工作。历届民族运动会，不仅在民族地区产生了重大影响，在国内外也受到广泛关注。我省作为多民族的省份，办好第九届民族运动会，关系到我们对全国人民的承诺，关系到贵州的声誉和形象，关系到民族团结、国家稳定和经济社会协调发展，丝毫大意不得。

从民族运动会的发展来看，新闻媒体的关注度越来越高，正是因为媒体的关注，民族运动会不仅是一个体育的盛会、文化的盛会，也是一个媒体的盛会。媒体的广泛参与，是进一步推介多彩贵州、提高贵州知名度美誉度、展示我省经济社会发展成就的良好机遇，也是对我省组织重大新闻宣传战役能力的一次严峻考验。这次民族运动会的宣传做得好不好，组织得成不成功，事关本届运动会的影响力，事关贵州的对外形象，事关全省宣传思想文化战线的荣誉。

希望大家深刻认识办好本届民族运动会的重大意义，全省一盘棋、上下一条心，齐心协力做好第九届民族运动会的新闻宣传工作，充分展示我省组织大型运动会新闻宣传的能力和水平，充分展示贵州新闻宣传战线的良好形象，充分展示“不怕困难、艰苦奋斗、攻坚克难、永不退缩”的贵州精神，为第九届民族运动会的成功举办做出自己应有的贡献。

二、精心组织，确保各项工作落到实处

第九届民族运动会的新闻宣传工作事多面广，一个环节对接不上，一个细节疏忽，都可能影响到整个工作的开展。所以，抓好大型宣传，要分阶段的、有侧重的、有序推进，必须提纲挈领，抓住工作重点。当前，要着重抓好以下六项工作。

一是要明确责任。刚才，大家就《第九届民族运动会筹委会新闻宣传部重点工作任务分解落实方案》进行了讨论，提出了很好的建议意见，会后要抓紧吸收合理意见，修改完善后印发。出台这个《方案》，就是要把责任落实到具体部门、具体的人，做到层层负责、分级负责、人人负责，确保事事有人管，件件有落实。文件一旦正式印发，就是硬任务，就要不折不扣的落实。完不成任务的，任务完成得不好的，将启动问责机制，追究相关人员的责任。

二是要狠抓落实。各有关部门要以大局为重，严格按照新闻宣传部的统一工作部署，完成好各自承担的工作项目。《任务分解落实方案》已经明确了相关工作的启动时间、完成时限、责任部门和责任人。牵头处室要根据各自承担的工作，进一步分解任务，细化措施，合理安排进度，务必使每项活动、每一个环节都落到实处，保质保量的完成工作任务。

三是要加强督促。筹委会新闻宣传部负责同志要根据《任务分解落实方案》的安排，密切关注各部门、各单位的工作落实情况，及时通报各项工作和项目进展情况，对于任务完成得好的单位，予以表扬；完成得不好的，要批评，限时整改，切实加大督促力度。

四是要密切配合。第九届民族运动会的新闻宣传，是一项系统工程，涉及新闻宣传、网络宣传、新闻发布、社会宣传、文化宣传等方方面面，涉及我省新闻出版、广播电视、文化、民族、体育、工商等多个单位和部门，涉及面广，牵动面大，我们在强调责任制的同时，也要大力倡导团结协作的精神。各单位、各部门要加强协调配合，既明确分工、各负其责，又密切配合、相互支持，及时沟通，互相补台，形成新闻宣传合力。

五是要精心策划。近年来，我们在“又好又快、更好更快发展”、“两加一推”、全国“两会”等宣传中，注重加强策划，不断创新宣传内容和方式，打好了多次重大新闻宣传战役。希望大家在第九届民族运动会的宣传中，继续发挥策划优势，抓方案、抓采制、抓节目、抓落地，保证正确的舆论导向和良好的传播效果。

六是要注重服务。此次运动会，中央、省外媒体云集，媒体服务是非常重要的一项工作。媒体服务做好了，我们的外宣工作就成功了一半。要进一步健全服务沟通机制，有的服务，我们力所不能及的，需要上级组织协调的，要及时报告，并追踪落实。新闻宣传部一定要与其他部门进行充分的沟通协调，认真做好记者的报名接待、新闻中心的建设运行等各项工作，为记者提供优质、便利的生活条件和工作条件。

三、严守纪律，营造团结和谐的舆论氛围

一要把握宣传基调。坚持团结稳定鼓劲、正面宣传为主，牢牢把握正确舆论导向。突出合作交流、精彩顺利的基调，体现各民族“共同团结奋斗，共同繁荣发展”的主题，展示平等、团结、互助、和谐的民族关系，为民族运动会营造健康和谐、积极向上的社会环境和舆论环境，树立良好的贵州形象。

二要遵守报道纪律。牢固树立“民族宗教无小事”的思想，高度重视民族禁忌问题，严格执行党和国家的民族法规政策，尊重各民族群众的宗教信仰和风俗习惯，严禁出现伤害民族感情、违背民族禁忌的问题。对重大突发事件，包括比赛中有争议的事件严禁猎奇和炒作，对敏感问题的报道，须经组委会审查同意。

三要加强工作统筹。今年，重大主题宣传多、任务重，希望大家统筹安排好第九届民族运动会、纪念建党90周年、“三个建设年”等各项重大主题宣传，合理安排好各阶段工作，不要出现顾此失彼的现象，确保各项工作有序推进。

同志们，做好第九届民族运动会的新闻宣传，责任重大、使命光荣，希望大家以高度的政治责任感，以求真务实的作风，以力争一流的工作目标，圆满完成新闻宣传的各项任务，让省委、省政府放心，让全国人民满意、让贵州人民自豪！

在贵州·香港投资贸易活动周媒体推介会上的主持词

（5月3日）

各位嘉宾，香港新闻界的朋友们：

大家下午好！

今天，中共贵州省委、贵州省人民政府在这里举行贵州·香港投资贸易活动周媒体推介会，向香港新闻界的各位朋友介绍活动周的有关情况，同时就我省经济社会发展状况、投资环境、优势资源、特色产业、黔港两地合作前景等进行推介。从今天开始，我们将通过一系列活动，向香港和世界各地的朋友展示贵州开放新形象，推介贵州发展新态势，宣传贵州良好投资环境，深化黔港及贵州与世界其他国家和地区的交流与合作。

下面，我向大家介绍一下出席今天推介会的贵州省领导和媒体嘉宾。出席推介会的我们贵州省的领导有：中共贵州省委书记、省人大常委会主任栗战书先生，中共贵州省委副书记、省长赵克志先生，中共贵州省委常委、省委统战部部长龙超云女士，贵州省副省长蒙启良先生。

出席今天推介会的嘉宾有：香港中联办宣传文体部、人民日报社香港分社、新华社香港分社、中央人民广播电台香港记者站、中国国际广播电台香港记者站、中央电视台亚太中心和香港记者站、中国日报香港版、中国新闻社香港分社、香港文汇报、香港大公报、香港商报、香港经济日报、明报、信报、南华早报、香港凤凰卫视、香港有线电视、澳亚卫视、紫荆杂志、台湾中国时报、台湾联合报、台湾中国电视、台湾东森电视、新加坡联合早报和韩国KBS电视，以及来自上述媒体的记者朋友们，欢迎各位媒体嘉宾和记者朋友的到来！

近年来，港澳、台湾媒体，中央驻港媒体及国外媒体对贵州越来越关注，对贵州的报道也越来越广泛和深入，为世界了解贵州、向往贵州、投资贵州做出了积极的努力和贡献。在此向大家表示衷心的感谢！

今天的会议共有三项议程，第一项是播放“活动周”电视宣传片。第二项是贵州省委副书记、省长赵克志先生介绍我省投资贸易情况。第三项是交流互动，嘉宾及记者提问。

下面进行会议的第一项议程，请各位领导和嘉宾观看“活动周”电视片（约14分钟）。请工作人员播放电视片。

（播放毕）

下面进行会议的第二项议程，请贵州省省长赵克志先生介绍我省投资贸易情况。

（介绍毕）

下面是交流互动时间。欢迎各位媒体的朋友就自己感兴趣的问题，和我们在座的各位贵州省领导进行交流提问。

（交流毕）

由于时间关系，还有媒体朋友没有提问，相信今天只是一个起点，以后我们彼此之间可以有更多机会、通过各种形式进一步加强交流，加强了解、加深友谊。栗战书书记和赵克志省长在君悦厅和自助餐厅准备了晚宴，我们还可以在就餐时进行交流。感谢各位嘉宾和记者朋友的莅临，今天的推介会到此结束，谢谢大家！

请大家前往餐厅用餐。

答新华社香港分社记者问

（5月3日）

刚才龙部长讲到了贵州的民族文化，这对香港的游客很有吸引力。请问谌部长，对于香港游客而言，贵州有哪些旅游资源优势？（请新华社香港分社负责人提问）

谢谢。在回答您的问题前，我想先给大家介绍一个数据和一个事实。一个数据是：近年，香港作为贵州重要的旅游客源地和国际游客中转地，前往贵州的游客每年以20%以上的速度递增。一个事实是：到过贵州的香港游客几乎都由衷地惊叹———贵州太美了，都感到他们看的比我们说的还要好。这也敦促我们今后要更好地宣传贵州，让更多的人能够和我们一起感知多彩贵州。

贵州是美丽之州，有着优美的自然风光。贵州的山美。全省土地面积92.5%都是山地和丘陵，素有“喀斯特王国”的美誉。有联合国人与生物圈保护网成员、国家级自然保护区、中国五大佛教名山之一的梵净山，有世界自然遗产荔波喀斯特风景区，有绵延数千里、万座奇峰汇成林的国家级风景名胜区———兴义万峰林，等等。登临群山之巅，您会有征服大自然的豪迈之情；置身万峰之中，您会有回归大自然的神秘之感。贵州的水美。贵州又称“千瀑之省”，具有较高观赏价值的瀑布就有629座。蜚声国际的黄果树瀑布是亚洲最大的瀑布，是世界上唯一能从上、下、左、右、前、后六个方向观赏的瀑布。贵州还被称为“漂流之省”，可以用于漂流的达820条，贵州的漂流，两岸风光如画，水质清澈见底，有惊无险的刺激、童趣无穷的享受，非常的惬意。贵州的溶洞美。贵州还被称为“千洞之省”，著名的织金洞是世界上面积最大的溶洞，有74万平方米，堪称地下的世界艺术大宝库。双河溶洞是世界上最长的溶洞，已探明长度达110公里。贵州的森林景观美。森林覆盖率高达41%，有数百座原始森林，著名的有百里杜鹃、百里竹海、百里茶海，国家级森林公园21

个、国家级自然保护区9个、国际性生态博物馆4个,特别是赤水桫椤原始森林,是世界最大的侏罗纪森林公园。茫茫林海,涛声阵阵,是您洗肺、吸氧、享受森林浴的好去处。

贵州是避暑之州,有着凉爽的宜人气候。全省大部分地区年平均气温15.6摄氏度左右,全年雨量充沛,紫外线强度低,空气负氧离子含量高,有"天然大氧吧"、"天然大空调"的美誉,适宜常年旅游、休闲避暑。我省省会贵阳市连续六年被评为"中国避暑之都"。在盛夏季节,很多地方热浪滚滚,而贵州却凉风习习,基本上不用开空调。如果香港的朋友想要找个避暑之地,不妨到贵州去,吹一吹高原上凉爽的风,享受那里湿润、清新的空气,一定会神清气爽、青春焕发。

贵州是歌舞之州,有着浓郁的民族风情。贵州是多民族的大家庭。这一点刚才超云部长已经给大家作了介绍。千百年来,苗、布依、侗、水等18个世居民族与其他兄弟民族一起,与贵州雄浑秀美的青山绿水和谐相依,劳作之余且歌且舞。虽然他们的物质生活水平不高,但他们的幸福指数很高。以侗族大歌、苗族飞歌和苗族锦鸡舞、苗族木鼓舞、苗族芦笙舞等为代表原生态歌舞在全国青年歌手电视大赛和中国舞蹈"荷花奖"大赛上多次获奖。荟萃了贵州歌舞精华的大型民族歌舞诗《多彩贵州风》,先后在国内外多个城市巡演,也"风"行神州,"风"动海外。在大都市繁华喧嚣之余,您不妨把贵州作为人类疲惫心灵的栖息地去体验原生态的民族文化之旅!

贵州是红色之州,有着壮丽的长征文化。贵州是当年红军长征途中经历时间最久、路线最长、故事最多的省份,红色旅游资源宝贵而丰富,开发潜力大。在全省88个县(市、区)中,有68个县(市、区)留下了红军的足迹、红军的故事。中国革命伟大转折点的"遵义会议",红军出奇制胜的"四渡赤水",都发生在贵州。贵州的红色旅游,是享受红色文化大餐,领略红色魅力、转折神奇的好地方。

贵州是财富之州,有着丰富的资源。贵州既是旅游资源大省,又是能源大省、矿产资源大省、生物资源大省,蕴藏着巨大的财富,具有明显的后发优势,是一块投资兴业的热土。去贵州投资开发,您会得到丰厚的回报。

世界旅游组织秘书长弗朗西斯科·加利先生称赞贵州为"美景之州、美酒之州、文化之州、生态之州、歌舞之州"。对生活、工作节奏较快的香港游客而言,贵州之旅,既是避暑之旅,又是文化之旅;既是生态之旅,又是休闲之旅;既是发现之旅,又是收获之旅。我们希望各媒体继续关注、聚焦贵州,把多姿多彩的贵州全方位、立体地呈现给香港乃至世界的朋友。

在省委宣传部中心组学习传达习近平同志重要讲话精神会议上的讲话

(5月16日)

习近平同志的重要讲话,站在全局的高度,深刻阐述了经济社会发展和党的建设等重大问题,指明了贵州改革发展的方向、重点和途径,内容丰富、内涵深刻、言真意切、语重心长,充分体现了科学发展观的思想,充分体现了胡锦涛总书记对贵州工作的一系列重要指示要求,具有很强的思想性、针对性和指导性,对我们深入学习贯彻落实科学发展观,深入贯彻学习胡锦涛总书记对贵州实现经济社会发展历史性跨越的指示,深入实施"十二五"规划都有着重大而深远的意义。我们一定要认真学习、认真领会,结合全省宣传思想文化工作切实加以贯彻。

*一是着力营造"加速发展、加快转型,推动跨越"的浓厚氛围。*要树立强烈的政治意识、大局意

识、责任意识，从推动经济社会又好又快、更好更快发展的总要求和我省“十二五”期间“加速发展、加快转型、推动跨越”的主基调出发，进一步找准职能定位，把握努力方向、明确工作重点，制定工作措施，切实把工作抓到点子上，抓出成效来。特别要精心策划实施重大主题宣传，全国和省“两会”宣传报道已经完成，要继续深入宣传党的十七届五中全会和省委十届十次全会精神和即将召开的省委十届十一次全会精神，做好我省经济社会发展“十二五”规划的宣传解读；要加大对各类重大项目、重大典型的宣传报道，及时反映各地各部门的好做法好经验；深入宣传我省实施新一轮西部大开发战略，做好“新十年·新跨越”等重点宣传报道；精心策划实施“加速发展、加快转型、推动跨越”、实施工业强省和城镇化带动战略、“三个建设年”、“创先争优”和“四帮四促”活动等重大主题宣传。下半年还要精心组织好省第六届旅游产业发展大会、中国·贵州黄果树瀑布节等重大活动的宣传。要组织开展应用对策研究，特别是习近平副主席关于贵州发展的一系列重大战略思想，组织召开系列专题研讨会，推出优秀科研成果，为党委、政府决策服务。总之，我们的工作要时刻做到舆论先行、宣传先行，让广大群众先期就能呼应起来，为中心工作的开展做好必要的先行铺垫和舆论准备。

*二是着力组织好今年的几个重大活动的宣传工作。*今年的重要活动多，我们一定要头脑清楚，集中精力，打好每一场战役。围绕庆祝建党90周年和纪念辛亥革命100周年，我们将举办一系列活动，例如举办形式多样的座谈会、报告会、研讨会、文艺晚会，组织优秀影视剧展映展播、摄影、美术、书法作品系列展等等活动。这就要求我们要紧密结合实际，找准切入点，把握节奏点，实现整个纪念活动同频共振、同步合拍，铺垫升温、汇成高潮，确保宣传教育整体效果最大化。活动组织中要形成声势，大力唱响主旋律，要组织全国第九届少数民族运动会宣传准备工作，这项活动的准备工作已经进入倒计时和冲刺阶段，全国人民都在关注、全省人民都在期待，宣传部门在工作中，承担了重要的、繁重的宣传任务，我们一定要抓住机遇，使之成为展示贵州形象的契机，一定要努力完成好我们承担的各项任务，交上满意的答卷。

*三是着力加大对外宣传力度，积极向外界展示开放贵州、奋进贵州、希望贵州新形象。*今年上半年，我们在一些重大的外宣活动中取得了较好的成绩，也得到了省委、政府主要领导同志的肯定，比如在前不久到香港举行贵州·香港投资贸易活动周，外宣工作取得良好的宣传效果，内宣工作，在全省上下形成较大宣传声势，社会反响非常好。下半年，我们要继续实施“走出去”、“请进来”战略，配合省委、省政府6至7月将在上海、广州、成都开展的投资贸易洽谈活动和8月在贵阳举行的投资贸易洽谈会，大力加强经济外宣、商贸外宣和旅游外宣的活动。同志们要继续发扬优良作风，戒骄戒躁，进一步加强沟通协调，联合作战，在原有的基础上不断提高工作水平，不断取得更大的成绩。

*四是着力加强典型宣传，认真总结推广“三个建设年”、“四帮四促”等活动中的好经验和好典型。*各级宣传部门和新闻单位要精心组织策划，有计划有步骤地抓好典型宣传，习近平副主席在重要讲话中，对我省经济社会发展的重大战略思想和涌现出来的好典型加以充分肯定，要求我们加以总结，不断深化典型意义、推广典型经验。讲话对铜仁地区开展的社会稳定风险评估机制的建立、清镇市“诚信农民建设”的活动、我省新形势下做好群众工作的“四帮四促”活动、团省委开展的“春晖行动”、湄潭县村民自编花灯戏“十谢共产党”等等都是我们下一步加强重大典型宣传的重要依据，我们要按照习近平副同志的要求，增强政治敏感性，在去年典型宣传取得成效的基础上，继续争取中央媒体的支持，今年要有大的突破，在全国树立有较大影响力的典型，加强亮点报道，发挥先进模范的带动示范作用，用榜样的力量激励人、教育人、鼓舞人。

*五是着力深化文化体制改革，促进文化大发展大繁荣。*全省宣传文化系统要深入贯彻李长春同志在今年“两会”期间，审议贵州代表团的重要讲话精神，按照省委书记栗战书同志前不久在全省学习李长春同志重要讲话促进贵州文化跨越发展座谈会上，提出的“依靠改革创新、建文化强省、促进历史跨越”总体思路和“六个一批”工作要求，

按照刚刚召开的全国文化体制改革工作会议和全国宣传部长座谈会议精神，进一步加大工作力度，认真抓好贯彻落实，切实加强体制机制建设，加快改革进度、加大改革力度，不断创新工作、开展重大文化活动，打造文化艺术精品、加强对外文化传播、不断提升贵州文化的品牌力、影响力、竞争力。在这方面，省委、省政府的主要领导对我们的文艺精品创作、文化体制改革要求很高、期待很大，我们要加强责任意识，进一步创新体制机制，努力在精品创作上有很大的突破，切实把“六个一批”工作落到实处。

六是着力开展丰富多彩的精神文明创建设活动。以推进社会主义核心价值体系建设为主线，拓展思想道德教育和精神文明创建活动，进一步丰富群众文化生活。深入开展“整脏治乱”专项行动和“满意在贵州”主题活动，着力打造优美环境、优良秩序和提供优质服务。着力抓好“十大民生工程”中的农村生活环境改善和公共文化服务体系建设两大工程和“迎九运、讲文明、树新风”活动，确保精神文明创建工作取得实效，在全社会营造良好的社会风尚。

七是着力加强宣传队伍建设，打造学习型、服务型、创新型、效能型、责任型、廉洁型“六型”机关。要紧紧围绕省委、省政府开展的“创先争优”、“三个建设年”、“四帮四促”三项主题活动，按照打造“六型”机关建设的要求，真抓实干、争创一流，确保“创优年”各项工作落到实处、取得实效，要提高工作标准，更加积极、更加努力地开展工作；要加快工作节奏，半天能做完的工作，绝不拖成一天，今天能做完的，绝不推到明天；要强化工作效能，进一步简化办事程序，优化工作流程，限时处理工作业务，统筹规范办文办会办事，集中精力干事创业。

总之，我们要深入贯彻落实习近平同志考察我省工作的重要讲话精神，要根据栗书记在省委常委（扩大）会议的要求，做好宣传思想文化“创优年”各项工作，不断创新工作思路、体制机制、内容形式、手段载体，进一步转变作风、提高效率，努力创先争优，为“十二五”开局之年，为我省加速发展、加快转型、推动跨越提供重要的思想保证、精神力量、文化条件和强大动力。

文化出产业　艺术出精品

——答《光明日报》记者问

（5 月 17 日）

问：前年全国两会期间，中央电视台上映了贵州推出的两部电视剧《绝地逢生》和《杀出绝地》；今年全国两会期间，国内各大院线又上映了贵州推出的三部电影《幸存日》、《云下的日子》、《炫舞天鹅》。这些影视作品都引起了强烈反响。这是偶然现象吗？

答：对贵州这样一个经济社会发展相对滞后的省份而言，要想在新一轮区域经济社会发展竞争中占据制高点、赢得主动权，加强自身的文化传播，对内凝聚人心、鼓舞士气，对外扩大影响、提升形象，具有非常重要的战略意义。你提到的那几部电视剧和电影，都是从历史与现实的不同层面，在地域特色这个问题上做文章。要说反响强烈，我想，除了赶上全国两会这个特殊节点而外，更重要的，还是地域特色鲜明，让大家觉得贵州有看头、看了还想看。

问：贵州加强自身的文化传播，除了影视，还在哪些方面下了工夫？

答：首先，是贵州原生态音乐和民族民间舞蹈的挥师挺进。通过积极地挖掘、整理、传承、提升，以侗族大歌、侗族琵琶歌、苗族飞歌、布依族铜鼓十二调和苗族锦鸡舞、苗族木鼓舞、苗族芦笙舞等为代表的贵州非物质文化遗产，被列入国家保护名录，侗族大歌还跻身世界非物质文化遗产之列。

另外就是舞台领域的重点突破。大型民族歌舞诗《多彩贵州风》荟萃了贵州歌舞的精华，先是“风”行神州，后又远走北美、西欧、东南亚，“风”动海外。这两年我们还充分调动各级艺术院团的积极性和主动性，推出了话剧《天地文通》、舞剧《天禅地傩》、黔剧《大学生村官》、花灯剧《征人行》、川剧《娄山关月》等，分别入选国家举办的有关展演，并开展各地巡演。

问：贵州经济社会发展整体滞后，但文化发展能呈现这么多亮点，的确可喜可贺。贵州是如何做到这些的呢？

答：最重要的，还是解放思想。2005年，胡锦涛总书记在贵州考察工作时，对贵州提出了“要努力实现经济社会发展历史性跨越”的明确要求。贵州各级宣传文化队伍充分认识到肩负的光荣使命，把转变观念作为首要工作来抓，从三个方面来破题。一是增强实现文化崛起的自信心。贵州民族民间文化和历史文化资源丰富多彩，特点鲜明，魅力充足，再加上风光旖旎、气候宜人，文化与旅游互为支撑、互为促进、共享市场、共同发展的组合优势得天独厚。二是增强实现文化崛起的危机感。文化已经成为综合实力的重要组成部分，在新一轮区域竞争中占据重要位置。三是增强实现文化崛起的主动性。文化能不能加快发展，关键在人，取决于人的精神状态。我们不好跟其他地方比条件，但可以比精神状态，必须“人一之我十之、人十之我百之”，在苦干中办实事，靠苦干去求实效。

问：您认为文化崛起的标志是什么？

答：一是文化出产业，二是艺术出精品。文化出产业，解决的是文化崛起的载体、工具、手段和途径等问题。艺术出精品，解决的是文化崛起的内容问题。

文化出产业，贵州这几年有很多突破。按照中央要求，贵州的295家经营性事业单位已有241家基本完成了转企改制任务。在此基础上，我们组建了省属的出版、演艺、广电、期刊、报业等五大集团，完成了省会城市两级京剧院团的优化整合。贵州的广播电视传输在全国率先实现了全省一张网，数字电视用户现在发展到近300万户。我们正在加紧建设的多彩贵州城、贵州文化广场等文化园区，规模在西南地区可以说数一数二。总的看来，现在贵州文化产业发展的势头不错，后劲也很足，在贵州加快转变经济发展方式的进程中，是完全可以壮大成为支柱产业的。

最近两届由中宣部颁发的全国精神文明建设“五个一工程”优秀作品奖，贵州有5件作品榜上有名；在全国性重大奖项的评比中，贵州做到了“不缺席、不缺奖”。

问：实现文化崛起，贵州有哪些举措？

答：一是强力搭建平台。我们坚持不懈地在全省范围内开展“多彩贵州”群众文化活动。这项活动已连续开展7届。每届大赛，从基层选拔到最后决赛，要历时半年。过去名不见经传的优秀人才和作品，得以崭露头角，并由此走向全国和世界。

二是大胆改革创新。比如，为充分弘扬“多彩贵州”这一文化品牌，我们成立了专门机构，加强品牌保护，成功注册了460项“多彩贵州”商标专有权，使“多彩贵州”成为国内率先实行商标全面注册的省级文化品牌。

三是热捧名家、名角。苗族歌手阿幼朵原来“漂”在北京，歌唱大赛使她展露了才华，我们让她担纲《多彩贵州风》的主角。青年作家欧阳黔森成功地将《雄关漫道》、《绝地逢生》两部电视剧搬上荧屏，省委宣传部为他专门召开作品研讨会。

问：“十一五”时期，贵州文化发展取得了非凡成就。“十二五”期间，贵州文化发展的主要思路是什么？

答：“十一五”时期贵州文化发展的态势表明，经济社会发展滞后的地区，文化应当而且可以率先实现跨越发展。今年两会期间，李长春同志在参加贵州代表团审议时发表了重要讲话，讲话倾注了对贵州的关爱，重点对“十二五”期间贵州的文化发展进行了系统的分析阐述，为未来5年和今后更长一个时期贵州的文化发展指明了方向，这使贵州宣传文化战线的同志们备受鼓舞、备感振奋。“十二五”期间，我们将按照省委书记栗战书同志的要求，进一步深入研究、挖掘、塑造特点鲜明、影响突出的贵州文化，打造全新的贵州“文化灵魂”。我们将重点实施“六个一批”工程：一是要上市一批骨干文化企业；二是要建成一批大型文化“固体物”;三是要推出一批文化精品力作;四是要培养一批文化尖子人才;五是要培育一批文化中介机构;六是要搭建一批文化投融资平台。

在贵州省“十二五”6部重点影视剧签约投拍仪式上的讲话

(5月18日)

很高兴参加今天这个签约仪式。首先,我要向今天成功签约的贵州日报报业集团黔森影视工作室、省文联、团省委、黔东南州、黔西南州、铜仁地区、毕节地区、思南县、北京世纪华融文化传播有限公司、贵州喜顺工贸有限公司等有关地区、单位和企业表示最热烈的祝贺。对你们积极投入影视创作、推动贵州文化建设的行动表示最诚挚的感谢。

刚才,听了大家的发言,见证了各方的签约,感到很振奋。一是本次签约的项目,整体规模大。包括《伟大的转折》、《二十四道拐》、《磅礴乌蒙》、《蓝色乌江》、《春晖》、《大歌》等六部电视剧,总集数达176集,总投资金额达1.18亿元,展示出贵州影视创作整体繁荣发展的良好态势。二是本次签约的项目,参与主体多。包括地方政府、宣传文化单位、国有企业、民营企业,还有北京的知名影视文化公司,呈现出省内省外、方方面面支持、参与贵州影视创作的良好局面。三是本次签约的项目,题材涉及广。包括反映红军长征和抗战的历史题材、反映毕节试验区建设和志愿者行动的现实题材、反映少数民族生活变迁的民族题材,这些题材既能满足人民群众多方面的文化需求,又能全方位展示推介贵州文化。

借此机会,讲几点感受。

一、贵州日报报业集团深度介入影视创作展示了强烈的主体意识。李长春同志在今年两会期间参加贵州代表团审议时,对我省加强影视创作作出了重要指示,要求我们巩固良好态势,推动影视创作发展繁荣。栗战书同志对我省的影视创作提出了明确任务,要求不断推出精品力作。落实中央和省委要求,加强影视创作,全省宣传文化系统是工作主体,责无旁贷。根据中央和省委的新要求,省委宣传部在对我省“十二五”时期影视创作进行规划的基础上,对影视精品创作作了进一步明确,确定了32部重点作品。贵州日报报业集团迅速反应、超前谋划,创造性地落实中央和省委的有关安排部署,依托黔森影视文化工作室良好的工作基础,跨行业、跨体制整合资源,深度介入贵州影视创作,向全社会展示出全省宣传文化系统发展文化事业和文化产业、建设文化强省的强烈主体意识。

二、地方党委政府大力推动影视创作展示了强烈的责任意识。现在,我国拥有电视机6亿台,电视覆盖率超过97%,我国居民平均每天看电视的时间长达200分钟,是占用休闲时间最长的文化消费活动。随着院线建设的成熟和条件的改善,越来越多的人回归影院。影视剧已成为广大群众日常文化生活的“主餐”,影视艺术成为当今中国最活跃、最有影响的文艺样式,其巨大的观众群体、广泛的社会影响、强劲的市场需求,其他艺术门类难以企及。推动影视创作,努力发挥影视艺术影响广泛、传播高效、带动强劲的独特优势,已成为推动文化发展繁荣,更好地满足人民群众日益增长的精神文化需求的重要着力点;已成为对内鼓舞信心、凝聚力量,对外推介地方文化、提升良好形象的重要着力点。今天,这么多地区党政主要领导出席签约仪式,向全社会展示出各级党委、政府大力推动文化事业和文化产业、建设文化强省的强烈责任意识。

三、社会企业积极参与影视创作展示了强烈

的机遇意识。文化产业具有优结构、扩消费、增就业、促跨越、可持续的独特优势和突出特点。国家"十二五"规划纲要强调,要推动文化产业成为国民经济支柱性产业。省委明确了"依靠改革创新,建设文化强省,推动历史跨越"的文化建设目标。众所周知,影视产业是美国的第一大出口产业,可见影视在文化事业和文化产业中具有举足轻重的地位。当前,我国已经成为影视创作大国,正在向影视生产强国迈进,贵州也正致力于推动经济社会实现跨越发展,这一历史进程,为企业投入影视创作,发展文化产业开辟了广阔渠道,为企业扩展投资领域、发展壮大自己提供了重要契机。在座的企业积极参与贵州影视创作,向全社会展示出广大企业投身文化事业和文化产业、建设文化强省的强烈机遇意识。

贵州影视创作近年来在全国崭露头角,纵向比,实现了跨越突破,横向比,实现了增比进位,呈现出空前繁荣的局面。要巩固发展这一良好局面,需要全社会大力支持、积极参与、共同维护。希望今天签约的各方精诚团结,精益求精,打造出无愧时代的精品,实现社会效益和经济效益的双丰收,为奋进贵州增光添彩。

谢谢大家!

在省委宣传部传达贯彻省委十届十一次全会精神会议上的主持词及总结讲话

(5月30日)

同志们:

5月24日至25日,省委召开了十届十一次全体会议。全会审议通过了《中共贵州省委关于新形势下加强和创新社会管理工作的意见》,省委书记栗战书、省长赵克志同志在会上作了重要讲话。这次全会的召开,对于做好我省新形势下社会管理工作,构建平安和谐幸福贵州,实现全省"十二五"发展目标和全面建设小康社会,具有重大而深远的意义。今天我们组织召开部机关处以上干部大会,主要就是学习传达省委十届十一次全会精神,结合全省宣传思想工作实际,提出初步的贯彻落实措施。下面,请建国同志传达学习战书书记和克志省长在全会上的重要讲话精神。

(建国同志传达完毕)

同志们:刚才建国同志组织大家学习了省委书记栗战书同志的重要讲话精神和省长赵克志同志就《中共贵州省委关于新形势下加强和创新社会管理工作的意见》(讨论稿)所作的情况说明。下面,我就宣传贯彻全会精神,提三点要求。

一、要深入学习、深刻领会全会精神,把思想行动高度统一到省委的决策部署上来

加强和创新社会管理,是党中央从我国经济社会发展的阶段性特征,从党和国家事业发展全局出发作出的一项重大战略部署。省委十届十一次全会专题研究部署我省加强和创新社会管理工作,是贯彻落实党中央战略部署的一项重大举措,对于我省继续抓住和用好发展的重要战略机遇期、加快推进经济社会发展历史性跨越、实现全面建设小康社会目标具有极其重要的意义。

全会主题鲜明、重点突出、任务明确,紧紧围绕加强和创新我省新形势下的社会管理,提出了一系列关乎全局、关乎长远的重要思想、重大措施。特别是省委书记栗战书同志的重要讲话,着眼全局、立意高远、阐述深刻、观点新颖,具有很强的思想性、针对性和可操作性,有许多精彩的话语、精辟的论述、精深的意境,既有理论的高度,又有实践的深度,为我们做好贵州社会管理这篇大文章,指明了努力的方向和具体的路径。省委关于《新形势下加强和创新社会管理工作的意见》,是指导我省当前和今后一个时期加强和创新社会管理的纲领性文件。全省宣传文化战线一定要认真学习、深刻领会全会精神，充分认识新形势下加强和创新社会管理的重要性，切实把学习宣传贯彻省委十届十一次全会精神作为当前的一项重大任务，切实把思想和行动统一到省委的决策部署上来。

全会召开前，省委省政府召开了为期5天的全省项目建设年现场观摩会，书记、省长亲自带队，省委常委、省直部门和9个市州地主要负责同志参加，现场实地观摩了贵阳市、遵义市、毕节地区32个项目建设情况。这次现场观摩会，我的感受可以用十二个字来概括“令人震撼、令人振奋、令人反思”。感到震撼的是，例如，总投资138亿元的贵阳首钢贵钢新特材料循环工业基地项目，在开展“三个建设年”活动中，由于工作细致，依法保护群众合法利益，仅用2个月左右时间就完成项目征地拆迁，有力推动项目的实施。还有贵阳市与美国公司合作建设年产3000万片LED蓝宝石衬底材料项目，由于市委市政府主动支持和有力扶持，不到一年时间，项目建设就初具规模，预计10月份产品将面世。再有就是年产值100亿元的毕节力帆骏马汽车建设项目，由于毕节地区科学组织，集生产、研发为一体的汽车城现已初具雏形，26户规模较大的零部件生产厂家入驻园区，并且在整个汽车工业园区建设征地搬迁中，创下了“零上访”的奇迹，搬迁安置地也成为了新农村建设示范点。感到振奋的是，全省各地在抓发展项目、抓工业园区、抓城镇建设中，比出了思路、比出了特色、比出了干劲、比出了成效、比出了速度，形成了你追我赶、争先恐后、争比进位的良好发展态势，省委、省政府提出的工业强省、城镇化带动两大主战略正在扎实推进，按照这样的势头干下去，贵州大有希望，全省经济社会发展历史性跨越的目标一定会实现。令人反思的是，我们看的这三个地方，地还是那片地，人还是那些人，为什么短短几个月会有如此大的变化？我想，这主要在于思路、在于担当、在于实干。我们宣传文化系统和人家比起来，我们确实存在不少差距。因此，我们要把学习贯彻省委十届十一次全会精神，与全省项目建设年现场观摩会精神结合起来，按照省委提出的讲学习比创新、讲激情比创业、讲执行比落实、讲责任比担当、讲奉献比精神的“五讲五比”要求，认真对照自己的工作，认真查找存在的差距，在部机关、在省直宣传文化部门、在全省宣传思想文化系统开展一次“五讲五比”活动，把“创优年”的各项工作抓实抓好抓出成效来。

二、认真落实全会精神，充分发挥宣传思想文化战线在加强和创新社会管理中的重要作用

社会管理说到底是对人的管理，宣传思想文化工作是做人的工作，二者有着密不可分的关系。栗书记在省委十届十一次全体会议上的讲话中强调，加强和创新社会管理，必须坚持“软管理”和“硬管理”两手抓，特别强调大量的、经常性的社会管理活动是“软管理”。我理解栗书记所说的“软管理”，就与我们宣传思想文化工作紧密相关。所以，做好宣传思想文化工作，对于加强和创新社会管理有着十分重大的意义。

*一是要加强思想政治建设，为加强和创新社会管理进一步夯实思想根基。*加强思想政治工作，最核心的就是要加强党的创新理论的学习宣传，用中国特色社会主义理论体系特别是科学发展观武装人们的头脑，大力开展以理想信念为核心的宣传教育工作，大力弘扬爱国主义、集体主义、社会主义思想，引导干部群众正确理解党和国家的方针政策，积极投身改革开放和现代化建设。要进一步改进创新思想政治工作，注重人文关怀和心理疏导，努力塑造奋发进取、理性平和、开放包容的社会心态。

二是要加强舆论引导，为加强和创新社会管理营造良好舆论氛围。“舆论导向正确是人民之福，舆论导向错误是人民之祸。”一方面，我们加大正面宣传力度，充分发挥大众传媒优势，大力宣传以爱国主义为核心的民族精神和以改革创新为核心的时代精神，使民主法治、公平正义、诚信友爱、安定有序、人与自然和谐发展等理念深入人心，用积极健康向上的主流思想引导舆论。另一方面，要加大舆论引导力度，完善突发事件新闻报道快速反应和应急协调机制，形成有利于和谐发展的社会舆论环境。要进一步加大舆论监督力度，疏通、拓宽广大群众的利益和诉求表达渠道，发挥健康舆论监督引领社会进步的积极作用。

三是要加强和完善信息网络管理，提高对虚

拟社会的管理水平。当前，加强对网络虚拟社会的有效管理，日益成为提高社会管理水平的一个突出课题。要充分认识加强网络文化建设管理的紧迫性，努力提高对虚拟社会的管理水平，最大限度地发挥网络的积极作用。要进一步完善网上舆情监控、研判、处置机制，严格落实网上舆情监控值班制度，第一时间发现掌握苗头性、倾向性敏感舆情，及时予以研判处置。要加强对社会热点问题和重大突发事件的网上舆论引导，落实快速反应机制，第一时间发布权威信息，占领舆论引导先机。要加强对新兴媒体的利用和管理，坚持趋利避害、为我所用，切实加强人才、管理、技术队伍建设，积极运用各种新型传播手段，不断提高舆论引导的影响面和传播力，防止恶意炒作社会问题，占领舆论制高点，努力打造做好新形势下群众工作的新阵地。

四是要加强思想道德建设和精神文明建设，努力培育良好社会风尚。当前，各种文化思潮相互交流交锋交融，人们思想活动的独立性、选择性、多变性、差异性明显增强，社会价值观日益多样化，加之西方敌对势力的思想文化渗透，已成为影响社会和谐稳定的重要因素。这就要求我们，必须切实加强社会主义核心价值体系建设，加强社会主义精神文明建设，把社会主义核心价值体系融入国民教育和精神文明建设全过程，深入开展群众性精神文明创建活动，努力提升公民文明素质，提高全社会文明程度；必须切实抓好思想道德建设，深入贯彻《公民道德建设实施纲要》，认真抓好道德模范评选和宣传工作，广泛开展社会公德、职业道德、家庭美德、个人品德的教育，在全社会倡导爱国守法、明礼诚信、团结友善、勤俭自强、敬业奉献的基本道德规范，尤其要以增强诚信意识为重点，引导人们自觉履行法定义务、社会责任、家庭责任，积极参与社会事务管理，努力形成讲秩序、负责任、守诚信、重包容的良好风尚。

五是要加强文化事业和文化产业发展，为加强和创新社会管理提供有力的文化支撑。文化深刻影响着人们的思想观念和行为方式，对和谐社会建设具有极其重要的促进作用。宣传思想文化部门承担着以文化人、繁荣发展社会主义文化的历史重任，必须高度重视文化建设对加强和创新社会管理的重要作用，大力推进先进文化建设，充分发挥文化教育人民、引导社会、推动发展的功能，让人民群众在文化生活中丰富精神家园、提高文明素养、增进价值共识。要不断完善公共文化服务体系，大力实施好文化惠民工程，切实保障公民基本文化权益，满足人民群众日益增长精神文化需求，使人们在精神愉悦中增进社会和谐；要加快推进文化体制改革，大力发展文化产业，加强对文化产品创作生产的引导，把思想性、知识性寓于艺术性、观赏性之中，让人民群众在共享文化发展成果中增进价值共识。

三、切实抓好当前的几项重点工作

一是围绕中心、服务大局，切实抓好重大主题宣传报道。要把学习贯彻省委全会精神与抓好舆论引导有机结合起来，各新闻媒体组织推出重头报道，组织刊发系列评论、理论文章，在专栏中刊播系列报道、综述，推出系列访谈节目等，加强对省委全会精神的宣传报道，通过深入宣传迅速掀起学习省委十届十一次全会的热潮。要紧紧围绕“加速发展、加快转型、推动跨越”主基调、实施工业强省和城镇化带动主战略，抓好重大主题宣传。

二是围绕转变作风，切实加强基层精神文明创建活动。要按照省委“转变作风、提高效率、服务基层、推动跨越”要求，进一步加强机关作风建设，要坚持干字当头，只争朝夕，以一种“时不我待”的精神干好每项工作、完成每项任务，切实做到“在其位、谋其政、行其权、尽其责”。要通过“创先争优”、“三个建设年”、“四帮四促”主题活动，努力营造服务基层和群众、勤奋务实的良好风气，不断推进各项工作。同时，要继续深化和拓展“四在农家”、“整脏治乱”、“满意在贵州”、“祖国好·家乡美”、“千校万师”培训工程、“和谐贵州三关爱”六大品牌活动，更好地优化我省发展环境，让人民群众共享文明成果。要以牵头实施的“十大民生工程”中的农村生活环境改善和公共文化服务体系建设两大工程为抓手，广泛实施文化惠民工程，不断提高保障人民群众基本文化权益的能力，确保精神文明创建工作取得实效。

三是围绕建党90周年，陆续推出各项纪念活动。现在离“七一”建党节时间越来越近，我们一方面要抓紧时间，按照省委建党90周年活动方案要求，按照时间节点有序推出各项纪念活动，高标准、高质量完成我们承担的任务。例如大型美术展览、理论研讨会、社科界座谈会、庆祝建党90周年系列报告会，组织优秀影视剧展映展播、摄影、美术、书法作品系列展等活动都要紧密锣鼓地推进。另一方面，要加强沟通协调，督促牵头和参与的庆祝活动有关单位，严格按照要求组织开展好各项纪念活动任务。以前讲的是要同频共振、同步合拍，铺垫升温，现在应该是高潮迭起时候，不仅要保证宣传教育效果，还要营造出热烈的庆祝氛围。

四是围绕迎接第九届少数民族运动会，加强新闻宣传和社会宣传。要科学筹划好全国第九届少数民族运动会宣传报道的各项准备工作，要进一步明确责任，细化工作措施，把每项工作落实到具体部门和人头上。要注意时节间点，把握宣传节奏，围绕“和谐中华、多彩贵州”这个主题，围绕“成功、精彩、圆满”这一目标，深入开展好“喜迎第九届民族运动会、讲文明、树新风”活动，在全省兴起“喜迎第九届民族运动会，争做文明有礼的贵州人”热潮，充分展示全省人民热情好客的精神风貌、优美有序的公共环境、优良满意的窗口形象、优质高效的志愿服务，为成功举办第九届民族运动会营造文明祥和的社会环境。

五是围绕重大招商引资活动，抓好对外宣传推介工作。要按照战书书记的重要批示精神，不断创新宣传内容、方式、方法，为贵州扩大开放，引进信息、人才、项目、资金抓好外宣工作。当前，主要抓好6、7月份在上海、广州、成都开展的投资贸易洽谈活动，8月份在省内开展的2011年中国·贵阳投资贸易洽谈会以及我省第六届旅发大会，积极向外界展示开放贵州、奋进贵州、希望贵州新形象。要认真组织，科学谋划，继续发扬不怕疲劳、不怕吃苦、不怕受累的工作作风，进一步提高组织协调、联合作战的工作水平，在新的工作中取得更大的成绩。

六是围绕“六个一批”工作，抓好文化体制改革和文化产业发展。要深入贯彻李长春同志在今年“两会”期间，参加贵州代表团审议时的重要讲话精神，按照省委书记栗战书同志在学习李长春同志重要讲话促进贵州文化跨越发展座谈会上，提出的“依靠改革创新、建设文化强省、促进历史跨越”总体思路和“六个一批”工作要求，认真抓好落实。切实推动一批文化单位通过实施改制，建立现代企业制度，培养和聚集一大批文化产业“尖子人才”，成立一批文化机构，搭建文化产业投融资平台。同时，要在深化改革上有大进展，在产业发展上有大步伐，在项目实施上有大动作，切实增强我省文化产业整体实力和竞争力。今天的学习传达贯彻会议到此为止，散会！

在“中国书画名家作品展”开展仪式上的致辞

（6月28日）

尊敬的邓林女士，各位领导、各位来宾、同志们：

大家上午好！

在全党全国喜迎中国共产党九十华诞之际，由中共贵州省委宣传部、贵州省文学艺术界联合会、吴作人国际美术基金会共同主办的“中国书画名家作品展”今天在贵阳隆重开展了。在此，我谨代表中共贵州省委、贵州省人民政府向本次书画展的成功举办表示热烈祝贺！向邓林女士等书画大师们表示热烈的欢迎和崇高的敬意！

贵州是一个山川秀丽、气候宜人、资源丰富、人民勤劳、发展潜力巨大的省份。这里拥有世界上最完整的喀斯特地貌，到处瀑布飞流，到处群峰连绵，山水之间不仅蕴藏了丰富的能源、矿产、生物等资源，还孕育了冬无严寒、夏无酷暑的湿润气候。千百年来，苗族、布依族、侗族等17个世居少数民族和汉族，在这里休养生息、和睦相处。因此，贵州享有着“天然的大空调”，“天然的大氧吧”，“天然的大公园”，“天然的大宝库”、“天然的民族团结大家庭”的美誉。世界旅游组织秘书长弗朗西斯科·弗朗加利先生到贵州考察后，盛赞贵州是“美景之州、美酒之州、生态之州、文化之州、歌舞之州”。当前，全省各族人民正在党中央、国务院的坚强领导下，高举发展、团结、奋斗的旗帜，抢抓新一轮西部大开发历史性机遇，加速发展、加快转型、推动跨越，朝着与全国同步实现全面小康的宏伟目标大踏步迈进，一个多彩、奋进、希望的贵州展示在世人面前。

中国书画艺术是中华民族的文化瑰宝，当今中国书画艺术界呈现出一片大繁荣景象。今天，吴作人、萧淑芳、邵华泽、刘大为、邓林等中国书画名家的书画精品亮相贵阳，不仅为贵州各族人民带来了美的艺术享受，也为我们提供了难得的学习机会。我相信，这次书画展将对弘扬中华民族传统优秀文化，加强书画爱好者间的交流与合作，进一步提高我省书画艺术的整体水平，推动文化的大发展大繁荣产生积极的影响。

画展期间，书画家们将走进贵州，实地感受贵州优美的自然风光、浓郁的民族风情、厚重的红色文化、多彩的民族民间艺术、希望贵州的人文与自然风光能激发大师们的创作激情和艺术火花，创作出反映贵州独特风光风貌的精品佳作，让贵州通过你们的作品扬名全国、扬名世界。

最后，祝愿画展取得圆满成功！祝大家在黔期间心情愉快、身体健康！

谢谢大家！

在2011“多彩贵州”旅游商品“两赛一会”动员部署电视电话会议上的主持词

（6月15日）

同志们：

经省委、省政府批准，由省经济和信息化委、省旅游局、省商务厅共同主办的“2011‘多彩贵州’旅游商品设计大赛、旅游商品能工巧匠选拔大赛和旅游商品展销大会”今天正式启动了。

旅游商品“两赛一会”已经连续成功举办五届，对于推动贵州旅游业发展、推动中小企业和非公有制经济发展、推动贵州旅游商品产业的发展起到了积极作用，特别是激发了千家万户农民群众参与旅游商品开发的热情，对促进就业、实现创业致富具有十分重要的意义。今天的会议主要是贯彻落实省委、省政府主要领导对旅游及旅游商品产业工作的一系列重要指示精神，动员全省上下进一步把思想行动统一到省委、省政府的要求和部署上来，进一步增强办好“两赛一会”的责任感和使命感，进一步调动各方面的积极性，让旅游商品“两赛一会”这个平台，更好地为推进我省旅游业及旅游商品产业的快速发展发挥更大的作用。

出席今天会议的省领导有：省委副书记、省“两赛一会”组委会名誉主任王富玉同志；副省长、省组委会主任孙国强同志。今天在主会场参会的还有“两赛一会”主办单位、成员单位和有关部门的负责同志，以及“两赛一会”专家组成员和新闻界的朋友们。今天电视电话会议在9个市州地设立分会场，大部分地州还设立了县级分会场。

下面，请王富玉同志作重要讲话，大家欢迎。

……

下面，请孙国强同志作工作部署，大家欢迎。

……

同志们，刚才富玉书记对“两赛一会”工作提出了明确的要求，国强副省长也对相关工作作了具体的安排部署，各地区、各部门要认真学习、深刻领会，结合自身实际，把讲话精神落到实处。下面，就进一步贯彻落实好这次会议精神，我再强调几点：

第一，要迅速行动，抓好贯彻落实。会后，各地区、各有关部门要立即行动起来，做好相应的安排部署。要抓紧成立组织机构，加强组织协调和上下沟通；抓紧制定"两赛一会"工作实施方案，确保组织领导到位；抓紧完善工作机制，及时协调解决活动中出现的问题。在本月底之前，请各地组委会将本次会议贯彻情况和实施方案报省组委会办公室。

第二，要精心策划，激发参与热情。"两赛一会"已经连续成功举办五年，有很深的群众基础，今年是"十二五"的开局之年，社会各界对"两赛一会"的成功举办给予更高的期望。因此，我们要认真准备、精心策划，特别要抓好组织发动工作，借助新闻媒体等方面的支持，加大对"两赛一会"的宣传力度，最大限度调动全省广大群众的积极性，形成社会广泛关注、群众广泛参与的巨大声势和热烈气氛。

第三，要加强监督，确保活动顺利举行。今年"两赛一会"活动时间紧、任务重，省组委会为确保活动责任到位、政策措施到位，进一步提高工作质量和效率，将对活动全程加强监督检查。对工作开展得好的地区给予表扬；对工作拖拉，开展不力的地区和单位给予通报批评。

同志们，今年是"十二五"的开局之年，站在新的起点上，我们要紧紧围绕"加速发展、加快转型、推动跨越"的主基调，以办好"两赛一会"为新的契机，努力推进旅游及旅游商品产业又好又快、更好更快发展，努力实现由旅游资源大省向旅游强省的新跨越，为科学发展、富民强省作出更大的贡献！

会议到此结束，散会。

在"纪念建党90周年全国党刊重走长征路·走进红色贵州"联合调研采访活动启动仪式上的致辞

（6月16日）

尊敬的石峰会长，各位领导、各位来宾、全国党刊界的朋友们：

大家上午好！

在全党全国喜迎中国共产党90华诞的重要时刻，由中国期刊协会党刊分会主办的"纪念建党90周年全国党刊重走长征路·走进红色贵州"联合调研采访活动，今天在爽爽的贵阳隆重启动。在此，我谨代表中共贵州省委、贵州省人民政府，向大家的到来表示热烈的欢迎！向大家一直以来对贵州工作的大力支持和帮助表示衷心的感谢！

贵州位于祖国的西南部，全省国土面积17.62万平方公里，常住人口3500多万，是一个山川秀丽、气候宜人、人民勤劳、资源丰富、发展潜力巨大的省份。贵州冬无严寒、夏无酷暑，是天然的大空调；贵州森林覆盖率达40%，年均降雨量达1300毫米，是天然的大氧吧；贵州到处是奇山秀水、瀑布峡谷、溶洞石林，是天然的大公园；贵州能源、矿产、生物资源非常丰富，是天然的大宝库；苗族、布依族、侗族等17个世居少数民族和汉族，在这里休养生息、和睦相处，民族风情十分浓郁，是天然的民族团结大家庭。世界旅游组织秘书长弗朗西斯科·弗朗加利先生称赞贵州是"美景之州、美酒之州、生态之州、文化之州、歌舞之州"。

改革开放特别是西部大开发以来，在党中央、国务院的坚强领导下，经过全省各族干部群众的共同努力，贵州经济社会发展取得了显著的成就，综合经济实力明显提高，基础设施明显改善，人民生活水平明显提高，城乡面貌焕然一新。站在"十二五"新的历史起点上，全省上下正按照胡锦涛等中央领导同志对贵州工作的重要指示精神，高举

“发展、团结、奋斗”的旗帜,加速发展、加快转型、推动跨越,为2020年与全国同步建成全面小康社会、实现经济社会发展历史性跨越而不懈奋斗。

贵州是中国革命的圣地和福地。当年红军长征在贵州经历时间最久、路线最长、故事最多。中国革命伟大转折点的“遵义会议”,挽救了党,挽救了红军,挽救了中国革命;“四渡赤水出奇兵”创造了战争史上的经典战例;贺龙、任弼时率领的红二方面军转战黔东,建立了云贵高原上第一块革命根据地,有力地策应了中央红军长征。在全省88个县(市、区)中,有68个县(市、区)留下了红军的足迹,遵义、息烽、黎平、猴场、盘县、赤水、娄山关、木黄、枫香溪等地,都是富有传奇色彩的革命纪念地。踏上贵州这块红色的土地,亲身接受革命传统教育,你的心灵会受到震撼、灵魂会得到洗礼、精神会得到升华。

这次由中国期刊协会党刊分会主办的“纪念建党90周年全国党刊重走长征路·走进红色贵州”联合调研采访活动,形式很好,意义重大。这充分体现了党刊界的朋友们对党的热爱,对党的光荣革命历史的敬仰,对革命先烈的深切缅怀,对革命老区人民的尊重,也充分体现了对贵州经济社会发展的支持。接下来的几天,各位记者朋友将奔赴我省一线深入采访,实地体验红色贵州,感受奋进贵州。我们由衷地希望,通过本次采访活动,充分发挥党刊的优势和主流媒体的作用,能够让全国的党员干部更多的了解红色贵州的革命历史,更多的了解多彩贵州的独特魅力。同时,我们更期待,通过大家的手中的笔,全面生动地宣传推介贵州,让更多的人感知贵州、了解贵州、走进贵州、投资贵州,参与贵州发展建设。

最后,预祝本次活动取得圆满成功!祝各位领导、各位来宾在黔期间工作顺利、身体健康、心情愉快!

谢谢大家!

繁荣文艺创作　打造文艺精品
闯出一条贵州特色的文艺发展之路

——在全省文艺精品创作座谈会上的讲话
(6月17日)

同志们、朋友们:

今年是“十二五”开局之年,在这个重要的历史起点上,我们召开全省文艺精品创作座谈会,主要任务是贯彻落实省委“学习贯彻李长春同志重要讲话精神、促进贵州文化跨越发展座谈会”精神,调度《贵州省精神文明建设“五个一工程”“十二五”规划纲要》和《“十二五”时期贵州文艺精品创作重点目录(50部)》实施情况,谋划当前和今后一个时期贵州文艺发展大计。上午听了各单位的汇报,刚才又听了几位文艺家代表的发言,感到大家对文艺精品创作都进行了认真的思考,拿出了新招实招,提出了积极建议,很受教育、很受启发、很受鼓舞。

省委、省政府始终高度重视文艺工作,特别是“十一五”以来,我省文艺工作成效显著、势头喜人、亮点不断,得到中央有关领导同志的充分肯定和人民群众的广泛认可。进入新时期,面对新形势,如何落实新要求,采取新举措,开创新局面,推动贵州文艺实现大发展大繁荣,是当务之急。下面我谈三点认识和体会,与大家交流。

一、提升四种意识,进一步增强抓好文艺创作的主动性

文艺是民族精神的火炬,是时代前进的号角。面对贵州经济社会发展总体滞后、蓄势待发的态势,努力繁荣文艺创作,充分发挥文艺的火炬、号角作用,推动贵州跨越发展,是省委省政府的工作要求，是全省人民的殷切期盼，是守土尽职的责任所在，要不负重托、不负期望、不辱使命，最紧迫的是要切实提升机遇意识、忧患意识、责任意识和主体意识，进一步增强抓好文艺创作的主动性。

（一）提升机遇意识，充分认识当前繁荣文艺创作面临的有利条件。随着我国综合实力的不断增强，文艺创作迎来黄金机遇期。一是政策支持有力。近几年，中央和省委、省政府出台了一系列支持文化产业和文化事业发展的政策措施，要求把文化产业培育成国民经济支柱性产业，繁荣文艺创作迎来前所未有的政策机遇。二是市场需求巨大。当前，我国正处在调整经济结构、转变经济发展方式的关键时期，政府和市场这“两只手”都在扩展文化市场的空间，人民群众对文化产品的需求旺盛，繁荣文艺创作迎来前所未有的市场机遇。三是资本投入充分。伴随文化体制改革的深入推进和文化产业良好的发展态势，以及广大企业实力的不断壮大，各种社会资本迅速向文化领域流动，繁荣文艺创作迎来前所未有的引资机遇。四是发展氛围浓厚。在中宣部和省内外社会各界的支持帮助下，贵州文艺创作日趋活跃，优秀作品不断涌现，不少在全国产生较大反响，呈现出欣欣向荣局面，这进一步增强了各方面投入文艺创作的信心，繁荣文艺创作迎来前所未有的环境机遇。

（二）提升忧患意识，充分认识当前繁荣文艺创作面对的压力和挑战。贵州实现“历史性跨越”的高要求和贵州文艺创作的低基础为繁荣文艺创作带来了巨大挑战。一是对经济社会发展的推动作用发挥不充分。栗战书书记在今年的两会上指出，贵州不能总是垫底，我们也要奋力爬高。文艺为贵州“奋力爬高”提供强大精神动力和文化支持的使命光荣，任务艰巨。当前，我们缺乏像《青藏高原》、《闯关东》这样思想性、艺术性、观赏性高度统一的精品，文艺的引导力、传播力、影响力较弱，在发挥对内统一思想、振奋精神、凝聚人心作用上亟待加强，在发挥对外全面扩大宣传、展示提升贵州新形象作用上亟待加强。二是投入文化建设的经费总量不足。受经济发展的制约，贵州文化建设政府投入不足，尽管近年来各级财政的投入有比较大的增长，但总量却很有限，用于文艺创作的更有限，民间投入需有较快的增长，但主要是投在影视创作领域，资金投入总量不足的情况没有得到根本改善。三是文化企业不多不强。贵州民营文化企业不多，国有文化企事业单位实力普遍较弱，自我发展能力不强。以电视剧制作中心为例，贵州仅有一家甲级资质的电视剧生产单位，受资金、人才、设备、技术等因素限制，生产制作能力较弱，难以独立完成电视剧的拍摄制作工作。中心刚成立的时候，财政每年划拨的创作生产经费是50万元，当时可以生产20集电视剧，现在财政拨款是60万元，生产一集都困难。四是文艺整体发展水平不高。文艺投入的长期不足，直接限制了贵州文艺的整体发展水平。贵州文艺队伍不壮、拔尖人才不多，整体创作实力较弱是客观存在，贵州文艺界打造精品、繁荣创作的信心不足、自觉不够是客观存在，贵州文艺精品力作不多、关注度不高是客观存在，文艺创作基础不好的状态短期内难以根本改善。

（三）提升责任意识，充分认识繁荣文艺创作是时代的呼唤、人民的期待。责任是义务、是使命。要充分认识到，不断繁荣文艺创作，是文化领域贯彻落实科学发展观，坚持“二为”方向，着力保障、发展和实现广大人民群众基本文化权益，改善文化民生的重要方面；是加强社会主义精神文明建设，构建社会主义核心价值体系，弘扬先进文化，引领社会风尚，维护国家文化安全的重要渠道；是深入推进文化体制改革，大力发展文化产业，丰富文化市场，满足人民群众多样化、多层次、多方面文化需求的重要依托；是保护、开发和利用贵州地域文化资源，增强贵州文化自信、自强，提高贵州文化影响力的重要手段。全省各级宣传文化部门和广大文艺工作者要充分认识自己肩负的光荣使命，努力为贵州文化建设作出新贡献。

（四）提升主体意识，充分认识在繁荣文艺创作中的主体地位。广大文艺工作者是创作主体。文艺家的数量决定文艺作品的数量，文艺家的功底决定作品的质量，只有热心文艺事业的工作者既多且优，贵州文艺才能百家争鸣百花齐放。文化企事业单位是生产主体。文化企事业单位的实力决定文艺作品的竞争力，文化企事业单位的战斗力决定文艺作品的影响力。广大文化企事业单位只有当仁不让、奋勇争先、勇挑重担，贵州文艺才能不断攀高、率先跨越,实现繁荣。各级宣传文化部门是工作主体。宣传文化部门作为党委政府组织领导文化建设的职能部门,既是文艺创作的组织者、推动者,又是实施者,只有在带头抓好文艺创作的同时,努力为文艺创作生产创造有利条件,提供优质服务,团结带领文艺界朝着共同的目标奋斗,贵州文艺才能形成大影响大成效,实现大发展大繁荣。

二、着眼贵州需要,力争在服务经济社会发展大局上不断取得突破

当前,贵州迫切需要打造出更多能够代表贵州气派、体现贵州风格、展示贵州形象的优秀作品,以提振信心、凝聚力量。繁荣文艺创作,要着眼贵州特殊需要,多创作出无愧时代、无愧人民、无愧贵州的优秀作品,努力发挥其引导社会、教育人民、推动发展的功能,力争在服务贵州经济社会发展大局方面不断有所突破。

(一)*在振奋精神、激发斗志上取得突破*。贵州要在2020年与全国同步建成全面小康社会,必须鼓舞全省各族干部群众的士气、激发他们的斗志。因此,要充分发挥文艺的宣传教育功能,通过文艺作品生动形象地表现和传播核心价值体系,大力唱响"加速发展、加快转型、推动跨越"的主基调,热情礼赞贵州各族人民追求美好生活的高尚情操,培育弘扬"不怕困难、艰苦奋斗、攻坚克难、永不退缩"的贵州精神;通过文艺作品让各族人民看到贵州良好的资源优势,看到贵州经济社会又好又快、更好更快发展的强劲态势,进一步看清跨越发展面临的重大机遇,激励大家只争朝夕、把握机遇、奋发努力;通过文艺作品让各族人民正确认识省情、切实找准差距,不断增强发展的紧迫感、危机感和责任感,引导广大干部群众把心思集中到发展上,把思想统一到发展上,把力量凝聚到发展上,奋勇争先、推动跨越。

(二)*在展示形象、推介贵州上取得突破*。由于历史、地理等因素,过去很多人对贵州不了解、不熟悉。提升贵州知名度、美誉度的工作十分紧迫。文艺作品形象直观、影响广泛、作用深远,在展示形象、推介贵州上发挥着不可替代的作用。因此,我们的文艺创作,要充分挖掘贵州的历史文化资源、红色文化资源、民族文化资源,以及良好的气候资源、山水资源,着力塑造和展示多彩贵州新形象;要充分展现贵州各级各部门抓开放促开发、抓招商促发展的坚定决心,展现贵州人民积极走出去、欢迎请进来的开放心态,着力塑造和展示开放贵州新形象;要充分展现贵州经济建设、社会建设、文化建设等方面取得的巨大成就,以及贵州各族人民和各级党委政府抓发展、保民生、促跨越的共同意志,着力塑造和展示奋进贵州新形象。我们现在的作品反映历史题材的较多,反映现实题材的较少,在展示推介贵州新形象上方法不多、力度不够,还有较大的提升空间。

(三)*在跻身高端、扩大影响上取得突破*。文艺创作不是自娱自乐,也不是供领导看看、专家评评,而是要依托高端平台,让广大群众知晓、欣赏、认可、赞誉,才能充分发挥其价值和作用。我认为,可以分为三个层次。第一要能"走得出去",在业界较为权威、社会普遍认可、影响比较广泛的媒介上公开发表、展演及播映等,真正做到向全国乃至全世界观众展示。"走得出去"是检验文艺精品的最低标准。在这个层次,近年来效果不错,仅符合《贵州文艺作品高端平台展示奖励办法(暂行)》的作品就达到140多项。第二要能"比得上去",在国家级的文艺评奖和重大文化活动中不缺席、不缺奖,真正做到比肩全国一流水准。"比得上去"是检验文艺精品的中间标准,在这个层次,近两年来也有显著成效,收获国家级文艺奖项近30项。但是,大奖、头奖缺乏,迄今为止,按照《贵州文艺作品高端平台展示奖励办法(暂行)》的相关规定,获得部里十倍奖金的只有舞蹈类作品。我们希望有更多的作品能获得我们的十倍奖金奖励。第三要能"赢得口碑",在社会上形成热点、亮点,真正做到让全国媒体关注、全国人民欢迎,广大观众交口称赞。这是我们打造文艺作品的努力方向,是衡量精品力作的最高标准。我们在全国产生重大影响,既能让观众叫好,又能在市场叫座的文艺作品很少。什么原因?是创作条件不好吗?是创作题材匮乏吗?是观众要求太高吗?或许上述原因都存在!但我感到,最关键的,是我们欠缺创新精神和精益求精的精神。尽管在文学、戏剧、电影、电视剧、广播剧、音乐等艺术门类,我们也推出了像《桥溪庄》、《暖》、《多彩贵州风》、

《天地文通》、《娄山关月》、《绝地逢生》、《杀出绝地》、《幸存日》、《旷继勋彭遂起义》、《情系大塘村》、《一诺千金》、《一梦醒来是贵州》、《家乡的味道》等不少优秀文艺作品，但我们总感到差一口气，达不到国家一流精品的水平和影响。这是贵州文艺创作面临的一个重大课题，是当下贵州进行文艺创作亟待突破的一个重要而又十分艰巨的任务，要切实把着力点从量的积累转变到质的提升上来。

（四）*在对接市场、创造效益上取得突破*。打造文艺精品，第一位是追求社会效益，同时要积极对接市场，努力创造经济效益，实现两个效益的有机统一。第一，要在创作生产阶段，能用市场手段进行资源整合，配置生产要素，完成作品的打造。第二，要在发行阶段，能用市场手段进行宣传推广，并通过市场运作为消费者接受，完成作品到商品的转化，创造经济价值。第三，要能在后续阶段，能对接市场需求，开发下游产品，形成后续效益。近几年，我们在运用市场手段完成作品打造方面效果不错。特别是在影视作品生产方面，财政投入的资金很有限，通过市场运作获得的投资高达85%以上，比全国的60%高出不少，这很了不起，也是逼出来的。但是也要看到，我们在对接市场，创造经济效益方面，办法仍不多，效果还不明显，需要进一步改进。

三、履好职尽好责，闯出一条贵州特色的文艺繁荣发展之路

客观来看，贵州打造精品繁荣创作条件并不充分，在硬件、软件两方面都存在“短腿”。立足这一实际，需要走出贵州步伐，闯出一条具有贵州特色的文艺繁荣发展之路。如何走出“贵州路子”，需要在实践中不断摸索。从近年来的情况看，我感到关键是宣传文化战线要履好职、尽好责，不甘落后、奋勇争先，共同努力、一起发力。

（一）*党委政府要形成强大推动力*。党委政府及宣传文化部门承担文艺创作的领导责任，要繁荣文艺创作，不断推出精品，需要党委政府的强大推动力。一要依靠规划推动。要精心制订文艺创作的中长期规划，通过规划推动文艺精品的创作生产。规划要充分考虑题材的丰富性和实施的可行性，要充分考虑本地本单位具备的创作生产条件，要充分考虑目标受众的认知度和市场的接受度。二要依靠政策推动。要出台、落实繁荣文艺创作的政策措施，逐年增加文艺创作的经费投入，改进投入方法，引导创作精品。经过充分研究，省委宣传部出台了《贵州文艺作品高端平台奖励办法（暂行）》，实施两年来，成效显著，我们将根据形势的发展作进一步的修订。三要依靠人才推动。人才是文艺创作中的决定因素，人才建设是推动文艺创作繁荣发展的重要抓手。要营造尊重知识、尊重人才，尊重个性、尊重创造的社会氛围，做到政治上充分信任，创作上热情支持，生活上真诚关怀。要着眼长远，夯实基础。从今年开始，要组织实施文艺精品创作重点人才培养工程，着力挖掘潜能，提升本土人才的创作水平和实力，培养和造就一批政治坚定、业务精湛、品德优良、成绩突出的文艺领军人才。要解决当下之需，依托项目载体，立足创作生产需要，抓好国内外优秀文艺人才的引进和使用工作。要抓好文艺拔尖人才的使用工作，压担子、给平台，推出一批在全国有影响的文艺领军人才，把勇挑大梁、干得成事的人才用到组织领导创作的关键岗位上。

（二）*文化生产单位要打造核心竞争力*。广大文化生产单位承担文艺的创作生产任务，是文艺精品创作的中心环节。要繁荣文艺创作，不断推出精品，需要市场主体苦练内功，打造核心竞争力。文化生产单位要以文化体制改革为契机，不断深化改革、推进创新，着力打破体制机制障碍，调动一切积极因素，不断释放文化生产力，增强造血功能，切实提升发展水平。要依托项目，增强市场运作的能力。文艺作品的创作生产市场化程度日益提高，打造文艺精品，必须遵循市场规律和创作规律，发挥项目的载体作用，依托项目聚集资金、人才、技术等优良的生产要素。要切实增强整合资源的能力，对接好作家艺术家，对接好合作伙伴，对接好展示、推介平台等方方面面。提升整合资源的能力，关键是要打造扛鼎之作，推出一批思想精深、艺术精湛、制作精良的精品，形成品牌效应。贵州日报报业集团黔森影视文化工作室在这方面做得不错，也还有较大的提升空间。

（三）*广大文艺家要焕发不竭创造力*。文艺家是文艺作品的生命之源、灵魂之本，只有焕发出不竭的创造力，才能不断创造生命力强、影响力大的优秀作品。第一，要坚持“二为方向”，自觉把个人的创作取向同社会的现实需要紧密结合起来，切实担当起用文艺作品引领社会发展的光荣使命。第二，要树立求精、求深、求新的精神，耐得住寂寞，静得下心气，扑得下身子，拿出“十年磨一剑”的毅力，毫不懈怠地抓好学习，努力掌握文艺创作的新手法、新科技，将之融会贯通于文艺创作的全过程，切实彰显作品的艺术个性，形成独特风格，赋予时代精神。第三，要增进团结。团结出生产力、出战斗力、出影响力。贵州文艺界是否团结事关作家艺术家能否潜心创作，对贵州文艺的发展繁荣至为关键。总体来看，我省文艺界是顾全大局、团结协作、积极进取、大有作为的。但也有一些不好的苗头需要警惕，“文人相轻”的情况还存在。我们鼓励支持良性竞争，这能推动创作、抬高水平；我们坚决反对恶性竞争、不正当竞争，这会增加内耗、消解实力。第四，要坚持“三深入”、做到“三贴近”。李长春同志对“三贴近”有个解释。他说：“我们说的实际，就是今天中华民族为全面建设小康社会、实现民族伟大复兴而奋斗的伟大实践。我们说的生活，就是亿万人民共同创造美好未来的奋斗历程。我们说的群众，就是今天在改革开放和现代化建设实践创造中创造自己新生活的人民群众。”作家艺术家只有深入实际、深入生活、深入群众，才能更加热爱时代、热爱生活、热爱人民，增强进行创作创造的责任感、使命感、自豪感；才能真切地体察社会实情，体会时代需要，体验百姓情感，提升进行创作创造的能力；才能创作出更加贴近实际、贴近生活、贴近群众，集思想性、艺术性、观赏性为一体的艺术精品，真正成为德高为师、艺高为范的人民艺术家。

（四）各级各类媒体要增强有效传播力。这些年，我们的媒体在推介贵州文艺作品方面卓有成效，但从目标任务看，还有一定差距，从工作情况看，还有较大空间。媒体是党和人民的喉舌，在社会效益和经济效益之间，要始终把社会效益摆在第一位，在政治责任和局部利益之间，要始终把政治责任摆在第一位。贵州的媒体要胸怀大局、敢于担当、积极主动，把文艺宣传作为媒体宣传工作的一个重要方面，把展示、推介贵州文化作为“围绕中心、服务大局”工作中的一项重要职责，精心策划、认真组织、周密实施。要不断加强改进和创新宣传报道本身，加强策划、整合、联动，在宣传报道的内容建设、渠道建设等方面不断推出新措施、新办法，更好地为文艺作品扩大影响“搭好台”、“铺好路”、“喝好彩”，营造良好的舆论氛围。要注重推介本土文艺人才，特别是文艺领军人才，努力把贵州的文艺人才和文艺作品推向全国，充分发挥文艺对贵州经济社会实现又好又快、更好更快发展的推动作用。

同志们，可以预见，“十二五”时期将是历史以来贵州发展最好最快的时期，繁荣文艺创作大有可为。全省宣传思想文化战线要深入学习领会栗战书同志关于贵州文化建设的重要讲话精神，奋发进取、开拓创新，在服务“两加一推”上不断取得新成效、开创新局面。

谢谢大家！

在学习贯彻全国学习型党组织建设工作经验交流会精神会上的讲话

（6月21日）

同志们：

刚才，建国同志传达了全国学习型党组织建设工作经验交流会精神，九个市（州、地）的同志介绍了本地区开展学习型党组织建设的情况，大家讲得都很好，听了之后很受教育、很受启发。我的感觉是，各地在推进学习型党组织建设过程中，目标明确，措施得力，各具特色，各有所长，形成了一些好的思路、好的做法和好的经验，总体上都取得了明显的成效和进展。

下面，我结合学习贯彻全国会议精神，就进一步推进我省学习型党组织建设工作，谈几点意见。

一、认真学习、深刻领会、全面贯彻会议精神

全国学习型党组织建设工作经验交流会贯彻落实中央关于推进学习型党组织建设的部署和要求，研究安排了下一阶段的重要任务。刘云山同志的重要讲话，总结了学习型党组织建设工作的成功做法和有益经验，明确了当前和今后一段时期的目标任务和现实要求，对不断推动学习型党组织建设向广度和深度发展进一步指明了方向。我们一定要及时将全国学习型党组织建设工作经验交流会和本次会议的精神向党委主要领导同志和领导班子传达。同时要将会议精神传达到各地协调小组成员单位及宣传思想文化工作各单位各部门，引导干部群众领会和把握好会议精神；要把学习贯彻全国学习型党组织建设经验交流会精神与学习贯彻去年11月召开的全国学习型党组织建设工作座谈会精神紧密结合起来，与学习贯彻中央对学习型党组织建设的一系列部署要求结合起来，系统全面深入地领会学习型党组织建设的重大意义、目标要求、工作措施，把学习型党组织建设工作不断引向深入。

二、紧密结合贵州发展实际推动学习型党组织建设

目前贵州仍然是全国贫困面最大、贫困程度最深、贫困人口最多的省份。发展这个党执政兴国的第一要务对于贵州来说仍具有特殊重要的意义。站在"十二五"新的历史起点上，贵州能不能顺应时代发展潮流，紧紧地抓住战略机遇期，加速发展、加快转型、推动跨越，关键看各级领导干部，尤其要看各级领导干部的能力水平怎么样。应当说，当前我省广大党员干部的能力素质与形势任务要求相比总体上是适应的，但与党中央的殷切希望相比、与"十二五"贵州发展的实际需要相比、与广大人民群众日益增长的新要求新期待相比，还有很大差距。我们只有高度重视学习、不断学习，深刻明白抓学习就是抓方向，抓学习就是抓机遇，抓学习就是抓发展，抓学习就是抓文明，抓学习就是抓跨越，通过学习解决思想认识问题，通过学习解决能力素质问题，才能带领广大干部群众推动贵州又好又快更好更快发展。因此，我们在开展学习型党组织建设过程中，一定要紧密结合贵州发展实际，结合贵州党员干部的实际，让学习真正成为贵州发展的"助推器"。

（一）通过学习，努力把握正确前进的方向

对于一个政党来说，政治方向始终是决定兴衰成败的首要问题。当前，国际力量对比发生新的深刻变化，围绕综合国力的全方位竞争更加激烈，发展的外部环境更复杂。我国正处于加速转轨转型过程中，各种热点难点问题增多，社会思潮日趋活跃。对于贵州而言，目前正处于"两加一推"的关键时期，更需要统一思想，坚定方向。建设学习型党组织，就要引导干部不断加深对党的理论创新成果的理解，自觉用科学理论武装头脑，更好地用马克思主义立场观点方法分析形势、解决问题；就要引导党员干部增强政治敏锐性和政治鉴别力，在重大原则问题上立场坚定、是非分明，自觉与胡锦涛同志为总书记的党中央保持高度一致，把思想和行动统一到省委省政府的决策部署上来；就要引导党员干部提高战略思维和辩证思维能力，在复杂形势和干扰诱惑面前不迷失方向，始终不渝地坚持中国特色社会主义旗帜、道路和理论体系不动摇，坚持我们既定的奋斗目标不动摇，奋力拼搏，夺取胜利。

（二）通过学习，提高本领，促进跨越发展

推动科学发展，关键取决于各级党组织的凝聚力、战斗力和创造力，取决于广大党员干部特别是领导干部思想解放的程度、视野眼界的宽度和知识储备的厚度。对于我省来说，提高广大党员干部的能力素质是推进学习型党组织建设的重要方面。现在，我省的党员干部在素质能力方面还有一定的差距，部分党员干部思想观念保守落后，有的干部对省委省政府提出的重要战略认识不深、掌握不透、理解片面，有的干部对推动工作的思路不清、办法不多、措施不力，等等。比如，现在一些干部对我省实施工业强省战略还存在片面认识，认为只要发展工业，就会污染环境、破坏生态，把工业"妖魔化"了。显然，这种思想是非常片面的。我们要深刻认识到，发展工业符合经济社会发展规律,也是贵州比较优势所在。工业化与生态环境恶化不是必然的因果关系,贵州发展工业只要把握好了就不会破坏生态环境。如果搞不污染的工业,肯定不会破坏环境;如果在现有基础上,把资源产业链拉长,也会减轻环境压力;依托资源搞一些特色产业,如果相比较传统农业对生态的破坏而言要轻一些,总体上也有利生态环境建设。通过工业化,带动城镇化,把人口集中到城镇、集中到工厂,必然减轻农村的生态压力,将大大地有利于生态环境的保护。我们一定要学会算大账、算长远账,按照大解放、大开放、大发展的要求,全力推进工业强省战略和城镇化带动战略。再比如,有的地方对园区建设还缺乏科学合理的统一规划,有的工业项目结构趋同、科技含量偏低,有些领导干部出去招商引资,在谈项目时对一些新的术语名词不知道,说化工行业不懂、说机械行业不懂、说冶金行业也不懂,这样的领导就很难把经济搞上去,等等。这些问题,有思想认识的问题,也有工作方法的问题,还有一些是发展中难以避免甚至必然面临和遇到的问题,更主要的还是学习不够的问题。这就要求广大党员干部必须增强学习意识,通过深入的学习,深刻理解省委省政府重大决策的理论背景、现实背景,理清发展思路,提高本领。

在学习型党组织建设过程中,引导广大党员干部从工作实际需要出发,本着缺什么补什么、干什么学什么的原则,学习那些最欠缺、最薄弱、最紧迫、最需要的知识,把知识结构里最短的那一块板先补上,要引导他们学习与岗位职责相关的新知识、新技能,切实提高推动发展、解决问题的能力和水平。今年是换届之年,一些领导干部调整到新的领导岗位,可能还不太熟悉新岗位的必备知识,各地区一定要高度重视,强化学习,让他们能够尽快进入角色、适应新的工作。

(三)通过学习,进一步推进全省精神文明建设

精神文明建设是贯彻党的路线方针的根本保证,是凝聚全民族力量的重要途径,是发展社会主义事业的必然要求。学习型党组织是全面提升精神文明建设的强大推力,也是精神文明建设创新深化的有效载体。因此,全省各级党组织在学习型党组织建设中,要把精神文明建设摆上重要议事日程,积极探索精神文明建设的新特点、新路子。要以加强党组织的理论武装工作推进精神文明“软实力”建设,以社会主义核心价值体系为根本,推进学习型党组织创建与精神文明建设协调发展,以实施项目带动,促进学习型党组织创建和精神文明建设上新水平。要通过创建学习型党组织活动,进一步提高广大动员干部对拓展深化群众性精神文明建设的认识,进而搞好文化阵地建设,为广大群众提供更多的文化娱乐场所和设施,以满足他们的精神文化需求,使精神文明建设取得实实在在的成效。

三、进一步推进学习型党组织建设的各项工作

在各级党委(党组)的有力领导下,通过广大党员干部的积极参与,我省学习型党组织建设工作取得了阶段性成效。但同时,我们的工作仍然存在一些问题和不足,与中央和省委的要求还有很大差距。在下一步的工作中,我们要与正在开展的“创先争优”、“三个建设年”、“四帮四促”等创建活动结合起来,以领导班子和领导干部为重点,着力深化党的理论创新成果的学习,着力打造学习品牌,着力创新学习的方式方法,不断提高学习型党组织建设科学化水平,努力为推动贵州科学发展,促进贵州社会和谐提供强有力的思想保证和智力支持。

1.抓重点学习内容。科学理论武装是马克思主义政党的本质特征,贯彻好中央重大决策部署是对各级党组织和广大党员干部的基本要求。深入推进学习型党组织建设,最核心的任务就是要加强党的思想理论建设,增强贯彻落实党的理论和路线方针政策的自觉性坚定性。要组织广大领导干部认真学习马克思主义经典著作,深刻理解科学发展观对党和国家各方面工作提出的新要求,深入学习党的十七届五中全会精神,学习国家和省的“十二五”规划纲要,深入领会科学发展这个主题和加快转变经济发展方式这条主线,推动经济社会又好又快更好更快发展。要紧紧抓住庆祝建党90周年这个重要契机,广泛开展党的历史、党的知识学习教育,引导党员干部全面了解和正确认识党的光辉历史、伟大成就、宝贵经验,发

扬光大党的优良传统和作风，增强继往开来的责任感和使命感。

2. *创新学习方式*。建设学习型党组织是一项开创性工作，需要在总结经验的基础上，进一步丰富和创新工作载体。在这方面，我们九个市（州、地）都有自己的特色和创造，受到党员干部的欢迎。同时，我们也要因时、因地制宜，根据基层党组织的实际状况和特点，兼顾党员干部的不同需要、兴趣和爱好，在加强组织学习的同时，倡导灵活多样的个人自学，充分发挥基层党组织和党员干部的积极性创造性。要积极倡导互动式学习、体验式学习、共享式学习，运用好党员活动室、社区活动中心、乡镇文化站等多种载体，不断增强学习型党组织创建活动的吸引力。要结合中央和省委重大部署、重大活动、重大节庆日纪念日，比如建党90周年纪念活动、第九届全国少数民族传统体育运动会等等精心设计各种学习活动，使学习型党组织创建更加贴近党员干部的实际工作需要。要积极运用现代信息网络技术手段，充分贵州省党委（党组）中心组网络学习平台等各类学习网站的作用，让学习融入生活融入工作，更加便捷，成为一种常态化。

3. *打造学习品牌*。这次我们在杭州开会，最大的感受就是推进学习组织建设，也要注重品牌建设。比如有的省打造的"书香工程"，"青春大讲堂"、"百课下基层"等等，都取得很好的反响和效果。我们省的"甲秀视线———热点问题解读系列讲座"、"观风论坛———领导干部周末大讲堂"等学习品牌，也深受广大党员干部喜爱。我理解，打造品牌是为了提高学习效果，最终目的是提升工作能力。各地各部门要一定要结合自身情况，积极创新，不断提升，可以思考以省委中心组为平台，打造像"部长讲坛"这样的品牌，定期邀请国家部委的领导、专家来做讲座，帮助中心组成员深入理解党中央和国务院的方针政策；省直机关部门可以继续深入打造"甲秀视线""观风论坛"，但要着力在提升品牌时效性、针对性、影响力上下功夫；各地可以结合实际来思考开设一些高端讲坛来帮助领导干部领会贯彻中央、省委的政策，一些贴近群众、贴近工作实际的讲座来帮助提升普通党员干部的思想认识和工作水平。总之，各类品牌的打造一定要注重实践性、提升贴近性、强化服务性。

4. *营造浓厚学习氛围*。各新闻单位要把学习型党组织建设的宣传报道作为一项长期任务，精心谋划，认真安排，深入持久地开展下去。要深入宣传建设学习型党组织的重大意义、理念目标、内容要求，宣传各地各部门的具体措施、工作进展和主要成效，保持学习型党组织建设的舆论强势。《人民日报》在理论版开设了建设学习型党组织系列专栏，我们也可以考虑在《贵州日报》每季度推出一期专版，及时报道全省各地的一些好的经验和做法。要高度重视典型宣传，充分发挥先进典型的示范引导作用，推出像全国"我最喜爱的人民警察"贵阳女特警潘琴这样的全国先进典型，形成以点带面、推动学习的浓厚氛围。要创新宣传方式，根据媒体的不同定位、突出特色、各展所长，特别要注重发挥互联网和手机等新兴媒体的独特优势，形成推动学习型党组织建设的宣传合力。

5. *建立考核机制*。学习型党组织建设不是短期的、临时性任务，必须着眼长远，在形成机制上下功夫，在完善制度上下功夫，在常态化下功夫。我们要建立学习型党组织建设工作测评体系，完善学习考核评价机制，把考核结果作为民主评议党员、综合考核评价领导班子和领导干部及选拔任用干部的重要依据，形成注重学习的用人导向，充分发挥制度的激励和约束作用。

同志们，学习型党组织建设是一项长期的任务，我们要按照中央和省委的要求，从提高党的执政能力、巩固党的执政地位的高度，从推进中国特色社会主义事业长远发展的高度，从实现我省经济社会发展历史性跨越的高度，充分认识学习型党组织建设的重大意义，通过我们的不懈努力共同把这项工作做好，取得实实在在的成效，为推动党的建设新的伟大工程作出我们应有的贡献。

在2011年中国(贵州)国际酒类博览会暨中国·贵阳投资贸易洽谈会动员大会上的讲话

(6月21日)

同志们:

今年8月18日至20日,商务部、贵州省人民政府将在贵阳共同举办“2011年中国(贵州)国际酒类博览会暨中国·贵阳投资贸易洽谈会”。这次活动的举办,对搭建我省高层次的招商引资平台,扩大对外开放、加强国际交流合作,推动中国酒业,特别是贵州酒业走向世界,推动“工业强省”战略实施,促进全省经济社会又好又快,更好更快发展,具有十分重要的意义。为确保活动取得圆满成功,达到预期目标,省委、省政府决定,召开这次动员大会,对酒博会暨投洽会筹备工作进行动员和部署。

刚才,省委常委、常务副省长王晓东同志作了重要讲话,明确指出要深刻认识举办好酒博会暨投洽会的重大意义、举全省之力扎实做好各项筹备工作、切实加强组织领导,对认真贯彻省委、省政府重要部署,通力协作,精心策划、精心组织、精心运作,确保活动办出特色、办出品牌、办出成效,提出了具体要求。蒙启良副省长对活动前期筹备工作进行了通报,对下步工作进行了具体部署,细化了任务,重点明确了职责,各地、各部门要加强领导、强化措施、认真抓好贯彻落实。

同志们,举办这次酒博会暨投洽会,时间紧、任务重、要求高,要把这次活动办出特色、办出品牌、办出成效,需要我们各方面的共同努力、精诚合作。会后,大家要按照这次会议的部署和要求,进一步将责任落实到人,任务具体到人,倒排工作时间表,逐项狠抓落实,确保各项工作高效有序开展,整体推进;要强化协作配合,加强部门间、组与组之间的沟通和交流,及时互通信息,相互补台,形成工作合力;要加强督促检查,及时跟踪各项工作进展情况,对任务完成好的要予以表扬,对工作拖拉、进展不力的要督促整改,提出批评,确保活动取得圆满成功。

下面,我重点就做好活动宣传报道工作,再强调三点意见:

一是精心策划,周密制定宣传工作方案。各地、各部门特别是各地宣传部门、新闻媒体,要按照舆论先行的要求,紧紧围绕省委、省政府的总体部署和工作要求,加强与活动牵头组织部门的沟通联系,准确把握宣传方向,明确宣传基调,找准宣传重点,抽调精干人员,提前着手,精心策划,认真研究,周密制定宣传工作方案,认真组织实施。

二是发挥优势,积极营造招商引资良好氛围。要充分依托和借助国内外新闻媒体,充分利用电视、网络、报纸、广播等新闻媒介,发挥传统媒体和新兴媒体各自优势,各展所长,通过立体化、全方位、多角度、多渠道、多时段的宣传报道,扩大影响,为活动成功举办营造良好氛围,提供有力的宣传支持和舆论保障。

三是相互配合,形成内宣外宣强大声势。内宣是对内搞活的“催化剂”,外宣是对外开放的“助推器”。举办酒博会暨投洽会,既是对外宣传贵州、展示贵州形象的重要平台,也是对内宣传发动、凝聚力量的重要途径。要统筹安排,整合资源,处理好内宣和外宣的关系,不论是省内媒体还是省外境外媒体,都要做到电视有图像、广播有声音、报刊有文章、网络有板块,推出有声势、有分量、有影响的报道,共同为酒博会暨投洽会宣传造势、鼓劲加油。

今天会议到此结束,散会!

在省直四大文化集团公司成立大会上的主持词

(6月26日)

同志们:

今天,根据省委省政府决定,我们在这里隆重举行贵州日报报业集团传媒有限责任公司、贵州广电传媒集团有限责任公司、当代贵州期刊传媒集团有限责任公司、贵州文化演艺集团有限责任公司成立大会。这是给建党九十周年献礼的喜事,是全省文化改革发展的要事,是全省宣传文化系统值得庆贺的盛事,也是对我省建设文化强省具有深远意义的大事。

省委省政府高度重视我省文化改革发展,经省委常委会研究同意,6月7日,省委省政府正式批复四个文化集团公司成立,这是省委省政府贯彻落实中央关于文化体制改革的战略部署和长春同志对贵州文化发展重要讲话精神的具体体现,是宣传文化系统落实"依靠改革创新、建设文化强省、促进历史跨越"工作思路的具体实践。四大集团公司的组建,必将对整合省直文化资源,改变我省文化产业"散、小、弱"的状况,扩大产业规模,调整产业结构,促进文化产业快速健康发展发挥重要作用,产生积极而深远的影响。

今天,应邀莅临大会指导的领导有国家新闻出版总署副署长李东东同志(拍掌欢迎),全国期刊协会副会长张友元同志(拍掌欢迎)。出席会议的省领导有:省委副书记、省文化体制改革和文化产业发展工作领导小组组长王富玉同志(拍掌欢迎),省委常委、省政府常务副省长王晓东同志(拍掌欢迎)。

出席会议的还有:省文化体制改革和文化产业发展工作领导小组成员;各市、州、地文化体制改革和文化产业发展工作领导小组组长、副组长;省直宣传文化系统各单位领导班子成员及相关处室负责人;报业、广电、期刊、演艺四个集团公司中层以上干部;中央驻黔新闻媒体、省主要新闻媒体。

今天成立大会议程有五项,下面,我们依次进行。

首先,请工作人员宣读中央部委和全国各省(区、市)发来的贺信、贺电。(约3分钟)

(宣读完毕)

下面,会议进行第二项,让我们以热烈的掌声,欢迎富玉书记讲话。(约8分钟)

(致辞完毕)

会议进行第三项,让我们以热烈的掌声,欢迎国家新闻出版总署副署长李东东同志致辞。(约3分钟)

(致辞完毕)

下面,会议进行第四项。请贵州日报报业集团姚远同志、省广播电影电视局白芳芹同志、当代贵州杂志社赵宇飞同志、省文化厅徐圻同志依次介绍四大集团公司组建情况。(每位约5分钟)

首先,请姚远同志介绍贵州日报报业集团传媒有限责任公司组建情况,白芳芹同志作准备。

(汇报完毕)

请白芳芹同志介绍贵州广电传媒集团有限责任公司组建情况,赵宇飞同志作准备。

(汇报完毕)

请赵宇飞同志介绍当代贵州期刊传媒集团有限责任公司组建情况,徐圻同志作准备。

(汇报完毕)

请徐圻同志介绍贵州文化演艺集团有限责任公司组建情况。

(汇报完毕)

会议进行第五项,让我们以热烈的掌声欢迎王富玉书记、李东东署长、王晓东省长、张友元会长为贵州日报报业集团传媒有限责任公司、贵州广电传媒集团有限责任公司、当代贵州期刊传媒集团有限责任公司、贵州文化演艺集团有限责任公司授牌。

（授牌完毕）

今天，省直文化四大集团公司正式挂牌成立，标志着我省文化改革发展掀开了新的一页，具有里程碑意义。希望新成立的四个集团公司在省委省政府的领导下，在文化产业发展上发挥主力军、排头兵的积极作用，为实现贵州文化强省，促进贵州文化大发展大繁荣作出更多更大的贡献。

今天的成立大会到此结束，散会！

在中国新闻社贵州分社挂牌仪式上的致辞

（6月26日）

尊敬的富玉书记、赵阳主任、北宪社长，

出席今天挂牌仪式的各位领导、各位嘉宾，各位朋友：

大家下午好！

今天我们共聚一堂，共同庆祝中国新闻社贵州分社的成立，这不仅是中国新闻社的喜事，也是贵州新闻宣传事业发展的大事。在此，我谨代表中共贵州省委、省委宣传部对各位领导、各位朋友长期以来对贵州的关心帮助表示衷心感谢，对各位莅临贵州表示热烈欢迎，对中国新闻社贵州分社的挂牌成立表示热烈的祝贺！

中国新闻社成立于1952年，是我国仅有的两家国家通讯社之一，是中央着力提高我对外传播力重点建设的六大单位之一，在海外华侨、国际友人中有着较强传播力和影响力。长期以来，中国新闻社与我省保持良好的合作关系，是我省对外宣传工作主要渠道和窗口之一，在对外介绍我省经济社会发展情况等方面发挥了重要作用。

中国新闻社贵州分社的成立，将进一步深化我省与中国新闻社的合作关系，有助于提升我省对外宣传工作的水平和层次，有助于为我省经济社会发展营造良好的舆论氛围。希望中国新闻社贵州分社积极借助总社宣传渠道和资源，充分利用总社在海外华文媒体中的影响力，以多种宣传方式和手段策划更多更好的涉黔报道，更好地对外介绍我省经济社会发展各方面成就，更好地对外介绍我省未来经济社会发展思路和愿景，为进一步提升贵州在海外的知名度和影响力做出更大贡献。

贵州东接湖南、南连广西、西邻云南、北近川渝，是西南地区承东启西、连接南北的陆上交通枢纽和南下出海的重要通道，是一个山川秀丽、气候宜人、资源丰富、人民勤劳、少数民族聚集、发展潜力很大的省份。近年来，在全省近4000万各族干部群众努力下，贵州经济社会发展取得了长足进步，截止2010年底，全省地区生产总值达4594亿元。未来五年，贵州省委、省政府将“加速发展、加快转型、推动跨越”明确为经济社会发展的主基调，重点实施工业强省战略和城镇化带动战略，力争使“十二五”时期成为我省改革开放以来发展最好最快的时期，为实现经济社会发展历史性跨越、全面建设小康社会打下具有决定性意义的坚实基础。经过五年努力，到“十二五”期末，全省地区生产总值实现8000亿元，力争翻一番，突破10000亿元。使得全省综合经济实力上一个大台阶，人民生活水平上一个大台阶，生态环境保护上一个大台阶！

要加速实现经济社会又好又快更好更快发展各项预期目标，离不开新闻媒体的大力宣传与积极帮助，这就更需要我们与中国新闻社这样的主流媒体携手共进，为贵州营造一个更良好更宽松的外部舆论环境。

接下来几天，赵阳副主任和北宪社长将到贵州各地考察参观，希望贵州给你们留下美好的印象，希望你们多为贵州经济社会发展提出宝贵意见。最后，祝愿中国新闻社越办越好，早日建成世界一流通讯社！

谢谢大家！

在"'绿色'电脑进西部活动"赠送仪式上的致辞

(6月28日)

尊敬的世明主任,各位领导、老师们、同学们:

大家上午好!

再过三天,我们将迎来伟大的中国共产党90周岁华诞。九十年栉(zhì,音同"治")风沐雨,九十载峥嵘岁月。在中国共产党的正确领导下,贵州各族儿女攻坚克难、奋勇前进,全省经济社会发展欣欣向荣、人民群众生活蒸蒸日上。

今天,世明主任率领中央五部委的领导和同志们,不辞辛劳、千里迢迢来到我们多彩的贵州,走进梵天净土·桃源铜仁,为我们西部地区带来了大家翘首以盼的绿色电脑,送来了宝贵的精神文化食粮,把党的温馨关怀送到了广大山区孩子和干部群众的心坎儿上,充分体现出对西部地区的深情厚爱。借此机会,我代表贵州省委、省政府和全省4000万各族人民,向各位领导和朋友们的到来表示热烈的欢迎!对中宣部、中央文明办、教育部、工业和信息化部、文化部长期以来对贵州的关心和支持表示衷心的感谢!

实施"绿色电脑进西部活动",是深入贯彻落实科学发展观、发展社会主义先进文化的具体举措,也是促进基层文化建设、帮助西部地区文化教育事业发展的一项重要举措,为进一步加强青少年思想道德建设和基层文化建设提供了新的平台。活动实施三年以来,贵州先后有1200多所中小学校和800多个乡镇、社区文化站获赠15000台。其中,今年有443所中小学校及325个乡镇、社区文化站获赠5000台,将有10多万名贫困山区孩子及8万多名基层干部群众受益。这是急基层之所急、急青少年之所需的德政之举,是爱心工程、希望工程、民心工程。

扶贫先扶智,教育要先行。长期以来,贵州省委、省政府十分重视教育事业发展,不断加强基层公共文化服务体系建设,切实加大工作力度,不断满足人民群众日益增长的精神文化生活需求。"绿色电脑进西部活动"的实施,极大地改善了我省基层的文化生活条件,对于促进贵州经济社会又好又快、更好更快发展,必将产生重要而深远的影响。我们将严格按照中央要求,认真管好用好受赠电脑,积极组织参与中国文明网开展的各项活动,使这批"绿色"电脑真正发挥作用,把中央的关怀和厚爱,转化为做好工作的强大动力。

贵州是天然的大空调、天然的大氧吧、天然的大公园、天然的大宝库、天然的民族团结大家庭,这里气候凉爽宜人、自然风光神奇秀美,民族风情古朴浓郁,红色文化灿烂厚重。在此,我真诚地恳请各位领导和新闻界的朋友们一如既往地关心贵州、支持贵州、宣传贵州,真诚地邀请各位领导和朋友们常来贵州做客、考察和指导工作。

最后,衷心祝愿铜仁地区的经济社会发展取得更大成绩,祝铜仁地区的父老乡亲们生活更加幸福!祝老师们身体健康,同学们学习进步!

谢谢大家!

在全省文化体制改革工作会议结束时的讲话

(6 月 29 日)

同志们:

这次全省文化体制改革工作会议,是经过省委常委会研究同意召开的一次重要会议,是对我省文化改革发展工作进行再动员再部署再落实的一次重要会议。会议的主要任务是深入学习贯彻全国文化体制改革工作会议精神、省委书记栗战书同志重要讲话精神和省委省政府《关于深化文化体制改革的意见》,进一步统一思想,认清形势,部署工作,推动全省文化改革发展各项任务如期完成。

刚才,会议传达了全国文化体制改革工作会议精神和省委书记栗战书同志重要讲话精神,签订了文化改革发展责任书,省文化厅、省广播电影电视局、省新闻出版局主要负责人就安排部署好下一阶段的工作作了很好的发言,富玉同志对我省当前的改革形势进行了全面分析和阐释,对下一步文化改革发展工作作了具体安排部署、提出了明确要求,具有很强的指导性、针对性和可操作性,大家一定要认真学习,深刻领会,切实抓好落实。

下面,我就贯彻落实好这次会议精神,提三点要求。

*一要认真领会会议精神。*从 2008 年 4 月以来,中央加快了文化体制改革步伐,在这三年时间里,为落实中央相关会议精神,我省每年都要召开一至两次规模大、规格高的会议。这一方面说明省委、省政府对文改工作十分重视,另一方面也说明我们的改革工作与发展的形势不相适应,尤其是与贵州目前又好又快、更好更快发展的形势不相适应。今天会议的内容十分丰富,既有中央领导重要讲话和全国文化体制改革会议精神,也有省委领导重要讲话精神。但根本的一条就是集中体现了胡锦涛总书记在中央政治局第二十二次集体学习时所提出的“三加快、一加强”,即加快文化体制机制改革创新、加快构建公共文化服务体系、加快发展文化产业和加强对文化产品创作生产的引导,并确保在党的十八大召开前基本完成改革的主体任务。关键词就是“加快”和“按时限完成任务”。对此,同志们要保持清醒头脑,深刻领会好、回去汇报好这次会议精神,进一步加大改革力度、加快改革进度、加深改革程度,确保按时限完成改革任务。

*二要认真落实改革任务。*加快今后一段时期的改革发展工作,关键就是抓好今天签订的责任书的落实。在这里要强调的是,签订责任书的三家文化行政主管部门和各市(州、地)要抓好具体组织落实工作,把责任书的各项任务具体落实到单位、落实到部门、落实到人员,实行严格的责任制。对措施不力、动作迟缓、影响中央组织的验收工作的责任单位和人员要坚决实施问责。同时,政府的一些相关部门虽未参与签订责任书,但责任重大,尤其是制定和执行文改政策的部门,能否较快较好地执行政策,直接影响到改革能否顺利进行。编办、财政、人力资源社会保障、税务等有关部门要按省委常委会的要求,切实抓好组织落实,努力提高效率,确保优惠政策及早兑现,使文件上的政策变成推动改革的“真金白银”,促进改革早出成果。在推动文化改革发展中,省、市两级还要注重发挥人大、政协的作用,倾听他们的意见,接受他们的监督,争取他们的支持,努力形成社会各界关心改革、支持改革的氛围。

*三要认真迎接改革验收。*中央对各项改革,包括经营性文化单位转企、公益性事业单位内部改革、文化市场综合执法改革等,都已明确了具体的验收标准,并将于明年组织验收,我省初步验收在今年年底督办时进行,正式验收工作原则上在明年 4 月开展。因此,我们从现在起要以顺利通过中央组织的验收为目标,围绕改革的各项任务,

以目标倒逼进度、以时间倒逼程序、以督查倒逼落实，确保各项改革任务在规定时间以内保质保量地完成。各地各部门一定要在改革中严格标准，确保以改革的“优质产品”和“合格产品”迎接和通过中央和省里的验收。

同志们，当前，我省文化改革发展的形势更加有利、思路更加清晰、环境更加优化。大家一定要充分认识和把握好当前文化改革发展的良好机遇，进一步增强大局意识、责任意识，坚定改革信心和决心，以等不起的危机感、慢不得的紧迫感、坐不住的责任感，不断将文化改革发展向纵深推进、向面上拓展，为推动全省文化大发展大繁荣贡献力量。

在省委宣传部中心组学习贯彻胡锦涛同志“七一”重要讲话精神时的主持词和讲话

(7月4日)

根据省委的要求，这次中心组集中学习的主要任务是，学习胡锦涛同志在庆祝中国共产党成立90周年大会上的重要讲话精神和栗战书同志在贵州省庆祝中国共产党成立90周年大会上的讲话精神。参加集中学习的有：部长办公会成员和副处级以上干部。

7月1日上午我有幸出席了在北京人民大会堂召开的庆祝中国共产党成立90周年大会，亲耳聆听了总书记的重要讲话。7月2日参加了中宣部、中组部等部委组织的《纪念中国共产党成立90周年理论研讨会》。7月2日上午，省委召开庆祝中国共产党成立90周年大会，对全省认真学习贯彻胡锦涛总书记重要讲话精神提出了明确要求。按照省委办公厅学习贯彻《胡锦涛同志在庆祝中国共产党90周年大会上的重要讲话》和学习贯彻《栗战书同志在贵州省庆祝中国共产党成立90周年大会上的讲话》的要求，大家自学了胡锦涛总书记的重要讲话和栗战书同志的讲话，并结合贵州的实际和个人思想实际，作了深入思考。

下面，请中心组的成员发言，畅谈学习的体会和感受。

（发言完毕）

刚才，大家作了很好的发言，听了以后很受教育和启发。下面，我着重就学习和领会讲话精神，结合宣传思想文化工作，谈几点感受和体会，与同志们进行交流。

一、全面准确领会胡锦涛同志“七一”讲话精神实质和深刻内涵，进一步统一思想、振奋精神

胡锦涛总书记七一重要讲话站在党和国家事业发展全局和战略的高度，以马列主义、毛泽东思想、邓小平理论和“三个代表”重要思想为指导，深入贯彻落实科学发展观，全面回顾了我们党90年的光辉历程和取得的伟大成就，总结了党和人民创造的宝贵经验，提出了新的历史条件下提高党的建设科学化水平的目标任务，阐述了在新的历史起点上把中国特色社会主义伟大事业全面推向前进的大政方针，是一篇马克思主义的纲领性文献。

总书记的讲话通篇贯穿了马克思主义理论与中国实际相结合这根红线，充分体现了人民至上的思想，提出了一系列新思想、新观点、新论断，我们要重点领会，深刻理解。

——要全面把握党紧紧依靠人民完成和推进的“三件大事”，牢记党的丰功伟绩和宝贵经验。即，完成了新民主主义革命，实现了民族独立、人民解放；完成了社会主义革命，确立了社会主义基本制度；进行了改革开放新的伟大革命，开创、坚持、发展了中国特色社会主义。

——全面把握党团结带领人民取得的“三大成就”，坚定不移走社会主义道路。即，开辟了中国特色社会主义道路，形成了中国特色社会主义理论体系，确立了中国特色社会主义制度。

——全面把握新形势下我们党面临的“四大考验”和“四大危险”，即执政考验、改革开放考验、市场经济考验、外部环境考验，和精神懈怠的危险，能力不足的危险，脱离群众的危险，消极腐败的危险。

——全面把握推进中国特色社会主义伟大事业“四个坚定不移”。即，要继续牢牢扭住经济建设这个中心不动摇，坚定不移走科学发展道路；要继续大力推进社会主义民主政治建设，坚定不移走中国特色社会主义政治发展道路；要继续大力推动社会主义文化大发展大繁荣，坚定不移发展社会主义先进文化；要继续大力保障和改善民生，坚定不移推进社会主义和谐社会建设。

——全面把握提高党的建设科学化水平“五个必须”的总体要求，大力加强党的先进性和执政能力建设。即，必须大力推进马克思主义中国化时代化大众化，提高全党思想政治水平；必须坚持五湖四海、任人唯贤，把各方面优秀人才集聚到党和国家事业中来；必须坚持以人为本、执政为民理念，始终保持党同人民群众的血肉联系；必须深入开展党风廉政建设和反腐败斗争，始终保持马克思主义政党的先进性和纯洁性；必须坚持用制度管权管事管人，不断推进党的建设制度化、规范化、程序化。

7月2日，省委召开庆祝中国共产党成立90周年大会，回顾党的伟大历程，瞻望贵州未来发展的光明前景。省委书记栗战书同志作了《认真学习贯彻胡锦涛同志重要讲话精神大力加强党的先进性建设推动贵州经济社会发展历史性跨越》的重要讲话。讲话对全省如何进一步学习贯彻胡锦涛总书记的重要讲话精神从五个方面提出了要求，即加强党的理论学习，坚持用马克思主义中国化最新成果武装思想、指导实践；加强党的理想信念培养，用党的理想信念和伟大精神激励斗志；加强党的作风传承，坚持以人为本、执政为民，自觉贯彻党的群众路线，始终保持党同群众的血肉联系；加强党的组织和人才队伍建设，把我省各级领导班子和干部队伍配备好、建设好；加强党风廉政建设，坚持从严治党，保持党的纯洁性；始终坚持发展这个第一要务，进一步加强经济建设、政治建设、文化建设和社会建设，推动贵州科学发展、跨越发展。这对于我们深刻领会胡锦涛总书记重要讲话精神具有重要的辅导和引导作用。我们一定要认真学习，结合实际，把思想和行动统一到胡锦涛同志“七一”重要讲话精神上来，统一到栗战书同志讲话精神上来，进一步坚定信心、振奋精神。

二、通过学习，联系实际，进一步坚定信念，增强推动贵州历史性跨越的信心

全省宣传思想文化战线学习贯彻胡锦涛总书记“七一”重要讲话和栗战书书记讲话精神，最重要的是要结合我们当前面临的形势和任务，更好地做到围绕中心、服务大局，创造性地开展工作。

一是要联系我们党90年的奋斗历程，进一步坚定理想信念。历史累积经验，历史启迪未来。深刻学习领会胡锦涛总书记重要讲话精神，尤其要与中国共产党成立90年这个实际相联系，用坚定的理想信念鼓舞信心、激励斗志。要深刻认识到，中国共产党波澜壮阔的90年，是为民族独立、人民解放和国家富强、人民富裕而不懈奋斗的90年，是不断夺取革命、建设和改革重大胜利、不断谱写历史新篇章的90年，是坚持把马克思主义基本原理同中国实际相结合、不断推进马克思主义中国化、始终保持党的先进性的90年。要深刻认识到，历史和人民选择了中国共产党、选择了马克思主义、选择了社会主义道路、选择了改革开放。这四个选择是历史的选择、人民的选择，也是必然的选择。为此，我们要进一步加强理想信念教育，坚定正确的政治方向，坚定共产主义的理想信念，坚持和拓展中国特色社会主义道路，坚持和丰富中国特色社会主义理论体系，坚持和完善中国特色社会主义制度。

二是要联系贵州改革发展的实际，进一步坚定发展信心。我们贯彻落实好总书记“七一”讲话精神，最重要的就是要立足贵州省情和发展实际，深入贯彻落实科学发展观，聚精会神搞建设、一心一意谋发展，尽快改变我省贫困落后的面貌，跟上全国全面建设小康社会和现代化步伐，实现经济社会发展的历史性跨越。我们要把学习讲话精神和贯彻落实省委十届十次、十一次全会的部署结合起来，围绕加速发展、加快转型、推动跨越的主基调，大力发扬长征精神、遵义会议精神和“不怕困难、艰苦奋斗、攻坚克难、永不退缩”的贵州精神，坚定不移实施工业强省战略和城镇化带动战略，深入开展创先争优和“三个建设年”、“四帮四促”活动，把思想统一到发展上、把心思集中到发展上、把力量凝聚到发展上，用发展的办法解决前进当中遇到的问题，确保完成好“十二五”各项目标任务。

*三是要联系个人思想工作实际，进一步认真查找差距。*胡锦涛总书记在“七一”讲话中强调的“四个”危险，精神懈怠的危险，能力不足的危险，脱离群众的危险，消极腐败的危险，对我们每个党员干部都有极强的针对性，我们要联系个人思想工作实际，认真查找差距，切实加以改正。要查找精神状态上的差距，看我们的理想信念是否坚定，看我们的精神状态是否饱满，看我们实现历史性跨越的斗志是否旺盛；要查找工作能力上的差距，看我们是否具备应有的理论素质，看我们是否勤于学习，有没有推动工作的措施和办法，有没有攻坚克难的智慧和本领；要查找工作作风上的差距，看我们有没有真正深入群众、深入基层、深入实际，看我们的工作是不是真正为群众办实事、解难事、做好事，是不是经得起金钱的诱惑，执政的考验；要查找工作效率上的差距，看我们推进工作的力度大不大、效率高不高、效果好不好，群众是不是满意，我们是不是搞形式主义等等。就是要通过查找这四个方面的差距，进一步增强忧患意识、责任意识和阵地意识，进一步坚定理想信念，牢固树立正确的世界观、事业观、权力观和群众观，进一步弘扬党的优良传统和作风，不断保持和发展党的先进性，进一步发挥共产党员的带头作用，求真务实，锐意进取，立足岗位作贡献，创先争优当模范，在平凡的岗位上建功立业。

三、以学习胡锦涛“七一”讲话精神为动力，扎实抓好各项宣传思想文化工作

全省宣传思想文化战线要把学习领会、深入贯彻落实胡锦涛总书记和栗战书同志的重要讲话精神作为当前和今后一个时期的一项重大政治任务抓紧抓实抓好，积极发挥职能作用，迅速在全省掀起学习热潮，在领会科学内涵、吃透精神实质、把握基本要求上下功夫，在武装思想、指导工作、推动落实上见成效，努力使学习的过程成为坚定理想信念、加强党性修养的过程，成为推进事业发展、造福人民群众的过程。

*一是要迅速掀起宣传热潮。*各级宣传部门和新闻媒体要通过开设专栏、开辟专题等多种形式，组织有声势、有深度的宣传活动，努力在全社会营造浓厚的学习贯彻氛围。充分发挥报刊、广播、电视、网络等媒体的作用，采取切实有效的措施，集中力量加强宣传报道，努力营造浓厚的学习氛围，在全省上下形成学习宣传讲话精神的热潮，把学习不断引向深入。要大力宣传各地干部群众学习讲话精神的生动场景和先进事例，充分报道各地各部门创造性落实讲话精神的生动实践。

*二是要加强理论阐释研究。*各级党委（党组）理论中心组要把讲话作为近期学习的重要内容，深入学习研讨，进一步提升各级党组织和党员干部队伍的素质、能力和水平。充分发挥各级讲师团和理论骨干的作用，通过召开座谈会、举办研讨班等形式，做好向广大党员和干部群众的宣传阐释工作。要充分发挥理论研究部门的作用，深入研究讲话中提出的新思想、新观点、新论断，联系实际推出一批推出一批有深度、有分量、有影响的研究成果，要组织各级理论和社科工作者，在各大媒体推出一批宣传阐释讲话精神的理论文章，把学习宣传贯彻胡锦涛总书记重要讲话精神不断引向深入。

要精心组织宣讲活动。级宣传文化单位要精心组织宣讲活动，帮助全省干部群众领会科学内涵、吃透精神实质、把握基本要求。要充分发挥基层文化站的阵地作用，采取群众喜闻乐见的形式，联系实际学习宣传贯彻讲话精神。通过形式多样的宣讲活动，教育引导广大党员，更加自觉地把思想和行动统一到讲话精神上来，把讲话精神贯彻落实到各项工作中去。

此外，我们还要抓好下半年几项重要工作，确保全年各项工作任务的完成。一是全力做好全国第九届少数民族运动会对外宣传工作，使之成为一次展示我国民族团结，我省经济社会发展新面貌的契机。目前，这项工作已经进入倒计时阶段，大家一定要集中精力，坚持到底，做到每个细节都不能出错。二是为下半年召开全省文化强省方面的大会和全会做好准备。各个处室都要认真思考以前的工作和今后的计划，提前做好调研，准备好相关材料，以备省委相关调研、座谈会用。三是精心组织好下半年省委宣传部主抓的一些重大活动和会议。比如我们将在北京召开贵州影视创作座谈会，组织2011爷多彩贵州歌唱大赛决赛等等；文改文产要力争在明年省第十一次党代会召开前，基本完成国有经营性文化单位转企改制，基本建设一批国有骨干文化企业，基本完成有线电视网络整合，基本完成文化市场综合执法改革，基本完成公益性文化事业单位内部机制改革，基本完成文化行政管理体制改革等等；总之，各项工作时间紧、任务重，大家一定要抓紧时间，坚持不懈，真正把我们创优年的各项工作提高到一个新的水平。

谢谢大家！

在西部省区市社科联第四次协作会议暨西部发展能力建设论坛开幕式上的讲话

(7月12日)

各位来宾、同志们：

在全党上下认真学习贯彻胡锦涛总书记在庆祝中国共产党成立90周年大会上重要讲话精神之际，在国家实施新一轮西部大开发战略的开局之年，西部省区市社科联第四次协作会议在贵州召开，并举办西部发展能力建设论坛，对于我们贯彻落实胡锦涛总书记重要讲话精神，解决好我们发展能力不足问题，促进西部经济社会大发展大跨越，对于我们西部省区市社科联进一步加强协作、更好地研究谋划未来十年的发展具有十分重要的意义。首先，我谨代表中共贵州省委、贵州省人民政府对协作会和论坛的召开表示衷心的祝贺，对来自各省区市社科联的领导和专家学者表示热烈的欢迎！

贵州地处祖国西南，全省国土面积17.62万平方公里，常住人口3474万人，现辖4个地级市、3个自治州和2个地区，共有88个县(市、区、特区)，其中民族自治地方占全省总面积的55.5%，少数民族人口占全省总人口的36.11%，是一个山川秀丽、气候宜人、资源丰富、人民勤劳、少数民族聚集、发展潜力巨大的省份。改革开放特别是国家实施西部大开发战略以来，贵州经济社会发展取得了巨大成就，综合经济实力明显增强，基础设施条件明显改善，特色产业体系加快形成，经济发展方式加快转变，群众生活水平稳步提高，2010年地区生产总值达到4594亿元，财政总收入969.7亿元、一般预算收入533.9亿元，城镇居民人均可支配收入14142.74元，农民人均纯收入3472元。但总体上看，贵州目前经济社会发展仍比较落后，经济总量小、人均水平低、发展速度慢仍是我省的基本省情和面临的主要矛盾，推进经济社会又好又快发展的任务仍然十分繁重艰巨。党的十七届五中全会以来，省委、省政府按照胡锦涛总书记对贵州工作的最新指示，高举发展、团结、奋斗的旗帜，提出了贵州“十二五”时期加速发展、加快转型、推动跨越的主基调，重点实施工业强省和城镇化带动的主战略，努力使“十二五”时期成为贵州改革开放以来发展最好最快的时期，为全面建成小康社会、实现历史性跨越打下具有决定性意义的基础。今年以来，全省上下振奋精神，团结一心，苦干实干，呈现出“增速加快、投资增加、活力增强、民生改善、环境趋好”的发展态势，顺利实现了“十二五”和新一轮西部大开发的“开门红”。一季度生产总值同比增长14.8%，许多指标都是历史同期最好水平。1—5月，全省规模以上工业增加值618.04亿元，同比增长20%；固定资产投资1407.51亿元，同比增长79.5%；财政总收入525.07亿元，同比增长32.9%，其中，一般预算收人293.79亿元，同比增长40.2%。

中央实施新一轮西部大开发战略，为贵州乃至整个西部地区加速发展提供了重大历史性机遇。我们要看到，在新一轮西部大开发中，中央对西部大开发的定位更加清晰，明确提出西部大开发在我国区域协调发展总体战略中具有优先地位，在促进社会和谐中具有基础地位，在实现可持续发展中具有特殊地位。我们要看到，中央出台的西部大开发政策取向更加明确，特别强调在继续支持基础设施和生态建设的同时，大力支持西部地区发展特色优势产业，强调建设“四个基地”、“一个屏障”，即国家重要的能源基地、资源深加工基地、装备制造业基地、战略性新兴产业基地，构筑国家生态安全屏障。这必将对西部大开发起到有力的引导、支撑和保障作用，必将改变长期以来全国产业垂直分工的状况，有利于我们依托资源，大力发展特色优势产业，延伸产业链，提高附加值，切实增强自我发展能力。

今天的论坛以发展能力建设为主题，这是个非常好的选题，它既是贵州的问题，也是西部各省区市在新形势下发展面临的突出问题；既对广大社科理论工作如何发挥作用提出了新要求，也为社会科学在新的历史条件下更好发挥创新理论、服务社会的作用提供了新机遇。我相信，此次西部省区市社科联第四次协作会议暨西部发展能力建设论坛的举办，将促进西部各省区市社科联进一步加强交流与合作，互相学习借鉴，互相支持协作，结出丰硕成果，共同推动西部社会科学繁荣和发展。希望西部地区社科联的同志们，更多地关注贵州、了解贵州、研究贵州，支持贵州科学发展迈上新台阶。

在这里，我还要向在场的各位青年朋友们提一点希望：青年是祖国的未来、民族的希望。胡锦涛总书记在庆祝中国共产党成立90周年大会上对广大青年寄予厚望，并提出了明确要求。当前，贵州乃至整个西部都处在大发展大跨越的关键时期，这为广大青年施展才华提供了最好的机遇和最佳的舞台。希望你们不辜负胡锦涛总书记的殷切期望，勤奋学习，砥砺品质，志存高远，牢记使命，在西部大开发中充分发挥自己的聪明才智、充分体现自己的人生价值，在西部大开发中建功立业、成长成才、焕发青春光彩。

最后，预祝大会取得圆满成功！祝与会代表在身体健康、工作顺利、生活愉快！祝青年朋友们学习进步、事业有成！

在贵州省哲学社会科学“十二五”规划工作会议上的主持词

(7月13日)

同志们：

按照省社科领导小组的安排，我们今天在这里召开贵州省哲学社会科学“十二五”规划工作会议。参加今天会议的有省委副书记、省哲学社会科学工作领导小组组长王富玉同志，副省长、省哲学社会科学工作领导小组副组长谢庆生同志，省哲学社会科学工作领导小组各位成员，市(州、地)党委宣传部的分管部长或相关负责同志，各科研机构和高校的分管领导、科研(人文社科)处处长以及相关专家。

今天上午的会议主要议程有三项，一是请王富玉同志作重要讲话；二是庆生同志传达李长春同志在2011年度国家社科基金项目评审工作会议上的重要讲话精神；三是大会交流发言。

下面进行第一项议程，请王富玉同志作重要讲话，大家欢迎。

(讲话完毕)

下面，请庆生同志传达李长春同志重要讲话

精神。

（传达完毕）

现在，请与会单位代表作交流发言，请每位同志的发言掌握在10分钟以内。下面，请贵州师范大学代表作交流发言。

（发言完毕）

下面，请贵州财经学院代表作交流发言。

（发言完毕）

下面，请贵州大学代表作交流发言。

（发言完毕）

下面，请省社科院代表作交流发言。

（发言完毕）

下面，请贵州民族学院代表作交流发言。

（发言完毕）

下面，请凯里学院代表作交流发言。

（发言完毕）

下面，请遵义师范学院代表作交流发言。

（交流完毕）

刚才，富玉同志作了重要讲话，充分肯定了“十一五”时期全省哲学社会科学工作取得的显著成绩，全面部署了“十二五”时期哲学社会科学工作，对进一步开创我省哲学社会科学工作新局面提出了明确要求，具有很强的理论性、针对性和指导性。庆生同志传达了李长春同志重要讲话精神。贵州师范大学等单位的代表总结了“十一五”期间在社科规划管理方面的成功经验，对“十二五”时期的工作作了展望，讲得都很好，对我们做好下一步工作有很好的借鉴意义。

哲学社会科学是人类发展进步的灵魂，其研究能力和水平是一个国家和地区文明程度的重要标志，也是综合实力和竞争力的重要组成部分。哲学社会科学工作者，如何在社会急剧变革、矛盾错综复杂的情况下，勇立潮头、把好方向、潜心研究，拿出无愧于时代、无愧于人民的精品力作，为增强我省的软实力贡献力量，我认为，在研究的指导上，一定要坚持马克思主义一元化的指导思想。在研究的视野上，一定要坚持用战略思维科学把握纷繁复杂的国际国内形势。在研究的重点上，一定要坚持以改革开放和现代化建设的重大理论问题和实践问题为主攻方向。在研究的目的上，一定要坚持人民利益至上的价值导向。在研究的方法上，一定要坚持科学性原则。在研究的成果上，一定要坚持把创新作为不懈追求。

胡锦涛总书记在“七一”重要讲话中指出：“在新的历史条件下坚持马克思主义，关键是要及时回答实践提出的新课题，为实践提供科学指导。”这为我省哲学社会科学工作进一步发挥服务实践、推动实践的作用提出了要求，指明了方向。今年是“十二五”的开局之年，面对中央实施新一轮西部大开发战略的重要发展机遇，面对贵州既要“赶”又要“转”的双重任务，如何实现贵州经济社会发展又好又快、更好更快发展？这对我们广大哲学社科理论工作更好发挥创新理论、服务社会提供了新的历史机遇。我们一定要以胡锦涛总书记的“七一”讲话精神为指导，深入贯彻全国、全省会议精神，着眼于对贵州未来发展的全局性、战略性和前瞻性问题，深入研究转型发展、跨越发展、赶超发展的战略方针，深入研究工业化、城镇化、农业产业化等战略重点，深入研究历史性跨越的基本路径，深入研究历史性跨越的实践进程，以实际研究成果服务于党委、政府的决策，在与实践的紧密结合中展示我省哲学社会科学蓬勃的生机和旺盛的活力。

参会各单位回去以后要迅速向主要领导汇报这次会议的主要精神；要专门安排时间认真组织学习传达李长春同志重要讲话和王富玉同志讲话精神；要结合工作实际，制定好本单位本部门的社科“十二五”规划或计划，注意突出贵州特色，体现各自特点，切实把“十二五”时期社科研究工作的目标和任务落实到具体工作之中，落实到个人身上。

今天的会议到此结束，谢谢大家！

在香港文汇报《贵州报道》创刊暨文汇网贵州频道上线仪式上的致辞

(7月13日)

尊敬的王树成先生,出席今天创刊仪式的各位领导、各位来宾、各位朋友,大家下午好!

首先,我代表中共贵州省委、贵州省人民政府,对香港文汇报《贵州报道》新闻周刊创刊、香港文汇网贵州频道上线试运行,表示热烈的祝贺!

香港文汇报是一份面向香港全社会的综合性主流大报,在大陆、香港乃至海外地区都有着很大的影响力。自1948年9月创刊以来,香港文汇报始终以爱国爱港为办报宗旨,新闻报道及时准确、公正详实,在增进香港乃至海外地区与大陆的交流互动方面发挥着重要作用。长期以来,香港文汇报与我省也保持着良好的合作关系,通过报社高层率团来黔采访、在我省设立办事处等多种方式,围绕贵州经济社会发展作了大量卓有成效的报道,进一步提升了贵州在外知名度和影响力,进一步推进了黔港两地交流合作关系。

贵州山川秀丽,气候宜人,自然景观奇特,矿产资源丰富,生物资源多样,民族文化多彩,是天然的"大空调"、"大氧吧"、"大公园"、"大宝库"、"民族和谐大家庭"。"十一五"期间,贵州经济社会发展取得显著成就。未来五年,贵州将牢牢把握"加速发展,加快转型,推动跨越"主基调,重点实施工业强省和城镇化带动战略,大力实施十大民生工程,推动经济社会又好又快、更好更快发展。经过五年努力,到"十二五"期末,全省地区生产总值实现8000亿元,力争翻一番,突破10000亿元。使得全省综合经济实力上一个大台阶,人民生活水平上一个大台阶,生态环境保护上一个大台阶!

贵州与香港同处泛珠三角区域,发展互补性强。香港历来是贵州主要外来投资来源地。截止2010年底,香港在黔投资累计项目(企业)637个,累计合同资金18.96亿美元,累计实际使用5.26亿美元。香港是贵州重要的贸易伙伴,是我省最早的出口市场之一,早在1978年贵州就开始对港出口商品。30多年来,黔港贸易迅猛发展,据统计,2010年,贵州对香港出口贸易额为1.63亿美元,同比增长45.8%,占全省对外贸易比重为5.2%。香港还是贵州主要旅游客源地之一,2010年,香港入黔游客总数达9.72万人次,同比增长23.63%,占全省入境境外游客19.44%。在"加速发展,加快转型,推动跨越"主基调下,随着贵州以交通水利等为重点的基础设施与投资环境的进一步完善,对外开放步伐的进一步加快,黔港两地交流合作空间潜力巨大、前景广阔。今年5月初,香港文汇报作为协办方支持我省在港成功举办"贵州·香港投资贸易活动周",成果丰硕,共签约投资项目50个,金额133.19亿美元;贸易项目12个,金额52.7亿美元。活动周的成功举办,既得益于两地经贸合作交流关系日趋密切,也与香港文汇报的鼎力相助是分不开的,在此,我代表中共贵州省委、贵州省人民政府向香港文汇报表示衷心的感谢!

香港文汇报《贵州报道》的创刊、文汇网贵州频道的上线,将进一步深化我省与香港文汇报这样的主流港媒的合作关系,有助于提升我省对外宣传工作的水平和层次,有助于为我省经济社会发展营造良好的舆论氛围。希望《贵州报道》、"贵州频道"充分依托香港文汇报宣传渠道和资源,充分发挥文汇报在香港乃至海外地区读者中的影响力,以多种方式和手段策划更多更好的涉黔报道,更好地对外介绍我省经济社会发展各方面成就,更好地对外介绍我省未来经济社会发展思路和愿景,为进一步提升贵州在香港乃至海外地区的知名度和影响力做出更大贡献。

最后，祝愿香港文汇报事业兴旺，早日建成具有世界影响力的媒体！谢谢大家！

在2011年上半年新闻宣传工作总结座谈会上的讲话

(7月19日)

同志们：

昨天召开了全省经济工作会议，上半年全省经济运行形势非常鼓舞人心，非常催人奋进，但是会议强调，我们不能骄傲、不能自满，要更加奋力拼搏，争取下半年更好更快的发展，为“十二五”开局之年开好头、起好步，实现到 2020 年与全国同步进入全面小康打下坚实基础。下半年经济发展要更好更快，需要营造良好的舆论氛围，提供有力舆论支持，我们肩负着神圣的使命。今天我们召开这次会议，贯彻落实全省经济工作会议精神，既是对上半年工作进行总结，也是对下半年工作进行安排部署。

刚才大家作了很好的发言，提出了很好的意见建议，对于我们进一步加强改进全省新闻宣传工作，具有重要的借鉴意义。在座的诸位，集中了贵州新闻界的骨干力量和智力资源。我们的新闻宣传工作搞得好不好，很大程度上要取决于各位的作用发挥得好不好。之所以召开这个座谈会，就是希望通过与大家的沟通交流，达到集思广益、促进工作的目的。今天的座谈会开得很好，类似的座谈会今后还要经常召开，希望大家能积极出谋划策，知无不言、言无不尽，为贵州新闻宣传工作做出更大贡献。

2011 年上半年，在省委、省政府的正确领导下，全省新闻宣传战线团结拼搏、真抓实干，打好了几场重要的宣传战役，为全省经济社会发展营造了良好舆论氛围。这其中，中央驻黔媒体发挥了极其重要的作用。比如，今年的全国“两会”，中央媒体涉黔报道达到 800 多条，中央电视台“小丫跑两会”对战书书记的专访，还受到了中央领导同志的关注，这样的报道力度，不仅在贵州历史上是第一次，在全国范围内也很罕见；“两加一推”也出现了一些重量级报道，人民日报 5 月 6 日头版头条刊发的《多彩贵州再奋进》一文，振奋人心、鼓舞士气，产生了巨大的社会反响，得到了战书书记的高度肯定；建党 90 周年的报道也是亮点纷呈，新华社贵州分社采写的《红旗漫卷长征路—记遵义会议与长征的胜利》，被 200 多家媒体突出采用；中央电视台贵阳应急点有关朱昌国的典型报道，被中宣部作为央视《红旗飘飘》栏目的开篇之作播出，非常难得。

上半年，中央驻黔媒体的发稿数量也有了很大的增长。人民日报社贵州分社头版稿件 14 篇，其中头版头条 2 篇、头版组合头条 4 篇，其他版面头条 35 篇。半年的重点稿件量，与 2010 年全年刊发的数量相同。新华社贵州分社各类稿件被总社采用的近 6600 篇(幅)，比上年同期增长 15% 左右。经济日报头版头题稿件 2 篇、头版稿件 6 篇、专版 3 个。光明日报的发稿量也有增加。中央人民广播电台共发稿 986 余条，总量比上年同期增加 20.5%。中央电视台贵阳应急报道点在央视 1 套、4 套和新闻频道共发稿 191 条，平均一天一条。

省内各主要新闻单位上半年的表现也非常突出。在今年全国“两会”报道中，各媒体开设了“奋进贵州”、“两会观察”、“两会连线”、“聚焦贵州”等专版专栏，精心策划了大量深度报道和言论文章，获得了省主要领导的高度评价。各新闻单位对工业强省的报道值得表扬，贵州日报刊发的“家事国是调研行”系列报道，有很强的针对性、指导性，表现出了很强的政治敏感性、工作责任感。建党90周年的报道，各媒体精心策划了“红色贵州行”、“光辉岁月”、“中国红地标”等专栏专题，启动早、规模大、力度强，社会反响好，为建党90周年营造了浓厚的舆论氛围。贵州电视台加强向央视的供片力度，取得了很大的成绩。从7月1日开始，《新闻联播》连续三天都采用了贵州的报道，非常难得。贵州商报在“七一”当天推出的50多个整版报道，很有冲击力，是“七一”报道中的一个亮点。

总而言之，在同志们的共同努力下，上半年我省的新闻宣传工作取得了重大胜利，省委省政府满意，全省人民满意！之所以能取得这样的成就，我认为主要有四个因素：

第一，超前谋划。抓重大主题宣传，要牢牢把握“时”与“势”，时刻关注政治、经济、社会的发展变化，没有这个敏感性，我们的工作就会永远迟一步，掉在别人后头。“君子见机而作”，看准了的事情，就要快下决心、狠抓落实。一是要周密策划，把工作的思路、方向、重点先拿准；二是要加强协调，争取上级支持和省直部门的配合。三是要抓好服务，提供充足的新闻选题和报道素材。去年的“又好又快、更好更快”宣传，今年的全国“两会”宣传、“两加一推”宣传，我们正是把握了这几条原则，见势早、启动快、措施实，宣传部门和新闻单位负责人靠前指挥，大批精兵强将顶上一线，整个宣传报道高度集中，如暴风骤雨一般有气势、有影响。这些经验要很好地运用到今后的工作中去。

第二，同心同德。有的同志说，现在贵州整个新闻界，中央驻黔媒体、香港驻黔媒体、省内媒体间的关系，当地党委政府与媒体间的关系是最融洽的时期之一。最近两年来，我越来越感觉到，贵州的新闻宣传战线心齐、气顺、干劲足，已经形成了一股干事创业的好气象。尤其是在重大任务、重大考验面前，各单位心往一处想，劲往一处使，互相帮忙、互相配合，已经形成了一种战斗友谊、工作合力，这对于我们的事业来说，是一种宝贵的资源和财富。有共同致力的目标，有力争上游的精神，有亲密无间的配合，贵州的新闻宣传事业将蒸蒸日上，从一个胜利走向另一个胜利。

第三，敢打敢拼。打开贵州新闻宣传工作的局面，要有朝气、锐气，要敢想、敢干、敢打、敢拼。拿今年的全国“两会”宣传来说，人民日报在人大开幕当天就刊发了战书书记专访文章，后来又刊发了四个贵州专版；新华社刊发了近70篇贵州报道的通稿；中央电视台《新闻联播》的贵州新闻，基本实现了每天不断线。这样的外宣成就，在以前是想都不敢想的。如果当时我们畏手畏脚、瞻前顾后，没有千方百计去争取各方面的支持，就打不好这场重要的外宣攻坚战役。事实证明，只要我们勇于突破固有思维，善于发挥自身优势，就可以克服一切困难和障碍，不断开创贵州新闻宣传工作的新局面。

第四，精益求精。做好重大主题的宣传报道，要具备全局意识、实施通盘考虑、进行主动策划，选择哪些领域作为重点报道选题，侧重哪些报道形式，时间节点如何安排，报道力度如何把握，媒体之间如何配合，方方面面都要进行很好的考虑。我感觉，最近几次重大主题宣传，各新闻单位都进行了认真、充分、细致的准备，动了脑筋，下了功夫，才有这样的结果。如果只是应付工作、完成任务，绝对不可能涌现出这么多的亮点，取得这样大的成绩。精益求精的工作态度、细而又细的工作作风，需要在我们所有的宣传工作中加以发扬。

在看到成绩的同时，我们也要清醒地认识到，在我们的工作中，还存在一些不足。总体而言，我们在全国有深度、有影响力的新闻报道还不多。有的媒体在重大主题宣传中，策划不够，亮点不多，少有得意之笔；有的媒体，在重大主题宣传中失位、缺位，基本听不到声音；有的媒体政治意识、大局意识不够强，为了吸引眼球，时常炒作一些负面新闻、边角新闻，给人以消极、阴暗的印象；还有的媒体，工作中马虎大意，责任心不够，出现了一些不该出现的失误，造成了不好的影响。这些问题大家要引起重视，及时加以改进。

同志们，上半年已经过去，如何在现有的成绩上，把下半年工作抓得更好，对于我们来说，是一个很大的课题。全省经济工作会议对下半年经济发展更好更快的要求，也是对我们新闻宣传部门的要求。每一个人都要开动脑筋、认真思考、积极应对。一定要在思想上把弦绷紧，千万不能有任何松懈，要再接再厉、一鼓作气，争取在下半年取得更大的成绩。下面，就如何做好下半年的宣传工作，我讲几点意见：

一、更加注重政治责任，认真做好学习贯彻胡锦涛总书记“七一”讲话精神的宣传。认真学习贯彻胡总书记“七一”重要讲话精神和7月2日栗战书书记在省委庆祝大会上的讲话，是当前全省新闻宣传工作的一项重大政治任务。最近，省委宣传部下发了《贵州省学习贯彻胡锦涛总书记在庆祝中国共产党成立90周年大会上重要讲话精神宣传报道方案》，就相关工作提出了明确具体的要求，请大家认真抓好落实。前一阶段，重点是宣传讲话精神和各地的学习情况；下一阶段，要紧密联系贵州“十二五”规划的工作实际，重点抓好讲话精神的深度解读，刊发一批有深度、有影响的理论文章，报道各地各部门推动科学发展的工作成效，宣传广大干部群众的热烈反响和积极评价。讲话的政治性、理论性、针对性很强，各新闻单位要组织编辑记者认真学习、深刻领会，确保真学真信，真懂真用，保证正确的舆论导向。学习贯彻讲话精神的宣传，要持续一段时间，根据统一步调行动。最近，部分媒体“七一”报道大幅缩水，少数媒体上甚至基本看不到，这种现象要及时纠正。

二、更加注重围绕中心，切实做好全省经济形势、经济成就的宣传。上半年，全省经济呈现出“速度较快、效益较好、位次前移、后劲增强、民生改善”的良好发展态势，预计生产总值同比增长15.1%，比去年同期高4.8个百分点，为我省近20年来最高增速；预计全部工业增加值增长21.5%，比去年同期高6.5个百分点，创1992年以来同期最好水平；预计工业对经济增长贡献率达49.4%，拉动经济增长7.5个百分点；预计投资对经济增长的第一拉动作用更加凸显，完成2260亿元，增长80.2%，为西部大开发以来同期最高增速。短短半年内，这么多主要经济指标增速在全国的位次大幅前移，是多年来没有过的。实践充分证明，省委、省政府确定的主基调和重点实施的两大战略，完全符合中央要求，完全符合贵州实际，是完全正确的。大力宣传好我们的经济发展成就，进一步提振信心、鼓舞士气、扩大对外影响，是我们新闻宣传战线必须服务好的大局，是当前压倒一切的工作，是一项光荣而又艰巨的任务，全体新闻宣传工作者必须高度重视、认真策划、抓好落实。贵州电视台最近开设了“年中看开局”专栏，很有敏感性和前瞻性。全省的新闻单位要迅速跟进，统一开设“半年发展看开局”专栏，派出骨干力量，采写一批有深度、有分量的专题报道，迅速掀起阶段性的报道高潮。这里，还要请中央、香港驻黔新闻单位多帮忙，以“两会”宣传的工作力度，做好贵州半年成就的宣传，争取在重要版面、重要时段多上贵州的稿件。到年底的时候，我们考虑再开设一个“年终看跨越”专栏，组织中央驻黔和省主要新闻单位，开展一次集中采访，把全年的发展成就认真宣传好。

三、更加注重服务大局，认真抓好全年各项重大主题的宣传。今年下半年，最繁重的工作就是2011年中国(贵州)国际酒类博览会暨中国.贵阳投资贸易洽谈会和第九届全国少数民族传统体育运动会的宣传。两项重要活动的宣传都是系统工程，涉及新闻宣传、对外宣传、社会宣传、文化宣传等方方面面，涉及我省新闻出版、广播电视、商务、发改、经信、文化、民族、体育、工商等多个部门，涉及面广，牵动面大，工作千头万绪。现在离“酒博会暨投洽会”开幕只有一个月，离民族运动会开幕也只有两个月，时间非常紧迫。“酒博会暨投洽会”的宣传工作要在开幕前这一月里按照“奋力冲刺，攻坚克难，精益求精，齐心协力”的要求，进一步强化责任感与紧迫感，注重沟通、完善细节、统筹兼顾，做到超常规、零差错，有力、有序、有效地推进。民族运动会的宣传工作要按照升温、高潮、深化三个阶段的工作安排，重点做好我省民族团结，做好火炬传递、开闭幕式、民族大联欢和重要赛事的报道，使宣传报道梯度推进、逐步升温、形成高潮。“两加一推”、“三个建设年”、“四帮四促”、“创先争优”等重大主题和重要活动，是当前和今后一个时期全省工作的主题，全省上下作了大量的工作，力度大、措施实、成效明显。新闻宣传战线要切实服务好这个大局，为以上重大主题和重要活动助推、加力，提供强大舆论支持。要加大报道力度，在重要版面、重要时段，有计划地刊播综述、言论、专题等多种形式的报道，做到节奏合理、轻重得当、亮点突出、层次分明。要注重主题报道的深化和升级，努力打造在全国有影响力的主题报道和典型报道精品工程。

四、更加注重舆论引导，巩固积极健康向上的主流舆论。“十二五”为全省人民描绘了宏伟蓝图，落实好“十二五”规划，离不开积极、健康、正面的舆论环境。最近几年来，在全省宣传思想战线的共同努力下，贵州的对外影响力不断扩大，整体形象不断提高，社会评价越来越积极，为贵州经济社会发展营造了良好的舆论氛围。我们一定要倍加珍惜这大好的舆论形势，并千方百计扩大取得的成果。希望各新闻单位多报道我省经济社会发展的重大成就，多刊播一些像《多彩贵州再奋进》这样提振“精气神”的作品，进一步激励和鼓舞全省各族人民。对劳动就业、社会保障、教育卫生、居民住房等关系群众切身利益的问题，要充分阐明省委、省政府采取的政策措施，把公众情绪引导到健康、理性的轨道上来。在进行舆论监督的时候，要考虑到政治、经济大局，对于报道的社会影响要预先作出充分评估。如果事关贵州整体形象，务必要保持清醒头脑，并请尽量和我们事先通气。部内设处室要支持中央媒体的工作，加强联络沟通，积极提供各种服务，在力所能及的范围内，最大限度地支持中央驻黔媒体的发展。要严肃宣传纪律，重要活动的宣传报道要按照省委统一部署进行，有关敏感问题要慎之又慎，区分不同情况把握，防止因工作不到位、不作为干扰来之不易的改革发展稳定大局，甚至给全局带来被动。

同志们，今年下半年重大主题多、工作任务繁重，希望大家进一步突出重点，为省委省政府中心工作提供强大舆论支持，进一步加强策划，把各项重大主题宣传做出气势、做出影响，进一步关注民生，及时反映贵州经济社会发展的新成就、新变化，进一步加强管理培训，打造一支能力强、作风硬、素质高的新闻队伍，为实现贵州经济社会又好又快、更好更快发展作出新的更大的贡献！

在全省“整脏治乱”专项行动工作经验交流会议上的讲话

（7月20日）

同志们：

这次会议，既是一次经验交流会，也是一次工作推进会。会议的主要任务是，深入学习贯彻胡锦涛总书记“七一”重要讲话和省委十届十一次全会精神，进一步统一思想、深化认识，提升“整脏治乱”工作水平，为“十二五”时期“整脏治乱”工作开好头、起好步，打下坚实基础。

昨天，大家参观了毕节市、赫章县、威宁县，刚才又听了5个地方的交流发言。总体上看，今年以来，各级党委政府高度重视“整脏治乱”工作，着力在管理上求创新、在措施上谋强化、在工作中抓落实，呈现出你追我赶、积极向上的良好态势。在实践中积累了许多好经验和好做法，这些经验和做法可用可学，值得各地借鉴学习。下面，我就深入推进“整脏治乱”工作，努力提高工作水平，讲三点意见。

一、总结新经验，学习新典型，切实增强做好“整脏治乱”工作的信心

通过昨天的参观，大家实地感受了毕节地区三个市县的整治成果，他们无论是市容市貌、交通秩序，还是农贸市场、公共厕所、乡镇环境等，都展现出新的气象和面貌，透着一股精气神，令人十分振奋。而在几年前，毕节地区不少地方环境脏乱差，群众满意度低，2008年还在全省挂末，甚至威宁曾经被富玉同志严厉批评为“世界脏乱差中心”、“非洲难民营”。面对落后，毕节地委、行署变压力为动力，不犹豫、不懈怠，奋力争先、立志反超，经过几年的努力奋斗，发生了翻天覆地的变化，城乡面貌焕然一新。

虽然毕节地区的整治工作还不是全省最好

的,但却是变化最快、进步最大的。他们面对困难不气馁、正视现实求突破的精神,体现了又好又快、更好更快的发展要求,是新时期贵州精神在毕节地区的生动展示。总结他们的经验,至少有四个方面是值得我们学习和借鉴。

第一,深化认识、树立信心是前提。在整治工作落后的情况下,威宁县委、政府面对问题不回避、困难面前不退缩,从推动经济社会发展、提升对外良好形象、改善民生的高度,深化对“整脏治乱”工作的认识,全县干部群众同心同德、真抓实干,知耻后勇,奋起直追,使整治工作逐渐走出困境,摆脱落后,步入全省先进行列,并以此为突破,树立了县委、县政府的权威,振奋了士气,展现了地方良好的形象。

第二,领导重视、身体力行是关键。“整脏治乱”工作面广点多,既涉及到基础设施建设,又涉及人的行为习惯、文明素质的提高,领导重视、身体力行非常关键。领导重视不只是安排部署,而是要抓好抓实,落实到人财物的投入,实际问题的解决,党政主要领导对整治办工作关心支持的力度上。无论是毕节地区,还是贵阳市、余庆县、凯里市、铜仁市,他们能有今天的成绩无一例外都是领导重视和上下努力的结果。毕节地区近年来重考核、重奖惩,在人员、经费上加大投入,主要领导亲自部署、深入一线检查指导,解决“整脏治乱”工作中的实际问题,体现了真正意义上的领导重视。

第三,真抓实干、狠抓落实是根本。我省经济社会发展滞后,基础设施弱、人口素质低、环境脏乱差,“整脏治乱”工作任务很重。整治工作要一项一项抓落实,不能停留在口头上、写在文件上,必须真抓实干。毕节地区大力加强工作队伍建设,统一把各县市整治机构设立为副科级事业单位,还对考核挂末的县市兑现了问责,实现暴露垃圾由看得见向看不见转变、卫生秩序由过得去向过得细转变、城市管理由管得住向管得好转变。威宁县还对违法特权车毫不手软,坚持媒体曝光、严管重罚,由于各部门各司其职,不拖腿、不推诿,真抓实干,才有了今天的整治成果。

第四,加大投入、创新管理是基础。加强基础设施投入和建设是搞好整治工作的重要物质基础。仅去年以来,威宁县在财力紧张的情况下,投入 1 亿多元,用于增加环卫设施和人员,硬化背街小巷,改造公共厕所,升级农贸市场,建设污水处理厂、排污治理工程和垃圾填埋场,还投入 300 多万元实施街道绿化工程。同时,进一步创新社会管理,探索长效机制建设,创造性地提出“六个”转变,较好地解决了多年来普遍存在的观念落后、缺乏投入、方法单一、职责不清、措施不力等问题。

威宁县的经济条件和基础可以说在全省都是比较落后的,他们今天的整治成效说明,威宁县能做到的,其他县市也能做到。事实告诉我们,越是经济条件落后、基础设施薄弱的地方,越要有不甘落后、敢为人先的信心和决心。我们要学习这种“敢与强的比、敢向高的攀、敢同勇的争、敢跟快的赛”的进取精神,深入推进“整脏治乱”专项行动,努力开创工作新局面。

二、从加强和创新社会管理的战略高度,切实增强做好“整脏治乱”工作的责任感和使命感

今年 2 月,胡锦涛总书记在省部级主要领导干部社会管理及其创新专题研讨班开班式上,全面阐述了加强和创新社会管理的重要意义和主要任务,强调要持之以恒地加强社会主义精神文明建设,深入开展精神文明创建活动。省委十届十一次全会审议通过了《关于新形势下加强和创新社会管理工作的意见》,要求切实加强和创新社会管理,建设平安和谐幸福贵州,为实现我省“十二五”奋斗目标凝聚强大力量。“整脏治乱”专项行动是我省精神文明创建的重要载体,是加强和创新社会管理实现“软管理”和“硬管理”有机统一的具体体现。今年是我省“十二五”规划开局之年,也是整治工作第二个“五年规划”的起步之年,省委、省政府对抓好“整脏治乱”,优化经济社会发展环境的态度十分明确。省委常委会已把“整脏治乱”工作写入今年的工作要点,省政府也列入了 50 项重点工作之一。因此,我们必须站在战略和全局的高度,立足新形势、新任务,切实增强做好“整脏治乱”工作的责任感、紧迫感和使命感。

(一)“整脏治乱”是促进发展的环境工程。“十二五”开局以来,全国各省区市的发展势头很猛,呈现出千帆竞发,百舸争流的大好局面,区域竞争日趋激烈。全省发展态势也十分振奋人心,上半年的多项主要经济指标在全国位次大幅前移;全省各地掀起比学赶帮超的热潮,五加二、白加黑已成为各地干部职工的工作常态。区域经济的竞争,说到底是环境的竞争,其中,区位、交通、资源、禀赋等硬环境具有相对稳定性,因此,各地都把着力点放在政策、服务、效能等软环境上。我们的“整脏治乱”工作,还有“满意在贵州”主题活动等,都与软环境密切相关。整治工作滞后,从表面上看只是环境卫生等问题,但深层次看却是人的素质、管理水平和政府效能的问题。所以,“整脏治乱”不仅仅是为人民群众营造安居乐业、幸福生活的良好环境,也是加快地方经济社会发展的必要条件,是“三个建设年”的重要组成部分。“整脏治乱”整掉了环境脏乱差,提升了干部群众的精气神,树立了全省干部群众加快经济社会发展的志气和信心,是促进发展的环境工程。

(二)“整脏治乱”是惠及广大群众的民生工程。“整脏治乱”从人民群众生产生活最密切相关的环境整治入手,顺应民情,体现民生。几年来“整脏治乱”中反映的诸如环境卫生、道路交通、公共秩序、环境污染等方面的热点、难点问题,引起了各级党委政府的高度重视并切实得以解决,赢得了干部群众的真心支持和拥护。胡锦涛总书记“七一”重要讲话通篇反映了我们党人民至上的执政理念,强调“推进社会建设,要以保障和改善民生为重点,着力解决好人民最关心最直接最现实的利益问题,要坚持发展为了人民、发展依靠人民、发展成果由人民共享。”“整脏治乱”是涉及群众利益最直接的民生工程,工作中一定要坚持问政于民、问需于民、问计于民,加强统筹协调,进一步完善部门联动机制、群众监督机制和工作推动机制,形成强大合力,提高整治效果,服务人民群众。

(三)“整脏治乱”是展示贵州对外形象的基础工程。近年来,我省对外宣传的力度不断加大,“多彩贵州”品牌已经走向全国。一个地方的形象宣传问题,说到底靠两条:一是靠实力,用资源优势、工作实力说话;二是巧推介,讲究技巧,加大力度,求得实效。优美的人居环境、优良的社会秩序和良好的公民素质,是一个地方做好对外宣传的基础和底气。今年下半年,我省将举办一系列重要活动,继刚结束的“2011 生态文明贵阳会议”之后,我省还将举办“中国(贵州)国际酒类博览会暨中国·贵阳投资贸易洽谈会”、全国第九届少数民族传统体育运动会,届时将有众多的国外、省外来宾、游客到我省来参加活动、游览参观。我们是以一个干净整洁、秩序井然的环境,还是一个脏乱的环境迎接中外宾客,是摆在我们面前的迫切任务。这就工作力度,提升整治效果,特别是重要的旅游城市和景区景点的工作更加繁重。我们不能把客人请来,看到的是我们负面的东西,给自己抹黑,丢自己的丑。“出钱出力又出丑”的现象,必须坚决杜绝。

(四)“整脏治乱”是提高城乡文明程度的素质工程。“整脏治乱”是精神文明建设的重要抓手,是提升城乡文明程度的有效载体。“整脏治乱”,贵在坚持,重在建设。人既是各种“脏乱差”现象的制造者,也是文明成果的创造者,更是文明成果的享受者。“整脏治乱”不仅整治了交通、街道、市场、厕所等场所的脏乱现象,而且较好地治理了人的不良习气,规范了人的言行举止,使广大市民养成了文明健康的生活方式,因此,要充分发动群众广泛参与“整脏治乱”专项行动,开展形式多样的宣传教育活动,提高“整脏治乱”的知晓率,宣传教育工作要始终贯穿于“整脏治乱”工作全过程,党员干部要走前列、做表率,把“整脏治乱”作为提高城乡文明程度和公民素质的一项素质工程来推动。

三、围绕新要求,落实新任务,切实提升整治工作水平

“整脏治乱”专项行动开展几年来,全省城乡环境明显改变,群众满意度不断提高。据去年底统计机构调查,有 80% 的受访群众认为环境卫生状况有很大改善,99.5% 的受访群众希望将“整脏治乱”专项行动深入开展下去。今年,省委、省政府顺应广大人民群众的愿望,决定在全省深入开展此项工作,并制定下发了五年规划和年度工作方案。从今年前两个季度检查情况看,总的进展是好的,但也还存在一些问题和差距,如有的地方在一定程度上表现出了厌战情绪,工作更多停留在会议、文件上,工作时紧时松、效果时好时坏;有的地方城市环卫、污水处理、垃圾清运及填埋等基础设施建设严重滞后;有的排名长期处于中下水平的地方,对死角死面、长期反弹、经常被督查到的问题不着力整治,对群众反映强烈的热点难点问题不主动解决,缺乏工作的信心和勇气。落实整治工作五年规划,抓好当前工作,我们要在以下五个方面不断努力。

一是重视程度要有新提高。"整脏治乱"事关贵州形象,惠及全省 4000 万各族人民群众。各级党委、政府要把"整脏治乱"纳入到重要议事日程,与经济社会发展同安排、同部署,切实解决好市县两级工作机构人员编制、经费保障等问题。加强分类指导,对于已经获得或正在申报省级以上文明城市(县城)的地方,要百尺竿头、更进一步,确保整治工作走在全省前列;对整治工作基础较好的地方,要巩固成绩,加大力度,按照创建文明城市的标准不断深化拓展;对整治工作长期低谷徘徊的地方,要奋起直追,尽快扭转被动局面、改变落后面貌。

二是基础设施建设要有新进展。基础设施建设是整治工作的支撑点,基础不完善,再多努力也可能是徒劳。各级各部门要以"三个建设年"和新一轮文明城市、文明村镇、文明单位创建测评为契机,加大建设资金投入力度,巩固城区基础设施建设,加快乡镇环卫基础设施建设。今年是公厕和农贸市场建设年,要重点建设一批功能完善、布局合理、档次较高、管理规范的厕所和市场,逐步探索和推行公厕向群众免费开放。按照有关规划启动完善垃圾填埋场和污水处理厂建设,积极尝试资源整合,将垃圾中转站与公共厕所配套建设、配套管理。加快在背街小巷、城郊结合部、乡镇集镇、通道沿线添置垃圾容器、运输设备和垃圾处理设施。加快规划和建设停车场地,规范车辆修配场所,启动智能洗车场地规划建设,完善交通标识标牌标线,增加交通设施投入,解决交通拥堵,努力改变城乡基础设施建设滞后的现状。

三是重点部位整治要有新面貌。几年来"整脏治乱"工作的经验表明,城郊结合部、农贸市场、公共厕所、背街小巷、占道经营等是"整脏治乱"工作中难度最大、问题最多,也是最容易反弹的重点部位。对城郊结合部要加强管理和监控,主要治理脏乱问题。要加大农贸市场升级改造,落实管理责任制,规范经营,治理环境脏乱现象。要加大对背街小巷环卫设施和人员的投入,落实保洁责任制,动员社区居民投身背街小巷的整治工作,治理环境脏乱。要落实"门前三包"责任制,规范街道商户经营秩序,基本取缔马路市场,消除占道经营,努力使我省城乡环境面貌有新提高。

四是长效机制要有新突破。要在党委、政府的领导下,充分发挥各级文明办、整治办的统筹协调、督促考评的作用,各级卫生、建设、公安、交通、工商、旅游、环保等职能部门要充分发挥职能作用,尽职履责,完善方案,专人专抓。要积极推动依法管理和科学管理,探索一套"符合实际、易于操作、资源节约、效率较高"的科学管理办法,切实构筑一套"制度完善、有章可循、措施严实、奖惩并重"的依法管理体系,强化督查督办和考核问责,尽快在长效机制的建立和完善上有一个较大的突破。

五是市民素质要有新提升。以《贵州省公民文明手册》和文明礼仪"六个一百"学习为重点,积极开展形式多样、贴近群众的文明礼仪普及宣传活动,组织志愿者、大中专学生、机关干部职工、社区居民、离退休老同志,对随地吐痰、不走斑马线、不走人行道、闯红灯等不文明现象,开展劝诫活动。积极探索家庭、学校、社会"三位一体"的宣教模式,让老师教育学生、学生带动家长、家长触动社会,深入开展"五进"宣传教育活动,形成全方位的宣传教育格局,着力解决公德意识淡薄、言行不够文明、参与意识较弱等问题,千方百计提升人民群众的文明素质,以崭新的面貌迎接酒博会暨投洽会和第九届全国民族运动会在我省的胜利召开。

同志们,深入持久地推进"整脏治乱"专项行动,是精神文明建设的重要载体,是"三个建设年"活动的基本要求,也是人民群众的期盼。新的目标已经确定,新的征程扬帆起航,我们要认真学习贯彻胡锦涛总书记"七一"重要讲话,坚定信心,真抓实干,保持好"整脏治乱"的强劲势头,努力开创整治工作的新局面,为全省经济社会又好又快、更好更快发展做出更大贡献!

在电影《少年邓恩铭》首映式上的讲话

(7月30日)

影视界的各位专家,担任电影《少年邓恩铭》主创的各位艺术家,同志们:

大家上午好!

在全省上下深入学习贯彻胡锦涛总书记“七一”重要讲话精神之际,由中共贵州省委党史研究室牵头,中国电影股份有限公司、贵州省经济文化促进会等单位共同出品的电影《少年邓恩铭》,作为国家广电总局重点推荐的28部向建党90周年献礼的优秀电影之一,今天隆重举行首映典礼,在此,我谨代表中共贵州省委、省人民政府,向为电影《少年邓恩铭》筹备、拍摄、制作付出了艰苦努力和辛勤汗水的各参与单位及剧组全体人员致以崇高的敬意!向远道而来参加首映典礼的各位专家、艺术家表示热烈的欢迎!

大家即将看到的这部电影,以中共一大党代表邓恩铭为原型,讲述了他少年时期在家乡贵州的成长故事,再现了革命历史人物从青少年时期开始追求真理、献身革命的思想和行为过程。邓恩铭从小就具有强烈的爱国主义情怀,他认为,捍卫国家和民族的尊严,每个人都要挺起腰杆!他从小就具有自强不息、不屈不挠的精神,要公理、求正义,勇于抗争不妥协的特性一直在他的血液中绵绵不绝地流淌着。

作为杰出的革命家,作为贵州人民优秀儿女的代表,邓恩铭烈士留给后人的精神遗产,是我省宝贵的红色文化资源的重要组成部分,对之进行深入挖掘和艺术展示,对我们加强爱国主义教育和未成年人思想道德建设,凝聚起建设社会主义核心价值体系的强大力量,为鼓舞贵州干部群众谋发展求跨越,将会起到积极的促进作用。

近年来,在中央有关部门、单位的关心、帮助和社会各界的广泛参与、大力支持下,我省加强影视创作取得了重大突破,一批具有较高思想性、艺术性和观赏性,内容涵盖革命、历史、民族、现实、农村、工矿、青少年题材的影视作品,陆续走上银幕和荧屏,从一个侧面印证了经济欠发达地区文化建设完全可以大有作为、走在前列。7月22日至25日,中共中央政治局委员、中央书记处书记、中宣部部长刘云山同志来我省考察,对推进实现我省文化跨越发展提出了明确要求,给予了具体指导。他特别强调,红色文化资源弥足珍贵,是贵州的宝贵财富,也是贵州的独特优势,越挖掘越丰富,越创造越丰富,永远不会枯竭。我们要认真落实云山部长的指示,进一步加大贵州革命题材的影视创作力度,更好地用革命先烈的故事、品质、精神,通过影视作品的高效传播,去激励全省广大干部群众勇于突破、敢于超越、善于转变、攻坚克难。

同时,我也希望,参加今天首映典礼的各位专家、艺术家,对我省的影视创作继续给予关心、帮助。这部电影的拍摄,得到了中影集团的大力支持,江平同志亲自执导,两岸三地知名演员倾力打造,正是因为你们的参与,多彩的贵州才会更加精彩。

最后,预祝电影《少年邓恩铭》在全国发行公映取得圆满成功!

谢谢大家。

在全省新闻战线广泛深入开展“走基层、转作风、改文风”活动动员会议上的讲话

（8月12日）

同志们：

今天我们召开会议，主要任务是贯彻落实全国新闻战线广泛深入开展“走基层、转作风、改文风”活动动员（视频）会议精神，就我省新闻战线深入开展“走基层、转作风、改文风”活动进行具体部署。刚才姚远同志传达了中共中央政治局委员、书记处书记、中宣部部长刘云山同志在视频会议上的重要讲话，省新闻出版局、省广电局的同志分别通报了各自的工作安排，省内主要新闻单位的编辑、记者代表作了发言。大家结合实际，讲得很务实，讲得很生动，讲得很好。

下面，我就如何开展好这项活动，谈三点意见。

一、深刻认识和把握开展“走基层、转作风、改文风”活动的重要意义

认识到位才能工作到位，思想到位才能行动到位。深刻认识、深入领会“走基层、转作风、改文风”活动的重要意义，是我们积极主动组织好开展好“走基层、转作风、改文风”活动的重要前提。

（一）*这是新闻战线深入贯彻落实胡锦涛同志“七一”讲话精神的重要举措。*胡锦涛总书记在“七一”讲话中指出，“来自人民、植根人民、服务人民，是我们党永远立于不败之地的根本，必须牢固树立马克思主义群众观点、自觉贯彻党的群众路线，始终保持同人民群众的血肉联系。”全国新闻战线广泛开展“走基层、转作风、改文风”活动，从根本上说就是在新闻工作中贯彻落实群众观点、群众立场，这对于教育引导广大新闻工作者进一步树立马克思主义新闻观，增强群众观点、群众意识，具有重大的现实意义。新闻工作只有时刻坚持群众路线，牢固树立群众观点，表达群众心声，回应群众关切，与群众同呼吸、共命运，为群众接受认可、喜闻乐见，才能充满生机和活力，才能真正达到宣传群众、动员群众、组织群众、服务群众的目的。新闻工作只有在各个方面全面贯彻群众路线，才能把体现党的主张与反映人民心声统一起来，把坚持正确导向与通达社情民意统一起来，不断增强新闻宣传的亲和力、吸引力和公信力。

（二）*这是新闻战线坚持党的宗旨、履行使命职责的必然要求。*新闻事业是党和人民的事业，宣传党的主张，反映人民的意愿，为最广大人民群众谋利，是新闻事业的性质所在，是新闻工作的职责所在，只有深入基层、深入群众，才能更好的了解国情、省情，掌握民心、民意。当前，贵州正处在“加速发展、加快转型、推动跨越”的关键时期，如何在新的发展起点上，更好地推进贵州又好又快、更好更快发展，迫切需要全省新闻工作者深入基层、深入群众，了解改革建设的关键点，抓住人民群众的关注点，把握服务人民的着力点，充分反映改革发展的生动实践，反映基层创造的新鲜经验，反映人民群众的意愿和呼声，以卓有成效的新闻工作汇聚起推进“两加一推”的强大力量。

（三）*这是新闻战线落实“三贴近”原则，提高舆论引导水平的有效途径。*贴近实际、贴近生活、贴近群众，是做好新闻宣传的不变法则。应当肯定，我省广大新闻工作者在贯彻“三贴近”方面付出了很大的努力，取得了很好的成绩，同时也要看到，与经济社会快速发展的生动实践相比，与传播格局和受众需求的深刻变化相比，我们的工作还有差距。基层一线是新闻工作的源头活水，蕴藏着丰富的新闻资源，接地气才能长灵气、有底气。在新的历史条件下，做好新闻宣传工作，提高舆论引导水平，迫切需要新闻工作者深入基层、深入群众，激发思想火花，激活创造灵感，捕捉最生动的

场景,挖掘最感人的故事,不断增强新闻报道的吸引力和感染力。

(四)*这是培养新闻工作者综合能力,更好适应新闻事业发展的重要保证*。新闻工作者的素质能力直接决定着新闻事业的成败。从总体上看,我省的新闻队伍是一支政治强、业务精、纪律严、作风正的队伍;是一支能吃苦、能战斗、能奉献的队伍。特别是在这些年一系列重大考验面前,我省广大新闻工作者展现出过硬的素质和顽强的作风。随着我省的经济社会发展进入了新的阶段,迫切需要我省的新闻队伍适应新形势新要求,强化素质、提高本领,更好地承担新闻工作使命。群众最智慧、实践出真知,只有深入群众、深入基层,才能在改革建设的火热实践中增进对现实的了解,才能在与群众的交流、交往中找到自身的不足,才能在艰苦环境的磨练中锻造顽强的品质和过硬的作风。

二、深入开展“走基层、转作风、改文风”活动,在“走”的过程中实现“转”和“改”

“走基层、转作风、改文风”是一项实践性很强的活动,重在联系实际、贵在取得实效。“走”是途径、是载体,“转”是目的、是重点,只有在“走”的过程中,实现了“转”和“改”,这项活动才能达到预期的目的。

(一)*走基层是活动的前提和基础*。新闻战线只有深入基层,才能把握时代脉搏、拓宽视野胸襟,回答好新闻宣传工作“依靠谁”的问题。近年来,我省广大新闻工作者深入基层、深入生活,写出了许多鲜活、优秀的新闻作品。但也出现了诸如采访不深入,报道不求实、内容不生动等问题。例如:一些记者不出家门、不下基层、不到现场,电脑鼠标键盘一敲一点,手机短信改头换面,就炮制出所谓的新闻稿;一些记者去现场一不采访二不核实,拿着主办方提供的会议材料甚至新闻通稿就回单位交差;一些编辑审稿不细、把关不严,假画面、假照片和文字错误不断地见诸媒体;一些记者以新闻报道为名,向采访对象摊派报纸、强拉广告,或以“曝光”负面消息为要挟,索要财物,等等。这些情况尽管是少数,但对新闻宣传工作产生了许多负面效应,必须引起警惕。不管环境条件怎么变,新闻宣传中“接地气”的传统不能忘,走进基层“抓活鱼”的做法不能丢。广大新闻工作者要在走基层的过程中解决好“走什么”和“怎么走”的问题。首先,新闻工作者在走基层时,要围绕突出关注的问题走基层,围绕转变发展方式走基层,围绕创建和谐社会、创新社会管理走基层,围绕改善民生、解决实事走基层,推出一批有深度的报道。其次,要真正深入实地,下乡村、进厂矿,做好调查研究,不走马观花,不蜻蜓点水。要沉得下去,倾听“原声带”,掌握第一手资料。听真话,听实话,去粗取精,去伪存真,扎扎实实推出一批鲜活生动的报道。最后,要带着对人民群众深厚的感情走基层,了解普通群众的生活状况、生存状态,感受群众的喜怒哀乐、酸甜苦辣,进一步拉近同群众的距离,真正与人民群众融为一体、打成一片,用实际行动回答好“依靠谁”的问题。

(二)*转作风是活动的目的和重点*。只有转变作风,摆正位置,才能回答好新闻宣传工作“我是谁”的问题。新闻战线的作风,根本上是一个党性问题、党风问题,往往是人们评价党风、政风、社风的一个重要标识。转作风要坚持在以下四个方面下功夫:一是坚持实事求是。真实是新闻的生命,编造就是丑闻,没有实事求是的精神就丢掉了新闻的基本品质,做新闻就必须坚持实事求是。二是保证第一时间。时间是新闻的生命,及时才能保证有效,晚了就起不到引导舆论的作用,新闻工作者一定要不怕辛苦连续作战,保证新闻稿件和作品的有效性。三是走好群众路线。新闻是面向群众的事业,新闻的主体是群众,新闻的受众是群众,监督也要靠群众。必须坚持党的群众路线,做好群众工作,带着感情关心群众的疾苦,全心全意为群众办事。四是敢于批评反思。发挥好新闻批评和监督的作用,要求我们记者和媒体要敢于批评、善于批评,坚持公平正义。同时,广大新闻工作者也要在基层实践中勇于自我反思、自我批评、纠正错误,不断改善采编作风。

(三)*改文风是活动的结果和成效*。只有改进文风,才能让新闻生动鲜活、群众喜闻乐见,回答好“为了谁”的问题。关于新闻报道的文风问题,这些年一直都在反复强调,也有大的改进,但有些问题还未解决。比如有的新闻报道言辞空洞,有的是“文件语言”刻板生硬,有的追求另类离奇怪诞。更有甚者,有的随意拔高,虚假不实。开展“走基层、转作风、改文风”活动就是要推动新闻工作者学好用好群众语言,创造清新朴实、生动鲜活、言简意赅的文风。群众是语言大师,老百姓的话最有生活气息,只有了解掌握群众语言,善于运用群众语言,我们的新闻报道才会为群众所喜爱,所接受。我们要善从普通百姓的视角观察问题,用群众乐于接受的方式去阐述观点、对话交流,防止居高临下、自说自话。要多用群众听得懂、听得进的语言,多一些短话、实话、新话,少一些大话、空话、套话。让人们爱读、爱听、爱看,实现最佳的宣传效果。要把社会当作大课堂,不仅在其中学,更要融入其中,倾注真情实感,讲述真情实景。要抓住生活本质,关心群众日常生活中的衣食住行,使新闻报道入情入理,与现实合拍共振,富有时代气息。

三、加强组织领导,完善保障措施,推动“走基层、转作风、改文风”活动取得实实在在成效

开展“走基层、转作风、改文风”活动既是立足当前,加强和改进新闻宣传工作的重要措施,也是着眼长远,推动新闻事业健康发展的基础性工作,必须高度重视,认真对待,加强组织协调,完善保障措施,推动活动广泛深入持久开展,取得实实在在成效。

(一)要深刻学习领会。各级党委宣传部、新闻单位要认真传达学习中宣部视频会议精神和云山同志的重要讲话精神,把新闻战线全体同志的思想和行动统一到中宣部的安排部署上来。要教育引导广大新闻工作者自觉把人民群众作为服务的主体,把群众满意不满意作为衡量工作的标尺,把深入基层、深入一线作为体察民情民意、服务人民群众的重要渠道,作为推进“三项学习教育”活动的重要载体。

(二)要精心组织实施。各级党委宣传部、新闻单位要把活动开展作为当前和今后一个时期的重要任务,切实加强领导,精心组织实施。各单位一把手要负主责,亲自抓具体抓,为活动的顺利开展提供强有力的保证。要联系各自的实际,抓紧研究、及早谋划,把活动设计好,做到“真下、真转、真改”。要在重要版面重要时段开办面向基层服务群众的专题、专栏,配发开栏的话,持续推出记者深入基层、深入一线的报道,集中反映开展“走基层、转作风、改文风”活动的成果。各地党委宣传部和“三项学习教育”活动领导小组及办公室要发挥好指导协调和服务的工作,开展经常性的督促检查,总结经验、查找不足,及时解决活动中遇到的问题。

(三)要大胆进行创新。“走基层、转作风,改文风”活动要深入持久地开展下去,需要不断创新活动的组织方式,措施和办法。各地党委宣传部要根据报刊、广播、电视、互联网等不同媒体的特点,打造个性化的载体平台,使活动各具特色、丰富多彩。今年下半年,我们的重大主题宣传多、工作任务重。比如酒博会暨投洽会马上就要召开,第九届民族运动会也只剩下不到一个月的时间,时间非常紧迫。开展“走基层、转作风、改文风”活动,就是要把这些重大主题宣传当作练兵场,把活动开展和新闻报道贯通起来,不断创新方式方法,做到两不误、两促进、两加强。

(四)要着力锻炼队伍。近年来,贵州的新闻队伍建设是卓有成效的,涌现出了一大批先进和骨干。但是也要看到,我们的新闻队伍也存在着一些不可忽视的问题。我们要以活动开展为契机,努力锻炼、锤炼队伍,尤其是在活动中发现、培养、造就一批能够挑大梁、担重任的业务骨干。各地党委宣传部要认真考核新闻单位开展“走基层、转作风、改文风”活动的情况,并纳入新闻单位综合考评体系,各新闻单位要将下基层采访情况作为编辑记者业务考核的重要内容,在职称评定、提拔使用等方面予以倾斜。新闻评奖活动要重点向深入基层、扎实采访的编辑记者和稿件倾斜。对于那些成效突出的单位和个人要进行表彰,不断拓展活动的广度和深度。

同志们,这次全国新闻战线深入开展“走基层、转作风、改文风”活动,是新闻领域转变采访作风、改进报道文风的一个好平台,也是加强记者队伍建设的一个好契机。全省新闻战线要以更加深刻的认识,更加自觉的行动,积极投身到这项活动中来,忠诚践行新闻工作的宗旨和使命,切实履行新闻工作者的神圣职责,以卓有成效的工作业绩,汇聚起推动我省“两加一推”的强大力量,为促进我省经济社会又好又快、更好更快发展,实现历史性跨越做出应有的贡献。

在省新闻工作者协会、省新闻学会第六届理事会上的讲话

(8月13日)

同志们:

贵州省新闻工作者协会、贵州省新闻学会第六届理事会今天召开。这次会议的主要任务是:以邓小平理论、"三个代表"重要思想和科学发展观为指导,认真学习贯彻胡锦涛总书记今年"七一"重要讲话精神,按照"高举旗帜、围绕大局、服务人民、改革创新"的总要求,总结上一届省新闻"两会"工作,明确省新闻"两会"下阶段的工作任务,修改贵州省新闻工作者协会和贵州省新闻学会章程,选举产生新一届省新闻"两会"领导机构。

自2004年4月上届新闻"两会"换届以来,至今已有7年多的时间。7年来,全省新闻战线坚决贯彻中央和省委的工作指示,围绕中心、服务大局,不断改进宣传方法,提高引导水平,打好了多次重大宣传战役,为全省经济社会又好又快、更好更快发展营造了良好的舆论氛围;7年来,全省新闻战线锐意进取、改革创新,新闻事业取得较大发展,实力不断增强,形成了报刊与网络、广播与电视、手机报与纸媒、平面与立体综合发展的格局,一支政治强、业务精、纪律严、作风正的新闻宣传队伍正在茁壮成长;7年来,省新闻"两会"积极发挥桥梁纽带作用,在组织新闻工作者认真学习马克思主义新闻观,大力宣传党的路线方针政策,开展新闻评奖和学术研讨,组织业务培训和职业道德建设,维护新闻工作者合法权益,开展对外交流合作等方面做了大量的工作,取得了很好的成绩,得到了省委、省政府的充分肯定和社会各界的广泛好评!在此,我谨代表省委向省新闻"两会"表示热烈的祝贺!向全省新闻战线上的全体同志致以亲切的问候!

同志们,"十二五"时期是贵州发展的战略机遇期,全省上下都在鼓足干劲,为贵州的赶超进位奋力拼搏。自我省"十二五"规划出台以来,我省经济社会迅猛发展,对新闻宣传工作也提出了更高的要求。如何在新起点、新目标、新形势下,不断改进创新我省的新闻宣传工作,是我们面临的重大课题。全省新闻战线要充分认清形势,把工作放在全省经济社会发展的大格局中去思考,做到坚持解放思想、创新工作不动摇,坚持围绕中心、服务大局不动摇,坚持深化改革、推动开放不动摇。

下面,我就进一步做好新闻宣传工作讲几点意见。

一、充分认识新闻宣传工作肩负的历史责任和社会责任,把坚持正确舆论导向作为新闻工作的第一要务。

当今社会,新闻传媒以其强大的舆论力量,深刻影响着人们的政治观点、思想意识和行为方式。能否始终坚持正确的新闻舆论导向,直接关系到党的执政地位,关系到国家民族的命运和前途。新闻媒体是党和人民的喉舌,一定要把坚持正确舆论导向作为新闻工作的第一要务。

坚持正确的舆论导向,必须在多样化思潮中大力弘扬主旋律。当前,我们正处于一个深入改革、加速发展的时代,各种新思想、新观念异常活跃。面对这种局面,我们必须始终保持清醒的头脑,作出正确的选择。无论情况怎样变化,无论现状多么复杂,都必须坚持以社会主义的核心价值体系为指导,大力弘扬时代主旋律。

坚持正确的舆论导向,必须紧紧围绕党委政府的中心工作开展新闻宣传。当前,就是要围绕"两加一推"主基调、"三个建设年"、国际酒博会、第九届民族运动会等重大战略、重大活动,全力以赴地抓好新闻宣传,营造浓厚热烈的氛围,为省

委、省政府中心工作提供强大舆论支持。

坚持正确的舆论导向，必须坚持团结稳定鼓劲、正面宣传为主的基本方针。当前，贵州正处在加速发展、加快转型、推进跨越的关键阶段，更加需要一个正面、友好、健康、向上的舆论环境。营造这个环境，需要新闻媒体始终坚持正面宣传为主，帮忙不添乱。舆论导向是新闻宣传的首要问题，大家一定要保持清醒的头脑，不要犯不该犯的错误。

二、适应数字化、网络化的时代趋势，以改革创新精神迎接挑战，推动新闻宣传工作不断进步。

当前，随着数字化、网络化为代表的信息技术的迅猛发展，新闻传播方式正在发生重要变化。不断改进报道时效、创新传播方式、适应受众选择，已经成为新闻宣传工作面临的紧迫任务。

在新的社会条件下做好新闻宣传工作，必须秉持高度的社会责任感。在市场经济条件下，新闻单位面临着经营压力，少数媒体为了吸引眼球，片面地强调独家报道，报别人不去报、不适宜报的东西，打"擦边球"，追求轰动效应。这种方向非常危险，不但会造成不好的社会影响，从长远来看，对媒体的自身发展也极其有害。大家一定要有远见，坚持把社会效益放在首位，靠努力提高新闻报道质量来占领市场，不要鼠目寸光、因小失大。

在新的社会条件下做好新闻宣传工作，必须更好的尊重新闻规律。当前，媒体之间的竞争越来越激烈，相信大家也深有体会。现在我们还是省内几家媒体的竞争，但今后参与全国范围内的市场竞争是一个大趋势。全省各类媒体一定要有紧迫感，抓紧时间，认真研究新闻事业的现状和趋势，加强舆情分析，主动设置议题，善于因势利导，努力用好话语权，牢牢掌握主动权。这既是媒体加快自身发展的必然选择，也是履行好社会责任的客观要求。

在新的社会条件下做好新闻宣传工作，必须坚持合作交流。要把新兴媒体和传统媒体的发展放到整个文化产业大背景下来考量，走共存融合的路子。要大力推进资源共享，在采访、编辑、新闻输出等各个环节加强合作，在数字平台的基础上推动工作效率的不断提高。要通过媒体整合，把传统媒体和新兴媒体的优势统一起来，实现产业模式多元化、盈利模式多元化。

三、加强队伍建设，始终保持新闻队伍的生机和活力

8月9日，中宣部等五部门召开全国新闻战线广泛开展"走基层、转作风、改文风"活动动员视频会议，中共中央政治局委员、书记处书记、中宣部部长刘云山同志出席会议并作了重要讲话。8月12日，省委宣传部组织召开了视频会议，就我省"走基层、转作风、改文风"活动进行了具体的安排部署。希望全省新闻战线认真抓好会议精神的贯彻落实，组织新闻工作者深入基层、深入群众，切实转变作风、改变文风，不断提高整个队伍的思想政治水平和工作业务能力，努力建设一支政治强、业务精、作风正、纪律严的新闻工作者队伍，培养一大批坚持正确方向、充分展现个人风格、深受群众喜爱的名记者、名编辑、名主持人，打造一大批无愧于时代的精品佳作、名牌栏目，进一步扩大贵州新闻界在全国的影响。

广大新闻工作者要坚定理想信念，牢固树立正确的世界观、人生观和价值观，树立马克思主义新闻观和群众观点，热爱党的新闻事业，加强与人民群众的血肉联系，坚守职业精神和职业道德；要充分认识自己肩负的重大责任，始终保持奋发有为的精神状态，发扬认真负责的工作作风，兢兢业业做好新闻宣传工作；要以现代思维、世界眼光准确把握国内外形势的新变化，准确把握新闻宣传工作的新趋势，不断创新对外传播的方式方法，不断提高重要新闻的采访报道能力，不断推出优秀的新闻作品，为读者提供真实、准确、全面、客观的新闻产品，树立和维护新时期新闻工作者的良好形象。

希望省新闻"两会"领导班子和常务理事会发扬优良传统，创造性开展工作，更好地发挥党和政府联系新闻界的桥梁和纽带作用；继续建立健全学习培训、表彰激励、行业自律、维权服务等机制，使工作更加科学规范、富有成效；更好的组织开展新闻改革成果交流、业务学术研讨和新闻评奖等活动，充分调动广大新闻工作者的积极性；积极开展调查研究，及时掌握新闻行业的新情况新变化，认真分析我省传媒业现状，预测发展趋势，为管理部门提供决策参考；不断增强服务意识，创新服务内容、服务形式，切实维护广大新闻工作者的合法权益，努力使省新闻“两会”真正成为“新闻工作者之家”。

预祝省新闻工作者协会、省新闻学会第六届理事会圆满成功！祝省新闻“两会”在今后的工作中取得新的更大的成绩！

致贵州省报业协会的贺信

（8 月 14 日）

贵州省报业协会：

欣闻贵州省报业协会第五届理事会召开，谨表示热烈祝贺，并向全体同志致以亲切问候。

近年来，贵州省报业协会团结带领各会员单位，坚持以邓小平理论和“三个代表”重要思想为指导，深入贯彻落实科学发展观，解放思想、改革创新、积极作为，特别是去年以来，全力服务全省加速发展、加快转型、推动跨越主基调和工业强省、城镇化带动主战略，为全省经济社会发展营造了良好舆论氛围。

新一轮西部大开发战略实施以来，在党中央、国务院的亲切关怀下，在省委、省政府的坚强领导下，贵州上半年主要经济指标增速居全国前列，经济社会发展步入快车道。当前，我们正处于全省经济发展爬坡上坎、蓄势突破的攻坚期和文化体制改革深入推进的关键期。这既为报业经济加速发展提供了难得的新机遇，更为大家围绕中心、服务大局提出了更高的要求。希望省报业协会认真学习贯彻胡锦涛总书记在庆祝中国共产党成立 90 周年大会上的重要讲话精神，牢固树立政治意识、大局意识、责任意识、阵地意识、坚定不移地贯彻落实好省委十届十次全会各项部署，坚定不移地服务好我省主基调、主战略的实施，坚定不移地推进好自身各项改革，团结和引导会员单位深入开展新闻战线“走基层、转作风、改文风”活动，唱响主旋律、建功“十二五”，为推动全省经济社会又好又快、更好更快发展作出更大贡献。

希望本届代表大会选出的新的报协领导班子，在全面总结过去工作的基础上，进一步明确协会在新时期的工作重点和工作任务，发扬优良传统、发挥桥梁作用，继续为报协会员做好服务，继续为报业的改革和发展做好服务。通过服务会员、服务行业从而更好地服务人民、服务社会。

衷心祝愿贵州省报业协会第五届会员代表大会取得圆满成功！

中国（贵州）国际酒类博览会暨 2011 中国·贵阳投资贸易洽谈会新闻发布会发布词

（8 月 19 日）

女士们、先生们，记者朋友们：

大家上午好！

中国（贵州）国际酒类博览会暨 2011 中国·贵阳投资贸易洽谈会已于昨天隆重拉开帷幕，中共中央政治局委员、国务院副总理王岐山出席并宣布开幕，全国人大常委会副委员长司马义·铁力瓦尔地出席会议。

本次“酒博会暨投洽会”的主体活动有：开幕

式、签约仪式、酒博会系列活动、特色商品展览展示和项目对接洽谈以及三个论坛、贵州各市(州、地)活动日等等,活动内容精彩纷呈。昨天以来,活动进展顺利。这项活动进一步加强了贵州与国家有关部委的交流合作,进一步加深了贵州与兄弟省(区、市)的情感友谊,进一步拓展了贵州企业与广大国内外企业的合作发展空间。在活动过程中,大家感到印象深刻的有以下几个方面:

一是党中央、国务院对贵州特别关心。国务院批准从今年起,国家商务部与贵州省人民政府每年共同举办“中国(贵州)国际酒类博览会”,并可以根据情况和需要在博览会后增加后缀。本次“酒博会暨投洽会”是我国举办的第一个大型国际性酒类博览会,也是我省举办的第一个经国务院批准的大型国际性专业展会,这是国家实施西部大开发战略、支持贫困地区和少数民族地区经济社会发展的一项实质性举措,必将进一步推动贵州经济社会又好又快、更好更快发展。

二是国家有关部委和兄弟省区市对贵州特别支持。本次活动,共有15个国家部委和单位的领导光临指导,有28个兄弟省(区、市)、4个对口帮扶城市、香港特别行政区都组织党政代表团、经贸代表团和企业家代表赴会交流洽谈并签约。有8个国家驻华使节、25位论坛演讲嘉宾参加会议,这是对贵州在发展关键阶段的特别支持。

三是国内外客商对贵州发展前景特别看好。贵州是我国酒类产品重要产地和“国酒”茅台的故乡,发展中国酒业具有得天独厚的优势和吸引力,本次“酒博会暨投洽会”世界十大名酒厂商、中国十大名酒厂商参会,参展企业1854家,参展人员和采购商12000余人,就充分体现了广大客商对贵州酒业发展特别看好。目前,贵州正在大力实施工业强省和城镇化带动战略,大力实施交通、水利为重点的基础设施建设,大力开展“创先争优”、“三个建设年”、“四帮四促”等活动,发展环境更加完善,投资贵州商机无限,前景无限。

四是交流合作取得的初步成效令人特别欣慰。我们围绕“展示全球佳酿、承接产业转移、促进开放开发”的主题,注重拓宽深化合作领域,主动承接东部产业转移,着力抓好产业链延伸,以产业园区为招商引资载体,突出重点招商、产业招商、平台招商,取得了初步成效。本次“酒博会暨投洽会”,拟签订酒类贸易合同1670个,贸易总额439.7亿元;集中签订投资项目148个,总投资1188亿元,利用省外资金1106.29亿元。

当前,贵州正处于加速发展、加快转型、推动跨越的重要时期,尤其需要记者朋友们帮助宣传贵州、推介贵州。我们真诚欢迎前来参会的200多家国内外新闻媒体的500多名负责人及记者,衷心希望朋友们对此次“酒博会暨投洽会”给予热情关注、精彩报道。我们相信多彩贵州因为有你们的支持而更加精彩。9月10日至18日,第九届全国少数民族传统体育运动会即将在贵阳市隆重举行,我们热忱邀请各位记者朋友继续关注贵州、给力贵州。

最后,再次对参加今天新闻发布会的各位来宾和新闻界的朋友们表示衷心的感谢!

在“贵州工业强省院士专家论坛暨引聘科技专家活动”开幕式上的讲话

(8月29日)

尊敬的玉台主任、东红书记、齐让书记、仲礼副院长,

尊敬的各位院士、各位专家,同志们:

在这秋风送爽、丹桂飘香的美好时节,“贵州工业强省院士专家论坛暨引聘科技专家活动”在这里隆重举行。首先,我谨代表中共贵州省委、贵

州省人民政府对论坛的举办表示热烈的祝贺！对前来参加此次论坛活动的各位院士、专家表示热烈的欢迎和崇高的敬意！对一直以来关心支持贵州经济社会发展的各位院士、专家和中国科协及所属有关全国学会表示衷心的感谢！

当前，贵州省委、省政府全面贯彻党的十七大和十七届五中全会精神，深入贯彻落实科学发展观，在进一步深化对省情认识的基础上，确立了“十二五”时期“加速发展、加快转型、推动跨越”的主基调，提出重点实施“工业强省”、“城镇化带动”的主战略。在我省发展的关键时刻，举办“工业强省院士专家论坛暨引聘科技专家活动”恰逢其时、非常必要，这对于全省进一步深化对工业强省战略的认识和加快推进新型工业化进程，具有十分重要而深远的意义！

加快工业发展，实施工业强省战略是加快贵州经济社会发展的必然要求。胡锦涛总书记在贵州工作时指出，“如果不搞工业，地方财力得不到增加，财政困难的局面就得不到改善；要想发展农村商品生产，不把加工业搞上去，商品生产发展也会受到制约。无论是从壮大我们的财力考虑，无论是从发展农村商品生产考虑，无论是从解决待业青年就业考虑，无论从哪一个方面考虑，都必须发展工业。”这段话直到今天对我们仍有着非常重要的现实意义和指导意义。

工业是实现三次产业加快提速、协调发展的关键。贵州发展的差距在工业，潜力在工业，希望也在工业。通过多年艰苦奋斗，我省工业经济发展在能源、烟酒、优势原材料、装备制造、特色食品、民族制药、军工等方面取得了明显成效。但同全国相比、同西部省份相比，仍显得落后。工业总规模排在各省区市后列，工业人均增加值远低于全国平均水平，工业增加值在生产总值中的比重远低于全国平均水平。而从国内外、省内外发展的经验看，工业发展快则经济发展快，工业经济兴则全局经济兴，工业经济强则综合实力强。因此，我们提出要抢抓机遇，实施工业强省战略，就是要以经济结构战略性调整为主攻方向，加快实现工业经济由粗放型增长向集约型发展转变，工业产品从原材料粗加工向精深加工和配套加工转变，工业企业由小到大、由弱到强转变，以实施工业强省战略、加快工业发展，助推全省经济社会加速发展、加快转型、实现跨越，实现同全国同步进入全面小康社会的宏伟目标。

以工业十大产业振兴为载体，工业强省战略实施已初见成效。围绕主基调实施主战略，贵州省委、省政府先后制定实施了工业十大产业振兴规划、全面加快产业园区发展、加大招商引资力度，进一步扩大开放等一系列重要配套措施。今后5年，将在电力、煤炭、化工、装备制造、冶金、有色、建材、烟酒、新兴以及民族制药和特色食品（旅游商品）等十大产业，加快科技重大项目的实施与科技创新成果的推广应用，发展高新技术产业，改造和提升传统产业，推动产业结构的调整和升级，培育新兴产业，创造新的市场需求和经济增长点，提升科技在推进新型工业化进程中的支撑能力。与之相配套，由150余个产学研科技创新团队承担、研发总投入近百亿的庞大项目集群悉数亮相，成为这一产业振兴行动的重要支撑力量。在全省上下的共同努力下，我省“十二五”开局良好，工业强省战略已初显成效。今年上半年，全省生产总值同比增长15.3%，为我省近20年来同期最高增速。全省经济发展呈现出“速度较快、效益较好、位次前移、后劲增强、民生改善”的良好态势。特别是工业增长势头强劲，全部工业增加值同比增长21.7%，比去年同期高6.7个百分点，增速在全国排位从去年二十几位上升到今年第2位，工业对经济增长的贡献率达49.4%，拉动经济增长7.5个百分点，成为拉动经济加速增长的主要动力。要确保这一良好势头，必须凝聚广大科技者的智慧和力量，走科技含量高、经济效益好、资源消耗低、环境污染少、人力资源优势得到充分发挥的具有贵州特色的工业化之路。

创造良好的工作环境，凝聚广大科技工作者的智慧和力量，助推工业强省战略实施。近年来贵州省大胆探索创新人才工作方式方法，不断完善人才工作体制机制，先后出台了《关于实施人才强省战略的决定》等40多个政策文件，初步已形成了良好的政策环境和识才、爱才、聚才、用才的良好社会氛围，使各类人才在贵州这块热土上，能真正受到尊重，能创造和实现自我价值。特别是中国科协以及相关全国学会为助推贵州工业强省战略实施给予了高度关注和大力支持,今年 5 月以来,在中国科协的号召下,有关全国学会向贵州推荐了 130 多名相关领域的科技专家。这是对贵州的厚爱,令贵州人民感动。这次论坛的成功举办,也是您们对贵州的帮助和鞭策。我们将以这次论坛为载体,充分吸纳院士、专家的意见建议,促进院士专家对贵州的了解,搭建院士专家与贵州企业洽谈对接平台,促进企业调整结构、转型发展,推动企业自主创新,增强企业核心竞争力,推动贵州工业十大产业更好更快发展,深入推进"工业强省"战略的实施。

我们衷心地期盼,出席本次论坛的院士专家多为贵州经济社会发展出谋划策,把脉会诊,提出宝贵意见和建议,与贵州的工业企业建立紧密联系,在科技创新、智力支持、技术合作、项目实施等方面广泛开展合作、实现共赢。我们真诚地希望并诚挚地邀请,全国的院士专家来贵州,将你们的聪明才智融入贵州这片充满发展潜力的热土,在支持帮助贵州发展的同时,充分实现自身价值。我们也希望各位院士、专家,特别是没来过贵州的同志,多到贵州各地走一走、看一看,加深对贵州的了解。

最后,预祝"贵州工业强省院士专家论坛暨引聘科技专家活动"取得圆满成功!祝各位院士专家和各位嘉宾身体健康,工作顺利!

谢谢大家!

打好新闻宣传战役　为第九届全国民族运动会营造良好舆论氛围

——在第九届民族运动会新闻宣传工作会议上的讲话

(8 月 31 日)

同志们:

第九届全国少数民族传统体育运动会经过近一年的精心筹备,现在已经进入倒计时 10 天的临战期。运动会举办得成功不成功看三个方面,精彩不精彩看比赛,影响大不大看宣传,圆满不圆满看安全,因此,新闻宣传工作在少数民族运动会中具有举足轻重的重要作用。今天我们召开组委会新闻宣传部工作会议,对组委会宣传工作进行再动员,再安排,再部署,力争通过大家的共同努力,把第九届民族传统体育运动会的新闻宣传工作推向高潮,取得圆满成功。

刚才,中央驻黔媒体和省级主要新闻媒体的负责同志和新闻宣传部的负责同志介绍了前期筹备工作的情况和民族运动会的报道计划,总的来看,大家对运动会的新闻宣传工作都非常重视、非常用心,各新闻单位的《宣传报道方案》,做得很细,各有特色,各项筹备工作进展顺利,阶段性成效显著,为掀起第九届民族运动会的宣传高潮奠定了坚实的基础。在这里,我代表省委、省政府,代表筹委会向大家为本次运动会的前期新闻宣传工作付出辛勤努力表示衷心的感谢!刚才,同志们提出需要解决的问题,新闻宣传部要迅速进行梳理,及时加以协调,一一抓好落实。

下面,我讲几点意见,作为第九届民族运动会新闻宣传工作的临战动员。

一、以高度的政治责任感,做好第九届民族运动的新闻宣传工作

(一)深刻认识新闻宣传工作对第九届民族运动会成功举办的重要性。四年一届的全国少数民族传统体育运动会,是我国规格最高、规模最大的综合性民族体育盛会,是弘扬民族传统文化、展示民族地区经济社会发展成就的重要平台。举办全国少数民族传统体育运动会,推动少数民族体育事业发展,是党的民族政策的具体体现,这既是体育工作,也是民族工作,更是意义重大的政治工作。运动会的新闻宣传是大会工作的重要组成部分，新闻宣传工作做得好不好，组织得成不成功，事关运动会的成败，事关贵州的整体形象，我们要增强做好新闻宣传工作重要性的认识，扎实做好各项新闻宣传工作。

（二）深刻认识民族运动会新闻宣传工作的艰巨性、复杂性。本次民族运动会参与报道的媒体有国外媒体、港澳媒体、中央媒体、全国各省区媒体，有传统媒体、网络媒体和新兴媒体，共计200多家970多名记者，是我省首次面对媒体数量最多、阵容最为庞大的媒体记者接待工作，接待任务相对繁重。一方面，我省经济社会发展总体水平不高，各方面条件有限，缺乏举办全国高规格赛事的经验。另一方面，全省上下对这次运动会的新闻宣传关注度、期望值很高，运动会的新闻宣传工作具有敏感性、复杂性的特点，对我们新闻宣传工作提出了前所未有的考验和挑战，我们要加强对本次新闻宣传工作艰巨性、复杂性的充分认识，不断增强责任感和使命感，在国家各有关部门和中央媒体的大力支持下，扎实做好各项新闻宣传工作，不辜负省委、省政府期望和广大人民群众重托。

（三）深刻认识第九届民族运动会新闻宣传工作是锻炼队伍、提升素质的难得机会。第九届全国少数民族传统体育运动会新闻宣传工作涉及电视直播、新闻采访、媒体接待、氛围营造、环境整治、新闻中心场馆布置等各项具体任务，是一项复杂的系统工程，对宣传工作队伍要求高，新闻战线广大干部职工要通过深入扎实的工作，不断在大赛中学习、在大赛中提高，敢于在大赛中磨练、善于在大赛中提升，不断学习同行的经验做法，不断提升政治素质和业务水平，不断解放思想、更新观念，创新内容、创新形式、创新方法、创新手段，转作风，改文风，增强我省宣传思想文化工作的亲和力、吸引力、感染力，为全省经济社会又好又快、更好更快发展提供强有力舆论支持和文化条件。

二、高标准、高质量、高效率地做好各项重点工作

第九届全国少数民族传统体育运动会新闻宣传工作能否取得圆满成功，关键看我们的各项工作做得是否扎实有效，要做好第九届民族运动会的宣传工作，我们要着力抓好以下四项重点工作。

（一）着力抓好第九届民族运动会的开、闭幕式的各项新闻宣传工作。本次少数民族传统体育运动会的开幕式中央电视台体育频道、中国国际频道、英文国际频道同步并机直播，国内外记者参与报道，我们要按照实施方案要求，协助中央电视台、中央人民广播电台开幕式直播工作，确保直播工作万无一失。我们要提前做好广播电视直播器材布点、信号传输、直播工作人员前期进场布置以及记者用车调配、资料发放、相关证件的发放工作。提前做好直播应急预案、新闻通稿撰写和送审工作，提前做好主会场内外的氛围营造工作，特别是对媒体看台区、分媒体中心、摄影、摄像位置、媒体专用通道、媒体停车场等各项具体工作，要科学规划，落实到位。

（二）着力抓好民族大联欢新闻宣传报道工作。9月15日举行的民族大联欢活动是民族运动会除开幕式和闭幕式以外的一项重要的文化活动，为集中展示“和谐中华、多彩贵州”的主题，当天活动时间从8点持续到16点，由九门迎宾、暖场表演、启动仪式、文艺演出、万人大狂欢、9999人民族团结长桌宴、互动活动等环节组成，环环相扣，精彩叠加。中央人民广播电台、中央电视台、中国国际广播电台相关频率频道进行录播。新华社当晚播发文字、图片通稿，各报次日刊发。中央人民广播电台“新闻和报纸摘要”、中央电视台“新闻联播”节目次日播出报道。我们要根据各媒体的特点和需求，提供好相关背景资料，为媒体采访报道提供便利的条件和服务。

（三）着力抓好各项赛事的宣传报道工作。本届民族运动会共17个竞赛表演项目，贵州电视台将对本届民族运动会9场赛事进行转播，中央电视台将安排播出。参与报道的记者将根据媒体的需求，对各项竞赛和表演项目进行采访报道，媒体的行程和需求相对分散，给管理和接待工作带来一定的难度，我们要按照各项赛事的安排，制定科学的宣传报道流程，确保宣传报道工作科学合理，通过各项赛事的追踪报道，介绍少数民族传统体育文化的发展历史和特点、亮点，宣传我省各地、各有关部门采取多种措施，传承和发展、挖掘和梳理、宣传和推荐少数民族传统体育文化的具体做法，宣传活动举办地贵阳市为本次民族运动会加强基础设施建设、营造氛围、提供保障等方面作出的努力,,反映各族干部群众对发展优秀传统体育文化的肯定和支持。

（四）着力抓好媒体记者的接待工作。接待工作无小事,接待也是生产力。本届民族运动会是历届民族运动会记者最多、影响最大、关注度最高民族体育运动会。组委会新闻宣传部除了做好运动会的新闻宣传和舆论引导工作外,最主要的就是做好外来媒体接待工作。做好接待工作,不仅是本次运动会取得圆满成功的保障,也是与各媒体记者建立良好关系,借助媒体扩大贵州影响力的重要机会。由于我省是一个欠发达的西部省份,硬件接待相对较差,我们要立足省情,增强“硬件不足、软件补”的意识,认真制定和完善接待工作方案,明确分工和要求,根据各民族的风俗和宗教习惯,确保接待工作周密细致,不出现任何错漏,全心全意为各记者团服务,让宾客高兴而来,满意而归,展现贵州各族人民、贵州新闻工作者热情敬业、细心周到的良好形象。

此外,要继续做好第九届全国少数民族传统体育运动会火炬传送的宣传报道工作。自 8 月 24 日民族运动会火炬在遵义会议纪念馆完成火炬采集以来,已经先后传递至毕节、六盘水市、黔西南州地区,9 月 7 日全省 8 个市(州、地)将完成火炬传递工作最后返回贵阳,总行程约 2400 公里,火炬所到之处,受到了各地各民族群众的热烈欢迎,新闻单位要继续做好新闻报道,宣传我省优美的自然风光、民族风情、灿烂文化。

三、严把政治关,努力营造团结和谐舆论氛围

（一）要把握宣传基调。第九届民族运动会是今年我国民族工作的一件大事。要坚持团结稳定鼓劲、正面宣传为主,牢牢把握正确的舆论导向。各新闻单位要充分利用这一契机,加强选题策划,找准报道视角,重点做好民族政策和民族团结的宣传,突出合作交流、精彩顺利的基调,体现各民族“共同团结奋斗,共同繁荣发展”的主题,展示平等、团结、互助、和谐的民族关系,为民族运动会营造健康和谐、积极向上的社会环境和舆论环境,展现贵州各族人民在省委、省政府的领导下实施“两加一推”主基调、工业强省和城镇化带动战略,全省经济社会发展取得的喜人成就。

（二）要遵守报道纪律。各新闻单位要严格执行党的民族宗教政策,严格做好少数民族和民族团结的宣传报道,尊重少数民族风俗习惯和宗教信仰,牢固树立“民族宗教无小事”的思想,高度重视民族禁忌问题,严格执行党和国家的民族法规政策,报道中涉及民族、宗教问题时,包括比赛中有争议的赛事报道等等,拿不准的及时请示组委会和国家民委,严禁出现伤害民族感情、违背民族禁忌的问题出现,对在报道中不遵守报道纪律,造成重大失误的人员将启动问责严肃处理。在民族运动会举办期间,我们将细化突发事件新闻宣传方案,大家要严格遵守。

（三）要坚持以人为本。坚持以人为本,是做好新闻宣传工作根本要求。我们要把本届运动会新闻宣传与新闻战线广泛深入开展“走基层、转作风、改文风”活动相结合,坚持贴近实际、贴近生活、贴近群众,把体现党的主张和反映人民心声统一起来,把坚持正确导向和通达社情民意统一起来,多报道各民族同胞对党的民族政策的热烈拥护,宣传第九民族运动会筹办和举办期间民族团结的典型事例和感人故事,反映各族人民团结友爱、顽强拼搏、积极进取的精神风貌,激励广大人民群众信心百倍地创造美好未来。

四、精心组织实施,确保各项新闻宣传工作任务圆满完成

（一）加强组织领导。各有关部门要加强组织领导,把做好本次民族运动会的新闻宣传作为当前工作的头等大事来抓紧抓好。相关的领导在运动会的宣传工作中,既是指挥员又是战斗员,还要当好服务员。各新闻单位要全力以赴、抽调精兵强将投入该项工作。对长期战斗在一线的工作人员要给予适当的关心和照顾,并作为干部考核的重要依据,最大限度地调动各单位广大干部职工的积极性和创造性,为民族运动会新闻宣传工作提供坚实保障。

（二）加强调协配合。第九届民族运动会的新闻宣传,是一项系统工程,涉及新闻宣传、网络宣传、新闻发布、社会宣传、文化宣传等方方面面,全省一盘棋、上下一条心,各单位各部门要加强协调配合、相互支持,及时沟通,互相补台,实现新闻资源共享,按照“内宣服从外宣、内宣服务外宣”的原则，形成新闻宣传合力，齐心协力做好九届民族运动会的新闻宣传工作，充分展示我省组织大型运动会新闻宣传的能力和水平。

（三）进一步明确责任。各单位各部门要明确分工、各负其责。牵头处室要根据各自承担的工作，分解任务，细化措施，务必使每项活动、每一个环节落到实处，保质保量的完成工作任务。对在工作中推诿扯皮、相互掣肘、责任心不强、发生重大失误的人员，将启动问责机制，追究相关人员的责任，以保证各项筹备工作任务如期完成。

同志们，四年金秋，一次盛会。第九届民族运动会开幕在即，我们对运动会的成功举办充满信心。我们一定要以高度的政治责任感，以求真务实的工作作风，以力争一流的工作目标，全力以赴地做好第九届民族运动会的新闻宣传工作，努力把第九届民族运动会办成团结和谐、精彩圆满的盛会，让党中央、国务院、省委、省政府放心，让全国人民满意，让贵州人民自豪、高兴！

谢谢大家！

在相关产业与文化融合发展专题会议上的讲话

（9月1日）

同志们：

中央高度重视文化发展，提出了一系列新思路新举措，大力推动文化产业成为国民经济支柱性产业，力度前所未有。按照中央精神，近年来，省委、省政府不断深化文化体制改革，促进文化事业文化产业发展，尤其是今年明确了“依靠改革创新、建设文化强省、促进历史跨越”的总体思路，这在我省历史上是第一次提出建设文化强省的目标，体现了省委、省政府推动文化发展的信心和决心。同时，省委、省政府出台了《关于深化文化体制改革的意见》（黔党发也 2011 页 16 号）强有力地支持文化改革发展，提出了实施“六个一批”文化工程全面推进文化发展，组建了省直报业、广电、期刊、演艺四大集团公司积极打造龙头骨干企业引领文化产业发展等等，省委、省政府采取的这些强劲的推动措施，力度也前所未有。可以说，我省文化发展迎来了最好的历史机遇期和黄金发展期，各有关部门和单位要将思想高度统一到中央和省的重要决策部署上来，努力推动我省经济、政治、文化、社会“四位一体”又好又快、更好更快全面发展。

今年“两会”期间，李长春同志在参加贵州代表团审议时对贵州实现文化跨越发展所具备的条件和优势给予了充分肯定并提出了殷切期望。7月，刘云山同志到我省考察，明确要求我省要进一步增强文化自觉、文化自信，在充分发挥自身优势中实现文化的跨越式发展，并提出要大力发展体现本地特色、具有示范和带动效应的文化产业项目，加快培育一批特色鲜明的文化产业集群，推动文化与旅游及相关产业的深度融合，以文化为灵魂，以旅游为载体，挖掘内容内涵，丰富形式样式，打造新的增长点。7 月 26 日，省委召开常委会议传达学习刘云山同志在我省考察时的重要讲话精神，战书书记明确提出要推动文化与旅游、农业观光、工艺观摩、城乡建筑、动漫制作、创意设计、康体养生、传统民族商品生产和地方特色商品制造等产业的深度融合，抓紧调研，提出和制定全省若干个文化与产业结合的实施方案，用几年时间形成若干条寓文化于产业、富有文化内涵和特质的产业，对当前及下一个时期我省文化发展工作作了进一步全面安排部署。根据省委常委会议精神，结合我省实际，省文改文产办研究提出了《贵州省相关产业与文化融合发展总体方案》，并征求各有关部门、单位意见作了修改完善，现已正式印发实施。应该说，这项工作在我省是第一次提出，可供借鉴的经验不多，具有很强的创新性，同时，工作涉及面大、涉及内容广、涉及部门多，需要大家集思广益、共同配合，才能确保工作顺利推进取得成效。刚才,大家就目前工作推进实施情况作了发言,提出了不少建议,我觉得大家谈得都很好。下面,为切实抓好工作落实,我提几点要求。

一、高度重视,提高认识

今年10月党的十七届六中全会将深入研究文化改革发展工作,之后省委也将召开十届十二次全会研究部署我省文化改革发展工作,加快推动建设文化强省。推动相关产业与文化融合发展,是落实中央推动文化繁荣发展要求的具体体现,也是落实我省在“十二五”开局之年提出把文化产业培育并发展成为支柱性产业目标的重要举措,对我省建设文化强省具有十分重要的意义和作用,对此,大家一定要给予高度重视,不断深化对文化发展规律的认识,切实增强发展文化的责任意识。我省文化发展具有得天独厚的优势和条件,利用丰富的文化资源大力发展文化产业,为经济发展方式转变提供有力支撑,我省在这方面前景广阔、大有可为。去年,在省文改文产领导小组领导下,由省文改文产办牵头,省直相关部门配合,省内外有关科研院所参与,研究并正式出版了《贵州省文化产业发展战略研究》,该书对我省文化资源进行了全面总结和深刻分析,对相关产业与文化的深度融合作了大量研究,有很多地方可供大家借鉴参考。尤其是根据省内外专家的研究,我省文化旅游、民族民间演出、民族民间工艺品、民族节庆、会展广告、山地体育与户外运动、休闲避暑、酒、茶、民族医药、温泉健身养生、风味餐饮、花卉景石、民族时尚家居用品与民族银器等一系列相关产业发展潜力巨大。因此,我们不仅要推动广播影视、新闻出版、文化艺术等核心层产业发展,也要充分发挥和利用好丰富的资源优势,大力推动相关产业与文化深度融合,全方位、多角度地积极拓展贵州文化产业的外延,这也是促进我省文化大发展大繁荣的重要举措和必要途径。

二、深入研究,制定切实可行的实施方案

省文改文产办印发的《贵州省相关产业与文化融合发展总体方案》对相关产业与文化融合发展工作的指导思想、目标、原则、内容、责任分工等都作了明确,并提出了具体要求,各部门、单位要认真按要求抓好落实。牵头单位一定要认真履行好牵头的职责,围绕承担的任务,及时召集各配合单位召开会议研究工作,要在前段时间已不同程度推动开展相关工作的基础上,进一步组织调研、加强对接,必要时可选择1至2个点进行外出考察。各配合单位一定要以高度的责任感,积极配合牵头单位,认真研究协商,齐抓共管,共同推动工作出成果出效率。借鉴外省市的经验和做法,结合省相关部门的职能,我认为文改文产办的建议可行,符合工作实际,有关创意设计与文化融合发展工作请省经信委牵头,相关部门积极配合,按调整的方案抓好落实。目前,我们的工作主要是围绕九个方面研究制定具体实施方案,这是推动相关产业与文化融合发展的第一步,但却是十分关键的一步,一定要将这一步迈扎实,为下一步具体推动实施打好基础。各单位要在认真调研、科学论证的基础上,不断完善细化方案,在推动相关产业与文化融合发展的体制机制、研发培训、指标设置、项目实施等方面下功夫,同时要着力发挥好政策的扶持保障作用,既要落实好国家和省已出台的各项政策以及相关部门的行业政策,也要从实际出发,通过深入思考,在方案中提出需要省委、省政府研究出台的政策措施,确保制定的方案全面、科学、可行,真正具有针对性和可操作性。

三、加大工作力度,确保按时完成任务

各部门、单位要积极行动,切实将此项工作作为本部门本单位重要工作来抓紧抓好,加大力度、加快进度,推动工作不断取得新进展新成效。对方案的调研编制工作,省委宣传部将给予一定的补助。同时,各牵头单位务必要在10月5日以前将最终形成的方案提交省文改文产领导小组,待省文改文产领导小组研究通过后报省委、省政府研究。

任务很重、时间很紧,希望大家通力合作、鼓足干劲,全力推动文化发展,不断满足人民群众的精神文化需求,向省委、省政府递交一份满意的答卷,为我省文化建设和经济社会发展作出积极贡献。

谢谢大家!

在第九届民族运动会主媒体中心启动仪式上的致辞

(9月8日)

各位来宾、新闻界的各位朋友们、同志们:

大家下午好!

由国家民族事务委员会和国家体育总局主办,贵州省人民政府承办的第九届全国少数民族传统体育运动会经过近一年的精心筹备,即将拉开序幕。在各民族兄弟姐妹齐聚爽爽贵阳,媒体记者聚焦多彩贵州的重要时刻,我们在这里举行第九届民族运动会主媒体中心启动仪式,在此,我代表中共贵州省委、贵州省人民政府、第九届民族运动会组委会向大家的到来表示热烈的欢迎!向国外媒体、港澳媒体、中央媒体、全国各省区市媒体新闻工作者一直以来对贵州工作的大力支持和帮助表示衷心的感谢!

四年一届的全国少数民族传统体育运动会,是我国规格最高、规模最大的综合性民族体育盛会,是弘扬民族传统文化、展示民族地区经济社会发展成就的重要平台。运动会举办得成功不成功看三个方面:精彩不精彩看比赛,影响大不大看宣传,圆满不圆满看安全。因此,新闻宣传工作在少数民族运动会中具有举足轻重的重要作用。为进一步做好新闻报道工作,我们在学习和借鉴奥运会、亚运会宣传报道经验的基础上,结合贵州举办第九届民族运动会的实际,秉承"媒体服务"的理念,与新华社媒体服务专家合作,建立了第九届民族运动会主媒体中心,今天主媒体中心正式投入使用,将为近1000名媒体记者提供媒体工作间、宽带上网、赛事报道即时信息查询等服务。

第九届全国少数民族传统体育运动会后天晚上正式开幕,各位记者朋友将奔赴各个竞技赛场和我省基层一线深入采访,大家任务繁重、使命光荣。希望广大媒体记者大力宣传举办民族运动会的宗旨和意义;大力宣传举办民族运动会对促进民族团结,促进社会主义物质文明、精神文明建设的重要作用;大力宣传改革开放以来各省区市民族、体育战线的重大成果和少数民族运动员努力进取、团结友好的精神风貌;大力宣传贵州各族人民在省委、省政府的领导下围绕"加速发展、加快转型、推动跨越"主基调、实施工业强省和城镇化带动战略,经济社会发展取得的喜人成就;大力宣传第九届全国少数民族传统体育运动会各项赛事进展情况,把精彩的赛事呈现在全国人民和海外朋友面前。希望组委会新闻宣传部、新闻中心提供一流、高效、优质的服务,为第九届民族运动会新闻报道工作搭建平台,为第九届民族运动会营造良好的舆论氛围,把第九届民族运动会举办成民族团结的盛会、富有特色的盛会、精彩纷呈的盛会。

最后,祝大家在黔期间工作顺利、心情愉快、身体健康!

谢谢大家!

在省作协第六次代表大会上的讲话

(9月27日)

各位代表,同志们:

在中国作协的真情关怀下,在省委、省政府的正确领导下,省作协第六次代表大会经过全体代表的共同努力,按照各项议程,选举产生了新一届省作协领导班子,修订完善了省作协章程,回顾总结了省作协第五次代表大会以来贵州文学事业取得的成绩和经验,研究部署了当前和今后一段时期的相关工作。大会开得很成功,对进一步繁荣发展贵州文学事业具有重要意义。在此,我代表省委宣传部,向当选的新一届省作协领导班子,表示热烈的祝贺!向与会的作家朋友们,以及所有为贵州文学事业繁荣发展作出贡献的同志们,致以崇高的敬意!

今天上午,李冰书记、战书书记分别作了重要讲话,讲话高屋建瓴、思想深邃,具有很强的理论性、针对性和指导性,为进一步繁荣发展贵州文学事业指明了前进方向,提供了基本遵循,对我们是极大的鼓舞和有力的鞭策。我们一定要认真学习、深刻领会,自觉主动地将讲话精神贯彻落实到当前和今后的工作中去。

战书书记在讲话中充分肯定了省作协的工作。近年来,省作协在第五届主席团和理事会的带领下,始终坚持“二为”方向和“双百”方针,认真贯彻落实“三个代表”重要思想和科学发展观,切实履行联络、协调、服务职能,充分发挥桥梁、纽带作用,为凝聚和壮大会员队伍,为扶植贵州的文学创作和文学新人,为建设和谐文化、服务工作大局,做了大量富有成效的工作,取得了可喜的成绩。可以说,充满希望的贵州文学正在蓄势待发。

今年是“十二五”开局之年,贵州经济社会发展呈现出可喜局面,可以预见,“十二五”的贵州,将是发展的贵州、奋进的贵州、希望的贵州。贵州“加速发展、加快转型、推动跨越”的生动局面,迫切需要作家朋友们通过积极的文学实践来共同参与描绘。这次代表大会选举产生了新一届主席团和理事会。希望协会新一届领导班子,根据新形势下协会工作的新任务,结合我省文学界的实际,进一步增强协会的号召力、影响力和凝聚力,通过强化服务意识,拓宽服务领域,广泛而紧密地团结全省作家和文学工作者,用自己的丰富创作和优秀作品,促进人民思想道德情操的提高,促进全社会形成积极向上的共同精神追求,为促进贵州经济社会又好又快、更好更快发展做出新的贡献。借这个机会,我就进一步繁荣我省的文学创作和文艺事业再提五点希望:

第一,要始终坚持正确的创作方向。文学艺术是民族精神的火炬,是时代进步的号角。坚持什么样的文化方向,推动什么样的文化,是一个政党在思想上精神上的一面旗帜,也是一个社会、一个民族文明进步的重要标志和体现。坚持正确的创作方向,就是要牢牢把握先进文化的前进方向,自觉弘扬先进文化,建设先进文化,发展先进文化,以优秀的作品鼓舞人,以高尚的精神塑造人,更好地为人民服务,为社会主义服务,为贵州工作大局服务。

全省广大文艺工作者在具体创作实践中,一方面,要坚持正确的价值取向,坚持“二为”方向和“双百”方针,在任何时候任何情况下,都要把社会效益放在首位,严肃认真地考虑自己作品的社会效果,弘扬主旋律,讴歌真善美,真正做到“与时代同步,与人民同心”,努力创作出更多更好的精神文化产品;另一方面,要进一步弘扬新时期的贵州精神,通过文艺创作大力倡导长征精神、遵义会议精神、“三线建设”精神,以及在大旱中挺立的“不怕困难、艰苦奋斗、攻坚克难、永不退缩”的贵州精神,为贵州实现历史性跨越凝心聚力,为实现“十二五”的各项目标鼓与呼,进而在全社会激荡起发展的志气、前行的勇气、进步的豪气。

第二，要始终坚持“三贴近”的创作原则。胡锦涛总书记在全国第八次文代会和第七次作代会上的讲话中，再次强调：“一切进步文艺，都源于人民、为了人民、属于人民”，“真情热爱人民、真正了解人民、真诚理解人民，才能创作出深受人民欢迎、对人民有深刻影响的优秀作品”。历史和现实一再表明，鲁迅的《阿Q正传》、茅盾的《子夜》、巴金的《家》、《春》、《秋》，老舍的《骆驼祥子》、曹禺的《雷雨》等，这些优秀的文学作品，都是反映人民最深刻的心灵呼唤和时代最迫切的前进要求的作品，都是隽永艺术魅力与现实社会进步相结合的结晶。

生活是创作之源，人民是创作之母。广大文艺工作者要始终坚持人民至上的价值观，带着对人民群众的深厚感情，心与人民群众相连，血与人民群众相融，情与人民群众相依，自觉地感知人民群众的喜怒哀乐，了解人民群众的悲欢离合，表现人民群众的丰富生活，反映人民群众的真切心声，为人民群众提供最好的精神食粮；要努力实践“三贴近”，积极参与全省宣传文化战线正在开展的“走基层、转作风、改文风”活动，全身心地投入到时代洪流中去，深入到工业强省和城镇化带动战略实施的第一线，深入到企业、乡村、社区、校园的最前沿，把创作真正扎根于贵州科学发展、和谐发展、加快发展的火热实践和社会生活之中，不断丰富创作主题，捕捉创作素材，激发创作灵感。只有坚持贴近实际、贴近生活、贴近群众，为时代而歌、为人民而赋，这样的作家才会拥有源头活水，才会被历史记住，才会被群众认可。

第三，要始终坚持打造精品力作。精品力作是衡量一个地区、一个时代文化发展水平的重要标志。没有精品力作的涌现，这个地区、这个时代的文化发展水平就令人难以认同，文学自然也概莫能外。贵州不仅要实现经济社会的跨越发展，也要实现文化的跨越发展，更要实现文艺创作的跨越发展。如果文学出不了精品力作，那么贵州文化的跨越发展就无从谈起。

为了促使精品力作的涌现，省委、省政府一直都在竭力创造各种有利条件。但条件具备了，更重要的还是要靠作家朋友自身的努力，靠作家朋友认真苦练内功。希望大家志存高远，不辱使命，以打造文艺精品、培育多彩贵州文化品牌为已任，把精益求精的要求贯穿到每一个作品的创作中，通过形式多样的艺术创造，深入挖掘贵州特色文化资源，借鉴运用一切先进的创作理念、创作手法和生产、传播方式，孜孜不倦地进行艺术的锤炼，用“十年磨一剑”的精神，潜心创作、用心打磨，努力创作出一批思想深远、内涵丰富、艺术精湛、制作精美、在全国有影响的优秀作品，不断提升贵州在全国文化艺术领域的地位和影响。

第四，要始终坚持继承与创新。推进文化大发展大繁荣，基础在继承，关键在创新。不善于继承，就没有创新的基础；不善于创新，就缺乏继承的活力。在中华文化发展史上，中华民族曾经以其旺盛的生命力和创造力，铸造了一个又一个文化发展的高峰，创造了一个又一个人类文化的奇迹。诗经楚辞、唐诗宋词元曲、明清小说等等，无不印证并代表着中华文化的辉煌，展现着中华文化创造的历史轨迹。

广大文艺工作者要牢固树立与时代要求相适应、与实践发展相符合、与人民呼声相一致的创新意识，准确把握群众精神文化需求的新变化，深入把握新形势下文艺工作的特点和规律，解放思想、与时俱进，积极探索、勇于突破。要坚持继承和创新相结合，努力继承优秀的民族文化，借鉴人类文明的优秀成果，大力弘扬民族优秀文化传统；要创新文艺创作手段，创新文艺内容和形式，创新文艺题材和体裁，博采众长，推陈出新；要始终保持旺盛的创新精神和创造活力，保持我省文艺事业的蓬勃生机，保持文艺工作者的创作激情，讴歌发展、奋进、希望的贵州新形象；要敢于突破那些不合时宜的观念束缚，勇于在前人成果的基础上有所超越，才能推出更多具有贵州特色、贵州风格、贵州气派的传世之作，才能充分展现贵州文艺的创新风范，引领贵州文艺的发展潮流。

第五，要始终争做德艺双馨的典范。战书书记在讲话中强调：“一切有理想有抱负的文艺工作者，都要不断提高自身的人格修养和艺术品格，努力实现德艺双馨”，要求“作家和文艺工作者要恪守职业道德，加强思想修养，大兴团结之风，把传播先进文化、塑造美好心灵、弘扬社会正气放在第一位，使自己的作品成为人民群众健康有益的精神滋养,让自己成为人民群众交口称赞的良师益友”。

大家一定要认真领会战书书记的讲话精神,把创作优秀作品与培养高尚人品结合起来,加强学习、加强修养,自觉践行社会主义荣辱观,坚持正确的文艺观和创作思想,忠于祖国、忠于人民,坚定社会主义信念,恪守职业道德,弘扬职业精神,做德艺双馨的人类灵魂工程师;要加强学习各种新知识,不断拓宽视野、广采博收,为文艺创作提供丰厚的知识储备;要传播先进文化,弘扬人间正气,塑造美好心灵,为人民群众提供最好的精神食粮,努力以自己的作品丰富人民群众的精神生活、提高人民群众的精神境界;要弘扬团队精神,加强团结协作,各个文艺门类、流派都要互相尊重、相互支持,形成文人相亲、文人互重、文人共勉的良好风气,共同担当起建设西部文化强省的重任,自觉凝聚成一支实力雄厚、团结和谐的文艺工作队伍。

各位代表,贵州经济社会又好又快、更好更快发展的良好局面为我们施展艺术才华提供了广阔舞台,全省上下齐心协力、共谋发展的良好态势,是我们采撷不尽的艺术源泉,让我们更加紧密地团结在以胡锦涛同志为总书记的党中央周围,以邓小平理论和“三个代表”重要思想为指导,深入贯彻落实科学发展观,以充沛的激情、生动的笔触,更好地为贵州放歌、为奋进鼓劲、为跨越抒情,不断创作出无愧于时代、无愧于人民的精品力作,为贵州文化的大繁荣大发展作出新的贡献!

在全省党委(党组)中心组学习暨学习型党组织建设经验交流会上的讲话

(9月28日)

同志们:

在全省上下深入学习贯彻胡锦涛总书记“七一”重要讲话精神之际,我们召开全省党委(党组)中心组学习暨学习型党组织建设经验交流会,总结交流学习型党组织建设的经验和做法,这是我省贯彻落实胡锦涛总书记“七一”重要讲话精神,进一步推进我省学习型党组织建设的具体举措,也是巩固和发展学习实践科学发展观活动成果的实际行动。刚才,来自省地县有关部门及高校、企业的10位同志介绍了本地本部门推进学习型党组织建设的做法和经验,大家的发言各有侧重、各有特点,典型性、示范性都很强,希望各地各部门结合实际认真学习借鉴。下面,就进一步推进学习型党组织建设工作,谈几点意见。

一、认真总结成绩和经验,不断巩固和发展学习型党组织建设的良好态势

中央反复强调,建设学习型党组织是党始终走在时代前列、引领中国发展进步的重要基础,是党领导人民夺取全面建设小康社会新胜利、开创中国特色社会主义事业新局面的必然要求,是提高党的执政能力、保持和发扬党的先进性的紧迫任务。我们必须深刻认识开展学习型党组织建设的极端重要性,在认真总结经验基础上,更加扎实有效地推进这项重要工作。

自2007年全省党委(党组)中心组学习经验交流会召开以来,特别是2009年党的十七届四中全会鲜明提出建设马克思主义学习型政党、建设学习型党组织以来,全省各级党委(党组)按照中央和省委要求,认真组织中心组学习,扎实开展学习型党组织建设工作,不断在武装头脑、指导实践、推动工作上取得新成效,为进一步推进学习型党组织建设积累了宝贵经验。概括起来,主要有以下几个方面:

*一是加强领导,重视构建学习长效机制。*根据中央部署和要求,省委成立学习型党组织建设工作协调小组,加强对工作的指导协调,先后制定

印发了《关于进一步加强和改进全省党委(党组)中心组学习的意见》、《关于推进学习型党组织建设的实施意见》。今年,又制定下发了《贵州省推进学习型党组织建设工作方案》,提出了"分层推进、分类落实、品牌带动、示范引领"的总体工作思路。各级党委(党组)中心组学习走上规范化、常态化、制度化轨道,学习型党组织建设工作有计划按步骤推进,取得初步成效。

*二是率先垂范,充分发挥领导干部示范带动作用。*省委中心组于今年6月在遵义开展重温《共产党宣言》主题学习教育活动,7月和8月两次集中学习胡锦涛总书记"七一"重要讲话精神,中心组成员结合各自工作实际,交流学习心得,为全省学习型党组织建设很好地发挥了表率示范作用。各级领导干部认真履行学习职责,带头学、带头写、带头讲,通过学习促进工作,通过工作推动学习。如:黔南州举办了"州县乡三级万名干部大培训",州委主要领导带头作辅导报告;毕节地区开展"领导干部工作讲坛"、"地委出题、地级领导干部领题调研"活动,社会反响良好。

*三是创新形式,不断增强学习的吸引力和感染力。*近年来,我们不断探索完善学习型党组织建设的方法和途径,着力打造了"甲秀视线讲坛"、"观风论坛"、"生态文明大讲坛"等学习品牌,努力构建了贵州省党委(党组)中心组网络学习平台、"县市书记学习型党组织建设网上谈"、"百万公众网络学习工程"等网上学习阵地,组织举办了"学习理论、指导实践读书征文",学习中国特色社会主义理论体系、"十二五"规划纲要、胡锦涛总书记"七一"重要讲话精神等知识竞赛,开展了"社科理论下基层"、"党的创新理论宣讲季"等活动。各地各部门也进行了很多积极探索,如:省直机关开展"领导讲党课、专家讲理论、先进讲事迹、党员讲体会"的"四讲"活动,省国资委组织系统各企业开展读书交流活动,安顺市开展"重走长征路、安顺千里行"爱国主义教育活动,打造了很多贴近实际、灵活实用、成效明显的学习载体。

*四是学用并重,不断提高推动科学发展、促进社会和谐的能力水平。*省委中心组围绕"加强和创新社会管理"、"加快经济发展方式转变"、"文化建设和文化体制改革"、"做好新形势下群众工作"等重大理论和现实问题,开展专题学习研讨,进一步丰富了有关理论知识,理清了工作思路,提高了决策水平。在今年开展的全省"项目建设年"现场观摩会活动中,省委中心组成员实地观摩了贵阳市、遵义市、毕节地区32个项目建设情况,通过观摩学习,进一步认清了形势,找准了差距,明确了发展方向。各级党委(党组)中心组围绕发展目标和工作重点,积极开展学习活动,认真分析和解决工作中存在的实际问题。

总的来说,我省学习型党组织建设工作进展顺利、态势很好,取得了阶段性成效,为推动我省改革发展提供了思想保障和智力支持。但是,我们必须清醒地看到,在新形势、新任务面前,我省学习型党组织建设的任务还十分艰巨和迫切。"十二五"时期是我省改革攻坚的关键时期,我们要通过加速发展、加快转型、推动跨越,为2020年我省与全国同步全面建成小康社会打下决定性意义的基础。这一任务异常艰巨,我们广大党员干部不仅要有敢于担当的责任和勇气,更要有能够担当的智慧和能力。要获得这种智慧和能力,根本的途径就在于学习。战书书记在8月29日省委中心组集中学习时深刻指出:"全省广大党员干部要有本领恐慌,把学习作为一种精神追求,敢于正视自身在解决问题、化解矛盾、做好群众工作、发展经济以及新思想、新技术等方面存在的'知识短板',掌握历史唯物主义和辩证唯物主义的方法论,全方位提高思想水平、认识水平和工作水平"。这就要求我们各级党组织要高度重视学习,不断巩固发展学习型党组织建设的良好态势,通过扎实有效的学习极大地提高自身的思想素质和能力水平,带领全省广大干部群众推动经济社会又好又快、更好更快发展。

二、联系实际,突出重点,进一步增强学习型党组织建设的针对性和有效性

胡锦涛总书记在"七一"重要讲话中深刻指出,"必须按照建设马克思主义学习型政党的要求,抓紧学习人类社会创造的一切科学的新思想新知识。"并强调全体党员、干部都要"真正做到学以立德、学以增智、学以创业。"我们要深刻理解和认真落实总书记的讲话精神,紧密联系贵州实际,富有成效地推进学习型党组织建设。

（一）通过学习，进一步坚定理想信念，提高政治素养和政治水平。人无信仰则不立，党无信仰则不强。我们党自成立之日起，就把在中国实现社会主义，最终实现共产主义作为远大理想和奋斗目标。我们党在贵州的革命史、创业史、奋斗史，无不贯穿着我们党对民族振兴、国家富强、人民幸福的执著追求。在新的时代条件下，面对社会上的各种诱惑，有的党员干部讲利益不讲理想、讲实惠不讲奉献，有的精神萎靡不振，缺乏干事创业的激情和干劲，有的群众观念淡薄，对群众利益麻木不仁，有的甚至以权谋私、腐化堕落，这都是共产主义理想信念缺失的表现。推进学习型党组织建设，就要引导党员干部不断加深对党的理论创新成果的理解，自觉运用科学理论武装头脑，树立正确的世界观、人生观、价值观，进一步坚定理想信念，做共产主义远大理想和中国特色社会主义共同理想的忠实信仰者、捍卫者、传播者、实践者，用自己的示范行动，不断点燃全省各族人民群众追求理想、致富奔小康和过上更加美好幸福生活的热情。

（二）通过学习，进一步掌握新思想新知识，提高贵州发展所需的工作本领。历史和现实都表明，任何一个政党，无论实力多强、资格多老，如果不保持强烈的进取精神，不掌握好新思想新知识，都会在时代大潮中掉队落伍，在激烈竞争中被淘汰出局。在大发展大变革大调整的大环境下，贵州如何实施好工业强省和城镇化带动战略，在很大程度上取决于广大党员干部特别是领导干部思想解放的程度、视野眼界的宽度和知识储备的厚度。应该看到，经过多年来开展系列学习教育活动，特别是通过改革发展实践的锻炼，我省党员干部的整体素质有了很大提高。但是，在新的形势任务面前仍存在再学习再提高的问题。有的干部思想观念还较为保守落后，不能做到与时俱进、开拓创新；有的对省委省政府提出的重要战略部署，还认识不深、掌握不透、理解片面；有的对推动工作的思路不清、办法不多、措施不力，等等。这些问题，集中到一点上，就是学习不够、能力素质不高。推进学习型党组织建设，就是要引导党员干部紧紧围绕中心任务，清醒认识我省发展的阶段性特征，深刻领会省委省政府的重大决策部署，学习掌握贵州经济社会发展所需的一切新思想、新知识、新经验，学习掌握自己最欠缺、最薄弱、最紧迫、最需要的知识技能，进一步解放思想、放宽眼界，丰富知识、提高本领，不断焕发创新精神和创造激情，更好地推动工作。

（三）通过学习，进一步提出新思路新举措，提高解决复杂矛盾和问题的能力。当前，我省与全国一样，社会大局和谐稳定，社会形势总体良好，但我们也要清醒地看到，随着利益格局深刻调整，协调各方面关系、化解社会矛盾的压力不断加大，在社会管理和服务群众方面还存在不少的矛盾和问题，有的还相当突出，像就业难、上学难、看病难、住房难等问题还未根本解决，对流动人口和特殊人群的管理与服务滞后，社会矛盾纠纷多样多发，社会治安问题仍较突出。面对新形势下我省社会管理的多重任务和环境变化，如何实现“软管理”与“硬管理”的良性互动，如何做好消除“燃点”、清除“爆点”工作，如何抓好打击犯罪和社会治安综合治理，如何学会在新形势下与群众打交道、做好群众工作，这都要求我们加强对社会管理、群众工作等知识的学习，否则，就难以胜任肩负的责任和使命，难以成为合格的领导者和管理者。前段时间，我省发生了安顺市西秀区7·26事件、毕节地区黔西县8·11事件，这两起事件的直接“导火索”是城管执法不当引发冲突，但在一定程度上也反映出我省一些干部在处理复杂矛盾和问题的能力的不足。推进学习型党组织建设，就要引导党员干部深入研究把握社会矛盾的新特点新变化，不断深化对经济社会发展规律的认识，开拓新思路、提出新举措，积极应对和化解各种困难风险，增强创新社会管理、做好群众工作的本领，增强工作的原则性、系统性、预见性和创造性。

三、积极探索，不断创新，进一步推动学习型党组织建设向广度和深度发展

按照建设马克思主义学习型政党的总体要求，我们要把推进学习型党组织建设与省委、省政府中心工作结合起来，与加强和改进新形势下党的建设结合起来，与正在开展的“创先争优”、“四帮四促”、“三个建设年”等活动结合起来，精心组织，狠抓落实，不断提高学习型党组织建设科学化水平，努力为推动贵州科学发展、促进贵州社会和

谐,提供强有力的思想保证和智力支持。下一步,要着重从以下几个方面抓好工作:

(一)着力加强组织领导,切实为学习型党组织建设提供服务保障。党委(党组)要把加强和改进中心组学习、推进学习型党组织建设作为重要工作摆在突出位置,列入重要议事日程,经常研究学习情况,提出改进措施,抓好督促落实。党委(党组)主要负责同志作为中心组学习的第一责任人,要切实负起领导责任,以高度负责的精神抓好中心组学习。要坚持和完善一级抓一级、层层抓落实的领导责任制和工作机制,分层分类推动学习型党组织建设深入开展。各级党委宣传部门作为学习型党组织建设的牵头单位,要切实负起责任、加强组织协调,主动与各部门各单位沟通联系,确保各项工作高效有序运转。协调小组各成员单位要把学习型党组织建设作为分内工作,相互支持,密切配合,各尽其责,形成合力。各新闻媒体要根据自身的不同定位,突出特色、各展所长,把学习型党组织建设的宣传报道作为一项长期任务,精心谋划,认真安排,营造浓厚学习氛围。

(二)着力把握学习重点,切实加大对党的理论创新成果和重大决策部署的学习教育。深入推进学习型党组织建设,最核心的任务就是要加强党的思想理论建设,增强贯彻落实党的理论和路线方针政策的自觉性坚定性。在前阶段深入学习胡锦涛总书记"七一"重要讲话精神的基础上,我们要更加深刻认识"七一"讲话的重大现实意义和深远历史意义,更加深刻领会讲话中的重大理论观点、重大创新思想和重大战略部署,要认真研读马克思主义经典著作,深入领会省"十二五"规划纲要,准确把握省"十二五"时期"加速发展、加快转型、推动跨越"的主基调和工业强省、城镇化带动战略等省委重大决策部署,特别要引导党员干部深入学习今年下半年即将召开的党的十七届六中全会和省委十届十二次全会精神,争取在思想认识上有新提高,在精神境界上有新提升。学习是为了更好的实践。学习的成果要转化为办实事、解民忧,切实帮助老百姓解决实实在在的问题。当前,我们要结合正在开展的"万名干部下基层、扎扎实实帮群众"活动,下到基层、下到一线,以抗旱保民生和秋收秋种为重点,努力夺得抗旱救灾的最后胜利。

(三)着力推进示范引领,切实形成学有榜样、赶有目标的良好氛围。要切实抓好领导班子和领导干部的学习,使之成为学习型党组织建设的组织者、带动者、促进者、实践者。通过高标准、高质量的党委(党组)中心组学习,辐射带动广大领导干部的学习。积极倡导领导干部带学帮学促学,鼓励带头读经典、讲党课、作报告、搞调研,带头组织活动、创新方法、学以致用,把领导班子建设成为全省学习型党组织建设的排头兵,把领导干部培育成为广大党员干部学习的排头兵。要认真搞好示范点建设,注重发挥示范点的示范引领作用。当前,我省省级示范点创建正处于推荐阶段,各地各部门要按照"有明确目标、有鲜明特色、有品牌载体、有健全机制、有显著成效、有推广价值"的"六有"标准,认真自评申报,严格考评推荐,科学审核评定,确保示范点创建的先进性和示范性,全力打造一批叫得响、立得住、推得开的示范点,扩大社会影响,发挥示范效应。要努力抓好典型推广表彰,注重运用先进典型影响、带动党员干部及广大群众的学习。要深入调查,选择一批不同层次、不同类型、可信可学的学习型先进党组织、领导班子、单位和个人,广泛宣传其经验和先进事迹,使示范、激励和引导作用辐射到不同地区、不同部门、不同领域、不同群体。通过示范引领,逐渐形成一把手带动领导班子、领导干部带动一般干部、党员干部带动广大群众、党组织带动全社会的良好局面,推动形成崇尚学习、勤于学习、善于学习的良好风气。

(四)着力强化品牌带动,切实提升品牌的时效性、针对性和影响力。学习型党组织建设是一项开创性工作,要想提高学习效果,带动面上的学习,就需要在总结经验的基础上,进一步丰富和创新工作载体,精心打造学习品牌。我们正准备以"甲秀讲坛"为载体,举办服务省委中心组的"甲秀高端讲坛",定期邀请国家部委的领导、专家来做讲座,帮助中心组成员深入理解党中央和国务院的方针政策;继续举办"甲秀视线讲坛",进一步将听众范围从宣传文化系统扩大至省直各部门,提升其影响力。各地各系统也要结合实际组织多种类型的学习讲坛,帮助干部群众提升思想认识和工作水平。近期,我们将下发关于在全省开展“四学四创”主题学习活动的通知,希望大家认真部署,精心组织,扎实推进,使该活动成为学习型党组织建设的有力抓手,并取得实效。各地各部门要在已有学习载体平台的基础上,适应时代条件、社会环境、科技进步和生活方式的新变化,根据各级党组织特别是基层党组织的实际状况和特点,兼顾党员干部的不同需求、兴趣、爱好,创新多种载体,积极打造“特色鲜明、长期管用、干部认可、富有成效”的学习品牌,最大限度吸引党员干部群众参与,更广泛、更深入地推进我省学习型党组织建设工作有效开展。

(五)着力健全学习制度,切实确保各项学习任务落到实处。各级党组织要根据中央、省委的要求,结合本单位本部门实际,制订年度学习计划并作出阶段性学习安排,明确学习内容和要求,并在执行时随着形势和任务的发展变化作相应的调整。要进一步健全并严格落实学习型党组织建设特别是中心组学习的个人自学、集体学习、经验交流、考勤、考核等制度,规范学习管理,确保各项学习任务落到实处。特别是要重点考核党委(党组)中心组组长履行职责的情况,中心组成员坚持学习制度、完成学习任务的情况和领导班子联系实际学习理论、指导实践、推动工作等情况。要把考核结果及时反馈给有关单位党委(党组)和领导干部本人,把考核结果作为衡量领导干部思想政治素质的重要内容和干部奖惩的重要依据,努力形成有效的激励和约束机制,推进学习型党组织建设工作健康开展。

同志们,学习型党组织建设工作责任重大、使命光荣。我们要按照中央和省委的要求,从我省实际出发,与时俱进、开拓创新,把学习型党组织建设这件大事抓紧抓好,切实做到以读书推进学习、以实践深化学习、以创优提升学习、以实效检验学习,以学习促党建、促发展,为建设学习型政党、学习型社会,努力实现全省经济社会发展历史性跨越作出应有的贡献。

在贵州民族文化产业发展研讨会上的讲话

(9月29日)

各位专家、学者、企业家,同志们:

今天,我们在这里召开的贵州民族文化产业发展研讨会,是省文改文产领导小组决定召开的一次重要会议。党的十七届六中全会即将召开,专题研究深化文化体制改革,推动社会主义文化大发展大繁荣的重大问题。省委随后也将召开全会,贯彻落实党的十七届六中全会精神,全面部署我省建设文化强省工作。正是在此背景下,我们召开此次民族文化产业发展研讨会,显得尤为及时、尤为重要。

这次会议我们热诚邀请了省内外民族文化产业研究专家学者和我省民族文化骨干企业代表,为贵州民族文化产业发展献计献策,并为即将召开的省委全会提供有关理论成果与实践经验。对于我省民族文化产业发展来说,这既是一次理论研讨和经验交流会,也是一次形势研判和共谋发展的“诸葛亮会”。在此,我代表省文改文产领导小组向出席本次会议的各位专家、学者和企业家,表示衷心感谢!向应邀参会的全国知名文化专家金元浦教授和张晓明研究员表示热烈欢迎!

会前,省文改文产办通过调研座谈,梳理了20多个题目,收集了相应的20多个研究报告,并设计了5个研讨专题,各位专家学者也相应做了精心、深入的准备,我就民族文化产业发展谈一些自己的想法,供大家在研讨中参考。

一、深刻认识我省发展民族文化产业面临的机遇

当前,发展我省民族文化产业面临大好时机。一是中央高度重视、寄予厚望。今年初,国务院明确提出了力争在“十二五”期末将文化产业培育成

支柱性产业的战略。胡锦涛总书记针对贵州具有丰富多彩民族文化资源的优势,提出贵州要大力发展民族文化产业的殷切希望。二是全国民族文化产业发展迅猛、形势逼人。各省、区、市都从各自的文化优势出发,加快文化产业发展。全国文化产业发展迅猛,去年文化产业增加值突破1万亿元,占GDP比重达2.7%。如云南省早在3年前就提出建设民族文化强省,目前文化产业占比超过5%。三是民族文化产业发展的政策好、环境宽松。省委作出了"靠改革创新,建文化强省,促历史跨越"的战略决策,即将召开的省委全会将对文化产业发展做出全面部署,在土地、人才、资金等方面都将出台更多优惠政策,民族文化产业发展也将面临前所未有的发展机遇。四是我省发展民族文化产业已有一定的积累和基础。随着交通基础设施的逐步改善,旅游业得到快速发展,文化和旅游的结合更加紧密,文化与旅游相互推动、相互促进的局面初步形成,打造了一批知名的民族节庆、民族村寨、民族文化企业,为下一步的发展奠定了一定的基础。

二、深入探讨推动民族文化产业发展的实际问题

近年来,我们攻坚克难,大力推动文化体制改革、促进文化产业加速发展,取得了明显成效,在民族文化产业方面也有很多亮点,比如西江苗寨、安顺屯堡、肇兴侗寨、云舍土家寨等一批民族村寨,其中西江苗寨去年国庆期间收入就达5000余万元。但是,应该看到我省民族文化产业发展普遍存在规模小、分布散、起步晚、实力弱等问题,这些问题的解决既需要党委政府的大力推动和有关部门的政策扶持,也需要社会各界的关注支持,尤其是需要在座各位专家、学者深入探讨发展民族文化产业中的实际问题,寻找帮助解决问题的途径办法。今年3月战书书记在学习贯彻李长春同志重要讲话精神促进贵州文化跨越发展座谈会上的讲话中指出,我们在对民族文化进行研究、挖掘的时候,要在贵州特色文化里面打造集中的点,提升品牌力、影响力、竞争力。这就要求我们在研讨中要围绕如何通过一批民族文化产业精品,进一步拓展和形成连片连线的民族文化区域;如何通过培育一批骨干民族文化企业和中小文化企业,进一步支撑和壮大民族文化产业的市场主体;如何通过拓宽民族文化对外贸易和对外交流的渠道,进一步推动民族文化"走出去";如何通过打造一批在全国叫得响的民族文化品牌,进而提升贵州民族文化的知名度和影响力等问题,进行深入探讨,从而进一步贴近贵州实际,深刻认识和把握我省民族文化产业发展的规律,理清我省民族文化产业发展的一些重要理论与实践问题,促进我省民族文化产业的健康发展。

三、深化改革创新推动民族文化产业发展

一个民族如果没有文化创新,也就不可能保住自己的传统文化;一个民族的传统文化如果不加以发展和创新,也就没有生命力,也就无法与当代社会相适应。发展民族文化产业,尤其需要改革创新,才能进一步释放民族文化生产力。首先是要创新观念。我们要认识到通过民族文化产业的发展、民族文化产品的消费,才能更好地保护和弘扬民族优秀文化,焕发民族文化新的生机和活力,才能更好地与时俱进,从而适应市场的需求,推动民族文化从资源到资本的转变。其次是创新体制机制。建立起有利于调动文化工作者积极性,推动文化创新,多出精品、多出人才的文化管理体制和运行机制。要创新投入机制。转变由政府单一投入的体制,鼓励民间资本向民族文化产业投资。要创新管理体制,转变以往多头管理、政出多门的状况,整合资源、形成推动民族文化产业发展的合力。最后,要创新手段。发展民族文化产业,要处理好继承和发展的关系,既要保持原有民族文化的特色,又要适应现代市场的需要,这就需要充分借助现代科技发展的最新成果,使民族文化更具有时代气息,获得更广泛的价值认同。

同志们,我省发展民族文化产业正逢其时,大有可为,我们热诚欢迎各位专家、学者紧紧围绕我省"加速发展、加快转型、推动跨越"的主基调、工业强省和城镇化带动主战略,为我省的民族文化产业发展建言献策、贡献智慧,为进一步推动我省文化产业发展,文化大发展大繁荣作出更大的贡献!

最后,预祝研讨会取得丰硕成果,圆满成功;祝各位同志、专家和企业家工作顺利、身体健康、阖家幸福。

谢谢大家!

在全省宣传部长座谈会暨文化体制改革工作调度会结束时的讲话

（10月7日）

同志们：

这次为期一天半的全省宣传部长座谈会暨文化体制改革工作调度会，是在国庆长假期间召开的，占用了大家的休假时间，但是除极个别的同志有特殊情况请假缺席以外，大家都按时出席、认真参会，体现了高度的自觉性和良好的作风。会议传达了全国宣传部长座谈会精神和全国文改领导小组办公室主任座谈会精神，省直有关部门和各市（州、地）负责人就文化体制改革进展情况、存在的问题和如何加快完成改革任务作了发言，大家还围绕加快我省文化改革发展、努力建设文化强省，围绕建立健全突发事件新闻应急机制等问题进行了分组讨论，提出了不少有益的建议意见。这次会议时间虽短，但安排紧凑、内容丰富，达到了提高认识、统一思想、明确任务、增强信心的目的。

今年以来，全省宣传思想文化战线认真贯彻中央、省委的决策和部署，牢牢把握正确导向，扎实推进各项工作，取得了实实在在的成绩。主要表现在，服务大局更加有力，在“十二五”开局之年营造了“加速发展、加快转型、推动跨越”的良好舆论氛围；舆论引导有力有效，全国和全省“两会”、“纪念建党90周年”、“三个建设年”等重大主题系列宣传报道声势大、影响大；对外宣传亮点频现，经贸推介、酒博会、第九届民族运动会、全省旅发大会等重大活动外宣均取得历史性突破，特别是民族运动会的宣传在高度、深度、广度、力度上创下了历史之最，扩大了贵州知名度，提升了贵州美誉度；文化体制改革力度加大，部分市（州、地）文化单位转企改制步伐加快，“六个一批”文化工程有序推进，全省文化发展的活力不断增强；文明创建扎实有效，社会主义核心价值体系建设有品牌有抓手，公民文明素质不断提高。

结合贯彻落实全国宣传部长座谈会和全国文改领导小组办公室主任座谈会精神，我就当前和今后一段时间的工作讲几点意见。

一、切实把握时机，为即将召开的党的十七届六中全会和省委十届十二次全会营造良好舆论氛围

再过几天，党的十七届六中全会就要召开了。会议将对深化文化体制改革、推动社会主义文化大发展大繁荣作出新的战略部署，明确今后一个时期推进中国特色社会主义文化建设的指导思想、方针原则、发展目标、主要任务。省委拟于10月下旬召开十届十二次全会，贯彻落实党的十七届六中全会精神，专题研究部署我省加快文化改革发展工作。这不仅对我省文化改革发展具有重大意义，也将进一步推动我省文化建设和经济建设、政治建设、社会建设以及生态文明建设协调发展，为贵州实现经济社会发展历史性跨越提供强大的精神文化力量。我们要以高度的政治责任感，把为会议的胜利召开营造良好氛围作为当前宣传思想文化工作的头等大事，提前准备，提前谋划，切实抓紧抓好。

*一要迅速烘托气氛。*为中央和省委全会召开预热造势、营造氛围，就是要通过长时段、高密度的宣传报道让全社会高度关注全会，进而更加支持文化改革发展，增强人们的文化自觉和文化自信。各级新闻媒体要深入阐释中央关于文化建设的战略思想、决策部署，大力宣传近年来我省宣传思想文化工作的亮点和经验，大力宣传省委、省政府重视支持文化建设的实际举措，全面展示我省文化改革发展的重大进展和对经济社会发展的重要贡献，全面展示我省思想道德建设和精神文明

建设的重要成果，全面展示我省文艺精品不断涌现的可喜局面，充分反映各地文化发展和繁荣给人民群众带来的实惠。希望中央驻黔媒体充分发挥自身优势，精心部署、统筹策划、积极沟通，争取得到总台、总社的支持，力争在全会期间的中央媒体上有更多的贵州声音、贵州版面，更好地展示贵州文化改革发展的新局面。

*二要提前组织谋划。*凡事预则立，不预则废。要打好这场宣传战役，我们要提前谋划，争取主动。各级宣传部门和新闻媒体要提前谋划如何通过开设专栏、开辟专题等多种形式，组织有声势、有深度的宣传活动；各级讲师团要思考如何集中开展党的十七届六中全会精神宣传教育活动，采取运用灵活多样的方式，使全会精神深入基层、深入人心；理论研究部门要思考如何深入研究全会提出的新思想、新观点、新论断，联系实际推出一批有深度、有分量、有影响的研究成果等等，确保中央全会一结束，就能迅速掀起学习宣传的热潮，确保宣传报道一开始，就能做到有规模、有声势、有深度、有特点、有效果。

*三要先学先思先行。*中央全会和省委全会召开，对于推动文化改革发展，是一次重大的历史机遇。学习宣传贯彻历次中央全会和省委全会精神，是宣传文化部门的重大政治任务。这次中央全会和省委全会研究的既是全党全社会的重大战略，也是文化领域我们自己的工作。我们更要在第一时间学习贯彻全会精神，紧紧围绕全会提出的重要观点、重要任务和重大举措，先学一步、学深一步、先行一步，真正掌握中央精神，吃透政策要点，力求在认识上不断深化，在宣传中准确到位。各地各部门要结合实际，认真思考如何抓住机遇，谋划未来一段时期文化工作的整体思路、发展战略和工作重点，采取更多的创新举措促进工作跃上新的台阶。特别要以抓好党的十七届六中全会精神和省委十届十二次全会精神的学习宣传贯彻为契机，加快文化体制改革，确保各项改革任务提前完成。

二、强化阵地意识，为全省改革发展稳定营造良好的舆论环境

当前，我省正处于“十二五”改革发展的关键时期，全省上下围绕“两加一推”主基调，全力推进“两个战略”的实施，进入了全面建设小康社会、实现经济社会发展历史性跨越的新阶段。这一阶段发展加速，矛盾增多，凝聚力量、维护稳定的任务异常艰巨。这就迫切需要充分发挥舆论宣传的导向作用，营造积极、健康、正面的舆论环境，对内凝聚力量、对外提升形象。我省新闻媒体总体上很好，但当前社会上出现的新闻采编工作政治意识、大局意识、责任意识不强；采访行为不规范，编辑程序不严谨，跟网炒作不实消息，编造虚假报道；电视上星综合频道有的节目品位不高等问题，在我省也不同程度的存在，有的还比较突出。我们必须毫不动摇地坚持把正确导向放在新闻宣传工作的首位，加强阵地管理，壮大主流舆论，凝聚思想共识，为全省改革发展稳定提供强有力的舆论支撑。

*一要增强舆论引导意识。*各级宣传部门要加强对媒体指导，提高舆论引导的前瞻性、主动性和有效性，有效设置舆论议题、调控舆论热度、引领舆论走向，切实掌握舆论引导的话语权。要理性引导社会热点，充分报道各级党委政府为加快发展、改善民生、促进和谐所做的大量卓有成效的工作，从而增强信心、理顺情绪、增进共识、推动工作。要稳妥把握突发事件报道，早讲事实、重讲态度、慎讲原因，第一时间发出权威声音，抢占引导先机，牢牢掌握话语权，真正做到守土有责、守土尽责。事发当地宣传部门要有力指导媒体作好舆论引导，掌握突发事件报道“三步曲”——第一步，要处变不惊，切忌封锁消息，隐瞒事实，要把握先机，引导媒体客观公正地进行报道，先声夺人；第二步，要向媒体展示采取的具体措施及取得的效果，展示处置事件的具体行动，尽量赢得公众的理解和信任；第三步，要利用媒体重建声誉，重塑形象，只有自身的声誉和公众形象重新建立起来，事件处理才谈得上成功。

*二要严格规范新闻采编行为。*宣传报道要坚持实事求是，无论是宣传成就、分析形势，还是剖析问题，都要准确把握宣传口径和分寸，做到全面、准确、客观，防止片面化、简单化、绝对化。各新闻单位和媒体要结合实际，搞好“四查”，认真解决新闻采编中存在的问题。要查思想，更加自觉地确立马克思主义新闻观；查制度，保证落实相关

新闻工作纪律和稿件送审制度，规范采编人员的行为；查队伍，通过清查整顿，纯洁新闻工作队伍；查稿件，坚决杜绝跟风跟网炒作问题，坚决杜绝编造虚假新闻。要加强群众路线教育，紧密结合正在广泛深入开展的“走基层、转作风、改文风”活动，推动编辑记者深入基层、深入群众。三要切实建立健康新闻传播秩序。中宣部、中央外宣办、国家广电总局、新闻出版总署等部门即将下发《关于进一步规范新闻采编工作的意见》、《关于进一步加强电视上星综合频道节目管理的意见》、《关于防止虚假新闻报道的若干规定》、《关于进一步加强微博客管理的意见》，针对舆论引导中的突出问题，进一步明确媒体管理的方针原则。各级各类媒体要根据上述若干管理规定和要求，针对本单位存在的突出问题，建立健全相关的制度机制，从新闻从业人员的准入退出、媒体负责人的考核把关、媒体内部的规范管理、建立新闻职业道德、建设长效机制等方面入手，尽快开展工作，确保意见规定的落实，确保新闻舆论工作规范化、制度化。各级党委宣传部门、新闻出版行政部门要按照要求切实履行好属地管理、分级管理的职责，切实担负起政治责任、领导责任、把关责任，理直气壮地加强对各类媒体的监管，及时发现问题，及时有效处置，切实看好阵地，管好队伍。

三、改革全力提速，务必尽早完成全省文化体制改革任务

今年6月全省文化体制改革工作会议召开以来，各地各部门都采取了新举措、取得了新进展，不少地区和单位推动力度明显加大。同时，我们也要看到，各地各部门文化改革发展进度快慢不一，差距明显。文、广、新三家行业主管部门的改革欠账仍然较大。省直广电、报业、期刊、演艺四大集团公司虽已正式挂牌成立，但是深化完善改革、加快做实集团公司、打造真正合格市场主体的任务还很重。贵州出版集团公司虽完成整体转企，但进一步完善内部经营机制的任务依然繁重。9个市（州、地）改革进展参差不齐，安顺市一直保持领先，贵阳市紧跟靠前，毕节地区强力推动、后来居上，遵义、六盘水、黔东南加快进度取得一定效果，铜仁、黔西南有进展但相对滞后，黔南一直落后。当然有的有特殊原因，这不是要有意排序，而是实实在在的现状。如果不及时采取强有力措施，奋力追赶，狠抓落实，一些滞后的单位和地区将影响我省改革任务的完成，拖全省后腿，导致我省拖全国的后腿，将成为影响贵州发展、有损贵州形象的严重问题甚至是政治问题。我们必须按照中央和省委所明确的文化改革发展的目标，以前所未有的力度，努力推动完成各项任务，尤其是要抓住中央和省委全会研究部署文化改革发展工作的宝贵机遇，促进工作不断取得新进展、打开新局面。这里，我提三点要求。

1. 查找差距。我们的差距主要体现在三个方面。一是我们的文化改革发展与全国不少省区相比存在较大差距。全国已有不少省区完成改革任务，安徽、山东等省改革单位数量多、体量大、任务重，远远超过贵州，但目前已宣布完成改革任务。二是我们的文化改革发展与其他行业发展存在较大差距。当前，我省工业的发展奋勇争先、速度惊人，不到一年就开工建设了多个大型工业园区，为上半年全省 GDP 同比增幅超过全国平均水平作出巨大贡献；旅游业发展迅猛，黔西南州以旅发大会为契机，通过努力一年就完成了原本需要十年才能完成的基础设施建设。这些行业发展推动力度大、速度快、成效明显，大家有目共睹。相比之下，文化改革发展无论是规模还是速度，都存在较大差距。三是各地各部门内部存在较大差距。省直文、广、新系统内部少数已完成改革任务，多数依然正在推进中，有的推进要快些，但有的推进非常缓慢。9个市（州、地）中，毕节、安顺已基本完成改革任务，贵阳略有欠账，遵义、六盘水、黔东南还有部分欠账，铜仁、黔西南、黔南欠账较大。因此，我们必须进一步增强责任感危机感，要充分认识到不加快改革发展，就会错失中央推动改革带来的重大政策机遇，错失当前省委、省政府推动建设文化强省的大好时机。战书书记提出“靠改革创新、建文化强省、促历史跨越”的总体思路和大力实施“六个一批”文化工程，并亲自部署推动文化与相关产业融合发展。克志省长最近将专题调研文化发展，强力推动文化改革发展，这些都是我们当前面临的难得机遇。这次会上，毕节地区介绍的经验充分说明，只要领导高度重视，措施强硬有力，工作扎实有效，政策理解运用到位，我们完全可以按时保质甚至提前完成文化改革发展的各项工作任务。

2. 强化措施。在省委全会召开之前，省文改文产办将对省直有关部门和各市（州、地）的文化体制改革情况作一次全面通报。在这里，我提一点要求，我们必须力挫坚冰、加足马力、全面提速，力争在省委十届十二次全会召开前改革取得重大突破，今年年底前基本完成改革任务。一是全面加速推进省直单位的改革。国庆节假期后，省文改文产办抓紧批复省直文化系统所属三个院团和四个剧场的改革方案，省文化厅要以只争朝夕的工作干劲，抓紧实施7个单位的转企改制，全面完成省杂技团转制任务，完成省京剧团考核上岗划入贵州京剧院的部分员工的划转工作。省广播电影电视局要推动进入广电集团公司的各单位加快完善办理手续，尤其是省电视剧制作中心、省广电网络中心要抓紧完成任务，省广电网络公司省、市、县三级人员的社保接续、身份转换手续要加速完成。省电台、电视台合并工作要严格按批复的方案加快实施完成。贵州日报报业集团要加快推动已初步完成转制的报业发行物流、金黔在线报业数字传媒、新报文化传播等公司，按照标准全面完成改革任务，及早启动税收优惠政策的申报兑现工作。我省非时政类报刊出版单位转企改制方案已正式上报中央文改领导小组和新闻出版总署审批，省新闻出版局要派有关负责人赴北京加强对接，早日拿到批复，千方百计确保在省委全会前召开动员大会，正式启动实施，并推动贵州都市报社在国庆节假期后上报审批改革方案。已挂牌组建的省直五大集团公司要加快深化改革的步伐，按照省委、省政府要求真正打造合格的市场主体，成为龙头骨干文化企业集团，引领全省文化产业发展。二是大力推动市（州、地）改革。要全面推动完成文艺院团转企改制、党报发行体制改革、公益性文化事业单位内部机制改革、“两局合并”、“两台合并”、文化市场综合执法改革等6项任务。毕节、安顺要在细化、深化改革的基础上，对照标准认真自查，做好验收准备，在全省发挥示范作用；任务重、体量大的贵阳市要进一步完善改革，查漏补缺，完成任务，真正发挥作表率、走前列的作用；遵义、六盘水、黔东南要抓紧实施改革方案，加快步伐；铜仁、黔西南、黔南要快马加鞭、迎头赶上，绝不能再观望等待、老牛拉车。三是努力实施“十大文化产业园区”、“十大文化产业基地”项目。这两方面的项目是省“十二五”规划纲要和“六个一批”文化工程的重大文化产业项目，是经多位专家、多个部门、各级党政研究、论证，广泛征求意见而推出的。项目实施不仅填补我省无文化产业园区、基地的空白，更重要的是将提高我省文化产业的集中度、规模和专业化水平，引领我省文化产业发展。各地各部门都要大力推动所牵头的园区、基地建设项目，总的要求是对于每个园区、基地，都要成立建设领导小组，省文改文产办要加大督促指导力度，已经开工建设的园区、基地要加快施工进度，确保早日建成、早见成效；正在编制规划的要坚持高标准高起点，加快步伐、加紧实施；尚未开展调研、论证、编制规划的更要加大工作力度、加快工作进度。编制规划的相关费用可按程序向省文改文产办申请使用省文化产业发展专项资金。

各地各部门一定要善于学习领会并运用政策支撑改革。各地各部门在情况汇报时反映的许多问题和困难，实际上已在省委、省政府《关于深化文化体制改革的意见》（黔党发也2011页16号）中得到较好解决。无论是经营性文化单位转企改制，公益性文化事业单位内部机制改革，还是保留事业体制的党报党刊电台电视台的改革，文件都分别作了明确规定。有的地区和部门的领导对文件不学不懂，更不会运用政策解决问题和困难，有的甚至误导党政领导，这就是一种失职行为。这个文件是省委、省政府主要领导来贵州工作后亲自推动出台的政策，对推动我省文化改革发展倾注了大量心血、寄予了厚望。文件明确提出了系列支持改革发展的优惠政策，一些政策的优惠超过了许多省份。同时，文件也明确了改革要坚持标准，要坚决防止改革走形式走过场，比如要求文艺院团整体转企一定要实现“两销”，同时按照签订的企业合同定岗定酬，真正实行企业的分配制度，多劳多得，拉开收入差距。

3. 加强领导。目前，各地各有关部门领导班子将换届、调整，有些市（州、地）文改文产领导小组的负责同志，特别是在座的有些常委部长，以及省直部门的一些领导同志,可能面临着进、退、留、转问题。在这种时候考虑一下自己的问题,是可以理解的。但是,如果有的同志因过多考虑自己的问题而精神懈怠、工作松散甚至无所作为,这就是思想作风问题,是政治素质问题。在这里,我明确的提出,对改革严重滞后的单位和地方,再不换思想的就坚决换人。强调三点:一是要严格改革政治纪律。按照《责任书》要求,确保全面完成任务,凡承担具体改革任务的单位、企业,主要负责人领导不力,班子软弱乏力,各地党委、政府及主管部门要坚决予以组织处理;对因改革滞后而拖全省后腿的地区和单位,不能确保按时完成任务,给全省改革带来影响、造成不良反应的,省文改文产领导小组要将情况专题报送省委,作为换届考察的重要参考,提请省委采取组织措施予以处理。二是充分调动职工积极性。实践证明,凡是改革扎实推进的单位,都与广泛调动职工积极性投身改革发展分不开。广大职工是改革的主体,既是参与者,又是受益者。因此,必须尊重职工意愿,充分调动职工积极性,让广大职工参与改革全过程,积极争取职工对改革的理解和支持,这既是改革发展的手段,也是改革发展的目的。三是各级领导要充分发挥文化改革发展的组织推动作用。各级领导既是组织者、指挥者,也是具体推动实施者,工作中千万不能满足于发号令,更不能当甩手掌柜,一定要俯下身、沉下去,扎扎实实推进工作,以优异的成绩向中央和省委交一份满意的答卷。

四、抓好薄弱环节,确保圆满完成全年各项工作任务

当前,我省宣传思想文化战线各项工作虽然总的形势是很好的,但同志们一定要少一些盛世心态、多一些忧患意识,充分看到我们工作存在的诸多薄弱环节,要向发达地区看齐、向人民群众满意看齐,不断提高我们的工作水平和能力。在此,除上面讲的几点外,我再着重强调几个方面的工作。

*一是学习型党组织建设要深化延伸。*我省学习型党组织建设总体上取得了一些阶段性成效,但是仍然缺少在全国叫得响的品牌、有影响力的经验和做法,全省不少县级学习型党组织建设还存在诸多薄弱点,特别是一些农村基层学习型党组织建设还处于“真空地带”。下一步,针对农村党员分散、知识结构参差不齐、管理松散的特点,我们要在打造平台上下功夫,充分利用县宣传文化中心、图书馆、文化馆、村(社区)文化室、农家书屋等活动阵地,充分利用农村党员干部远程教育网络、“文化信息共享工程”、广播电视“村村通”工程等途径,充分利用大学生村官、驻村干部、致富能人等资源,借鉴贵阳开阳“农民讲坛”的做法,开辟学习实践课堂,真正做到学用结合,在推进学习型基层党组织建设中更好地带领农民增收致富。

*二是精神文明创建活动要坚定不移。*近年来,我省着力打造“整脏治乱”、“满意在贵州”等文明创建品牌活动,取得了明显成效,有的经验和做法还得到了中央领导同志的肯定,并在全国推广。但我们也要看到,文明创建过程中容易受到一些突发事件的干扰。比如,安顺“7·26”和毕节“8·11”两起事件发生以后,一些执法部门该管的也不敢管、不想管了,这是与党和人民群众的要求期待背道而驰的。各地区各部门一定要充分认识到,文明创建活动是民心工程、德政工程,是从根本上减少和化解社会矛盾的好事,绝不能半途而废、松懈滑坡。当然,我们一定要树立“文明创建活动必须文明创建”的观念,在依法行政过程中,要文明执法、服务执法、柔性执法、规范执法,真正把好事做好,把实事做实。

*三是“走基层、转作风、改文风”活动要拓宽规范。*要结合省委正在开展的创先争优、“四帮四促”等活动,不断深化“走、转、改”的主题,不断扩大活动参与面,把“走、转、改”活动逐步向社科理论、文艺出版等领域延伸,组织理论工作者、文艺工作者、出版工作者走进基层,深入群众,进一步巩固扩大活动成果。要健全制度、完善机制,完善有关考评和奖励制度,完善修订《贵州新闻奖评选细则》,把“走、转、改”的要求纳入其中。宣传思想文化战线要把这项活动作为长期任务,通过深入开展活动进一步转变工作理念,转变工作作风,从而使全省的文化工作紧跟经济发展的步伐,实现文化的跨越发展。

同志们,现在离年底只有两个多月的时间,我们要进一步认清形势,集中精力,采取更加有针对性的措施，克难攻坚，狠抓落实，确保圆满完成今年各项工作任务。明年将召开党的十八大和省第十一次党代会，全省宣传思想文化战线要做好思想准备，理清思路，突出重点，及早谋划重点工作，能往前赶的尽量往前赶，确保明年有足够的时间和精力完成中央和省委的部署要求。我们每年宣传思想文化工作都会确定一个主题，明年做什么，怎么做，一些重大活动比如多彩贵州主题活动搞什么，影视创作、舞台剧目创作抓什么等等，现在就要着手思考研究。

总之，我们一定要按照中央和省委的部署，以只争朝夕的精神，攻坚克难、求真务实、苦干实干、开拓创新，努力做好宣传思想文化工作，加快推进文化改革发展，为贵州实现经济社会发展历史性跨越、与全国同步建成全面小康社会作出新的更大贡献！

在纪念龙大道同志诞辰110周年座谈会上的讲话

（10月9日）

同志们：

上午好！

今年，是中国共产党早期的优秀党员，上海、浙江、武汉等地工人运动的领导人，著名的龙华二十四烈士之一的龙大道同志诞辰110周年。今天，根据省委的安排，在全省上下深入学习贯彻胡锦涛总书记“七一”重要讲话精神、以优异成绩迎接党的十七届六中全会胜利召开之际，我们在龙大道烈士的家乡举行纪念活动，深切缅怀他为党和人民的解放事业建立的丰功伟绩，进一步激励全省各族干部群众努力开创富民兴黔宏伟事业新局面。在此，我谨代表中共贵州省委、贵州省人民政府，向龙大道同志的亲属及家乡人民表示亲切的问候！向出席今天座谈会的中央党史研究室、上海市委党史研究室、上海龙华烈士纪念馆、浙江省委党史研究室、宁波市委党史研究室的专家和来宾们表示热烈的欢迎和衷心的感谢！

龙大道同志，1901年出生于贵州省锦屏县茅坪镇上寨村，1923年11月23日加入中国共产党，1924年远赴莫斯科东方大学学习，1925年学成归国，在上海从事工会和各级党委的工作，并积极发动和组织工人以武装起义的形式开展斗争。1927年，龙大道参加了上海工人第三次武装起义，是敌人兵力较强的闸北区指挥成员之一。他先后担任过中共上海曹家渡部委书记、中共汉口第三区区委书记、中共汉阳县委书记、中共怀宁中心县委书记、中共湖北省委执行委员、中共浙江省委工人部部长、中共浙江省委常委、代理书记、上海总工会秘书长兼上海各界人民自由运动大同盟主席、党团书记全国总工会特派员和中央特派员等职，是我党早期工人运动的优秀领导人。1931年1月17日，龙大道同志在上海被捕，同年2月7日惨遭国民党反动派杀害，牺牲时年仅30岁。

龙大道同志是中国共产党人的杰出代表，是贵州人民的骄傲。他一生追求真理、献身革命，藐视强权、据理抗争，为中国革命事业做出了重要贡献。龙大道同志以短暂的生命建立了不朽的功勋，他的高尚品格和奋斗精神，深受广大人民的敬仰和钦佩，是党和人民的宝贵财富，永远值得我们学习。

当前，我省正处在加速发展、加快转型、推动跨越、努力实现到2020年与全国同步建成全面小康社会宏伟目标的关键时期，面临着前所未有的机遇和挑战。在这样的形势下，尤其需要我们继承和发扬龙大道同志等老一辈革命家和革命先烈的光荣传统和优良作风，坚定信念，不怕牺牲，艰苦奋斗，努力推动全省经济社会又好又快、更好更快发展，不断把富民兴黔宏伟事业推向前进！我们纪念龙大道同志,就是要学习他坚定理想信念,对党和人民事业无限忠诚的崇高精神。辛亥革命前夕,爱国知识分子、同盟会会员吴志宾、黄竺笙来到锦屏县茅坪镇创办学校,宣传孙中山先生的民主革命主张。龙大道同志在这所学校接受了“读书不忘革命,革命不忘读书”的革命教育。在武汉求学期间,他受武汉地区五四运动主要领导人之一恽代英同志的影响,懂得了许多革命的道理。在上海大学求学期间,龙大道如饥似渴地阅读了《新青年》、《向导》等进步刊物,进一步坚定了共产主义信念。赴莫斯科东方大学学习后,更坚定了他对中国革命胜利的信心。在组织和领导汉阳人力车工人罢工遭到敌人逮捕后,龙大道曾安慰并鼓励来探监的妻子:“闹革命总免不了牺牲的危险,我们的牺牲是为了千百万人的解放,为了共产主义的实现,是值得的、有意义的”。充分体现了他对共产主义事业的无限忠诚。理想信念是前行的灯塔,无论是在革命战争年代,还是在和平建设时期,只有坚定理想信念才能战胜前进道路上的各种艰难险阻。由于自然、历史等原因,我省经济社会发展相对滞后。近年来,在党中央、国务院的正确领导和中央国家机关及兄弟省(区、市)的支持帮助下,贵州经济社会发展呈现出前所未有的良好势头。我们要像龙大道同志一样,坚定理想信念不动摇,把个人理想同党和人民的事业紧密结合起来,同与全国同步建成全面小康社会的宏伟目标紧密结合起来,始终保持良好的精神状态,创造性地做好各项工作,为贵州的美好未来作出自己应有的贡献。

我们纪念龙大道同志,就是要学习他关心群众疾苦,全心全意为人民服务的高贵品质。龙大道在上海从事工会工作和担任各级党委领导工作期间,经常深入基层,了解情况,与工人同劳动,给工人讲革命道理,启发工人的阶级觉悟,帮助工人解决生活上的困难。投身革命后,在与家乡亲友的书信中,龙大道同志也体现出对家乡人民的关切之情。他曾写道:“各大军阀不为卖国贼便为帝国主义走狗,中国如此,贵州更不堪言———国民革命(打倒卖国军阀)始可有促成之希望。贵州问题也可以得一个相当的解决。”字里行间充满了对反动军阀的仇恨和对家乡人民团结起来革命的期盼。我们要学习龙大道同志关心群众疾苦、全心全意为人民服务的高贵品质,恪守为民之责,善谋富民之策,多办利民之事,真诚倾听群众呼声,真实反映群众愿望,真情关心群众疾苦,多为群众办好事、办实事,切实做到权为民所用、情为民所系、利为民所谋。当前,我们要以开展“创先争优”、“三个建设年”、“四帮四促”、“万名干部下基层,扎扎实实帮群众”等活动为契机,用实际行动帮助群众解决生产生活中的困难和问题,充分调动人民群众的积极性和创造性,团结带领他们为创造幸福美好生活而努力奋斗。

我们纪念龙大道同志,就是要学习他坚持真理、敢于同错误作斗争的革命气节。1930年,在全党同志上下一致的共同努力下,革命事业开始走出低谷,不断壮大了革命队伍,并拥有了部分根据地。在这种情况下,当时主持中央工作的中央政治局常委兼宣传部部长李立三错误地估计了形势,推行“左倾”冒险主义,制定了以武汉为中心的全国总暴动计划,给刚刚恢复了一点点生机和活力的中国革命造成了挫折和损失。面对昔日的领导和战友,龙大道等同志坚持原则,是非分明,抱着对中国革命高度负责的态度,多次用口头和书面的形式向党中央和共产国际反映意见,指出李立三的错误。尽管被扣上“机会主义”、“取消派的暗探”的帽子,也丝毫没有动摇他同“左倾”冒险主义展开积极斗争的决心。1931年1月,在王明取得党中央的领导权以后,又继续推行一条新的“左倾”路线。龙大道等人此时再次挺身而出,发表声明反对王明破坏党的纪律和民主,反对四中全会的错误决定。充分体现了他坚持真理,为党的事业敢于斗争的高尚气节。事物发展是前进性与曲折性的统一。当前,在我们加速发展、加快转型、推动跨越的前进道路上,也会遇到各种问题、错误倾向和错误行为。我们要学习龙大道同志坚持真理的大无畏精神和革命气节,敢于同违背科学发展、危害社会和谐、损害群众利益的错误倾向、错误行为作斗争,不断增强党的创造力、凝聚力和战斗力,保障全省经济社会快速持续健康发展。

我们纪念龙大道同志,就是要学习他为党和人民的事业临危不惧、视死如归的英雄气概。早在龙大道同志第一次被捕时,他就曾在牢房中写下这样的诗句:“身在牢房志更强,抛头碎骨气昂扬。乌云总有一日散,共庆东方出太阳。”充分表达了他愿将生命奉献给党的决心。再次被捕后,面对国民党反动派的威逼利诱,龙大道与狱中的战友一起团结斗争,挫败了敌人的严刑拷打和种种诱降,保守了党的秘密,保卫了党的组织,表现出大无畏的革命英雄气概和革命乐观主义精神。在走向刑场的路上,龙大道等二十四位烈士还高喊着“中国共产党万岁”等口号,高唱着《国际歌》,体现出共产党人临危不惧、视死如归的英雄本色。龙大道同志的这种英雄气概,对我们今天仍然有着重要的现实意义。当前,贵州在实施“两加一推”主基调的征程中,面临着既要“转”又要“赶”的双重压力、双重任务。特别是目前我省遇到的特大旱灾,对我们是一个重大考验。我们要像龙大道同志一样,在困难面前不低头,面对牺牲不害怕,随时为党和人民的事业、为贵州的发展奉献一切,为多彩贵州、奋进贵州、希望贵州不懈奋斗。

同志们,今年是中国共产党建党 90 周年,90 年来我们取得的一切成就,正是一代又一代中国共产党人同人民一道顽强拼搏、接续奋斗的结果。今天,在建设中国特色社会主义的道路上,我们要认真学习贯彻胡锦涛同志“七一”重要讲话精神,继续和发扬龙大道等革命先烈的革命精神,高兴发展、团结、奋斗的旗帜,牢记使命,统一思想,集中心思,凝聚力量,为实现贵州经济社会发展的历史性跨越而努力奋斗。

谢谢大家!

在第九届全国少数民族传统体育运动会新闻宣传工作总结表彰大会上的讲话

(10 月 13 日)

同志们:

今天,我们在这里召开第九届民族运动会新闻宣传工作总结表彰大会,认真贯彻省委书记栗战书在贵州省第九届全国少数民族传统体育运动会总结表彰大会上的重要讲话精神,对新闻宣传工作进行总结,对在民族运动会新闻宣传工作中成绩突出的先进集体、先进个人及优秀新闻作品进行表彰。首先,我代表省委、省政府,向受到表彰的先进集体、先进个人及优秀新闻作品的作者,表示热烈的祝贺!向为民族运动会倾力宣传的中央、香港驻黔新闻媒体、省各级新闻单位的广大新闻工作者致以崇高的敬意!向热情支持、积极参与民族运动会新闻宣传工作的有关部门表示衷心的感谢!向为民族运动会新闻宣传工作付出辛勤努力的全体工作人员致以亲切的问候!

第九届民族运动会新闻宣传工作,在中宣部、国家民委、国家体育总局的指导下,在省委、省政府坚强领导下,在中央媒体、全国各省区媒体的大力支持下,在广大媒体采编人员和新闻工作者共同努力下,取得了圆满成功,充分展示了开放贵州、创新贵州、奋进贵州的新形象。一是规模空前。本届民族运动会参与报道的媒体有国外媒体、港澳媒体、中央媒体、全国各省区媒体,有传统媒体和网络等新兴媒体,共计 200 余家 1100 余名记者参与报道,打破了历届民族运动会参会记者人数。二是参与广泛。通过在全省组织开展“迎九运、讲文明、树新风”、“走进千家万户、感受民族运动会”等系列活动,吸引了 18 万人次参与民族运动会,每天 4 万多人次到现场观看比赛,民族运动会社会关注度和公众参与面创下历史新高。三是亮点频现。本届民族运动会首次对主媒体中心和场馆媒体报道进行流线规划,首次聘请专家团队为媒体提供报道咨询服务,首次将 INFO 系统、新媒体“微博”纳入民族运动会的新闻宣传工作,开创了数个贵州新闻宣传史上"先河"。四是硕果累累。在升温阶段的报道中,从4月至8月,省主要新闻媒体刊播各类稿件1960条,做到了"锣鼓常敲、号角长鸣";在高潮阶段的报道中,从9月8日至19日,中央媒体共刊发各种稿件600多条,图片1400多幅,达到"浓墨重彩、报道空前"。省委书记栗战书评价此次新闻宣传工作"在宣传规模、报道深度、社会反响、传播效果上取得了历史性的突破",国家民委、国家体育总局和其他领导同志对新闻宣传工作也多次给予充分肯定和表扬。

在这里,我可以自豪地说,经过全体宣传文化战线干部群众的共同努力,我们圆满完成了省委、省政府交给我们的这项光荣而艰巨的任务,我们为拥有这样一支优秀的宣传文化队伍感到骄傲!

本届民族运动会的新闻宣传工作极大地促进了民族文化交流与民族团结和谐。举办全国少数民族传统体育运动会,推动少数民族体育事业的健康发展,是党的民族政策的具体体现。针对运动会的新闻宣传工作具有敏感性、复杂性的特点,在本届民族运动会的新闻宣传中,宣传思想文化战线广大干部职工讲政治、顾大局,严格执行和宣传党的民族政策,始终突出"和谐中华、多彩贵州"的主题,大力宣传第九届民族运动会"平等、团结、拼搏、奋进"的办会宗旨和"努力办成一届既有浓郁民族特色,又有现代气息的民族体育运动会"的办会理念,极大促进了民族文化交流与民族团结和谐。

本届民族运动会的新闻宣传工作极大地展示了民族运动会的精彩盛况。在本届民族运动会的新闻宣传工作中,全省宣传思想文化战线充分发挥桥梁和纽带作用,精心组织一系列大型活动,开展全方位的社会动员,采取立体式、多角度的海量宣传,将完美的体育场馆、精美绝伦的开闭幕式、紧张欢快的赛事、干练的工作人员和出色的志愿者、高效而便利的生活服务等一一呈现在公众面前,为民族运动会成功举办赢得良好的声誉和广泛的舆论支持,为运动会的成功举办营造了热烈、喜庆的浓厚氛围。

本届民族运动会的新闻宣传工作极大地提升了贵州知名度、美誉度和对外影响力。本届民族运动会的新闻宣传工作,经过前期的多次对接协调,在宣传规模、报道深度、社会反响、传播效果上取得了历史性的突破,从开幕式到闭幕式的九天时间里,中央主流媒体、各大网站聚集多彩贵州、聚焦多彩贵州,宣传多彩贵州、展示多彩贵州。中央电视台中文国际频道、体育频道、英语频道对运动会开幕式进行了直播,综合收视率达1.44%,海内外约1.3亿人次收看,中央电视台还对闭幕式进行了转播,在宣传上取得了历史性的突破,达到了良好传播效果,人民日报、新华社对民族运动会也进行了高密度、深层次的宣传,这大大提升了贵州知名度、美誉度和对外影响力。

本届民族运动会的新闻宣传工作极大地锻炼了全省宣传文化干部队伍。做好本届民族运动会新闻宣传工作也是锻炼我省广大新闻工作者,提高能力的重要机遇,更是对省委、省政府开展"三个建设年"、"四帮四促"和新闻战线开展"走基层、转作风、改文风"活动成果的一次检验。在做好庆祝建党90周年、纪念辛亥革命100周年、抗旱救灾保民生等重大主题宣传的同时,广大新闻宣传工作者发扬特别能吃苦、特别能忍耐、特别能战斗的精神,出色地完成了民族运动会新闻宣传工作。通过本届民族运动会的磨合、锻炼,极大提升了全省宣传思想文化战线在全国性的重大活动中开展新闻宣传工作的能力和水平。

总之,这次民族运动会新闻宣传工作,是对全省新闻宣传战线的一次大检阅、大锤炼、大提升,同时,对贵州各级干部重视对外宣传,增强媒体意识、塑造贵州良好形象起到了积极的推动作用,整个民族运动会的新闻宣传工作在贵州宣传思想文化工作中具有里程碑式的重大意义。概括起来,我们有以下几点经验和体会:

领导重视、靠前指挥是确保本届民族运动会新闻宣传工作圆满成功的重要保证。云山同志高度重视本届民族运动会新闻宣传工作,对运动会报道工作给予亲切关怀和具体指示。战书书记、克志省长多次对运动会新闻宣传工作作出批示。省委领导同志多次赴京协调民族运动会的直录播工作。在民族运动会召开期间,很多领导干部既是指挥员,又是战斗员,亲临工作一线,与工作人员一起加班加点,忘我工作,确保了各项宣传工作不出差错、万无一失。中央驻黔媒体记者站站长、分社社长亲自采访、亲自撰稿,加强与总台总社沟通,为民族运动会的新闻宣传工作提供了重要的保证。

各方鼎力支持、协调配合是确保本届民族运动会新闻宣传工作圆满成功的关键因素。本届民族运动会新闻宣传工作圆满成功,离不开党中央、国务院的亲切关怀,离不开中宣部、国家民委和国家体育总局亲切指导,离不开国外媒体、港澳媒体、中央媒体、全国各省区媒体的鼎力支持,离不开省直新闻单位的全力以赴,离不开各市州地的大力宣传,离不开组委会办公室及各个工作部门的通力配合,正是因为有了方方面面的大力支持,一场"成功、圆满、精彩"的民族体育盛会才得以充分呈现、尽情展示。

深入细致、有序推进是确保本届民族运动会新闻宣传工作圆满成功的重要基础。自民族运动会筹备工作启动以来,各部门各单位高度重视工作制度、工作方案的细化完善,确保新闻宣传各项工作根据时间节点有序推进。此外,在媒体记者的接待工作中,牢固树立"硬件不足、软件补"的意识,认真制定和完善接待方案,明确分工和要求,根据各民族的风俗和宗教习惯,确保接待工作周密细致,让媒体记者朋友们高兴而来,满意而归,展现贵州各族人民、贵州新闻工作者热情敬业、细心周到的良好形象。

解放思想、开拓创新是确保本届民族运动会新闻宣传工作"成功、圆满、精彩"的前提条件。本届民族运动会的新闻宣传工作注重创新,突出"媒体服务运行"的理念,与曾在奥运会、亚运会等大型赛事中承担过媒体服务的新华社媒体服务专家组合作,对主媒体中心和场馆媒体报道进行流线规划,聘请专家团队为媒体提供报道咨询服务,将INFO系统、新媒体"微博"纳入民族运动会的新闻宣传工作,为全国少数民族传统体育发展增添了新的光彩,极大地彰显了探索创新的精神和勇气,为西部欠发达省区组织大型体育赛事新闻宣传工作提供了良好的示范和经验。

当前,我省出现了一个心齐、气顺、干劲足的良好局面,心齐就是思想统一、团结和谐,气顺就是精神振奋、情绪饱满,干劲足就是大家一心一意为我省实现历史性跨越共同奋斗。这个良好局面的形成,是省委、省政府正确领导的结果,是全省干部群众团结奋斗的结果,也是我们全省新闻工作者辛勤努力的结果。在新的历史阶段,我们要进一步大力弘扬"上下一心、众志成城,迎难而上、顽强拼搏,求真务实、精益求精,解放思想、开拓奋进"的时代精神,进一步做好统一思想、凝聚力量、振奋精神、鼓舞士气的工作,进一步做好为全省经济社会发展营造良好舆论氛围的工作,进一步落实各项宣传思想文化工作,为全年各项宣传思想文化工作任务圆满完成奠定坚实的基础。

*一是要着力在为党的十七届六中全会和省委十届十二次全会召开营造良好的舆论氛围上下功夫。*再过几天,即将党的十七届六中全会和省委十届十二次全会,我们要以高度的政治责任感,把全会的学习宣传贯彻作为当前的头等大事、一号工程、抓好落实。希望中央驻黔媒体充分发挥自身优势,积极争取总台、总社的支持,力争在全会期间中央媒体上有更多的贵州声音、贵州形象,更好地展示贵州文化改革发展的新局面。省级新闻单位要按照统一部署和要求,认真做好宣传报道,为党的十七届六中全会和省委十届十二次全会的学习宣传贯彻营造良好的舆论氛围。

*二是要着力在做好纪念辛亥革命100周年的宣传报道上下功夫。*做好纪念辛亥革命100周年宣传报道工作,是当前新闻宣传和舆论引导重点任务。我们要严格按照中央的要求,牢牢把握宣传教育的主题,着力营造"爱国、统一、团结、奋进"的社会氛围,扎实开展好纪念辛亥革命100周年宣传报道工作。日前,中央召开了纪念辛亥革命100周年大会,胡锦涛总书记作了重要讲话,新闻单位要充分报道各界对讲话的积极反响,做好中央纪念辛亥革命100周年重点理论、评论文章的转载工作。

*三是要着力在抓好社会热点难点问题的舆论引导上下功夫。*当前,我省正处在"十二五"发展的关键时期,国际经济形势的变化和我省遇到的罕见旱灾,对我省经济社会发展带来了不小的冲击和影响。全省各级宣传部门要加强对媒体的引导,提高舆论引导前瞻性、主动性和有效性。要注意方式方法,既要辩证全面地分析问题,又要科学

求实地阐明解决问题。要按照中央要求,加强对思想理论领域问题的引导,增强政治敏锐性和警觉性,确保国家意识形态和文化安全。同时,加强突发事件的舆论引导工作,做好协调配合,完善相关机制,突发事件一旦发生,确保舆论引导工作做到积极主动。

*四是要着力在抓好新闻传播秩序的规范管理上下功夫。*中宣部等部门即将下发《关于进一步规范新闻采编工作的意见》、《关于进一步加强电视上星综合频道节目管理的意见》、《关于防止虚假新闻报道的若干规定》、《关于进一步加强微博管理的意见》,我们要以四个文件的下发为契机,针对舆论引导中的突出问题,进一步明确媒体管理的方针原则。各级新闻媒体要在上述若干管理规定和要求的基础上,在新闻从业人员的准入退出、媒体负责人的考核把关、媒体内部的规范管理等方面建立健全长效机制,确保新闻舆论工作科学化、制度化、规范化。

*五是要着力在提升贵州文化自觉、文化自信上下功夫。*文化自信是一种内在的精神力量,是推动文化繁荣发展的思想基础和先决条件。即将召开的党的十七届六中全会和省委十届十二次全会,将对我省加强文化发展提供强大的动力和良好的发展机遇,我们要紧紧围绕"靠改革创新、建文化强省、促历史跨越"的思路,深入贯彻落实中央和省委全会精神,深刻认识贵州文化的发展规律,提出文化强省的各项具体措施,推动贵州文化大发展大繁荣。

同志们!激情盛会已经落幕,新的征程已经起航。让我们以先进集体和先进个人为榜样,大力弘扬"上下一心、众志成城,迎难而上、顽强拼搏,求真务实、精益求精,解放思想、开拓奋进"的时代精神,不断开创工作新局面,为实现贵州经济社会又好又快更好更快发展作出新的更大贡献。

谢谢大家!

在贵州省美术家协会第六次代表大会上的讲话

(10月26日)

各位代表、同志们:

今天,在党的十七届六中全会胜利闭幕,省委十届十二次全会即将召开之际,贵州省美术家协会第六次代表大会在这里隆重开幕。这是我省美术工作者齐聚一堂、共谋发展的一次盛会,对于促进贵州美术事业繁荣发展将产生深远的影响。在此,我谨代表省委、省政府,向大会召开表示热烈祝贺!向参加会议的各位代表并通过你们向全省广大美术工作者致以诚挚的问候!

同志们,刚刚召开的党的十七届六中全会,审议通过了《中共中央关于深化文化体制改革,推动社会主义文化大发展大繁荣若干重大问题的决定》。《决定》从战略高度深刻阐述了推进文化改革发展的重要性和紧迫性,全面总结了改革开放以来,特别是党的十六大以来,我国文化建设取得的巨大成就,确立了建设社会主义文化强国的战略目标,提出了文化改革发展的指导思想、重要方针、目标任务和政策举措,对文化建设作出了系统的安排和部署。省委即将召开的十届十二次全会,深入学习贯彻中央十七届六中全会精神,将对推动我省多民族文化大发展大繁荣作出部署。学习、宣传、贯彻十七届六中全会精神和省委十届十二次全会精神,推动社会主义文化大发展大繁荣,是当前和今后一个时期全省宣传文化系统一项十分重要的政治任务。下面,我就此谈点认识和体会,和同志们交流。

十七届六中全会《决定》指出,文化越来越成为民族凝聚力和创造力的重要源泉、越来越成为综合国力竞争的重要因素、越来越成为经济社会发展的重要支撑，丰富精神文化生活越来越成为我国人民的热切愿望。全面建成惠及十几亿人口的更高水平的小康社会，既要让人民过上殷实富足的物质生活，又要让人民享有健康丰富的文化生活。《决定》强调，物质贫乏不是社会主义，精神空虚也不是社会主义。要培养高度的文化自觉和文化自信，全面贯彻“二为”方向和“双百”方针，在文学、戏剧、电影、电视、音乐、舞蹈、美术等各个艺术领域推出更多优秀文艺作品，为人民提供更好更多的精神食粮。

我理解，文化自觉是一个国家、一个民族、一个地区在文化上的觉悟，主要体现为对文化历史作用的深刻认识，对文化发展规律的正确把握，以及对发展文化的主动担当；文化自信是一个国家、一个民族、一个地区对自身文化的信心，主要体现为对自身传统文化的高度认可，对自身文化价值的充分认知，对自身文化生命力的坚定信念。文化自觉和文化自信不是虚幻的，而是内化于心、外化于形、物化为力的，体现在人的精神状态、行为方式及其由此创造的成果上，是看得见、摸得着的。作为宣传文化工作者，学习贯彻中央和省委全会精神，就是要培养高度的文化自觉和文化自信，自觉建设先进文化，自觉传播先进文化。具体到贵州美术界，对广大美术家来说，我感到，应当在以下几个方面努力并取得实效。

一、始终保持昂扬奋进的精神状态

全会强调，要大力弘扬以爱国主义为核心的民族精神和以改革创新为核心的时代精神。“昂扬奋进”，既是中华民族几千年来的优秀传统，也是这个时代对我们的现实要求。新中国成立以来，贵州美术界发扬不甘落后、昂扬奋进、奋发有为的精神，创造了辉煌历史。曾经出现了姚茫父、宋吟可、王渔父、孟光涛、方小石、刘之白等在全国有重要影响的前辈大师级画家；改革开放以后，在杨长槐、董克俊等老一辈艺术家的带领下，曾在全国引发了“贵州美术现象”，成为八十年代贵州文化艺术的一道亮色；新世纪以来，特别是省第五次美代会以来，贵州美术界继承优良传统，辛勤耕耘，在全国评奖中获奖不断、佳绩频传，优秀人才和优秀作品不断涌现。

省委书记栗战书同志一再强调，“一个地区的发展与进步，最重要的是人，是人的精、气、神。”面对中央和省委对文艺创作提出的新要求，面对贵州建设文化强省的新方向，面对人民群众对文艺创作的新期待，面对贵州加速发展、加快转型、推动跨越的新形势，希望我省美术界深刻认识和主动把握美术创作的客观规律，深刻认识和主动把握美术创作面临的重大机遇，大力弘扬“开放创新、团结奋进”的贵州时代精神，不断确立更高的目标，不断争取更大的胜利，不断创造更大的辉煌。

二、始终坚持正确的创作方向

十七届六中全会指出，“正确创作方向是文化创作生产的根本性问题，一切进步的文化创作生产都源于人民、为了人民、属于人民。”人民是历史的创造者，坚持正确创作方向，必须坚持正确的文化立场，以人民为中心，始终把作品的社会效益放在第一位，大力弘扬主旋律，切实担负起为人民服务、为社会主义服务的历史使命。

坚持正确创作方向要坚持“三贴近”。贴近实际、贴近生活、贴近群众，这既是坚持正确创作方向的客观要求，也是出精品力作的一条基本规律。坚持“三贴近”要做到“三深入”。只有深入生活、发现生活之真，深入群众、体会人民之善，深入实际、感悟实际之美，才能更加热爱时代、热爱生活、热爱人民，增强进行创作创造的责任感、使命感、自豪感；才能真切地体察社会实情，体会时代变化，体验百姓情感，从中得到启迪、汲取营养，提升进行创作创造的能力；才能紧跟时代步伐、紧随生活变迁、紧扣人民需要，创作出更加贴近实际、贴近生活、贴近群众，集思想性艺术性观赏性为一体的文艺作品。

三、始终致力创作文艺精品

十七届六中全会指出，“创作生产更多无愧于历史、无愧于时代、无愧于人民的优秀作品，是文化繁荣发展的重要标志。”战书书记讲过，“我们贵州经济欠发达，但文化并不落后”。这是对我们文化工作的充分肯定，但更是鞭策和鼓励。我们要清醒地认识到，贵州的文化建设还有很多不近如人意的地方，文艺精品力作不够多是其中一个重要体现。在贵州来说，衡量评价精品，有三个层次，一是能走得出去，二是能比得上去，三是能赢得口碑。目前来看，贵州美术精品力作还不多，特别是符合第二、第三条标准的精品还不多。可见，创作美术精品并非易事。需要克服心态的浮躁，潜得下心、沉得住气，耐得住寂寞、经得起诱惑，长期地、毫不懈怠地抓创作；需要克服思想的浮浅，大力弘扬美术精神，拓宽创作视野，着力反映蓬勃复兴的民族、日新月异的贵州、昂扬奋进的精神；需要克服创作的浮漂，鄙弃用数量代替质量、价格代替价值的急功近利，树立求精、求深、求新的精神，拿出“十年磨一剑”的毅力，真正创作出能体现个人最高艺术水平的成名作、代表作，真正创作出能代表贵州特色、贵州风格、贵州气派的精品。

正如《决定》指出的，“文化引领时代风气之先，是最需要创新的领域。”创作文艺精品不仅需要克服“三浮”，还需要创新。艺术创造是个性化而又不可机械重复的劳动。要做到不断创新，最根本的是要“始终保持与时俱进、开拓创新的精神状态，永不自满、永不僵化、永不停滞，以思想的不断解放推动事业的持续发展”；最关键的是要牢固树立与时代进步相适应、与实践发展相符合、与人民创造相一致的创新意识，在文艺创作的流派、内容、题材上不断推陈出新；最基础的是要在继承优秀民族文化、传统文化的基础上，不断学习、掌握和运用文艺创作的新手法、新科技、新形式，以及人类文明进步一切优秀成果，在文艺创作的体裁、样式、风格上推陈出新。

四、始终追求德艺双馨

“德”是艺术家安身立命之根，“艺”是艺术家成就事业之本。艺术工作者要成名成家、青史留名，关键是要把德艺双馨、以德为先作为自觉追求。刘云山同志指出，“德艺双馨既是艺术家获得成功的必由之路，也是艺术家终生奋斗的目标。”栗战书书记在省作协第六次代表大会上强调，“一切有理想有抱负的文艺工作者，都要不断提高自身的人格修养和艺术品格，努力实现德艺双馨”。追求德艺双馨，要切实强化职业精神、恪守职业道德、提高职业技能，做德高为师、艺高为范的表率；要树立正确的世界观、人生观、价值观，自觉地把个人价值的实现与社会价值实现统一起来，把更好地引领风尚、教育人民、服务社会、推动发展作为奋斗目标，使自己的作品对人民有益、对国家有益、对社会有益。

“美术”二字是“美”在前、“术”在后，美术即是用一定技法呈现真和善的艺术，美术创作需要的不仅仅是笔墨、油彩，更需要“心”的投入，精气神的凝结。于美术家来说，追求德艺双馨，就是要大力弘扬美术精神，努力提高艺术造诣，自觉做先进文化的实践者、传播者，热情讴歌改革开放和社会主义现代化建设的伟大实践，生动展示广大人民奋发有为的精神风貌和创造历史的辉煌业绩，为时代立言，为民族树碑，为人民塑像。

五、始终着眼贵州发展需要

当下的贵州，各族人民正奋力加速发展、加快转型、推动跨越，为在2020年与全国同步建成全面小康社会而奋勇拼搏，特别需要我们的文艺家高擎民族精神之火照亮前程，高奏时代前进之号催人奋进。广大美术家要自觉把热爱贵州、建设贵州的巨大热情化为描绘贵州、宣传贵州的实际行动，排开凡事俗务，多到工地、厂矿、企业、村寨等贵州各项建设事业的一线走走，把更多的时间、精力、笔墨用来表现贵州人民、服务贵州发展，真正把勤劳的贵州人民作为创作的主角，真正把贵州沸腾的建设场面作为创作的主景，真正把提振贵州人民精神、启迪贵州人民心智、昭示贵州发展前景、引领贵州历史跨越作为作品的价值取向。

文化产业具有优结构、扩消费、增就业、促跨越、可持续的特质特性，是我省“加速发展、加快转型、推动跨越”的一个重要抓手，也是我省具有相对比较优势的一项产业。美术产业作为文化产业的重要方面，要切实按照中央和省委大力发展文化产业的有关要求，把握好产业化的发展方向，努力推动产业发展上台阶、上水平。广大美术家要与时俱进，遵循市场规律，对接市场需求，提升市场运作能力，从单纯美术作品的创造者，转变为发展美术产业的生力军。

同志们，党的十七届六中全会吹响了建设文化强国的号角，迎来了文化大发展大繁荣的春天。贵州美术事业发展面临着前所未有的重大机遇，希望新一届主席团、理事会和各位代表在“德”和“艺”两方面都充分发挥表率、示范作用，团结好、引领好、服务好全省广大美术家，深入学习领会党的十七届六中全会和即将召开的省委十届十二次全会精神，只争朝夕、奋勇前行，不断推动贵州美术事业出精神、出精品、出人才、出成效，为推动贵州文化跨越、为建设文化强省作出应有的贡献。

最后，预祝贵州省美术家协会第六次代表大会圆满成功！祝大家身体健康、事业有成！

在中央电视台贵州记者站挂牌仪式上的致辞

（10月27日）

尊敬的富玉副书记、宗就副台长

各位来宾、同志们、朋友们：

在全国上下深入学习贯彻党的十七届六中全会精神，贵州省委十届十二次全会隆重召开之际，中央电视台贵州记者站今天在这里举行挂牌仪式，这是中央电视台改革发展的一件喜事，更是贵州宣传思想文化工作的一件大事！首先，我们向拨冗专程前来出席挂牌仪式的中央电视台何宗就副台长一行表示热烈的欢迎！向中央电视台贵州记者站成立表示诚挚的祝贺！向长期以来关心支持贵州发展的中央电视台等媒体朋友们表示衷心的感谢！

中央电视台是我国重要的新闻舆论机构，是当今中国最权威的主流媒体之一，是公众获取新闻信息的主要渠道，也是中国了解世界，世界了解中国的重要窗口，一直以来，中央电视台对贵州经济社会发展给予了大力支持和诸多帮助，有力提升了贵州的知名度和美誉度。特别是央视驻贵阳应急报道点建立一年来，紧紧围绕贵州“加速发展、加快转型、推动跨越”主基调和推进贵州经济社会又好又快、更好更快发展的实际，发挥权威主流媒体的正面引导作用，始终坚持正确舆论导向，在贵州实施工业强省和城镇化带动战略、“四帮四促”、“三个建设年”宣传活动中，在今年的全国“两会”、纪念建党90周年、抗旱保民生、“酒博会暨投洽会”等重大活动的宣传报道中，积极支持、持续报道、成效显著。在这里，特别值得一提的是，在前不久闭幕的第九届全国少数民族传统体育运动会的宣传报道中，中央电视台派出强大报道阵容，鼎力支持我省筹办工作，在央视直播、录播和新闻报道上，创下历届民族运动会新闻报道的六项纪录，既展现了各族运动健儿在赛场上顽强拼搏、自强不息的风采，又为树立良好的贵州形象增添了浓墨重彩的一笔，取得了非常好的传播效果。

今天，中央电视台将驻贵阳应急报道点改设为贵州记者站，并在这里隆重举行记者站挂牌仪式，这是全面贯彻党的十七大、十七届六中全会精神，加强和改进舆论引导工作的具体体现；是顺应现代媒体发展潮流，完善采编管理机制的重要举措；是央视“走基层、转作风、改文风”，深入基层、深入群众、深入实践的生动实践；是对贵州经济社会发展的鼎力支持。

贵州地处西部，经济社会发展相对滞后，加快推进贵州经济社会又好又快、更好更快发展，需要良好的舆论环境。为深入贯彻落实党的十七届六中全会精神，正在召开的省委十届十二次全会，将对推动贵州多民族文化大发展大繁荣作出全面部署，贵州加快文化跨越发展，建设文化强省，推动贵州文化大繁荣大发展面临着前所未有的重大机遇。衷心希望中央电视台更多地关注贵州、聚焦贵州、宣传贵州，在央视这样的高端传媒平台上，大力宣传贵州经济社会发展的辉煌成就，大力推介贵州丰富多彩的红色文化、民族民间文化和绿色文化，充分展示贵州各族干部群众开放创新、团结奋进的良好精神风貌，不断提升贵州对外良好形象，进一步优化贵州加速发展、加快转型、推动跨越的舆论环境。我们将不断加大支持和帮助力度，促进央视贵州记者站的发展壮大，与中央电视台共同把央视贵州记者站建设成为舆论引导有力、报道出新出彩、管理科学规范、事业健康发展的新闻平台，更好地把贵州的发展变化、精神风貌、资源优势和良好投资环境等介绍给外界，让更多的人了解贵州、走进贵州、投资贵州，参与建设和发展贵州，为贵州在经济社会发展历史性跨越的征程上阔步前进加油鼓劲、呐喊助威！

最后，衷心祝愿中央电视台贵州记者站成立后取得更加辉煌的成绩！

关于《中共贵州省委关于贯彻党的十七届六中全会精神推动多民族文化大发展大繁荣的意见（讨论稿）》的说明

（10月27日）

同志们：

受省委常委会委托，我就《中共贵州省委关于贯彻党的十七届六中全会精神推动多民族文化大发展大繁荣的意见（讨论稿）》有关问题向全会作说明。

一、关于全会研究部署推动多民族文化大发展大繁荣的基本考虑

省委十届十二次全会研究部署贯彻党的十七届六中全会精神，推动多民族文化大发展大繁荣并出台《意见》，主要基于以下几点考虑。

第一，培养高度的文化自觉和文化自信，发挥文化以文化人、凝聚人心的独特作用，必须进一步研究部署推动多民族文化大发展大繁荣。党的十七届六中全会从党和国家事业发展全局出发，对深化文化体制改革、推动社会主义文化大发展大繁荣作出战略部署，强调培养高度的文化自觉和文化自信，不仅关系文化的振兴和繁荣，而且关系人心向背和国家长治久安。省委常委会决定召开这次全会，研究部署贯彻落实党的十七届六中全会精神，推动贵州多民族文化大发展大繁荣，目的是为了增强干部群众的文化自觉和文化自信，更好发挥文化在凝聚民族精神、提升公民素养、促进社会和谐上的独特作用，发展符合时代要求的先进文化，大力弘扬贵州时代精神，提振干部群众干事创业的精气神，为推动贵州经济社会发展历史性跨越提供有力的精神支撑。

第二，实现“十二五”时期奋斗目标，加快全面建设小康社会进程，必须进一步研究部署推动多民族文化大发展大繁荣。文化建设是中国特色社会主义事业总体布局的重要组成部分，文化更加繁荣是全面建设小康社会的重要目标和重要保证。省“十二五”规划纲要从推动科学发展的高度，提出到2015年全省生产总值确保实现8000亿元，力争翻一番、突破10000亿元，人均生产总值接近3000美元。我们要顺利实现这些奋斗目标、到2020年与全国同步实现全面小康社会，就必须充分发挥我省丰富的文化资源优势，深入推进文化体制改革，大力发挥文化产业具有优结构、扩消费、增就业、促跨越、可持续的独特优势，从而推动文化建设与经济建设、政治建设、社会建设以及生态文明建设协调发展。

第三，提高贵州文化竞争力，树立贵州对外新形象，必须进一步研究部署推动多民族文化大发展大繁荣。在当前各省区市竞相发展的时代背景下，文化是软实力，更是发展的硬实力。贵州拥有丰富的历史文化资源、红色文化资源、民族文化资源和绿色文化资源，特色鲜明、亮点突出，具有很强的比较优势。贵州必须抓住有利时机，深入挖掘提炼文化资源，努力实现经济与文化同步发展、文化产业与文化事业同步繁荣、文化基础工作与文化体制改革同步推进、文化市场主体与文化品牌同步壮大，才能不断提高文化竞争力和影响力，树立贵州多彩、开放、奋进的全新形象。

第四，切实解决我省当前文化建设面临的突出问题，必须进一步研究部署推动多民族文化大发展大繁荣。改革开放特别是党的十六大以来，我省文化改革发展形势很好，取得了显著成就。同时，我们也要看到，在文化建设方面，我省也面临着认识不足、力度不够、基础较弱等问题，文化改革发展与经济社会发展还不相适应，推动多民族文化大发展大繁荣的任务十分艰巨。解决文化建设面临的突出问题，动力在深化改革，出路在加快发展。我们必须以改革创新的思路办法和更加有力的政策举措推动多民族文化大发展大繁荣。

总之，省委常委会认为，省委十届十二次全会深入贯彻党的十七届六中全会精神，研究我省文化建设的新形势新要求，总结我省文化改革发展的丰富实践和宝贵经验，研究部署推动多民族文化大发展大繁荣，对进一步加快实现我省经济社会发展的历史性跨越具有重大而深远的意义。

二、关于意见稿的调研起草过程

意见稿的调研起草工作是在省委常委会直接领导下进行的。意见稿形成过程分为调研、起草和征求意见三个阶段。

一是精心组织调研、集中全省智慧。为充分集中全省上上下下、方方面面的智慧和力量，今年4月以来，负责起草意见稿的工作部门为起草全会文件开展了调研，组织省直宣传思想文化系统17个单位、部门和文化企业开展了专题调研，形成了《贵州文化跨越发展调研报告》，启动了文化与旅游等相关产业深度融合调研工作。按照省委办公厅《关于认真做好省委十届十二次全会文稿调研起草工作的通知》要求，全省各地各部门认真组织学习讨论，书面反馈了很多很好的意见和建议。起草组深入9个市（州、地）实地调研，掌握了大量一线材料，为起草好意见稿奠定了坚实的基础。起草组还特别重视发挥广大网民在文化建设中的聪明才智和参与热情，在贵州社区、金黔在线、微博贵州等开设专栏，收集到大量的意见和建议。

二是认真起草文件、反复修改完善。起草组认真学习近年来中央和省委关于加强文化建设的有关文件精神，深刻领会胡锦涛总书记在庆祝中国共产党成立90周年大会上的重要讲话精神和党的十七届六中全会精神，同时学习借鉴安徽、云南等外省好的经验和做法，根据10月8日省委常委会讨论确定的主题，在充分吸收和采纳各方面意见的基础上，形成了意见稿的初稿。意见稿经反复修改，于10月15日形成初步送审稿，报请省委、省政府主要领导同志审阅。起草组根据领导意见对文稿作了认真修改，形成意见送审稿。

三是广泛征求意见、凝聚思想共识。10月22日，省委常委（扩大）会议初步审议意见送审稿，并决定在全省一定范围内征求各有关方面的意见。10月22日，省委办公厅正式印发意见稿征求全省各有关方面的意见。10月23日，栗战书书记主持召开了中央驻黔媒体和省主要新闻媒体负责人座谈会，听取对贵州文化改革发展的意见，并于24日主持召开民主协商会，听取各民主党派省委、省工商联和无党派人士对意见稿的意见和建议。从各地各部门征求到的意见来看，大家普遍认为省委常委会决定召开这次全会专题研究部署推动多民族文化大发展大繁荣，正当其时、意义重大。大家在充分肯定意见稿的同时，提出了许多很好的意见和建议，经整理共有337条，合并相同意见后有238条。省委责成起草组对各地各部门意见予以认真研究。起草组经过仔细梳理，逐条推敲，共吸收了135条意见。10月26日，省委常委会对意见稿进行审议，同意提请这次全会讨论审议。

可以说，意见稿的征求意见过程，是认真学习贯彻党的十七大和十七届六中全会精神的过程，是群策群力、集思广益的过程，是统一思想、凝聚共识的过程，是科学决策、依法决策、民主决策的过程。

三、关于意见稿的主要脉络和基本框架

意见稿的主要脉络是：以推动多民族文化大发展大繁荣为主题，以增强贵州文化自觉和文化自信为主线，以践行社会主义核心价值体系和弘扬贵州时代精神为灵魂，以创新文化体制机制为动力，以促进文化跨越发展为目标，以促进经济社会发展，满足人民群众的精神文化需求为目的。

意见稿除导语和结束语外，共十个部分，主要有四个板块的内容。第一个板块的内容，即意见稿的第一部分，分析我省推动多民族文化大发展大繁荣的重要性和紧迫性。第二个板块的内容，即意见稿的第二部分，提出我省推动多民族文化大发展大繁荣的指导思想和2020年我省文化改革发展的总体目标。第三个板块的内容，即意见稿的第三至第九部分，主要是围绕贯彻党的十七届六中全会精神，结合我省实际，提出推动多民族文化大发展大繁荣的七项重点任务。第四个板块的内容，即意见稿的第十部分，主要是强调加强组织领导，为推动多民族文化大发展大繁荣提供有力保障。

在确定总体框架和布局时，意见稿特别注意把握以下3个方面。

一是坚持贯彻落实中央精神与联系贵州实际相结合。意见稿坚决贯彻党的十七届六中全会精神，在思想、观点、理念和提法上与中央《决定》保持一致，同时着眼于全省工作大局，立足我省实际，深刻分析和准确把握我省文化发展取得的成绩、存在的矛盾和问题，研究制定适合我省文化发展的总体目标和战略措施。

二是坚持总体部署与突出重点相结合。考虑到文化建设既是一项长期的战略任务，又是当前十分紧迫的重要工作，意见稿在对当前和今后十年加强我省文化建设作出全面部署的同时，突出对文化建设中的重点工作和工作的重点环节进行具体安排，着力在研究解决文化建设中的重点难点问题、干部群众对文化建设关注的热点问题上下功夫，力求既总揽大局、突出重点，又丰富实在、简明扼要。

三是坚持指导性与可操作性相结合。意见稿既注重总结我省文化建设的有益经验和成功做法，重在体现思路性和原则性，不过多涉及具体工作，又高度重视各方面反映的我省文化建设中的突出问题，根据现有条件提出一些针对性强、管用实在、便于操作的重要举措。特别是意见稿在内容形式、体制机制、传播手段、活动载体等方面积极探索、大胆创新，为实现文化跨越发展、提高我省综合实力开辟了新的路径。

四、关于意见稿的几个重要问题

意见稿涉及到文化改革发展的诸多方面，这次全会审议通过后将成为指导当前和今后一个时期我省文化建设的重要文件。大家在审议意见稿的过程中，应重点深化对以下几个问题的认识。

一是关于推动多民族文化大发展大繁荣的指导思想和总体目标。意见稿提出，推动我省多民族文化大发展大繁荣的指导思想是：必须全面贯彻党的十七大、十七届六中全会精神，高举中国特色社会主义伟大旗帜，坚持以马列主义、毛泽东思想、邓小平理论和“三个代表”重要思想为指导，深入贯彻落实科学发展观，坚持社会主义先进文化前进方向，坚持以人为本，坚持把社会效益放在首位，坚持改革开放，以科学发展为主题，以改革创新为动力，以建设社会主义核心价值体系为根本任务，以满足人民群众精神文化需求为出发点和落脚点，进一步繁荣文化事业，壮大文化产业，激发全社会文化创新活力，努力实现文化跨越发展。这一指导思想遵循了党的十七届六中全会提出的我国推进文化改革发展总的指导思想和“五个坚持”的重要方针，是我省推动多民族文化大发展大繁荣的基本要求。

按照党的十七大提出的全面建设小康社会奋斗目标和十七届六中全会提出的新要求，立足省情，意见稿提出了到2020年文化改革发展的总体目标：社会主义核心价值体系建设深入推进，良好思想道德风尚进一步弘扬，公民素质明显提高；文化管理体制和文化产品生产经营机制充满活力、富有效率；基本建立覆盖城乡、结构合理、功能健全、实用高效的公共文化服务体系，实现基本公共文化服务均等化；基本建立文化产品特色鲜明、产业链条完整、市场要素繁荣的文化产业体系，形成公有制为主体、多种所有制共同发展的文化产业格局，到“十二五”期末，文化产业增加值达到全省生产总值的5%以上，文化产业成为我省国民经济支柱性产业；基本建立较为完善的文化法规体系，文化资源得到有效保护和科学开发；基本建立创意理念不断涌现、科技手段广泛运用的文化创新体系，贵州文化凝聚力、竞争力、创新力、辐射力显著增强；基本建立结构合理、素质优良、作风过硬的文化人才体系，文化繁荣发展的人才保障更加有力，促进贵州文化跨越发展，为建设文化强省打下坚实基础。其中，包括了践行社会主义核心价值体系和文化体制改革要取得的成效，包括了要基本建立的5个体系和到“十二五”期末文化产业发展的具体目标。关于“促进贵州文化跨越发展，为建设文化强省打下坚实基础”的表述，主要考虑是，胡锦涛总书记殷切期望贵州能早日实现经济社会发展的历史性跨越。李长春同志、刘云山同志强调经济发展相对滞后的地方完全可以实现文化跨越，并希望贵州努力实现文化的跨越发展。我省经济社会发展历史性跨越，必然包含了文化跨越，没有文化的跨越发展，就建不成全面小康社会。从征求意见的情况来看，大家一致赞同这个目标。党的十七届六中全会提出了“努力建设文化强国”的目标，没有明确具体的实现时间。考虑到建设文化强省需要一个过程，而且要与我省实际情况和战略部署相联系，参照中央提法，意见稿没有提出建成文化强省的具体时间表，而是强调努力为建设文化强省打下坚实基础。

*二是关于必须正确把握的五个重要关系。*推进我省多民族文化大发展大繁荣，是一个长期的、宏大的系统工程，涉及文化建设与经济建设、政治建设、社会建设以及生态文明建设各个方面。只有正确认识和把握文化发展的特殊性与规律性，才能深入解决文化建设各个领域、各个层面的问题。在总结我省文化建设实践经验的基础上，意见稿提出，在实现奋斗目标中要正确把握好五个重要关系：民族共性文化与个性文化关系、通俗文化与高雅文化关系、传统文化与当代文化关系、整体文化与区域文化关系、贵州文化与外来文化关系。只有正确把握好这五个关系，我们才能更好地把握规律、科学部署，更加扎实有序地推进文化建设各项工作，不断开创我省文化改革发展的新局面。

*三是关于“爱国、敬业、诚信、友爱”的价值取向。*社会主义核心价值体系是兴国之魂，是社会主义先进文化的精髓。精神文明建设必须把社会主义核心价值体系贯穿全过程，培育、提炼、倡导、践行既符合中华民族传统美德又具有地方特色的价值取向，是社会主义核心价值体系建设的重要内容和要求，对于凝心聚力、汇聚智慧，推动贵州经济社会实现跨越发展具有重要意义。长期以来，我们在这方面作了大量探索，综合征求意见情况，意见稿提炼出“爱国、敬业、诚信、友爱”的价值取向。爱国主义是民族精神的核心，维护祖国统一是各族人民的最高利益。贵州发展环境和条件异常艰苦，只有继续保持艰苦奋斗、敬业奉献的优良品质才能加速实现新型工业化、城镇化和农业现代化。当前，一些社会领域道德失范、诚信缺失，倡导人人讲诚信，既是中华民族的优良传统，又是作为现代公民的基本要求，更是培育市场经济合格主体的需要。友爱是建设和谐贵州的价值取向基础，团结友爱、互相帮助、和衷共济，才能共度难关、和谐发展。围绕倡导“爱国、敬业、诚信、友爱”的价值取向，意见稿作出了相关工作部署。

*四是关于贵州时代精神。*意见稿在第四部分提出大力弘扬“开放创新、团结奋进”的贵州时代精神。这八个字是对贵州各族人民在革命建设和改革实践中传承长征精神、遵义会议精神、三线建设精神、大关精神及在抗旱中形成的贵州精神的高度提炼和概括。大力弘扬贵州时代精神，目的是激励全省干部群众树雄心、立壮志，在加速发展、加快转型、推动跨越的伟大历史进程中，创先争优、增比进位，敢与强的比、敢向高的攀、敢同勇的争、敢跟快的赛，创造无愧于历史、无愧于时代、无愧于人民的业绩。

*五是关于发展民族特色文化产业。*贵州是多民族聚居省份。各民族在长期的文化创造过程中，形成了鲜明的文化特质，主要表现在景观上的多元性，形态上的原生性，内涵上的厚重性，气度上的包容性。这些特质，使我们深刻地认识到，贵州发展文化产业决不能照搬发达地区的模式，而必须打好民族特色牌，走一条合理保护和科学开发民族文化资源、大力发展民族文化产业的路子。基于这样一个认识，意见稿在第七部分专门对大力发展民族特色文化产业进行了论述，提出要构建“一核四区”特色文化产业布局，加快形成民族特色鲜明的文化产业结构，积极建设现代文化市场体系，切实提供文化产业政策保障。

以上是关于意见稿起草过程和内容的说明，供大家讨论时参考。

学习贯彻全会精神　促进文化跨越发展
努力为建设文化强省打牢坚实基础

——在全省宣传部长会议上的讲话
(10月28日)

同志们:

10月27日至28日,省委召开了十届十二次全会。全会一结束,我们就召开这个会议,目的是按照中央和省委要求,认真学习领会全会精神,对落实全会作出的重大决策进行安排部署,迅速兴起学习宣传贯彻全会精神的热潮。

一、充分认识省委十届十二次全会召开的重大意义

党的十七届六中全会是我们党的历史上一次十分重要的会议。全会审议通过了《中共中央关于深化文化体制改革推动社会主义文化大发展大繁荣若干重大问题的决定》,确立了建设社会主义文化强国的战略目标,提出了文化改革发展的指导思想、重要方针、目标任务和政策举措,对文化建设作了系统的安排和部署。省委十届十二次全会结合我省实际,深入贯彻落实党的十七届六中全会精神,重点研究部署我省文化改革发展,审议并原则通过《中共贵州省委关于贯彻党的十七届六中全会精神推动多民族文化大发展大繁荣的意见》,为我省推动文化繁荣发展指明了方向。学习贯彻好党的十七届六中全会和省委十届十二次全会精神,要把握好以下几点。

*一是深刻认识全会召开的重大意义。*当前,国际格局深刻调整,国内经济社会深刻变革,我省正处在"十二五"改革发展关键时期,全省上下围绕"两加一推"主基调,全力推进工业化、城镇化、农业现代化,进入了全面建设小康社会的新阶段。今年是中国共产党成立90周年、辛亥革命100周年,明年将召开党的十八大和省第十一次党代会。在这个重要的时间节点上,省委在党的十七届六中全会闭幕后,及时召开省十二次全会,必然是一次总结过去、规划未来、开拓奋进的重要会议,也更加凸显了这次会议的特殊重要性和战略意义。

*二是深刻领会全会研究的重大主题。*当今时代,文化的作用和影响比以往任何时候都广泛而深刻,文化越来越成为民族凝聚力和创造力的重要源泉、越来越成为综合国力竞争的重要因素、越来越成为经济社会发展的重要支撑,丰富精神文化生活越来越成为我国人民的热切愿望。从现在到2020年,是我省发展的重要战略机遇期,深化文化体制改革、推动贵州多民族文化大发展大繁荣,关系为我省经济社会发展提供重要支撑,关系促进民族团结、增强民族凝聚力、提升公民素养、促进社会和谐,关系实现到2020年与全国同步建成全面小康社会奋斗目标。省十二次全会认真学习贯彻党的十七届六中全会精神,深入分析我省多民族文化特质,立足我省发展全局谋划文化建设、适应现实要求推进文化发展,充分体现了省委省政府对推动我省多民族文化繁荣发展的高度重视和远见卓识,对增强贵州文化自觉自信、实现我省经济社会发展历史性跨越必将产生重大而深远的影响。

*三是深刻把握全会作出的重要意见。*省十二次全会审议原则通过的《意见》,深刻阐述了深化文化体制改革、推动贵州多民族文化大发展大繁荣的重要性和紧迫性,深入分析了我省文化建设面临的新形势、新任务及存在的突出问题,提出了推动贵州多民族文化大发展大繁荣的指导思想、总体目标、重要任务、政策举措,既有理论上的新概括又有实践上的新要求,既明确了目标任务又提出了措施保障,既全面系统又重点突出,是指导当前和今后一个时期推进我省文化跨越发展的重

要文献。战书书记在省十二次全会上的重要讲话，深刻阐述了我省经济社会发展的重大问题，就贯彻落实全会精神、做好当前工作提出了明确要求，具有很强的战略性、思想性、前瞻性、指导性。全会作出的重大部署、取得的重要成果，必将成为促进贵州文化跨越发展，建设文化强省的强大思想武器。

二、准确把握省委十届十二次全会的基本精神

省委十届十二次全会全面贯彻党的十七届六中全会精神，站在时代发展和战略全局的高度，结合我省实际，作出了推进我省文化改革发展的一系列部署，对当前和今后一个时期我省文化改革发展工作具有重要指导意义。我们一定要认真学习、深刻领会，把思想和行动统一到全会精神上来。

（一）准确把握我省文化改革发展的现实条件。近年来，省委、省政府高度重视文化建设，尤其是今年战书书记明确提出“靠改革创新、建文化强省、促历史跨越”的总体思路以来，我省文化建设步伐加快，成效显著。全会《意见》紧密结合我省实际，深入分析了推动我省多民族文化大发展大繁荣具备的有利条件和不足。学习领会全会精神，要深刻认识到，当前，无论是党中央、国务院还是省委、省政府，对文化建设的重视程度和推动力度前所未有，我省文化跨越发展面临的历史机遇前所未有。要深刻认识到我省文化发展水平同其他兄弟省份相比还存在较大差距，同经济社会发展和人民精神文化需求还不完全适应。我们必须立足现实，把握机遇，干字当头，奋力深化文化改革、促进文化跨越发展。

（二）准确把握我省文化改革发展的指导思想。全会《意见》按照中央要求，立足我省文化发展实际，明确提出了推动我省多民族文化大发展大繁荣的指导思想。学习领会全会精神，要深刻认识到，这个指导思想，符合中央精神，必须毫不动摇地坚持；契合我省实际，体现了新形势下推进我省文化改革发展的总体要求，必须在工作中认真贯彻，在实践中不断丰富。

（三）准确把握我省文化改革发展的奋斗目标。全会《意见》着眼我省文化建设的现实需要和发展趋势，把远景规划和阶段性谋划结合起来，提出了到2020年我省文化改革发展的总体目标。学习领会全会精神，要深刻认识到，促进贵州文化跨越发展，努力建设文化强省的战略目标是与我省丰富的民族文化资源相匹配、与我省“两加一推”主基调相适应、与到2020年与全国同步建成全面小康社会目标相承接。要深刻认识到，建设文化强省是一个逐步积累、持续发展的过程，需要全省广大干部群众共同努力，一步一步向前推进，通过实现文化跨越发展阶段性目标，为建设文化强省打下坚实基础。

（四）准确把握我省文化改革发展的重大举措。全会《意见》从推进社会主义核心价值体系建设、发展先进文化思想、发展公益性文化事业等七个方面，提出了一系列新举措新要求，明确了我省文化改革发展的主要任务和重点工作。学习领会全会精神，要深刻认识到，这些重大举措，紧扣我省文化改革发展突出矛盾和深层次问题，涵盖了文化改革发展的各个领域，是加强文化建设必须抓好的基础性任务。要深刻认识到，完成这些任务，必须按照全会要求，找准工作的着力点和主攻方向，重点实施好“九大文化工程”，正确把握和处理好“五个重要关系”，以卓有成效的工作，推动我省文化建设不断取得新进展。

（五）准确把握我省文化改革发展的组织保障。全会《意见》强调，要健全领导体制和工作机制，加大支持力度，形成合力推动的工作局面。学习领会全会精神，要深刻认识到，加强和改进党对文化工作的领导，是深化文化体制改革、推进多民族文化繁荣发展的根本保证，各级党委、政府要切实担负起推进文化改革发展的政治责任。要深刻认识到，广大群众是推动文化改革发展的力量源泉，始终坚持人民至上的价值观，积极搭建人民群众参与文化建设的广阔平台，让蕴藏于人民中的文化创造活力得到充分发挥。

三、全面落实省委十届十二次全会明确的各项任务

现在，我省文化改革发展的目标已经确定，宏伟蓝图已经绘就。能不能按照全会要求，推动我省多民族文化大发展大繁荣，关键取决于我们工作的推进力度和落实程度。要把握工作重点，理清工作思路，采取有力措施，以时不我待、奋发有为的精神，全力以赴抓好落实。

（一）践行社会主义核心价值体系，打牢共同思想基础。社会主义核心价值体系是兴国之魂。全会《意见》对我省推进社会主义核心价值体系建设进行了科学、全面、深入的部署安排，并提出了一些新思路新举措。要按照全会《意见》要求，牢牢用社会主义核心价值体系统领我省文化建设，在全省形成统一指导思想、共同理想信念、强大精神力量和基本道德规范。要以深入推进学习型党组织建设为抓手，以加强和改进党委中心组学习为重点，抓好理论强基、理论凝心、理论普及等工作，不断推动马克思主义大众化。要大力倡导"爱国、敬业、诚信、友爱"的价值取向，深化拓展群众性精神文明创建活动，进一步打造符合贵州实际、体现贵州特色的文明创建品牌，使创建成为群众受益的活动，使群众成为创建的主体。要把坚持正确导向的要求贯穿到哲学社会科学、新闻宣传等工作之中，确保哲学社会科学充分发挥"思想库"和"智囊团"作用，确保各类宣传文化阵地始终弘扬主流价值观念，传播社会主义先进文化。

（二）弘扬先进文化思想，增强贵州文化自觉自信。实现我省经济社会发展历史性跨越，要重视先进文化思想对我省经济社会发展的支撑和推动作用。全会《意见》对弘扬和发展先进文化思想进行了深入系统的阐述和部署。要按照《意见》要求，深入挖掘提炼贵州优秀文化资源，积极开展贵州优秀历史文化的研究和宣传工作，增强贵州文化认同和文化自信。要大力培育和弘扬全会提出的"开放创新、团结奋进"的贵州时代精神，使其内化于心、外化为形，激励全省人民树雄心、立壮志、谋发展、促跨越。

（三）完善公共文化服务体系，切实保障文化民生。公共文化服务体系建设是保障人民群众基本文化需求和权益的重要保证，是体现文化服务公益性、基本性、均等性、便民性的重要载体。云山同志指出，要牢记文化发展的根基在基层、在群众；要牢记文化实现的价值在基层、在群众。战书书记也强调，要竭尽全力改善和发展文化民生，努力让群众共享更多的文明成果。我们贵州贫困面大，贫困程度深，群众的文化生活尤为贫乏，群众对文化的需求和期待更为迫切。要按照《意见》要求，抓好公共文化服务体系建设的基础性工作，切实解决我省文化基础条件薄弱、历史欠账较多等问题。要加快推进城乡文化一体化发展，推动文化资源更多地向农村、向基层倾斜，向民族地区、贫困地区倾斜，让更多的群众享受文化发展成果。要重视管理和服务等软件建设，建立和完善相应的服务指标体系和考评办法，发挥好公共文化服务体系效能。

（四）繁荣发展文艺创作，提供更好更多精神食粮。创作生产更多人民群众喜闻乐见的优秀作品，是文化繁荣发展的重要标志和根本目的。近几年，我省在文化创作方面取得了一些成就，但是，与其他省区相比，不管是文艺创作数量，还是文艺作品质量，以及产生的经济效益，都还有很大差距。我们要按照《意见》要求，实施文艺精品工程，完善评价激励机制，鼓励更多的文艺工作者创作生产更多具有贵州特色、贵州风格、贵州气派的优秀作品。要推进民族文化创作生产项目实施，不断壮大民族文艺人才队伍，努力培育和创建具有民族特色、地方特点的文艺品牌。要深化拓展群众文艺活动，更多地开辟渠道、搭建平台、创造条件，将更好更多的精神食粮送到基层，满足群众精神文化需求。

（五）壮大文化产业实力，提供文化发展有力支撑。当前，我省文化产业发展既具有中央高度重视的大背景，又具有省委、省政府的重视和强力推动，战书书记、克志省长都对文化产业发展提出了明确要求和指示。我们完全有条件有能力抓住战略良机、聚集发展优势，努力把文化产业培育并发展成为我省国民经济支柱性产业。要发挥我省丰富的文化资源优势，加快区域特色文化产业群和文化产业基地建设，加快传统文化产业升级，大力发展新兴文化产业，提高文化产业规模化、集约化、专业化发展水平。要重点培育一批核心竞争力强的国有骨干文化企业，鼓励和引导各种非公有制文化企业发展，形成公有制为主体、多种所有制共同发展的文化产业格局。要认真落实全会提出的从税收、土地、金融等方面给予的各项优惠政策，推动形成有利于文化产业发展的良好政策环境。

（六）深化文化改革开放，释放文化发展持久动力。文化体制机制改革，事关文化发展的生机活力。自10月全省宣传部长座谈会暨文化体制改革工作调度会召开以来，各地各部门认真贯彻落实会议精神，尤其是遵义、铜仁、黔南、黔西南等地迅速安排部署，找准差距，采取有力措施，奋起直追，变被动为主动，加速推动改革取得了重大突破和进展。当前，我省文化体制改革已进入攻坚克难的关键阶段，要按照全会确定的目标任务，加大力度、突出重点、全面推进和深化文化体制改革。要把国有经营性文化单位改革作为关键环节，务必在今年年底前基本完成国有经营性文化单位转企改制任务，努力在党的十八大召开前全面完成改革任务。要把突出公益属性、强化服务功能、增强发展活力作为着力点，加快推进和完善文化事业单位改革。要建成管人管事管资产管导向相结合的国有文化资产管理体制，形成既有利于促进文化产业做大做强、又有利于确保意识形态安全和文化安全的体制模式。要切实增强开放意识，促进贵州文化"请进来"、"走出去"，做到兼容并包、兼收并蓄，学习借鉴外来先进文化，主动向外宣传、推介贵州文化，促进我省与外界的文化交流合作，提高贵州多民族文化的影响力和竞争力。

（七）发展壮大文化队伍，夯实文化建设人才基础。文化人才是精神文化产品的创造者、生产者和产品价值的实现者。历史上，贵州出现过许多享誉全国乃至世界的文化名人。但一段时期以来，由于种种因素制约，造成贵州文化人才匮乏。加强文化队伍建设，已经成为新时期摆在我们面前的重要任务。要牢固树立人才资源是第一资源的观念，善于在改革创新中发现人才、引进人才、锻炼人才，善于培养造就一支锐意创新、结构合理、作风过硬的高素质队伍。要统筹全省文化人才建设，兼顾人才资源在专业、产业和地域间的合理布局，加强人才培养、引进和使用，特别是对少数民族地区各类文化人才的培训。要推进体制机制创新，进一步优化人才成长环境，充分激发各类文化人才的创造活力和创新智慧。

四、兴起学习宣传贯彻省委十届十二次全会精神的热潮

学习宣传贯彻党的十七届六中全会及省委十届十二次全会精神，是全省各部门的共同任务，更是宣传思想文化战线的头等大事和分内之责。我们要立即行动起来，既要结合系统实际把全会精神学习好落实好，又要面向干部群众把全会精神宣传好阐释好，迅速在全省兴起学习宣传贯彻全会精神的热潮。

一是深入学习全会精神，切实增强政治责任。要把学习宣传贯彻全会精神，作为当前和今后一个时期的首要政治任务，作为宣传文化工作的一条主线，高度重视，强力推进。要充分利用各种学习阵地和载体，带头学习，原原本本地学习，务求全员覆盖、先学一步、学深一点，把握精神实质，领会科学内涵。要推动各级党委中心组把学习全会精神作为当前和今后一个时期的重点学习内容，制定计划，专题研讨。要把学习宣传贯彻省十二次全会精神与学习党的十七届六中全会精神结合起来，与抓好当前各项工作和谋划下一阶段工作结合起来，相互促进、共同推动。

二是广泛开展培训宣讲，推动全会精神深入人心。从现在起到明年初，要在全省范围内集中开展全会精神宣讲活动。中央已派出宣讲团赴各地宣讲。30日中央宣讲团成员、文化部部长蔡武同志要来黔作宣讲报告。省委宣传部近期将会同有关部门组织编写全会精神学习辅导材料，组织对省、地、县三级宣讲骨干，包括各地文改文产办的负责同志进行集中培训。按照省委要求，成立省委宣讲团，赴各地开展宣讲。全省宣传思想文化战线要充分发挥讲师团、党校及基层文化阵地的作用，深入城乡基层和学校开展宣讲活动，推动全会精神入耳入脑入心。

三是积极推进研究阐释，深化认识文化发展重大问题。省委十届十二次全会科学分析了我省文化建设面临的形势，提出了一系列新思想、新观点、新举措，深入研究和全面阐释这些成果，是宣传思想文化战线特别是理论工作者的重要责任。要组织广大理论工作者，围绕全会提出的重大理论和实际问题，深入研讨、集中攻关，推出一批有价值、有分量的理论研究成果，为贵州多民族文化大发展大繁荣提供有力的理论支撑。各地也要围绕全会精神，通过组织召开座谈会、理论研讨、征文等多种形式,推进理论研究阐释,更好地解疑释惑、统一思想、深化认识,推动全会精神的贯彻落实。

四是精心组织新闻宣传,营造良好舆论氛围。各级新闻媒体要紧紧围绕全会精神,在重要时段、重要版面开设富有特色的专栏、专题,推出一批有深度、有分量的评论、专访和理论文章,进行全方位、多角度地宣传报道。中央驻黔新闻单位要积极向总社(总台)提供相关重点稿件,争取多上稿、上好稿。重点网站要针对网民关注的问题,开展具有网络特点的宣传引导,形成网上正面舆论强势。全省新闻单位要结合新闻战线正在开展的"走基层、转作风、改文风"活动,组织记者深入基层、深入群众,宣传社会各界对全会精神的热烈反响和积极评价,宣传各地各部门贯彻全会精神的具体举措和实际行动,为学习贯彻全会精神营造良好舆论氛围。

同志们,推动贵州多民族文化大发展大繁荣,责任重大、使命光荣。作为宣传文化系统,我们更要以高度的文化自觉和文化自信,充分发挥好文化建设的"主力军"和"排头兵"作用,开拓进取、扎实工作,共同促进文化跨越发展,以优异的成绩迎接党的十八大和我省第十一次党代会胜利召开!

全国道德模范座谈会暨第八届中国公民道德论坛和全国宣传部长座谈会精神汇报提纲

(11 月 2 日)

省委:

9 月 20 日,全国道德模范座谈会暨第八届中国公民道德论坛在北京举行。中央政治局常委李长春出席会议并讲话,中共中央政治局委员、中央书记处书记、中宣部部长刘云山主持会议,王兆国、刘延东、徐才厚、陈至立出席会议。中央宣传思想工作领导小组成员,中央文明委委员出席会议。各省(区、市)和新疆生产建设兵团党委宣传部长、文明办主任,第三届全国道德模范以及提名奖获得者参加会议。会议表彰了第三届全国道德模范,我省阿里木江·哈力克被表彰为"助人为乐模范"、张蕾被表彰为"孝老爱亲模范",周家德、李庆丰、石建成、蔡英、彭文军、朱昌国、彭文忠、陈芝文 8 名同志荣获提名奖,我省推荐的钟利、杨昀鹰与其他 12 名青少年作为"美德少年"一并参加了当晚举行的《德耀中华》———第三届全国道德模范评选表彰颁奖典礼。

9 月 21 日至 22 日,中宣部还召开了全国宣传部长座谈会。中央政治局委员、中央书记处书记、中宣部部长刘云山出席会议并讲话。中宣部副部长、中央外宣办主任、国务院新闻办主任王晨通报了关于加强微博客管理的有关内容,中宣部副部长蔡名照作了《关于进一步规范新闻采编工作的意见》起草说明,中宣部副部长、国家广电总局局长蔡赴朝作了《关于进一步加强电视上星综合频道节目管理的意见》起草说明,新闻出版总署署长柳斌杰作了《关于防止虚假新闻报道的若干规定》起草说明。会议总结了今年以来的宣传思想文化工作,对下一阶段工作进行了安排。各省、自治区、直辖市和新疆生产建设兵团党委宣传部长,中央宣传文化系统各单位负责同志出席会议。现将现将会议精神及贯彻意见汇报如下:

一、会议的主要精神

(一)全国道德模范座谈会暨第八届中国公民道德论坛精神

全国道德模范座谈会暨第八届中国公民道德论坛精神主要体现在李长春同志讲话中。他指出,近年来特别是党的十七大以来,公民道德建设紧紧围绕全党全国工作大局,牢牢抓住建设社会主义核心价值体系这个根本,扎实推进、开拓创新，焕发出新的活力、取得了显著成效，为巩固共同思想基础、形成坚定理想信念、凝聚强大精神力量、培育良好道德风尚、促进社会和谐稳定发挥了重要作用。评选表彰和学习宣传道德模范，集中展示了新时期公民道德建设的丰硕成果，成功探索了引导人民群众大规模参与道德实践的新鲜经验，形成了崇尚先进、学习先进、争当先进的社会风气。李长春就进一步发扬成绩、巩固成果，总结提高、创新发展，不断开创公民道德建设新局面提出要重点抓好以下几个方面：

第一，要正确认识公民道德建设面临的新形势，进一步增强做好工作的责任感使命感紧迫感。一是中国特色社会主义事业取得举世瞩目、令人信服的伟大成就，为进一步加强公民道德建设提供了坚不可摧的实践基础。二是全党全国各族人民团结奋斗的共同思想基础空前巩固，为进一步加强公民道德建设提供了强大的思想保证。三是全社会思想道德水平和文明程度的不断提升，为进一步加强公民道德建设提供了有利条件。

与此同时，我们也要清醒看到，当前，国际国内形势正在发生深刻变化，公民道德建设也面临着严峻挑战。一是从国际环境看，如何通过思想道德建设筑牢思想防线，在积极吸收外来有益文化的同时抵御西方有害思想文化的渗透，不断巩固全党全国各族人民团结奋斗的共同思想基础，面临着新的挑战。二是从国内环境看，如何通过思想道德建设弘扬社会正气，更加有效地以社会主义核心价值体系引领社会思潮，进一步统一思想、凝聚力量，推动全社会形成良好思想道德和文明和谐风尚，面临着新的挑战。三是从现代科技发展的影响看，如何通过思想道德建设加强自律和他律，更加有效地占领互联网等新兴媒体阵地，用先进思想文化和高尚道德情操引领网络文化，面临着新的挑战。四是从工作实际看，与经济社会的发展变化相比，与人民群众呼唤提升公民道德的要求相比，公民道德建设还存在许多亟待加强的薄弱环节。

第二，要深入推进社会主义核心价值体系建设，更好地凝聚全党全国各族人民团结奋斗的强大精神力量。一是要紧紧抓住用马克思主义中国化最新成果武装头脑这个根本，深入学习贯彻胡锦涛总书记“七一”重要讲话精神，广泛开展中国特色社会主义理论体系学习宣传教育，不断推进马克思主义中国化、时代化、大众化，大力实施马克思主义理论研究和建设工程，努力探索用社会主义核心价值体系引领社会思潮的有效途径，深入浅出地回答干部群众关心的重大理论和现实问题。二是要紧紧抓住坚定中国特色社会主义理想信念这个时代主题，大力宣传党的基本理论、基本路线、基本纲领、基本经验，宣传改革开放和现代化建设取得的巨大成就，宣传全国各族人民在实现全面建设小康社会宏伟目标的征程中创造的新成就、新经验。三是要紧紧抓住弘扬民族精神和时代精神这个重要任务，大力弘扬以爱国主义为核心的民族精神，弘扬以改革创新为核心的时代精神，大力宣传一切有利于国家富强、民族团结、社会进步、人民幸福的思想和精神。四是要紧紧抓住学习践行社会主义荣辱观这个关键环节，大力加强社会公德、职业道德、家庭美德、个人品德建设，大力倡导爱国、敬业、奉献、诚信、友善、互助等道德规范。

第三，要充分发挥道德模范的榜样引领作用，在全社会推动形成知荣辱、讲道德、促和谐的文明风尚。一是要坚持联系广大人民群众的生活、工作和思想实际，真正使道德模范的先进事迹和崇高精神入耳、入脑、入心。二是要针对不同受众群体的接受习惯和心理特点，突出群众视角，运用群众语言，使宣传形式丰富多彩，宣传内容亲切感人。三是要以道德模范为原型，积极发挥文学艺术作品潜移默化、润物无声的独特作用，通过多样化的题材体裁、艺术形式和表现手法，多侧面、立体式地刻画道德模范。四是要重视运用民间舆论推介道德模范。五是要把学习宣传活动与群众性精神文明创建活动结合起来，突出思想道德内涵，深入推进文明城市、文明村镇、文明单位创建，扎实开展“讲文明树新风”、社会志愿服务、送温暖献爱心、文化助残等活动。六是要广泛组织基层巡讲、“道德讲堂”、座谈研讨、社区议事会、道德评议会等活动，引导群众对照道德模范开展道德评议，见贤思齐、奋发向上，在全社会形成学习宣传道德模范的浓厚氛围。

第四，要切实加强青少年思想道德建设，努力培养中国特色社会主义事业建设者和接班人。一是要紧紧抓住育人为本、德育为先这个根本,不断坚定广大青少年的理想信念。坚持把培养有理想、有道德、有文化、有纪律的公民作为青少年思想道德建设的根本目标,把树立正确的世界观、人生观、价值观作为根本任务。二是要紧紧抓住实践养成这个关键,大力开展青少年思想道德教育实践活动。要把社会主义核心价值体系体现到大中小学的课堂教学中,广泛开展“做一个有道德的人”、评选美德少年等社会实践活动,进一步完善学校、家庭、社会“三结合”的教育网络,认真落实大中小学学生守则和日常行为规范,要完善各级各类学校教师职业道德规范。三是要紧紧抓住净化社会文化环境这个重点,为青少年成长创造良好条件。要扎实推进文艺出版精品工程,把青少年校外活动场所建设作为构建公共文化服务体系的重要内容,大兴网络文明之风。

第五,要大力推动改革创新,切实增强公民道德建设的针对性和实效性。一是要积极推动内容创新,深入挖掘中华民族传统美德和优秀革命道德的时代内涵,深入研究社会主义新风尚的时代特征,深入回答改革开放实践对道德建设提出的时代课题,深入提炼概括与中国特色社会主义事业发展相适应的价值观念和价值规范。二是要积极推动方法创新,坚持以人为本,注重人文关怀,尊重人、关心人、理解人,多用耐心疏导、民主讨论、平等交流的方法,多用寓教于乐、春风化雨、循循善诱的方式,把道德建设融入到人们的日常工作生活中,把道德观念、道德规范、道德情操内化为人们的精神追求。三是要积极推动手段创新,善于运用互联网、移动通讯等先进传播技术打造道德建设的新平台,努力使新兴媒体成为传播社会主义精神文明的前沿阵地,成为提供健康向上精神文化生活的有效平台,成为提升公民思想道德素质的广阔空间。四是要加快用新媒体整合各种道德教育资源,把典型宣传、道德实践、红色旅游等重点项目植入互联网,使思想道德建设网上网下互动联动、相得益彰。

第六,要进一步加强组织领导,把公民道德建设提高到新水平。一是各级党委和政府要切实增强政治意识、大局意识、责任意识,把公民道德建设摆上更加突出的位置,纳入重要议事日程,纳入经济社会发展总体规划,纳入科学发展考核评价体系,推动各项工作落到基层、落到实处、抓出成效。二是各级文明委要在党委统一领导下,加强统筹规划、组织协调、督促检查、分类指导,促进工作落实。文明委各成员单位要各司其职、各负其责,相互支持、相互配合,形成整体合力。三是各级党委宣传部、文明办要进一步提高工作水平,更好地发挥联络、服务、协调和督促检查的作用。四是各民主党派和工商联要通过开展调查研究,广泛听取社会各界的意见,为加强和改进公民道德建设建言献策。

(二)全国宣传部长座谈会精神

全国宣传部长座谈会主要任务是深入贯彻胡锦涛总书记“七一”重要讲话精神,传达学习中央关于做好意识形态工作的重要指示精神,总结今年以来的工作,分析当前面临的形势,研究部署下一阶段重点任务。会议精神主要体现在刘云山同志的重要讲话中,云山同志主要强调了五项重点工作:

第一,切实抓好为十七届六中全会召开营造良好氛围的宣传工作。一是要深刻认识十七届六中全会召开的重大意义,把营造良好氛围作为当前宣传思想文化战线的头等大事。二是要充分展示文化建设的丰硕成果,进一步增强人们的文化自觉和文化自信。三是要及早安排全会精神学习宣传贯彻,进一步加大文化改革发展的力度。要抓紧制定宣传报道方案,明确宣传报道重点和要求,突出宣传胡锦涛总书记在全会上的重要讲话和全会通过的重要决定,宣传全会提出的重要观点、重要任务、重大举措。

第二,切实抓好社会热点难点的舆论引导。一是要加强对经济和民生问题的舆论引导。要加强对经济形势和民生问题的宣传引导力度,解疑释惑、统一思想、增强信心,为巩固经济社会发展的好形势提供有力的舆论支持。二是要加强对突发事件的舆论引导。要提高思想认识,认真贯彻“及时准确、公开透明、有序开放、有效管理、正确引导”的方针,加快完善工作机制,进一步增强舆论引导的主动性和实效性。三是要加强对思想理论领域问题的引导。要按照中央要求,增强政治敏锐性和警觉性,坚定主心骨、唱响主旋律、掌握主动权,维护国家意识形态安全和文化安全。

第三,切实抓好新闻传播秩序的规范管理。一是要充分认识加强媒体规范管理的重要性紧迫性。必须把加强媒体规范管理作为一项重要而紧迫的任务,统一思想认识,采取得力措施,以对党和人民高度负责的精神,敢于管理、善于管理,切实肩负起管好舆论阵地的职责。二是要有针对性地解决传播秩序中的突出问题。一是严格规范新闻采编行为,二是加大虚假新闻的治理力度,三是加强对上星频道的管理,四是加强互联网特别是微博客的管理。三是要严格宣传纪律和责任。要认真落实谁主管谁负责、谁主办谁负责和属地管理的原则,切实担负起政治责任、领导责任和把关责任,看好自己的阵地、管好自己的队伍,做到守土有责、守土尽责。

第四,切实抓好纪念辛亥革命100周年宣传教育。一是要牢牢把握宣传教育"振兴中华、民族复兴"这个主题,着力营造"爱国、统一、团结、奋进"的社会氛围。二是要认真组织重要纪念活动的宣传报道。三是要精心实施重点工作项目。

第五,切实抓好"走基层、转作风、改文风"活动。"走基层、转作风、改文风"是一项长期活动,要按照中央要求,在不断深化、拓展延伸、务求实效上下功夫。一是紧密联系实际、深化主题教育。二是不断扩大活动的参与面、教育面。三是加强工作指导、确保取得实效。

二、贯彻落实措施

结合会议精神和我省工作实际,现提出以下贯彻落实措施:

(一)向省委和省委主要领导汇报全国道德模范座谈会暨第八届中国公民道德论坛精神和全国宣传部长座谈会精神。

(二)10月上旬召开全省宣传部长座谈会,组织全省宣传文化系统和各新闻单位对座谈会精神进行集中传达学习贯彻。

(三)组织我省被表彰的第三届道德模范及提名奖获得者召开座谈会,加大对道德模范的宣传报道力度,营造向道德模范学习的良好氛围。

(四)全力做好省委十届十二次全会相关材料的筹备工作,为即将召开的省委全会做好准备。

(五)制定并下发宣传报道方案,大力营造良好的迎接党的十七届六中全会召开和省委十届十二次全会召开的舆论氛围。

(六)进一步把"走基层、转作风、改文风"活动引向深入,广泛组织记者深入基层、深入群众,深入宣传思想文化工作前沿、深入社会主义文化建设第一线,挖掘新鲜素材,掌握一手材料,多用事实、数据说话,多让群众、专家说话,突出新闻性,全方位、多角度展示贵州经济社会又好又快、更好更快发展的经验成就和社会反响。

在学习贯彻党的十七届六中全会和省委十届十二次全会精神宣讲骨干培训班暨省委宣讲团动员会上的讲话

(11月8日)

同志们:

今天,我们在这里举办学习贯彻党的十七届六中全会和省委十届十二次全会精神宣讲骨干培训班,召开省委宣讲团动员会。首先,我代表省委,对大家参加这次培训和宣讲活动,表示热烈欢迎和衷心感谢!

党的十七届六中全会一闭幕,省委就及时召开了十届十二次全会,各地各部门迅速兴起了学习贯彻全会精神的热潮。根据中央部署安排,10月30日,中央宣讲团成员、中宣部副部长、文化部部长蔡武来黔作了党的十七届六中全会精神宣讲报告,效果很好,反响强烈。为深入推进全会精神的学习贯彻,根据中央和省委要求,参照中央做法,省委宣传部会同有关部门组成省委宣讲团,拟于本月中旬赴各地各系统进行宣讲。此次宣讲有三个突出特点:一是规格高,省委宣讲团成员多为厅级领导,省直宣传文化系统主要负责人全体参加宣讲,很多同志都有丰富的宣讲经验;二是规模大,成员达45人之多,可以说是历史上省委宣讲团成员最多的一次,同时还对88个县(市、区、特区)宣讲骨干进行集中培训;三是覆盖广,省委宣讲团成员直接到9个市(州、地)和88个县(市、区、特区),省直三个工委及国资委系统进行宣讲,同时各市县宣讲员还将深入基层广泛宣讲。今明两天,省委宣讲团成员及县(市、区、特区)宣讲骨干进行集中培训备课,目的就是要通过培训,学习好全会精神,部署好宣讲工作,为深入推进全会精神的宣讲做好准备。

下面,我就深入学习贯彻全会精神、做好宣讲工作讲几点意见。

一、认清形势、深化认识,进一步增强做好全会精神宣讲工作的责任感使命感

党的十七届六中全会是我们党的历史上一次十分重要的会议。全会审议通过了《中共中央关于深化文化体制改革推动社会主义文化大发展大繁荣若干重大问题的决定》,对文化改革发展进行了战略部署,充分体现了我们党对所肩负的历史使命的深刻把握、对国内外形势的科学判断、对文化建设的高度自觉,是当前和今后一个时期指导我国文化改革发展的纲领性文件。省委十届十二次全会结合我省实际,深入贯彻落实党的十七届六中全会精神,重点研究部署我省文化改革发展,审议通过了《中共贵州省委关于贯彻党的十七届六中全会精神推动多民族文化大发展大繁荣的意见》,为我省推动文化繁荣发展指明了方向,是指导当前和今后一个时期推进我省文化跨越发展的重要文件。围绕学习贯彻全会精神集中开展宣讲活动,对于用全会精神统一思想、凝聚力量,对于深化文化体制改革、推动贵州多民族文化大发展大繁荣,具有重要的现实意义。

*一是开展宣讲活动有助于进一步营造氛围、兴起学习热潮。*把中央和省委的决策部署传达到广大干部群众中去,是贯彻落实全会精神的重要前提,也是全省广大干部群众的热切期盼。组织省委宣讲团赴全省各地宣讲,是贯彻落实中央和省委决策部署的一项重要举措,是把全会精神宣传到群众中去的重要途径和有效方式。抓好省委宣讲团的宣讲工作,具有重要示范意义和引领作用,有助于进一步兴起学习宣传贯彻全会精神的热潮,有助于带动各地搞好面向基层群众的宣讲活动。我们一定要按照中央和省委要求,认真扎实地做好全会精神的宣讲,为贯彻落实全会精神营造浓厚社会氛围。

*二是开展宣讲活动有助于进一步深化认识、凝聚发展共识。*省委十届十二次全会认真贯彻落实党的十七届六中全会精神,深入分析了我省文化建设面临的形势任务,提出了我省文化改革发展的指导思想、总体目标、重要任务、政策举措,具有很强的战略性、思想性、前瞻性和指导性。深刻领会中央和省委全会精神,需要紧密联系我省经济社会发展实际,紧密联系干部群众思想实际,从理论与实践、历史与现实的结合上,对有关重大问题进行全面透彻的阐释、深入浅出的解读。只有通过广泛深入的宣讲,把全会提出的一系列新思想、新观点、新举措讲透彻讲明白,把工作部署和工作要求说充分说清楚,才能使广大干部群众不断深化对全会精神的领会和理解,增强贯彻落实全会精神、推动文化改革发展的自觉性和坚定性。

*三是开展宣讲活动有助于进一步指导实践、推进贯彻落实。*深入学习贯彻中央和省委全会精神,要着力在武装头脑、指导实践、推动工作上下功夫,使全会精神转化为广大干部群众推进文化改革发展的自觉行动。全会对推动文化改革发展,既有理论上的新概括又有实践上的新要求,既明确了目标任务又提出了措施保障,指导性和操作性都很强。把全会提出的各项任务贯彻好、落实好,需要深刻分析这些政策措施的背景依据和重要作用,深入解读落实这些政策措施的途径办法和具体要求,充分说明这些政策措施给人民群众带来的实实在在的好处。只有通过广泛深入的宣讲,才能使广大干部群众更好地理解和落实这些政策措施,转化为破解文化发展难题的强大动

力，促进我省文化跨越发展。

二、全面准确、突出重点，切实把全会精神宣讲好阐释好

深入宣讲党的十七届六中全会和省委十届十二次全会精神，要紧密结合我省文化建设实际，着力引导广大干部群众以更加昂扬的精神状态、更加扎实的工作举措，不断巩固和发展我省文化改革发展的良好势头。要着力宣讲好以下几个方面的主要内容。

一是要深入宣讲我省文化改革发展取得的重大成就。近年来尤其是去年以来，我们根据中央要求，结合贵州实际，大胆探索、改革创新，采取有力措施，大力推动文化改革发展各项工作，我省文化建设取得了积极进展和显著成效。深入宣讲全会精神，就要深入阐释近年来特别是去年以来，我们在理论武装、舆论引导、精神文明创建、文艺精品创作、文化体制改革及对外宣传等方面取得的成就，深入阐释我省文化发展水平同其他兄弟省份的差距正逐步缩小，同经济社会发展和人民群众精神文化需求正不断适应。要通过深入宣讲，让广大干部群众深入了解我省文化改革发展取得的重大成果，进一步增强贵州文化自觉和文化自信，凝聚起推进我省文化改革发展的强大力量。

二是要深入宣讲推进我省文化改革发展的重大意义。全会《意见》紧密结合我省实际，用4个“深刻认识”深入分析了深化文化体制改革、推动我省多民族文化大发展大繁荣的重要性紧迫性，这是在深入分析进入新时期后我省文化建设面临新形势新任务新情况基础上，作出的重要判断。深入宣讲全会精神，就要深入阐释我省当前文化建设面临的机遇与挑战，深入阐释深化文化体制改革、推动贵州多民族文化大发展大繁荣，关系为我省经济社会发展提供重要支撑，关系促进民族团结、增强民族凝聚力、提升公民素养、促进社会和谐，关系实现到2020年与全国同步建成全面小康社会奋斗目标。要通过深入宣讲，引导广大干部群众进一步提高思想认识，增强贵州文化跨越发展的责任感、使命感和紧迫感，自觉把文化繁荣发展摆在全局工作重要位置，更好地发挥文化助推贵州加速发展、加快转型、推动跨越的作用。

三是要深入宣讲我省文化改革发展的奋斗目标。省委十届十二次全会着眼我省文化建设的现实需要和发展趋势，把远景规划和阶段性谋划结合起来，提出了到2020年我省文化改革发展的总体目标。这一总体目标，规划了我省今后十年文化改革发展的基本要求和主要指标，描绘了我省多民族文化大发展大繁荣的宏伟蓝图，反映了全省各族人民的共同愿望。深入宣讲全会精神，就要深入阐释这一目标与我省丰富的民族文化资源相匹配、与我省“两加一推”主基调相适应、与到2020年与全国同步建成全面小康社会目标相承接，深入阐释这一目标具有很强的前瞻性、战略性、针对性和可操作性，具有强大的感召力和推动力。要通过深入宣讲，生动展示我省文化建设美好前景，激发人们投身文化建设的创造热情，动员人们立足当前、着眼长远，为实现建设文化强省的战略目标打下坚实基础而共同努力。

四是要深入宣讲我省文化改革发展的重大举措。省委十届十二次全会从推进社会主义核心价值体系建设、发展先进文化思想、发展公益性文化事业、创作文艺精品力作、发展特色民族文化产业、深化文化改革开放、发展壮大文化队伍等七个方面，提出了一系列新举措新要求，明确了我省文化改革发展的主要任务和重点工作。这些重大举措，紧扣我省文化改革发展突出矛盾和深层次问题，涵盖了文化改革发展的各个领域，是加强文化建设必须抓好的基础性任务。深入宣讲全会精神，就要深入阐释全会提出的“九大文化工程”和“五个重要关系”，深入阐释落实好这些战略任务的具体要求，深入阐释完成好这些任务对于推进文化改革发展的关键作用。要通过深入宣讲，推动各地各部门结合自身实际，进一步明确文化改革发展的具体思路，制定科学合理、切实可行的发展规划，落实好文化改革发展各项任务，奋力开创我省文化建设新局面。

这里，我想重点强调的是，在宣讲过程中，要注重突出四个方面内容。一是要突出推动多民族文化大发展大繁荣这个主题。贵州是多民族省份，汉族和其他少数民族共同创造了多元和谐、开放包容的贵州民族文化，突出和彰显贵州文化的特质、特点、特色，打造好民族特色文化品牌，推动多民族文化大发展大繁荣，有利于进一步促进各民族经济社会发展、增进民族团结、增强民族凝聚力和向心力。二是要突出推进社会主义核心价值体系建设、弘扬贵州时代精神这条主线。社会主义核心价值体系是社会主义先进文化的精髓，决定着中国特色社会主义发展方向，是兴国之魂。“开放创新、团结奋进”的贵州时代精神，是对贵州优秀精神财富的传承发展，有利于进一步增强贵州文化自觉和文化自信，是强省之基。“爱国、敬业、诚信、友爱”的价值取向，是我省对概括社会主义核心价值观的一种探索，成为全省不同社会阶层的共同精神追求，是做人之本。这些内容，像一条主线，贯穿了全会《意见》各个框架，寓于《意见》的各个方面。三是要突出促进文化跨越发展、努力建设文化强省这个目标。文化跨越发展是贵州经济社会又好又快、更好更快发展的重要战略支点。事实证明，文化和经济发展不一定完全同步。贵州实现文化跨越发展，既有现实紧迫性，又有发展的基础与实现目标的可能性，既是一个目标，更是行动和举措。四是要突出抓好公益性文化事业和经营性文化产业这两个重点。当前和今后一段时间，我省文化改革发展进入关键时期，一方面要抓好公益性文化事业，完善公共文化服务体系，实施“八大文化惠民项目”；另一方面要抓好经营性文化产业，构建现代文化产业体系，推进“六个一批”。这些体现了我省对文化建设规律认识的进一步深化，是全会《意见》突出强调的重点、难点、亮点，希望同志们一定要宣讲好。

三、认真准备、鲜活生动，努力增强宣讲的吸引力感染力

宣讲是一项工作，也是一门艺术。能否抓住干部群众的兴奋点，能否联系干部群众所关心的实际问题，是干部群众坐得住、听得进、喜欢听、乐意听的关键。希望同志们认真总结运用以往宣讲的成功经验，既全面理解和深刻把握全会精神，又注重讲究宣讲艺术，努力增强宣讲的吸引力和感染力。

一是深入学习、领会实质。做好宣讲工作，首先要学习好领会好全会精神。要从认真研读全会文件原文入手，参考中央全会精神和我省全会精神两个宣讲提纲，深入分析全会关于我省文化建设面临形势的基本判断，深化认识全会关于我省文化改革发展的重大成就和宝贵经验的科学总结，深刻领会全会提出的推进文化改革发展的指导思想、重要方针、目标任务、政策举措等重要内容，真正领会精神实质，准确把握科学内涵。

二是认真备课、熟记内容。做好宣讲工作，关键是要有一个高质量的宣讲稿。要在深入学习领会全会精神的基础上，广泛收集资料，认真开展调研，了解干部群众在学习贯彻全会精神方面所关注的问题，了解当地经济社会发展特别是文化改革发展中的有关问题，将所需内容充实到提纲里去，将个人风格充实到提纲里去，使它真正成为一个有血有肉的宣讲稿。要花时间、下功夫对宣讲稿进行熟悉和消化，对宣讲稿的框架结构、重点内容、相关数据牢记于心，做到胸有成竹。要真情投入，用心宣讲，只有打动自己才会打动别人，自己充满信心，宣讲才会有激情，才会有效果。

三是把握政策、正确引导。宣讲全会精神，政治性、政策性、理论性很强。特别是思想文化领域情况比较复杂，很多问题比较敏感，一定要注意把握好宣讲基调和口径，坚持团结稳定鼓劲、正面宣传为主。宣讲成就，既要把成绩讲充分，又要注意把握分寸、留有余地。分析形势，既要充分说明有利条件和重大机遇，又要实事求是讲清楚面临的困难和问题。展望前景，既要给人信心、给人力量，又要阐明为实现奋斗目标需要付出的艰辛努力。对全会提出的文化改革发展重大举措、重大政策和涉及群众切身利益问题的宣讲，一定要符合中央和省委精神，全面准确、科学严谨，防止片面性，避免简单化。

四是联系实际、贴近群众。宣讲全会精神，要紧密联系当前国际国内形势的发展变化，联系我省经济社会发展实际，联系我省文化改革发展现实及文化工作的具体情况。要注意收集、梳理干部群众广泛关注的热点问题，有针对性地解疑释惑。要倡导清新朴实的文风，多讲群众听得懂、听得进的话，善于运用生动事实、典型事例讲清道理，善于运用群众喜爱的接受形式阐明观点，使我们的宣讲更加深入浅出、生动鲜活，为群众喜闻乐见。要重视互动这一环节，运用会后交流、座谈会等形式，和干部群众面对面交流，增强宣讲的实际效果。

四、加强领导、精心组织，确保宣讲活动取得实效

中央对宣讲工作高度重视，长春同志对宣讲工作提出明确要求，中央办公厅专门就做好学习贯彻党的十七届六中全会精神宣讲工作下发通知。根据中办通知要求，战书书记就我省宣讲工作作出重要批示，省委办公厅也向各地党委发出了宣讲通知。我们一定要按照中央和省委要求，加强领导、精心组织，真正把全会精神的宣讲任务落到实处。

一是精心组织宣讲工作。各地各部门要把组织好宣讲活动，作为推进全会精神贯彻落实的一项重要政治任务。认真组织党政机关、企事业单位干部、理论工作者、基层文化单位工作者、高校师生和离退休干部参加报告会，做好有关协调和服务保障工作。省委宣传部要会同有关部门，统筹安排好省委宣讲团在全省各地的宣讲活动，制定具体方案，精心筹划、周密组织，确保整个宣讲活动有计划、有步骤地推进。

二是努力扩大宣讲影响。各地各部门要充分利用多种渠道，最大限度地发挥省委宣讲团宣讲报告的作用。要在条件许可的情况下，尽可能多地组织干部群众参加报告会，使更多的人听到省委宣讲团的报告。报告会后要组织好学习讨论，进一步加深对全会精神的领会和把握。有条件的地方可设分会场，可将报告会刻制光盘，发送基层。要积极利用网络、电视等现代传播手段，把宣讲内容传播到机关、社区、企业、学校、乡村，扩大宣讲报告的覆盖面和影响力。

三是积极营造良好氛围。全省各级新闻媒体要认真策划、加强协调，充分报道省委宣讲团成员的宣讲活动，报道各地对宣讲活动的热烈反响，报道宣讲活动取得的突出成效。要在显著版面、重要时段安排宣讲活动的报道，形成合力、形成声势。要突出反映宣讲活动的热烈气氛，突出反映宣讲团成员和宣讲对象相互交流的生动场面，突出反映群众在听取报告后的切身感受，为进一步兴起学习贯彻全会精神的热潮营造良好舆论环境。

四是深入推进基层宣讲。各地各部门要按照省委下发的宣讲通知要求，选调有一定理论和政策水平、有较强宣讲能力、了解基层实际情况的领导干部、理论工作者组成宣讲团，深入基层开展宣讲。各级领导干部特别是宣传思想文化战线的干部，要带头学习、带头宣讲，面对面地回答干部群众关心的问题，以实际行动带动广大干部群众的学习。

同志们，学习贯彻党的十七届六中全会和省委十届十二次全会精神，是我们当前和今后一个时期的重要工作。这次宣讲时间紧、任务重，希望大家以高度的政治责任感、饱满的工作热情投身宣讲工作。在此，我代表省委、代表省委宣传部对大家表示感谢！我相信通过大家的努力，我们这次学习贯彻全会精神的宣讲活动一定能取得预期的效果。

最后，祝大家圆满完成组织交给我们的宣讲任务！谢谢大家！

以高度的文化自觉和文化自信
推动贵州多民族文化大发展大繁荣

——在省委十届十二次全会精神报告会上的讲话

（11月9日）

同志们：

党的十七届六中全会，深刻分析了中国特色社会主义文化建设面临的新形势和新任务，深入总结了我国文化改革发展的实践经验，鲜明提出了建设社会主义文化强国的目标任务，全面部署了深化文化体制改革、推动社会主义文化大发展大繁荣的各项工作，发出了进一步兴起社会主义文化建设新高潮的动员令。

为认真贯彻落实党的十七届六中全会精神，推动贵州多民族文化大发展大繁荣，10 月 27 至 28 日，省委召开了十届十二次全体会议。这次全会，是我省在“加速发展、加快转型、推动跨越”的关键时期召开的一次十分重要的会议，是全省各族人民政治生活中的一件大事。全会充分肯定了省委十届十次全会以来省委常委会的工作，全面总结了一年多来取得的重大成绩和宝贵经验，对推动我省多民族文化大发展大繁荣作了全面部署。省委书记栗战书同志在全会上作的两次重要讲话，全面分析了我省当前经济社会发展和文化发展面临的形势，进一步明确了下步工作措施和任务要求，对于我们做好当前和今后工作具有很强的指导性和针对性。全会审议通过的《中共贵州省委关于贯彻党的十七届六中全会精神推动多民族文化大发展大繁荣的意见》（以下简称《意见》），提出了我省文化建设的总体要求、目标任务和工作重点，理论上有新概括、政策上有新突破、举措上有新实招，是当前和今后一个时期我省文化改革发展的指导方针和行动纲领。学习好、掌握好全会精神，把思想和行动统一到省委的决策部署上来，是贯彻好、落实好全会精神的基础和前提。

一、近年来我省文化改革发展取得重要成就

党的十七大尤其是近年来，我省按照中央“高举旗帜、围绕大局、服务人民、改革创新”的总体要求，根据省委“靠改革创新、建文化强省、促历史跨越”的总体思路，加快文化建设步伐，不断深化文化体制改革，文化事业和文化产业发展取得新成就，人民群众的精神文化需求得到更多满足，为推动多民族文化大发展大繁荣奠定了坚实基础。

在思想理论建设方面，坚持用马克思主义中国化最新成果武装党员、教育人民。扎实推进全省学习型党组织建设。以党委中心组学习为重点，建设了覆盖全省所有市、县党委（党组）中心组的网络学习平台。打造理论学习品牌。连续 6 年推出署名“余心声”政论文章 24 篇，以清新活泼的语言生动阐释中央和省委、省政府的重大决策部署，回答干部群众关心的思想理论问题；先后推出“中国·贵州生态文明大讲坛”、“甲秀视线讲坛”，共举办专题报告 50 多期。精心组织宣讲。组建省、地、县三级宣讲团（组），开展党的创新理论宣讲季活动和“社科理论下基层”活动。加大应用对策研究。围绕我省经济社会发展的重大课题，深入开展理论研究，积极申报国家社科基金项目，取得一批重要科研成果。今年我省共有 81 项课题获得国家立项，获资助经费近 1200 万，创历史纪录。

在舆论引导方面，坚持服务中心、把握正确导向，不断提高舆论引导能力。做深做活主题宣传。全面、及时、准确地做好中央和省重大会议、重大活动、重大部署的宣传报道工作；围绕“两加一推”的主基调和工业强省、城镇化带动重大战略，围绕“创先争优”、“三个建设年”、“四帮四促”活动等重大主题，开展深入宣传和持续报道，形成了强大的宣传声势，使省委、省政府的决策部署进一步深入人心。整合省内主流媒体，推出了《论道》、《中国农民工》、《百姓关注》等有较大影响力的电视品牌节目，组织了“西部行”、“泛珠东盟·新南行记”等一批大型跨省采访报道，推出了李春燕、朱昌国、阿里木等一批在全国有影响的先进典型和冷洞村抗旱等先进事迹。聚焦重大会议和重大活动。去年以来，我们利用全国“两会”、贵州与央企投资发展恳谈会、香港投资贸易活动周等重大活动时机，集中开展新闻宣传报道和媒体推介，在宣传规模、报道深度、传播效果上取得了历史性突破。强化突发性事件舆论引导。近年来，我们及时有效地做好抗击特大雪凝灾害、特大旱灾、特大地质灾害等宣传报道，及时有效地做好瓮安“6·28”，安顺“7·26”，黔西“8·11”等重大突发性事件的舆论引导工作，进一步提高了网络宣传管理工作水平。

在精神文明创建方面，我们以推进社会主义核心价值体系建设为主线，扎实推进思想道德建设和精神文明创建。开展“四在农家”创建活动。坚持以“四在农家”创建活动为载体，推动农村精神文明建设。“四在农家”已成为中宣部、中央文明办推出的全国农村精神文明建设的重大典型，在全国产生了较大影响。目前全省创建活动覆盖8600多个行政村,受益群众800万人。推进"整脏治乱"专项行动。经过六年坚持不懈的努力,全省城乡环境面貌发生明显变化,社会文明程度和市民文明素质不断提升。群众对居住地城市的市容卫生总体环境满意率从2006年的70%上升到2010年的88%。推进"满意在贵州"主题活动。2008年以来,我们着力加强职业道德建设,经过三年的努力,我省政务服务、窗口行业服务和旅游接待环境都有了明显改善,涌现出了一批先进典型。公众对综合环境满意度从2008年初的72%上升到2010年的84%。此外,连续三年在全省中小学生中开展的"祖国好·家乡美"主题活动,连续两年实施的"千校万师"骨干培训工程,均取得了可喜成效。"和谐贵州·三关爱"、"绿丝带"等志愿服务活动不断深入,影响力不断扩大。

在发展公益性文化事业方面,加大公共文化服务设施建设,积极开展群众性文化活动,打造精品力作,不断满足人民群众的文化需求。大力实施文化惠民工程。积极实施一批包括广播电视村村通、文化信息资源共享、农家书屋、农村电影放映在内的文化惠民工程。全省广播、电视人口综合覆盖率分别达到86.55%和91.32%;完成了10.38万个20户以上自然村广播电视"村村通"的建设任务;建成农民文化家园1331个、农家书屋7161个;推动33个公共博物馆、纪念馆实现免费开放。着力打造"多彩贵州"文化品牌。我们按照"党政推动、市场运作、群众参与"的方式,坚持创新性、开放性和实效性的要求,从2005年以来,连续七年举办以"多彩贵州"为主题的系列大赛,共有省内外40万人(次)报名参赛,组织各类比赛共8000余场。从"多彩贵州"系列主题活动中脱颖而出的作品,在三届央视青年歌手电视大赛上取得了"两银三铜"、一届央视舞蹈大赛上取得了"一金一银"、四届中国舞蹈"荷花奖"民族民间舞大赛上取得了"五金四银四铜"的优异成绩,做到了在各类全国性文艺大赛中不缺席不缺奖。大型民族歌舞诗《多彩贵州风》分别到美国、加拿大、俄罗斯、英国等10多个国家和北京、上海、深圳、台湾等地巡演,被文化部列为重大文化交流活动备选节目。积极实施文艺精品战略。我们采取"党政推动、市场运作、以奖代补、优胜劣汰"的运作机制,激发了文艺创作生产活力。近年来,先后创作了等20多部体现贵州特色的影视作品,打造了近10部富有浓郁地方特色的演艺剧目,有两部电视剧获中宣部"五个一工程"奖。今年全国"两会"期间,国内各大院线又上映了贵州制作、反映贵州主题的三部电影《幸存日》、《云下的日子》和《炫舞天鹅》。近期还将有《奢香夫人》、《战地黄花》、《风雨梵净山》三部电视连续剧在央视和多家省级卫视播出。贵州文艺精品力作的不断涌现,特别是影视剧的异军凸起,增强了贵州人的文化自信,在国内形成有一定影响的"贵州现象",充分证明了经济发展滞后的地区,可以并完全能够在文化上实现跨越发展。

在深化文化体制改革,发展文化产业方面,我们结合贵州实际,大胆探索、改革创新,在关键环节和重点领域取得突破,富有成效地推动了文化体制改革和文化产业发展。文化体制改革取得显著成效。近年来,我省先后出台了三个深化文化体制改革的文件,制定了国土、税务、工商、金融等相关配套政策,有力地推动了文化体制改革,目前已在电视台的跨区域整合、全省广电网络整合、出版发行跨区域整合、文化企业集团化建设、文化市场综合执法改革五个方面取得了突破。在全省297家国有经营性文化单位和221家公益性文化事业单位中,基本完成转企改制任务的分别为253家、184家,剩余的44家、37家正在抓紧组织实施改革。文化产业呈现较快发展态势。贵州省广电网络公司数字电视用户已超过270万户,贵州家有购物集团公司去年实现销售额12亿元;新华文轩有限责任公司成为贵州最大的书城;遵义杂技团常年在国外商演,省演出公司整合省内文化艺术精品资源,陆续在国内大中城市进行巡演等,打造了6年的《多彩贵州风》与旅游市场结合,今年以来场场爆满,全年演出收入预计将突破4000万元。2010年我省文化产业收入321.65亿元,占全省GDP比重为2.44%;今年可望有较快增长。

在对外宣传方面,我们按照构建"党政推动、政企联合、多位一体、聚合发力"的大外宣格局,充分利用各类文化交流合作平台,以"多彩贵州"整体形象的塑造和提升为重点,推出一批外宣精品,大力开展经贸外宣和文化旅游外宣。坚持"走出去"推介多彩贵州。连续多年由省委省政府领导率队,赴发达地区和境外开展"多彩贵州"系列大型文化旅游推介活动;组织开展2010"台湾·感知多彩贵州"、"世博·感知多彩贵州"、世博会"贵州活动周"、"世界感知多彩贵州"等国内外推广系列活动,不断扩大贵州的知名度和影响力。继续"请进来"宣传多彩贵州。精心组织策划主题外宣活动,连续3年举办"多彩贵州踏春行"、"沿着歌声走贵州"大型采访报道活动;扎实做好第九届全国少数民族传统体育运动会、中国(贵州)国际酒类博览会、中国(贵州)茶叶博览会、"两赛一会"、"三赛一展"、生态文明贵阳会议、多彩贵州·中国原生态国际摄影大展、亚洲青年动漫大赛等重大文化会展赛事。此外,建立政府新闻发言人及党委新闻发言人制度,2007年至今共举办各类新闻发布会100多场,尤其是今年3月在北京召开的全国人大贵州代表团专场记者会、5月在香港召开的贵州·香港投资贸易活动周媒体推介会两场新闻发布活动,均引起热烈舆论反响。

我省文化建设取得的上述重要成就,营造了有利于全省改革发展稳定的良好舆论氛围,提高了全省各族人民的思想道德素质和科学文化素质,提升了社会文明程度,扩大了对外影响,树立了贵州对外新形象,促进了我省经济社会全面发展,增强了贵州人的文化自觉和文化自信,为推动贵州多民族文化大发展大繁荣打下了坚实基础。这些成就的取得,是省委、省政府坚强领导的结果,是各级各部门和社会各方面大力支持的结果,是全省宣传思想文化战线团结奋斗的结果。

二、推动贵州多民族文化大发展大繁荣的重要性紧迫性

认识文化建设的重要性和紧迫性,需要我们有长远的眼光、宽广的视野、战略的高度和全新的文化发展理念。

首先,从党的十七届六中全会提出的"四个越来越"战略高度来认识。中央六中全会《决定》指出,"当今世界文化越来越成为民族凝聚力和创造力的重要源泉,越来越成为综合国力竞争的重要因素,越来越成为经济社会发展的重要支撑,丰富精神文化生活越来越成为我国人民的热切愿望。"这"四个越来越"深刻阐述了文化在当代社会的重要性,突出了中国特色社会主义文化建设的重要性和紧迫性,体现了新时期推动文化建设的自觉、自信与自强。"文化越来越成为民族凝聚力和创造力的重要源泉",是因为文化是一个民族的灵魂和血脉,是一个民族的精神记忆和精神家园,体现了民族的认同感、归属感,反映了民族的生命力、凝聚力。"文化越来越成为综合国力竞争的重要因素",是因为当今世界激烈的综合国力竞争,不仅包括经济实力、科技实力、国防实力等方面的竞争,也包括文化方面的竞争。从一定意义上说,谁占据了文化发展制高点,谁拥有了强大文化软实力,谁就能够在激烈的国际竞争中赢得主动。进入21世纪,文化与经济相互交融,"文化经济化"、"经济文化化"、"文化经济一体化"的特征日趋明显,文化早已成为西方发达国家重点关注的新领域。当代世界各国在制定其新世纪的国家发展战略时,都将文化作为最重要的因素来研究和考察,作为最根本的立国之本来进行部署。上个世纪九十年代以来,澳大利亚、新西兰、英国、日本、欧盟等纷纷提出文化产业或创意产业发展战略,采取硬措施推动软实力不断壮大。10年前美国的文化产业年产值就占国内生产总值的四分之一,其中以视听音像产品为代表的美国文化产业,已成为美国重要的经济来源,其出口额已超过航空航天工业而居第一位。2001年日本文化产业总产值约占GDP的18.3%,成为仅次于制造业的第二支柱产业。韩国也提出"文化立国"的方针,将文化产业确定为21世纪发展国家经济的战略性支柱产业予以大力推进。"文化越来越成为经济社会发展的重要支撑",是因为文化产品是高端产品,文化消费是高端消费,文化产业是战略性新兴产业、是经济社会发展新的增长点、是转变经济发展方式的重要途径。正是文化产业在国民经济中的比重不断增加,在经济社会中的硬实力也在不断显现,从而为经济社会发展提供强大精神动力和智力支持。"丰富精神文化生活越来越成为我国人民的热切愿望",是因为在跨过温饱、迈入小康阶段,人们物质生活得到较大改善,精神文化层次上的需求就显得尤为强烈。顺应人民群众过上美好生活新期盼,不仅要在物质上提高幸福指数,而且要在精神层面提高幸福指数。正因如此，加大文化建设力度，可以为人们提供更多更好的精神文化产品和服务，可以丰富人们的精神生活，从而进一步提高人们的生活质量。

其次，从文化意识形态属性和维护文化安全的角度来认识。文化产品中既有娱乐欣赏属性，又含有意识形态属性；既有经济功能，又有政治功能。文化的特殊作用在于能够潜移默化地征服对方，而这种文化的征服是人心的征服。“以天下之至柔，驰骋天下之至坚”，往往能够起到政治、经济手段难以达到的作用。在全球化背景下，西方发达国家尤以美国为代表，充分利用其资本、技术和市场的优势，多方式、多手段地加大对欠发达国家进行文化渗透、思想控制，在多角度、多层面上展开文化渗透的入侵，企图实现其文化的政治化、全球化。其文化渗透方式主要有三种：一是假手对外文化教育交流及项目援助，进行文化渗透；二是凭借覆盖全球的综合信息传播体系，进行文化扩张；三是输出精神文化产品，进行文化入侵。国际敌对势力也认识到，单纯依靠硬实力遏制中国越来越不可能，从而加大了对我国进行意识形态渗透的力度，加紧对我国实施西化、分化战略，千方百计干扰和遏制我国发展。当前，美国的文化产品早已超越其表面价值，成为美国大规模输出意识形态、生活方式、价值观念和思维方式的工具。美国的好莱坞电影、流行歌曲等娱乐业文化产品的大量输出，迫使别国人民“无意识”地认同和接受美国文化，甚至怀疑和动摇本民族的文化及价值观。而我们自己的创意跟不上，我们的制作跟不上，我们的动漫发展水平还较低，没有竞争力，这些都为以美国为首的西方国家对我们展开文化渗透提供了广阔空间，如美国的动漫《功夫熊猫》、《花木兰》，就用我们中国的资源，把中国的文化元素变成他们的文化品牌。这种状况长期下去，国外的文化产品必然会大量涌入，占领我们的文化市场。如果我们不加快改革发展，形成我们自己的文化优势，就难以在激烈的国际文化竞争中站稳脚跟，就有既守不住也打不出去的危险。国外的局势必然影响到国内，必然影响到贵州，对此我们必须有清醒认识和忧患意识，以高度的文化自觉和强烈的责任感，担当起推动贵州多民族文化大发展大繁荣的历史使命。

第三，从国内和周边省份文化竞相发展的态势来认识。随着社会主义市场经济体制的逐步完善，文化赖以存在的体制环境发生了深刻变化，文化与市场的接轨已经成为文化发展的必然趋势。这既可提高文化资源配置的质量、效益和速度，拓展精神文化产品创作、生产、流通和消费空间，又对现有的文化生产和管理体制带来巨大冲击。当前，国内的文化产业竞相发展，各地区历史、传统、民俗等文化资源日益成为经济发展的基础资源，不少地方文化产业的增长速度高于国民经济的整体增长速度，成为提供就业机会的重要行业、产业结构优化的朝阳行业和经济增长的支柱产业，为促进当地经济增长、经济发展方式转变作出了积极贡献。十六大以来，国内许多省份都深刻认识到，文化已经成为综合实力的重要组成部分，是区域竞争的制高点。据不完全统计，国内有24个省份，提出建设文化大省、文化强省或把文化产业培育成为支柱产业。这使得新一轮区域竞相发展的战线，开始由经济领域延伸至文化领域。据统计，2004年以来，全国文化产业年均增长速度在15%以上，比同期国内生产总值增速高6个百分点，保持了高速增长的势头。2008年、2009年间，面对国际金融危机的冲击，文化产业逆势上扬，其消耗少、污染低、容纳就业多、附加值高等优势得到进一步凸显。2010年，文化产业增加值突破1万亿元，占国内生产总值比重由2004年的2.1%增加到2.5%以上；北京、上海、江苏、湖南、湖北、广东、云南等省市，文化产业增长速度年均超过20%，文化产业增加值占国内生产总值的比重均达到5%以上，成为当地新的支柱性产业。中央召开十七届六中全会后，从沿海到内地，从东部到西部，各地牢牢把握文化发展主动权，不断提高推动文化科学发展的能力，纷纷提出“文化强省”、“文化立市”，使我国的文化建设进入一个加速发展全面发展的新时期。最近，北京市提炼出了“北京精神”，提出要加快文化产业发展，做大做强首都文化企业，打造首都文化航母，使其与首都地位更加相称；广西提出，要努力把广西建设成为民族文化强区、在全国具有较大影响力的区域文化中心、中国与东盟文化交流枢纽以及中国文化走向东盟的主力省区；云南与文化部就加快推进云南桥头堡文化建设，助力云南文化强省建设签署合作协议，加速推进桥头堡文化建设；重庆提出要让文化发展引领全国，一枝独秀，使文化崛起成为一种模式；四川下决心要建成与经济发展相适应的西部文化强省……面对新形势新任务，我们必须不甘落后、抢抓机遇、迎头赶上。

第四，从推动贵州科学发展和实现历史性跨越来认识。推动贵州多民族文化大发展大繁荣，一是全面贯彻落实党的十七届六中全会和省委十届十二次全会精神，不断满足人民群众精神文化需求的需要。满足人民群众精神文化需求，是党的十七届六中全会和省委十届十二次全会提出的基本要求，是文化建设的重要任务和根本目的，是以人为本、执政为民的具体体现。我们进行文化建设，最重要的着眼点应当是人，是人的精神的丰富、需求的满足，是为了更好地促进人的发展。如果我们的精神文化产品，广大群众欣赏不上、欣赏不起、欣赏不了，这就很难造就文化的繁荣兴旺。随着经济社会全面发展和物质生活水平提升，我省进入消费结构提升、文化消费活跃的阶段，人民群众的精神文化需求前所未有地强烈，呈现出高品质、多样化、个性化的特点，求知求乐求美的愿望日益迫切，而我们提供的文化产品和服务还远远不能满足城乡居民需要，既有总量严重不足的短缺，也存在供需之间的结构性缺口。在这种情况下，深化文化改革发展、推动贵州多民族文化繁荣发展，不仅十分必要而且尤为迫切。二是深入贯彻落实科学发展观、实现经济社会发展历史性跨越的需要。贵州基础差、底子薄，实现经济社会发展历史性跨越，面临既要“赶”又要“转”双重任务，而且我们的跨越是经济、政治、文化、社会建设全方位的跨越。文化不崛起不跨越，经济社会就不可能崛起、不可能跨越。省“十二五”规划纲要从推动科学发展的高度，提出到2015年全省生产总值确保实现8000亿元，力争翻一番、突破10000亿元，人均生产总值接近3000美元。我们要顺利实现“十二五”时期奋斗目标、到2020年与全国同步实现全面小康社会，必须加快文化改革发展，推动经济建设与文化建设、政治建设、社会建设以及生态文明建设协调发展。同时，文化产业以创意为源头，是一种科技含量高、资源能源消耗低、环境污染小、知识密集型的绿色产业，在增加就业、扩大消费、拉动内需中发挥着越来越重要的作用，对建设资源节约型、环境友好型社会也具有不可替代的作用。我省近年来经济连续保持高速增长，但同时，发展中不平衡、不协调、不可持续问题依然突出，传统发展方式越来越难以为继。进入“十二五”时期，中央明确提出，要坚持以科学发展为主题，以加快转变经济发展方式为主线，推动经济发展走上创新驱动、内生增长的轨道。提升文化产业的比重，充分发挥好文化产业“优结构、扩消费、增就业、促跨越、可持续”的独特优势，是我省经济结构战略性调整和产业升级的一个重要选择方向。三是提振党员干部干事创业的精气神，打牢全省各族人民团结奋斗共同思想基础的需要。从某种意义上说，干部群众整体的创造力和凝聚力引领一个地区经济社会的发展。生命力强不强，创造力高不高，凝聚力大不大，起决定因素的，就是文化的力量、精神的力量。一篇好的理论文章，一台好的文艺节目，可以为经济社会发展提供精神支撑、观念支撑、舆论支撑，以及创新持续力支撑。近年来“多彩贵州”系列文化活动，对贵州丰富的文化艺术资源，进行全面深入的挖掘、整合、提升和充分展示，多方面地对贵州整体形象进行塑造和诠释，成功地将异彩纷呈的民族文化、历史文化、红色文化、生态文化等贵州元素提炼、融汇在一起，并在贵州文化的对外推广中不断丰富“多彩贵州”内涵，使之成长为一个响亮的区域文化品牌，凝聚了贵州人的文化共识，使广大群众增强了对贵州文化的认同感和自信心、自豪感，提振了全省人民推动经济社会发展历史性跨越的信心和决心。长期以来，由于经济社会发展相对滞后，贵州一些同志对自己的文化失去了自信，对加快发展也信心不足，不是“夜郎自大”，相反是夜郎自小、夜郎自卑。实现经济社会发展的历史性跨越，贵州尤其需要培养高度的文化自觉和文化自信，深入挖掘提炼贵州文化自觉自信的因子，摒弃和改造落后文化，发展符合时代要求的先进文化，大力弘扬贵州时代精神，坚定广大干部群众理想信念，增强走中国特色社会主义道路的信心和决心，凝聚起全省广大干部群众推动经济社会发展历史性跨越的强大力量。四是提高贵州文化竞争力、树立贵州良好新形象的需要。文化是软实力,更是发展的硬实力。当今各省综合实力竞争的一个显著特点是文化的地位和作用更加凸显,不断扩大和增强本地区文化的传播力和影响力,逐渐树立起良好的地区形象,对于促进地区综合实力和文化竞争力的提升具有十分重要的意义。近年来,我省文化建设步伐加快,贵州文化整体实力得到较大提升,贵州的知名度和美誉度进一步提高。但是也要看到,我省文化发展与经济社会发展和人民精神文化需求还不相适应,还存在一些亟待解决的突出矛盾和问题。省委十届十二次全会经过认真讨论,对这些突出矛盾和问题进行了归纳和梳理:一些党员干部理想信念不坚定,缺乏干事创业的精气神;一些领域道德失范、诚信缺失,舆论引导能力需要提高;一些地方和部门对文化改革发展重视不够,公共文化服务体系不完备,文化基础设施薄弱,文化建设投入不足;优秀文化资源有效保护和科学开发不够,文化产业整体实力不强;文艺精品力作不多,文化人才缺乏等等。解决好这些突出问题,增强贵州文化软实力,树立贵州良好形象,迫切需要大力推动我省多民族文化大发展大繁荣。我们必须对我省文化建设的历史和现状进行冷静审视,进一步提高对新的形势下推动贵州多民族文化大发展大繁荣重大意义的认识,深入挖掘提炼文化资源,努力实现经济与文化同步发展、文化产业与文化事业同步繁荣、文化基础工作与文化体制改革同步推进、文化市场主体与文化品牌同步壮大,不断提高文化竞争力和影响力,促进贵州文化对外交流与合作,让更多的人了解贵州、喜爱贵州,进一步树立贵州开放、自信、团结、奋进的新形象,建设平安、和谐、幸福的新贵州。

三、推动贵州多民族文化大发展大繁荣的主要任务和重要措施

按照党的十七大提出的全面建设小康社会奋斗目标和十七届六中全会提出的新要求,结合我省文化建设实际,省委十届十二次全会《意见》,提出了当前和今后一个时期我省文化改革发展的七项重点任务。

第一,推进社会主义核心价值体系建设,夯实各族人民团结奋斗的共同思想道德基础。全会《意见》对推进社会主义核心价值体系建设进行了科学、全面、深入的部署安排,提出了一些新思路新举措,并将这方面的总体要求作为一条红线贯穿全篇。《意见》从4个方面作出工作部署。一是推进党的创新理论深入人心。坚持用中国特色社会主义理论体系武装党员、教育人民,不断推动马克思主义大众化。二是在全省倡导"爱国、敬业、诚信、友爱"的价值取向,拓展精神文明创建。这浓缩为8个字的价值取向,是我省立足贵州干部群众的思想实际,对概括社会主义核心价值观的一种探索,是全省不同社会阶层的共同精神追求,是构建和谐贵州、平安贵州、幸福贵州的基础。要围绕这一价值取向,不断巩固和拓展"整脏治乱"、"满意在贵州"、"四在农家"等群众性精神文明创建活动,进一步打造符合贵州实际、体现贵州特色的文明创建品牌。三是发展繁荣哲学社会科学。不断提升我省哲学社会科学综合创新能力,确保哲学社会科学充分发挥"思想库"和"智囊团"作用。四是大力加强和改进舆论引导。壮大主流媒体,提高主流舆论的传播力和影响力,建设好、利用好、管理好互联网,培育文明理性的网络文化环境。

第二,发展先进文化思想,弘扬贵州时代精神。全会《意见》要求,要围绕践行社会主义核心价值体系,深入挖掘提炼贵州优秀传统文化,培育适应现代要求、引领先进文化发展方向的贵州文化意识和贵州时代精神,增强文化自觉和文化自信,提振干事创业的精气神。围绕这项任务,全会《意见》强调,要深入挖掘提炼贵州优秀文化资源,积极开展贵州优秀历史文化的研究和宣传工作;要改变自大自卑心理、固步自封状态、畏难等靠惰性,树立自信自强意识、开放融合理念、艰苦创业精神,培育贵州先进文化意识;要大力弘扬"开放创新、团结奋进"为核心的贵州时代精神,奏响贵州时代乐章"最强音"。

第三,发展公益性文化事业,更好满足人民群众基本文化需求。全会《意见》提出要按照"公益性、基本性、均等性、便民性"的要求,实施文化惠民工程,构建完善的公共文化服务体系;坚持可持续发展,实施文化保护工程。围绕这项任务,《意见》从 4 个方面作出工作部署。一是实施八大惠民工程。八大惠民工程范围覆盖了省、市、县、乡、村五个层级，内容包涵了省级重大文化基础设施、县乡文化馆站、农村广播电视“村村通”、农村电影放映、农村文化信息资源共享、农家书屋等方面。二是提高公共文化设施服务水平。加强现有公共文化服务设施的管理，鼓励各类企业参与公共文化服务，让更多的群众享受文化发展成果。三是加快建设现代传播体系。加快数字化转型，发展新媒体，扩大覆盖面。四是实施优秀文化遗产保护工程。大力保护和科学利用红色文化遗址、自然遗产地、重点文物保护单位、非物质文化遗产、历史文化名城名镇名村、工矿遗址等优秀文化遗产，积极申报和建立文化生态保护试验区，推动我省非物质文化遗产的传承和发展。

第四，激发创新活力，创作生产更多文艺精品力作。创作生产更多人民群众喜闻乐见的优秀作品，是文化繁荣发展的重要标志和根本目的。近几年，我省在文化创作方面取得了一些成就，但是，与其他省区相比，与人民群众的需求和期待相比，不管是文艺创作的数量，还是文艺作品的质量，以及产生的经济效益，我们都还有较大差距，特别是叫得响、传得开、留得住的高质量文化产品不多。全会《意见》特别强调，要实施文艺精品工程，创作生产更多具有贵州特色、贵州风格、贵州气派的优秀作品。围绕这项任务，《意见》从 4 个方面作出工作部署。一是打造文学艺术精品。通过打造生产创作基地、培育骨干影视企业、推进影视剧目创作生产、扶持具有民族特色和地方特点的重点演艺集团公司等，创作生产更多优秀作品。二是培育民族文艺品牌。通过办好全省民族文艺会演和大型节庆活动，支持优秀民族文艺团体出国出境演出，鼓励各级各类学校开展民族文艺教育等方式，创建具有民族特色的文艺品牌。三是丰富群众文艺活动。继续办好“多彩贵州”系列大赛，组织各级各类艺术团体开展“送欢乐下基层”活动，充分调动广大群众进行文化创造的积极性主动性。四是完善激励机制。组织开展全省精神文明建设“五个一工程”奖、贵州省文艺奖、“新长征”职工文艺奖等评选，继续实施贵州文艺作品高端平台展示奖励等。

第五，做大做强特色文化产业，培育形成国民经济支柱性产业。贵州文化资源丰富，具备加快实现文化繁荣发展的优势和条件。当前，我省文化发展迎来了最好的历史机遇期和黄金发展期，既有中央高度重视的大背景，又有省委、省政府的强力推动，我们完全有条件有能力做大做强文化产业，使之成为我省国民经济支柱性产业。围绕这项任务，《意见》强调要大力实施文化产业工程、文化科技工程和文化融合工程，重点实施好“六个一批”。并从 4 个方面作出工作部署。一是构建多民族特色文化产业布局。根据全省各地文化资源的特色、特点，构建一个产业核心区和八个产业集聚区，形成贵州多民族文化与丰富多彩的历史文化、区域文化、生态文化相结合的总体产业格局。二是形成多民族特色文化产业结构。着力扶持培育多民族特色文化产业，着力发展壮大文化旅游产业，着力促进多民族文化与相关产业融合发展。“十二五”时期，加快建设省“十大文化产业园”、“十大文化产业基地”和规划建设一批市县文化产业园区、基地。到 2020 年，创建 20 个以上国家文化产业示范基地和 100 个以上省级文化产业示范基地，形成多民族特色鲜明的文化产业结构。三是建设现代文化市场体系。培育形成一批国有骨干文化企业，实现一批文化企业上市，形成覆盖城乡的文化产品流通渠道，为加快发展文化产业提供良好条件。四是提供文化产业政策保障。全会《意见》提出要从财政、税收、金融、工商、土地、人才等方面，加大对文化产业发展的支持力度，推动形成有利于文化产业发展的良好政策环境。

第六，深化文化改革开放，构建促进多民族文化繁荣发展的体制机制。建设文化强省，归根到底还要靠改革开放，建立健全科学的体制机制，发挥市场在文化资源配置中的作用，创新文化走出去模式。基于这样的认识，全会《意见》要求，坚定不移地推进和深化文化体制改革，大力实施文化传播工程。强调要通过加大改革力度，确保在今年年底前基本完成国有经营性文化单位转企改制任务，在党的十八大召开前全面完成改革任务。强调要通过深化完善文化管理体制改革，建成管人管事管资产管导向相结合的国有文化资产管理体制。强调要通过“请进来”、“走出去”，大力实施文化传播工程，提高贵州多民族文化的影响力和竞争力。

*第七，发展壮大文化队伍，为加快文化改革发展提供人才支撑。*文化人才是精神文化产品的创造者、生产者和产品价值的实现者。历史上，贵州出现过许多享誉全国乃至世界的文化名人。但一段时期以来，由于受经济发展等因素制约，文化人才的培养和成长受到极大影响，造成贵州文化人才匮乏，从而影响和制约着贵州文化的发展。加强文化队伍建设，推进贵州文化跨越发展，已经成为新的历史条件下，摆在我们面前的重要任务。全会《意见》提出，实施文化人才工程，培养造就一支锐意创新、结构合理、作风过硬的高素质队伍。要通过牢固树立人才资源是第一资源的观念，激发文化工作者的积极性和创造性；通过加强文化领域领导班子和干部队伍建设，选好配强文化领域各级领导班子；通过加大“四个一批”人才选拔培养、实施“文化产业金黔人才培养工程”、健全基层工作机构等措施加强人才队伍建设。通过健全完善文化工作者挂职锻炼、调研采风、民情体察制度和设立贵州省文化荣誉制度等措施，加强文化工作者职业道德和作风建设。

四、学习贯彻全会精神需要着重把握的几个问题

省委全会通过的《意见》，着眼未来发展，把握时代要求，遵循发展规律，紧贴人民需要，明确了推进我省多民族文化大发展大繁荣的重大意义、指导思想、奋斗目标、重大任务和重大举措。同时，《意见》紧扣贵州文化改革发展的实际，着力突出了以下几个方面的问题。把握好这些问题，不仅对于我们全面准确、深刻领会全会精神具有十分重要的帮助，而且对于我们推进文化改革发展的具体工作，都会产生重要的指导作用。

*第一，《意见》突出了推动贵州多民族文化大发展大繁荣的主题。*全会《意见》不仅将“推动多民族文化大发展大繁荣”写入文件主标题，而且还在《意见》的二级标题中3次反复出现，给我们以强烈的主题意识、政策导向和视觉冲击力。同时，《意见》的其他有关内容，都紧紧围绕这一主题来展开。确立和突出推动多民族文化大发展大繁荣这一主题，主要是基于以下认识：一是贵州属多民族省份。主要体现为：民族族别多，在这块古老神奇、山清水秀的土地上，共同生活着49个民族；世居民族多，全省世居民族有汉、苗、布依、侗、彝、水、回、仡佬、壮、瑶、满、白、蒙古、羌和土家等18个；民族自治区域面积多，全省17万平方公里的总面积中，民族自治地方占55.5%；人口比例多，全省4000万总人口中，少数民族人口占36.11%，全省少数民族人口总量在全国各省（区、市）中排第4位。推动多民族文化大发展大繁荣，有助于进一步促进各民族经济发展繁荣，进一步增进民族团结、增强民族凝聚力和向心力。二是贵州有多元和谐、开放包容的多民族文化。贵州是我国民族文化资源最富集的地区之一。在长期的生产生活实践中，汉族和其他少数民族共同创造了多元和谐、开放包容的贵州文化。既有苗族吊脚楼、侗族风雨桥等民族建筑，又有布依族八音坐唱、侗族大歌等民族音乐；既有彝族彝文、水族水书等民族文字，又有蜡染、刺绣、银饰等古朴典雅的民族民间传统工艺；既有“姊妹节”、“四月八”、“芦笙节”、“火把节”、“端节”等节日，又有芦笙舞、木鼓舞、踩鼓舞等民族舞蹈。这些风格迥异的文化景观交相辉映，使得贵州民族文化在类型上具有多样性、形态上具有原生性、精神上具有包容性、内涵上具有厚重性。贵州就像一个民族文化的大观园。贵州的多民族文化，是中华历史文化的重要组成部分，是推动贵州多民族文化大发展大繁荣的现实基础。三是贵州应有自己文化建设的特有模式。贵州多民族文化大发展大繁荣，必须充分考虑贵州民族文化的特点特质特性，既要注重民族文化的统一性，又要注重民族文化的多样性；既要考虑民族文化的共同性，又要考虑各民族文化的差异性。这就决定了贵州文化改革发展既要学习借鉴其他省区的经验和好做法，但又不能简单地照抄照搬别人的发展模式，必须充分展示贵州各民族的优长之处，打好贵州民族特色牌，形成有贵州印记、贵州特色、贵州标志的贵州文化建设特有模式，推动多民族文化大发展大繁荣。突出多民族文化大发展大繁荣主题，就为推进我省文化跨越发展树起了一面旗帜，指明了努力方向，从而将更加有力激发起全省各族人民为推动多民族文化大发展大繁荣而共同奋斗的自豪感和自信心。

《意见》正是紧紧围绕这一主题进行谋篇布局,提出奋斗目标、作出重大部署。

第二,《意见》突出了推进社会主义核心价值体系建设、弘扬贵州时代精神的主线。社会主义核心价值体系是兴国之魂,是社会主义先进文化的精髓。无论从国家文化建设的层面,还是从我省文化建设的层面,都始终处于首要地位,发挥着原则性导向性的作用。因此,我们强调,社会主义核心价值体系是兴国之魂,是强省之基,是保证我省文化建设正确方向的前提。全会《意见》在推动我省文化跨越发展的指导思想中,突出强调了社会主义核心价值体系的重要性,指出深化文化体制改革,推动我省多民族文化大发展大繁荣,必须以建设社会主义核心价值体系为根本任务。我省文化跨越发展的总体目标中,第一个目标就是“社会主义核心价值体系建设深入推进,良好思想道德风尚进一步弘扬,公民素质明显提高”。《意见》在第三部分,就如何推进社会主义核心价值体系建设进行了深入阐述,强调推进社会主义核心价值体系建设,必须坚持马克思主义指导地位,坚定中国特色社会主义共同理想,弘扬以爱国主义为核心的民族精神和以改革创新为核心的时代精神,树立和践行社会主义荣辱观。要大力实施文明素质工程,把社会主义核心价值体系融入到国民教育、精神文明建设和党的建设全过程,体现到改革开放和社会主义现代化建设各领域。按照这样思路,《意见》提出要实施文明素质工程,大力推进党的创新理论深入人心、拓展精神文明创建、繁荣发展哲学社会科学、加强和改进舆论引导等重要措施。全会《意见》提出大力倡导“爱国、敬业、诚信、友爱”的价值取向,就是结合贵州实际对践行社会主义核心价值观的一种探索,主要目的是立足贵州干部群众的思想意识和价值观念,使社会主义核心价值体系具体化、为群众所掌握,成为全省不同社会阶层的共同精神追求。具体来讲,爱国是民族自我认同的心理基础,爱国主义是中华民族精神的核心。对于贵州来说,要切实把爱国主义精神体现在维护国家发展大局上,同时,要体现在建设家乡上,将爱国热情转化为干事创业的行动、转化为艰苦奋斗的作风、转化为开拓创新的激情,不断创造新的更大的业绩,推动贵州早日实现经济社会发展的历史性跨越。敬业是中华民族的优良传统,是社会主义职业道德的集中体现。我省经济基础薄弱,要与全国同步建成全面小康社会,除了苦干实干,没有任何其他捷径可走。我们要在全社会大力弘扬敬业精神,教育和引导全省各族干部群众立足本职岗位、干好本职工作,做到干一行、爱一行、钻一行、精一行,脚踏实地、埋头苦干,兢兢业业、扎扎实实地做好每一项工作。诚信是我国传统道德文化的重要内容,也是现代文明的基石与标志。在社会主义市场经济条件下,诚信是最佳的发展环境和特殊的发展资源。贵州正处于大发展、大跨越的关键时期,没有一个好的诚信环境,谁会来投资?没有一个好的诚信环境,恐怕连基本的秩序都难以维持。要大力推进诚信贵州建设,增强全社会诚实守信意识,把诚实守信作为基本行为准则,加强政务诚信、商务诚信、社会诚信建设,以信立德、以义求利、以善修身,在全社会大力弘扬诚实守信的良好风尚。友爱是一种重要的人类情感,是社会和谐进步的重要基础。我省是一个多民族省份,人口数量多,大杂居、小聚居,“十里不同风、五里不同俗”,始终倡导一种多民族大家庭团结友爱的社会氛围十分重要。要大力弘扬社会主义友爱,以互助互爱为纽带,努力营造人人为我、我为人人的良好社会公德,在全社会形成团结互助、平等友爱、共同前进的人际关系,为构建和谐贵州、平安贵州、幸福贵州奠定坚实基础。关于贵州时代精神,也是这次全会《意见》的一个亮点。《意见》的第四部分,强调要围绕践行社会主义核心价值体系,深入挖掘提炼贵州优秀传统文化,培育适应现代要求、引领先进文化发展方向的文化意识,弘扬贵州时代精神,增强文化自觉和文化自信,提振干事创业的精气神。全会提出了以“开放创新、团结奋进”为核心的贵州时代精神,其实质就是要以开放增活力、以创新求突破、以团结聚力量、以奋进促跨越。这两句话既是对长征精神、遵义会议精神、大关精神以及在抗旱中形成的贵州精神的继承,又顺应时代发展赋予了新的内涵。全会强调要大力培育和弘扬贵州时代精神,使其内化于心、外用于形,不断巩固全省人民团结、发展、奋斗的共同思想基础,凝聚起实现“十二五”目标的强大力量,激励全省人民树雄心、立壮志，在加速发展、加快转型、推动跨越的伟大历史进程中，创先争优、增比进位，敢与强的比、敢向高的攀、敢同勇的争、敢跟快的赛，创造无愧于历史、无愧于时代、无愧于人民的业绩。推进社会主义核心价值体系建设、弘扬贵州时代精神这条主线，贯穿了全会《意见》的始终，体现在我省文化改革发展的各个方面。可以说，把握了这条主线，就对全会《意见》的科学内涵、精神实质有了一个基本的认识和把握，对我们学习贯彻落实好《意见》、推进我省文化跨越发展必将起到重要指导作用。

第三，《意见》突出了促进文化跨越发展、建设文化强省的目标。2005 年，胡锦涛总书记考察贵州，殷切希望贵州能早日实现经济社会发展的历史性跨越。今年年初，李长春同志在全国“两会”期间参加贵州代表团审议时的讲话，对深化文化体制改革，推动文化产业成为贵州国民经济支柱性产业提出了殷切希望。7 月，刘云山同志考察贵州，对贵州文化建设和发展提出明确要求，强调贵州要增强文化自觉和文化自信，在充分发挥自身优势中实现文化跨越发展。实现贵州历史性跨越，是经济、政治、文化、社会建设全方位的跨越。实现贵州经济社会跨越发展，包括文化的跨越发展。没有文化的跨越发展，历史性跨越就不是完全意义上的实现。文化跨越发展，既是人民群众的需要和期盼，也是贵州经济社会又好又快、更好更快发展的重要战略支点。事实上，文化和经济发展不一定同步，经济相对滞后的地区，文化发展不一定滞后。贵州实现文化跨越发展，既有现实紧迫性，又有发展的基础与实现目标的可能性。这不仅是一个目标，更是行动和举措。关于我省文化跨越发展问题，全会《意见》着眼我省文化建设的现实需要和发展趋势，把远景规划和阶段性谋划结合起来，提出“要发展面向现代化、面向世界、面向未来的，民族的科学的大众的社会主义文化，努力推动我省文化跨越发展，为建设文化强省打下坚实基础”奋斗目标。在总体目标中，强调要基本建立覆盖城乡、结构合理、功能健全、实用高效的公共文化服务体系，基本建立文化产品特色鲜明、产业链条完整、市场要素繁荣的文化产业体系，基本建立较为完善的文化法规体系，基本建立创意理念不断涌现、科技手段广泛运用的文化创新体系，基本建立结构合理、素质优良、作风过硬的文化人才体系，文化繁荣发展的人才保障更加有力。学习贯彻全会精神，要深刻认识到，促进贵州文化跨越发展，努力建设文化强省的战略目标是与我省丰富的民族文化资源相匹配、与我省“两加一推”主基调相适应、与实现经济社会跨越发展、到 2020 年与全国同步建成全面小康社会目标相承接，是一个既贯彻中央要求又符合我省省情，既体现人民愿望又催人奋进的奋斗目标。要深刻认识到，建设文化强省是一个逐步积累、持续发展的过程，需要全省广大干部群众共同努力，一步一步向前推进，通过实现阶段性目标，促进文化跨越发展为建设文化强省打下坚实基础。

第四，《意见》突出了推进我省文化改革发展的主要任务和重大措施。推进我省文化改革发展，是一项内容丰富、任务繁重的宏大工程。既包括思想理论的内容，又涵盖文化改革发展的具体内容；既包括宏观的层面，又涉及具体操作层面的问题；既有原则性指导性的要求，又有指令性的指标规定。全会《意见》提出了如下主要任务：一是完成一个指标，到“十二五”期末，文化产业增加值达到全省生产总值的 5% 以上，文化产业成为我省国民经济支柱性产业。二是实现两个目标，到 2020 年，实现文化跨越发展，为建设文化强省打下坚实基础。三是抓好两个重点。一手抓公益性文化事业，一手抓经营性文化产业。抓好公益性文化事业，完善公共文化服务体系，重点实施“八大文化惠民项目”，即实施省级重大文化建设项目，县县有文化馆、图书馆建设项目，乡乡有综合文化站和村村有文化室建设项目，广播电视“村村通”项目，城乡文化信息资源共享项目，农村公益电影放映项目，村村有农家书屋项目，优秀文化遗产保护项目。抓好经营性文化产业，构建现代文化产业体系，重点推进“六个一批”，即完成一批文化单位转企改制，建立现代企业制度；规划和建设一批文化产业园区、基地和重点项目；生产创作一批有影响的文化精品；培养和集聚一批文化产业“尖子人才”；组建一批文化中介机构；搭建一批文化产业投融资平台。四是实施好九大文化改革发展工程：实施文明素质工程，努力用社会主义核心价值体系教育人民，提高城乡人民群众的道德水准和文明程度；实施文化惠民工程，加快公共文化服务体系建设，保障人民群众基本文化权益；实施文化保护工程，加强多民族文化资源保护与利用，实现文化可持续发展；实施文艺精品工程，丰富群众文艺活动，满足人民群众多层次文化需求；实施文化产业工程，壮大文化产业实力，推进文化产业跨越发展；实施文化科技工程，加快科技创新成果转化，提升文化产业核心竞争力；实施文化融合工程，推进文化与相关产业融合，增加相关产业文化含量、提高附加值；实施文化传播工程，推动文化“走出去”，提升贵州文化影响力；实施文化人才工程，培养造就高素质文化人才队伍，为文化发展繁荣提供有力人才支撑。五是正确把握五个重要关系。在实现奋斗目标、实施文化工程中，必须充分考虑突出和彰显贵州文化的特质、特点、特色，正确把握民族共性文化与个性文化的关系、通俗文化与高雅文化的关系、传统文化与当代文化的关系、整体文化与区域文化的关系、贵州文化与外来文化的关系。学习领会全会精神，要深刻认识到这些重大部署和重要举措，紧扣我省文化改革发展突出矛盾和深层次问题，涵盖了文化改革发展的各个领域，是加强文化建设必须抓好的基础性任务。要深刻认识到，完成这些任务必须按照全会要求，找准工作的着力点和主攻方向，以卓有成效的工作，推动我省文化改革发展不断取得新进展新成绩。

第五，《意见》突出了我省文化改革发展的组织保障。加强和改进党对文化工作的领导，是深化文化体制改革、推动多民族文化繁荣发展的根本保证。要从战略和全局的高度，把握文化发展规律，健全领导体制和工作机制，加大支持力度，形成合力推动的工作局面。全会《意见》从四个方面对加强我省文化改革发展的组织领导进行了论述。在政策法规方面，要建立和进一步完善文化改革发展的各项制度，认真落实国家和省关于支持文化产业发展的各项优惠政策，从财政、税收、金融、工商、土地、人才等方面，建立全方位政策支持体系，为文化产业营造宽松的发展环境。在队伍建设方面，要坚持党管文化、党管干部的根本原则，造就一支政治坚定、业务过硬、作风优良的领导班子和领导干部。要按照培养“创新型、复合型、外向型、科技型”新型人才要求，进一步创新培养方式，拓展培养领域，提高培养质量，努力造就一支高素质专业文化工作队伍，为推进贵州文化跨越发展提供人才支撑。在组织领导方面，各级党委、政府要充分认识加强和改进党对文化工作的领导是推进文化改革发展的根本保证，切实担负起推进文化改革发展政治责任，把文化建设摆在全局工作重要位置，纳入经济社会发展总体规划，推动文化与经济、政治、社会及生态文明建设协调发展。同时，要充分认识到广大群众既文化改革发展成果的享受者，也是推动文化大发展大繁荣的力量源泉，要始终坚持人民至上的价值观，积极搭建人民群众参与文化建设的广阔平台，大力营造鼓励文化创造的良好氛围，让蕴藏于人民中的文化创造活力得到充分发挥。

推动贵州多民族文化大发展大繁荣，责任重大、使命光荣。我们要以高度的文化自觉和文化自信，认真学习宣传贯彻党的十七届六中全会精神和省委十届十二次全会精神，形成有声势、有深度的学习热潮，使全会精神为广大党员、干部和群众所掌握，转化为促进贵州文化跨越发展的自觉行动，以优异的成绩迎接党的十八大和我省第十一次党代会胜利召开！

在2011年贵州省社会科学学术年会开幕式上的讲话

（11月11日）

同志们：

2011年的贵州省社会科学学术年会，今天隆重开幕了。今年年会的主题是“以改革创新精神推动多民族文化大发展大繁荣”。这是贵州省社科界认真学习、宣传和贯彻党的十七届六中全会、省委十届十二次全会关于推动文化大发展大繁荣的重要精神的具体举措，充分体现了我省社科界紧紧围绕中心、服务大局的使命感和责任感。在此，我向本次年会的召开表示热烈祝贺，并借此机会向全省广大社科工作者致以亲切问候！

同志们，当今世界，文化的作用和影响比以往任何时候都广泛而深刻，文化越来越成为民族凝聚力和创造力的重要源泉，越来越成为综合国力竞争的重要因素，越来越成为经济社会发展的重要支撑，丰富精神文化生活越来越成为我国人民的热切期盼。党的十七届六中全会审议并通过了《中共中央关于深化文化体制改革推动社会主义文化大发展大繁荣若干重大问题的决定》。省委十届十二次全会结合我省实际，深入贯彻落实党的十七届六中全会精神，研究部署我省文化改革发展，通过了《中共贵州省委关于贯彻党的十七届六中全会精神推动多民族文化大发展大繁荣的意见》，为我省推动文化繁荣发展指明了方向。今后一段时期，省社科界要把学习研究、宣传贯彻党的十七届六中全会、省委十届十二次全会精神作为重要任务。

下面，我借此机会就这个问题讲几点意见。

一、深刻领会省委全会关于文化大发展大繁荣的精神实质

改革开放特别是党的十七大以来，我省文化建设步伐加快，先后打造了《雄关漫道》、《绝地逢生》、《杀出绝地》、《奢香夫人》等一批影视精品，培育了“多彩贵州”等文化品牌，开展了“四在农家”、“整脏治乱”、“满意在贵州”等系列文明创建活动，彰显了抗旱中的“贵州精神”，形成了文化领域的“贵州现象”，充分表明经济上欠发达，文化不一定就落后，有时还可以超越经济发展，创造出不平凡的业绩。但是我们也清醒地看到，我省文化改革发展还存在一些突出问题，文化发展与经济社会发展和人民精神文化需求还不相适应，推动贵州文化大发展大繁荣的任务还很艰巨。省委十届十二次全会全面贯彻党的十七届六中全会精神，站在时代发展和战略全局的高度，结合我省实际作出了推进我省文化改革发展的一系列部署，对当前和今后一个时期我省文化改革发展工作具有重要指导意义。希望同志们深刻认识省委全会召开的重要意义、研究的重大主题、作出的重要决定，准确把握我省文化改革发展的现实条件、指导思想、奋斗目标、重大举措等等，切实把思想认识和具体行动统一到省委全会的精神上来，在具体的学习、研究、宣传工作中全面贯彻落实省委提出的各项重要任务，切实增强文化自觉和文化自信，努力推动贵州文化跨越发展。

二、深入阐释和研究多民族文化大发展大繁荣中的若干重大问题

省委十届十二次全会科学分析了我省文化建设面临的形势，提出了一系列新思想、新观点、新举措，深入研究和全面阐释这些成果，是理论工作者的重要责任。希望同志们围绕中央和省委全会精神，通过参与理论宣讲、组织召开座谈会、理论研讨、征文等多种形式，积极推进理论研究阐释，更好地解疑释惑、统一思想、深化认识，推动全会精神的贯彻落实。尤其要围绕我国和我省多民族文化大发展大繁荣中的若干重大理论和实际问题,比如:如何深入挖掘贵州文化资源、加强贵州文化创造、增强贵州文化自觉、自信、建设贵州文化强省;如何促进贵州文化与相关行业和相关产业的融合,不断提升经济社会发展的品质;如何正确处理文化的共性与个性、通俗与高雅、传统与当代、整体与局部、本土与外来的关系,推动贵州文化跨越发展,等等,组织力量进行深入研讨、集中攻关,努力推出一批有价值、有分量的理论研究成果,为贵州多民族文化大发展大繁荣提供有力的理论支撑和智力支持。

三、广泛开展社会主义核心价值体系和贵州时代精神的宣传普及

社会主义核心价值体系是兴国之魂,是社会主义先进文化的精髓,决定着中国特色社会主义发展方向。要按照中央和省委的要求,抓好理论强基、理论凝心、理论普及等工作,不断推进社会主义核心价值体系大众化,尤其要大力宣传“爱国、敬业、诚信、友爱”的价值取向,使其成为全省不同社会阶层所认同的、共同的精神追求。时代精神是一个社会精神风貌和社会风尚的综合体现,引领时代进步潮流。要大力培育和弘扬省委全会提出的“开放创新、团结奋进”的贵州时代精神,不断增强贵州人民的文化认同和文化自信,凝聚建设美好贵州的强大力量。要深入开展社科理论下基层活动,继续推进基层人文社科普及基地建设,加强和改善基层群众的文化民生,让基层群众共享更多的文明成果,切实保障基层群众的基本文化权益。

四、以开放创新精神推动哲学社会科学事业的大发展大繁荣

哲学社会科学界是文化战线的重要力量。哲学社会科学的繁荣发展是中国特色社会主义文化大发展大繁荣的题中之义。坚持和发展中国特色社会主义,必须大力发展哲学社会科学。希望同志们既要努力开展具有地方特色、民族特点、区域优势的基础理论研究,又要加强对重大现实问题的关注,特别是深入研究践行社会主义核心价值体系中的重大问题、深入研究我省经济社会发展历史性跨越中的重大课题,努力当好党委、政府的“思想库”、“智囊团”;既要加强具有贵州特色的哲学社会科学优势学科群和研究创新体系建设,提升哲学社会科学综合创新能力,又要加强哲学社会科学知识普及工作,提高广大群众的社会科学素养,努力促进社会文明、和谐、进步。社科联作为党委政府联系哲学社会科学工作者的桥梁和纽带,要不断加强和创新管理体制、组织形式和活动方式,团结广大社科工作者为繁荣发展哲学社会科学事业、促进贵州历史性跨越作出新的贡献。

同志们,建设文化强省的号角已经吹响。让我们以高度的文化自觉和文化自信,大力弘扬“爱国、敬业、诚信、友爱”的价值取向和“开放创新、团结奋进”的贵州时代精神,开拓进取、扎实工作,推动贵州文化跨越发展,以良好的精神状态和优异的成绩迎接党的十八大和我省第十一次党代会胜利召开!

在本次年会开幕式上,我省知名的文化学者、省人大常委会副主任顾久同志将为我们作一场精彩的学术报告。相信他的报告将为我们学习领会中央和省委精神,提供宏大的文化视野、独特的地域视角和实践的探索思考。

最后,预祝本次学术年会圆满成功!

在贵州省团校调研贵州省“千校万师”培训工程时的讲话

(11 月 18 日)

同志们:

今天晚上中央文明办王世明主任百忙之中专门抽出时间来看望大家,我们表示热烈的欢迎。世明主任对未成年人思想道德教育非常重视,对“千校万师”骨干培训工程给了很多指导。下面,我们欢迎世明主任给我们作指示。

中央文明办主任王世明讲话:(略)

刚才,世明主任从贯彻落实科学发展观的高度、从事关社会主义事业全局的高度,对开展“千校万师”骨干培训工程的意义给予了充分的肯定,令我们很受鼓舞。让我们再次感谢世明主任对我们的鞭策、对我们的指导、对我们的鼓励。

(欢送王世明主任离开会场,“千校万师”培训工程调研会继续座谈)

刚刚听了学员代表、老师代表和组织单位的发言,很受感动、很受教育,很受启发。大家的体会我归纳起来有四点:一是学有所获,无论是在知识的丰富、视野的拓宽上,还是在师德的培养、师风的树立等方面,大家都获益良多。二是学有所悟,加深了大家对教书育人的领悟,对立德立言立行的感悟。三是学有所思,对于如何把所学的运用到教学中去,如何把所学的与其他老师分享,如何教育学生健康成长,大家都有所思考。四是学有所创,对于如何结合本地本校实际,开展自己的培训,在“千校万师”基础上又有了新的创造,这些都是非常令人欣喜的。“千校万师”培训工程从去年 9 月启动到现在仅仅一年多的时间,从学员的反映、社会的反响各方面来看,取得了显著的成效,已经成为全省、乃至全国加强未成年人思想道德建设的品牌活动。“千校万师”培训工程是一个系统工程,省委宣传部是倡导者,团省委、省教育厅和省文明办作为组织者,省团校作为具体的实施者,都把这件事当成关乎长远、关乎全局、关乎民族兴旺的大事来做,当成一件非常神圣、非常光荣的使命去完成,不计较得失、不计较名利,踏踏实实、任劳任怨、兢兢业业地举办了 100 多期,在这里,我要对在“千校万师”活动中付出辛勤劳动和努力的同志们,特别是各位老师们表示衷心的感谢并致以崇高的敬意。

下面,我谈三点体会,和大家交流。

第一,为什么我们要开展这个“千校万师”未成年人思想道德建设骨干教师培训工程活动?加强和改进未成年人思想道德建设,既关系国家未来、民族发展、社会和谐,又关系千家万户的幸福安康,是一项战略工程、基础工程、民心工程、德政工程。全国未成年人思想道德建设经验交流会召开之后,在如何抓好会议精神的贯彻落实上,我想不能以会议贯彻会议、以文件贯彻文件,而是要抓住未成年人思想道德建设的关键,通过开展一个活动,找到一个抓手、一个载体,真正让学生受益,取得实实在在的成效。我们都是从学生走过来的,都有一种体会,如果在学生时期遇到一位好老师,无论是传播知识,还是熏陶做人,都会让我们一辈子受益匪浅。因此,我认为,对孩子成长影响最大的就是老师。要真正抓好未成年人思想道德建设问题,就要从源头抓起,首先抓从事未成年人思想道德教育教师的师德师风问题。做事,要先做人。教师要教书育人,也要先做好人,才能做好事。那么怎么做好人?首先要立德。立德靠什么?还是要靠熏陶、靠灌输、靠教育,通过教师师风师德的教育,通过教师的言传身教,教育我们的孩子怎么做一个大写的“人”、做一个合格的“人”。这个就是我们开展这个活动要解决的问题、要达到的目的。

第二，我们要把“千校万师”未成年人思想道德建设骨干教师培训工程坚持不懈、持之以恒地办下去。实践证明，“千校万师”培训工程是加强和改进未成年人思想道德建设的有效载体，把它持之以恒地办下去，非常重要，也非常必要。有人说，做事有三种境界。第一种是把工作当作负担，当作是一份苦差事来干，结果是工作的精神状态不好，工作的效果不好，对自己身体也不好。第二种是把工作当作职业，当作是谋生必须去干，无所谓工作心情的苦乐，无所谓工作成果的好坏，被动地去完成。第三种是把工作当成事业，充满激情、充满热情地干。我觉得我们应该用第三种境界去做，把培训工程作为一项神圣的事业，饱含激情的去干，这样，即使再苦再累，都会觉得累得很充实，苦得很有信心。要从打造民族未来精神大厦、道德之塔的高度，进一步增强责任感、使命感和紧迫感，不断改进教学手段、创新教学方式、丰富教学内容、扩大教学范围，积极探索建立长效机制，最大限度地扩展活动覆盖面，最大限度地提升活动影响力，最大限度地确保活动取得实效。

第三，我们要把贯彻落实中央、省委全会精神和抓好“千校万师”未成年人思想道德建设骨干教师培训工程结合起来。社会主义核心价值体系是未成年人思想道德建设的灵魂和根本，也是未成年人思想道德建设的首要任务。党的十七届六中全会突出强调了社会主义核心价值体系的重要性，并从中国特色社会主义事业全局和战略高度，提出了在国民教育、精神文明建设和党的建设全过程，全面推进社会主义核心价值体系建设的总体目标和任务。省委十届十二次全会贯彻十七届六中全会精神，对概括社会主义核心价值观进行了积极探索，提出在全社会倡导“爱国、敬业、诚信、友爱”价值取向，弘扬“开放创新、团结奋进”贵州时代精神。实施“千校万师”培训工程，是我省加强未成年人思想道德建设的有力抓手。当前，我们贯彻落实中央和省委全会精神，就要把推动树立“爱国、敬业、诚信、友爱”价值取向，树立“开放创新、团结奋进”贵州时代精神等内容融入到“千校万师”培训中，不断增强学员们的使命感和责任感，进一步增强我们的文化自觉和文化自信，为我省加快发展、加速转型、推动跨越凝心聚力。

在贵州广播电视台揭牌仪式上的讲话

（11月24日）

同志们：

今天，贵州广播电视台正式揭牌成立了，这既是贵州广播电视台的一件喜事，也是我省宣传思想文化系统的一件大事。在此，我谨代表省委、省政府对贵州广播电视台的成立表示热烈的祝贺！向长期以来为贵州经济社会发展辛勤工作的广大广播电视工作者致以崇高的敬意！

成立于1950年的贵州人民广播电台与诞生于1968年的贵州电视台，是省委、省政府重要的宣传阵地。两台共同经历了艰苦奋斗、励精图治的峥嵘岁月，共同经历了改革开放、科学发展的光辉历程，始终坚持正确的舆论导向，生动报道全省人民的伟大实践，全面反映贵州经济社会发展的巨大成就，积极传播优秀精神文化产品，为促进全省经济社会又好又快、更好更快发展做出了积极贡献，赢得了社会的赞誉和同行的好评。目前，贵州人民广播电台已拥有7个频率和一个网站，贵州电视台拥有10个频道及1个网站，采访、传输、播控系统已基本实现数字化。两台各项工作蒸蒸日上，事业建设步入健康、持续发展的快车道。

秉承历代贵州广播电视人的光荣与梦想，今天，两台又站在了新的历史起点上，贵州省广播电视事业也将迎来又一个发展的春天。广播电视两台合并，是省委、省政府深入贯彻落实中共中央关于深化文化体制改革战略部署、推动我省文化大发展大繁荣的一项重大决策，也是强强联手，更好地迎接市场挑战的时代需要。“十二五”时期，是全省经济社会和文化建设的黄金发展期，党的十七届六中全会和省委十届十二次全会描绘了多民族文化大发展大繁荣的宏伟蓝图，对营造良好思想舆论环境提出了新的更高要求。广播电视作为覆盖面最广、受众人数最多、传播速度最快、影响力最强的主流媒体之一，使命崇高，责任重大，省委、省政府和全省人民寄予厚望。

站在新的起点上，新任领导班子要不辱使命，精诚团结，拼搏进取，带领全台干部职工以饱满的工作热情和良好的精神状态，树立全球视野、战略思维、全局意识，与人民同忧同乐、与时代同行同进，围绕打造全国一流综合性大型传媒，高起点运作、大手笔推进，不断实现新跨越、新突破，进一步增强竞争力、传播力、影响力。

*一是坚持新闻立台，提高舆论引导能力。*要坚持政治家办台，高举旗帜不动摇，服务大局不松劲，以正面宣传为主，为团结稳定鼓劲，唱响主旋律，打好主动仗，为贵州经济社会又好又快、更好更快发展营造良好的舆论氛围；要把党和政府的中心工作与公众最关心的问题结合起来，“放大”中心工作与实现群众利益的共振点，找到新闻报道与群众现实需求的结合点，努力加强和改进重大主题宣传、典型报道、热点引导、舆论监督，不断增强宣传的吸引力、感染力，有效体现媒体引导舆论的作用。

*二是坚持内容立台，牢固树立精品意识。*要适应新媒体发展趋势和人民群众的新期待，贴近实际、贴近生活、贴近群众。注重从现实生活的肥沃土壤中汲取营养、提炼素材，使我们的节目内容来自于生活，服务于群众。要准确把握频道频率定位，合理设置节目栏目，有效推进资源整合，大力加强频道频率品牌设计、包装、运营和管理，不断提高专业化、品牌化发展水平。特别是要在打造精品上下工夫，要围绕展示贵州“开放创新、团结奋进”的时代精神，努力打造具有地方特色、文化底蕴，影响力大、生命周期长、群众喜闻乐见的节目栏目。

*三是坚持创新立台，做大做强广电事业。*在引领时代风气之先的宣传文化领域，永远要保持创新的活力。要瞄准科技发展最前沿，把握“三网融合”的新趋势，抢占制高点，增创新优势，培育开发多种业态的集成复合型产业，努力实现新媒体、多媒体、全媒体跨越发展；要以数字内容生产开发为核心，着力构建采、编、播、存、用为一体化的数字技术新体系，以科技创新带动体制机制创新，为广播影视发展提供强大动力；要充分发挥两台的优势，加快新闻线索、广告市场、受众群体、设备仪器、宣传推介等方面的资源整合，在实现平稳整合、安全播出的基础上，勇于突破、敢于超越，以体制、机制、内容、手段和形式的创新推动广播电视产业的发展升级，把贵州广电努力建设成为全国省级一流现代传播媒体。

*四是坚持人才立台，大力加强队伍建设。*要大力弘扬职业道德和职业精神，苦练过硬本领，着力建设一流队伍、培育一流作风、争创一流业绩，为建设文化强省、加速贵州发展培养造就更多的复合型人才、高层次领军人物和高素质人才。要不断完善人才培养使用机制，最大限度地调动各类人才的积极性、主动性和创造性。希望贵州广播电视台借助整合以后的人才优势，真正实现一加一大于二的效果，进一步提升广播电视的核心竞争力，造就更多的名主持人，为我省广播电视持续、快速、健康发展提供有力支撑。

省委、省政府将一如既往地关心和支持贵州广播电视事业的发展，支持全省广播电视事业做强做大。希望全省广大广播电视工作者以高度的文化自觉和文化自信积极推动文化跨越发展，积极推进文化强省建设。

同志们，今天是一个里程碑。新的征程，新的召唤，责任在肩，任重道远。我相信，在省委、省政府的坚强领导下，贵州广播电视人秉承艰苦创业，奋发搏击的优良传统，实现在变革中发展、在竞争中拼搏，在开拓中壮大，一定能为贵州实现历史性跨越谱写新的时代华章！

谢谢大家！

在省科学道德和学风建设宣讲教育活动报告会暨启动仪式上的致辞

（11 月 27 日）

各位专家、青年朋友们、同志们：

大家下午好！

正当全省上下深入学习贯彻党的十七届六中全会和省委十届十二次全会精神，推动贵州多民族文化大发展大繁荣、努力建设文化强省之际，贵州省科协和省教育厅联合在这里举办贵州省科学道德和学风建设宣讲教育活动报告会暨宣讲教育活动启动仪式。这既是广大科技工作者、教育工作者弘扬科学精神、维护科学尊严的盛会，也是引导全省科技工作者、教育工作者和青年研究生树立科研诚信意识、提高科学道德素养的实际行动，更是推动社会主义文化大发展大繁荣的重要举措。必将对推动形成风清气正、求真务实的优良学风，营造有利于自主创新和人才健康成长的科研环境发挥积极重要的作用。首先，我代表中共贵州省委，向关心、支持、参与宣讲教育活动的欧阳自远院士、马克俭院士等“贵州省科学道德和学风建设宣讲团”的各位专家、教授表示衷心感谢！向出席今天报告会的同志们、朋友们表示热烈欢迎！

科学技术是造福人类的事业，它催生惊天动地的奇迹，开创名垂青史的伟业，创造难以估量的财富。科学技术作为人类智慧的结晶，不仅创造了巨大的生产力推动经济社会发展，而且不断丰富和发展求真求实的科学文化，形成了以科学精神为精髓的人类社会的共同信念、价值标准和行为规范。纵观人类社会发展历史，我们可以清晰地看到，科学精神不仅是推动科学技术发展的不竭动力，也是引领人类文明进步的重要标杆，千百年来一直深刻影响着人们的行为方式和价值追求。

在我国，一代又一代科技工作者爱国奉献、坚持真理，开拓创新、诚实守信，不仅在科学技术领域取得了辉煌成就，而且铸就了热爱科学、勇攀高峰、忠于祖国和人民的高尚品格，彰显出优良的科学道德和学术素养，为全社会树立了光辉典范。“两弹一星”精神、载人航天精神就是科技界在创造伟大功勋中凝炼的伟大精神。精神之光，烛幽以明。这是我国科技界最宝贵的精神。没有这种崇高的精神，就没有我国科学技术事业今天这样良好的发展局面，就没有我国今天令世界瞩目的强盛国力、综合实力。

希望广大科技工作者与教育工作者切实加强道德建设和学风建设，继承和发扬老一辈科学家的优良传统，高举爱国主义旗帜，大力弘扬科学精神，恪守科学道德和科研伦理，以严谨的科学态度和强烈的社会责任感，着力推进学风道德建设，让科研领域成为阳光下最纯洁、最神圣的一方净土，让科技工作成为最受人尊敬、最令人向往的崇高职业。通过这次宣讲活动正确引导广大科技工作者特别是青年科技工作人才和在校研究生，遵守学术规范、坚守学术诚信、完善学术人格、维护学术尊严，旗帜鲜明地揭露和抵制学术不端行为。

我省的广大科技工作者、教育工作者要像爱惜自己的眼睛一样珍惜自己的学术声誉，坚决抵制学术上的不正之风，维护科技创新成果的公信度，维护科技工作者的良好形象。要切实增强自律意识，努力成为良好学术风气的维护者，严谨治学的力行者，优良学术道德的传承者，“爱国、敬业、诚信、友爱”价值取向的倡导者，围绕“加速发展、加快转型、推动跨越”主基调、服务“工业强省”“城镇化带动”主战略的先行者。

我坚信，在大家的共同努力下，通过广泛的宣讲教育，再加上其他有效措施，科研诚信必将改善，科学领域将更加纯净，科学精神将永放光芒！愿我省广大科技工作者、教育工作者在实现我省经济社会发展历史性跨越的伟大征程中谱写出新的更加华丽的篇章！

最后，祝我省科学道德和学风建设宣讲教育活动取得圆满成功！

在“大写神州——崔如琢书画巡展暨所藏《石涛罗汉百开册页》贵阳展”开幕式上的致辞

（12 月 13 日）

尊敬的富玉书记，崔如琢先生，

各位领导，各位嘉宾，同志们：

大家上午好！

在全国上下深入学习贯彻党的十七届六中全会精神，进一步兴起社会主义文化建设新高潮之际，著名书画家、鉴藏家、慈善家崔如琢先生的书画巡展暨所藏《石涛罗汉百开册页》贵阳展今天在贵阳隆重开幕，这是中国书画界的一件盛事，也是贵州对外文化交流中的一朵奇葩，在此，我代表中共贵州省委、省人民政府，对书画展的举办表示热烈的祝贺！对崔如琢先生和中国书画界专家们的到来表示热烈的欢迎！

书画艺术不仅是中华民族的文化瑰宝，更是中华民族的精神写照。崔如琢先生在书画方面的造诣、在鉴藏方面的眼光、在慈善方面的壮举，秉持了严谨笃学、淡泊名利、自尊自律的文化传统和精神品格，体现了艺术观与财富观的统一。我相信，这次书画展的举办，对于进一步弘扬民族文化、彰显民族精神，对于进一步促进书画界的学习交流、提升我国书画艺术水平，对于进一步提升文化自觉和文化自信，推动文化大发展大繁荣，必将产生积极的影响。

贵州山川秀美、气候宜人、资源丰富、人民勤劳，是文艺创作、文化创造的沃土。当前，贵州各族干部群众认真贯彻落实党的十七届六中全会精神，正以“开放创新、团结奋进”的时代精神，书写“加速发展、加快转型、推动跨越”的历史新篇章，描绘“多民族文化大发展大繁荣”的未来新蓝图。这为书画家们进行艺术创作提供了丰富多样的好题材，提供了激发创作灵感的土壤。希望书画家们深入贵州、了解贵州、感知贵州，创作出更多反映“多彩贵州、奋进贵州、希望贵州”的好作品，希望全省广大文化工作者见贤思齐，积极向名家大师们学习，更加自觉、更加主动地推动贵州多民族文化大发展大繁荣，为经济社会跨越发展提供坚实的文化条件和强大的精神动力。

最后，祝本次书画展圆满成功！祝崔如琢先生和中国书画界的专家们在黔期间心情愉快、身体健康！

谢谢大家！

在全省“诚信青年”主题活动启动仪式上的讲话

（12月14日）

同志们、青年朋友们：

今天，我们在这里隆重举行贵州省“诚信青年”主题活动启动仪式，这是深入贯彻落实党的十七届六中全会和省委十届十二次全会精神，扎实推进我省社会主义核心价值体系建设的具体实践；是在我省广大青年中大力倡导“爱国、敬业、诚信、友爱”价值取向和“开放创新、团结奋进”贵州时代精神的重要体现；是团结带领广大青年积极投身“诚信贵州”建设，助推全省经济、政治、文化、社会和谐发展的积极行动。在此，我谨代表省委、省政府，向参加启动仪式和主题活动的全体同志表示热烈的祝贺！

下面，结合当前工作实际，我就开展好全省“诚信青年”主题活动讲几点意见。

一、统一思想、提高认识，切实引导广大青年深刻认识诚信建设对贵州发展的特殊重要性

诚信是中华民族的传统美德。诚实守信作为基本的公民道德规范，已经成为现代经济社会发展的一道底线，成为国家强盛和民族复兴的一块基石。几千年来，“一诺千金”的佳话不绝于史、广为流传，“人无信不立”，“君子一言，驷马难追”的名言深入人心、老幼皆知。我们党历来高度重视诚信建设，尤其是在社会主义市场经济建设中，更是把诚信作为事业兴旺发达之道、现代文明发展之基、政府公正公信之源、社会和谐稳定之本。党的十七届六中全会审议通过的《决定》突出强调：“要把诚信建设摆在突出位置，大力推进政务诚信、商务诚信、社会诚信和司法诚信建设，抓紧建立健全覆盖全社会的征信体系，加大对失信行为惩戒力度，在全社会广泛形成守信光荣、失信可耻的氛围。”贵州省委、省政府高度重视诚信建设，近年来围绕“诚信贵州”建设和建立健全社会诚信体系，开展了“满意在贵州”主题实践活动、“诚信农民”建设等一系列群众性精神文明创建活动，取得了积极成效。当前贵州正处于大发展、大开放、大跨越的关键时期，更加迫切需要营造良好的诚信环境。前不久召开的省委十届十二次全会明确提出，“要在全省上下大力倡导‘爱国、敬业、诚信、友爱’的价值取向”，“大力推进诚信贵州建设”，“在全社会大力弘扬诚实守信的良好风尚”，目的就是为了营造更好的社会氛围，打造更好的发展环境，为贵州经济社会又好又快、更好更快发展凝心聚力。

青年是祖国和民族的未来，是中国特色社会主义事业的建设者和接班人，是我们党事业兴旺发达的希望。处在人生起步阶段的青年，既要注重增长才干，更要注重培养优良品德。广大青年的诚信意识和诚信实践决定着国家未来诚信建设的水平，加强社会诚信建设，必须从青年抓起。贯彻落实省委十届十二次全会精神，在全省青年中开展“诚信青年”主题活动，对提高广大青年道德素质和文明程度，推动贵州多民族文化大发展大繁荣，具有重要的现实意义和历史意义。我们要把青年诚信教育作为建设“诚信贵州”的基础内容，把青年诚信培养作为我省促进诚信建设的重要举措，把青年诚信建设作为提高全民诚信意识的关键环节，通过开展好这次“诚信青年”主题活动，为贵州围绕“两加一推”主基调、实现“三化同步”培养和造就一大批诚实守信、道德高尚、修养良好的合格建设者和生力军。

二、注重实效、开拓创新，积极探索“诚信青年”活动服务“诚信贵州”建设的有效途径

开展“诚信青年”主题活动，是教育和实践相结合的过程，我们要在牢牢把握“争做诚信青年、建设诚信贵州”这个活动主题的基础上，勇于实践、大胆创新、广泛发动、扩大参与、增强覆盖，通过开展形式多样、内容丰富、符合青年特点的创建活动，教育引导广大团员青年增强诚实守信意识，争做诚信青年，建设诚信文化，深入推进我省社会主义核心价值体系建设，积极探索建设“诚信贵州”的有效途径。具体来讲，在活动中要注意做到“三个结合”。

一是要把“争做诚信青年”与践行社会主义核心价值体系紧密结合。在青年思想道德建设中突出诚信教育的内容，教育引导青年深刻理解和牢固树立社会主义核心价值体系，树立正确的世界观、人生观、价值观。以建立诚信青年信用体系、加强青年诚信教育、规范青年诚信行为、树立宣传诚信青年典型、重点帮扶诚信青年就业创业为载体，教育引导青年认真学习、身体力行，争做诚信于党和政府、诚信于法律法规、诚信于市场准则、诚信于金融支持、诚信于合同约定的诚信青年，夯实青年诚实守信的思想基础。

二是要把“争创诚信青年组织”与营造诚信社会风尚紧密结合。青年是最富有朝气、最富有创造性和生命力的群体，既受到社会风气的影响，又常常能开社会风气之先。我们既要为青年的健康成长创造良好的社会环境，使广大青年处处受到诚信教育，时时得到诚信熏陶，又要通过在各类青年组织中开展“争创诚信青年组织”活动，引导青年组织积极规范组织成员基本道德意识，倡导“爱国守法、明礼诚信、团结自强、敬业奉献”的基本道德规范，形成“人人讲诚信、人人守信用”的组织文化，通过青年群体的带动，促进全社会更好形成诚实守信的良好氛围。

三是要把“青年诚信文化”建设与各项精神文明创建活动紧密结合。广大青年既是“诚信贵州”建设的主力军，又是各项精神文明创建活动的生力军。要努力使正确的政治方向和先进的文化导向贯穿于“诚信青年”主题活动始终，努力使活动有效融入各项精神文明创建工作。要在各项精神文明创建活动和文化活动中大力倡导和弘扬诚信文化，用文化的手段和元素来吸引青年、凝聚青年、引导青年自觉投身诚信建设。要将“青年诚信文化”建设作为全省“爱国、敬业、诚信、友爱”价值取向创建的重要载体，作为推进青年公民道德建设的重要内容，作为考核各项创建工作的重要标准。

三、齐抓共管，形成合力，努力营造开展“诚信青年”主题活动的良好环境和氛围

全省“诚信青年”主题活动是一项系统、长期的综合性工作，需要齐抓共管、共同努力。省活动领导小组及各主办单位要切实发挥工作职能，坚持统一领导、分工负责、相互配合、齐抓共建的原则，突出重点、强化特点、打造亮点，确保活动开展取得实效。

一是发挥各自优势，形成活动声势。“诚信青年”主题活动的开展，需要全社会的共同关注与支持。各级宣传部门、文明办和团组织要明确责任，相互配合，发挥各自的职能和优势，扎实抓好活动前期宣传、策划和报道。要着力体现“快”，即迅速及时地发布活动信息；着力体现“新”，即加强开展此项活动新载体、新路径、新方法的报道宣传；着力体现“全”，即实现该项活动对全省广大青年的全覆盖，努力形成宣传有效、发动广泛、参与度高，全社会共同关注、共同参与的良好局面。

二是加强机制建设，形成工作合力。各级宣传部门、文明办和团组织要切实把该项工作摆上重要议事日程，认真制定工作方案、建立完善工作机制，团结协作，真抓实干，确保活动实效。要坚持一级抓一级、层层抓落实，形成一把手负总责、分管领导亲自抓、职能部门具体抓、广大青年广泛参与，上下联动、互相配合、积极推动的领导体制和工作机制，努力形成长久持续推动工作的合力。

三是注重工作实效，加强督查指导。活动启动后，各单位要按照文件具体部署，扎实抓好各阶段工作任务。要强化督促检查，组织督查组，不定期检查、指导各地活动的进展情况。要广泛开展新闻宣传，既要宣传推广好做法、好经验，形成强大声势，提高主题活动的影响力，又要查找存在的不足之处，推动活动有序有效开展。

同志们，青年朋友们，推动“诚信贵州”建设事关全省人民文明素质的提升和贵州良好发展环境的营造，我们要以省委十届十二次全会精神为指导，扎实开展“诚信青年”主题活动，教育引导广大青年弘扬诚实守信的良好风尚，积极投身“十二五”建设的主战场！

预祝活动取得圆满成功！谢谢大家！

在“聚焦多彩贵州　记录奋进历程　全国卫视贵州行”大型采访活动欢迎晚宴上的祝酒词

(12 月 23 日)

尊敬的战书书记,

新闻界的朋友们:

明天,“聚焦多彩贵州　记录奋进历程——全国卫视贵州行”大型采访活动即将正式启动。今晚,我们欢聚在这里,为各位接风洗尘,受战书书记、克志省长委托,我谨代表贵州省委、省政府对各位嘉宾光临贵州,表示热烈的欢迎!对各新闻媒体长期以来对贵州真诚的关心和大力的支持表示诚挚的谢意!

“聚焦多彩贵州　记录奋进历程——全国卫视贵州行”大型采访活动,举办于盘点“十二五”开局之年成果的节点上,又恰逢中央经济工作会议刚刚结束,全国上下深入学习贯彻党的十七届六中全会精神,推动社会主义文化大发展大繁荣的大好时机,意义重大、影响深远。

贵州是多彩的贵州、开放的贵州、奋进的贵州、希望的贵州,贵州充满活力、充满潜力、充满魅力。我相信,在接下来的采访活动中,各位记者朋友一定会被贵州围绕“加速发展,加快转型,推动跨越”主基调,实施工业强省、城镇化带动两大战略所取得的前所未有的成绩所打动;一定会被贵州干部群众不愿总是垫底,奋力爬高的前所未有的工作干劲所感动;一定会被贵州“开放创新、团结奋进”的前所未有的时代精神所触动。

希望记者朋友们,用你们的真情,用你们的智慧,用你们的资源,多宣传贵州、助推贵州,为贵州实现经济社会发展历史性跨越加油鼓劲!

现在,我提议,为“聚焦多彩贵州　记录奋进历程——全国卫视贵州行”大型采访活动的成功举办,为贵州更加美好的未来,为我们的友谊,干杯!

余心声文章

论风气要正　工作要实　干部要干

一

近几个月来，贵州高原新风扑面、热潮涌动。

——从省委十届十次全会，到全省工业发展大会、铁路建设大会、旅游发展大会、教育发展大会、省直机关作风建设大会，到刚刚闭幕的全省经济工作会议暨深入实施西部大开发战略工作会议……一系列谋划贵州加速发展、加快转型、推动跨越的重要会议相继召开。

——从倡导"高举发展、团结、奋斗的旗帜"，到确立"又好又快更好更快发展"总要求、"两加一推"主基调、工业强省和城镇化带动主战略、"十二五"发展目标……一整套促进贵州科学发展的新思路相继推出。

——从确定十大民生工程，到开展"三个建设年"、"四帮四促"、"创先争优"活动……一条条扎扎实实推动贵州和谐发展的新举措相继出台。

这一切，把准了贵州省情的"脉搏"，抓住了贵州发展的关键，反映了全省人民的心声。广大干部群众心潮澎湃、激情满怀，抢机遇、谋发展、促跨越的浓厚氛围正在全省上下形成。

我们欣喜地看到，人们工作动力加大了、上班脚步匆忙了、加班时间增多了、生活节奏变快了……"风气要正、工作要实、干部要干"，省委书记栗战书同志在十届十次全会上强调的这一要求，正在成为全省广大干部群众的自觉行动，成为贵州当前最真切最动人的变化。

二

"十二五"蓝图催人奋进，开局之年至关重要。目标的实现、任务的落实，关键在人，关键在有一支风气正、工作实、奋力干的高素质干部队伍，关键在大力营造干事创业的良好环境。

风气要正，是群众所盼、发展所需。风气虽无形，而人人有感知，它体现的是党风、政风、行风，形成的是软环境，发挥的是硬作用。风气如空气，空气不好，会影响身体，伤害健康；风气不好，则会影响发展，伤害民心。好的风气可以营造发展的良好环境，激发百舸争流的创业热情，形成赶超进位的强大动力，带来"一花引来万花开"的示范效应。

工作要实，是群众所想、事业所求。工作实，才会"眼睛向下"，深入基层，贴近群众，帮助群众解决生产生活中的困难；才会通过深入的调查研究，发现发展"慢"的症结，找到发展"快"的措施，抓住突破口和切入点；才会做出实绩、取得实效，赢得人民群众的信任，凝聚群众的智慧力量，不断开创工作新局面。

干部要干，是群众所望、使命所系。在我省更好更快发展中，既有挑战，更有机遇。机遇稍纵即逝，容不得见事迟、行动慢，容不得徘徊观望、懈怠折腾。抓不住机遇，用不好有利条件，解决不好发展中的问题，贵州就没有出路，人民群众不会答应。形势逼人！我们必须有条件要干，没有条件创造条件也要干。只要努力去干，就算没有区位优势也能"借船出海"，就算资源不足也能"借鸡生蛋"，就算环境欠佳也能"借力发展"。

"风气要正、工作要实、干部要干"，是贵州加速发展、加快转型、推动跨越的重要保障，也是干部队伍建设的基本要求，必须融为一体、互动提升、共同推进。

三

历经实施“西电东送”工程、交通水利建设大会战、“两基”攻坚和抗击雪凝灾害、特大旱灾等无数场大仗硬仗的严峻考验，事实证明，贵州有一支能够在艰苦条件下敢打善拼的干部队伍，在实现历史性跨越的进程中始终发挥着骨干和先锋模范作用。无数个像何元亮、李彬、朱昌国、秦祖德这样组织信赖、群众认可的好党员、好干部，在全省各条战线兢兢业业工作，默默无闻奉献甚至献出生命，为贵州的发展进步作出了不可磨灭的贡献。

然而，在极少数干部身上存在的诸多不良倾向，我们也绝不能忽视。

有的风气不正。不谋事，只谋“位”，做出一点成绩就急于要“回报”，刚刚提拔职务就开始盘算“更上一层楼”；不琢磨事，只琢磨人，为一己之私，在单位里搞内耗、闹不团结；部门利益、个人权益至上，公权“私有化”，“吃拿卡要”严重……

有的工作不实。只会“眼睛向上”，搞“形象工程”，不惜杀鸡取卵，使个人“政绩”成了几代人的包袱；热衷于标新立异，一门心思搞“轰动效应”，结果“寅吃卯粮”，劳民伤财；贪图安逸、不思进取，惯于迎来送往，乐于觥筹交错；抓工作停留于听汇报、看材料，下基层身入心不入、走马观花，作决策“拍脑袋”、想当然……

有的干部不干。缺乏解放思想的勇气、干事创业的激情、扎实苦干的韧劲，更没有开拓进取、争创一流的精气神；工作不用心、不专心、不尽心，沉不下心；办事效能低下，工作拖拖拉拉，一天能干完的事，几天甚至几十天都干不成；该管的事不认真管，该抓的工作不主动抓，该负的责任不担当，该完成的任务不抓紧干，遇事“难”字当先，遇难“退”字当头，浑浑噩噩，甘于落后，满足于当“太平官”……

这些问题，如果不痛下决心解决，必然影响我省发展的速度、转型的力度、跨越的程度，最终损害的是发展、失去的是群众、危及的是政权，这绝非危言耸听！全省各级干部特别是领导干部只有自觉把省委“风气要正、工作要实、干部要干”的要求内化于心、外成于形，躬身践行、奋力作为，我省“十二五”奋斗目标和经济社会发展历史性跨越才会顺利实现。

四

风行草偃，从令如流。

风气要正，就是要营造良好的党风、政风和社会风气，为干事创业提供良好的政治生态环境。

要大兴共谋发展之风。“一个地方的工作，成在干部作风，败也在干部作风；一个地方的事业，兴在干部作风，衰也在干部作风。”我们要深刻理解高举“发展、团结、奋斗”三面旗帜对于贵州的特殊重大意义，切实把思想、心思和力量统一、集中、凝聚到发展上来，在全省广大党员干部和群众中形成你追我赶、创先争优的风气；形成崇尚务实、真抓实干，先行不争论、先试不议论、先干不空论的心气；营造支持改革者、鼓励创业者、鞭挞空谈者、追究诬告者的良好社会氛围。

要大兴奋发有为之风。以业绩论英雄、用干部，真正让那些对工作有激情、对群众有感情、对发展有思路、对事业有贡献的优秀干部得到褒奖和提拔重用；要打破干多干少一个样、干好干坏一个样的状况，坚持重用提拔人品正、能力强、敢攻坚的干部，下真功夫治庸治懒治玩，让庸官、懒官、混官没有生存空间；要扶正祛邪、抵制歪风，让拉关系、托人情，“溜须拍马”、跑官要官之辈脸上无光，占不到便宜。

要大兴勤政为民之风。我们的权力是人民赋予的，就要为人民掌好权、用好权。当前，新的形势和任务不仅要求各级干部要做到清正廉洁、秉公用权、一心为民，还要做到勤于政事、提高效率、便民利民。特别是要结合全省正在开展的“三个建设年”活动，切实做到简政、放权、让利、开绿灯，切实解决一些部门和干部中存在的“门难进、脸难看、话难听、事难办”等问题，真正让基层、让群众得到优质高效满意的服务。

五

唯实是处，唯实制胜。

天下大事必作于细，古今伟业必成于实。工作要实，就是要求真务实、实事求是，实实在在抓好工作落实，脚踏实地抓出工作成效。

要以求真务实的态度谋划工作。想办法、拿

主意，既要从贵州实际出发，立足省情，把“十二五”规划目标和人们思变、思快、思富的强烈愿望结合起来，又要坚决反对不顾民力、不顾财力，不讲条件、不讲科学的“瞎指挥”、“乱策划”。要根据本地本部门实际，选准突破口和着力点，大力谋划切合实际、顺应发展的“惠民工程”，绝不搞不切实际、劳民伤财的“形象工程”，努力创造出经得起实践、历史和群众检验的业绩。

要以实事求是的精神推进工作。“大人不华，君子务实。”那种“会议上谈一谈，文件上圈一圈，马路上转一转，隔着玻璃看一看”的虚浮作风，于具体工作毫无用处。只有踏踏实实，深入实际，才能敏锐地发现和把握倾向性、苗头性问题，才能找到解决热点、难点问题的路径，才能激发灵感、运用智慧、科学决策。各级干部必须坚持一切从实际出发，自觉按客观规律办事，察实情、讲实话，鼓实劲、出实招，办实事、求实效，切忌心浮气躁、好大喜功、急功近利、弄虚作假，力戒官僚主义、形式主义，坚决克服夸夸其谈、评头论足的毛病。

六

空谈误国，实干兴邦。

干部要干，就是干部要干实事、实干事，每一个干部都应当在推进我省经济社会发展中作出自己的努力和贡献。

要敢于担当大胆干。在深化改革、加快发展中，机遇与风险并存，只有大胆创新实践、积极稳妥推进，才能走出好路新路，做出新的业绩。我省能否坚持科学发展观，抓住并用好当前加快发展的历史性机遇，关键在各级领导干部是否敢闯敢干、敢于担当。实践充分表明，哪个地方干部群众的思想解放，哪个地方就充满生机与活力，哪个地方的发展就快。只要我们有干事创业的激情，坚决地试、大胆地闯、扎实地干，我省一定能加速发展。

要迎难而上拼命干。“世界上的事都是干出来的，不干，半点马克思主义都没有。”我们要清醒认识面临的形势和任务，认清担负的职责和使命，发扬锲而不舍、顽强拼搏的精神，按照“工作创一流，目标争第一”的精神，抢抓机遇，迎接挑战，不气馁、不懈怠、不放弃，拿出贵州人的自信和志气，敢与强的比、敢向高的攀、敢同勇的争、敢跟快的赛。做到发展压力级级传递、工作动力层层提升，加快工作节奏、改变不良习惯，在一线上抓落实，在吃苦中抓落实，在解决矛盾中抓落实。

要只争朝夕埋头干。当前千帆竞渡的发展态势，已容不得我们“等”和“慢”，只能破釜沉舟、背水一战。要在全国的大背景中去对比、去审视我们的工作，盯住赶超目标，心无旁骛抓工作，千方百计谋发展，看准就抓紧干，做到工作上反应快、决策快、部署快、行动快、节奏快。只要符合科学发展观，就要大胆干、放手干，靠实干加快发展，靠苦干推动跨越。

要团结协作科学干。实现“十二五”奋斗目标，我们面临种种困难和挑战，既需要踏实苦干的精神，更需要团结协作、和衷共济的能力。要有容人、容事、容言之量，不揽功诿过，不推诿扯皮，不相互掣肘，善于团结、凝聚力量，形成一条心，拧成一股绳，群策群力，真正把心思、勇气、本事用在干事上。要善于抓住主要矛盾和矛盾的主要方面，科学规划，积极创新，提纲挈领，兼顾统筹，推动工作不断取得新进展、新突破。

七

落实“风气要正、工作要实、干部要干”的要求，关键在于党员干部要牢固树立群众观念、忠实践行党的宗旨。

风气正不正、工作实不实、干部干不干，说到底是党性问题、宗旨问题。党性强的同志，对党和人民无限忠诚，对事业充满火热激情，对工作充满责任之心，在任何困难和考验面前不退缩、不变色。宗旨牢的同志，时刻想着人民的利益，时刻不忘肩负的重任，始终具有强烈的事业心，自觉地把责任化为行动、把压力变成动力，以“等不起”的紧迫感、“慢不得”的危机感、“坐不住”的责任感，用心想事、激情干事，真正把嘴上说的、纸上写的、会上定的，变成扎实的行动、具体的项目、惠民的实事。

“意莫高于爱民，行莫厚于乐民”。如何对待群众，是衡量一名领导干部是否优秀的一条重要标准。“群众在你心里分量有多重，你在群众心里的分量就有多重”。一个党员干部，不论他的职位有多高，如果心里没有群众，群众就不可能信赖他。我们一定要认真学习贯彻胡锦涛总书记关于做好新形势下群众工作的重要论述，千方百计办好顺民意、解民忧、惠民生的实事，以实际行动践行全心全意为人民服务的宗旨，使人民群众的幸福指数得到大幅提升。

在更好地解决民生问题方面，全省各级党员干部任务艰巨，责任重大。我们要响应省委号召，积极投身到“四帮四促”活动中去，下决心削减文山会海、减少应酬，不搞花架子、不做表面活、不办“形象”事，走出机关、走下轿车，以平常之心、平常之态到基层去、到群众中去，把群众当亲人对待，深入了解和体察民间疾苦，真心帮基层想实招，真情为群众办实事，切实把事关生存性、发展性、安全性的民生问题一一解决好，真正为老百姓谋福祉。同时，在服务基层、服务群众的过程中，自觉接受再教育，进一步增强宗旨意识，提升精神境界。

八

落实“风气要正、工作要实、干部要干”的要求，需要科学有效的运作保障机制。

要细化工作目标，完善工作措施。让发展思路变成具体工作，把具体工作细化到每一个步骤、每一个程序、每一个环节。把每一项指标、每一项措施落实到具体的部门、单位和人头上。把加快发展的压力传递到每个班子、每个干部身上。形成层层有任务、人人有责任、事事抓落实的良好工作机制。

要抓好活动载体，落实工作责任制。以作风建设年、环境建设年、项目建设年为契机，以开展“四帮四促”活动和省直机关“转变作风、提高效率、服务基层、推动跨越”的创先争优活动为重要抓手，进一步推动干部转变作风、干事创业。要建立各级领导班子成员牵头负责重点产业、重大项目、重要工作推进落实制度，建立招商引资责任制，实行地方和上级职能部门领导干部共同包项目、保完成的“包保”责任制，健全对重点项目、重大任务推进和完成情况定期督查制度，建立整治优化投资环境责任制，建立领导班子和领导干部下基层服务情况工作台账……

要把落实各项工作当成改良风气的“清新剂”、推动事业的“加速器”、加快发展的“助推器”，在行动上下功夫，在实干上做文章，最终拿促进发展的效果来“说话”，用为民办的好事实事来“报账”，靠群众的满意度和口碑来“总结”。

九

落实“风气要正、工作要实、干部要干”的要求，需要有硬性的考评奖惩手段。

要以实绩定优劣，创新绩效考评办法。对增比进位成绩突出的进行表彰奖励，对打不开工作局面、排名位次年年倒退或连续挂末的予以相应处理。促使各地比发展氛围、比增长质量、比招商引资、比老百姓生活改善。鼓励各机关比服务效能、比发展环境、比工作进度、比工作成果、比老百姓满意度。真正让党内监督、人大监督、行政监督、政协民主监督、舆论监督、群众监督全面运转起来，使消极怠工、敷衍塞责，不作为、乱作为，贪享乐、玩风盛的干部无处藏身。

要以实绩选人用人，围绕科学发展、和谐发展、加快发展选干部配班子。以建设“团结、务实、勤奋、廉洁”的领导班子为目标，强化真抓实干、强化勤奋敬业、强化廉洁从政、强化科学考核，突出品德、突出业绩、突出实干用干部。坚持“论业绩不论关系、论能力不论资历”，坚持“能力差，干不成事的不用；缺乏责任感，不担当、不干事的不用；不能严格自律，光惹事、总坏事的不用”，营造能者上、庸者下的良好用人环境。

十

富民兴黔，实干为基；推动跨越，落实为要。

回眸“十一五”，我们深深感到，正是因为有了“不怕困难、艰苦奋斗、攻坚克难、永不退缩”的贵州精神，有了一支想干事、能干事、干成事的党员干部队伍，我们才能团结带领全省人民取得辉煌成就，站在新的历史起点上。展望未来，只要我们进一步统一思想、集中心思、凝聚力量，努力干事创业、创先争优，贵州新的发展蓝图就一定能绘就。

充满希望的新年朝霞已映红天际，令人振奋的“十二五”脚步声正铿锵传来，催人奋进的新一轮西部大开发鼓点已经擂响，胡锦涛总书记对贵州加快发展的殷切嘱托时时激励我们。我们当奋发有为，我们将大有作为！

论提升贵州新形象

一

日暖千山碧，风催万物苏。“十二五”规划开局之年，黔中大地人勤春早、生机盎然。

一个多月前，中共中央政治局常委、国务院副总理李克强考察贵州，带来了党中央和胡锦涛总书记对我省各族人民的亲切关怀，殷切期望贵州抓住“十二五”这个关键时期，为2020年建成全面小康社会打下坚实基础。在刚刚闭幕的全国“两会”上，省委、省政府主要领导通过中外媒体向外界发出强烈信息：“贵州不能总是垫底，也要奋力爬高”、“贵州要努力完成‘赶’和‘转’的双重任务，与全国同步建成全面小康社会，实现经济社会发展历史性跨越”……令人鼓舞、催人奋进的话语，激发了全省广大干部群众“加速发展、加快转型、推动跨越”的巨大热情。

贵州能否与全国同步建成全面小康社会，事关全省各族人民的福祉，事关贵州在全国乃至世界的整体形象。面对重托和责任，我们必须以实际行动进一步提升贵州新形象，更好地促进经济社会发展历史性跨越。

“提升贵州新形象”！已然成为新的历史起点上贵州发出的又一强音。

二

历史上，贵州形象曾被深深误解和扭曲。从“夜郎自大”、“黔驴技穷”，到“天无三日晴、地无三尺平、人无三分银”，贵州留给人们的印象是偏远蛮荒、愚昧落后、贫瘠无望……直到上世纪八十年代，还因“富饶的贫困”和“长期落后”，被作为“贵州现象”引起各界热议评判。

然而，改革开放特别是国家实施西部大开发战略以来，贵州形象已今非昔比，贵州面貌已焕然一新。从一条条穿山越岭的高速公路，到一排排拔地而起的现代化工厂；从一处处繁华整洁的新兴城镇，到一幢幢靓丽别致的乡村民居……从率先实行生产责任制的顶云公社，到走科学发展之路的毕节试验区；从劈石造田气壮山河的大关壮举，到抗击大旱中屹然挺立的贵州精神……从誉满海内外的大型歌舞“多彩贵州风”，到惊艳亮相上海世博会的贵州馆；从为“嫦娥工程”作出杰出贡献的科学家欧阳自远，到北京奥运会上奋力夺冠的拳击运动员邹市明……贵州展现了日新月异、奋进开拓、自强不息、文明开放的新形象。千千万万贵州人的不懈追求、奋斗拼搏，铸就了贵州新辉煌，塑造了贵州新形象。

三

过往只倥偬，前路犹漫漫。

在破解贵州新形象这个命题时，我们不能回避这样一个现实：贵州仍是西部欠发达省份，仍是全国农村贫困面最大、贫困程度最深的省份，在实现总体小康的进程中，贵州比全国平均晚了10年之久……

尽管“十一五”以来，通过对内改善环境、对外宣传推介，塑造了贵州良好的形象，但是与更好更快的发展要求相比，与树立一个投资环境更好、开放度更高、创新性更强的崭新形象相比，我们还有很长的路要走。要适应快速发展的新形势，增强干部群众加快发展的信心和志气，增强贵州的竞争力、吸引力，尽快改变贵州欠发达状况，迫切需要我们进一步提升贵州新形象。

提升贵州新形象，不可能一蹴而就，必须付出长期艰苦的努力。我们要按照省委提出的“高举发展的旗帜、团结的旗帜、奋斗的旗帜”总要求，持之以恒地实施贵州形象提升工程，在推进全省经济社会发展历史性跨越中，不断提升奋进的贵州、开放的贵州、文明的贵州、和谐的贵州新形象。

四

要在加速发展、奋力赶超中，进一步提升“奋进的贵州”新形象。

发展是硬道理，是改善提升区域形象的决定性因素。没有实力支撑的区域形象只能是无源之水、无本之木。我们必须始终秉持“用发展赢得尊重”的理念，更加自觉地做到发展为上、发展为先、发展为重，牢牢把握“加速发展、加快转型、推动跨越”主基调，尽快壮大综合经济实力，为提升贵州新形象打足底气。要解决好“慢”的问题，塑造加速发展的新形象。回首过去五年，纵向比，我们变化深刻、成效显著；横向看，我们在全国各地竞相发展的大潮中依然滞后，在全面建设小康社会的赛道上仍慢一程。“十二五”期间，我们必须快马加鞭，奋力追赶，才能不断缩小发展差距，与全国同步建成全面小康社会。省委、省政府提出“到‘十二五’末，确保全省生产总值达到8000亿元，力争翻一番、突破10000亿元，人均生产总值接近3000美元”的奋斗目标，就是一个积极的、强势头的、追赶型的目标，彰显了贵州的志气、信心和胆略。实现这一目标，就能为贵州与全国同步建成全面小康社会打下具有决定性意义的坚实基础。我们必须横下一条心，咬定发展不放松，不达目的不罢休！

要唱好“转型”调，塑造科学发展的新形象。分析我省经济社会发展的主要症结不难发现：发展速度慢、发展方式粗放，是长期以来我省经济社会发展中最突出的矛盾。“十二五”时期，我们面临着既要转变发展方式，又要加快发展速度的双重压力、双重任务，能否在这两个关键问题上取得重大突破，考验着我们的干劲，更考验着我们的智慧。这就要求我们，要鼓足转型的劲、吹响转型的调、想好转型的招、唱好转型的戏，努力在加快发展中实现转变、转型和升级发展。

要凝聚起强大的力量，营造齐心协力促跨越的良好氛围。加速发展、加快转型，需要贵州各族儿女的共同努力，需要大力弘扬“不怕困难、艰苦奋斗、攻坚克难、永不退缩”的贵州精神。只要全省一盘棋、上下一条心，以“等不起”的紧迫感、“慢不得”的危机感、“坐不住”的责任感，用心想事、激情干事，聚集无穷的智慧、激发无限的潜能，加快开拓前进的步伐，奋进的贵州就会像穿越在山川田野的动车组一样，朝着建设全面小康社会的目标奋力驰骋。

五

要在扩大招商引资、加大对外宣传中，进一步提升“开放的贵州”新形象。贵州发展相对滞后，与开放不够直接相关。在一定意义上，开放带来的活力，将比改革带来的活力还要大。正如中共中央政治局常委李长春一针见血指出的：贵州要坚持以开放促开发，以民生带发展。

扩大对内对外开放，需要我们大开山门，更加主动地对接省外生产要素，开展全方位、多层面、宽领域的招商引资。俗话说：“大招商、快发展，小招商、慢发展，不招商、难发展”。唱好了对外开放、招商引资这台大戏，也就做活了提升贵州新形象这篇大文章。只要我们紧紧抓住国家深入实施西部大开发战略、东部产业转移、中央企业扩张等重大机遇，主动出击，上门招商，积极承接发达地区的经济辐射，有效吸纳产业转移，就能不断为全省经济社会发展拓展新空间、注入新活力。

扩大招商引资，需要建设良好的软硬环境。“要得凤凰栽好树，要引外资服好务”。我们不仅要靠资源吸引客商，更要靠好的政策、优的服务、良的人缘、诚的信誉、稳的秩序吸引客商。要进一步下硬功夫治理软环境，让每位客商在贵州创业安心、投资放心、生活舒心，使贵州成为投资的洼地、创业的高地。要下大力改善贵州硬环境，加快推进贵阳至周边五省会中心城市2小时、至广州4小时的快铁系统建设，以及通江达海的高速公路构架建设，早日使贵州实现从西南“地理枢纽”向真正的西南交通枢纽的华丽转身，更好地融入泛珠三角经济圈和成渝经济圈，形成区域互动、共赢发展的新格局。

“酒好还要会吆喝”。不然，贵州再美，也只能是“养在深闺人未识”。来过贵州旅游的人，无不由衷地赞叹：贵州看的比说的好。这就启示我们，必须适应新形势、新需要，巩固和拓展我省对外宣传和交流的平台，进一步加大对外宣传、创新对外宣传、提升对外宣传，坚持“走出去”、“请进来”，努力搞好经贸外宣、文化外宣、旅游外宣，把多彩贵州更多地展示给外界，让外界更好地了解多彩贵州，不断提升贵州的知名度、美誉度，增强贵州的吸引力。

六

要在提高公民素质、保护生态环境中，进一步提升“文明的贵州”新形象。

在贵州新形象的提升过程中，人是第一要素，也是最能动最活跃的要素，区域形象都是通过活生生的人、实实在在的事体现出来的。贵州新形象，不光要有亮丽的大厦、整洁的街道、繁华的商市、兴旺的村庄，更需要有生活在这块土地上人们的良好素质。经过多年来坚持不懈开展“四在农家”、“整脏治乱”、“满意在贵州”等文明创建活动，我省公民文明素质有了较大提高，特别是随着韦正雄、李春燕、朱昌国、钟世鑫、阿里木等一批感动全国人物的不断涌现，贵州人的形象得到极大改善。但是，一些不文明现象仍时有发生，损害着贵州的形象。作为贵州人，必须树立“人人都是形象大使、事事关系贵州形象”的理念，从身边做起、从点滴做起，通过自己的文明行为，为我们的家乡增添亮色。唯其如此，贵州的形象才会有大改观、贵州新形象的提升才会有大希望！

保住青山绿水，就是保住我们生存发展的根基。在倡导生态文明的今天，贵州无须人工“打造”的秀美山川、无须刻意描绘的民族风情、无须矫揉造作的热情豁达……这些独特的自然生态环境、人文生态环境，正越来越显现出无穷魅力，也越来越需要更好地保护和开发利用。我们要坚持用生态文明的理念引领新型工业化发展，在大力实施“工业强省”战略中统筹推进生态文明建设，实现人和自然和谐发展，让“生态之州”成为我省的一张响亮名片。

七

要在改善民生、团结协作中，进一步提升“和谐的贵州”新形象。

民为邦本，本固邦宁。我省最核心的民生是收入，最突出的民生是脱贫，最急迫的民生是农村危房改造，最长远的民生是教育，最普遍的民生是社保，最根本的民生是就业。“领导干部开启发展快车，人民就能坐上民生快车。”各级领导干部要有“民苦我忧、民贫我愧”之心，有“去民之患，如除腹中之疾”之感，把保障和改善民生作为最大公务，作为经济社会发展的根本出发点和最终落脚点，尽职尽责办好惠及广大人民群众的事，满腔热情办好群众困难的事，特别要把保基本民生的安全网织得牢不可破。通过扎实推进民生工程建设，让群众行有好路、住有好房、学有好教、病有好医……努力实现经济发展与民生改善同步，让发展成果惠及全省人民，使为人民谋福祉的实际行动成为贵州最美的形象。

平安稳定，和谐之要。要全面加强和创新社会管理，建立完善的社会管理体制机制，及时预防和化解社会矛盾。切实把知民情、解民忧、化民怨、暖民心作为经常性工作，按照情况掌握在基层、问题解决在基层、矛盾化解在基层、工作推动在基层、感情融洽在基层的要求做好群众工作。尽力畅通诉求渠道，加强社会治安综合治理，深入开展平安创建活动，大力加强和谐社区、和谐村寨、和谐矿区、和谐库区等建设，努力构建“平安贵州”、“和谐贵州”，为全省改革发展提供稳定的社会环境。

事成于和睦，力生于团结。有了团结，任何问题都可以迎刃而解，任何困难都可以战胜。处于发展关键期的贵州，尤其要把团结的旗帜高高举过头顶，以发展为重、以大局为重、以人民利益为重，把团结作为座右铭，不断巩固和发展全省各族人民团结和睦的良好局面，不断维护和增强全省各级领导班子及干部队伍的团结统一，在全省形成推动科学发展、和谐发展的强大合力。

八

提升贵州新形象，重在加强干部队伍建设。

贵州拥有一支特别能吃苦、特别能战斗、特别能忍耐的干部队伍。但也有极少数干部素质不高、作风不好，存在“懒、散、软、粗、拖、飘”现象，损害了贵州形象，阻碍了贵州发展。我们要以全省正在开展的“创先争优”、“三个建设年”、“四帮四促”三项主题活动为抓手，切实加强干部队伍建设，努力在创先争优、争比进位中树立奋发向上的干部队伍形象,在践行宗旨、服务人民群众中树立亲民爱民的干部队伍形象,在不畏艰难、勇于进取中树立敢于担当的干部队伍形象,在加快发展、推动跨越中树立真抓实干的干部队伍形象。

"火车跑得快,全靠车头带"。领导干部是贵州新形象的第一品牌、第一代言人,能不能提升贵州新形象,关键在领导,核心在班子。前不久,胡锦涛总书记明确指示,贵州要建设"团结、务实、勤奋、廉洁"的领导班子。全省各级领导班子和领导干部要按照总书记的要求,带头创先争优,做团结、务实、勤奋、廉洁的表率,努力创造干事创业、求真务实、团结和谐、风清气正、艰苦奋斗的良好政治生态环境,更好地团结带领全省人民脱贫致富奔小康。今年是市县乡三级换届选举之年,要选好发展型干部、配强发展型班子,通过换届,换出新风貌、换出新形象、换出新局面,真正给党中央、国务院和全省各族群众焕然一新之感,决不辜负胡锦涛总书记的殷切希望。

九

提升贵州新形象,关键在开好局、起好步。

"好的开始是成功的一半"。做好今年的工作,事关整个"十二五"时期的发展。错过开局时机,耽误的不只是一年,而是一个时期,甚至是长期的发展。开局之年,全省各项发展大计已定,关键在于抓落实。我们必须工作早安排、早启动、快推进。要在统筹协调中突出重点,在具体实施中抓住关键,坚定不移地统筹推进工业化、城镇化和农业现代化建设,加快推进基础设施建设向下延伸,扎实抓好"十大民生工程"、"50 项重点工作",以重点突破带动全局发展。

开好局、起好步,体现的是工作作风,传递的是发展信心,显示的是崭新形象。全省各级各部门和广大干部必须深入基层、深入群众,一级带着一级干,层层尽力抓落实,干出"十二五"开局的辉煌成就,干出人民群众满意的业绩,为提升贵州新形象作最好的诠释。

十

蓝图已绘就,征帆正起航。

提升贵州新形象,我们责无旁贷。让我们以珍爱之心,细心呵护、精心培育,不断提升贵州新形象;让我们以进取之心,攻坚克难、永不懈怠,为贵州新形象增光添彩,使贵州新形象在神州大地熠熠生辉。

"东风好作阳和使,逢草逢花报发生"。我们坚信,乘着新一轮西部大开发的东风,一个奋进、开放、文明、和谐的贵州,必将在全面建设小康社会的征程上,书写新的辉煌篇章。

论做好社会管理这张"新试卷"

一

进入"十二五",经济腾飞的中国,大步迈上了社会建设的新征程。党中央审时度势,提出了加强和创新社会管理的重大战略任务。

这一战略任务,事关党的执政地位的巩固、事关国家长治久安、事关人民安居乐业。对于处在加速发展、加快转型、推动跨越关键时期的贵州,这无疑是一场紧迫而艰难的"大考"。

前不久召开的省委十届十一次全会,对我省新形势下加强和创新社会管理工作进行了全面部署。省委主要领导强调:社会管理是一个"老课题",但我们现在面对的是一张"新试卷"。

这张"新试卷",饱含着沉甸甸的责任,承载着老百姓的期望。我们马虎不得,必须悉心思量、认真作答!

二

社会管理是"老课题"。

马克思主义认为,人的本质是一切社会关系的总和,维系社会关系需要社会管理。自有人类社会以来,就有社会管理。

纵观历史长河，在原始社会，建立在血缘关系基础上的氏族制度，是一种以维系生存为目的的低水平管理；奴隶社会里，社会管理沦为奴隶主压迫和剥削奴隶的手段；我国封建社会，历代王朝的社会管理，实行高度集权的专制统治。从秦代的什伍连坐，到两汉的编户齐民，再到宋代以后的保甲制度……“普天之下，莫非王土。率土之滨，莫非王臣”，正是那时社会管理的真实写照。

新中国成立使人民第一次拥有了管理国家的权利，掀开了我国社会管理的新篇章。从社会主义革命到社会主义建设，从改革开放到全面建设小康社会，我们对社会管理的探索一直没有停息，不断深化着创新社会管理的生动实践。时代在前进，社会在发展，社会管理这个“老课题”不断呈现出新内容，需要我们不断探索创新。

三

社会管理也是“新试卷”。

试卷之新，在于国际形势的新变化对社会管理构成了新考验。随着我国与世界各国政治经济文化交往日益频繁，国内外各种文化不断“交流”、“交锋”、“交融”，国际意识形态领域的斗争异常激烈，引发的“冲击波”、“震荡场”，使我们加强和创新社会管理，面临更大的挑战和压力。

试卷之新，在于中国特色社会主义新征程对社会管理带来了新任务。建设中国特色社会主义，必须经济、政治、社会、文化“四位一体”整体推进、“同频共振”。当前我国发展既处于重要战略机遇期，又处于矛盾凸显期，阶层分化、利益多元、诉求多样、矛盾多发……我们用30多年时间走完了西方发达国家上百年走过的道路，西方国家百年来不同阶段产生的矛盾也在我国短期内集中呈现。我们经济发展之“腿”着实壮硕，社会管理之“腿”却相对羸弱。能否避免一些发展中国家陷入的“中等收入陷阱”，补齐社会管理这条“短腿”，我国面临的任务之重、挑战之大、难度之高，前所未有。

试卷之新，在于当代科技的新发展给社会管理增添了新课题。当代科技的迅猛发展，极大地促进了社会生产力，但同时也使社会管理遇到了新问题。特别是网络时代颠覆了我们原有的很多管理体制和方式。“一键便知天下”、“网下冒烟网上燃烧”，使任何地方和部门都不可能关起门来搞社会管理。如何使互联网成为创新社会管理的有效载体，是我们急需探索解决的重大问题。

试卷之新，在于贵州发展的新阶段新目标对社会管理提出了新要求。进入“十二五”，作为全国贫困人口最多、贫困程度最深的贵州，既要加速发展，奋力赶上全国步伐，又要加速转型，实现又好又快更好更快发展；既要把有限的财力用于经济建设，又要尽力保障和改善民生，让改革发展成果更多地惠及人民；既要加快工业化、城镇化、农业现代化步伐，又要妥善处理和化解各种矛盾，……贵州加强和创新社会管理的任务更为突出、更为艰巨。

四

面对“老课题”，答好“新试卷”，我们充满信心。

信心来自党中央对加强和创新社会管理的高度重视。从今年年初胡锦涛总书记在省部级主要领导干部专题研讨班上发表重要讲话，到不久前中央政治局专题研究部署；从全国“两会”上社会管理创新议案提案被高度聚焦，到“十二五”规划将社会管理独立成章，纳入“顶层设计”，党中央为我们做好新形势下的社会管理工作指明了方向、确立了大政方针。

信心来自省委省政府对加强和创新社会管理的正确决策部署。省委省政府把加强和创新社会管理摆在突出位置，写进全省“十二五”规划纲要，作出了实施“十大民生工程”，开展“创先争优”、“三个建设年”、“四帮四促”活动等重大部署。省委十届十一次全会制定了切实可行的政策措施，提出了建设平安贵州、和谐贵州、幸福贵州的奋斗目标，使我们的工作思路更清晰、措施办法更有力、目标指向更明确。

信心来自全省各地加强和创新社会管理的生动实践。近年来，贵阳推进“六有”民生行动，遵义开展“四民社区”建设，黔南开展违法青少年帮教活动，黔东南形成关爱留守儿童长效机制，黔西南实施“和谐矿区”建设，毕节推行“三级联动视频接访”，铜仁建立“社会稳定风险评估机制”……这些可圈可点的高招妙招，为我们做好新形势下的社会管理工作积累了鲜活经验，打下了良好基础。

信心比黄金更珍贵。有了信心，只要思路对、方法妥、措施实，我们就一定能走出一条具有贵州特色的社会管理新路子。

五

做好社会管理这张“新试卷”，首先要以科学发展观来审题。

科学发展观，核心是以人为本。社会管理，说到底是对人的管理和服务。加强和创新社会管理，是科学发展观题中应有之义。

社会管理坚持以人为本，就要以人民利益为重，以人民期盼为念，把人民满意作为出发点和落脚点，着力解决人民最关心、最直接、最现实的利益问题，协调好各社会群体的利益关系，让人民群众切实感受到权益得到保护、人格受到尊重、心情更加舒畅。

社会管理坚持以人为本，就要纠正“见物不见人”的偏向，摒弃GDP至上的思维定势和片面观念，真正按照人民的需要来组织管理。

社会管理坚持以人为本，就要正确处理好管理与服务的关系，必须坚持服务优先，寓管理于服务之中，通过强化社会服务提高社会管理的实效，努力实现管理与服务有机统一。我省“十二五”期间加快转型，不仅包括经济发展方式的转变，也包括促进社会管理向服务型管理的转变。

秉持以人为本、服务优先这一理念，我们加强和创新社会管理就不会“跑题”。

六

做好社会管理这张“新试卷”，要以坚持群众路线来扣题。

“穿衣把你想，住房把你想，走路把你想，照明把你想……”遵义市湄潭县村民自编花灯戏“十谢共产党”，唱出了老百姓的心声，也揭示了社会管理最朴素的道理，这就是我们要同群众坐在一条板凳上，把为了群众、服务群众作为社会管理的基点和归宿。

加强和创新社会管理，要相信群众、依靠群众。社会管理要贴近群众，必须问计于民，知识缺了就到群众中去学习，办法少了就到群众中去寻找，工作难了就到群众中去请教。只有把社会管理的动力深深扎根在群众的积极参与上，在“我为人人，人人为我”的社会氛围中，才能实现管理成效的最大化。

国情在基层，民忧在基层，社会管理重心在基层。只有沉下身子到基层去，耐心倾听群众的“牢骚声”、“诉苦声”，特别是那些微弱的声音，诚心诚意为群众解其难、维其权、顺其气、聚其力，才能使人民群众真真切切感受到变化，才能使人民群众打心里感到满意。

要善于做群众工作。群众工作是我们党的“起家资本”、“看家本领”、“发家途径”。深入细致的群众工作可以打牢社会和谐安定的基础。当我们工作出现失误时，要学会道歉认错；当我们的决策与群众利益发生冲突时，要敢于让步妥协，不能“乱来”，也不能“硬来”。同时，我们又要做好教育和引导群众的工作，对群众中存在的思想认识问题，多做解疑释惑工作；对少数群众中存在的不良倾向，多做教育引导工作。教育群众是为了更好地服务群众，引导群众是为了更好地依靠群众。只有这样，我们才能在加强和创新社会管理中获得前进的不竭动力。

七

做好社会管理这张“新试卷”，要以改善民生来破题。

改善民生是我们的最大公务。胡锦涛总书记指出：“贵州不少群众生活还比较困难……要把改善民生作为发展的出发点和落脚点，把发展成果普惠到人民群众身上。”习近平同志在贵州考察工作时强调：“社会管理的基础和核心是改善民生。”我们要抓住“十大民生工程”这个“牛鼻子”，坚持“小财政办大民生”，推进基本公共服务均等化，围绕民生抓管理，抓好管理促和谐，以民生改善凝聚民心，以民心所向汇集发展合力。

民生无小事，枝叶总关情。一个家庭需要安康的状态，一个社会需要和谐的环境。加强和创新社会管理，就是要从衣食住行、冷暖安危这些最具体的民生问题入手，努力解决学有所教、劳有所得、病有所医、老有所养、住有所居的问题，使群众生活有保障、发展有方向、未来有希望。

对目前贵州而言，我们最核心的民生是城乡居民收入，要抓紧启动“城乡居民收入五年倍增计划”；最突出的民生是脱贫，要在“十二五”期间向绝对贫困发起全面“总攻”；最急迫的民生是农村危房改造，要确保在2014年前完成全省所有农村危房改造；最长远的民生是教育，要在普及提高学前教育、高中阶段教育、高等教育上取得突破；最普遍的民生是社保，要把群众生活最基本的“安全网”织得牢不可破；最根本的民生是就业，要大力实施好“就业优先”战略……只有紧扣这些民生问题来加强和创新社会管理，群众才会给我们的管理工作评“高分”。

八

做好社会管理这张“新试卷”，要以创新来解题。

新形势下的社会管理，是一次深刻的观念变革，是一项复杂的系统工程，它呼唤着思路、方式和体制机制的创新。

思路创新是前提。要改变以往重管理、轻服务，重管制、轻协商，重事后处置、轻源头管理，重行政、轻法律和道德的思想，树立依法管理、综合施策，多方参与、共同治理的管理理念。

方式创新是重点。要借鉴国内外社会管理有益成果，认真总结推广我省近年来各地创造的成功经验，随着形势的变化和实践的深入，进一步创新服务群众的方式、化解矛盾的手段、优化社会管理的办法。“问渠哪得清如许，为有源头活水来”，群众中蕴藏着无穷的智慧，只要我们深入到群众中去，就会不断找到社会管理方式的创新之策。

体制机制创新是关键。机制优则运行畅，体制活则全盘通。要坚持“硬管理”和“软管理”双管齐下，形成科学有效的利益协调机制、诉求表达机制、矛盾调处机制、权益保障机制，着重消除“燃点”、清除“爆点”，做好“阻燃”和“清爆”工作，使得群众利益发生冲突时，有机制去协调；群体之间出现矛盾时，有机制去调解；群众正当权益受到侵害时，有制度去捍卫……

九

做好社会管理这张“新试卷”，最终要以建设平安贵州、和谐贵州、幸福贵州来“交卷”。

家和万事兴，心齐百业成。贵州的发展需要良好的治安环境、稳定的社会秩序，一个平安的贵州才能让人民安居乐业，才能让投资者放心、安心、舒心；贵州的发展离不开各族群众的团结和睦，离不开人与自然的协调发展，离不开公平正义的环境，离不开文明风尚的树立，一个和谐的贵州才能使经济发展更快、青山绿水常在、社会更加友爱、精神更加爽快；发展的目的是让人民过上更加舒适宽裕美好的生活，一个幸福的贵州才是我们奋斗不息的最终目的。

建设平安贵州、和谐贵州、幸福贵州，既是一个阶段性任务，又是一个永恒的课题。作为一个阶段性任务，我们坚信，通过艰辛的努力，在完成“十二五”任务时，在与全国同步实现全面小康社会时，我们可以向全省人民“交卷”。作为一个永恒的课题，需要我们一个难题一个难题地破解、一步一个脚印地推进，一个阶段一个阶段地奋斗。非一朝一夕之事，也要只争朝夕去做。

十

做足了功课，才能答好试卷、考好成绩。

十年磨一剑，功到自然成。加强与创新社会管理，我们有良好的基础、有难得的机遇、有坚强的保障、有强大的动力。只要我们不折不扣地落实好中央的方针政策和省委的决策部署，把决心体现在行动上、把措施落实在工作中、把功夫下足在平时里，心系人民、倾情服务，用心想事、激情干事，平安之光才能普照黔中大地，和谐之风才会吹遍黔中大地，幸福之花才会开满黔中大地。

“积力之所举，无不胜也。众智之所为，无不成也。”让我们把行动作笔，饱蘸热情，在贵州加强和创新社会管理这张“新试卷”上精彩作答，让群众评判，让群众满意！

差距在工业　潜力在工业　希望在工业

——写在工业强省战略实施一周年

一

时间无声，却最有力。

2010年10月26日，对贵州来说，是值得铭记的时间刻度。

自这一刻起，我们第一次以“全省工业发展大会”的方式，响亮提出“工业强省”战略。

这是省委、省政府主要领导对贵州省情科学研判、对贵州未来发展科学辨析后提出的重大战略构想，这是在深入调研、倾听民意、广纳谏言的基础上形成的全省上下富民强省的共同意志。

在随之推进的开放奋进的365个日日夜夜里，我们一步步丢掉束缚自我的枷锁，迎来了焕然一新的天地，书写了令人刮目的“贵州故事”。

“十二五”的跑道上，靠“工业强省”战略，我们和别人有了一样的“跑鞋”，一样的动力。

“十二五”的跑道上，靠“工业强省”战略，我们迈入了科学发展的快车道。

这一年，中央领导关怀、国家部委支持、外来企业联姻，全局皆活；这一年，扩大开放、招商引资、园区建设捷报频传；这一年，民生工程加速推进、社会事业全面加强；这一年，“贵州”字眼渐趋渐热，开放奋进创新形象跃动而出。

回想这沉甸甸的365天，是充实的、有价值的，更是幸福的；审视这沉甸甸的365天，更有许多弥足珍贵的经验和启迪。

二

为什么要强省？为什么要“工业强省”？

两个问题的答案，清晰地写在我们的省情当中。

2009年，贵州生产总值占全国的比重仅为1.15%，人均GDP在全国31个省区市中排名倒数第一，只为全国平均水平的42.8%，一些主要经济指标处于全国落后位置。

靠后、挂末、垫底。关于贵州省情，我们能说上一堆，但总体离不开这三个词。我们明白从哪里来，却鲜有信心和底气说出要到哪里去，更不用说怎么去？因为，我们总是看到一个挥之不去的尴尬：尽管我们也在努力发展，但和别人比，差距仍在拉大。

寻找破题之策，已是时不我待。

在发展中落后，在前进中退步。怎能不让人警醒?!

发展太慢的发展，老百姓不满意，也不会答应。

小平同志高瞻远瞩：贫穷不是社会主义。

胡锦涛总书记殷切寄语：贵州要“能快则快，只要符合科学发展观、有效益，就要加速发展”。

省委书记栗战书掷地有声：对于贵州来说，加速发展就是科学发展，贵州必须“又好又快、更好更快”。

人民群众热盼：致富步伐加快，共享发展成果。

让贵州“强”起来，是为了2020年贵州能与全国同步建成全面小康社会。

让贵州“强”起来，是为了4000万各族人民过上更加幸福安康的日子。

让贵州“强”起来，是新时期贵州广大党员干部理应承担的历史使命和神圣职责。

审视中外历史发展的经验得失，梳理国内国际现实发展的宏观微观案例，“工业化”的旋律总是最为强劲。直面贵州省情，求解“调整转型”、“三农破题”、“消贫减困”等一系列迫切命题，离开工业发展，同样寸步难行。

如果说“更好更快”是基于省情吹响的号角，“工业强省”则是基于省情找到的最佳跨越路径。

工业化是不可逾越的发展阶段，没有工业就

谈不上实现现代化，工业上不去，增强综合经济实力、提升核心竞争力、增加财政收入、扩大就业、改善民生困难重重。

贵州发展的差距在工业，潜力在工业，希望也在工业。

工业发展快则经济发展快，工业经济兴则全局经济兴，工业经济强则综合实力强。

工业强省是贵州贯彻落实科学发展观的重大战略抉择。

一系列的顶层设计、一系列的重大部署相继推出，在工业强省战略的领跑下，贵州迎来了加速疾跑的明媚曙光。

三

事实胜过雄辩，数据最善说话。

工业强省一年，贵州日新月异。

最新数据显示：今年1至9月，全省生产总值同比增长15%，创近20年来同期最高增速，固定资产投资增速全国排名第三，城镇居民人均可支配收入和农民人均现金收入分别增长15.9%和22.9%，经济发展呈现出速度较快、效益较好、位次前移、后劲增强、民生改善的良好态势。

一年来，招商引资规模空前。去年年底，贵州赴京面向央企招商，签约47个项目，总投资额近2929亿元。今年5月在香港举行"贵州·香港投资贸易活动周"，签约50个项目，总额133.19亿美元。7月我省经贸代表团在广州、上海、成都三地共签约合同项目89个，总额2795.15亿元。8月在贵阳举行的"酒博会暨投洽会"，签约148个项目，总投资1188亿元等等。前3季度，我省引进省外实际到位资金1961亿元，同比增长188.3%；实际利用外资总额4.56亿美元，同比增长145.7%。

一年来，全省工业项目建设如火如荼：今年1至9月，贵阳市十大工业园区产业项目总投资达183.9亿元，完成全年目标任务的150.7%；遵义市工业经济实现总量、进度、增速等六项指标创新高；毕节地区全社会固定资产投资完成428.4亿元，同比增长84.7%，等等。

省发改委提供的数据显示：今年1至9月，全省固定资产投资3499.84亿元，同比增长68.2%。其中工业投资1118.8亿元，同比增长56%。工业投资500亿元以上新开工项目2775个，同比增长44%。

省统计局快报显示，今年1至9月，全省在建投资项目13195个，同比增长20.1%。全省工业投资累计到位资金1323.98亿元，同比增长37.1%。全省一盘棋，上下一条心。一年来，我省呈现出前所未有的投资增长速度，前所未有的项目建设力度，前所未有的工业发展势头。工业强省洪流之中千帆竞发，百舸争流。

"工业强省"一年，初战告捷，硕果频现。

四

欣慰的不仅是数据。欣慰的不仅是速度。

更让人欣慰的是精神的凝聚、思想的升华。

坦白地说，长期的落后就如贵州的大山，一度遮挡了我们的视野、制约了我们的思路、僵化着我们的思想。贵州的一些干部群众对于贵州发展，或多或少心有余而力不足。

省委、省政府运筹帷幄：实现"两加一推"，必须跳出贵州看贵州，全国视野找差距，全球视野谋发展。要凭籍"工业强省"这个支点，撬动贵州方方面面，搅动贵州一池春水。

一年来，围绕工业强省战略，对内，"工业发展观摩团"实地考察筑、遵、毕，一路看来一路比，一路调研一路评，找差距、比不足，激发地区竞争心。对外，马不停蹄考察学习粤沪川，北上京城南下港澳大招商。学习先进知不足，考察发达生忧患，比学赶超强动力，开阔眼界增信心。

横比、纵比，贵州人形成了共识：这风险、那风险，不发展、慢发展才是最大的风险；这问题、那问题，不发展、慢发展才是最大的问题。

横比、纵比，贵州人看到了希望：运用市场这只看不见的手，通过市场资源配置原理，贵州能在更高的平台、更宽的领域和发达先进的省份合作共赢，优势互补，同台共舞。

横比、纵比，贵州人激发了斗志："坐不住、等不起、慢不得"。"不干，半点马克思主义都没有"，与其怨天尤人，不如"挽起袖子"、"卷起裤腿"、"下地干活"。"白加黑"、"五加二"不再是一句口号，而是实实在在的行动。

有形的数字来说话,无形的精神在感召。

上万亿元的有形引资成果背后,凝聚着贵州强劲发展的不竭精神动力。

工业强省这一年,贵州人的思想活了、精神足了、自信强了,贵州变了。

五

思想解放的程度决定开放的程度。

工业是现代化大生产,大生产需要大流通,大流通必须大开放。然而,对贵州而言,地理的封闭,历史的封闭,心理的封闭,曾经相当长地堵塞着山门,束缚着眼界,捆绑着手脚。

“对相对封闭的贵州来讲,开放带来的活力,在一定意义上比改革带来的活力还要大。”这是贵州顺势而为的新定位,乘势而进的新视野,借势而起的新气魄。

工业强省这一年,“借梯登高”、“借船出海”成为共同意识,全省各地坚持把解放思想作为第一法宝,打破“恐高”思想、消除“怕快”心理、克服“畏难”情绪,敢与强的比、敢向高的攀、敢同勇的争、敢跟快的赛,开放的脚步越来越急促,开放的半径越来越大,开放的视野越来越宽,开放的程度越来越高,开放的内涵越来越深。

我们联央企、通港澳,大规模、高密度走出去,找项目、交朋友、聚人气、强动力。在外接内联中眼界开阔了,在筑巢引凤中心胸开阔了,在学习交流中思路开阔了。

我们举全省之力,成功举办贵阳生态文明会议、贵州(贵阳)国际酒类博览会暨投资洽谈会、第九届全国少数民族传统体育运动会,尽展黔山芳菲,把全国乃至世界目光引向贵州,为区域发展蓄势积能。

贵州的发展,从来没有像现在一样,与全国乃至世界紧密相连。

心态的开放、境界的开放接踵而至。

“玻璃门”、“吃唐僧”、“诳进来”等等“陈规陋习”开始“土崩瓦解”。企业在“妆罢低声问夫婿,画眉深浅入时无”的环境中战战兢兢做事的情况得到很大改变。

“人人都是招商形象”,“招商、安商、亲商”,“你发财,我发展”的共识日渐形成和深化。

全省各地纷纷在“简、优、限”上下功夫。以开放促改革、以开放倒逼改革、以外生动力推动内生动力,释放改革、开放“双活力”。

许多地方都对项目建设的所有政策重新审核,尽量放权,该砍的统统砍掉,让行政审批事项进一步减少、环节进一步简化、流程进一步优化、时限进一步压缩,对企业的“跟踪式”、“贴身式”和“保姆式”服务渐成常态。

六

工业发展和环境保护,是一对孪生话题。

发展工业就会破坏环境。有人这样判定。

这样的存疑并非空穴。回望贵州发展工业之路,确实存在过“村村冒烟、处处点火”,“先发展后治理”,工业发展与生态环境保护的矛盾十分突出。究其原因主要是经济发展方式粗放,工业企业布局分散,企业层次低、科技含量少、对环境影响大。

以生态理念引领工业发展——贵州工业强省必须遵循的原则。省委、省政府主要领导提纲挈领。

生态文明不是靠简单地保护出来的,而是可以积极地建设出来的。省委、省政府主要领导科学审视。

工业强省一年,实践诠释着理念,实践证明着观点。

一年来,贵州工业化走的是一条新型工业化道路,绝不以牺牲环境为代价。贵阳的工业园区一年婉拒300亿元以上的高耗能、重污染、低效益投资项目,对不符合生态文明要求的企业坚决说“不”。毕节地区的8个县市,有5个工业园秉持“吃干榨尽”理念,发展煤化工、磷化工、建材工业循环经济。开磷集团改变传统的单向产出模式,建立起循环物流模式,用最少的资源消耗和环境成本获得最大的经济效益和社会效益。各地把工业企业向园区集中,集约发展、集聚发展,充分利用现代环保技术,综合循环利用工业排放物,加强环境建设和监管。

走新型工业化之路,为生态环境改善作出的贡献同样巨大。仅贵州华能焦化制气公司,就让贵阳160多万市民和近2000家单位告别燃煤,用上了煤气,贵阳能摘掉“酸雨城市”帽子,全年空气质量优良天气达到340天以上,荣获“最适宜居住城市”桂冠,新型工业化对环境的改善功不可没。

生态保护不能纸上谈兵,需要“真金白银”,需要技术支撑。只有工业发达,积累雄厚资金,才能在生态的保护与建设上游刃有余。只有新型工业化带来的先进技术,才能更积极更永续地让山更青水更绿。

七

工业强省,强什么?

扩充总量、调整结构、促进统筹、增加就业,一年来,贵州紧扣工业强省的战略决策探索前行。不仅有发展速度的高歌猛进,更有发展方式的切实突破,不仅有工业经济的强势勃兴,也有民生发展的源源活水。

来自省经信委的数据表明,今年1—9月,贵州工业项目以聚集和规模发展为主导,各类产业园区发展成效明显。已完成基础设施投入290余亿元,在建产业项目1050多个,其中在建亿元以上项目300余个;完成产业项目投资590余亿元,入园企业1050多个,从业人员30多万人,实现工业总产值1250余亿元,同比增长26%。

随着一批重点项目的落地,园区载体作用和产业聚集效应开始显现,吸纳企业和项目的能力明显提升;各园区产业结构调整和转型升级加快;园区项目的科技含量和产品档次日渐提升。

大企业进驻,乡村变城镇,大项目落地,农民变工人。以工业带动农业,以城市带动农村,是工业强省战略中的核心篇章。两年前连城郊结合部都算不上的毕节市小坝镇,随着贵州力帆时骏振兴集团公司进驻,现已成为规划蓝图上的重要城市节点,而近2000小坝人更是实现了“村民变市民”的华丽转身……。类似事例不胜枚举,典型范例揭示本质:工业强省强了农村,富了农民,工业经济的蓬勃发展,带动辐射农村强劲有力。

工业强省,一定意义上讲,亦是最大的惠民工程。一年来,“十大民生工程”与工业强省战略同时鸣笛启程,扶贫脱贫、就业创业、保障房建设等,桩桩件件直指老百姓最忧、最盼、最急的难题。截至目前,贵州对“十大民生工程”的投资达544亿元,同时,工业带动就业的“乘数效应”已经显现,到2015年,贵州工业带动就业人数将比2010年增加一倍以上。

妙棋一着,全盘搞活。

八

工业强省,对贵州而言,既是对历史的一个回应,更是经济发展方式的一次深刻变革。

直面工业强省这一当代主旋律,一个命题倏然显现:贵州该寻找什么样的平台实现工业化。

工业强省一年,这个时代的命题、发展的课题、现实的难题,正在强势破题。一年工业发展态势表明,工业化不是抽象的概念,工业化的背后是一个个具体的工业项目,项目的背后是一个个工业园区的支撑,有专家坦言,现代条件下的工业化,首先是工业园区和工业项目的“爱情结晶”。

毫无疑问,工业园区是催生工业的强劲引擎,是工业强省的重要抓手,承载着转变经济发展方式“突破口”和区域经济发展“增长极”的重任,产业园区能否强劲发展,是直接影响贵州工业腾飞的要素之一。

为充分发挥园区对贵州实施新型工业化有力支撑,贵州省已制定出台《关于加快产业园区发展的意见》,年底前还要召开产业园区工作会议,面向“十二五”做大做强产业园区经济,为园区健康快速发展谋篇布局。

显然,以工业园区建设为引导,贵州工业化的实现路径已然清晰——

扩:把扩大产业投资作为膨胀工业总量的前提。

精:围绕精深加工,切实拓宽产业幅。

聚:加快园区建设,推进集群发展、集聚发展和集约发展。

引:通过扩大招商引资推动工业经济快速发展。

创:推进科技创新,不断提高我省工业经济的竞争力。

活:深化体制改革,不断增强工业经济发展活力。

“扩、精、聚、引、创、活”这个“六字真言”表面上属于经济范畴,内涵实质却关涉经济、社会、文化各方面,深刻体现了经济发展方式转变的全局性战略意义。

九

工业强省不是独木支撑,而是"三化"同行。

在2010年的全省工业发展大会上,远见开始凝聚。大会在确立工业强省战略时,明确指出,解决"三农"问题的根本出路在于工业化和城镇化。此后不久,2011年的省委农村工作会议上,认识继续升华。省委书记栗战书在会上话语坚定:坚持在工业化、城镇化深入发展中同步推进农业现代化,实施"三化同步"重大部署,走出一条具有贵州特色的城乡统筹、协调发展的路子。

从工业强省战略到"三化同步"重大部署——梳理省委、省政府的决策脉络,贵州的工业强省战略从确立伊始,就不是孤立的概念,在决策层的视野中,工业强省的进程,也是"三化"良性互动的过程:以工业化为核心,农业为城镇和工业提供充足的劳动力和生活、生产必需品,工业为农业和城镇提供强大的装备和支撑,城镇为农村人口提供广阔的就业空间,为农业和工业提供广阔的市场空间。

舆论敏感地指出:"贵州省提出了要与全国同步在2020年进入全面小康的计划。工业强省成改变贵州落后的一剂良药。贵州希望从工业化、城镇化带动以及突破'三农'瓶颈三方面着力,加速推进贵州的建设。"

工业强省战鼓擂响一年间,全省工业化脉动的强力起搏,带动城镇化、农业产业化同频共振,阔步向前。"三化同步"的"链式反应"多维呈现:贵阳市以工业化支撑城镇化扎实推进,在大量消化农村劳动力的同时,也通过市场需求拉动,成为全省农业产业化的"发动机"。毕节以新一轮改革为动力,以大项目促大发展,为"试验区"新一轮腾飞蓄力。遵义紧盯成都、重庆,以"三化同步"为抓手全力书写"融入成渝"这篇大文章。黔中、黔西北、黔北,已成为贵州最具经济活力的三角区域,在这个经济社会发展的"金三角"跃然而出的交响中,"三化同步"是其中尤为精彩的绚丽乐章。

一年的实践表明,工业强省战略与"三化同步"的重大部署高度统一,工业强省是核心,"三化同步"是目的。

站在新的历史起点,以工业强省为核心,以"三化同步"促进城乡协调发展,促进工农协调发展,条件具备,正逢其时。

十

工业强省,既是一场攻坚战,也是一场持久战。

这一年,我们也曾遭遇电煤不足、投入不足、用地不足、人才短缺诸多困难,但都一一被我们克服,并转化为前行的动力。

排难前进、奋力爬坡的过程,也是鼎新革故、精神凝聚的过程:工业强省是长期实践,不可能一蹴而就。机遇和挑战并存,效益和风险同在,在工业强省战略推进中,必须克服竭泽而渔的短视行为,克服浅尝辄止的浮躁情绪,耐得寂寞、经得风浪、吃得大苦,不折腾、不动摇、不空论,顶住一口气,咬着一股劲,始终用发展的眼光、奋进的姿态把握全局和长远。

经济落后、条件艰苦,在贵州,做成同样的事情,往往需要付出比其他地区多得多的努力。面对历史赋予贵州的机遇和责任,一场以"作风建设、环境建设、项目建设"为核心内容的"三个建设年"活动全面铺开深入推进,以作风建设保障发展,以环境建设促进发展,以项目建设带动发展,充分展示出全省上下迎难而上、只争朝夕的精气神。

发展中出现的问题,要用发展的方式解决。

经历化蛹成蝶的蜕变之后,我们将获得更加广阔的发展舞台。

天下事有难易乎?为之,则难者亦易矣;不为,则易者亦难矣。

美国当代著名历史学家斯塔夫里阿诺斯在其著作《全球通史》中表达了这样的观点:最具适应性、最成功的社会要在转变时期改变和保持自己的领先地位,是极为困难的。相反,不太成功相对落后的社会,因为局限少、创新成本低、创新冲动强烈,更有可能适应变化,突飞猛进。

碰撞智者的思想,让我们的眼界更加朗阔:贵州在诸多方面的优势与潜力,都为贵州实现跨越式发展做好了充分准备。以贵州工业化,实现生态、资源的充分开发、集约开发，将促进历史上不太成功的贵州突飞猛进，跃上一个风光无限的高度。

每一次抓住机遇的变革，都会酝造影响深远的变局。

敢干、敢闯、敢拼、敢于攀高，咬定发展不放松，我们丢掉的只是贫困，获得的将是成功。

论创造更加绚烂的多民族文化

一

初冬时节，黔中大地洋溢着浓浓的文化氛围。

乘着党的十七届六中全会东风，省委十届十二次全会吹响了推动贵州多民族文化大发展大繁荣的号角。

就在省委全会召开前后一个多月里，一台由贵州打造的汇聚各族特色和贵州元素的大型文艺表演，在第九届全国少数民族传统体育运动会开幕式上华丽亮相，央视三个频道并机直播，数亿国内外观众畅享了一场文化盛宴；一部由贵州“制造”的以民族团结为主题的大型历史题材电视剧《奢香夫人》，在央视一套黄金时段热播，创下同档节目收视率新高……

一次次高端平台的精彩展示，正是贵州文化建设留下的一个个坚实脚印。透过这串脚印，人们看到的是贵州在文化改革发展道路上奋进的身影，感受到的是贵州多民族文化的无穷魅力和勃发生机。

二

认识是行动的先导。任何自觉的文化行动，都来自清醒的文化认识。

文化是民族的血脉和灵魂，是国家或地区的软实力。文化像雨露，滋养人们的心灵；文化似火炬，点亮人类的智慧；文化如旗帜，指引着人们前行。没有文化的引领，没有民族精神的凝聚，一个国家、一个民族就不可能自立于世界民族之林。

先进文化始终是人类社会发展的不竭动力。政治的进步、经济的发展、科学的昌明无不与文化息息相关。一个半世纪以前，恩格斯就曾指出“文化上每一个进步，都是迈向自由的一步。”今天，全球化浪潮涌进世界每一个角落，谁占据文化发展制高点、拥有强大文化软实力，谁就能在激烈的国际竞争中赢得主动。“发展最终应以文化概念来定义，文化的繁荣是发展的最高目标。”联合国教科文组织的这一论断正在被历史所证实。

认清文化的地位作用，把握文化的特点规律，深化文化体制改革，建设社会主义文化强国，是实现中华民族伟大复兴的历史方位所在。60 多年前，毛泽东就曾充满豪情地预言：“随着经济建设高潮的到来，不可避免地将要出现一个文化建设的高潮。”在我国经济总量跃居全球第二位的今天，党的十七届六中全会发出“建设社会主义文化强国”的伟大动员令，正合民意、正当其时，充分体现了我们党对历史使命的深刻把握、对国内外形势的科学判断、对文化建设的高度自觉。

三

这种文化自觉，也深深植根于黔中大地。

翻开历史画卷，贵州人文化自觉的基因生生不息。东汉尹珍、明代奢香、清代黎庶昌身体力行促进文化交流，推动贵州文化走出大山；五百年前，王阳明龙场悟道创立心学体系，再传弟子孙应鳌发扬光大，使之影响遍及海内外；在探索中国革命道路的征程中，邓恩铭、王若飞、周逸群等老一辈无产阶级革命家追求先进文化，以身报国、彪炳千秋……亘古至今，贵州各族人民智慧的光芒在中华文化辽阔的星空中熠熠生辉。

新中国成立特别是改革开放以来，贵州经济社会发展日新月异，文化面貌焕然一新。省委、省政府立足省情、审时度势、科学谋划文化发展，全省人民以坚韧不拔的大山精神、包容并蓄的高原情怀，书写了多彩贵州的精彩与传奇，使贵州多民族文化以独特的品质和魅力，在全国呈现出独树一帜的鲜明形象。

如今，置身于国际国内大环境，放眼于党和国家全局中，我们更加深刻地认识到：一个地区的发展，经济是形，文化是神，形神兼备，才有坚挺的实力，才具恒久的魅力；更加深刻地认识到：文化工作不是简单的唱歌跳舞，文化建设不是“撑面子、树牌子、做样子”，而是实实在在发挥着“转方式、优结构、壮总量、扩消费、增就业”的独特作用，是中国特色社会主义“四位一体”建设总体布局必不可少的组成部分，事关科学发展大局，事关贵州历史性跨越，事关全省各族群众民生幸福。

“各级党委、政府要清醒地认识肩负的文化使命，加强和改进对文化改革发展的领导，像抓经济工作一样抓文化工作，像抓工业项目一样抓文化项目，像培养经济人才一样培养文化人才”；“要树立新的文化发展理念，抓紧学习文化方面的知识，加强对文化发展重大问题的研究，努力做到懂文化、会管理、善领导”……省委主要领导的一系列深刻见解，充分显示了贵州对文化建设的深思熟虑和自觉担当。

四

恩格斯曾提出过一个著名论断：“经济上落后的国家，在哲学上依然能够演奏第一提琴。”今年3月和7月，李长春和刘云山同志先后就贵州文化发展提出殷切希望，指出文化繁荣与经济发展并不一定完全同步，经济欠发达的地区充分利用自身优势，完全可以实现文化跨越发展，创造出不平凡的业绩。

对此，省委十届十二次全会作出了响亮的回答：“深化文化体制改革，推动多民族文化大发展大繁荣”；“努力实现贵州文化跨越发展，为建设文化强省打下坚实基础。”这是立足当前、着眼长远，在科学发展观指引下作出的坚定承诺，体现了前所未有的文化自信。

这份自信，源自多姿多彩的文化资源。千百年来，贵州多元文化共生共荣、和谐发展，留下了饱蕴思想精髓和价值追求的灿烂遗产。史前文明、夜郎文化、沙滩文化、屯堡文化、阳明文化、红色文化、生态文化……丰富的文化样式构筑了贵州各族人民雄奇天下的精神长城。尤其是古朴浓郁、风情万种的民族民间文化，兼具景观上的多元性、形态上的原生性、内涵上的厚重性、气度上的包容性，为贵州文化另辟蹊径实现跨越发展提供了不可多得的空间。

这份自信，源自扎扎实实的生动实践。从破冰之旅到乘风破浪，近年来贵州文化改革发展一路披荆斩棘、亮点纷呈：在全国率先实现广电网络整合“省、地、县一张网”，率先实现文化产业全行业统计，率先实现省市京剧院团同城整合，率先拥有电视购物频道并向发达省市拓展市场，率先实现省内非时政类报刊跨区域整合，率先实现省市电影行业资源整合……同时，“贵州影视”异军突起，成为国内一大文化现象；“多彩贵州”系列活动声誉日隆，“多彩”品牌成为重要软实力；公益性文化基础设施不断健全，群众性文化活动精彩连连……这些喜人的成绩，为我省多民族文化跨越发展奠定了良好基础。

五

“见贤思齐焉，见不贤而内自省也”。在文化自觉、自信的同时，我们也要有深刻的文化自省。

早在1897年，就有心理学家发现，一个单独放风筝的儿童，比起与其他伙伴一起放，行动要缓慢得多。这启示我们，贵州的文化发展必须放在与兄弟省区竞相发展的坐标中来审视。

这是一个尴尬的事实：与先进省市相比，我省文化产业起步晚，文化单位散、小、弱的状况普遍存在，产品技术含量低、非公资本比重低，适合大众消费的优质文化产品不多；公益性文化事业建设比起发达地区还有较大差距，农村特别是边远贫困山区农民的文化生活依然非常贫乏。

这是一组悬殊的对比：仅以去年为例，全国文化产业增加值已超过1.1万亿元，我省只有112.21亿元，仅占百分之一；以文化产业增加值占GDP的比重来看，北京、云南、广东等省市已超过5%，我省仅为2.44%；全国核心文化产品进出口总额为143.9亿美元，我省为15.78万美元，仅占十万分之一。

我们深知，文化资源富集不等于现实的文化发展优势，快速发展不等于跨越发展。对于经济发展滞后、文化基础薄弱的地区，发展慢就是退步，做不强就难有优势，跟不上就会拖全国后腿。如果缩小不了当下的差距，就会形成将来更大的鸿沟。

六

如果说文化自觉关系到以怎样的视角认识文化，文化自信、自省关系到以怎样的态度对待文化，那么文化自强则是以什么样的思路发展文化。

6年来，取材于贵州本土的大型民族歌舞《多彩贵州风》，正是因为坚持打“民族牌”、走自己的路，才成为全国民族歌舞艺术百花园里的一朵奇葩，享誉海内外。这说明，文化特色是打开市场的“敲门砖”，出奇制胜之道就在于人无我有、人有我优。

窥一斑可见全豹。

创造更加绚烂的多民族文化，关键在于遵循文化发展规律，彰显贵州文化的特质特性特点，正确处理好各种文化关系。这就是：既要发展共性文化，又要彰显个性文化；既要生产通俗文化产品，又要生产高雅文化产品；既要弘扬传统文化，又要发展当代文化；既要形成总体协调的整体文化，又要发展各具特色的区域文化；既要坚守和发展贵州文化，又要借鉴和吸纳外来文化……

创造更加绚烂的多民族文化，根本在于开掘民族文化资源这座“富矿”，找准市场定位，整合资源、合理布局，做大做强“特色”品牌，将文化资源优势转化为文化较量中的主动位势，创造别具民族风格、贵州气派，面向世界、面向现代化、面向未来的先进文化。

沿着一条科学发展、特色发展、可持续发展的路径，我们就一定能攀上云蒸霞蔚的文化峰巅。

七

先进文化是根，价值体系则是魂。根深才能叶茂，有魂才有力量。创造更加绚烂的多民族文化，首先要发展先进文化思想。

贵州多民族文化在历史的长河中千回百转、千淘万漉，它的溢彩流光，穿越时空、照亮古今。不可否认，传统文化既有精华，也有糟粕。从“苦活累活不如懒活”到“金窝银窝不如自家草窝”，从“养儿防老”到“多子多福”，从“肥水不流外人田”到“各人自扫门前雪”，从红白喜事大操大办到走亲串寨过一冬、浑浑噩噩又一年……这些陈旧的观念和习俗，成为一些地方和群众贫穷落后的文化根源。

站在历史与现实、东方与西方的文化交汇点上，我们大力发展先进的多民族文化，就必须摒弃上述文化陋习，坚持用社会主义核心价值体系引领社会思潮，支持健康有益文化，努力改造落后文化，坚决抵制腐朽文化，不断增强贵州多民族文化的吸引力和感召力。

发展先进的多民族文化，就是要凝聚起干事创业的精气神。在长期同严酷自然环境的不屈抗争中，在改革发展的伟大实践中，贵州儿女培育和塑造了以“开放创新、团结奋进”为核心的贵州时代精神。在建设全面小康社会的伟大进程中，我们要将其内化于心、外践于行，使之成为照亮人们心灵的火炬、引领人们前进的旗帜。

发展先进文化，就是要在全社会树立良好的道德规范。大力倡导“爱国、敬业、诚信、友爱”的价值取向，推进公民道德建设，弘扬清正廉洁之风，加强社会诚信建设，弘扬社会主义法治精神，在社会生活中倡导相互关爱、服务社会的思想观念，让和谐发展的步子走得更加坚实。

当前，贵州正处于“加速发展、加快转型、推动跨越”的关键时期，让我们用先进思想和优秀文化的力量，熔铸起历史性跨越的“钢筋铁骨”，构筑起我们共同的精神家园。

八

芳林新叶催陈叶，流水后波推前波。创造更加绚烂的多民族文化，必须坚定不移地走改革创新之路。

在我省文化体制改革已进入全面突破的关键时期，改革的目的要更明确，改革的任务要更清楚，改革的方式要更有效，改革的步伐要更坚定。改革时间紧、任务重，抓工作落实绝不能“弯弯绕”、“假把式”，绝不能拖拉应付、观望等待，绝不能放任自流、相互推诿；改革攻坚，钉是钉、铆是铆，谁的责任、谁当主角、谁督办，必须毫不含糊；遇到阻力，化解的责任由谁负，限期整改由谁操作，必须一清二楚。只有这样，才能按照中央和省委提出的改革路线图、时间表、任务书，更好更快地完成改革任务。

文化是最需要创新的领域。动力不足、活力不足依然是制约我省文化发展的主要问题。解决这一问题，需要创新文化发展的体制机制，区别对待、对症下药。对于公益性文化事业单位，重点要引入市场竞争机制、引入激励和约束机制，建立起干部能上能下、人员能进能出、薪酬能高能低的管理机制，最大限度地调动员工的积极性；对于经营性文化单位，重点要加快转企改制，建立现代企业制度，完善法人治理结构，培育合格市场主体，使企业真正走向市场。只有在市场经济的大江大河中游泳，才能真正掌握生存发展的本领。

哪里有改革创新，哪里就有发展的新局面。唯有紧握改革创新的如椽大笔，才能描绘出贵州多民族文化这边独好的风景。

九

再美的风景没有人分享，也只能是孤芳自赏、自我陶醉。文化属于人民，文化发展的成果最终要由人民共享。不断满足人民群众的精神文化需求是繁荣发展文化的目的与归宿。

以“不务文字奇，但歌生民病”为己任的唐代诗人白居易，往往写完一首诗，要先念给不识字的老婆婆听。绘画大师吴冠中的画价值连城，但他满意的200多幅作品大多捐赠给了美术馆，他常讲：“我希望我的画为广大人民所拥有和欣赏。”因为他深知“文化实现的价值在群众”。

以文化人润无声，以文惠民如春雨。大力发展公益性文化事业，是实现人民群众基本文化权益的关键，也是改善民生的重要内容。受经济发展水平制约，我省“文化惠民”还需跨越一道道坎。我们必须改变对文化基础建设“说起来重要、干起来次要”的态度，着力实施好“八大文化惠民工程”，健全基础设施，完善服务网络，挖掘整理各民族优秀文化资源、加大保护力度，生产更多精品力作，让公共文化服务的阳光遍洒黔中大地。

国际经验表明，在现代经济社会发展中，尤其是人均GDP达到3000美元之后，人们对精神文化的各种需求更加强烈。发展经营性文化产业，是市场经济条件下繁荣社会主义文化，满足人民群众多形式、多层次精神文化需求的重要途径。省委十届十二次全会明确提出，到2015年，文化产业要成为我省国民经济支柱性产业。要实现这一目标，就必须发挥区域优势，整合各种资源，构建多民族特色文化产业布局，形成多民族特色文化产业结构，重点实施好“六个一批”文化产业工程，推动文化与旅游、与科技、与创意、与金融、与贸易的融合发展。唯有如此，“黔”字号文化航船，才能乘风破浪、奋起直追，为人民输送更好更多的文化产品。

文化事业、文化产业两手抓、两手都要硬，贵州文化发展的“两翼”才会愈加丰满有力，才会满载4000万各族群众对文化发展的追求和梦想飞得更高更远。

十

人民不仅是文化成果的共享者，更是文化的创造者。

文化源于人民，人民是文化最深厚的根基与源泉。我国最早的诗歌总集《诗经》中的很多篇章，就是普通民众的创作，真实记录了人民春耕秋获的生产生活和朴实无华的热烈情感，这些脱胎于古代群众生产生活的典范诗词成为中华优秀传统文化的一部分。

在认知世界、改造世界的丰富实践中，全省各族群众不仅创造了特色文化，也为文化发展提供了不竭动力。我们既有全国和全省的文化“四个一批”人才，也有民间藏龙卧虎的传世艺人；既有大策划大手笔《绝地逢生》、《奢香夫人》，也有农民自导自演的《山村的呼唤》、《香火》；既有演绎经典的城市交响乐团，也有天籁之声侗族大歌、苗岭飞歌……

创造更加绚烂的多民族文化，人才是第一资源，必须重视发挥人在文化发展中的主动性和创造性。

各级党委政府要以高度的文化自觉和文化自信，发挥已有人才作用，努力造就一支包括高层次领军人才和高素质文化人才的队伍，着力壮大基层文化工作队伍，加强对民间文化人才队伍的教育引导、培养培训、管理服务，形成文化人才“于斯为盛”的崭新局面，让一切创造的活力竞相迸发，让一切创新的源泉充分涌流，让一切创新的成果得到尊重。

－文化有所担当，社会方才和韵充盈。一切有责任感的文化工作者，都应当勇敢地担当起时代和人民赋予的发展贵州多民族文化的历史重任，坚持贴近实际、贴近生活、贴近群众，做德艺双馨的人类灵魂工程师，为人民群众提供更好更多的精神食粮。

十一

与大自然的脚步相伴而行，一个文化大发展大繁荣的春天，正向我们款款走来。

“虽有智慧，不如乘势；虽有镃基，不如待时”。在新的征程上，让我们携起手来，共同培育滋生在这17.6万平方公里土地里的文化种子，浇灌它、呵护它。我们憧憬并且坚信，沐浴着党的十七届六中全会的金色阳光，贵州各民族文化将如竞相绽放的鲜花，愈加绚烂夺目，愈加芬芳馥郁！

省委宣传部工作

理 论 武 装

【概述】 2011年,我省理论武装工作按照中宣部和省委的要求,根据《中共贵州省委宣传部2011年宣传思想工作要点》安排,紧紧围绕宣传思想文化工作"创优年"主题,创新内容,创优思路,整合资源,提升水平,理论学习、研究和宣传工作取得明显成效。

【深化全会精神学习研究宣传】 紧紧围绕学习宣传贯彻党的十七届六中全会和省委十届十二次全会精神,组织开展系列活动。一是认真编写辅导材料。在做好中央宣讲团来黔宣讲党的十七届六中全会精神工作基础上,整理印发中央宣讲团成员报告资料。精心组织编写《省委十届十二次全会精神宣讲提纲》,供省委宣讲团成员参考。编写《省委十届十二次全会精神学习纲要》,印发各地各系统供广大党员干部群众学习使用。二是组织宣讲骨干培训。组织举办了有省委宣讲团成员、各系统分管领导、各市(州)党委宣传部分管副部长、各县(市、区、特区)宣讲骨干共140余人参加的宣讲骨干培训班,采取学习全会文件、听辅导报告和专题讨论相结合的方式,深入开展学习研讨,为宣讲培训师资。三是组建省委宣讲团。选调44位熟悉党的理论路线方针政策,了解我省文化改革发展实际,政治素质好、理论水平高、宣讲能力强的领导干部和理论工作者,组建省委宣讲团,开展集中学习备课。四是召开宣讲动员会。11月8日召开学习贯彻全会精神宣讲动员会,省委常委、省委宣传部部长谌贻琴同志出席会议并作动员讲话,对做好宣讲工作提出要求。五是下发文件部署宣讲工作。下发《关于学习贯彻省委十届十二次全会精神省委宣讲团宣讲安排的通知》,对宣讲的组织领导、场次分配、听众组织、时间安排、会场布置和宣传报道等内容作出安排部署,提出具体要求。六是扎实开展大规模宣讲。11月9日,省委常委、省委宣传部部长谌贻琴围绕"以高度的文化自觉和文化自信,推动贵州多民族文化大发展大繁荣"主题,在省委大会堂为省直机关1000余名干部职工作了省委宣讲团首场报告。11月10日至25日,在半个月的时间里,省委宣讲团成员在全省各市(州)、县(市、区、特区)、省直各单位共宣讲116场,直接听众5万多人次。七是认真总结宣讲工作。及时收集各地情况反馈,撰写《凝聚共识 繁荣文化——党的十七届六中全会和省委十届十二次全会精神宣讲综述》在《贵州日报》发表,总结反映宣讲工作成效。

【精心组织庆祝中国共产党成立90周年系列活动】 一是向中宣部推荐《提升党的基层组织建设的科学化水平》论文,入选全国纪念中国共产党成立90周年理论研讨会文集,论文作者参加中央宣传部组织召开的全国理论研讨会。二是组织召开座谈会。6月22日,由省委宣传部主办,省社科联承办省社科界纪念中国共产党成立90周年座谈会,社科界代表从不同角度、不同方面回顾党的历史、研究红色文化,畅谈中国共产党90年的光辉历程、伟大成就和宝贵经验,抒发了社科界人士对党的信任和热爱,坚定了走中国特色社会主义道路的信心和决心。三是组织召开理论研讨会。与省社科院、省委党校、省军区等单位于6月29日联合召开纪念中国共产党成立90周年理论研讨会,80余位参会代表围绕推进党的建设重大理论和实际问题展开研讨,重点研讨深入推进学习型党组织建设、加强党的先进性和执政能力建设、推动科学发展、促进社会和谐等问题。会后择优编辑出版《波澜壮阔90年 春华秋实谱新篇》论文集。

【开展学习贯彻胡锦涛同志"七一"重要讲话精神系列活动】 一是组织召开理论研讨会。8月25日,由省委宣传部、省社科院、省社科联共同主办,省社科院承办全省学习贯彻胡锦涛同志"七一"重要讲话精神理论研讨会,各地、各部门向本次研讨会提交论文100篇,50余人参加研讨会。二是组织召开系列座谈会。7月4日至5日,组织召开省直机关领导干部、省社科界、基层领导干部学习贯彻胡锦涛同志"七一"重要讲话精神系列座谈会,来自机关、基层、社科管理和研究部门的100多人参加座谈,在《贵州日报》连续推出3个专版的座谈发言摘编,形成强势宣传效果。三是认真组织宣讲。从省委有关部门、省社科理论界、省高校等部门抽调领导同志和理论工作者,组成学习宣传贯彻胡锦涛同志"七一"重要讲话精神省委宣讲团,于8月10日至9月6日在全省举办报告会27场,直接听众2万多人。四是编写学习资料。组织编写《胡锦涛同志"七一"重要讲话学习辅导材料》社科普及通俗读物,印发各地各系统供广大党员干部群众学习使用。五是开展知识竞赛。8月4日至31日,组织开展学习胡锦涛同志"七一"重要讲话知识竞赛活动,来自上海、天津、辽宁、安徽、福建等省(区、市)和全省各级各地机关工作人员、工人、农民、学生、社区群众等参赛,推动对"七一"重要讲话精神的学习。

【深入推进学习型党组织建设】 一是做好省委中心组学习的服务工作。邀请中央政策研究室田培炎、国务院发展研究中心余斌等领导和专家作专题辅导报告。为省委中心组提供了《中国共产党历史》等学习参考资料。在中国共产党90周年华诞前夕,精心策划主题,拓展学习形式,与省委办公厅做好省委中心组在革命圣地遵义开展"重温《共产党宣言》,坚定理想信念,推动历史跨越"主题学习教育活动服务工作。二是组织召开经验交流会。组织召开贵州省学习贯彻全国经验交流会精神会议、全省党委(党组)中心组学习暨学习型党组织建设经验交流会,交流工作情况、总结工作经验,汇编印发《全省党委(党组)中心组学习暨学习型党组织建设经验交流会交流材料》。三是加强对各地各系统学习型党组织建设工作指导协调。制定下发《贵州省推进学习型党组织建设工作方案》,提出了"分层推进、分类落实、品牌带动、示范引领"总体思路和工作措施,对全省的学习型党组织建设进行部署。撰写编发12期学习型党组织建设简报。四是推进中心组网络学习平台建设。对贵州省党委(党组)中心组网络学习平台进行升级,更新硬件设备,优化软件设计,扩大平台覆盖范围,加强平台管理监控,培训辅导各市(州、地)、县(市、区)联络员,进一步增强中心组学习成效。五是在全省党员干部群众中组织开展普及人文社会科学知识竞赛活动。六是做好中宣部《理论热点面对面2011》、《党建》杂志等的学习宣传工作。

【开展"县(市)委书记学习型党组织建设网上谈"活动】 充分发挥网络媒体的优势,由金黔在线网站承办"县市书记学习型党组织建设网上谈"活动,精心录制编排,先后推出了7期"县市书记学习型党组织建设网上谈",交流各地活动开展情况,宣传典型经验和工作成效。同时,协调推荐贵阳市息烽县原县委书记黄秋斌于参加由中央学习办主办的全国"百位市县委书记学习型党组织建设网上谈"活动,收到了良好宣传效果。

【大力开展"学习理论、指导实践"读书征文活动】 为深入推进我省学习型党组织建设,推进理论与实际相结合,与省委讲师团、贵州日报社、当代贵州杂志社于2011年4月至7月,在全省组织开展"学习理论、指导实践"读书征文活动。向党员干部推荐重要理论书籍,组织优秀论文在《贵州日报》等报刊发表。各地各系统推荐优秀论文100多篇,评出一等奖5篇、二等奖10篇、三等奖20篇,以及组织奖4名予以奖励。召开读书交流会,编辑出版《学习理论 指导实践——学习型党组织建设读书征文集》。

【广泛开展"社科理论下基层"活动】 为推进中国特色社会主义理论体系宣传普及和社科理

论下基层，满足广大干部群众日益增长的社科理论需求，提高广大干部群众人文社科理论素养，采取分级负责方式，与省社科联共同在全省组织开展“社科理论下基层”活动，围绕“两加一推”，发展区域经济，加速工业化、加快城镇化、推进农业产业化和地区发展热点等内容，组织社科专家学者 50 余人次，深入各市(州)、县(市、区、特区)为基层党员干部群众作专题报告和现场咨询会 90 余场，赠送社科理论读物 1 万余册，受到各地干部群众普遍欢迎。

【继续推出“余心声”政论文章】 围绕阐释中央和省委、省政府重大工作部署，解答干部群众关心的热点问题，积极做好“余心声”文章撰写组织、协调、刊播等服务工作，推出了《论提升贵州新形象》、《论做好社会管理这张“新试卷”》、《民族团结的盛会，多彩奋进的贵州——写在第九届全国少数民族传统体育运动会闭幕之际》和《差距在工业，潜力在工业，希望在工业——写在工业强省战略实施一周年》、《论创造更加绚烂的多民族文化》等 5 篇余心声文章，为服务党委政府中心工作发挥了良好作用。

【加强改进“甲秀视线讲坛”工作】 总结 2011 年来举办“甲秀视线——热点问题解读”系列讲座的做法和经验，进行超前谋划，扩大听众范围，开展互动交流，建立健全机制，开设“甲秀视线讲坛”，服务省直各部门特别是省直宣传思想文化系统党员干部学习，邀请中国社科院社会学所原所长景天魁、北京大学政府管理学院副院长徐湘林、中宣部文改办副主任高书生等国内知名专家学者围绕“创新社会管理建设幸福贵州”、“营造良好政治生态环境”和“推进改革创新建设文化强省”等方面的热点、难点问题，结合我省经济社会发展和宣传文化系统实际进行深入讲解和分析评述，全年共举办 12 期讲座，听众 2200 余人次。

【召开“弘扬贵州时代精神座谈会”】 12 月 15 日，与省社科联、贵州日报社共同主办召开“弘扬贵州时代精神座谈会”，省直有关单位、科研机构、高校负责人和专家学者 30 余人参会。与会者紧紧围绕省委十届十二次全会精神，深入研讨贵州时代精神的内涵、意义和时代特征，如何积极践行贵州时代精神、使其内化于心、外化于形，激励全省人民树雄心、立壮志等问题。

【组织举办哲学社会科学教学科研骨干研修班】 按照《贵州省 2010—2014 哲学社会科学教学科研骨干研修实施意见》规划，与省委组织部、省委党校、省教育厅、省财政厅共同做好 2011 年贵州省哲学社会科学教学科研骨干研修工作，采取多种教学方法和手段，综合运用自学、讨论、专题讲座、讲座录像等方式，举办 4 期研修班，培训哲学社会科学教学科研骨干 260 人。

【组织召开理论宣传联系会】 5 月 5 日，在开阳县组织召开理论宣传联系会，省内媒体理论部门负责人 20 余人参会，传达学习中宣部和省委宣传部关于 2011 年宣传思想文化工作有关精神，通报了 2011 年宣传工作形势及我省理论工作安排，交流我省主要党报报刊、广播电视、网络媒体开展理论宣传工作的好做法、好经验，分析媒体理论宣传的重点和动态。

【指导协调贵州省中国特色社会主义理论研究中心各基地、研究会开展研究工作】 围绕学习社会主义核心价值体系、中国特色社会主义理论体系、学习型党组织建设、党的十七届六中全会和省委十届十二次全会等主题，指导和协调省中国特色社会主义理论研究中心各基地，做好选题设计和研究，提高文章质量水平，分别组织 60 余篇文章在各类报刊发表。其中，省社科联原副主席徐静的《从春晖行动看“公益中国”建设》文章，以贵州省中国特色社会主义理论体系研究中心的名义在第 11 期《求是》杂志发表。

【抓好农村党员干部现代远程教育课件制作工作】 积极开展远程教育的相关工作，按省远程办的要求，在有关处室的支持和配合下，向省委组织部党员教育中心报送了《大旱中挺立的贵州精神》、《迈向跨越》等远程课件，完成远程课件制作任务。

社 科 规 划

【概述】 2011年,是"十二五"规划的开局之年,也是我省社科规划管理工作实现超常规发展的一年。在省哲学社会科学工作领导小组和省委宣传部的正确领导下,在相关单位的大力支持下,省社科规划办按照省委宣传部"创优年"的部署和全国规划办"把社科管理工作作为一项事业来干"的要求,以创新的精神抓好工作安排,以创新的精神抓好任务落实,以创新的精神抓好制度建设,以创新的精神抓好调查研究,圆满完成了年初提出的目标任务,实现了开局之年的开门红。

【国家社科基金项目申报立项情况】 2011年,全省共有31个单位申报国家社科基金年度项目478项,比2010年减少80项,减幅达14.3%,上报全国社科规划办449项,比2010年减少109项,减幅达19.5%。重大招标项目前后两批上报申报材料6项,后期资助项目前后两批上报申报材料11项。在申报和上报数量减少的情况下,全省共有16个单位获得82项国家社科基金项目,比去年增长26项,增幅达46.4%,其中:重大招标项目2项,重点项目2项,一般项目30项,青年项目10项,西部项目37项,后期资助项目1项;资助总额达1189万元,首次突破1000万元大关,比去年增加423万元,增幅达56%;其中年度项目资助经费总额达1044万元,成为全国11个过千万的省份之一。

(1)贵州大学张新民教授、凯里学院徐晓光教授分别领衔的课题《清水江文书整理与研究》,获国家社科基金重大招标项目立项,各资助经费40万元,承担单位分别为贵州大学和凯里学院。这是我省在去年实现零的突破基础上,今年获得的第二个最高级别科研立项,实现了重大招标项目立项不间断的目标。贵州大学和凯里学院研究团队的加入,使我省国家社科基金重大招标项目研究的参与面进一步扩大,对挖掘区域文化、传承民族文化,改变清水江文书在贵州、清水江文书研究在外地的现状,具有里程碑意义。尤其是凯里学院获得国家社科基金重大招标项目,不仅完成了黔东南州委、州政府的重托,而且使该院在国家社科基金项目的立项上,走在了全国同类院校的最前列。

(2)贵州师范大学唐昆雄教授领衔的《中国特色社会主义道路与人类文明史研究》,获国家社科基金重点项目立项,承担单位贵州师范大学,资助经费25万元。该项目旨在研究改革开放以来中国特色社会主义建设中形成的"中国模式"、"中国道路",与马克思创立的"唯物史观"所揭示的人类社会发展的基本规律之间关系及其价值与意义。

(3)贵州师范大学张小军教授领衔的《中国少数民族文化生态研究》,获国家社科基金重点项目立项,承担单位贵州师范大学,资助经费25万元。该项目旨在通过对四个多民族聚居的省份(贵州、云南、甘肃、新疆)的全方位调查,结合地域和村寨的个案研究,从发展人类学的视角,对将少数民族村寨发展、文化遗产保护、改善村民生活结合起来的"三位一体"的发展模式进行探讨。

(4)贵州大学龙宇晓教授领衔的《〈清水江文书·贵州民族文化宫杨友庚赠藏卷〉整理校释》,获国家社科基金后期资助项目立项,承担单位贵州大学,资助经费18万元。这是我省高校系统迄今为止获得的第一个后期资助项目,也是我省区域文化方面第一个获得立项的后期资助项目,对加快清水江文书整理与研究的步伐具有重要意义。

【省社科规划课题申报立项情况】 2011年,全省共有41个单位申报省社科规划课题567项,比2010年增加145项,增幅达34.36%,其中:招标课题49项,一般课题312项,青年课题206项。通过资格审查、前期成果真实性核对、专家审读、通讯评审、会议评审(答辩)等评审程序,并报部领导批准,共有148项省课题获准立项,其中:招标课题9项,一般课题64项,青年课题43项,自筹经费课题32项。

【国家社科基金结项课题部分成果简介】
(1)贵州师范大学王洪礼教授主持完成的《少数民族大学生创新精神与心理健康培养现状与促进的

对策研究——以苗族、布依族等为例》(项目批准号:07BZX060),在精心研制具有良好信效度的《大学生创新精神现状调查量表》基础上,对西南地区2000多名苗族、布依族、侗族、彝族、藏族少数民族大学生进行了科学调查,完整地阐述了创新精神的核心概念,提出了一系列提出了具有创新价值的理论观点,例如:创新精神概念大于创造性思维、创新思维、创造能力、创新能力、创造性人格;素质的本质特征是人的"主体性";素质教育的本质特征是"两个前提、两个全体、两个主体、两个发展"等,同时,提出了促进少数民族大学生心理健康素质培养与提高的四大对策,以及促进少数民族大学生创新精神培养与提高的十大对策,对民族高校促进大学生创新精神和心理健康素质的培养与提高,具有重要的理论和实践价值,对综合类高校培养与提高大学生创新精神和心理健康素质,也有一定的学术和应用价值。

(2)贵州师范大学张泽涛教授主持完成的《刑事诉讼法修改难点问题研究》(项目批准号:08XFX017),分上、下两篇,对刑事诉讼法的诸多基本理论进行了大量实证性很强的专题研究,对刑事诉讼法再修改中的众多难点热点问题,如怎样正确认识中国国情,如何处理法律移植与本土资源的关系,如何确立禁止重复追诉原则和程序法定原则等,也进行了深入探讨,为修改刑事诉讼法提供了坚实的理论支撑,辨明了改革方向。该成果研究内容涉及到刑事诉讼法再修改的理论基础和诸多重大疑难热点,一些理论建树已处于国内当下研究领域的前沿水平,具有较高的学术价值和较大的社会影响。

(3)贵州师范大学黎珍主持完成的《社会资本与西南民族地区和谐发展问题研究》(项目批准号:08XZZ005),运用社会资本理论,全面解读了西南民族地区传统社会资本的产生条件和表现特征,深入分析了该地区社会资本的现状和存在问题,在此基础上探讨了社会资本建设对于建构和谐社会的重要意义,提出了促进西南民族地区和谐发展的建议与对策,视角独特,观点新颖,具一定的开拓性和创新性,是一项具有重大现实意义的研究成果。

(4)贵州民族学院李锦平主持完成的《苗语方言比较研究》(项目批准号:07BMZ012),是苗语三大方言专家学者联合攻关的最新成果,是目前最全面的苗语方言比较方面的研究著作,其最终研究成果分七章,围绕苗族语言文字及其研究概况,苗语方言、次方言、土语的划分,苗语三大方言之间语音、词汇、语法比较,苗语各方言内部次方言与土语的比较等,进行了深入细致全面系统的研究,为未来苗语方言学的建立和发展,为更加全面深入的比较研究苗语方言、次方言与土语,奠定了良好的基础。

(5)贵州民族学院王芳恒主持完成的《儒学在贵州民族地区的传播与发展研究》(项目批准号:07XZX005),通过广泛的资料搜集和田野调查,对儒学在贵州民族地区的传播发展历程,以及儒学与各民族文化之间的互动交融关系,进行了多学科、多层次的综合性研究。该成果首次从民族精神、民族哲学、民族历史、民族道德等方面,阐述了儒学与贵州主体少数民族思想文化的关系,既充分说明儒学自身发展的内容及脉络,又明确指出其对贵州各民族的启迪和熏陶,研究方法上具有创新意义,研究内容上富有特色,对深入研究儒、释、道三教在中国南方和西南地区传播发展,以及各民族学习和借鉴先进思想文化,具有非常重要的学术参考价值。

(6)贵州民族学院周松柏主持完成的《治理社会群体性事件的制度机制与途径方法研究——以西部矿群矛盾引发的群体性事件为重点》(项目批准号:09XZZ016),运用新的理论模型和分析工具,填补了相关研究空白,提出了"土地关联资源"、"补偿还原"、"综合监理机制"、"社会柔性管理"等新概念,对相关学科建设以及群体性事件研究,具有一定的学术价值。同时,该成果还构建了一个从宏观到微观、从方略到具体对策的完整治理框架,提出了通过制度创新进行源头治理、预防为主的机制构建、基层政府应对矿群矛盾群体性事件能力提升的治理途径、以及柔性处置的治理方法等治理对策,具有较高的参考价值。

(7)黔南民族师范学院梁光华主持完成的《水族水书语音语料库系统研究》(项目批准号:07XMZ004),在广泛深入水族村寨开展水书水语田野调查基础上,组织语言学、文字学、民俗学、计算机科学等方面专家,历时近四年,深入研究水书抄本,破译释读了十本代表性水书,第一次全面探讨了水语的语音系统、词汇系统、语法系统和水字系统,在此基础上研制出了一个科学、规范的水族水书语音语料库系统。该成果是我国少数民族语言文字研究方面的一项重要成果,对抢救、保护、传承水书,以及推动水族地区发展,具有重要的现实意义,对推动少数民族文字信息技术发展和少数民族语言文字教学,也具有一定的参考价值。

(8)黔南民族师范学院吴一文主持完成的《苗族古歌通解》(项目批准号:07XZW012),在以注解、苗汉对照的形式对苗族古歌进行通解的基础上,对苗族古歌的界定、产生时代、流传区域、口传文本和书面文本进行了全面分析,对苗族古歌的演唱方式、传承方式、艺术特色及其所蕴含的苗族古代冶炼技术、天文历法、社会制度、民族历史、民族迁徙等历史文化现象,作了深入研究,是迄今所见最为全面的苗族古歌汇集,是苗族古歌从口本向文本转变过程中的标志性文本,是解读苗族语言及其民族文化的重要著作,具有重要的现实意义和学术价值。

【省招标课题部分成果简介】 (1)省社会科学院雷厚礼主持完成的2010年度省社科规划招标课题《贵州省农村危房改造经验研究》,在深入调查毕节、贵阳、遵义、黔西南、黔南等地不同类型农村危改户、走访部分职能部门的基础上,提出了如下观点:贵州农村危房改造经历了萌动、起步、加速、冲刺四个阶段,即萌动于2001年贵阳市的茅草房改造,起步于2008年“万户试点”,加速于2009年全面启动,冲刺于2011年起用4年全面完成;贵州农村危房改造的基本经验有:坚持把改善农民民生放在更加突出位置,坚持党对各项事业的核心领导,坚持社会主义制度“共同富裕”价值目标,坚持引导群众自己创造美好幸福生活,坚持统筹整合各种社会资源;并提出了进一步做好农村危房改造工作的建议:提高对农村危房改造重要性的认识,整合各种资源解决资金瓶颈,调整基数标准与验收年度,加强监督管理,建立有贵州特色的农村救助长效机制。

(2)省社会科学院田永红主持完成的2010年度省社科规划招标课题《贵州推进扶贫开发新途径、新方法研究》,在系统梳理国内外扶贫研究进展情况基础上,回顾了贵州扶贫开发的历程,总结了贵州扶贫开发的成就与特点,初步探讨了新时期推进扶贫开发的思路、原则及目标,并提出了扶贫开发的新途径、新方法及相关政策建议,可供有关单位决策及具体运作参考。

(3)贵州大学申振东主持完成的2010年度省社科规划招标课题《贵州生态文明城市建设与地方政府治理模式创新研究》,通过对贵阳市、毕节地区、黔东南的实地走访与问卷调查,获取了丰富翔实的第一手数据,在此基础上运用SPSS 16.0统计软件包,对调研数据进行了实证分析,构建了生态文明城市的评价指标体系,同时以西部地区12省市为比较对象,分析了我省在生态文明城市建设的绩效,并运用相关典型分析证明了二者之间的内在相关性,进一步验证了开放式治理对生态文明城市建设的综合效应。

(4)贵州大学陈泽明完成的2010年度省社科规划招标课题《贵州扩大开放对策研究》,经过广泛深入的调查研究,采集了大量第一手数据,在此基础上对东部、中部和我省扩大开放加强招商引资的经验进行了全面比较,并结合我省实际,提出了一系列切实可行针对性强的对策建议,如建立扩大开放招商引资工作机制、抓好开放环境建设、建设开放平台渠道、开展多种形式招商活动、加强项目库建设、加强大企业大项目招商、承接产业转移招商、加强产业园区引资载体建设、选准招商引资重点区域等,这些对策建议,有些已在招商引资干部培训中得到应用,产生了很好的应用效果,有些已在有关扩大开放、招商引资文件中得到引用。

(5)贵州财经学院周游主持完成的2010年度省社科规划招标课题《贵州优化教育资源配置研究》,通过分析不同学龄人口变化状况、预算与评价各级教育毛入学率,对我省教育资源整体状况进行了深入分析,论述了教育资源配置过程中存在的问题,并围绕教育资源优化配置,提出了切实可行、操作性强的九大政策措施建议,有较强的理论价值和现实意义,可为相关部门提供决策参考。

(6)贵州师范学院郭文主持完成的2010年度省社科规划招标课题《新形势下贵州中小学师德

师风建设的问题及对策的实证研究》,在对贵阳、遵义和毕节30余所中小学的教师进行深入系统访谈基础上,从五个方面客观阐述了我省中小学教师师德师风建设的现状和存在的问题,提出了有针对性的解决策略,对提高我省教师队伍素质、推动我省教育发展有积极作用,对省情相似的其它地区,也有一定借鉴意义。

新 闻 出 版

【概述】 2011年,全省新闻宣传战线紧紧围绕省委、省政府中心工作,认真组织重大活动、重大主题的宣传报道,努力改进改善工作制度机制,各项工作有序推进、效果明显。新闻宣传始终坚持团结稳定鼓劲、正面宣传为主的方针,牢牢把握正确舆论导向,成功组织多场重大新闻宣传战役,推出了一大批深度报道和连续报道,内容丰富、亮点不断,在宣传力度和传播效果上取得了重要突破,充分展示了贵州开放自信、积极进取、奋力赶超的新形象,为贵州经济社会又好又快、更好更快发展营造良好舆论氛围。

【省"两会"和全国"两会"新闻宣传】 与人大、省政协办公厅密切配合,组织各新闻单位圆满完成了省"两会"的宣传报道工作。根据省委、省政府主要领导的指示精神,精心策划全国"两会"期间涉黔宣传报道工作,制定了《2011年全国"两会"宣传报道方案》,召开了多次新闻协调会,组织撰写了12篇立意较高的基础稿件提供给媒体,为贵州代表团记者会精心准备了41个备答口径资料;与此同时,向中宣部新闻局正式去文,请其帮助组织中央媒体对贵州省加大力度提速农村危房改造、遵义市"四在农家"建设农村精神文明经验、"四帮四促"活动促发展、"三位一体"石漠化治理路径等4个重点选题进行宣传报道,获得了大力支持;2月20日,部主要领导亲自协调召开"在京贵州籍新闻宣传工作者恳谈会",中央有关部委、中央新闻单位、外宣机构负责同志应邀出席,就"十二五"期间如何更好地对外宣传贵州进行了深入交流。此次全国"两会"宣传,有以下几个特点:一是宣传总体规模、质量效益取得了重要突破。中央媒体刊播涉黔报道800多条,省内媒体刊播2100多条,这样的涉黔报道力度,不仅在贵州历史上是第一次,在全国范围内也很罕见。二是七次专访活动形成了强大的外宣声势。中央电视台在重要时段和重要频道先后播出了《"小丫跑两会"—贵州:阳光财政惠"三农"》、《小崔会客》、《"小撒探会"—上学的路还有多远》等专访。其中《"小丫跑两会"—贵州:阳光财政惠"三农"》节目受到中央领导同志的关注。三是贵州代表团记者会,实现了贵州省历史上的几个"第一":在全国人大新闻中心举行记者会,这在贵州省代表团历史上是第一次;100多家媒体、近300名中外记者参加,这在历年来各省(区、市)召开的记者会中也是第一次;此外,这也是省委书记、省长第一次共同出现在如此高规格的记者会上。

【"加速发展、加快转型、推动跨越"主题宣传】 "加速发展、加快转型、推动跨越"的宣传报道,是今年新闻宣传战线一项重中之重的工作。此次主题宣传作为长期的工作主线,在2011年全年的宣传里,做到了力度不减、亮点不断。一是着重扩大"两加一推"工作的对外影响。1月13日,人民日报、新华社、中央电视台等9家中央新闻单位对克志省长进行了集体专访,并在高端访谈栏目"省部长访谈录"中陆续刊播,获得了社会各界的高度关注和广泛好评。4月7日至13日,人民日报社将我省作为"开局之年看转变"的西部代表省份和第一站采访省份,由副总编辑谢国明同志带队来黔采访,采写的长篇报道《多彩贵州再奋进》于5月6日在人民日报一版头条刊载,引起社会各界强烈反响。二是密切联系社会关注热点展开宣传。5月底6月初,为消解人们对贵州"工业强省"战略的疑惑和担心,《贵州日报》在主要版面,连续推出贵州推进工业化进程的新闻报道,刊登企业家、学者、专家的专题文章,形成了一个强势热点,有很强的针对性,也有很好的指导性。省委主要领导同志作出了批示表扬。三是紧跟各项工作进度做好跟踪报道。除做好工业化的报道之外,各新闻单位进一步加大对城镇化的宣传力度,大力宣传推动全省城镇化战略的重大意义、主要举措、最新进展和工作成效，通过宣传报道把全省广大党员干部群众的思想认识统一到省委、省政府精神上来，为助推我省城镇化加速发展，大力营造我省城镇化推进工作良好舆论氛围。

【纪念建党90周年新闻宣传】 制定下发《关于贵州省中国共产党成立90周年纪念活动宣传工作方案》，各新闻单位按照要求，从5月上旬至7月下旬，按照升温、高潮、深化三个阶段的工作安排，在转载好中央媒体重要稿件的同时，结合自身定位、发挥自身优势，推出一些特色鲜明的专栏专题，刊播了一批有重大社会影响力的稿件。《贵州日报》于4月下旬开始掀起了“红色贵州行”的报道高潮，除在一、二版组织专门的新闻稿件外，还推出了专版深度报道。截止到7月7日，累计刊发新闻稿件40余篇，组织专版深度报道20多个，系统全面地报道了各地红色文化和红色地标，同时展示了各地“两加一推”的新成就。贵州人民广播电台推出系列报道《红色信念—光辉足迹》，制作播出了10集系列报道《党旗下的声音》、20集系列专题《红色档案》等，通过历史回顾、人物故事、现实展示、未来畅想，全方位、多层次地呈现贵州革命历史画卷和发展历程，反响很好。贵州电视台《贵州新闻联播》于6月16日开始播出的大型系列报道《中国红地标》，在全国选择了嘉兴、井冈山、遵义、延安、西柏坡等五个“红地标”，播出系列主题鲜明、立意深远、内容厚重的报道，从侧面佐证贵州“两加一推”主基调的正确性和必然性。除组织省内媒体做好宣传外，我们积极主动与中央媒体对接协调，推出了我省的相关重点报道。央视应急点采写的《朱昌国：我们自己的事自己不干谁来干》，得到了中央电视台领导及中宣部领导的高度赞赏，最终作为中央电视台专栏《红旗飘飘》的开篇之作，5月9日在《新闻联播》头条播出，产生了巨大的社会反响。七一期间，央视对贵州的发稿率大幅提升，从7月1日开始，《新闻联播》连续三天都采用了贵州的报道。

【“三个建设年”、“创先争优”、“四帮四促”活动主题宣传】 为组织好此项主题宣传，制定下发了《开展作风建设年、环境建设年、项目建设年宣传报道方案》（黔宣发〔2010〕15号），要求各新闻媒体通过系列访谈活动、系列评论员文章、理论征文活动、调研式报道、受众互动活动、典型报道、综述报道等多种方式，认真做好相关宣传报道。各新闻单位按照文件要求，开设了各具特色的专栏，刊播了大量有关“三个建设年”、“创先争优”和“四帮四促”的宣传报道，社会反响良好。为进一步整合资源、形成合力，加强和统筹“三个建设年”、“创先争优”和“四帮四促”的宣传报道，下发了《关于进一步加强统筹深入开展“三个建设年”、“创先争优”和“四帮四促”宣传报道的通知》，各新闻单位自5月初起，统一开设“开展三个建设，推进创先争优”专栏，在重要版面和重要时段刊播了“领导干部帮促行”、“处长下基层情况报告”、“处长下基层民情日记”、“作风建设在一线”、“时代先锋”、“全省基层党务公开工作”等专题，推出一批有深度、有分量、有影响的重点主题报道。充分报道各部门、领导干部深入基层和群众，定点联系企业、社区、贫困村和贫困群众，开展“创先争优”、“四帮四促”活动的有效举措，宣传各地各部门在作风养成、服务发展、服务基层、服务群众方面取得的突出成效，充分展示各地各部门在作风建设、环境建设、项目建设中的新思路、新举措，充分反映来自基层的声音，为进一步统一思想、凝聚力量、鼓舞士气、振奋精神，为活动开展营造了浓厚氛围。

【第九届少数民族运动会新闻宣传】 在九运会组委会的坚强领导和中宣部、国家民委、国家体育局的大力支持下，第九届少数民族运动会新闻宣传“规模空前、亮点频现、硕果累累”，在宣传规模、报道深度、社会反响、传播效果上取得了历史性的突破，为全国人民奉献了一场“成功、圆满、精彩”的民族体育盛会，充分展示了贵州开放、进取、团结、奋斗的新形象，实现了“打好一场重要的新闻宣传战役”的预期目标。本次运动会，注册记者共计1194人。其中，随团记者219人，省内媒体、中央和香港驻黔媒体记者584人，特邀媒体记者282人，中央电视台成立了近90余人的转播和报道小组，参会记者人数全面打破了往届民族运动会的记录。中央、香港、省外特邀媒体共刊发各类稿件1万余条,图片3万余幅,这样的宣传规模在民族运动会历史上是绝无仅有。中央电视台体育、中文国际、国际记录三个频道对开幕式进行全程并机直播,《新闻联播》栏目共播出7条九运会的新闻,体育频道连续7天每天为九运会提供时长1个小时左右的赛事播出平台,这在民族运动会历史上都是第一次。运动会组委会与新华社专家团队合作,为媒体提供了一流的新闻服务。在开幕式现场对国内外媒体的随机调查中,100%的国内外记者对新闻服务提供的信息表示高度赞赏。本届民族运动会媒体运行总指挥徐济成认为,这次运动会的新闻服务,创造了贵州标准,“贵州省用最少的投入,实现了与广州亚运会、深圳大运会相媲美的媒体服务质量。贵州标准就是节俭、高效、实用和国际标准”。

【新闻出版管理工作】 修订完善了《贵州省突发公共事件新闻报道应急方案》、《中共贵州省委宣传部突发公共事件新闻报道内部应急启动机制》等各项新闻工作制度。加强对新闻单位的工作指导,增进新闻单位之间的工作交流,编订《新闻通气》和《新闻舆情快报》,得到了各级领导的充分肯定和新闻单位的广泛好评。积极做好重大图书选题报、备案工作,组织我省“五个一工程”、“一本好书”的申报工作。

精神文明建设

【概述】 2011年,我省精神文明建设工作按照中宣部、中央文明办和省委的要求,根据《贵州省精神文明建设指导委员会2011年工作要点》安排部署,紧紧围绕宣传思想文化工作“创优年”主题,深化拓展精神文明创建活动,推动城乡文明程度和公民文明素质不断提高。

【2011年省文明委第一次全体会议召开】 1月24日,2011年省文明委第一次全体会议在贵阳召开,总结2010年全省精神文明建设工作,安排部署2011年工作。省委副书记、省文明委主任王富玉出席会议并讲话,省委常委、省委宣传部部长、省文明委副主任谌贻琴,副省长、省文明委副主任谢庆生出席会议。会议讨论了《2010年精神文明建设工作情况和2011年工作要点》、《贵州省“整脏治乱”专项行动纲要(2011-2015)》、《“满意在贵州”主题活动实施纲要(2011-2015)》等工作方案。王富玉指出,2011年是“十二五”规划的起步之年,全省精神文明建设工作要围绕中心,服务大局,以“三个建设年”、“四帮四促”、“创先争优”活动的开展和第九届少数民族传统体育运动会的举办为契机,以建设社会主义核心价值体系为根本,着力提升公民文明素质、培育文明社会风尚,为实现贵州经济社会又好又快、更好更快发展营造良好氛围。一是要围绕纪念建党90周年和辛亥革命100周年,立足社区、面向基层,结合当地实际,组织开展丰富多彩、生动活泼、群众喜闻乐见的宣传教育活动,唱响共产党好、社会主义好、改革开放好、伟大祖国好、各族人民好的主旋律。二是要以第九届少数民族传统体育运动会在我省举办为契机,广泛开展形式多样、贴近群众的“讲文明、树新风”活动,树立“全省一盘棋,上下一条心”的思想,合力推进“三创一办”深入开展,不断提升全省人民的文明素质,充分展示贵州“加速发展、加快转型、推动跨越”的新形象,让外界更广泛、更深入地了解贵州。三是围绕工业强省和城镇化带动的战略目标,结合今年全国、全省文明城市、文明单位、文明村镇评选表彰,继续加大“整脏治乱”、“满意在贵州”工作力度,抓好公厕和农贸市场的建设和管理,提升旅游、交通、医疗、金融、通信和购物环境的服务质量。四是实施好十大民生工程中的农村生活环境改善工程和公共文化服务体系建设工程,着力深化“四在农家”创建活动,建成一批规划科学、管理有序、整洁美观、风气良好的文明村镇。五是把未成年人活动教育阵地建设纳入各地国民经济和社会发展“十二五”规划,重点整治校园周边环境,治理流动摊贩、“三无”产品,加强未成年人思想道德建设。王富玉强调,要加强领导,坚持两手抓两手都要硬,切实把精神文明建设工作摆上更加突出的位置,纳入重要议事日程,纳入经济社会发展总体规划,纳入科学发展

考核体系,与经济工作同部署、同推进,力求精神文明建设工作取得更大成效。

【2011年全省文明办主任会议在贵阳召开】 1月12日,全省文明办主任会议在贵阳召开。会议传达学习了全国文明办主任会议精神,总结回顾过去五年尤其是2010年工作,研究部署"十二五"特别是2011年工作。省委宣传部副部长、省文明办主任杨兴举同志出席会议并讲话。省文明办专职副主任田茂松同志主持会议。杨兴举指出,过去五年,全省精神文明建设工作始终按照"高举旗帜、围绕大局、服务人民、改革创新"的总体要求,着力建设社会主义核心价值体系,深入开展群众性精神文明创建活动,大力实施文化惠民工程,全面完成了"十一五"时期主要目标和基本任务,取得了显著成绩。总结回顾起来,主要有以下七个方面:一是广泛开展了"整脏治乱"专项行动,全省城乡环境卫生脏乱现象明显改善;二是广泛开展了"满意在贵州"主题活动,推动窗口行业提高服务水平,投资创业环境特别是旅游接待环境明显改善,提升了贵州美誉度,树立了贵州新形象;三是广泛开展了"四在农家"创建活动,农村生产生活环境明显改善,广大农民群众成为创造文明、享受文明成果的主人;四是广泛开展了文明城市创建,成功创建了一批全国和省级文明城市、文明县城,城镇面貌明显改善,文明程度明显提升;五是广泛开展了形式多样的公民道德建设活动,涌现了一批道德模范和"身边好人",彰显了"不怕困难、艰苦奋斗、攻坚克难、永不退缩"的新时期贵州精神;六是广泛开展了"祖国好·家乡美"等主题实践活动,组织实施"千校万师"培训工程,强力净化社会文化环境,未成年人思想道德建设工作得到改进和加强;七是广泛开展了"和谐贵州三关爱"绿丝带等志愿服务活动,10万余名志愿者与73000多名空巢老人、留守儿童和残疾人结成对子,大力弘扬了奉献、友爱、互助、进步的志愿服务精神。杨兴举强调,2011年是实施"十二五"规划的开局之年,也是推进贵州科学发展、跨越发展的关键之年,全省精神文明创建必须立足省委提出的"加速发展、加快转型、推动跨越"的新形势、新任务和新要求,增强信心,奋勇争先,着力在增强大局意识、夯实基层基础、强化组织协调、创新工作方式、完善工作机制、加强队伍建设等方面下功夫,进一步加大工作力度,努力创造全省精神文明建设新的工作业绩。做好2011年全省精神文明建设工作,要在以下七个方面下工夫:一是以庆祝建党90周年和纪念辛亥革命100周年活动为契机,扎实推进社会主义核心价值体系建设;二是以迎接第九届全国少数民族传统体育运动会在我省举办为契机,广泛开展"讲文明、树新风"活动;三是以评选表彰文明城市、文明村镇、文明单位为契机,掀起"整脏治乱"、"满意在贵州"创建活动新高潮;四是以贯彻落实中央《关于进一步加强新形势下农村精神文明建设工作的意见》为契机,扎实推进社会主义新农村建设;五是以评选推荐第三届全国道德模范为契机,推动形成良好的社会道德风尚;六是以"祖国好家乡美"和"千校万师"培训工程为载体,努力为未成年人健康成长营造良好的社会文化环境;七是以制定下发《贵州省2011—2015年红色旅游发展规划》为契机,推动红色旅游健康较快发展。

【全省文明办主任座谈会议在毕节召开】 7月19日,全省文明办主任座谈会议在威宁县召开。省委宣传部副部长、省文明办主任杨兴举出席会议并讲话,省文明办专职副主任田茂松主持会议。会议强调,要深入贯彻落实胡锦涛总书记"七一"重要讲话精神,突出重点,不断创新,进一步抓好2011年下半年精神文明建设的各项工作。杨兴举传达了中央政治局委员、中央书记处书记、中宣部部长刘云山在全国文明办主任培训班上的重要讲话精神,对上半年全省精神文明建设工作进行了简要回顾,对下半年工作进行安排部署。他指出,2011年是"十二五"开局之年,各地要以学习贯彻胡锦涛总书记"七一"重要讲话为契机,深刻领会讲话精髓,紧紧结合精神文明建设工作自身的实际,打好基础,全面完成精神文明建设各项工作任务。一是深入开展"整脏治乱"专项行动;二是深入推动文明城市创建工作;三是加大"四在农家"创建活动推进力度;四是扎实开展"满意在贵州"主题活动;五是扎实开展"迎九运、讲文明、树新风"活动;六是深入推进未成年人思想道德建设;七是扎实开展“和谐贵州三关爱”绿丝带志愿服务活动;八是认真组织开展道德模范先进事迹学习宣传活动;九是切实加强公共文化服务体系建设;十是充分利用现代传媒手段扎实开展网上精神文明创建活动。田茂松要求,各地要结合会议精神的贯彻,思考如何按照创先争优、增比进位的要求来审视精神文明创建、如何按照全省经济社会发展的“主基调”来谋划精神文明创建、如何按照精神文明创建的特点来谋划群众化的问题、如何按照科学化的问题来研究体制机制问题,推动形成整合资源、齐抓共管精神文明建设工作的新局面。

【贵州文明网加入全国文明网联盟,网上文明传播活动有效开展】 2011年,省文明办进一步改革贵州文明网的运行管理机制,抓好改版设计,提升办网质量,增强网站吸引力,加强与中央文明办的协调对接,积极申报并加入了全国文明网联盟。大力支持贵阳文明网、遵义文明网、毕节文明网的筹建工作,并帮助贵阳市、遵义市、毕节市协调争取加入了全国文明网联盟。同时,抓好《贵州文明》电子杂志的改版设计,努力提升质量。杂志采取图文、音频、视频、Flash动画等多种手段,创新工作理念与方法,在全国属首创,具有开创性和时代特色。至目前,在全国30多家相关电子杂志中,中央文明办领导评价《贵州文明》的办刊质量仍居于前列。围绕纪念中国共产党成立90周年,认真开展“网上革命纪念馆”系列活动,展示我省爱国主义教育基地建设,网民通过留言、鞠躬、上香等方式表达对革命先烈的祭奠。设计制作了“网上文明中华——贵州”专题,充分展示了多彩贵州的秀美山水、神秘浓郁的人文风情、灿烂悠久的历史文化,展现了我省精神文明建设的成果。设计制作了“我们的节日·中秋”专题活动,充分展示了爱国爱家、团结和谐的情怀。指导帮助贵阳文明网推出了“文明诚信贵阳人”专题,受到中央文明办领导的肯定。邀请中国名博沙龙主席一清一行五人,赴我省采访调研“文明诚信贵阳人”和“四在农家”创建活动,运用微博等手段,极大地宣传了贵州的文明风尚。同时,按照中央文明办的要求,认真开展了评选第三批全国道德模范的网上公示和投票工作,开展了网上“红红火火拜大年”、“清明祭英烈”、“名博连线道德模范”等活动,吸引了广大网民参与。

【开展名博解读“文明诚信贵阳人”活动】 12月12日至16日,省文明办邀请中国名博沙龙主席一清一行到我省采访贵阳市“文明诚信贵阳人”和遵义市“四在农家”创建活动事迹。中国名博沙龙是由中国博客人自发组成的民间文化团体,其宗旨是:以“建设性、责任感”为行为规范,目前,沙龙有成员约200人,涵盖了国内各个主要网站的名家、名嘴和名博。自《贵阳:无人报摊六年“不差钱”》的新闻在2011年11月20日晚中央电视台《新闻联播》中播出后,引起了全国各大媒体的关注,“诚信贵阳人”很快走进了大众的视线,在全国掀起了对诚信道德建设讨论的热潮。12月中旬,中国名博沙龙主席一清一行五人在我省用了将近一周的时间,探访了无人报摊、诚信企业以及道德模范,通过实地采访、座谈会等形式,更加深入地了解了整个贵州的诚信建设。黔中之行,留给采风团学者美好印象的不仅仅是“诚信贵阳人”,还有黔北农民荡漾着幸福的笑脸和《十谢共产党》的歌谣。在探访了贵阳市陈志秀、李开能、黄友翠的无人售报摊点后,一清说:“看了几个无人报摊,很有感想,很是感叹。我想,这件事的存在就全国城市而言也许不难找出第二处。但是,一直以来,这样的报摊有着良好的历史记录,不少一份报,不差一分钱,这一份的坚持,不仅仅是一个报摊的成功,更是对一个城市道德风尚的考验。时间在这里充当着见证官的角色,它见证了"诚信贵阳"活动的价值和意义,它见证了山城人民宝贵的道德操守。贵阳的日照时间也许不多,但贵阳人民心里的阳光足以让这里的一切披染上绿色的风景、金色的靓丽。”中国名博沙龙副主席司马平邦认为,贵阳的无人报摊虽然个体规模很小、也很不起眼,但越是这样小而不起眼的东西,越让人称奇,在报摊主人和众多买报者之间建立的绝对信任关系在当下商品社会实属珍稀之物;而更进一步,这些无人看管报摊其实又颇为符合市场特征,大大解放了报摊主人,使之可以有更多的时间和精力,获得更多的经营收入。所以,我倒愿意把无人报摊看成"诚信价值化"的样本,这里的诚信是可以兑现的,不再只是飘在云端的道德规范,而是踏踏实实的生活哲学。

【全省文明办主任培训班在贵阳举行】 2011年8月中旬,省文明办在贵阳举办全省文明办主任培训班,主要任务是深入学习贯彻胡锦涛总书记"七·一"重要讲话精神、刘云山同志考察我省时重要讲话精神和省委十届十一次全会精神,紧密联系贵州实际,就新形势下进一步加强和创新精神文明建设工作进行深入研讨,不断提升全省精神文明建设工作队伍的能力和水平。培训采取理论学习与实地考察相结合的方式,在贵阳集中学习后前往厦门考察学习文明城市创建和文明交通行动计划等工作。各市(州、地)文明办主任或副主任、有关县(市、区、特区)文明办主任、省文明办有关处室负责同志共50余人参加培训。

【牵头抓好农村生活环境改善工程】 按照《贵州2010年度"十大民生工程"实施方案》要求,省文明办牵头组织实施农村生活环境改善工程,做好统筹、协调、督查落实工作。农村生活环境改善工程包括农村沼气工作、财政一事一议奖补、农村清洁工程等内容。省文明办积极主动与省民生工程办公室加强协调,做好实施方案的细化工作,组织召开农村生活环境改善和公共文化服务体系建设工程协调会议,制定并下发"两大工程"联席会议制度和督促检查制度。组织省农委、省文化厅等十多家责任部门开展三次专项督查,协调各责任单位整合资源,尽可能集中投入,形成合力,参加省委、省政府召开的十大民生工程专题汇报会,提供我部承担的两项工程进展情况,并提出建设性意见。坚持月报和季报制度,及时上报相关工作信息。经过各部门的共同努力,民生工程各项任务在年底圆满完成。

【认真组织实施"西部开发助学工程"】 2011年,根据中央文明办《关于做好2011年度"西部开发助学工程"资助贫困大学生项目组织实施工作的通知》和《关于做好2011年度"西部开发助学工程"组织实施工作的通知》文件精神,省委宣传部、省文明办及时对办好高中"宏志班"和资助大学生工作进行研究部署。按照品学兼优、家庭经济困难、无力完成学业、具有我省城镇或农村户籍的标准,经过层层把关,严格审批的申请、推荐、公示和审查程序,顺利完成了100名高中"宏志班"和125名大学生的资助和管理工作,确保"西部开发助学工程"扎实有效推进。

【全国"绿色电脑进西部"活动启动仪式在铜仁举行】 6月28日,中央宣传部、中央文明办、教育部、工信部、文化部在贵州省铜仁地区举行了2011年"绿色电脑进西部"活动电脑赠送仪式,向中西部地区18个省(区、市)和新疆生产建设兵团赠送7万台已安装绿色上网过滤软件的台式电脑,用于建设青少年绿色上网场所和群众浏览互联网的公益性网络平台。中央文明办专职副主任王世明在赠送仪式上表示:赠送电脑活动是为了让西部地区的孩子们有机会接触电脑,快速步入信息社会;绿色电脑进西部活动项目是党中央对西部欠发达地区人们做实事、做好事的体现;随着7万台绿色电脑部署到位,将为构筑西部地区文明上网环境、拓宽知识获取渠道、支持精神文明建设发挥重要的作用。为了充分发挥这批电脑的最大功用,让中西部地区干部群众特别是广大青少年在建党90周年之际,感受到党中央、国务院的亲切关怀和殷切期望,该活动特要求各接收单位制定电脑的使用管理办法,指定专人负责,集中使用、统一管理、及时维护,同时积极引导广大青少年和干部群众熟悉电脑,了解互联网,做到文明绿色上网,让电脑发挥出最大的使用价值。铜仁市川硐中心小学校长张祥文在赠送仪式上表示:"学校将管好、用好这批电脑,着力传播科学与文明,弘扬社会主义先进文化,为祖国培养更多、更优秀的接班人。"自2009年以来,绿色电脑进西部活动已连续开展了3年,所送电脑均按政府采购程序采购。截至目前已累计向中西部地区赠送绿色电脑19万台,有效缓解了受赠地区电脑设备匮乏的状况,建成了一大批绿色公益性上网场所,在引导基层干部群众和广大中小学生文明健康上网,自觉主动使用和安装绿色上网过滤软件方面发挥了积极的作用。2011年,省文明办通过积极争取,共为全省443所中小学校及325个乡镇、社区文化站赠送电脑5000台,价值2500多万元。

【开展"十佳文明"创评活动】 为深入推进旅游行业职业道德建设,提高旅游接待服务水平和质量,贵州省文明办、贵州省旅游局联合在全省旅游行业组织开展"十佳文明旅游景区"、"十佳文明旅游饭店"、"十佳文明旅行社"、"十佳文明导游员"评选活动。活动得到各旅行社、星级酒店、景区景点的大力支持和积极参与,各旅游企业以提高管理水平、提升从业人员素质和服务质量为重点,大力推行标准化服务和规范化管理,增强旅游企业和从业人员的质量意识、标准意识和品牌意识,加强内部质量体系和监控机制建设,提升旅游服务质量和旅游经营管理水平,提高游客满意度,树立了良好旅游形象,营造了"讲文明、树新风,抓质量、促服务,评先进、学典型"的浓厚氛围和环境,旅游服务接待水平和质量明显提升,促进了贵州旅游业的快速发展,2012年贵州省旅游接待总收入达1429.48亿元,增长34.70%,跃居全国14名。

【"不满意问题"征集活动成效明显】 省文明办充分利用金黔在线网站平台开展"不满意问题征集"活动,在网站开设活动专栏,通过新闻媒体和网络资源加强宣传推广,提高群众知晓率,动员社会各界积极参与,开通、公布投诉电话、来信地址、电子邮箱,手机短信问题征集平台,整合96677新闻热线、贵州社区、金黔微博征集等网络资源,最大限度方便群众反映问题和建议。对群众反映的问题和建议进行分类整理并予以公布,组织各地各有关部门在网上阅知后进行办理回复。对于涉及个人隐私、国家秘密或敏感的问题,采取专项督办的方式督促有关部门办理回复当事人。建立覆盖全省88个县、数十个相关部门共200余人的不满意问题征集回复QQ工作平台,提高了问题办理反馈效率。在贵州日报开设《读者天地》互动栏目,定期刊登问题和回复;电视、电台等选择刊播、采访网友提出问题,对有典型意义的事件进行追踪采访报道,不断扩大活动的影响力和效果。省文明办通过建立以省直部门和9个市州为重点的双向考核机制,推动问题得到及时办理解决,受到广大群众的欢迎和好评。截止2011年底,社会各界群众反映问题和建议4200条,办理回复率达96.21%,群众对公共服务行业满意度达85.49%。

【开展优秀文明诚信守法网站创评活动】 为促进互联网行业健康有序发展和精神文明建设,2011年,贵州省委宣传部、贵州省通信管理局、贵州省文明办、贵州省公安厅和贵州省互联网协会在全省开展了"贵州省文明诚信守法网站"创建评选活动。有关部门采取有力措施,坚持一手抓管理整治、一手抓创建,建立完善安全管理、网络信息安全例会等工作机制,组织网络法律法规的系列宣传教育活动,开展打击淫秽色情、空壳网站清理等各项专项治理行动,强化行业自律和管理,网络环境得到有效净化。2011年共清理空壳网站9747个,监测到木马和"僵尸"网络IP地址3055个,处理受控端IP地址700个、控制端IP地址45个。根据贵州省文明诚信守法网站暨知名网站评选办法,经网站申报、网络投票、专家评审和社会公示等阶段,最后金黔在线网站、多彩贵州印象网、贵州IT门户网等10家网站被评为"2011年度贵州省优秀文明诚信守法网站"。

【开展"微笑传递文明·满意在贵州高速"活动】 为加强高速路、高等级公路系统精神文明建设,展示贵州良好形象,建设优质高速服务和优美服务环境,贵州省文明办、共青团贵州省委、贵州省交通运输厅、贵州高速公路开发总公司联合开展"微笑传递文明?满意在贵州高速"创建活动。活动以"微笑传递文明"为主线,以"真诚、热忱、快捷"为服务理念,组织对全省高速收费系统工作人员进行文明礼仪培训,整治高速公路沿线环境卫生,规范对沿线加油站、收费站的管理,与相关责任人签订卫生秩序责任状,加强督查,确保责任区域整洁有序,同时为过往司乘人员免费提供开水、针线包等温馨服务。组织开展微笑之星选拔大赛,发挥先进典型示范作用,提高窗口行业的服务水平,展示行业文明形象。在各赛区开展选拔赛的基础上,全省50名优秀收费员参加决赛。通过收费礼仪展示、演讲、才艺表演等紧张激烈的角逐,最后,黄丹阳、李丹、陈阳等分别获得一、二、三等奖。

【开展“四在农家”创建省级示范点创建活动】 为切实加强新形势下农村精神文明建设,贵州省按照全国文明村镇建设标准和“四在农家”创建活动要求,结合实际,制定“四在农家”创建活动省级示范点标准,并开展省级示范点创建活动。省级示范点以建设全面小康社会为目标,以提高农民素质为根本,着力培育新农民、倡导新风尚、建设新环境、发展新文化,强化对基层组织建设、基础设施、群众增收致富、群众文明素质、社会文明风尚、村容村貌、公共文化服务事业、社会事业发展和群众性精神文明创建活动等方面的考核,细化、量化创建指标,经验收达到标准的命名为省级“四在农家”创建示范点,作为全国文明村寨推荐基础。通过打造一批不同层次、不同类别的农村精神文明建设的亮点,及时总结推广好的做法和成功经验,带动周边村寨积极开展活动,努力形成点线面相结合的创建格局。截止2011年底,全省“四在农家”创建活动已建成15565个点,覆盖全省6028个行政村,1076万余名群众受益。

【“和谐贵州三关爱”绿丝带志愿服务活动深化拓展】 2011年,在总结“和谐贵州三关爱”绿丝带志愿服务活动经济建强县试点工作经验的基础上,在全省88个县(市、区)全面推开活动,各地组建了“三关爱”志愿服务行动领导小组和办公室,完善志愿者招募、培训、管理制度,走访、调研、掌握留守儿童、空巢老人、困难残疾人的人数、分布、需求,依托社区、街道、学校、医院、福利院和“微笑小屋”等阵地,招募培训志愿者,广泛开展助老爱幼、帮残助残、扶贫帮困、医疗救助、心理咨询、亲情陪伴等志愿服务行动,2011年,全省共招募绿丝带志愿者20万余人,26万名留守儿童、空巢老人、残疾人得到关爱帮扶。

【开展“喜迎第九届民族运动会、讲文明、树新风”活动】 第九届全国少数民族传统体育运动会于2011年9月在贵州贵阳举办,为了确保举办一届有特色、高水平的运动会,以此为契机大力推进全省精神文明建设,省精神文明建设指导委员会会同第九届全国少数民族传统体育运动筹委会共同下发了关于开展“喜迎第九届民族运动会、讲文明、树新风”活动的通知。及时安排部署启动仪式。结合三月份“公民道德宣传月”活动的开展,专门下发了“关于开展全省第十个公民道德宣传月”活动的通知,提出今年公民道德宣传月活动紧紧围绕“迎盛会、讲文明、树新风”活动来开展,主题为:“喜迎九届民族运动会,争做文明有礼贵州人”,并于3月19日在贵阳市人民广场举行启动仪式,并向全省发出“喜迎九届民族运动会,争做文明有礼贵州人”倡议书。省委常委、宣传部部长谌贻琴同志出席了启动仪式。认真落实“6个100”活动。组织编写100条文明礼仪规范印发各地进行广泛宣传普及;组织100场文明礼仪知识培训竞赛,在每县(市、区)开展;安顺市还在全市上下组织开展了“百万市民学礼仪”活动。组织100场道德模范先进事迹报告会赴基层开展巡回宣讲报告;组织评选100位礼仪之星,针对餐饮服务、交通运输、金融管理、通信服务、环境卫生、医疗卫生、铁路运输、市容环境、航空服务、旅游服务等十个行业推荐礼仪之星,并于第九届全国少数民族传统体育运动会期间在金黔在线网上展播;组织100条公益广告发布,省文明办与省工商局联合行文至各市(州、地),委托天马传媒公司按照市场化动作策划,电台、电视台、报刊、网络大力展播;转发100万条文明礼仪短信,会同通信行业开展文明短信转发。促进相关活动深入开展。促进以文明礼仪为抓手,营造文明有礼的人文环境;以“整脏治乱”为抓手,营造优美在序的公共环境;以“满意在贵州”为抓手,营造微笑满意的服务环境;以志愿服务为抓手,营造文明有序的社会环境。同时大力支持参与贵阳市“三创一办”工作。组织全国、全省道德模范参加第九届全国少数民族传统体育运动会开、闭幕式等。“迎盛会、讲文明、树新风”活动的开展,充分展示了贵州热情好客的精神文明风貌,优美有序的公共环境,优良满意的窗口形象,优质高效的志愿服务,为成功举办一届“有特色、高水平”的全国少数民族传统体育运动会营造良好氛围。

【推荐全国、评选表彰全省文明城市、文明村镇、文明单位】 根据中央文明办和省文明委工作安排,组织开展全国文明城市、文明村镇、文明单位推荐和评选表彰全省 2009——2011 年度文明城市(城区、县城)、文明村镇、文明单位(景区、社区)和创建文明城市工作先进城市(城区、县城)、创建文明村镇工作先进村镇、精神文明建设工作先进单位。2011 年年初,省文明办向省公务员局提出申请,经省公务员局审核同意并确定名额。省文明办会同省公务员局向省委、省政府提出请示,报经省委、省政府领导同志同意后,省文明委下发了《关于做好全国第三批文明城市、文明村镇、文明单位及 2009——2011 年度全省文明城市、文明村镇、文明单位等推荐工作的通知》(黔文明[2011]10 号)。各地各部门根据《通知》要求广泛开展相关推荐工作。通过下达名额、自愿申报、部门审核、组织测评、社会公示、分别报中央中央文明委(办)、省委、省政府、省文明委进行审批并命名表彰。贵阳市荣获全国文明城市称号;遵义市、凯里市获全国文明城市提名资格;雷山县荣获全国文明县城;贵阳市花溪区青岩镇龙井村等 31 个村镇荣获全国文明村镇;贵阳日报传媒集团(贵阳日报社)等 38 个单位荣获全国文明单位。余庆县、荔波县继续保留全国文明县城荣誉称号;贵阳市乌当区新场乡王坝村等 22 个村镇保留全国文明村镇荣誉称号;贵阳市公共共交通总公司(本部)等 28 个单位保留全国文明单位荣誉称号。贵阳市南明区等 10 个城市(城区、县城)确认保留全省文明城市(城区、县城)荣誉称号;仁怀市等 9 个城市(城区、县城)荣获全省文明城市(城区、县城)称号;贵阳市花溪区石板镇镇山村等 48 个村镇荣获全省文明村镇称号;贵阳市气象局等 315 个单位荣获全省文明单位称号。安顺市等 11 个城市(城区、县城)荣获全省创建文明城市工作先进城市(城区、县城)称号;乌当区水田镇等 98 个村镇荣获全省创建文明村镇工作先进村镇称号;贵州省社会保险事业局等 621 个单位荣获全省精神文明建设工作先进单位(风景区、社区)称号。

【组织评选推荐第三届全国道德模范】 根据中宣部、中央文明办、总政治部、全国总工会、共青团中央、全国妇联《关于评选表彰第三届全国道德模范的通知》(文明办[2011]5 号)(以下简称《通知》)要求,开展推荐第三届全国道德模范工作。一是建立组织机构,切实加强领导。及时成立了由省委宣传部、省文明办、省总工会、团省委、省妇联等 5 家单位组成的省活动组委会,组委会办公室设在省文明办协调组。各成员单位由分管领导任组委会成员,并明确专人作为办公室成员具体负责,抓好工作落实,为评选推荐工作提供了有力的组织保证。二是制定工作方案,搞好宣传发动。省组委会根据《通知》要求并结合我省实际,在 2010 年第二届全省道德模范评选工作的基础上,认真制定了评选推荐第三届全国道德模范工作方案。为广泛发动社会各界积极参与到本届全国道德模范的评选推荐活动之中,省委宣传部、省文明办要求全省 9 个市(州、地)结合评选推荐工作,认真组织全省道德模范代表赴全省 88 个县(市、区、特区)进行了道德模范基层巡讲活动,广泛动员群众参与到评选活动中来,为开展第三届全国道德模范评选推荐工作奠定了广泛的群众基础。三是认真审查把关,确保推荐质量。省活动组委会根据各地上报人选情况,召开专门会议,对活动组委会办公室从全省各地推选的候选人中认真筛选后提出的五个类别 20 名人选逐一进行研究比较,本着好中选好优中选优的原则,认真审查把关,最终确定了我省拟推荐的 10 名候选人。助人为乐模范候选人:阿里木江·哈力克、周家德;见义勇为模范候选人:李庆丰、石建成;诚实守信模范候选人:蔡英、彭文军;敬业奉献模范候选人:朱昌国、彭文忠;孝老爱亲模范候选人:陈芝文、张蕾。四是严格公示程序,广泛征求意见。省活动组委会办公室将候选人名单于 4 月 20 日至 26 日通过省级主要新闻媒体和网站进行公示,广泛听取社会各界意见,接受广大群众监督。同时征求了纪检监察、610 办公室、人口计生、工商、税务等部门意见,所有征求意见的单位书面反馈了对我省道德模范候选人的意见。五是加强部门协调,组织公众代表。按照全国活动组委会办公室要求,省活动组委会办公室积极协调省人大办公厅、省政协办公厅、省教育厅、省卫生厅、省总工会、团省委、省妇联和各地文明办,共推荐我省"万名公众代表”300名参加全国道德模范评选投票。六是强化工作措施,组织投票推荐。按照全国活动组委会办公室《关于认真做好第三届全国道德模范评选公众投票和学习宣传工作有关事项的通知》精神,并按照相关要求做好公众投票工作,切实把组织投票推荐的过程变成学习道德模范的过程,为那些事迹突出的道德模范候选人投上了宝贵的一票。贵州日报、贵州电视台、贵州人民广播电台和各市州地媒体及时转载或刊播了第三届全国道德模范评选的相关内容。经过层层推荐评选,我省推荐的10名第三届全国道德模范候选人,阿里木江·哈力克和张蕾被评为第三届全国道德模范,周家德、李庆丰、石建成、蔡英、彭文军、朱昌国、彭文忠、陈芝文获得第三届全国道德模范提名奖,并于2011年9月20日赴北京参加了颁奖典礼。

【“祖国好·家乡美”主题系列活动】 2011年全省中小学“祖国好·家乡美”主题系列活动,重点围绕纪念建党90周年,开展“在党旗下成长”诗文大赛、“红歌唱响校园”歌唱大赛、“传统经典红色经典”诵读大赛、“革命诗词”书法大赛、“我爱我家”绘画大赛五项活动。全省共有580多万中小学生通过丰富多彩的歌舞节目、书法诗词、经典诵读、诗文创作和绘画作品,抒发对祖国、家乡的热爱和赞美之情,表达对中国共产党90华诞的美好祝福。同时,我省把“祖国好·家乡美”主题系列活动与中央文明办“做一个有道德的人”、“童心向党”等主题实践活动紧密结合起来开展。由省文明办指导组织推荐遵义市中小学生表演的《十谢共产党》和《我的妈妈叫中华》列入中宣部、中央文明办等部委组织的“童心向党”歌咏活动全国汇演(全国仅有七个省市入选)。黔东南州榕江县中小学生表演的《侗家儿女心向党》、《红星闪闪》、《祝福祖国》、《共产党想咱胜爹娘》、《让我们荡起双桨》、《读书不忘党恩情》六首曲目获选全国“童心向党”百所学校首轮展播。我省组织开展的“童心向党”活动得到中央文明办表扬。活动取得良好反响,在全省未成年人中唱响了共产党好、社会主义好、改革开放好、伟大祖国好、各族人民好的主旋律。同年12月28日,2011年全省中小学“祖国好·家乡美”主题系列活动颁奖典礼在贵州省广播电视台演播厅举行,省委常委、省委宣传部部长谌贻琴,省关工委副主任、原省政协副主席李元栋出席,省教育厅、文化厅、广播电视局、团省委、省妇联等单位领导参加。活动共有299名中小学生获个人奖,并评选出优秀组织奖50个,指导老师奖40名。

【“千校万师”培训工程】 “千校万师”培训工程自2009年启动以来,已累计举办50期培训班,共培训教师6500余人,覆盖全省5800多所中小学。实践证明,“千校万师”培训工程对提升我省未成年人思想道德建设工作水平起到了重要的推动作用。省委副书记、省文明委主任王富玉,省委常委、宣传部部长、省文明委副主任谌贻琴亲自作出批示,对这项工作给予了充分肯定。2011年11月,中央文明办专职副主任王世明专门到省团校与学员代表座谈,对培训工程给予了高度评价,认为它抓住了未成年人思想道德建设的关键,经验值得推广。2011年9月中央文明办未成年人思想道德建设工作组组长谭陆到我省调研,肯定培训工程开展得扎实、认真、细致、有效。中央文明办还将培训工程编入《未成年人思想道德建设100例》一书。可以说,“千校万师”培训工程已成为我省未成年人思想道德建设的品牌。

【乡村学校少年宫】 按照中央文明办、财政部、教育部要求,我省2011年利用中央和省专项彩票公益金,依托农村学校现有基础设施,在全省建设124所乡村学校少年宫,切实解决农村未成年人课外活动场所薄弱状况,改善农村未成年人成长环境,丰富和满足农村未成年人的精神文化需求,进一步促进农村未成年人思想道德建设。为最大程度地发挥项目建设效益,将乡村学校少年宫建设成惠民工程、示范工程,省文明办、省财政厅、省教育厅着力将乡村少年宫项目向贫困地区、少数民族地区、“留守儿童”集中的学校和农村寄宿制学校倾斜。同时,省文明办、省财政厅、省教育厅联合印发了《关于推进乡村学校少年宫建设促进农村未成年人思想道德建设的意见》(黔文明办[2011]27号)、《贵州省乡村学校少年宫项目实施办法》(黔文明办[2011]31号)和《关于组织实施贵州省专项彩票公益金支持乡村学校少年宫项目的通知》(黔文明办[2011]33 号),确保各项工作有序推进。乡村学校少年宫将按照公益性、普及性原则,切实发挥思想道德建设的阵地作用、文体活动的乐园作用和社会实践的基地作用,使农村未成年人在少年宫的活动中"以乐促智"、"以技促能"、"以读养德"。

文 化 艺 术

【电视剧《奢香夫人》】 2011 年 11 月 14 日,28 集电视剧《奢香夫人》在中央电视台一套黄金时段播出,随后陆续在新疆卫视黄金时段等全国 20 多个卫视频道和地面频道播出。该剧以 600 年前彝族领袖奢香夫人传奇故事为原型,站在维护中华民族团结统一的高度,再现历史事件,倡导民族大义,书写人文情怀,展示民族传统,弘扬主流价值,在创作中坚持正确的历史观、世界观、价值观和人生观,不戏说、不庸俗、不低俗、不媚俗,用现实主义手法表现波澜壮阔的时代风云、紧张激烈的戏剧冲突和委婉细腻的情感纠葛,展现了奢香率领彝族同胞与时代发展同频共振的奋斗史,弘扬了中华民族生生不息的爱国精神、团结精神、开放精神和奋斗精神,以及重民生、重教育的优良传统,彰显了中华民族的优秀文化传统和强大精神力量。该剧赢得专家学者、发行公司、传播平台及广大观众的高度认可,形成收视热点,在"央视一黄"的收视率超过年度平均水平,最高达到 3.8。《人民日报》、《光明日报》等中央主流媒体刊发国内权威专家的文艺评论 10 余篇;中央电视台及新华社按照中宣部的要求进行专题报道。该剧由中共贵州省委宣传部与八一电影制片厂共同出品,中共毕节地委、毕节地区行署、贵州日报报业集团、贵州日报报业集团黔森影视工作室联合摄制,从 2008 年开始策划运作,经过 3 年多的精心打造,不仅在电视剧市场中脱颖而出,引起观众热捧,还通过恢复重建"贵州宣慰府",完善相关配套设施,延伸打造产业链条,形成系列文化产品和旅游产品,有效带动了当地文化旅游业的发展。

【2011′多彩贵州歌唱大赛】 为进一步做大做强"多彩贵州"文化品牌,推动我省文化事业大发展大繁荣,激发全省干部群众努力实现"加速发展、加快转型、推动跨越"的志气和信心,以"热爱贵州、唱响贵州 、建设贵州"为主题,举办了"中天城投杯"2011'多彩贵州歌唱大赛。

本次大赛由中共贵州省委宣传部主办,贵州电视台主体承办,贵州日报报业集团、贵州人民广播电台、当代贵州杂志社、省音协、省多彩贵州文化产业发展中心联合承办;共设置 15 个赛区。各赛区按美声、民族、流行 3 种唱法及合唱、原生态 2 种表现形式共 5 种类别,开展选拔并组队参加大赛组委会举行的半决赛和决赛,决赛分单项和团体进行。

大赛 4 月 18 日全面启动,8 月 28 日举行颁奖晚会,历时 4 个月。全省 15 个主赛区举行各种形式选拔赛 100 多场,产生了 7 个金黔奖、12 个银瀑奖、19 个铜鼓奖、20 个优秀奖,并评选出 10 件"创作奖",300 多万名观众直接观看了各地的选拔赛事。

大赛在巩固"党政推动、媒体搭台、市场运作、社会参与、文化旅游唱戏"运作模式的基础上,坚持艺术性与导向性相结合,地域性与开放性相结合,专业性与普及性相结合,创新性与实效性相结合,努力探索新的途径,打造新的载体,运用新的手段,进一步扩大本届歌唱大赛的传播影响。大赛通过以各市、州、地及省直有关系统为单位组队参赛,进行个体及团体之间的竞赛,进一步调动各个方面加强文化建设的主动性和积极性,巩固多彩贵州主题文化活动的群众基础;通过广泛演唱贵州题材或贵州风格的优秀作品,突出庆祝中国共产党成立 90 周年,配合全国第九届少数民族传统体育运动会在我省举办,进一步营造了歌颂共产党好、伟大祖国好、社会主义好、改革开放好、各族人民好的良好氛围,进一步发挥文化了对贵州经济社会"加速发展、加快转型、推动跨越"的促进作用。

【文艺精品创作生产】 一是制定下发《"十二五"期间贵州省精神文明建设"五个一工程"重点项目规划》(2011 至 2015 年)。二是推动重点影视剧、广播剧、歌曲、舞台剧等在主流电影院线、中央和省外省级广播电视台及全国重大赛事的展映展播展演。电视剧《奢香夫人》在央视综合频道黄金时段播出，电视剧《青山绿水红日子》在央视八频道播出，电影《幸存日》、《少年邓恩铭》、《云下的日子》、《炫舞天鹅》、《云上太阳》等在全国院线上映；京剧《布依女人》跻身文化部组织的第六届全国京剧优秀剧目展演，花灯剧《月照枫林渡》跻身中国戏剧节展演、京剧《鱼玄机》参加第六届中国京剧艺术节，获剧目奖；广播剧《月亮山、月亮河》在中央人民广播电台等播出，歌曲《家乡的味道》在全国展播。三是修正印发了《贵州文艺作品高端平台展示奖励办法（暂行）》，对符合条件的46件作品予以奖励，其中代表贵州申报参评并荣获中宣部批准设立的全国性文艺奖作品6件，属于各级精神文明建设“五个一工程”范畴，并在公开发表、播映、演出方面达到具体要求的作品40件，共奖励经费876.5万元。

【庆祝中国共产党成立90周年重大文艺活动】 一是6月25日在遵义会议会址举行《党旗高高飘扬》——贵州省纪念中国共产党成立90周年大型文艺活动，省委书记栗战书，省委副书记、省长赵克志等领导出席活动并观看演出。该活动由中共贵州省委宣传部主办，贵州电视台、遵义市委宣传部、遵义电视台联合承办，6月29日在贵州卫视播出，全省各市（州、地）、县电视台主频道同步转播。二是6月28日晚，在贵州饭店国际会议中心剧场举行《迎七一·促跨越》——贵州省庆祝中国共产党成立90周年大型文艺晚会。该晚会由中共贵州省委、省政府主办，省委宣传部、省文化厅、贵州电视台承办，以合唱、群舞、配乐诗、京剧联唱等多种形式，生动表达了贵州各族儿女在党的领导下，努力建设幸福家园、创造美好明天的共同心声，表现了新时期贵州儿女的精气神，展现了贵州立跨越发展之志，举发展、团结、奋斗之旗，推动经济社会更好更快发展的美好前景。省委书记栗战书，省委副书记、省长赵克志等省领导与全省优秀共产党员、劳动模范、道德模范、基层干部等社会各条战线代表近1000人，共同观看晚会。

【全国重大赛事参赛及获奖】 一是在由中央电视台主办，中国音乐家协会、中央人民广播电台、中国艺术研究院协办的“唱响中国—群众最喜爱的新创作歌曲征集评选活动”中，由孙红莺作词、浮克作曲，贵州省歌舞剧院独唱演员雷艳演唱的歌曲《家乡的味道》从全国18132件作品中脱颖而出，入围全国36强，在全国展播。二是组建“大白嗓合唱团”，参加央视一套大型公益电视活动《梦想合唱团》比赛，22名选手在黔籍女高音歌唱家龚琳娜的带领下团结拼搏，从10月至2012年1月，历时3个月层层选拔比赛，获得亚军。

【贵州省第十届“新长征”职工文艺创作评奖】 为塑造具有时代性的职工文化和企业文化搭建平台，持续推进贵州职工文艺创作、艺术表演和群众文化健康发展，以“向党献礼”为主题，由中共贵州省委宣传部、省文明办、省经信委、省文联、省总工会、团省委、省工商联共同举办了贵州省第十届“新长征”职工文艺创作评奖活动，对我省2009年以来职工文学艺术各个门类创作进行集中展示，共收到全省15个行业、170多家厂矿企业以及非公企业报送作品12000多件，包括文学、音乐、舞蹈、影视、戏剧、曲艺、美术、书法、摄影作品等类别，评出一等奖13件、二等奖36件、三等奖76件、优秀奖57件、特别荣誉奖10件，奖项总数192件。

【中国文联赴遵义革命老区“送欢乐、下基层”】 1月8日，中国文联2011年“送欢乐、下基层”活动走进革命老区遵义，把党和政府的关怀、温暖送到革命老区。活动分别在遵义会址设立主会场和遵义汇川区董公寺镇新农村设分会场，开展慰问演出、书画家笔会、走访看望慰问老红军、为红军小学的学生赠送学习用品、为老红军拍摄生活照片等活动。中国文联党组书记、副主席胡振民，贵州省委副书记王富玉等出席慰问演出并讲话，来自中国文联、中国音乐家协会、中国美术家协会等机构的100多名知名艺术家参加了此次慰问活动。

文 化 产 业

【概述】 2011年,既是文化体制改革攻坚克难年,又是文化产业"十二五"规划起步年。一年来,全省上下深入学习贯彻党的十七届六中全会精神、李长春同志在参加十一届全国人大四次会议贵州代表团审议时发表的重要讲话精神、全国文化体制改革工作会议精神和省委十届十二次全会精神,按照中央和省委、省政府的工作部署和要求,在省文改文产领导小组的统筹领导和省文改文产办的协调指导下,通过签订《文化改革发展责任书》,进一步明确改革时间节点,严格改革标准,狠抓工作落实,推动文化体制改革取得了决定性成效,文化产业发展取得了新的突破。

【召开系列重要会议学习贯彻中央和省有关精神,研究部署全省文化改革发展工作】 (1)3月29日上午,省委召开学习贯彻李长春同志重要讲话精神促进贵州文化跨越发展座谈会。会议提出"依靠改革创新、建设文化强省、促进历史跨越"思路,并明确提出实施"六个一批"文化工程。(2)10月27日至28日,中国共产党贵州省第十届委员会第十二次全体会议在贵阳举行。全会审议通过了《中共贵州省委关于贯彻党的十七届六中全会精神推动多民族文化大发展大繁荣的意见》。(3)6月29日,全省文化体制改革工作会议在贵阳召开。会议传达了全国文化体制改革工作会议精神和《栗战书同志在"学习贯彻李长春同志重要讲话精神促进贵州文化跨越发展座谈会"上的讲话》。省文改文产领导小组分别与省文化、广电、新闻出版以及9个(市、州)签订立《文化改革发展责任书》。(4)省文改文产领导小组召开相关成员会议。1月24日,省文改文产领导小组成员会议讨论研究了《2011年全省文化改革发展工作要点及任务分解》和《贵州省非时政类报刊专项改革实施方案》。6月14日,省文改文产领导小组成员会议研究通过了由文改文产办起草的《推进"六个一批"文化工程加快文化强省建设责任分解方案》和《全省文化改革发展责任书》以及由省文化市场综合执法办起草的《全省文化市场综合执法改革工作最新进展及工作安排情况汇报》。8月30日,省文改文产领导小组专题会议研究并原则通过《贵州省非时政类报刊出版单位改革实施方案》。(5)10月6日至7日,全省宣传部长座谈会暨文化体制改革工作调度会在毕节召开。会议传达了全国宣传部长座谈会精神和全国文改领导小组办公室主任座谈会精神,通报了全省文化体制改革工作情况,分析面临的形势,研究部署当前和今后一段时期宣传思想文化工作。

【文化体制改革取得重大突破,各项主体改革任务基本完成,成效显著】 截至2011年12月31日,全省294家需实施转企改制的国有经营性文化单位,除30家非时政类报刊出版单位正按国家有关部门批复的方案抓紧组织实施并确保按期全面完成转企改制外,其余264家国有经营性文化单位已全部完成转企改制任务,核销事业编制共8300余名,组建成立了一批国有文化企业和企业集团;221家公益性文化事业单位初步完成内部机制改革并不断深化完善;全面完成有线电视网络整合、文化市场综合执法改革、文化行政管理体制改革任务。(1)国有文艺院团改革全面突破、成效显著。全省省、市、县共22家一般国有文艺院团按要求全部注销事业法人、核销事业编制共2132个,改革全面彻底。同时,还注销了省直文化系统所属文化演出中心和4家剧场(剧院)事业法人、核销事业编制190名。(2)广播影视改革不断完善、发展加快。126家广播影视单位注销事业法人,共核销事业编制3784名。新组建的广电传媒集团公司所属各子公司坚持改革标准,实施并不断深化完善改革。继2010年认定发布贵州大众广播传媒有限公司为转制文化企业享受财税减免政策后,2011年又组织认定发布了贵州电视文化传媒有限公司、贵州卫星广播影视产业发展有限公司为转制文化企业。贵州东方音像出版社转制成立公司,注销事业法人、核销事业编制,全面完成改革任务。批复实施贵州电视剧制作中心、贵州有线广播电视信息网络中心转企改制方案,均注册成立公司,基本完成相关改革手续。启动省广电网络公司上市工作,有关申请材料已按程序上报国家有关部门审批。(3)新闻出版改革稳步推进、亮点呈现。112家新闻出版单位注销事业法人,共核销事业编制2291名。研究制定并在全国最早上报审批非时政类报刊出版单位体制改革实施方案,推动各有关地区和部门、单位按国家有关部门批复的方案抓紧组织实施。按照新闻出版总署的批复要求,完成大众科学杂志社、科学快报社变更主管主办单位及相关手续移交工作。贵州文化音像出版社完成"两销"任务,出版资源划转进入当代贵州杂志社成立公司进行市场化运作。毕节、六盘水两地推进资源共享,联合创办《乌蒙新报》,组建大乌蒙传媒公司拓展市场。2011年年底,会同省新闻出版局研究《贵州都市报社转企改制方案》,待修改完善后报新闻出版总署审批实施。(4)文化市场综合执法改革全面推进、基本完成。全省9个市(州、地)、88个县(区、市)全面实施文化市场综合执法改革,分别组建文化市场综合执法机构,正式履行执法职能。文化市场综合执法机构经费已全部列入各市县财政预算,机构和人员参公材料已全部上报省公务员局待批,其中,六盘水、毕节、铜仁3地市一级已落实机构参公。(5)"两台"、"两局"合并加快实施、基本完成。贵州人民广播电台、贵州电视台已合并组建了贵州广播电视台,全省9个市(州、地)、88个县(区、市)已全面完成"两台"合并任务。同时,9个市(州、地)、88个县(区、市)均已完成整合文化(新闻出版)、广电行政资源组建成立统一的综合文化行政主体任务。(6)公益性事业单位内部机制改革不断深化。推动省文化厅研究制定并出台了《贵州省文化系统公益性文化事业单位内部机制改革指导意见》。省图书馆、省博物馆、省文化馆加快内部三项制度改革步伐,其中,"三馆"内设机构调整、岗位设置方案已经省编制、人事社保部门批准;省博物馆和省图书馆已完成岗位设置并与职工签订了聘用合同、兑现岗位工资;省文化馆完成岗位设置和内设机构调整工作。各市县公益性文化事业单位按要求不断深化完善内部机制改革,积极探索建立事业单位法人治理结构,不同程度地取得了新进展,管理水平和服务质量得到进一步提高。同时,各地各有关部门进一步加大对党报、党刊、广播电视台等实行事业体制新闻媒体的投入扶持力度,实施内部机制改革,调动职工积极性,激发创造活力。

【推动经营性文化单位集团化改革,整合资源,优化结构】 从全省文化单位总体上分布散、规模小、实力弱、基础薄的实际出发,推动经营性文化单位单个转企改制向集团化改革发展上取得了突破和创新。(1)推动贵州出版集团公司整体转企改制不断深化完善,在全省集团化改革发挥积极示范作用的基础上,2011年又推动组建了省直广电、报业、期刊、演艺4个集团公司并在同一天举行挂牌仪式,几乎整合了省直所有经营性文化单位资源,这在全国都为数不多。2011年,积极指导推动4个集团公司按照建立现代企业制度的要求,进一步深化完善法人治理结构,打造合格市场主体,聚合发力,为引领和促进全省广播影视、新闻出版、文化艺术产业发展奠定基础。(2)指导推动具备条件的市(州、地)结合转企改制,探索资源整合组建成立了一批集团公司。如:贵阳市组建成立了贵阳日报传媒集团经营有限公司,并以贵阳艺术中心有限责任公司为母公司组建成立了贵阳演艺集团;安顺市以黔中报业发展有限公司为母公司组建成立了贵州黔中报业集团;六盘水市组建成立了六盘水日报传媒集团有限责任公司;尤其是毕节市全面推动经营性文化单位整合资源,组建成立了报业传媒、广播影视、乌蒙演艺、网络传媒4个集团公司。

【推动文化与旅游融合发展不断深化】 截止2011年底,我省积极创新工作体制机制,构建了宣传、文化、旅游、体育、农业、经贸等"多位一体"的文化旅游和外宣格局。以旅游市场为渠道、以多民族文化为内容,大力促进文化与旅游深度融合,实施省"十大文化产业园"、"十大文化产业基地"等重大文化产业项目,涌现出一批富有民族特色的名村古镇、一批体现民族民间特色的工艺精品、一批富有浓郁地方特色的演艺剧目、一批民族民间文化节庆等,贵阳、遵义、安顺等地还结合转企改制推动转制文化企业与旅游资源整合组建文化旅游集团公司,积极推动发展文化旅游业,改变了贵州过去西线自然风光旅游一统全省的局面,形成了北部长征文化、东南部苗侗文化、黔东佛教文化、黔西南布依文化、黔西北彝族文化等与旅游融合发展的良好态势,不断彰显了贵州多民族文化特色,文化对旅游的贡献率也越来越大,全省文化旅游相得益彰、发展迅猛。

【文化产业项目工作扎实推进、态势喜人】 大力推进实施“六个一批”文化工程,尤其是以实施文化产业项目为载体和重点,认真谋划实施文化产业园区、基地和项目,促进文化产业发展。(1)规划并推动实施了一批重大文化产业园区、基地和项目。从我省实际出发,提出“十二五”时期要建成“十大文化产业园”和“十大文化产业基地”并正式纳入《贵州省国民经济和社会发展第十二个五年规划纲要》。同时,积极组织各市县及省直宣传文化系统有关部门(单位)统一申报省重大工程和重点项目,2011年有17个文化产业项目列入,突破明显。(2)加大招商引资力度。以深圳文博会、西博会等为平台,大力推动文化产业项目日常招商引资。指导推动各地各有关部门引入民营企业发展文化产业,如遵义市歌舞剧团有限公司、铜仁大明边城文化旅游项目、黔东南东方斗牛城项目、黔西南抗战文化园遗址等,都引进民营资本合作开发建设文化产业项目。(3)加大对文化产业项目的扶持力度。会同省财政厅组织7个文化产业项目申请使用2011年中央文化产业发展专项资金,获准使用中央文化产业发展专项资金3500万元,再创历年来新高。坚持重点推动与兼顾面上的原则,认真组织省级文化产业发展专项资金申报工作,共批准66个项目使用省文化产业发展专项资金,其中,文化体制改革项目33个,特色文化产业项目33个,共资助资金4750万元,预计拉动项目投资9亿元。此外,还推动成立了贵州文化产权交易公司,制定并原则通过了组建贵州文化产业促进会、贵州文化发展基金会方案,研究制定方案积极推动组建贵州文化产业基金等,为全省发展文化产业搭建投融资平台。

【“多彩贵州”品牌产业化运作又取得新突破】 以“多彩贵州”商标全面注册成功为契机,编制完成《多彩贵州品牌价值研究与品牌“十二五”发展规划报告》,完成VI系统建设。推进“多彩贵州”品牌研发基地项目建设,并结合市场培育大力推动品牌商业化运作,已广泛运用到演艺、博览、主题公园、网站、动漫、酒店等十余个产业,2011年9月,“多彩贵州”品牌分别获得第七届“中国最佳品牌建设案例”城市品牌奖和中国元素国际创意大赛年度社团文化贡献奖,“多彩贵州”文化品牌的凝聚力、竞争力和影响力得到了不断提升。

【文化产业基础工作不断夯实】 (1)规范开展全省文化产业统计。2011年3月筹备召开全省文化统计工作会议全面部署安排2011年全省文化产业统计,并开展了统计业务培训。在各地各有关部门的积极配合、共同努力下,形成并正式发布《贵州省2010年文化产业统计报告》,全省文化产业收入321.65亿元(含文化旅游收入126.29亿元),比2009年增加134.94亿元;增加值达到112.21亿元(含文化旅游增加值36.30亿元),比2009年增加49.98亿元;占GDP比重为2.44%,比2009年增加0.85个百分点。(2)认真编制文化发展规划。配合省有关部门研究起草了《贵州省国民经济和社会发展第十二个五年规划纲要》、《贵州省“十二五”文化事业和文化产业发展专项规划》中文化改革发展的内容,为指导推动我省“十二五”时期文化发展打下基础。在2010年出版《贵州省文化产业发展战略研究》的基础上,积极推动各地编制本地文化产业发展规划,2011年底9个市(州)均已完成文化产业规划编制工作,建立了省地文化产业规划体系。(3)研究起草政策支撑文化改革发展。2011年,根据省委、省政府主要及相关领导的指示,认真起草制定了《中共贵州省委贵州省人民政府关于深化文化体制改革的意见》(黔党发〔2011〕16号),并根据部领导的统一安排,起草撰写了《中共贵州省委关于贯彻党的十七届六中全会精神推动多民族文化大发展大繁荣的意见》(黔党发〔2011〕23号)的相关部分内容,为全省文化改革发展提供政策支撑。(4)建设文化产业项目数据库。建设开通了“贵州省文化产业项目数据库管理平台”和“贵州省文化产业项目招商引资对外发布平台”,为加大文化产业项目储备和对外招商引资力度建立平台。(5)加大人才培训力度。按照“请进来”与“走出去”相结合的思路,2011 年我办会同部干部处连续举办了 2 期“贵州省文化产业和文化经营管理人才专题培训班”,并组织举办了民族文化产业发展研讨会、民营文化企业发展座谈会等,不断拓展人才培训的内容和领域。

【组团参加第七届中国国际(深圳)文化产业博览交易会】 5 月 13 日至 16 日,为期 4 天的第七届中国(深圳)国际文化产业博览交易会在深圳会展中心隆重举行。我省组成了由省委宣传部牵头,各地各有关部门负责同志及有关人员约 400 余人参加的贵州代表团,赴深圳参加第七届深圳文博会,开展项目招商、文化与旅游产品交易等活动,取得了新突破。文博会上,我省共签约了 51 个项目,签约金额达到了 167 亿元,成为我省历届以来参加深圳文博会签约金额最多的一次,文化产业交易创历史新高,位列文博会各省文化产业项目交易金额第二名。

宣 传 教 育

【概述】 2011 年,全省思想政治工作按照“创优年”的工作要求,围绕庆祝中国共产党成立 90 周年和举办第九届全国少数民族传统体育运动会,统筹兼顾、突出重点,措施有力,成效显著。

【组织开展庆祝建党 90 周年宣传教育活动】 组织指导全省广泛深入、有序有效开展庆祝建党 90 周年宣传工作,营造了庆祝建党 90 周年的浓厚氛围。代省委草拟了《贵州省中国共产党成立 90 周年纪念活动实施方案》(黔党发〔2011〕7 号),对全省庆祝建党 90 周年活动进行全面安排部署。与省委组织部、省委党史研究室、省广播电影电视局共同开展了纪念中国共产党成立 90 周年党史知识大赛,指导完成了庆祝中共共产党成立 90 周年系列报告会、“咱们共产党员”——纪念中国共产党成立 90 周年摄影大赛及作品展以及功勋与荣誉——中国人民革命军事博物馆馆藏革命军事证章、军旗精品展览等重要活动,举办了“缅怀先烈,牢记职责”报告会。通过各种形式多样、内涵丰富、干部群众喜闻乐见的社会宣传方式,在全社会唱响了共产党好、社会主义好、伟大祖国好、各族人民好的时代主旋律,掀起了全省庆祝建党 90 周年的热潮。

【为第九届全国少数民族传统体育运动会成功举办营造浓厚社会氛围】 组织全省大力开展九运会社会宣传工作,注重统筹协调、突出重点区域,有效整合资源、丰富各种载体,为九运会的成功举办营造了浓厚的社会氛围。以贵阳市主城区、赛事及活动举办地为重点区域,以各市州地党委政府所在地、省级以上景点景区和爱国主义教育基地、接待宾馆、机场、火车站、客车站、码头、高速公路沿线等为重点,发挥窗口服务行业的示范作用。整个社会宣传工作分为三个阶段有力推进,充分运用城市主干道、重要商业街区大型 LED 显示屏、高速路沿线大型广告牌、公交车、出租车、长途客车、飞机、火车、楼宇音视频、网站、微博、手机短信等载体和新兴媒体等,广泛发布九运会公益广告,使“当好东道主、办好九运会”等主题家喻户晓。在距九运会开幕 100 天之际,在《人民日报》、《贵州日报》和九运会官网同时推出“第九届全国少数民族传统体育运动会知识竞赛”,得到了全国各地干部群众的积极响应。协调组织人员深入贵阳、凯里、都匀、兴义等城市广泛开展“走进千家万户、感受民族运动会——欢乐社区行”活动。同时,向全省各地各有关单位免费发放了宣传画 20 万张,积极引导广大干部群众积极参与到九运会的各项工作中来。

【做好全省重大典型宣传】 组织协调全省主要新闻媒体广泛宣传报道各条战线涌现出的先进典型,进一步激励和鼓舞全省广大干部群众艰苦奋斗、苦干实干、争先创优。组织省级主要新闻媒体按照“三贴近”的要求,广泛深入宣传报道了遵义市人民政府副秘书长王中勤同志、“全国模范检察官”、“贵州省优秀共产党员”彭文忠同志的先进事迹和优秀品质,并积极上报中宣部。广泛宣传报道了第四届“我最喜爱的人民警察”潘琴同志、省妇联副主席杨玲同志开展"四帮四促"的感人事迹和优秀品质。在全省进一步营造了见贤思齐、学习典型、争当先进、赶超先进的浓厚氛围。

【增强爱国主义教育基地吸引力、感染力和影响力】 组织贵州电视台摄制完成第四批全国爱国主义教育示范基地电视系列专题片,指导遵义市制定"遵义会议纪念体系建设项目"规划。补助贵阳市开阳县张学良幽禁处旧址、遵义市湄潭县浙大西迁历史陈列馆、黔东南州三穗县杨至成将军纪念馆、大方县奢香博物馆、印江县木黄二、六军团会师纪念馆各 20 万元的陈列布展专项经费,提升陈列布展的档次和水平,切实增强吸引力感染力和影响力。进一步加大以抗日战争为主题的爱国主义教育基地的建设力度,积极支持、协调省博物馆在金阳新馆开辟"抗战时期的贵州"的专题陈列布展。已争取中央财政补助我省 30 家爱国主义教育基地免费开放。

【加强和改进新形势下国有企业思想政治工作】 根据中共中央办公厅、国务院办公厅转发《中央宣传部、国务院国资委关于加强和改进新形势下国有及国有控股企业思想政治工作的意见》(厅字〔2010〕10 号)精神和安排部署,充分借鉴天津、陕西、福建等省(直辖市)贯彻落实的好经验好做法,与省国资委、省委国防工委深入部分国有企业的生产线开展调研,经多次商议、修改、完善后,于 11 月制定下发了《加强和改进新形势下国有及国有控股企业思想政治工作的实施意见》(黔委厅字〔2011〕83 号),以学习型、责任型、文化型、和谐型、幸福型"五型企业"为载体,推动全省国有企业思想政治工作再上一个新的台阶。以创建"学习型企业"为载体,加强社会主义核心价值体系建设,以创建"责任性型企业"为载体,加强形势政策教育,以创建"文化型企业"为载体,加强企业文化建设,以创建"和谐型企业"为载体,维护职工合法权益,以创建"幸福型企业"为载体,加强人文关怀和心理疏导。

【加强完善贵州省政研会工作】 为进一步加强全省思想政治工作针对性和实效性,11 月 21 日至 26 日,省政研会联合上海宣传党校,在上海联合举办了贵州省"新形势下加强和改进思想政治工作"培训班,全省各市(州、地)党委宣传部宣传科、部分县委宣传部负责同志,以及部分国有企业思想政治工作负责同志共 32 人参加培训,进一步丰富了理论知识、增强了业务本领、明晰了工作思路,搭建了交流学习、互动协作的平台,奠定了坚实的工作基础。12 月 23 日,召开了 2011 年省政研会理事会,在回顾总结 2011 年省政研会工作的基础上,对 2012 年重点工作进行了部署安排,为进一步扩大省政研会工作覆盖面和影响力,增补中国贵州茅台酒厂(集团)有限责任公司等 20 家理事单位,全省近百家理事单位及增补单位参加了大会。

【圆满完成企业政工职称评审工作】 按照省人社厅关于 2011 年职称评定工作安排部署,印发了《关于开展 2011 年度贵州省企业政工系列专业职务评审工作的通知》,从 8 月底至 11 月底,完成了单位申报、初步核实、建立信息库、专家初审、网站公示、组织答辩、召开评委会、单位公示等环节的工作。经过严格有序的评审,共有 107 人具备政工师任职资格,39 人具备高级政工师任职资格。在评审过程中,注重发挥网络的重要作用。一是通过"贵州政工园地"网站,积极发布企业政工职评的有关政策、具体安排和审核结果,充分尊重和满足了政工人员的知情权和监督权。二是通过国家新闻出版总署网站,认真审核申报人员提交发表论文期刊的有效性。三是建立了企业政工职称评审的 QQ 群,将有关信息及时告知申报人员,丰富了沟通交流渠道,让申报人员省心、放心、顺心。

对 外 宣 传

【概述】 2011 年,我省对外宣传工作紧密配合全国对外宣传工作大局,紧紧围绕省委、省政府工作中心,按照全省宣传思想文化工作"创优年"要求,不断提高开放意识,及时调整工作定位,创造性地开展工作,一系列重大外宣活动实现历史性突破,创造了我省诸多第一,多彩贵州、开放贵州、奋进贵州、希望贵州综合形象塑造取得明显进展,为全省经济社会发展营造了良好外部舆论环境。

【借助2011年全国"两会"平台开展贵州对外宣传】 3月,全国"两会"期间,我省外宣工作在宣传规模、报道深度、传播效果上取得历史性突破,贵州积极进取、奋力赶超的新形象引起外界广泛关注。(1)宣传总规模取得重要突破。据不完全统计,"两会"期间,人民日报等30多家中央媒体刊播涉黔报道800多条。英国金融时报、美国彭博新闻社、日本共同通讯社等10多家境外、国外媒体也刊播大量涉黔报道。报道力度之大,在我省历史上是第一次,在全国范围也很罕见。(2)贵州代表团专场记者会反响强烈。3月9日上午,贵州代表团以"欠发达的贵州如何实现历史性跨越"为主题,在北京举行参加全国人代会以来首次记者会。省委书记、省人大常委会主任栗战书,省委副书记、省长赵克志等5位贵州全国人大代表出席记者会回答记者提问,掀起媒体涉黔报道高潮,成为"两会"我省外宣最精彩的一笔。(3)重要版面、时段报道空前增长。人代会开幕当日,人民日报刊发栗战书同志专访文章《突出特征特点 推动转变转型 科学、协调、为民》。"两会"12天,新华社播发近70篇贵州报道;中央电视台《新闻联播》栏目贵州新闻基本实现不断线。(4)省领导专访报道增添亮点。中央电视台在重要时段和频道播出《小丫跑两会—贵州:阳光财政惠"三农"》、《小崔会客》、《小撒探会》等对省委、省政府主要领导的专访,被多家媒体和网站转载。《小丫跑两会》还受到中央领导关注。

【借助第九届全国少数民族传统体育运动会开展对外宣传】 9月,在中央有关部门大力支持下,民族运动会宣传工作亮点频现、硕果累累,向全国人民展示了运动会的成功、圆满、精彩,更展示了我省开放、进取、团结、奋斗的新形象。(1)参会记者和报道规模打破历史记录。注册记者共1194人,打破往届民族运动会记录,国外媒体第一次对全国民族运动会进行采访报道。据不完全统计,境内外媒体和网站共刊发各类稿件1万余条、图片3万余幅。其中,中央电视台体育、中文国际、国际记录三个频道对开幕式全程并机直播,《新闻联播》共播出7条运动会新闻。配合新闻报道,省委外宣办在人民日报等媒体推出专版、策划系列报道。(2)媒体运行和新闻服务高标准高要求。运动会与新华社专家团队合作,为媒体提供的一流新闻服务方便了记者的采访报道,也向记者、并通过记者向外界展示了贵州形象。随机调查显示,记者100%对此表示赞赏。

【2011中国(贵州)国际酒类博览会暨中国·贵阳投资贸易洽谈会外宣有声有色】 8月,通过精心策划,"酒博会暨投洽会"各项外宣任务点面结合、广度深度兼顾,高质量完成,有效提升了我省在全国特别是在酒类产品产销大省的影响。(1)省外预热宣传力度强。在省领导带队赴广州等6城市开展的经贸合作、招商引资活动中,邀请大量当地媒体采访报道,并选择主流媒体推出大篇幅专版宣传和新闻报道,着力推介我省投资环境和"酒博会暨投洽会"招商项目。(2)参会媒体数量大。共有包括200余名中央、省外、境外媒体在内的500余名记者参加采访报道。开幕式和签约仪式等活动,媒体席均爆满。三是中央、省外、境外媒体报道多。人民日报3次大版面报道;中央电视台持续跟踪,《新闻联播》连续2天播出消息,财经频道《经济半小时》等其他频道和栏目也播出系列深度报道和消息。新华社、香港文汇报、腾讯等中央、境外媒体和网站都在重要版面和时段刊播大量消息,网易对开幕式进行图文及视频直播。网络搜索有关关键词,链接近800万条。

【重大主题对外新闻宣传浓墨重彩】 通过争取中宣部、中央外宣办等有关部门和重点媒体支持,组织撰写重点工作总结材料和新闻背景稿件汇编成册供媒体参考等形式,系列重大主题对外新闻宣传成效明显。(1)策划邀请人民日报社"开局之年看转变"重点报道团来黔采访。5月,经积极联系,人民日报社将我省列为"开局之年看转变"的西部代表省份和第一站采访省份,采写的长篇报道《多彩贵州再奋进》在人民日报一版头条刊载，充分展示我省经济社会发展思路、部署、愿景和巨大成就，在全省干部群众中激起巨大反响；人民日报一版头条还刊发长篇报道《多彩贵州魅力新》，反映我省文化改革发展成就。（2）争取中宣部、中央外宣办支持我省民族团结宣传。中宣部将我省民族团结列为重大宣传主题；中央外宣办同意将有关情况作为我国民族团结范例，长期对外加以说明。三是邀请中央电视台《焦点访谈》报道我省基层文化体制改革典型。十七届六中全会开幕当晚，《焦点访谈》栏目以“政府采购、文化惠民”为题推出平塘县“幸福进万家”报道。

【2011贵州·香港投资贸易活动周外宣扎实有效】 6月，经过细致筹备开展的活动周外宣工作，有效提升了活动周在境内外的影响力，展示了我省招商引资成果及经济社会发展思路和愿景。（1）预热宣传深入。协调凤凰卫视节目主持人吴小莉来黔专访栗战书同志，并在凤凰卫视中文台、资讯台播出6次。争取香港最有影响财经媒体——香港经济日报对我省招商环境等作系列报道。在香港有线电视9个频道的黄金时段，播出我省60秒形象片377次。（2）媒体广泛报道。香港经济日报刊发6个半版、1个整版的报道，共20余篇消息、20余幅图片。香港文汇报、大公报、商报共刊发54个整版的报道，另有上百篇文字和图片报道。明报、凤凰卫视、澳亚卫视、台湾联合报、Now宽频等媒体都陆续刊播报道。其中，明报是首次报道大陆各地在港开展的同类活动。人民日报、中央电视台等中央、省外媒体和网站都在主要版面和时段对活动进行了专题报道。

【开展全国工商联十届五次执委会和全国民营企业助推贵州发展大会对外宣传】 12月，通过科学谋划外宣工作，为两个会议的成功召开营造了良好外部氛围，有效增加了民营企业到贵州投资兴业的信心。（1）省外前期宣传效果好。配合省政府组团赴北京、青岛、泉州、无锡、杭州等5城市举办的推介活动，在当地开展的系列外宣及时有力。（2）参会媒体多、报道热烈。邀请到50余家中央、境外、省外媒体和网站的近100名记者，并组织省、各市州媒体的200余名记者参会采访报道。许多媒体和网站在重要版面、栏目和时段作了多数量、大篇幅、深层次的报道或报道转载，人民网、新浪网、网易对大会开幕式和签约仪式进行网络图文及视频直播。网络搜索，链接近150余万条。

【赴美国、日本文化旅游推介交流活动再掀“多彩贵州风”】 10月，由省委副书记王富玉率团，我省赴美国纽约等4个城市和日本东京、横滨，采取召开推介会、发表主题演讲、举办图片展、接受媒体专访、开展“多彩贵州风”文艺演出等形式，进行了11天文化旅游推介交流。纽约州、新泽西州等州州长发来贺信，新泽西州蒙特科尔市市长、佐治亚州杜鲁斯市市长等出席推介会并观看演出。数位日本国会议员与交流团会谈。本次活动首次在我省对外交流推介活动中打造中英文两个版本的“多彩贵州风”网站。美国商业电视台、世界日报等媒体播发前期活动报道628篇（次），纽约多维周刊、侨报等34家媒体分别对当地活动进行报道，新华社、凤凰卫视等国内驻美媒体也出席活动并报道，国内、省内媒体同时大量报道。

【多彩贵州图片在我驻意大使馆国庆招待会展出吸引关注】 10月，经积极联系，由副省长谢庆生率团，省委外宣办精心筹备的“多彩贵州图片展”在我驻意大利使馆国庆招待会上展出。意经济部长、公共管理与创新部部长、总统外事顾问、国防部副总参谋长、航天局局长、欧洲卫星公司总裁等意政、军、商界要员及友好人士、地方政府代表，美国、印度、土耳其、韩国、朝鲜、阿富汗等国驻意大使，华侨华人、留学生和中资机构代表等约500人出席招待会。据介绍，这是我驻意使馆历届国庆招待会中出席部长人数最多、层次最高的一次。意公共管理与创新部部长布鲁内塔表示，图片展加深了他们对中国美丽的自然风光、少数民族文化的了解。人民日报和意大利安莎社等中意主流媒体对招待会进行报道。使馆有关负责同志表示，将适时组织意主流媒体到我省访问、采风，制作专题片，向意大利、欧洲人民推介贵州。

【“多彩贵州踏春行”外宣活动分主题策划采访线路实效增强】 4月,分别以“红色经典、丹霞滴翠”、“民族体育、共襄盛会”、“加速发展、推动跨越”、“神奇喀斯特、魅力黔西南”、“穿苗乡走侗寨、探访和谐贵州”、“行走花海鹤乡、感悟奢香情怀”为主题,精心策划有概念聚合、容易形成“新闻点”的6条线路,邀请新华社、香港文汇报、澳亚卫视、腾讯网等78家境内外媒体、门户网站的100余名记者来黔采访。据不完全统计,各媒体共刊播稿件3000余篇(条、幅)。网络搜索,链接达5.2万条。

【西安世园会贵州日活动暨《多彩贵州·锦绣黔程》特刊发行仪式成功举办】 2011西安世界园艺博览会是我国举办的一次重大国际盛会,为充分借助这一盛会展示我省新形象,省委外宣办与陕西画报社合作编辑出版《多彩贵州·锦绣黔程》特刊。9月,由副省长谢庆生率团,在园区举行的贵州日活动暨特刊发行仪式受到参会嘉宾、记者和游客的一致好评,深化了黔陕两省在文化旅游、新闻出版等方面的交流与合作,为我省外宣工作进一步拓展目标区域、找准切入点进行了有益探索。陕西省副省长朱静芝出席活动,陕西电视台部分转播活动。网络搜索,链接达20400条。

【邀请境内外各级各类媒体以各种形式来黔采访报道】 全年,仅省委外宣办接待和参与接待的中央、境内外媒体记者就近2000人(次)。人民日报国际部国情考察团来黔考察后对我省民族文化作了充分报道。中央人民广播电台组织港澳媒体集体来黔,采写了大量经济社会发展报道。中央电视台一套综合频道《中华民族》栏目配合第九届民族运动会,拍摄制作《多彩贵州 神奇之旅》四集专题片,运动会期间在央视综合频道连续播出;二套财经频道全国通联工作会在黔西南州召开,据统计,该频道过去一年多的贵州报道是此前5年的7倍。省旅游局、省委外宣办在凤凰卫视欧洲台、美洲台推出52期《今日中国·多彩贵州》系列专题片。《今日中国》杂志以栗战书同志照片为封面,以较多页码刊发了《贵州在奋进》专题深度报道。建党90周年之际,中国国际广播电台、凤凰卫视中文台、日文《人民中国》杂志等还分别以系列报道、专题报道等形式反映我省红色历史、文化。我省每次重大外宣活动,香港经济日报均派遣记者采访报道。

【指导省内媒体加强对外传播力积极开展外宣活动】 由省委宣传部、省委外宣办主办或指导,贵州日报报业集团开展了“全国名家看贵州”活动;当代贵州杂志社开展了“全国党刊贵州行”活动;贵州广播电视台开展了2011“听多彩之声说魅力贵州”全国50家广播电台著名节目主持人入黔采访大型直播活动、“全国卫视贵州行”活动;贵州画报社等媒体也开展了“全国画报类媒体贵州行”等集中采访活动。各项活动通过横向整合省外同类媒体资源开辟了我省外宣新渠道。此外,贵阳日报传媒集团与博鳌亚洲论坛合作创办面向国际的《博鳌观察》杂志,为我省外宣提供了新平台。

【重点争取有关媒体在黔设立分支机构、开辟贵州报道通道】 一是中央电视台在驻贵州应急报道点基础上成立贵州记者站,仅上半年就在央视一套、四套、新闻频道发稿近200条,实现贵州新闻日均一条以上。二是省委外宣办与中国日报、中国新闻社两家中央主要外宣媒体签订战略合作协议,争取两家媒体相继在贵州设立记者站和分社,对我省一系列重大外宣活动进行了充分报道。三是与香港文汇报合作开办“贵州报道”周刊,文汇网贵州频道同时上线。四是与香港经济日报合作启动贵州经济社会发展系列专题报道。

【瞄准高端,以新闻发布服务对外宣传】 (1)全国“两会”贵州代表团专场记者会圆满精彩。记者会场面大、气氛热烈,实现几个“第一”:在全国人大新闻中心举行记者会,是贵州代表团历史上第一次;100多家媒体、近300名中外记者参加,在历年来各省(区、市)利用全国人代会平台召开的记者会中是第一次;省委书记、省长共同出现在如此高规格的记者会上,也是第一次。(2)2011贵州·香港投资贸易活动周媒体推介会效果明显。推介会克服香港媒体环境与内地的差异等因素，邀请到香港中联办副主任李刚、宣传文体部部长郝铁川及所有中央驻港媒体负责同志，以及20家港澳台媒体、国外驻港媒体高层出席。栗战书、赵克志、龙超云、谌贻琴、蒙启良五位省领导共同出席推介会，与媒体高层坦诚交流，得到积极回应。香港中联办同志表示，推介会规模之大、层次之高，在各省（区、市）赴港举办的同类活动中不多见。(3)在北京举办“酒博会暨投洽会”新闻发布会。蒙启良同志出席发布会，提前发布有关情况，有效扩大了活动影响。活动结束后又在贵阳举办第二场发布会，谌贻琴同志出席通报有关情况和成效。

【积极组织，不断推进党务新闻发布工作】
(1)认真组织贵州省党委新闻发言人记者见面会。省委和省纪委、省委组织部、省委宣传部等12个部门的13位新闻发言人集体亮相，舆论反响良好。(2)精心开展庆祝建党90周年系列党务信息新闻发布活动。省委、省委有关部委和各市（州、地）党委19名新闻发言人，连续4天举办4场新闻发布会，大规模、全方位发布相关党务信息，为庆祝建党90周年营造了良好舆论氛围。

【主动谋划，协调开展第九届全国民族运动会新闻发布工作】 共召开新闻发布会23场，王富玉、刘晓凯、谢庆生等省领导先后出席。系列新闻发布会内容广泛丰富，涉及运动会筹备全面情况和经济社会发展各方面情况，成为运动会的权威信息发布平台和新闻媒体采访报道的重要信息来源。积极引导了新闻舆论，营造了良好社会氛围，作为新闻发布工作推动党务、政务公开的一次生动的集体实践，得到充分肯定。

【妥善应对，做好应急新闻发布工作】 做好抗凝冻保民生、黔西城管纠正违章停车引发冲突事件、安顺“7.26”群体事件、应对我省部分地方群众抢购食盐现象、应对媒体炒作我省调整血浆站事件等新闻发布和舆论引导工作。通过积极开展新闻发布活动，有效掌握了舆论主动权。

【总结经验，不断完善新闻发布工作机制】
进一步制定或修改完善我省新闻发布有关制度、机制。一是编印《新闻发布工作手册》。提供新闻发言人和新闻发布机构使用，系统指导新闻发布工作。二是推进新闻发布口径库建设。针对全国“两会”、民族运动会、贵州·香港投资贸易周等重要事件和重大活动，搜集拟写新闻发布备答口径，为新闻发布工作有序开展奠定基础。三是制定、修改完善并下发系列新闻发布有关文件。

【升级改版，搭建新闻发布权威网络平台】
将“贵州省人民政府新闻办公室新闻发布台”网页升级、改版为“贵州权威发布平台”。打造全面的网络新闻发布平台、全新的互动工作平台、集中的成效反馈平台和权威的信息公开平台。上线运行后，在及时、准确传递党务、政务信息方面效果初显。

【实施外宣精品工程，制作推广系列外宣品】
2011年，是我省外宣品制作、推广最集中、品种最多、数量最大、最系列化的一年。拍摄制作“走遍大地神州 醉美多彩贵州”系列贵州形象广告片，设计制作蕴含自然、人文典型元素的“贵州”形象标识，拍摄编辑《贵州恋歌》DVD外宣光碟，编辑出版多个版本的《多彩贵州——开放·合作·发展·共赢》DVD光盘及画册，以及《民企携手贵州 合作发展共赢》画册，策划推出《和谐中华·多彩贵州——中国少数民族传统体育荟萃》画册、《多彩贵州·魅力民族》邮册、《民族盛会？多彩贵州——第九届全国少数民族传统体育运动会影像集》，《多彩贵州——山野间的东亚文化记忆》日文外宣专辑，编辑《东西南北向黔看2010——“外界关注的多彩贵州”年度作品选》等多种外宣品。外宣品计划发放、投资播放、公益投放、市场售卖四管齐下，扩大了影响力。贴别是投入较大资金，连续5个月在中央电视台综合、新闻等频道黄金时段，大规模高密度播放“走遍大地神州 醉美多彩贵州”形象广告片。根据CTR央视市场研究提供的广告监测数据和CSM央视索福瑞提供的效果评估数据，仅8月1日至10月31日，该广告就播出1099次，全国共有6.7亿人收看过该广告，其中3.7亿人收看过3次以上。这在我省历史上从未有过，在省内外影响巨大。

【着力打造大外宣格局】 左右联动，省直各部门积极参与开展外宣工作。继续举办生态文明贵阳会议、中国（贵州）国际原生态摄影大展、贵州旅游产业发展大会等。各主办、承办单位与省委宣传部、省委外宣办积极配合开展外宣，从不同角度向外界宣传我省相关优势、展示形象、提升活动品牌影响力。拍摄《奢香夫人》、《云下的日子》等精品影视剧在中央电视台一套黄金时段等播出，形成文艺外宣声势。上下联动，既有地方特色又有全省意义的系列外宣项目有效实施。各级党委政府、外宣部门加强协作，我省整体形象更加丰满。内外联动，“人人都是形象大使”的全民外宣意识进一步树立。在京召开“在京贵州籍新闻宣传工作者恳谈会”，邀请到在中央有关部委宣传部门和新闻机构工作的贵州籍负责同志近30人参加，争取到与会者对我省外宣工作提供了有力支持。注重对内宣传与对外宣传有机结合，确保了各项活动和政策在省内的高知晓度、高认同度，起到有效凝聚力量的作用。

【多形式开展干部培训，加强外宣干部队伍作风建设】 依托复旦大学的丰富培训经验和优秀师资力量，在该校举办为期各一周的全省外宣办主任培训班和新闻发言人培训班。邀请北京、上海有关权威专家赴黔做专题讲座。围绕“转变作风、提高效率、服务基层、推动跨越”主题，按照打造高素质发展型队伍的要求，切实加强外宣干部队伍作风建设。各级外宣部门结合自身实际开展了“天天有激情、时时在状态”等活动，切实增强了外宣工作服务经济社会发展的意识和水平，转变了干部作风、提高了效能效率。

网络宣传管理

【概述】 2011年我省网络宣传管理工作围绕推动互联网科学发展、有效管理这个主题，以贯彻落实中央24号文件为主线，以确保互联网信息安全、确保社会稳定为首要任务，着力理顺互联网信息内容管理体制，着力加强正面宣传和舆论引导，自觉服务省委省政府中心工作，不断加强改进创新网络宣传报道工作，不断加强网上舆论引导和管理，唱响“加速发展、加快转型、推动跨越”的主旋律，努力形成昂扬向上、团结奋进的网上正面舆论强势，为推进我省经济社会发展历史性跨越营造积极、向上、和谐的网上舆论氛围。

【精心组织重大主题宣传】 （1）统筹开展“加速发展、加快转型、推动跨越”系列网上重大主题宣传。为深入学习贯彻中央十七届五中全会和省委十届十次、十一次全会精神，深入宣传我省“十二五”规划的主线、主基调、主战略，省委宣传部、省委外宣办（省互联网信息办）统筹开展“加速发展、加快转型、推动跨越”系列网上重大主题宣传，与省委组织部联合开展“加速发展、加快转型、推动跨越”网上知识竞赛答题等活动，与省委政策研究室联合开展“我的五年”网上征文、“寄语‘十二五’短信”征集活动，与省经信委联合开展“走进贵州工业园区”专家博客笔会活动，参与系列活动的网友覆盖行业多、年龄跨度大，参赛作品质量高、内容丰富，取得了良好的宣传效果。

（2）大力组织全国“两会”网上主题宣传。组织金黔在线、贵阳新闻网、贵州信息港、贵州党建网和贵州法制网等省主要网站和贵州手机报、当代党员手机杂志，协调人民网贵州频道、腾讯网等推出2011全国“两会”贵州专题，据不完全统计，省主要网络媒体开设网站专题7个，专栏100余个，登载文字、图片报道2200余篇（幅），网站原创视频报道50余条。省主要网站还对贵州代表团记者见面会进行了网上图文直播，开展微博宣传，组织“省委书记栗战书为何谈政治生态”等论坛调查活动，引起全国数万“粉丝”关注。

（3）组织开展“为贵州文化发展献良策”网上征集活动。为学习宣传贯彻党的十七届六中全会和省委十届十二次全会精神，组织开展“为贵州文化发展献良策”征集活动，广泛征集广大网友对贵州文化建设的真知灼见，短短20多天，数百名网友通过博文和网上留言方式表达自己对贵州建设文化强省的看法，献出400多篇良策。

(4)精心组织“中国(贵州)国际酒类博览会暨2011中国贵阳投资贸易洽谈会”网络宣传。邀请中央重点新闻网站、地方重点新闻网站及我省主要网站28家共73名记者参会,国内近百家网站在其首页要闻区刊发或转载酒博会暨投洽会相关报道。

(5)积极做好抗凝救灾和抗洪抢险网络舆论引导。积极做好“抗凝救灾保民生”和望谟县和部分县区遭受洪涝灾害有关网络宣传工作,分别制定网络宣传报道应急预案,组织省内主要网站及时、准确报道救灾工作进展情况,积极抢占舆论制高点有效引导舆论。

(6)组织开展阿里木当选“中国网事? 感动2010”年度网络人物的网络宣传。组织省重点新闻网站金黔在线和新华网贵州频道,持续对阿里木的感人事迹进行了宣传报道,推出《贵州省委书记栗战书因何四“挺”道德模范阿里木》等多篇网评文章,并协调人民网、新浪、腾讯等全国多家网络媒体进行了转载,在互联网上掀起了宣传、学习先进模范的舆论热潮。

【创新宣传第九届民族运动会】 (1)超前谋划、充分预热。积极争取中央外宣办和全国网宣部门的支持,8月,在贵阳召开了由中央外宣办网络新闻宣传局、网络新闻协调局指导,省委外宣办、省互联网信息主办的“新兴媒体与传统体育”网络宣传座谈会,中央外宣办网络局有关领导,各省(自治区、直辖市)网宣部门相关负责同志参加会议,中央外宣办还向全国网宣系统下发第九届民族运动会网上宣传报道工作通知。3月,组织实施第九届民族运动会官方网站全新改版,实现了运动会最快捷发布、最准确发布、最全面发布和最实用服务,官网共计发布运动会各类新闻稿件3604篇,赛事视频报道47篇,工作简报264期,文件通知59期,并在第一时间登载30场运动会新闻发布会内容。运动会前,省互联网信息办向52家中央、省(区、市)重点新闻网站和省内主要网站发出邀请,75名记者报名积极投身运动会宣传报道。

(2)浓墨重彩、全景展现。省主要网络媒体以全时段、全方位,多角度、多媒体,大视野、大气势的宣传报道,给网友呈现了一个立体、全景的民族体育盛会。运动会期间,省主要网站发布稿件1万余篇(条),图片1.2万余幅,视频播报200余条,向全省100多万手机报用户发送运动会手机新闻,推出手机会务专刊,面向苹果电脑和手机用户即时推送大会新闻,多渠道发布运动会资讯。

(3)借梯登高、全网聚焦。通过与人民网、新华网、腾讯网等知名网络媒体的宣传合作,与各兄弟省(区、市)网络宣传管理部门的沟通联系,第九届民族运动会宣传报道影响力大大提升,传播覆盖面不断拓宽,达到了事半功倍的传播效果。人民网、新华网、中国网络电视台等8家中央重点新闻网站,东方网、中国江苏网等近10个省(区、市)重点新闻网站,腾讯网、新浪网、凤凰网等知名门户网站开设了运动会专题。人民网、中国网络电视台等在首页首频,对开幕式和闭幕式进行同步视频转播,推出精彩图片报道。中国日报网,新华网英文频道、新浪网英文频道均开设了运动会的专题报道,开、闭幕式的相关文章被美国网站“NewsObserver. com”(新闻观察网)、英国网站。“Birmingham Mail”(伯明翰邮报网)等许多外国网络媒体转载。

(4)“微博”创新、贴近网民。我省创新宣传形式,首次将“微博”这一互联网最新应用引入民族运动会宣传。7月12日,举行运动会官方微博开通暨与腾讯网合作签约仪式,当日官方微博收听人数高达8.9万余人。8月24日,线上线下同步开始火炬传递,在腾讯微博推出了运动会微博网上火炬传递活动,全省九个市(州、地)外宣办(新闻办),贵州知名旅游景点、知名企业等开通了微博进行网上火炬传递。全国近30万网友通过在腾讯微博上点亮火炬图标的方式,参与了网上虚拟火炬传递,吸引众多网友围观,使运动会传播呈几何级数的放大。

(5)注重互动、合力宣传。注重发挥互联网的互动交流功能,积极搭建大众参与互动平台,由省委宣传部主办、多彩贵州印象网承办了“和谐中华·多彩贵州”拍客大赛,省委外宣办主办、金黔在线承办了“我们都是东道主”征文/征图活动,受到网友的热烈追捧,网友们纷纷用镜头、文字抒发了对运动会的参与热情,以及对贵州文化的认同感、对贵州经济社会发展的自信心。

(6)多管齐下、保障安全。建立了全省网宣应急工作机制,制定下发《第九届民族运动会网络宣传应急工作方案》和《第九届全国少数民族传统体育运动会突发事件网络应急预案》,与省通信管理局、中国电信贵州分公司和金黔在线网站等共同建立了运动会官方网站安全保障协调机制,对运动会官方网站服务器进行了更新改造,坚持值班制度,全力以赴做好官网信息安全保障工作。

【合力做好庆祝建党90周年网络宣传活动】

省委宣传部、省文明办、省委外宣办与共青团贵州省委联合主办了"红旗漫卷——庆祝建党九十周年贵州网络文化传播活动",贵州先锋网、贵州文明网、贵州青少年网、今日传播网、当代党员手机杂志、少年时代家长手机报、青年时代手机报等承办活动。"红旗漫卷"网络文化传播活动历时3个月,包括红短信红微博、网上革命纪念馆、红歌天天唱、红色访谈和网上红军节等五项主题活动。通过全省网络媒体的协作配合、合力宣传,借助网络、手机杂志等新媒体优势,营造了隆重热烈、欢乐喜庆、团结奋进、科学发展的良好网络舆论氛围。按照中央要求我们还指导协调金黔在线、贵阳新闻网等网站开设红旗飘飘、伟大历程、"双百"人物中的共产党员 、"红色贵州行——走进黔东革命根据地"、红船在线行中国"活动专题等庆祝建党90周年网上专题、专栏。

【深入开展网络文化传播活动】 (1)成功举办2011"多彩贵州踏春行"暨第三届全国网络媒体"多彩贵州行"活动。省委宣传部联合省民族事务委员会、省体育局等共同举办了2011"多彩贵州踏春行"暨第三届全国网络媒体"多彩贵州行"活动,首次整合了民族事务、体育等多部门宣传资源,与省体育局、民族事务委员会有关部门带队分赴贵阳、安顺、黔东南州、黔南州等地进行采访报道;首次运用微博等新媒体技术提升宣传效果,分别在新浪、腾讯和金黔在线网站开通了"2011多彩贵州踏春行"活动官方微博,与关注活动的网友们进行在线互动交流,大大增加了网络上踏春行活动的信息量;首次实行动态宣传报道,网络记者们一路采访一路报道,通过全国网络媒体平台向外展示多彩贵州,据统计,参与网站发布原创报道170余篇,图片1600余张,制作"2011多彩贵州踏春行"专题21个。

(2)组织策划2011多彩贵州歌唱大赛宣传工作。制定《2011'多彩贵州歌唱大赛新闻宣传奖励方案》,激励各级报刊、广播电台、电视台、网站提升大赛宣传报道水平和成效。在贵州日报、贵州都市报推出专版,刊登综述性文章和相关评论,在贵州人民广播电台、贵阳人民广播电台推出专栏,组织省主要网站开设专题,策划组织"多彩贵州这些年"、"我的团长我的团"主题采访报道,开通大赛的官方网站,协调黔龙网对决赛进行了网络直播,组织金黔在线、黔龙网对颁奖晚会进行网络视频直播,通过各级各类媒体高密度、多角度地集中展示,有效的宣传、推介了本届多彩贵州歌唱大赛。至大赛结束,各级报刊,电视台,广播电台共发稿300余篇,专版52个,图片77幅,录音26条,电视新闻46条,直播11场,专题17个,制作了四个版本的"多彩贵州歌唱大赛"宣传片花。省主要网络媒体开设专题6个,稿件1400余篇,专稿100余篇,图片1600余幅,视频41个,微博2700余条。

【着力加强网上舆论引导阵地和队伍建设】

(1)加强网站评论频道建设。通过委托、督促、考核、表彰等形式,指导协调金黔在线"多彩评论"、"贵州名博"、贵阳新闻网"精彩评论"、"黔程视线"、"贵阳社区"等评论部门和评论频道建设,支持金黔在线和贵阳新闻网开展好网评员的聘任工作,打造贵州网上舆论高地。2011年评论频道建设初显成效,"贵州名博"的博主已发展到10万人,博客累计发稿量2万余篇。"精彩评论"组织刊发原创评论500余篇。

(2)深入开展"爱网青年志愿者行动"。与共青团贵州省委联合组建的爱网青年志愿者队伍,已达近千人的规模,在重大主题网上宣传和突发事件舆论引导中发挥了积极作用。

(3)加强督促指导,夯实省直相关部门和市(州)网络评论队伍。我们把9个市(州)网络评论员队伍建设纳入工作考核范畴,督促指导市(州)党委宣传部组建网评员队伍、开展网络评论工作。

同时，与省直有关部门初步建立网络舆情协调工作机制，建立培训网评队伍，共同开展好网评工作。

【不断提升网评工作水平】 组织网评员就庆祝建党 90 周年，迎接第九届全国少数民族传统体育运动会，贯彻落实《国务院关于进一步促进贵州经济社会又好又快发展的若干意见》（国发 2 号文件）、学习贯彻贵州省第十一次党代会精神、“四帮四促”活动的开展、“双十”专项扶贫工程、“诚信友爱贵州人”网络活动等，精心组织开展了三十余组次集中评论工作，共计组织撰写刊发原创网评文章 2 千余篇。2011 年，省委外宣办（省互联网信息办）在中央外宣办组织的第一届“全国温馨感人博文帖文大展贴”活动中，荣获“全国温馨感人博文帖文大展贴”活动优秀组织奖。以金黔在线评论栏目“贵州名博”成长经验为主题的《采众家所长 酿独家醇香》荣获 2011 年度全国网络公共社区管理和引导工作优秀调研报告铜奖，获得贵州省 27 届（2011 年）新闻奖。

【大力开展微博客内容建设和信息管理】 （1）推动各级党政机关特别是与民生密切相关的部门开设微博客、办好微博客。先后在新浪、腾讯、人民、新华网开设了省政府新闻办官方微博，截至目前，新浪“微博贵州”的粉丝数已达 51 万余人，在我省官方微博中粉丝数最高，在全国 600 多家外宣官方微博中名列前茅，人民网“微博贵州”荣获 2011 年人民网十大政务微博。我省 9 个市州新闻办和全省相关旅游景点均开设了官方微博，全省县级宣传部门、文明办，全省共青团系统均开设官方微博。12 月 31 日，贵州微博服务大厅在腾讯网上线，是全国第二家开通微博大厅的省份。

（2）进一步规范我省主流媒体、新闻网站官方微博的规范和运用，不断增强主流媒体的舆论影响和引导力。多次召开座谈会和工作会议，传达中央有关文件精神，督促省内各主要媒体出台了微博运用管理规定，对媒体官方微博、记者个人微博的运用进行了规范。

【切实规范网络传播秩序】 （1）严格规范网上新闻来源。继续加强从事互联网新闻信息服务网站的备案管理和手机报备案的管理工作，做好网站地方频道（分站）统计摸底，完成中央新闻网站地方频道（分站）的初审报批工作，对全省新闻网站、手机报进行年检。通过在全省开展网站从事互联网新闻信息服务集中检查和加强日常管理，对省内各网站违规超范围转载新闻，擅自转载境外媒体消息，违规从事时政类新闻信息采访和发布等情况进行全面清查和实时清理，积极督促违规网站、手机报接受整改。对违规从事互联网新闻信息服务和违规开展新闻采访行为进行了处理，全年关闭违规网站 5 个，删除不实新闻报道、超范围转载新闻报道近百篇。

（2）深入开展网上有害信息清理工作。与公安、工信部门密切配合、协同作战，持续开展整治网络淫秽色情和低俗信息活动，开展清理网上政治类有害信息工作，协调相关部门共同开展我省打击非法网络公关专项行动和查处涉性药品用品网上非法信息专项行动、打击非法“网络共享”网站及设备产品专项治理行动，努力营造健康向上的网络环境。

（3）开展“文明网站”创建活动。与省文明办共同开展“建设文明网站”活动，部署安排我省创建工作，成立了我省活动组委会办公室，制定下发《贵州创建“文明网站”活动方案》，组织省内网站参加“文明网站”创建活动，开设专题，积极开展活动，进行宣传报道，协调落实各项工作任务。深入开展 9 月互联网法律知识普及月活动，组织省内 14 家主要网站全体从业人员、全省市（州、地）及市（县、区）从事互联网新闻宣传管理工作的同志和属地内的网站从业人员参加全国互联网法律知识竞赛。在此次竞赛活动中，省互联网信息办因组织工作成绩突出，受到国家互联网信息办网络新闻协调局的通报表扬。

（4）加强舆情报送研判，迅速妥善处置涉黔舆情。建立信息报送工作制度，日常编印《网络舆情日报》、《微博日报》、《网络舆情专报》、《网络舆情快报》、《网络舆论热点》和《网络舆情摘报》等六个舆情刊物，全年，省委书记栗战书，省委常委、宣传部长谌贻琴等省委领导在上述舆情刊物上批示近60次，对我们工作给予了肯定。在加强网上舆情研判报送基础上，分层次、分领域做好应急情况下网上热点敏感问题的处理和舆论引导工作，配合省委办公厅、省委政法委、省体育局、省招考中心等有关部门，协调指导有关市（州、地）党委宣传部门，做好“我省各地盐荒”、“茅台拆迁”、“黔西8.11事件”等突发事件的舆情监控和研判工作，切实做到早发现，早引导，积极掌握舆论引导主动权。省互联网信息办联合省公安厅、省通管局出台了《贵州省互联网舆论事件专项应急预案》，进一步加强我省互联网信息内容领域的有效管理。

【建立健全互联网内容管理工作体制】 认真贯彻落实中办、国办24号文件精神，与省编办对接联系，进一步理顺我省互联网管理体制，对省互联网管理工作机构编制进行了调整。3月，根据省编办批复，对省互联网管理工作机构编制进行了调整，在省委外宣办（省政府新闻办）加挂贵州省互联网信息办公室牌子，将省委宣传部网络新闻宣传管理处划转省委外宣办（省政府新闻办、省互联网信息办）管理；明确省互联网信息办工作职责；要求各市、州、地党委宣传部加快理顺体制，规范机构设置，充实工作力量，落实属地管理责任；深入调研全国各省（区、市）舆情监管中心设置情况，提出成立舆情中心申请。

舆情信息和调研工作

【概述】 2011年，我省舆情信息与调研工作认真贯彻落实中央和省委有关指示精神，按照中宣部和省委的要求，根据《中共贵州省委宣传部2011年宣传思想工作要点》安排，紧紧围绕宣传思想文化工作“创优年”主题，创新方式方法，拓展工作思路，整合各种资源，着力提升工作水平和工作能力。

【舆情信息工作】 （1）全年各网络单位共向省委宣传部研究室报送信息6331篇。研究室采用了各地信息1225篇，其中单篇651篇，综合574篇，特约信息69次。我省向中宣部、省委领导报送《贵州舆情信息》专报1926篇，得到采用的达150余篇，中宣部交办特别任务5次。在今年中宣部舆情信息工作会上，我部获得中宣部舆情信息工作先进个人奖励，有四篇信息获得中宣部2011年度“好信息”奖。我省的舆情信息工作，为中宣部和省委领导掌握动态、指导工作提供了重要依据，在服务大局、服务决策中发挥了重要作用。

（2）围绕省委省政府中心工作开展舆情收集研判。着眼于中央和省委的重大决策、重要会议和重大活动的舆情反映。围绕贯彻落实科学发展观、加快经济发展方式转变，我省“两加一推”主基调、实施“工业强省、城镇化带动”主战略等方面，收集社会各界的意见和建议。围绕贯彻全国、全省“两会”精神，反映社会各界对“两会”的评价议论。围绕十七届六中全会的召开，收集上报了贵州省学习贯彻落实十七届六中全会精神信息。围绕中央实施西部大开发战略第二个10年规划，撰写信息，及时反映了全省干部群众对实施新一轮西部大开发的迫切愿望和期待。围绕庆祝建党90周年、纪念辛亥革命100周年、全国第九届少数民族传统体育运动会，报送了信息。同时还关注舆论对相关历史定论、历史事件、历史人物的认识评价。

（3）社会热点难点问题和突发事件方面的舆情收集全面及时准确。针对人们普遍关心的收入分配、大学生就业、楼市股市、物价波动、反腐倡廉等社会热点问题，及时反映中央和省委有关政策措施的积极成效，反映社会情绪和群众期盼并提出对策建议，一些舆情信息经过加工整理上报后还得到中宣部的肯定和好评。

（4）意识形态领域舆情信息报送不断拓展广度深度。准确把握意识形态领域总体态势，敏锐捕捉倾向性苗头性问题，加强相关舆情综合分析研判。密切关注社会上一些人就中国近现代史和党史中重大历史事件、重要历史人物、历史敏感问题等宣传错误观点的情况。密切关注各种社会思潮的新动态新动向，特别是有关“意见领袖”的观点言论，得到中宣部的采用。

（5）充分反映宣传思想文化工作的新进展新经验。始终把报送作为创优全省宣传思想文化工作的新经验，作为展示贵州舆情信息工作的特色和亮点。重点围绕贯彻落实全国、全省宣传部长会议精神，及时收集反映各地努力创优宣传思想文化工作的新思路新做法和社会各界的评价建议。我们经过整理后报送省委办公厅，得到了领导的肯定。围绕大力推进学习型党组织建设，反映各地各部门的进展成效、经验做法。围绕全省文化体制改革，密切关注国有经营性文化单位转企改制、公共文化服务体系建设、文化产业发展和文化市场管理等方面的新情况新进展，向中宣部及时反映贵州文化体制改革进展情况。

(6)高度关注网上舆情和境外舆论热点。坚持把收集网上舆情和境外舆情作为拓宽视野、扩展领域的突破口。高度关注网上舆论热点，关注热点帖文博文、流行短信，分析网上舆论对社会情绪和心理的影响。收集报送加强互联网和手机等新兴媒体管理、“扫黄打非”、打击网络手机淫秽色情等专项行动的积极成效、客观评价和意见建议。及时收集境外涉华涉黔舆情。密切关注境外舆论对我重大决策、重大活动、重大事件等的报道评论，如关注境外舆论对国内民众思想意识、情绪心理和言行的影响。关注境外舆论对宣传思想文化工作的评价看法，为中央和省委领导科学决策提供了重要参考依据。

(7)舆情分析能力和水平大幅提升。围绕“建设文化强省 促进贵州文化跨越发展”进行深度舆情研判，形成了《关于“依靠改革创新 建设文化强省促进贵州文化跨越发展”的舆情分析报告》报送省委领导，得到了省委书记栗战书和省委常委、省委宣传部长谌贻琴的批示和肯定。始终紧紧围绕中宣部和省委的工作重心，贴近重大舆情需求要点，按照《省委宣传部舆情信息工作分析制度》的要求，组织召开了三期舆情信息分析联席会，约请有关专家学者、实际工作者座谈分析重要舆情，20多篇舆情分析报告，及时报送了省委领导，积极当好领导的参谋助手。发挥贵州大学在学科、专家和科研方面的优势，在贵州大学挂牌成立省委宣传部舆情信息研究基地。

【调研工作】 根据全省宣传思想工作“创优年”各项工作的安排，全省宣传思想文化工作战线调查研究工作积极、稳妥、有序开展，取得了较为显著的成效。

(1)围绕推动多民族文化大发展大繁荣，精心策划实施重大调研项目。根据栗战书书记关于省委宣传部要组织开展我省文化工作调研、为下半年省委召开重要会议做准备的指示精神，和7月26日栗战书书记在省委常委会议上传达学习刘云山同志考察我省重要讲话精神时的讲话要求，迅速组织力量讨论调研课题并开展调研和座谈活动。从去年4月开始省委宣传部先后组织多次调研活动，完成《实践改革创新推进广电文化产业大发展》等16篇调研报告。按照省委办公厅《关于认真做好省委十届十二次全会文稿调研起草工作的通知》，省委宣传部牵头、省委办公厅和省委政策研究室共同组成4个调研小组分赴9个市州开展实地调研，并组织一个考察组到云南省考察该省民族文化的发展情况，先后召开5次专题座谈会(研讨会)听取各市州党委、省直有关部门党组(党委)意见。在充分调查研究的基础上，牵头草拟《中共贵州省委关于贯彻党的十七届六中全会精神推动多民族文化大发展大繁荣的意见》并于省委十届十二次全会上顺利通过，成为贵州贯彻落实党的十七届六中全会精神和推进今后一个时期文化建设的重要纲领性文件。

(2)围绕宣传思想工作“创优年”主题，稳步推进一系列有针对性的调研工作。去年，省委常委、省委宣传部部长谌贻琴和其他部领导班子成员围绕贯彻落实科学发展观、加强创优宣传思想工作，带队开展了一系列专题调研，有效推动各地各部门宣传思想文化工作的贯彻落实。经过一系列密集性专题调研，对关系我省宣传思想文化工作的重点工作进行了梳理总结，对今后五年的工作谋划了思路，并在深入调研和广泛座谈的基础上，适时组织召开省直宣传文化系统各单位负责同志和部机关各处室负责人务虚会，专题研讨今后一段时期的重点工作，把有关调研成果纳入到班子决策中来，提出了2012年“品牌年”的工作部署。

(3)加强机制创新提升调查研究工作水平。一是修改完善《中共贵州省委宣传部关于加强调查研究工作的实施办法(试行)》，进一步明确指导思想、调研方式、调研要求，提出了制度保障措施和推动调研成果转化的办法，有力推动了全省宣传文化系统的调查研究工作，有力促进了宣传思想文化领域调研工作的规范化、制度化，不断提高调研工作的质量和水平，更好地为领导服务、为决策服务、为中心工作服务。二是及时组织召开全省宣传工作调研会议，研究部署调研工作，加强选题组织策划，下发调研工作要点，确定调研重大选题，在《贵州宣传》杂志上开辟优秀调研报告选登专栏，畅通调研报告的应用转化渠道，鼓励各地各部门通过加强调研推动宣传思想文化工作。三是把舆情信息分析研判、刊物采稿编辑作为调研工作的重要基础，从舆情信息和刊物来稿中敏锐地洞察和选取有时代意义的调研方向和调研课题，打通调查研究和舆情分析工作，在相互促进相互砥砺中不断提高水平。

队 伍 建 设

【深化干部人事制度改革】 制定《中共贵州省委宣传部"十二五"期间深化干部人事制度改革的意见》。严格执行《党政领导干部选拔任用工作条例》，认真贯彻落实"四项监督制度"，总结以往经验，创新竞争上岗工作方法，采取把年度考核结果量化并引入竞争上岗、部长办公会议票决任职人选、竞岗陈述等方式，选拔配备了3名副处级领导干部。采取面向全国公选的方式，选拔配备了1名副处级领导干部。做好2011年面向基层遴选选调生工作。在省委组织部对省直党政机关、事业单位选人用人满意度的测评中，我部的5项指标均进入前10名，其中有2项指标进入前5名，部机关深化干部人事制度改革工作在全省干部监督工作会上作大会交流。

【加大干部交流力度】 进一步加大宣传文化干部上下交流锻炼力度，从省直宣传文化系统和市州地县党委宣传部等部门抽调30余名干部到部机关上挂锻炼，推荐1名部领导班子成员、1名处级干部到中宣部办公厅上挂锻炼，选派1名处长、1名科级干部到我部挂帮县（平塘县）挂任副县长和县委宣传部副部长，并做好部机关选派到县委宣传部挂职锻炼的3名科级干部的管理。在综合考虑部机关干部队伍结构、处室工作需要、干部特长特点等因素的基础上，轮岗交流了3名处级干部，2名科级干部，推动部机关干部更好地把握工作全局和工作重点，在实践中进一步锻炼成长。

【改进干部考核方式】 进一步建立健全干部激励机制，制定《中共贵州省委宣传部机关干部职工年度考核办法》，对年度考核的原则、内容、标准、程序、方法和结果运用等提出了明确要求，特别是创新评价体系，部机关处及处以下干部职工年度考核采取分值量化方式，按照处长（主任、组长）、副处长（副主任、副组长）、调研员、副调研员、主任科员、副主任科员、科员、工勤人员八类进行民主测评分值量化，并将量化分值作为干部职工年度考核等次评定的主要依据，同时，把年度考核分值作为干部选拔任用的重要依据，并引入到部机关处级干部竞争上岗工作。此项工作得到了省委组织部和省人力资源和社会保障厅的肯定。

【加强宣传文化系统"四个一批"人才的选拔培养】 修订完善《全省宣传文化系统"四个一批"人才选拔培养管理办法》，重点对人才总量、人选年龄、资助金额等进行了调整。争取中宣部的支持，贵州电视台副台长孔炯、贵州广电网络公司副总工程师徐军、贵州省社会科学院《贵州社会科学》编辑部主任、执行主编索晓霞入选全国宣传文化系统"四个一批"人才。对第一、二批全省宣传文化系统"四个一批"人才资助项目完成情况进行日常督查，对资助项目进行验收。组织全省宣传文化系统"四个一批"人才赴贵阳、遵义和毕节开展调研活动。评选第四批全省宣传文化系统"四个一批"人才50名，组织召开第四批全省宣传文化系统"四个一批"人才座谈会，在省主要新闻媒体对第四批全省宣传文化系统"四个一批"人才进行集中宣传报道，营造了见贤思齐、争先创优良好氛围。

【加强干部培训工作】 制定《2011—2015年贵州省宣传文化系统干部培训规划》、《中共贵州省委宣传部2011年度干部培训工作安排》。举办第三、四期全省宣传部长培训班，共培训县级党委宣传部副部长100人，创新培训方式，丰富培训内容，通过案例教学、现场教学等方法，增强了培训效果，受到学员的欢迎。按照“学用结合”的思路，通过“实地考察项目、专家讲授思路、领导讲解案例、项目负责人介绍实际操作”的方式，牵头在陕西省举办两期“贵州省文化产业和文化经营管理人才培训班”，培训人数80名，因培训效果好，得到省委组织部的肯定和资金支持。与省委组织部在韩国举办了一期“贵州文化产业培训”。选派学员参加全国县级党委宣传部长培训班、全国“四个一批”人才研修班、延安干部学院、省委党校的学习。积极协调，做好2011级武汉大学硕士研究生班的招生录取工作（共录取10人，其中破格录取3人），做好2012级研究生班的招生工作。

【完成新闻、出版和社科研究系列职称评审工作】 按照省人力资源和社会保障厅《关于做好2011年职称工作有关问题的通知》（黔人社厅通［2011］199号）和我部《关于报送2011年新闻、出版、社科研究系列专业技术职务评审材料的通知》（黔宣职改字［2011］1号）要求，完成2011年新闻、出版、社科研究系列初中高级专业技术职任职资格评审工作。评审工作坚持公平公正和向基层一线专业技术人员倾斜原则，共有166名同志通过评审获得新闻、出版、社科研究系列初中高级专业技术职任职资格。

省直宣传文化部门工作

省文化厅工作

【概述】 2011年是中国共产党成立90周年,是实施"十二五"规划的开局之年,也是实施新一轮西部大开发的第一年。一年来,省文化厅深入贯彻党的十七大、十七届五中、六中全会和省委十届十次、十二次全会精神,围绕省委、省政府"加速发展、加快转型、推动跨越"这一主线,继续立足特色、创新思路、真抓实干,努力推进全省文化建设又好又快、更好更快发展。

【公共文化服务体系建设深入推进】 (1)全省公共图书馆、文化馆(站)基本实现免费开放。2011年7月,财政部、文化部审核下达了我省8个地级图书馆,7个地级文化馆,84个县级图书馆,87个县级文化馆,1345个文化站免费开放经费8716万元。经督导检查,全省上述相关公共文化服务单位基本实现了免费开放。

(2)全省"十大民生工程"目标任务全面完成。共为400个乡镇综合文化站、18个社区文化活动中心和95个社区文化活动室、513个乡镇(社区)文化信息资源共享工程基层服务点安装配置了设备;完成"数字图书进农家"200户;下达了25个县级文化馆、图书馆维修改造项目的中央补助资金,各地按照方案实施了维修改造;省直院团及各地文化部门共完成下乡演出1000余场,超额完成500余场。

(3)成功举办"第九届贵州省少儿艺术节"。本届艺术节首次以公益事业、企业共同参与的办节思路,注重发挥新媒体的宣传作用,除利用《中国文化报》、《贵州日报》、贵州电视台等传统媒体进行宣传外,还利用文化信息资源共享工程网络进行现场直播与网上录播、腾讯"QQ微博"现场人气竞争等方式进行宣传,有效提升了本届少儿艺术节的社会影响力。共有千余名少儿参与本届艺术节。

(4)开展艺术之乡评定。经专家评审,全省新命名了71个"贵州省民间文化艺术之乡",其中的33个作为"中国民间文化艺术之乡"名单向文化部申报,最终有26个被文化部命名为"中国民间文化艺术之乡"。

(5)完成全省文化馆评估定级。按照文化部统一部署,省文化厅对全省9个市(州、地)、88个县(市、区)文化馆进行了评估,高标准、高质量地完成了评估定级工作。全省达标馆总量由第二次评估定级的19个增加到82个,其中:一级馆由1个增加至9个,二级馆由6个增加至31个,三级馆由12个增加至42个,总达标率由1.95%增加至84.5%,为争取全省公共文化设施免费开放经费创造了有利条件。

(6)组织大规模基层文化骨干培训。4月18日至4月30日,省文化厅以市(州、地)为单位,采取轮训方式,紧凑高效地对全省9个市(州、地)乡镇综合文化站、地、县级图书馆、文化馆和部分县文化局文化骨干近2000人进行职业技能培训。是贵州省多年来针对基层文化队伍素质提高举办的规模最大、培训面最广、内容最丰富的一次培训。

【艺术生产和重大文化活动取得新成绩】 (1)在舞台艺术精品打造方面,话剧《天地文通》荣获2010-2011年度国家舞台艺术精品工程资助项目;大型花灯剧《月照枫林渡》经过不断打磨提升,赴重庆参加了第二届全国戏剧展演,获第二届全国戏剧文化奖原创剧目大奖、表演大奖等七项奖项。

（2）举办全省专业艺术第二届器乐暨贵州原生态器乐演奏大赛。由省文化厅主办、贵州省文化艺术研究所承办的贵州省专业艺术第二届器乐暨贵州原生态器乐演奏大赛于2011年10月举行。大赛持续11天22场次，来自全省九个市、州的192个节目、200多名选手进行了激烈角逐，最后在原生态乐器、中国乐器、西洋乐器方面分别产生了一等奖7名、二等奖17名、三等奖34名、组织奖6名。同时，为促进贵州民族民间器乐的传承与发展，原生态组的奖项增设了优秀表演奖11名。此次把原生态（民族民间）器乐纳入高规格的比赛在全国是一个创举。

（3）承办庆祝中国共产党成立90周年大型文艺晚会。按照中共贵州省委印发的《贵州省中国共产党成立90周年纪念活动实施方案》要求，我省庆祝中国共产党成立90周年大型文艺晚会由省委宣传部牵头，省文化厅、贵州电视台承办。我厅高度重视，组织了省内外专家全力以赴进行编排。晚会内容以"伟大的转折、春天的阳光、崛起的高原、历史的跨越"四个恢宏篇章，艺术地展现建党90年来贵州各族人民在中国共产党的领导下，在社会主义革命和建设中取得的伟大成就，讴歌了党的丰功伟绩。6月28日晚演出后得到领导充分肯定和观众的高度赞誉。

（4）做好第九届全国少数民族传统体育运动会开闭幕式文艺演出组织协调。按照《第九届全国少数民族传统体育运动会实施方案》的要求，省文化厅作为组委会成员单位协助贵阳市办好第九届全国少数民族运动会，重点是做好开闭幕式文艺演出的组织协调工作。我厅高度重视，抽派人员全程参与相关活动的组织协调工作，并从全省各地抽调了近400名专业演员参与排练演出，同时抽调贵州民族歌舞剧院11名舞蹈编导参与节目的编创。开闭幕式文艺演出得到运动会组委会及各方高度评价，同时我省参与演出的众多文艺工作者也通过民运会这一高端窗口，向国内外充分展示了贵州的多彩文化，彰显了贵州各族儿女昂扬向上、谋求跨越的精神面貌。

（5）开展"玉兔迎春大家乐"春节品牌文化活动。2011年的活动更加注重参与性、互动性、民俗味，内容更加丰富，形式更加创新。既有文艺演出、民俗展览，又有省内书画名家的精品展示；观众既可以在妙趣横生的现场主持中参与现场"秀"，又可以通过"金黔在线"网站、手机网络等进行欢乐互动，足不出户参与"网上春节文化庙会"，还有专家学者年俗文化座谈会等。另外还增加了遵义、安顺两个市级分会场，形成省地互动，并通过"文化信息资源共享工程"向全省各地同步播出贵阳主会场活动实况，进一步增加了"大家乐"活动的辐射面和影响力。

【文化市场不断繁荣规范】 （1）旅游版《多彩贵州风》深受市场欢迎。旅游版《多彩贵州风》既保留了以往版本当中的精美民族文化元素和贵州地方艺术特色，同时又运用LED三维视频背景等现代高新舞台技术，视觉冲击力强烈，节目娱乐性、互动性大为增强。从2011年3月面向市场推出以来，实现了天天演、场场满，目前已演出300余场，演出收入突破3000万元。得到上级领导和观众高度评价，被誉为经济效益和社会效益双赢的典范，成为在全国旅游市场上不多见的演艺类文化产业成功范例。

（2）成功举办第五届亚洲青年动漫大赛暨中国（贵阳）卡通艺术活动。第五届亚洲青年动漫大赛暨中国（贵阳）卡通艺术活动于2011年8月26日至28日在贵阳举办。英国、西班牙、印度、巴西、南非、伊朗等71个国家和地区的1200余幅（部）动漫作品参赛，30多个国家和地区的近200名专家和艺术大师齐聚贵阳，对动漫业的未来进行了展望，凸显了动漫产业发展的强劲势头。

（3）省文化厅与中国工商银行贵州省分行签署战略合作协议。该协议的签订标志着省文化厅与中国工商银行贵州省分行正式建立战略合作关系。协议的签署是立足我省文化产业发展实际，贯彻落实中央九部委出台的《金融支持文化产业振兴和发展繁荣的指导意见》的具体行动，是我省金融支持文化产业、为文化企业营造良好融资环境的重要举措。通过文化部门与金融机构的深度合作，共同推动我省文化产业又好又快、更好更快发展。

（4）坚持总量控制、合理规划布局，大力推进网吧连锁。要求全省均不得审批设立单体网吧。

指导各地优化网吧布局，开展网吧整合，筹备连锁网吧申报认定等工作。有针对性地选择有实力并能承担社会责任的网吧连锁企业作为示范点进行培育。认定省级网吧连锁企业1个，县级连锁企业2个，全省网吧连锁率（含联营）超过了20%，在全省起到了较好的示范和推动作用。

（5）进一步加强游艺娱乐场所的监管，部署开展了全省游艺娱乐场所专项整治行动。取缔了一批无证照经营的游艺娱乐场所，有力地打击了游艺娱乐场所设置违规机型机种和变相赌博等违法违规经营行为，严厉查处了一批游艺娱乐场所在国家法定节假日之外接纳未成年人、超时经营等违法违规经营活动，使游艺娱乐场所内违法经营活动得到有效遏制，经营管理秩序得到了进一步规范。

（6）狠抓文化市场典型案件查处。先后查处了“音乐在线侵权歌曲试听案”、“红尘音乐网侵权歌曲试听案”等具有典型性的网络文化市场案件，2家网站涉案侵权歌曲数目达到100余万首，在网络文化案件领域产生震慑作用，得到文化部充分肯定和表彰。

【文化遗产保护取得实效】 （1）渝黔、贵广快速铁路沿线文化遗产保护与文化产业发展专项规划》获省人民政府批准实施。该规划是我省涉及文化遗产保护利用与文化产业发展在内首个获省人民政府批准的专项规划，对渝黔、贵广快速铁路沿线的遵义、贵阳、安顺、黔南、黔东南5个行政区域内文化遗产保护与文化产业发展的基础条件、制约因素、发展机遇等作出分析，提出了战略性的指导意见，将有力地促进沿线地区文化遗产资源在科学保护基础上的合理利用，促进文化资源优势向产业优势的转变，助推当地经济社会发展。

（2）“5.18”国际博物馆日活动丰富多彩。在贵州省博物馆广场举行《城市记忆：镌刻在老照片上的贵阳历史》大型图片展，展示贵阳城市历史变迁及人们生活方式的演变；举行专题讲座，对贵阳百年来的发展变迁史进行深度解读；举办富于本土特色的馆藏古生物化石、夜郎青铜文物及贵州著名书画家作品鉴赏活动等。进一步向观众传达博物馆与文化记忆的理念，普及文物鉴赏知识，增进市民对本土历史文化的了解和热爱。省主要媒体对活动进行了播报，贵阳市电视台通过收视率最高的“直播贵阳”和“百姓关注”两档栏目进行了播报，有效拉近了活动与百姓距离。网易、新浪等国内知名网站转载了活动相关图片。

（3）举办第六个“中国文化遗产日”系列活动。活动内容丰富，包括《贵州省非物质文化遗产名录项目代表传承人作品展》；《贵州省第三次文物普查重要新发现》图片展；《城市记忆－镌刻在老照片上的贵阳历史》图片展；非物质文化遗产专场演出；为全省非遗名录第二批省级代表性传承人颁发荣誉证书和为非遗名录代表性传承人颁发收藏证书及奖金；“贵州省非物质文化遗产网站”正式开通等等，现场还发放了上万份宣传资料。另外还分别举办了全省《非物质文化遗产法》培训班和贵州文化遗产保护专家论坛。

（4）积极推进非物质文化遗产项目的生产性保护。我省“丹寨县石桥黔山古法造纸专业合作社”经文化部评审公布为国家级非物质文化遗产生产性保护示范基地。同时启动了省级非物质文化遗产生产性保护示范基地的评审工作，共公布14个省级非物质文化遗产生产性保护示范基地名单。

【对外文化交流工作取得新成绩】 （1）“多彩贵州风”演出团6月赴菲律宾参加的庆祝中菲建交36周年演出受到热烈欢迎，影响广泛；6月21日至7月2日由谢庆生副省长率团赴法国、奥地利、意大利参加的“贵州苗族服饰展”进一步增进了中法两国人民的友谊，很好地展示了我省多彩文化和良好形象。

（2）《多彩贵州风》成功赴美国进行文化旅游宣传推介。由省委副书记王富玉率领的《多彩贵州风》文化艺术和旅游推介团于2011年10月3日至17日出访美国纽约、亚特兰大、拉斯维加斯、洛杉矶等大城市进行文化交流和贵州旅游推介。此次出访活动被列为2011年文化部组织的中美文化交流活动重要内容之一，是我省又一次高规格、大规模的对外文化交流活动，在增进中美文化交流、宣传推介我省丰富的人文资源和良好的旅游资源、向西方主流社会展示贵州良好形象等方面发挥了积极的推动作用。

【文化体制改革深入推进】 (1)成立贵州文化演艺集团有限责任公司,提升整体竞争力。经过努力,我省成为全国基本完成国有文艺院团转企改制任务的八个省(区、市)之一。由贵州民族歌舞剧院等 10 家单位整合组建的贵州文化演艺集团有限责任公司于 2011 年 6 月成立,成为全国 11 个组建了省级演艺集团公司的省(区、市)之一。

(2)积极推进公益性文化事业单位内部机制改革。试点单位省图书馆、省博物馆、省文化馆内设机构调整、岗位设置方案已经省编委办、省人社厅批准;省博物馆和省图书馆岗位设置工作已完成,并与职工签订了聘用合同,岗位工资已经兑现;省文化馆对内设机构进行了调整,岗位设置已完成。其它单位如省考古所、省艺研所等内部机制改革方案已经省文化厅正式批转实施。

(3)全省文化市场综合执法改革方面,通过不断加大工作力度,调整工作重点,深入各地进行督促检查、协调指导,9 个市(州)、88 个县(市、区)文化市场综合执法机构已全部组建,执法经费已全部列入同级财政预算,工作进度居全国前列。

【积极加强横向联系与协作】 省文化厅与省民委签署了《备忘录》,双方提出联合推进民族文化事业发展的计划,内容涵盖少数民族群众性文化活动、民族文化公共基础设施建设、民族文化村寨保护、民族文化遗产保护、民族节庆活动、民族古籍保护整理、民族文化产业等 11 个方面,制定了"资金扶持、项目支持、激励机制、监督保障"四大保障措施。

省广播电影电视局工作

【概述】 2011 年,省广电局认真贯彻落实省委、省政府一系列决策部署,高举发展、团结、奋斗的旗帜,紧紧围绕"加速发展、加快转型、推动跨越"的主基调,提出了"增强使命责任、加强公共服务、加快资源重组、加速产业升级"的工作思路,全省广播影视事业产业快速协调发展。

【舆论引导能力取得新提升】 (1)认真开展常规主题宣传报道。全方位、多视角开展常规主题宣传报道,有力地配合了省委、省政府中心工作。圆满完成全国全省"两会"、中央和全省经济工作会、省委十届十一次全会、中国(贵州)国际酒类博览会暨 2011 中国·贵阳投资贸易洽谈会、第九届全国少数民族传统体育运动会以及贵州省第六届旅游产业发展大会等重要会议与重要活动的宣传报道,特别是贵州电视台推出的大型系列报道《新春黔边行》,看民生,促发展,积极为"两加一推"主基调造势,取得了良好效果。

(2)及时开展防汛抗旱救灾宣传报道。在防汛抗旱救灾宣传报道中,特别是在黔西南州望谟县特大洪涝灾害宣传报道中,贵州人民广播电台、贵州电视台都开设专栏,对灾情进行了深入的报道,鼓励了广大干部群众的斗志,为夺取防汛抗旱救灾全面胜利营造了良好舆论氛围。

(3)精心组织建党 90 周年宣传报道。通过新闻报道、专题节目等多种形式,全方位、多层次做好建党 90 周年宣传报道。贵州人民广播电台开设了《党旗下的声音》、《红色档案》等专栏,推出了《咱们这里的带头人 - - 经济强省战略中各地的事业带头人》、《足印"经济建设篇"——中国共产党建党 90 周年纪念》、《动情声音》等系列节目,在重大主题报道中做出了广播的特色。贵州电视台《贵州新闻联播》先后推出了《三个建设推进创先争优》、光辉历程——《时代先锋》、"来自省委常委服务群众、服务基层、服务发展联系点的报道"等专栏和重点报道,生动反映了各地党组织和党员干部在加快贵州经济社会发展、切实改善民生、加强和创新社会管理等方面进行的积极探索和取得的显著成效。推出的系列电视节目《中国红地标》和 45 集大型文献片《红色贵州》播出后受到社会各界好评。另外,贵州电视台还制作播出了大型文艺节目《党旗高高飘扬》,得到了省领导的肯定。

(4)积极开展"走转改"活动。结合"走基层、转作风、改文风”活动的开展,组织记者深入基层,推出了一大批来自抗旱一线、反映民族团结和谐的报道,全面展示了基层群众的所思所盼和党委、政府的积极行动,使“走转改”活动找到了落脚点和抓手。

(5)制作生产了一批优秀广播电视作品。贵州人民广播电台制作播出了庆祝建党 90 周年 4 集广播连续剧《月亮河、月亮山》,制作播出了广播连续剧《黎平曙光》和《羊肉串串阿里木》;贵州电视台完成了 36 集电视剧《铁血使命》的制作,即将在全国多家电视台播映;贵州电视剧制作中心完成了 31 集抗日战争题材电视连续剧《战俘营 1938》的创作生产。

(6)大力开展外宣工作。贵州人民广播电台和贵州电视台在中央三台播出新闻节目共计 1614 条(次),其中,贵州人民广播电台 449 条(次),贵州电视台 1165 条(次),超额 47% 完成全年 1100 条(次)的目标任务。

【民生工程建设取得新进展】 (1)有线电视县乡联网和数字化整体转换。按照省“十大民生工程”的安排,我局要对 849 个乡镇的有线电视网络实施联网改造,对 1101 个乡镇实施数字化整体转换。全年共完成 1369 个乡镇的县乡联网,超额 61% 完成年度目标任务;完成 1369 个乡镇的数字化整体转换,超额 24% 完成年度目标任务。两项工作累计投入资金 5.34 亿元,占年度投资计划 4.7亿元的 113.6%。

(2)乡镇广播影视综合服务站建设。乡镇广播影视综合服务站,是指将广播电视村村通、有线数字电视、农村调频(应急)广播、农村电影公益放映等集中在一起开展服务的“四位一体”综合服务站,它的建设主要采取“政企合作”的形式,即由乡镇党委、政府协调解决不少于 25 平方米的办公场地,广电网络公司投入 4 万元解决设备和人员工资。根据省委、省政府安排,今年将在全省新建 300 个乡镇广播影视服务站。全年已建成 334 个综合服务站,超额 11.3% 完成年度建站任务,完成建站投资 4008 万元,占年度计划 3600 万元的 111.3%。

(3)农村电影公益放映工程。农村电影公益放映工程是省“十大民生工程”的重要内容,省委、省政府下达的目标任务是全年完成 24 万场放映任务,确保一村一月放映一场电影。全省农村电影公益共放映 249870 场,超额 3.95% 完成全年目标任务;观影人次达 3676 万多。

(4)广播电视村村通工程。按照国家发改委和国家广电总局的要求,由省广电局牵头,省发改委、省财政厅、省审计厅联合组织对全省“十一五”时期“村村通”工程进行了总结验收,按要求向国家发改委和广电总局上报了工程全面完成的检查验收报告,并按时完成全省“十二五”期间 20 户以下自然村广播电视村村通工程建设规划,落实具体建设计划任务。

【文化体制改革取得新成绩】 (1)整合产业资源,组建贵州广电传媒集团公司。按照“局管台、台控企”的模式,省广电局在整合省直广电系统全部产业的基础上,于 6 月 26 日挂牌成立了贵州广电传媒集团公司。集团公司资产近 40 亿,员工 5000 余人,下辖广电网络、电视文化传媒、家有购物、大众广播传媒、星空影业、中广传播、伊思特文化传播等近 20 家具有独立法人资格的单位。集团公司成立后将实现规模化经营和集约化发展,着力解决广播影视产业发展水平不高、活力不强、市场面窄、实力较小的问题,力争到“十二五”期末实现经营总收入接近 200 亿元。

(2)整合宣传资源,组建贵州广播电视台。根据省委、省政府要求,贵州人民广播电台、贵州电视台合并组建贵州广播电视台,实行广电一体、制播分离的体制和机制。11 月 25 日,贵州广播电视台举行成立暨挂牌仪式,标志着贵州广播电视台正式成立。新成立的贵州广播电视台集广播、电视、网络、报纸、新媒体等多种业务为一体,拥有 7 个频率、10 个频道和两个网站,9 个派出机构。

【行业管理能力有了新增强】 (1)加强广播影视播出管理。根据国家广电总局《关于开展抵制低俗之风专项行动的通知》,加大净化声频荧屏工作力度,对婚恋交友类、情感故事类、夜间谈话类等广播电视节目进行了清查,对虚假违法健康资讯广告进行了专项整顿,对出现低俗倾向的节目及时督促整改,确保导向正确,格调健康。

(2)严格广播影视执法。制定印发了《贯彻落实〈关于加强法治政府建设的意见〉的工作方案》、《贵州省广播电影电视局行政执法职权分解方案》和《贵州省广播电影电视行政处罚自由裁量权实施办法》,加强了对广播影视法律法规的学习,进一步提升了广播影视行政执法水平。认真开展了打击侵犯知识产权和制售假冒伪劣商品专项行动,逐步规范和加强了播出机构、卫星电视地面接收设施、科技、电影和广告管理。

(3)清理行政审批事项。根据“三个建设年”活动要求,在设立“首问责任”和“政务服务”窗口的基础上,对广播影视行政审批事项进行了清理。行政许可事项保留11项,取消3项,转变管理方式1项,下放管理层级1项,部分委托下放2项;非行政许可审批事项保留3项,转变管理方式2项。通过取消、下放、转变管理方式,共减少行政审批事项7项,达到了环境建设年活动要求减少30%以上行政审批项目的要求。

【科技应用水平有了新提高】 (1)数字化率普遍提高。省两台、大部分地级台、部分县级台实现了数字化播出。有线电视数字化整体转换工作稳步推进,全省有线数字电视用户总数达到308万户,全省9个市(州)及部分县已完成双向网络改造光缆敷设工作,覆盖用户103万户。全省城市电影和农村电影公益放映基本实现数字化。

(2)科技应用水平显著提升。全省各级广电部门高度重视技术更新和新技术应用工作,各地大中功率无线发射台的设备更新改造力度和新技术应用水平大幅提高。贵州电视台进行了高清技术设备项目建设,购置的两台高清电视转播车、新建的高清新闻演播室和高清非编网已投入使用。贵州中广传播有限公司已建成覆盖全省9个市(州)政府所在地城市和部分县城的覆盖网络,并对贵阳、遵义等城市的网络进行了优化。

【安全保障能力有了新加强】 (1)制度保障有力。在省广电局的统一安排部署下,各级广电部门认真贯彻落实《广播电视安全播出管理规定》,全面加强安全管理和制度建设,安全播出工作的制度化、规范化水平明显提高,应对重大突发事件、严重自然灾害的能力显著增强。

(2)技术保障有力。加强技术装备和基础设施的升级、改造,提高了安全播出的技术保障能力和水平。全国全省“两会”、春节、“五一”、“国庆”、酒博会、九运会等重大宣传活动和重要保障期实现零停播,确保了广播电视的安全播出。

【产业发展取得新突破】 全省广播影视系统产业发展态势良好,不断取得新的突破,广播影视自我发展能力进一步增强。据统计,1月至11月,全省广播电视产业收入23.8亿元。另外,全省全年新建城市影院14家,电影票房收入约1.2亿元,比去年同期的0.8亿元增加0.4亿元,增幅达50%。由省广电局主管的贵州星空影业有限公司已开始运营的4家影城共实现营业收入2763万元,其中,票房收入2031万元,取得了良好的经济效益。

【队伍建设有了新面貌】 (1)严格选拔。按照《党政领导干部选拔任用工作条例》要求,围绕加速广播影视事业产业发展的需要,坚持在工作中考察、培养和锻炼干部,不断提高干部选拔任用工作民主化、规范化水平。

(2)注重培训。组织开展播音员主持人、编辑记者培训班和广电工程技术培训班,共开展集中培训800余人次。同时,选派干部到国家广电总局跟班学习,抽调省局直属单位骨干到基层广播影视部门挂职、帮扶,邀请专家、学者来黔授课等多措并举,不断提升广播影视队伍素质。

(3)加强管理。认真落实重大事项报告制度、问责追究制度等各项制度,不断强化干部监督工作执行力,大力整治用人上的不正之风,切实维护风清气正的选人用人环境。

【作风建设取得新转变】 (1)认真查找整改机关作风突出问题。落实“首问责任”和“政务服务”窗口工作,进一步明确方向和目标,统一思想,凝聚力量,理清全省广播影视发展思路,在推动全省广播影视事业产业繁荣发展上走前列、做表率,认真贯彻执行“四要十不准”行为规范。

(2)积极开展“万名干部下基层”和“四帮四促”活动。成立领导小组,制定实施方案,把“万名干部下基层”与“三访”工作联系起来,结合“处长下基层”、新闻战线“走基层、转作风、改文风”活动,深入基层帮助群众解决实际困难。抓好抓实挂帮联系荔波县工作,把“四帮四促”活动向纵深推进。据统计,省广电局分9批次共100人次到基层开展“四帮四促”活动,在协调资金约70万元帮助基层解决实际困难的同时,还协调20套广播电视卫星地面接收设备和20台电视机,以满足困难群众看电视的需要。

(3)大力推动创新争优和追比进位。在全局树立“敢与强的比,敢向高的攀,敢向勇的争,敢跟快的赛”的“四敢”精神,大力推动创先争优和追比进位。在纪念建党90周年之际,对18个先进基层组织、113名优秀共产党员和24名优秀党务工作者进行了表彰。

省新闻出版局工作

【综述】 2011年,全省新闻出版战线广大干部职工,认真贯彻落实科学发展观,根据省委、省政府提出的“两加一推”主基调,围绕中心、服务大局,扎实推进各项工作,全省新闻出版业呈现出良好的发展态势。全省共有图书出版单位6家,音像出版单位2家,报纸44种,期刊88种。印刷企业及复打印单位2644家,出版物发行单位2624家(含独立音像零售单位),互联网出版业务网站2家。全行业资产合计100.74亿元,负债合计47.76亿元,所有者权益合计52.98亿元,销售收入65.68亿元,利润总额6.02亿元,全部从业人员年平均人数32909人。有中央及省外报(刊)社驻黔记者站71家,境外媒体香港文汇报、香港商报、大公报驻贵州办事处各1家,省内报社驻市、州、地、县记者站60家。

【图书出版】 共出版图书856种(其中新出545种),总印数8492.38万册,总印张572776.10千印张,定价总金额6.15亿元。全省6家图书出版单位,资产总计14.86亿元,销售收入3.95亿元,利润总额5548.38万元。

完成了年度图书出版选题和两批增补图书出版选题论证工作,共审批选题1263种,备案重大选题9种。完成2010年出版的50种图书的综合审读和50种图书的编校质量检查工作。对全省列入重点出版的74种图书,给予出版资金补助。为纪念建党90周年、辛亥革命100周年,组织出版了《中共风云90年》、《共产党宣言》、《贵州辛亥革命事典——纪念贵州辛亥革命100周年》等图书,其中:《中共风云90年》入选总署“纪念建党90周年、辛亥革命100周年”重点选题,并获国家出版基金资助;《铁血破晓——贵州辛亥革命百年祭》被省委宣传部列为“十二五”期间省级精神文明建设“五个一工程”重点项目。为配合第九届全国少数民族传统体育运动会的举行,策划出版了《民族韵》、《和谐中华多彩贵州——中国少数民族传统体育荟萃》画册、《贵州民族民间体育》、《中国少数民族传统体育》、《中国古代体育文化源流》等图书。我省共有《苗族文化大观》、《珠郎娘美》(侗、汉对照)、《叙根由——仡佬族古歌》(仡佬、汉对照)、《苗族贾理》(苗、汉对照)4种图书入选“首届向全国推荐百种优秀民族图书”目录,向全国推荐。

【报刊出版】 共有正式报纸44种(含大学校报种),总印数4.49亿份,总印张2007122千印张,定价总金额3.47亿元,广告收入4.33亿元,资产总计8.75亿元,销售收入总计5.72亿元,利润总额-0.22亿元。有正式期刊88种,总印数1413.04万册,总印张72572.11千印张,定价总金额9925.19万元,广告收入2061.92万元,资产总计7381.72万元,销售收入6955.74万元,利润总额576.24万元。

完成了2010年度正式报刊及连续性内部资料性出版物的核验工作。核发新闻记者证3214个。编印《贵州报刊审读与管理》5期,《贵州报刊审读情况专递》8期,全面反映了全省报刊出版与管理情况。《文史天地》期发数突破10万册,位列全国文史类期刊发行量前列。

【音像电子网络出版】 共有音像出版单位2家,出版DVD－V3种,0.5万张,发行总量0.5万张,发行总金额80万元。音像出版及复制单位资产总计1517.96万元,销售收入429.62万元,利润总额25.35万元。

对贵州文化音像出版社上报的100个年度出版选题进行了评估论证,增补了建党90周年、辛亥革命100周年等重大选题。完成2010年度音像出版单位、复制单位和音像制品电子出版物制作单位、互联网出版业务网站年检和音像制品发行单位审核登记工作。加强网络审读和监管。针对网络出版存在的突出问题,进一步完善了我省"数字出版、互联网出版违规警告制度",建立了日常监管机制,对登载不良出版物的网站予以警告,责令24小时内删除不良内容;对屡次违规的网站强行关闭,查处了3家违规网站。积极组织参加"2011年贵州省科技活动周"活动,发放资料700余份,接受咨询1000多人次,向雷山县捐赠了60套《中华道德故事经典系列动画片》。

【出版物发行】 共有出版物发行单位2624家(含独立音像零售单位),其中,国有书店86家,二级批发商122家,集个体书店2412家,出版物总发行2家,自办发行2家。资产总计35.2亿元,不含税销售净收入23亿元(销售图书亿册,销售码洋亿元),利润总额1.75亿元。

组团参加第十八届北京图书博览会,展订图书165种;贵州人民出版社引进版权6种。组团参加第七届海峡两岸图书交易会,展订图书140种。组团参加第二十一届全国图书交易博览会,展订图书610种,期刊30种。完成2010年度出版发行单位年度核验,共有1463家发行单位通过年度核验,缓期登记98家,注销了15家出版物发行单位。

【印刷管理】 共有各类印刷企业及复打印单位2644户,其中出版物印刷企业79家。全省四类印刷企业(出版物印刷、出版物专项印刷、包装装潢印刷、其他印刷)资产总计37.65亿元,销售收入27.86亿元,利润总额3亿元。

加强印刷产品质检工作。对28种539册春季、38种737册秋季中小学教材的印装质量进行了抽检,均为批质量合格;对"农家书屋"本版图书两批次印装质量进行了批质量抽检,共抽检图书324种4444册,均为批质量合格。完成了2010年度印刷企业核验工作。促进绿色印刷,积极帮助和指导国有、民营印刷企业开展绿色认证工作,贵州新华印刷厂和贵阳德堡快速印务有限公司首批通过全国绿色印刷认证。加强印刷业人才培训,与第75国家职业技能鉴定所共同举办了贵州首届印刷技师培训班,承办了新闻出版总署在贵阳举办的全国绿色印刷标准和《数字印刷管理办法》培训班。

【农家书屋】 农家书屋工程列入了省政府十大民生工程,全年建成农家书屋3654个、数字农家书屋500个。农家书屋建设共投入资金7308万元,配备图书700多万册,音像制品383670张,报刊21种(76734份);数字农家书屋建设共投入资金260万元,对每台设备预装图书1万册。截至2011年10月,全省累计建成农家书屋15615个,覆盖了全省80%的行政村。

【体制改革和产业发展】 努力构建集团化发展格局,贵州日报报业集团传媒有限公司、当代贵州期刊传媒集团公司挂牌成立。完成了非时政类报刊改革前期工作,拟制《贵州省非时政类报刊出版单位体制改革实施方案》,对全省132家报刊出版单位的性质进行了分类,确定41家报刊出版单位为首批改革试点,并与省文改领导小组签订了《责任书》。进一步修改完善了新闻出版"十二五"发展规划,确定了实施项目带动战略的发展思路。加强产业园区建设,贵州文化出版产业园列入贵州省"十二五"发展规划。开展了贵州新闻出版业跨越发展专题调研,调研报告得到省委宣传部肯定。

【"扫黄打非"】 制定了年度"扫黄打非"行动方案。全省共出动执法人员43845人(次),全省取缔关闭了1520个出版物店档摊点;捣毁了79家非法印刷复制企业;收缴各类非法出版物2517906件,其中,违禁内容出版物58714件,淫秽色情出版物93266件,盗版音像制品1414250件,盗版图书297280件,盗版电子出版物17631件,盗版教材教辅482565件,非法报纸期刊154200份。同时,加大处罚力度,全年共查办出版物行政处罚案件682起,刑事处罚案件5起,刑事判决5人,其中:贵州省出版物市场稽查队与贵阳市云岩区公安分局查破的“5·18”批销非法音像制品案件列为全国性大案,查缴非法音像制品323554张;淫秽光碟17307张,对抓捕涉案嫌疑人进行了依法审判;强化网络“扫黄打非”,共删除、遮蔽网络有害信息24177条,端掉“黑网吧”63个。4月22日,利用世界知识产权日宣传契机,省“扫黄打非”办公室在贵阳市振华广场举行了侵权盗版及非法出版物集中销毁和“绿书签行动”系列宣传活动,公开销毁非法出版物150万件;各市(州)“扫黄打非”工作部门也相应地开展公开销毁非法出版物活动,全省累计公开销毁非法出版物173.9万件。

贵州省出版物市场稽查队、贵阳市南明区文体广电新闻出版(版权)局、毕节市赫章县文化市场综合执法大队、贵阳“5·18”批销淫秽盗版光盘案专案组被授予全国“扫黄打非”先进集体称号,贵阳市公安局云岩分局刘钟、遵义市文化市场综合执法支队刘凯、黔南州文化市场综合执法支队韩应、贵阳市公安局刘晓渝被授予全国“扫黄打非”先进个人称号。

【版权保护】 按照省政府办公厅印发的《关于进一步做好政府机关使用正版化软件工作的通知》要求,牵头成立了政府机关软件正版化工作督导检查组,对9个市(州)政府机关使用正版软件情况进行了督查,并结合检查的情况组织召开了全省政府机关软件正版化工作培训会议,就如何推进软件正版化工作进行了培训。积极开展“4·26”知识产权宣传周和新中国第一部《著作权法》实施20周年宣传活动,加强版权宣传。以非物质文化遗产作品登记为重点,促进版权自愿登记工作,共登记作品200件。组织开展了打击侵犯知识产权和制售假冒伪劣商品专项行动,并取得了阶段性成效,六盘水市文化市场综合执法支队被国家版权局表彰,获全国三等奖。

【党风廉政建设】 制定了《贵州省新闻出版局2011年党风廉政建设和反腐败工作任务分解表》,印发了《贵州省新闻出版局2011年反腐倡廉工作要点》,将《中国共产党党员领导干部廉洁从政若干准则》、《中国共产党党员领导干部廉洁从政若干准则实施办法》、《关于认真贯彻实施干部选拔任用工作四项监督制度有关问题的通知》等文件作为局党组中心理论学习内容进行专题学习,并在全局开展了自查和对照检查工作。继续开展“小金库”治理专项工作,各新闻出版行业协会、贵州省新闻出版局机关服务中心与贵州省新闻出版局签订《“小金库”治理工作责任承诺书》,增强了自觉抵御私设和使用“小金库”的行为。加强对农家书屋工程等重大项目招标、资金使用和项目实施情况的监督检查,确保“项目安全、资金安全、廉政安全”。

【“三个建设年”】 制定了贵州省新闻出版局《开展作风建设年、环境建设年、项目建设年实施方案》,加强了“首问责任”窗口和“服务接待”窗口建设,完善了行政审批“集中受理、集中审批”制度,进一步规范和简化了审批程序。开展“简政放权”工作,制定了《关于对新闻出版部分行政审批事项实施下放和委托管理的意见》,将三大类共13个行政审批事项下放或委托市(州)新闻出版局审批;对我局现行的行政许可和非行政许可事项进行梳理,达到了压缩30%以上的目标。加大了政务公开工作力度,行政审批电子监督系统进一步完善。抓好项目规划、论证和申报工作,积极争取国家新闻出版总署项目资金,拓宽招商引资渠道,全力促进产业发展。共有贵州省图书发行中心、(贵州)亚洲青年动漫复合型新媒体数字出版运营平台、贵州新华数字(复制)印刷基础、贵州少数民族文化资源库、贵州手机杂志等5个项目进入国家新闻出版总署项目库。以党建扶贫、“双万帮扶”为载体,扎实开展“四帮四促”、“万名干部下基层”、“处长下基层、作风大转变”等活动,局领导干部深入基层进行调研和开展挂帮工作。

贵州省新闻出版局综合业务处被评为“全国新闻出版系统‘五五’普法先进单位”,贵州省新闻出版局古咏梅、袁涤非被评为“全国新闻出版系统

'五五'普法先进个人"。

【人事和统计】 加强干部教育干部，组织干部职工参加了 8 期省委宣传部主办的"甲秀视线——热点问题解读"系列讲座，共 72 人次参加；组织软件正版化和新闻出版法律法规知识培训班，培训了 200 人；组织了贵州省 2011 年平版印刷技师培训考评鉴定工作，16 人获平版印刷技师资格证书。完成了 2010 年度年全省新闻出版统计上报工作。

【对外交流】 派遣 1 人参加美国书展，3 人参加澳大利亚新西兰中文书刊巡回展。

【记事】 1 月 14 日，省政府副省长、省"扫黄打非"工作领导小组副组长谢庆生主持召开全省第二十四次"扫黄打非"工作电视电话会议，省委常委、省委宣传部部长、省"扫黄打非"工作领导小组副组长谌贻琴出席会议并讲话。

3 月 2 日，全省新闻出版（版权）工作会议在贵阳召开，省人民政府副省长谢庆生出席会议并讲话。

3 月 18 日，第二届中国出版政府奖颁奖典礼在北京隆重举行。贵州人民出版社出版的《中国贵州民族民间美术全集（共 5 卷）》分获"图书奖"、"装帧设计奖提名奖"，当代贵州杂志社获"先进出版单位奖"，当代贵州杂志社社长赵宇飞获"优秀出版人物奖"。

3 月 23 日，国家知识产权局副局长贺化率国家软件正版化督查组到我省检查软件正版化工作，副省长蒙启良出席汇报会。

4 月 20 日中国日报贵州记者站在贵阳举行揭牌典礼。

4 月 21 日至 24 日，由国家新闻出版总署印刷发行管理司副司长姜伯彦任组长的农家书屋建设调研组到我省开展毕节试验区农家书屋建设情况调研。

6 月 26 日，贵州日报报业集团传媒有限责任公司、当代贵州期刊传媒集团有限责任公司挂牌成立，新闻出版总署副署长李东东，贵州省委副书记、省文改文产领导小组组长王富玉，贵州省委常委、省政府常务副省长王晓东，中国期刊协会副会长张友元出席挂牌仪式并为集团公司授牌。

8 月 16 日，为期 2 天的全国绿色印刷标准和《数字印刷管理办法》培训班在贵阳开班。新闻出版总署副署长阎晓宏、贵州省副省长谢庆生出席并讲话。

8 月 29 日至 9 月 1 日，国家新闻出版总署纪检组副组长、监察局局长陈毓江等一行到我省就"起草《关于进一步加强政治纪律监督的意见》，加强新闻出版系统政治纪律执行情况的监督检查"开展调研。

11 月 16 日至 18 日，印刷企业厂长培训班在贵阳开班，全省 81 家国有、民营印刷企业的厂长（经理）共 81 人参加了培训。

11 月 19 日至 20 日，国家新闻出版总署召开会议，对 2011 年"3·15"少年儿童读物类出版产品质量监督检测活动（简称质检活动）进行总结，贵州省新闻出版局等 18 家单位被评为 2011 年"3·15"质检活动先进单位。

贵州人民出版社《苗族贾理》、贵州民族出版社《苗族文化大观》、《珠朗娘美》和《叙根由——仡佬族古歌》4 种图书被评为"全国首届百种优秀民族图书"。

贵州科技出版社出版的《中国天然药物彩色图集（第一卷）》、《贵州乡土园林植物图鉴》、《陆地水文及岩溶流域水文模型研究与应用》、《分析结构力学》4 种图书获第十九届中国西部地区优秀科技图书一等奖。

省委讲师团工作

【概述】 2011 年，省委讲师团在省委的坚强领导下、在省委宣传部的直接指导下，高举中国特色社会主义伟大旗帜，坚持以邓小平理论和"三个代表"重要思想为指导，贯彻落实科学发展观，以高度的政治责任感，紧紧围绕中央和省委一系列重大战略思想和战略部署，全年在全省共作专题宣讲 100 多场次，培训省直机关处（科）级干部及全省理论骨干近 300 人，各方面工作取得了明显成效，为推动全省经济社会又好又快、更好更快发展提供了有力的思想保证。

【宣讲工作】 （1）组织举办报告会进行广泛宣讲。2011年，全团共组织专家、学者到各单位和省直机关党校作“党风廉政”、“党性修养”、“当前形势与加速发展、加快转型、推动跨越”、“工业强省与城镇化带动战略”、“深入学习贯彻全国两会精神”、“努力构建社会主义和谐企业”、“关于低碳经济的几个问题”、“建设学习型党组织”、“民主集中制”、“纪念建党90周年”等专题培训辅导报告100多场次，其中关于学习贯彻十七届五中、六中全会、省委十届十次、十一次、十二次全会精神、胡锦涛同志“七一”重要讲话精神、中央经济工作会议和全省经济工作会议精神宣讲，纪念辛亥革命一百周年等活动的宣讲60多场次。6月，配合省委宣传部举办了“纪念中国共产党建党90周年系列报告会”。系列报告会共举行三场，由省委党校管理学院院长王宏、省委政策研究室副主任吴祖平和省委副秘书长刘奇凡分别主讲“奋斗的历程、辉煌的业绩”、“建设社会主义核心价值体系，实现中华民族的伟大复兴”、“历史性跨越的必然选择——工业强省战略、城镇化战略”三个专题，来自省直机关工委、省委教育工委、省国资委、省委国防工委的近400名机关干部、群众和学生参加了报告会。

（2）参与研讨会以提高宣讲水平。参加“贵州工业强省战略研究座谈会”、“建党90周年理论研讨会”、“纪念建党90周年暨加强社会管理创新问题理论研讨会”、“毕节试验区改革发展与同心思想”理论研讨会、“西南三省市国民收入分配问题调研座谈会”等会议交流，并提交会议研讨论文，认真参与“观风论坛”和“甲秀视线”讲座，交流学习，相互启发，使宣讲水平得到提高。在组织宣讲工作中，配合省委宣传部，举办了6期“甲秀视线——热点问题解读”系列讲座，聘请了省内外专家作“关于马克思主义中国化、时代化、大众化的几个问题”、“中东局势突变及其对中国的影响”、“社会管理创新与福利社会建设”、“转型期的公共参与和政府决策”“文化改革发展的若干问题”、“民族文化的保护与开发”专题讨论。此外，还根据省委宣传部的要求，组织编写了《学习贯彻胡锦涛同志“七一”重要讲话精神宣讲提纲》、《胡锦涛同志“七一”重要讲话学习辅导材料》读本和《学习贯彻党的十七届六中全会精神和中共贵州省委十届十二次全会精神学习提纲》。

【理论研究】 （1）组织召开了“贵州实施工业强省战略”专题研讨会，为贵州实施工业强省战略的条件、任务、目标和措施等献计献策。组织编写了《贵州实施工业强省战略研究》专著，全书116万字，已于2011年8月出版。还组织完成了《贵州经济社会发展60年研究》一书的发行工作，该书荣获贵州省第九次哲学社会科学优秀成果评奖著作类一等奖。此外，组织完成了1项国家社科课题《社会心理调控与构建社会主义和谐社会问题研究》，1项省委宣传部委托课题《贵州文化跨越发展的形势环境分析》，1项省社科规划课题《加快推进具有贵州特点的新型工业化研究》之子课题《贵州与全国及部分省区工业化比较研究》、《提高贵州县（市、区）委领导班子建设科学化水平研究》，1项全国人大财经委及省人大财经委委托课题《贵州省国民收入分配问题研究》，组织完成了《中国共产党干部理论教育90年历史研究》等7个团中青年课题。在实地调研的基础上，完成《对新形势下干部理论教育的思考》等20多篇理论文章，其中在省级刊物上公开发表6篇，贵州日报上发表1篇，在省委政研室《决策参考》上发表1篇。配合省委宣传部等单位完成了“学习理论、指导实践”读书征文活动。征文活动共收到117篇征文，最终评出一等奖5篇，二等奖10篇，三等奖20篇，评出组织奖4个，并将52篇优秀文稿汇编成23万字的《“学习理论指导实践”——学习型党组织建设读书征文集》公开出版。9月，与贵阳市委讲师团共同筹办了2011年度全省党委讲师团联席会暨理论研讨会。会议收集了23篇论文，由有关专家评委小组评出一等奖3名，二等奖6名，三等奖14名，编辑出版了《社会管理与创新研讨会交流材料》论文集。

（2）完成了省委宣传部交办的舆情信息与调研报告6篇，完成了余心声文章《论贵州的文化自觉与自信》初稿的撰写工作。配合省“十二五”规划办编制《贵州省国民经济和社会发展第十二个五年计划纲要》,在贵州日报上撰写发表了4篇解读文章,被规划编制工作领导小组办公室授予"特殊贡献奖"。参与完成了省委组织部代省委草拟的《关于实施干部经济建设能力提升"4515"大培训计划,大力建设发展型干部队伍的意见》的撰写和审定工作;参与完成了省委组织部安排的领导干部选拔任用考试试题命制工作,配合省社科院撰写完成了《贵州社会科学志》的部分章节。

【干部培训】 (1)按照省直机关党校教学计划,举办了分别为期两个月的省直机关处(科)级干部培训班2期,共培训学员136人。8月,在贵阳举办了学习贯彻胡锦涛同志"七一"重要讲话精神理论骨干培训班,围绕伟大历程、伟大工程、伟大事业和人民至上价值观专题对来自全省九个市州地党委宣传部分管理论工作的副部长、理论科科长、讲师团负责人及教学骨干、四个工委宣传部相关人员进行培训,培训人数50多人。11月举办学习党的十七届六中全会、省委十届十二次全会精神宣讲骨干培训班,全省省委宣讲团成员以及来自全省九个市州地党委宣传部、讲师团及88个县、市(区、特区)宣传部分管理论工作的负责人140人参加了培训。另外,为更好地面向基层宣讲党的路线方针政策,加强培训指导,制定了《中共贵州省委讲师团教育培训基地管理制度》,加强了对乌当、福泉、红花岗三个干部教育培训基地的指导,全年共选派了5名省直机关领导和专家、学者赴基地进行专题宣讲和开展专题培训。

(2)全年派出3名教学人员分别参加了省委党校、遵义干部学院首期党性研修班和省委组织部到广西举办的"贵州省干部教育培训者培训研讨班"学习,1名教学人员参加了省委组织部在清华大学举办的公共管理高级进修班学习,部分同志参加了省委组织部组织的干部网络学习,3名同志参加了省委党校培训学习,4名教学人员参加了北京大学组织的党的十七届六中全会精神学习班,10名同志赴北京、福建讲师团考察学习,让教员通过外出培训学习的方式不断夯实宣讲的基本功。

【理论宣传】 我团始终注重发挥三个理论宣传平台,利用平台宣传优势,紧紧围绕党委、政府中心工作,不断拓宽平台宣传覆盖面,切实发挥我团对全省干部理论教育的辅导作用。(1)《理论与当代》杂志全年出版正刊12期,刊发各类稿件240余篇,共120余万字。并在原有栏目的基础上,增设了学习胡锦涛总书记"七一"讲话精神、党的十七届六中全会及省委十届十二次全会精神、"纪念建党90周年和辛亥革命一百周年"和"学习理论指导实践"征文活动专栏及"学习理论指导实践"征文活动专题,组织刊登了《我党加强学风建设的经验》、《关于生态文明建设的延伸思考》、《我的"历史的选择"观》等理论文章,紧跟党的思想理论,全面解读党的政策。

(2)认真编制《中心组学习参考资料》。围绕经济、政治、社会、文化等前沿的热点、难点问题进行组稿,全年紧密围绕深入贯彻盘点2010年旧账簿开创2011年新局面"、"关注中东局势"、"日本地震与世界经济"、"加强和创新社会管理"、"拉登之死与全球反恐"、"上半年中国经济发展问题聚焦"、"'天大的事'谁来管——食品安全问题面面观"、"文化的自觉、自信和文化改革发展"、"十七届六中全会精神解读"、"中国城市创新推荐案例选编"等十个专题,共完成10期《中心组学习参考资料》,计42多万字,共选编了183篇文章,力争做到对国际、国内的重大事件进行及时报道,每期学习资料分别送给省委、省政府、省人大、省政协、省军区的省委常委、副省级领导干部,省直40多个厅局的主要负责人,9个地州市的书记、专员(州长、市长)和组织部、宣传部的部长,9个地州市委讲师团团长及部分省直单位的处室负责人,为各级党委中心组学习提供学习信息。及时为我省各级领导和党委中心组学习提供学习参考,召开了"《中心组学习参考资料》读者座谈会",得到了各方的好评。

(3)利用现代传媒手段,做好网络学习平台。配合省委宣传部进一步做好了中心组网络学习平台终端服务管理工作。对省委讲师团网站进行了改版开通工作,并制定了相关管理制度和规定,进一步加强了机关网站管理工作。

【机关建设】 (1)按照建设学习型党组织的要求,全团始终抓好以中心组学习为主要形式的领导班子学习,用中心组学习来带动全团的学习;坚持每周"二五"集中学习制度,及时组织职工认真学习领会中央、省委的重要精神,多渠道提高政治理论素质,全年共组织干部职工学习40余次。并按照人事制度管理相关规定,协助省委组织部完成了2名正厅级干部、1名副厅级干部的提拔工作;完成了1名处级干部的调动和1名处级干部的任职工作。

(2)根据《中共贵州省委办公厅贵州省人民政府办公厅印发〈关于设立"首问责任"窗口和"服务接待"窗口的工作方案〉的通知》要求,结合我团实际,在省委讲师团党校工作处设立了省委讲师团"服务接待"窗口。全年共接待来人来电联系教师外出宣讲50多次。"窗口"的服务和专家教师的对外宣讲得到有关单位及听众的好评。

(3)按照省委的统一部署,我团开展了"作风建设年"、"四帮四促"、干部下基层等活动,设立了"服务接待"窗口,严格执行机关"四要十不准"规定。2011年团长办公会议专题讨论党建工作5次,全年团长办公会讨论议题涉及党建工作达13次;坚持团长、机关党委书记围绕履行基层党建工作进行专项述职。

(4)积极开展万名干部下基层活动。按照省委和省委组织部的统一部署,我团派出"四帮四促"挂帮干部13人,由团长谢一任挂帮工作组组长,分别前往岑巩县及天星乡、羊桥乡的13个村开展挂帮工作(一村一人),对各级和村民反映的问题进行了梳理。

(5)为了进一步加强对重点领域和关键环节的监督,我团结合实际情况,对内部票据、固定资产及公务用车的管理进行了进一步完善。一是根据财政厅有关规定,进一步完善了《中共贵州省委讲师团行政事业单位内部结算票据管理规定》。二是为了提高固定资产使用效率,防止和杜绝固定资产的流失,根据财政部《行政事业单位国有资产管理办法》,结合我团资产实际情况,进一步完善了《中共贵州省委讲师团固定资产管理办法》。三是根据中共贵州省委办公厅、贵州省人民政府办公厅下发的黔委厅字[2011]37号《关于印发〈贵州党政机关公务用车问题专项治理工作实施方案〉的通知》,对公务用车问题进行了专项治理,在专项治理的过程中,我团为了增强用车制度的实效性,更加科学、合理的管理公务用车,对本团的公务用车问题进行了专项调研,进一步完善了《中共贵州省委讲师团公务用车管理规定》。

省社会科学院工作

【概述】 2011年,贵州省社会科学院围绕省委、省政府中心工作,深入实施"科研立院、人才强院、管理兴院"三大战略,科研工作坚持理论创新和应用研究相结合、世界视野和本土特色相结合、系统谋划与突出重点相结合,通过创新人事管理体制机制,"思想库"、"智囊团"建设成效明显。

【学习贯彻重大会议和重要讲话精神】 通过党委中心组学习、召开处级以上领导干部会议和职工大会、部门集中学习等方式,认真学习贯彻中央、省重大会议和重要讲话精神。主要学习贯彻中国共产党十七届六中全会,省委毕节试验区新一轮建设推进大会,全省项目建设年现场观摩会总结交流大会,省委十届十一次全体会议精神和贯彻胡锦涛同志在庆祝中国共产党成立90周年大会和纪念辛亥革命100周年大会上的讲话,习近平同志在贵州省党政领导干部座谈会上的讲话,李长春同志在参加十一届全国人大四次会议贵州代表团审议时的讲话、省委书记栗战书在贵州省庆祝中国共产党成立90周年大会上的讲话精神。在深入学习领会精神实质基础上,结合院实际对重要观点、重要理念和重大关切进行深入思考,积极开展专题研究,切实发挥智库作用。

【科研工作】 2011年,省社科院紧紧围绕省重大部署加强课题申报和研究,切实增强研究成果的应用性和影响力。

(1)积极组织申报各类课题,全年共申报课题131项,立项37项,结题43项。

(2)部分研究成果获省领导重要批示或进入

决策。《提高贵州县(市、区、特区)委领导班子建设科学化水平研究》和《毕水兴煤化工产业带建设研究》研究成果获省委主要领导重要批示并进入决策;《新一轮西部大开发背景下贵州社会扶贫开发机遇与挑战研究》研究成果获省政府主要领导重要批示。获省委省政府有关领导重要批示的还有《打造都匀毛尖茶“航母”型实体对策研究》、《中华民族:超百年的文化根系上万年的文明启步》、《贵州农村危房改造经验研究》等。

(3)《贵州文化产业发展报告》、《贵州社会发展报告》、《贵州国民经济运行分析与预测研究》、《贵州省国有企业社会责任蓝皮书》、《贵州法治发展报告》等蓝皮书服务决策、服务社会功能明显。

(4)全年出版专著 15 本,在《人民日报》、《中国社会科学报》、《刑法论丛》等核心报刊发表论文 190 余篇,出版《贵州社会科学》12 期,学术影响力进一步提升。

(5)在 2011 年贵州省第九次社科评奖中,获奖 5 项。其中,著作类一等奖 1 项、二等奖 1 项、三等奖 3 项;调研报告类三等奖 1 项。

(6)我院作为重要参与部门,参与完成了“贵州省国民经济和社会发展第十二个五年规划纲要”编制工作,获贵州省“十二五”规划编制工作领导小组办公室颁发的荣誉证书。

【学术交流活动】 2011 年,按照省委、省政府领导的安排和指示,我院主办或承办全省性学术研讨会 10 次、国际学术研讨会 2 次。主要有“贵州省法学会学术委员会第一次会议”、“黔湘两地夜郎文化建设对话会议”、“法治化助推工业化”高峰论坛、“徐霞客与贵州旅游”专家座谈会、“中国共产党民族法制思想”研讨会、“贵州省纪念中国共产党成立 90 周年理论研讨会”、“扶贫开发与可持续发展”座谈会、“贵州工业强省战略理论研讨会”、“全省学习贯彻胡锦涛同志‘七一’重要讲话精神理论研讨会”、“贵州民族文化产业发展研讨会”、“贵州省纪念辛亥革命 100 周年学术研讨会”以及“太平洋战争与中美关系国际研讨会”等。同时,围绕当前经济社会发展中的热点问题,圆满举办“甲秀论坛”系列学术讲座及学术报告 13 期,邀请加拿大温哥华大不列颠哥伦比亚大学、湖南科技大学、北京师范大学、广东省社会科学院知名专家和学者到院作学术报告多次。

【完成上级交办任务】 2011 年,省社科院精心组织、认真负责,圆满完成了省委、省政府交办工作。

(1)按照省委、省政府的要求,完成了非洲国家减贫与可持续发展官员研修班,中国(贵州)国际酒类博览会暨 2011 年中国·贵阳投资贸易洽谈会宁波市代表团,中国西部开发促进会赴黔考察团等接待任务。

(2)院领导和有关专家作为省委宣讲团成员分赴毕节、遵义、省直工委、省国资委等地进行宣讲,完成宣讲任务。

(3)我院专家参加《黔中经济区发展规划》(贵州纳入国家战略的第一个发展规划)和《国务院关于促进贵州经济社会又快又好发展的意见》的研究和编制,为我省争取国家重大政策扶持做出了应有的贡献。

(4)承办了省人大及省政协提案 4 份,参与完成了省委、省政府领导有关重要讲话稿的起草工作。

(5)我院专家通过科学计算提出当前贵州经济的潜在经济增长率已进入上升区间,并且上升的趋势比较明显,经济发展将会提速的意见获省委领导充分肯定。

【创新社科研究体制机制】 2011 年,省社科院进一步整合社科研究资源,增强服务全省经济社会发展的能力和水平。(1)组建党建研究所。以开展党的基础理论及其运用研究、开展全省党的建设的实践与经验研究、完成省委和上级部门交办的关于党建方面的研究任务、为省委加强党的建设提供决策参考等为目标,助推全省党建研究事业发展。

(2)成立“贵州省社会科学院·毕节试验区改革发展研究基地”。以深化毕节试验区“开发扶贫、生态建设、人口控制”三大主题为抓手,围绕毕节试验区新一轮改革发展,创新科研应用模式,增强社科研究的时代性、前瞻性、针对性、实用性,真正发挥社会科学研究服务于区域经济、地方经济的目的，总结和提炼“毕节模式”，丰富和强化毕节作为科学发展试验田的示范效应，为毕节试验区新一轮的改革发展提供决策咨询。

(3)抓好“贵州社科人才基地”建设工作。进一步夯实人才基地建设的基础工作和协调工作，在院人才基地领导小组和管理委员会的统一领导指挥下，积极配合各子基地做好相关的项目启动和跟踪服务。

【人事人才】 2011 年，省社科院进一步加大人才强院战略实施力度，增强可持续发展的人才基础。通过“公招”博士、在职提升学历、选派学习、访问交流等方式培养和引进人才，人才强院战略成效明显。(1)完成 8 名博士的招录工作。(2)鼓励与扶持在职人员提升学历。3 名职工在职攻读博士研究生、1 名职工在职攻读硕士研究生。(3)完成了 1 位在职“西部之光”访问学者的选派。(4)选派了 1 位正厅级干部和 2 位处级干部到省委党校春季主体班学习、1 位正处级到省直党校学习。(5)组织考察团赴台进行学术交流。(6)完成全国宣传文化系统“四个一批”人才推荐及省第四批“四个一批”人才推荐工作，其中，2 人当选贵州省宣传文化系统第四批“四个一批”人才。(7) 2 名专家分别被评为全省第二批“核心专家”和第六批“省管专家”。

【科研管理】 进一步抓好信息化建设工作，促进我院动态管理再上新台阶。(1)切实抓好院门户网站建设工作。省政府网站月均转载院门户网站信息 6 篇以上，中国社科院网站月均转载 4 篇以上，月点击率超过 3000 次。增设“建党 90 周年”、“党务公开”、“图书信息”三个专网，完善各专栏建设工作，网站信息更新速度明显加快。(2)完成省委、省政府公文传输系统的安装、运行工作，提高了公文处理效率。(3)完成了《科研全过程动态管理信息系统》引进的前期工作，对推动院科研成果资源共享、动态管理奠定了基础。

【舆情信息工作】 加强舆情信息收集、研判和重要研究成果报送，努力促进科研成果转化。(1)报送省委宣传部舆情信息 83 期，省委宣传部单独采用 5 篇，综合采用 5 篇，其中，特约信息 1 次，获省领导批示 1 期，在省直宣传文化系统 13 家单位中排名第 3 位。(2)报送《社科内参》16 期，获省领导批示 9 期，服务决策的能力和水平有了进一步提升。

【挂帮工作】 以加大“四帮四促”工作力度等为抓手，挂帮工作效果明显。(1)制定《省社科院干部下基层工作制度》、《省社科院挂帮普安县联席会议制度》、《贵州省社会科学院“四帮四促”活动实施方案》、《挂帮普安工作方案》、《贵州省社会科学院挂帮普安县工作规划(2011－2014)》等，保证了挂帮工作的制度化、常态化；为强化帮扶联系，派驻一名干部挂任普安县县委常委、副县长，进一步健全挂帮机制。

(2)切实落实“两万名干部下基层”活动，身体力行，取得实效。全年干部下基层 172 人次，处级干部人均 10 天以上。同时，下基层干部身体力行，真正“沉”下去，与挂帮点百姓同吃同住，共同谋划下一步的帮促工作。

(3)办实事、促发展、保稳定、惠民生取得实效。通过捐款等方式，解决最贫困群众最急迫解决的问题。通过整合资源改善基础设施，优化村民的发展条件。

【党建活动与社会公益活动】 (1)积极参与省直属机关工委主办的庆祝中国共产党成立 90 周年系列活动。参加“光辉历程——省直机关纪念中国共产党成立 90 周年党史知识竞赛”，在 68 支参赛队伍中以总排名第四的好成绩荣获二等奖；参加“省直机关纪念建党 90 周年合唱大赛”，在 55 支参赛队伍中以前 25 名的好成绩进入决赛，并最终获得优秀奖。

(2)组织系列活动，庆祝建党 90 周年。组织“颂党恩唱贵州”主题合唱比赛；组织召开离退休老党员座谈会；表彰先进党支部、优秀党员、优秀党务工作者；围绕建党 90 周年，组织“重温党史、牢记使命，走前头、作表率”主题实践活动。

(3)积极参与社会公益活动，我省部分地区遭受特大旱灾、望谟县遭受洪涝灾害之后，积极组织干部员工捐款。4、加强精神文明建设，重视对职工进行文明素养教育，成效明显，被命名为贵阳市2008—2010年度文明单位。

【专项工作】 2011年，省社科院和谐单位建设进一步加强，综治、国安、保密等专项工作成效明显。我院坚持从实际出发，切实加强离退休、统战、工青妇、社会治安综合治理、国家安全保密、综合档案管理、全民科学素质等各专项工作，进一步加强和完善管理，和谐单位建设成效明显。

省文学艺术界联合会工作

【概述】 全年开展各项文联工作和文艺工作260余项。目前，拥有团体会员单位33个，县级文联87个，乡级文联43个。下设12个文艺家协会、三个杂志社、“两院两室一所”和机关职能部门共计26个部门，省管核心专家1名，省管专家3名，全国“四个一批”人才1名，贵州省“四个一批”人才8名。全国文艺家协会会员1267人，贵州省文艺家协会会员11117人。1名艺术家获第三届全国中青年“德艺双馨”文艺工作者称号，2人获中国视协“德艺双馨”电视艺术工作者称号，2人获中国杂协“德艺双馨”荣誉称号。

【“百花迎春·中国文艺界2011年新春大联欢”杜鹃贵州板块演出】 1月16日，组织节目参演，节目由侗族大歌与《迎春花开红军来》、贵州歌曲大联唱与苗族《锦鸡舞》、群星同说《贵州有多贵》、同唱《干一杯》与苗族《反排木鼓舞》4个单元组成，共34分钟。省委书记栗战书作重要批示，并在接见总导演郁钧剑时指出：“百花迎春·2011年中国文艺界大联欢”杜鹃贵州板块构思很好，贵州的文艺节目在全国观众面前亮相，全国文化名人明星说唱贵州，这是宣传贵州的大好机会。省文联党组一定要全力以赴，举全省文艺界之力办好“杜鹃贵州”板块节目，把“贵州金贵，前途无量”这一口号在全国观众面前叫响，进一步提高贵州的知名度和美誉度。省委常委、贵阳市委书记李军在《贵州日报》报道的《众星同台说唱多彩贵州》上批示“节目演出很成功，省文联的同志费心了”。

【“百花芬芳·党的旗帜高高飘扬”——“光辉的历程·部分省市文联综艺晚会”】 6月19日，组织大型舞蹈《大转折》、红歌《遵义会议放光辉》参演中国文联“百花芬芳·党的旗帜高高飘扬”在北京演出；赵实书记等中国文联领导会见李碧川书记和贵州演出团，组委会发函对贵州省文联组织工作予以肯定。

【“送欢乐·下基层”惠民活动】 1月8日，承办中国文联“送欢乐·下基层”赴遵义革命老区慰问演出活动。省委书记栗战书作了“此项活动规模大，规格高，影响深远，要高度重视，周细安排”的重要批示。12月25日，举办“送欢乐·下基层”慰问活动走进移民村。12月27日，与由中国文联、贵州省文联主办，邦洞镇党委、政府协办“送欢乐·下基层”慰问活动。12月28日，由中国文联、贵州省文联、贵州省红十字会联合主办，天柱县委、县政府协办“送欢乐·下基层”走进天柱慰问活动。

3月12－14日，协办用歌声点亮朝霞——中央电视台少儿频道好歌传唱西部行走进贵州。4月7－8日，组织名家走进贵州高速公路采风。11月2日，联合主办“心系建设者”——贵州文艺界赴普(定)安(顺)及安顺西绕城高速公路建设工地慰问演出。11月5日，由中国文学艺术基金会、贵州省文联主办，平坝县文联承办“爱心助学捐赠字典活动”。

【“多彩贵州”系列活动】 1－12月，参与2011多彩贵州歌唱大赛品牌活动。评出142首推荐歌曲，编辑出版《2011多彩贵州歌唱大赛推荐歌曲作品集》、《2011多彩贵州歌唱大赛合唱集》光碟和伴奏碟；举办贵州原生态音乐编创高级研修班；完成第四届“多彩贵州”音乐创作大赛暨颁奖晚会。

【6部重点电视剧签约投拍】 此次签约投拍的《伟大的转折》、《二十四道拐》、《磅礴乌蒙》、

《蓝色乌江》、《大歌》、《春晖》等6部电视剧总集数176集，总投资金额达1.18亿元，省文联将参与拍摄。

【第十届“新长征”职工文艺创作颁奖活动】 9月20日，由省委宣传部、省文明办、省经信委、省文联、省总工会、团省委、省工商联共同举办。评出一等奖13件、二等奖36件、三等奖76件。

【获奖情况】 （1）组织作品参加中国文联、中国视协“纪念建党90周年——中国优秀电视节目推选活动”，分获音乐类、文艺特别节目类一等奖。在中国优秀廉政视频短片展播活动和“第三届海峡两岸电视主持人新人大赛”中，获银奖、铜奖。在中国大学生电视节·影像作品展中，获三等奖。在第三届实施农村小康电视节目工程评奖活动中，分获“魅力新农村”电视形象片、获最佳魅力县一等奖等。洪江平被授予“最佳视协工作者”荣誉称号。

（2）大型花灯剧《月照枫林渡》获第12届中国戏剧节剧目奖，主演邵志庆获优秀表演奖。在第十五届“中国少儿戏曲小梅花荟萃”活动中，越剧《琴心》获小梅花银奖，省剧协获“组织奖”，陈萍鸿获“个人优秀组织奖”。第四届“中国戏剧奖·小戏小品奖”，花灯小戏《喜事成双》获优秀剧目奖，《考察》导演黑建国获优秀导演奖、获观众最喜爱节目奖，李大超、蒋新获观众最喜爱演员奖，《村官断案》获观众最喜爱节目奖，陈红梅获观众最喜爱演员奖，小品《拜年》获观众最喜爱节目奖，陈萍鸿获“优秀组织策划奖”。

（3）民间文艺作品《给托裹》、《武陵神功》，侗族大歌《蝉之声》获第十届中国民间文艺“山花奖”；半边鼓舞《开山围猎》获第十届中国民间文艺“山花奖”、全国“鼓舞鼓乐”展演金奖。剪纸艺术作品《苗家幺妹要出嫁》《十二生肖与苗娃》《盛世苗家》在第二届中国剪纸艺术节上获1金2铜，省民协获优秀组织奖。

（4）曲艺作品《这个官司打不打》及省曲协分别获第七届中国曲艺节优秀节目奖和优秀组织奖；《十谢共产党》获“岳池杯”首届中国曲艺之乡曲艺大赛铜奖和优秀组织工作奖。在“纪念建党90周年全国曲艺作品征文”评选中，彭鸿书创作的黔韵评话《强渡乌江》获三等奖。

（5）歌曲《家乡的味道》在中央电视台等共同举办的“唱响中国——群众最喜爱的新创作歌曲”大赛中进入36强；“朝霞艺术团”少儿侗歌队获“魅力校园”第十一届全国校园春节联欢晚会金奖。

（6）书法作品在第20届“兰亭杯”全国书画摄影大赛中2件获金奖；在第27届中日友好高野山青少年书法大赛中1件获金刚峯寺奖；在首届“沈尹默杯”全国青少年书法大赛中3件获青年组优秀奖，1件获少年组一等奖；“中国书法进万家总结表彰会”，安顺市书法家协会和贵阳市南明区书法家协会被授予“中国书法进万家先进集体”；包俊宜、陈家林、郭晓丽、杨建被授予“中国书法进万家先进个人”。

（7）舞蹈作品《阿惹戏铃》《染家乡》《鱼儿乐》获“第六届‘小荷风采’全国少儿舞蹈展演”金奖，《金色小锦鸡》获银奖。彝族舞蹈《彝山魂》获第八届中国舞蹈“荷花奖”民族民间舞蹈比赛金奖。《瑶鼓声声》获铜奖，《恋傩》《苗乡团圆鼓》获十佳作品奖。

（8）小说《暖》入选《21世纪文学之星》丛书；两名作家获中国作协2011年度重点作品扶持项目。一名入选中国作协“2011年深入生活”扶持项目。作品《母亲的工作》荣获第二届中国民族文化研究会创新成果奖一等奖。

【创作情况】 创作拍摄电影《旷继勋蓬遂起义》、《小等》、《幸存日》、《云下的日子》、《酥李花盛开的地方》、《风雨梵净山》和大型电视连续剧《奢香夫人》等。编辑出版《庆祝建党90周年贵州文学精品集丛书》《贵州辛亥革命人物故事丛书》。

【期刊、网站建设】 《山花》保持中国文学期刊“四小名旦”地位。《南风》建立全国自主发行网点40余个，月发行量6万册。《音乐时空》与新浪娱乐等10多个网站合作。《今日文坛》《贵州作家》《贵州文联简报》《贵州文艺界》《贵州书艺》、《贵州美术》、《贵州音乐通讯》等良性运行。

【对外交流】 4月，中国文联党组副书记覃志刚一行及重庆、四川、福建、内蒙古等省文联赴黔调研采风；组织邀请全国著名艺术家走进"百里杜鹃"采风。7月，组织国学专家马宝善、廖名春、汪建国等来黔开展国学专题讲座。

【机关建设】 3月，召开省文联六届九次全委（扩大）会议。12月，召开省文联六届十次全委会。8月，召开贵州省文联系统办公室主任联席会议。担任省直机关赴关岭党建扶贫工作队队长。工作队共实施党建扶贫项目33个，争取项目资金1004.3万元，资金到位732万元。确定4名"四帮四促"帮扶队员驻点天柱县，共组织7次97人次深入基层开展帮扶，向天柱县捐赠物资和资金共计70余万元。开展勤政廉政学习活动15余次，发放廉政学习资料120余册。5－7月，联合主办贵州省勤政廉政先进典型电视专题片拍摄、评选、展播活动。

【协会工作】 （1）作家协会：5月，组织作家"地矿一线行"采风活动。7月，启动2011"贵州省长篇小说重点扶持计划"；举办"贵州作家写瓮安"大型采风活动。8月，选拔推荐五名青年作家参加首届鲁迅文学院西南六省区市青年作家研修班。9月，召开省作家协会第六次代表大会，欧阳黔森当选主席；举办"首届贵州省中小学生现场作文大赛"。10月，组织"挖掘西部文化遗产，中国百名作家黔东南行"大型采风活动。11月，举办省作协第十四届年会和第四届少数民族文学创作改稿班（民族文学论坛）；主办"庆祝建党90周年诗歌征集"活动。

（2）美术家协会：3月，举办"纪念中国共产党成立90周年·贵州省优秀美术作品展览"贵州中青年重点美术作者创作研讨会。5月，共同主办"中国电信'天翼杯'全国美术大赛"，收到千余件参评作品。6月，承办"纪念中国共产党成立90周年·贵州省优秀美术作品展"。7月，共同承办"时空纵横——黑苏皖黔粤当代版画巡回展"。9月，主办第五届贵州省青年美术作品展。10月，召开贵州省美术家协会第六次代表大会，谌宏微当选主席。编辑出版《耕耘与收获——2000至2011贵州美协新世回眸》。

（3）音乐家协会：完成2011年中国音协考级贵州考区工作，1月，举办优秀考生音乐会；6月，承办全省中小学"祖国好·家乡美"主题系列活动——仁怀市"红歌唱响校园"暨"红色经典诗文朗诵"展示比赛。12月，主办"唱红贵州——2012迎新红歌会"。

（4）戏剧家协会：4月，承办2011中国·望谟"三月三"布依族文化节。7月，承办2011中国·贞丰"六月六"布依风情节"金县扬帆"大型文艺演出。8月，组织艺术家赴黔东南州采风，创作苗族音乐剧《仰阿莎》剧本。

（5）民间文艺家协会：6月，承办全国民间绝技绝艺展演暨第十届中国民间文艺山花奖评奖颁奖活动。评出金奖9项，银奖10项，贵州《赤脚斜走大刀》、《武陵神功》获金奖，松桃县被授予"中国民间绝技艺术之乡"和"中国民族民间绝技绝活文化研究基地"。

（6）书法家协会：2月，承办祖国好·家乡美"主题实践活动——全省中小学生革命诗词书法大赛。3月，联合主办"西南四省市优秀中青年书法篆刻提名展"；共同主办贵州省首届"恒安杯"篆刻展。6月，在贵阳召开贵州省书法创作研讨会。7月，共同主办首届"同龢杯"全国书法展；11月，联合主办"贵州—甘肃书法交流展"；共同主办贵州省第四届"茫父杯"书法双年展；联合承办"中国书法之乡？印江"授牌仪式、贵州省第四届"茫父杯"书法作品双年展、百名书家写梵净。12月，在贵州民族学院人文科技学院建立"贵州省书法家协会创作基地"。

（7）摄影家协会：1月，协办中国摄协"送欢乐、下基层"赴遵义公益展出活动；2月，举办贵州摄影界2011迎春联谊会。4月，举办贵州省第11届摄影展。7月，承办"咱们共产党员——庆祝中国共产党建党90周年大型图片展"。9月，吴东俊获第七届国际民俗摄影"人类贡献类"文献奖；召开贵州省第十一届摄影理论研讨会。11月，举办"摄影创作交流会"暨"当时尚遇见苗年"摄影主题活动。12月，举办"14+1中国·贵州视觉影像摄影作品展"。

（8）舞蹈家协会：5月，举办"花儿朵朵向太阳

·小荷风采"贵州赛区选拔赛。7月,举办中国舞蹈"荷花奖"民族民间舞专题研讨会。9月,协办"贵州省民族民间舞蹈编导高级研修班"。11月,协办中国文联、中国舞协"送欢乐·下基层"赴平坝县公益慰问活动。

(9)电视艺术家协会:5月,开展第七届全国、第五届贵州"德艺双馨"电视艺术工作者评审推荐活动。窦爱丽、叶光良两位同志荣获该荣誉称号。10月,开展贵州大学生电视主持新人大赛。11月,协办第三届新农村电视艺术节暨"送欢乐、下基层"活动。12月,举办"红色经典、青春贵州"电视系列活动。

(10)杂技家协会:4月,召开贵州高校魔术交流会。7月,召开贵州首届魔术交流会,邀请上海魔术师蒋伟先生为贵州魔术爱好者50余人进行专题讲座。

(11)曲艺家协会:8月,联合举办"贵州省第十一届杜鹃曲艺节"改稿会。9月,组织省内老、中、青、少四代11位优秀曲艺家赴惠水县进行"曲艺专场"演出。11月,举办第十一届杜鹃曲艺节;召开"贵州省第十一届杜鹃曲艺节研讨会"。

(12)电影家协会:7月,召开纪念建党90周年红色经典电影研讨会,30余人出席会议。8月,举办《少年邓恩铭》暨建党90周年献礼片专题研讨会。11月,协办中国文联、中国影协"送欢乐·下基层"赴丹寨县公益慰问活动;联合开展"少数民族语言(苗、侗)电影译制、展映、评论活动"。

(13)文艺理论家协会:3月,召开"国产电影贺岁片研讨座谈会"。5月,联合举办"当代贵州文学创作中的'民院现象'"学术研讨会。

省社会科学界联合会工作

【概述】 2011年,省社科联按照省委部署和省委宣传部要求,以邓小平理论和"三个代表"重要思想为指导,深入贯彻落实科学发展观,坚持"高举旗帜、围绕大局、服务人民、改革创新"的总要求,紧紧围绕省委、省政府工作大局,努力探索适应新形势和社科联自身特点的工作机制和活动载体,拓展工作领域,强化功能建设,各项工作取得了明显成效,为推动贵州经济社会又好又快、更好更快发展作出了积极的贡献。

【认真组织开展中国特色社会主义理论体系研究和应用对策研究】 组织社科理论界专家学者和实际工作者,紧紧围绕党的十七大、十七届五中、六中全会和省第十次党代会、省委十届十次、十一次、十二次全会精神以及我省"十二五"期间的主基调、主战略、主要奋斗目标和重大措施,深入开展理论研究,撰写理论文章,以"贵州省中国特色社会主义理论研究中心省社科联基地"名义在《贵州日报》等省级以上报刊发表。在组织开展理论研究和应用对策研究的实践中,注重整合科研力量和学术资源,发挥社科界的人才和智力优势,引导全省广大社科工作者积极投身经济建设主战场,深入进行理论研究探索,为加快我省经济建设、政治建设、文化建设、社会建设以及生态文明建设和党的建设贡献聪明才智。

【围绕全国、全省工作大局,组织理论研讨宣传活动】 组织召开省社科界学习党的十七届五中全会精神、学习省委十届十次全会精神、学习党的十七届六中全会及省委十届十二次全会精神、学习胡锦涛同志在纪念中国共产党成立90周年大会上的重要讲话精神、学习杨善洲先进事迹、纪念中国共产党成立90周年、弘扬贵州时代精神等座谈会,组织开展贵州实施城镇化带动战略、推进扶贫开发和新农村建设等理论研讨会,举办贵州工业化的价值意义论坛,并将各种座谈会、研讨会及论坛的主要内容整理成文,在《贵州日报》发表,为推动我省经济社会跨越发展营造了良好的思想理论氛围,在带动学术研讨活动多样化的同时,发挥了统一思想、凝聚力量、推动发展的作用。

【认真办好"甲秀视线——热点问题系列讲座"】 按照省委宣传部的要求,先后邀请到中国人民大学教授唐忠、省委政研室副主任吴祖平、国家行政学院教授汪玉凯、中国人民大学教授喻国明、清华大学教授邹广文、北京交通大学教授石培华等专家,分别就"城镇化战略与农村劳动力转移”、“推动贵州跨越发展”、“中国社会转型与社会管理创新”、“新媒体崛起背景下的媒体沟通和舆情危机应对”、“全球化背景下的中国文化发展”、“文旅融合,推动贵州发展新跨越”等热点问题进行分析评述,对推进省直宣传文化系统学习型机关建设和干部队伍建设、提升宣传思想文化工作成效起到了积极的作用。

【组织开展贵州省社科联理论创新课题研究】 为进一步推动市(州、地)的社科研究,进一步提升市(州、地)社科研究能力,为地方经济社会发展服务,设立“贵州省理论创新课题”,组织各市(州、地)社科联围绕我省“十二五”规划确定的主基调、主战略、主要奋斗目标和重大措施,结合本地区经济、政治、文化、社会以及生态文明和党的建设中的重点、热点、难点问题进行研究。今年,9个市(州、地)社科联共组织本地区社科专家申报课题27个,经组织专家评审后立项的9个课题都已完成并通过验收,内容涉及加强和创新社会管理、软环境建设、城镇化建设、农村精神文明建设、生态建设、毕节试验区建设、复合型人才队伍建设等。

【积极开展“社科理论下基层”活动】 在省委宣传部的统一安排部署下,整合社科资源,邀请省内知名专家学者组成专家组,协调市(州、地)党委宣传部和社科联合作,采取统一安排部署,分层组织实施,省、市、县三级联动的方式,历时半年时间,首次在全省开展社科理论下基层活动。活动中,专家组成员围绕中国特色社会主义理论体系、庆祝建党90周年、“十二五”规划、新一轮西部大开发、“两加一推”主基调和实施工业强省、城镇化带动战略、推进“三化同步”等主题,并结合当地发展实际,为干部、群众作专题报告11场次;组织召开专家调研座谈会、咨询座谈会15个,与当地党政部门干部、理论工作者、教学科研工作者、企业代表等相关人员进行面对面座谈交流,解答当地经济社会发展中的热点难点问题,回应干部、群众的所思所想,为地方党委、政府决策提供思路和对策建议。活动期间,还有效整合省地两级社科类社团资源开展了规模浩大的社科知识宣传普及活动,现场提供法律咨询服务、赠阅图书、开展有奖问答活动等。整个活动覆盖了全省9个市(州、地)的88个县(市、区、特区)。

【组织编写出版《走进人文世界——贵州公众人文社科素养读本》(普及版)】 为更好地推进我省社科普及工作,组织力量编写出版了《走进人文世界——贵州公众人文社科素养读本》(普及版)。读本汇集了社会科学各学科的基础知识,简明解读贵州基本省情,大力宣传中国特色社会主义理论体系,为广大干部群众了解人文社科知识、认识省情提供了必要的工具和参考。今年9月,在北京召开的全国第十三次社会科学普及工作会议上,该书被评为“全国优秀社会科学普及读物”。目前,读本已印刷5万册,发往农村、机关、城市社区、企业、学校的读者手中。

【组织开展省市共建科普基地活动】 挂牌成立了铜仁、黔东南2个人文社会科学普及基地,并结合各地干部群众人文社科素养的需求,组织社科专家组及所属学会深入地州、县乡举办公众人文社会科学知识专题讲座,开展“社科理论下基层”、“三下乡”等活动,丰富社科普及的形式和内容,使社科普及触角向基层有效延伸,推进社科普及工作的社会化、群众化、经常化,为提高基层干部群众的人文社会科学素养和文明素质起到了积极的推动作用。

【组织开展学习胡锦涛同志“七一”重要讲话精神知识竞赛和普及人文社会科学知识竞赛活动】 与省委宣传部、贵州日报联合,在《贵州日报》和贵州省社科联网站刊登试题,动员全省近千个单位参与知识竞赛活动,共收到学习胡锦涛同志“七一”重要讲话精神知识竞赛答题卡近2万份、普及人文社会科学知识竞赛答题卡5万余份。通过开展活动,促进全省广大干部、群众对总书记“七一”重要精神的学习理解,对落实讲话精神起到积极的推动作用;形成全社会共同关注社会科学,主动学习社会科学知识的热潮,对提升我省公民人文社科素养起到了积极的促进作用。

【组织参加全省“科技活动周”、“三下乡”等

活动】 组织省图书馆学会、省法学会、省诗词楹联学会、省素质教育创新研究会以及贵阳市社科联及市属相关学会的同志，在贵阳市国际会议中心广场参加全省科技活动周启动仪式，赴黔东南州参加贵州省科技、文化、卫生“三下乡”活动，用通俗的语言、群众喜闻乐见的形式，向群众传播用得上的知识和理论，在以科学理论武装干部群众、提高公众文明素质方面发挥了积极作用。今年，进一步丰富了活动内容和形式，除开展法律咨询、社科理论宣传、赠送图书期刊、开展有奖知识抢答等常规活动外，邀请省内知名专家针对地方经济社会发展热点问题举办了 4 场经济社会发展方面的专题讲座，向基层捐赠了 10000 册、价值 38 万元的人文社科素养读本。

【指导学会搞好规范化建设】 对所属学会(协会、研究会)采取分类指导的原则，从学会的章程、学会发展理念等方面加强对学会的指导和服务，促进学会工作规范化运作。对社团成立变更、报批登记、学会任务、年度检查、财务管理等事项均作了详细规定，为社团的规范化建设与管理提供了政策保证。深入学会走访调研，及时协调处理好学会发生的一些矛盾和问题，加强对学会业务工作的指导，努力为学会发展创造良好的条件。

【加强学会管理制度建设】 进一步修订完善学会管理规章制度，加强对学会的政治领导和业务指导，鼓励学会在学术研究、社科普及、决策咨询等方面，为我省的经济社会发展提供更多更有效的服务。强化学会目标考核管理，督促学会按照章程开展好学术活动和相关工作，促进学会健康发展。

【认真举办“贵州省 2011 年社会科学学术年会”】 围绕“推动贵州多民族文化大发展大繁荣”这一主题，通过举办开幕式、闭幕式、主题报告会、专题讲座、研讨会、学会学术活动等多种形式，营造良好的理论研究、宣传氛围，拓展和提升社科年会活动的影响，产生了一批水平较高的理论研究成果，推动理论创新和学科建设。今年的学术年会，在主题选择、研究内容、活动影响等方面体现了政治导向与学术导向、促进学科建设与回答现实问题的有机统一，为推进文化强省建设提供了思想保障、智力支持和理论支撑，得到了省委、省政府有关领导的肯定和好评。

【组织学会开展各种学术研讨交流活动】 通过组织所属学会参加社科联举办的学术年会以及各种报告会、研讨会、论坛以及“科技活动周”、“三下乡”等活动，把加强学术研究与当下的现实问题紧密结合，充分发挥了学术年会作为理论创新和学术进步的载体的作用，展示学会的学科优势和社会服务功能；积极鼓励并支持学会开展各种理论研讨、学术交流、科普宣传服务等活动，切实发挥学会的咨政参谋作用，扩大学会活动影响力。

【开展社会团体“小金库”专项治理全面复查验收工作】 根据中央、省委关于开展社会团体“小金库”专项治理工作有关要求，对 48 家业务主管学会开展“小金库”全面复查工作，没有发现私设小金库的情况。指导学会健全完善有关制度规范，建立“小金库”治理工作长效机制。

【组织好贵州省第九次哲学社会科学优秀成果评奖工作】 完成省社科规划办重大课题——“社科优秀成果评奖机制研究”，并将研究成果运用到今年开展的贵州省第九次哲学社会科学成果评奖工作中，对评奖范围、申报渠道、评审方法等作了改进和创新，如初评中对地区成果进行交叉评审，对省直单位成果进行集中评审；在学科大组评审中邀请外省知名专家担任学科大组组长；在初评和大组评审中增加了复评环节；在学科大组评审后增加了查新环节等，较有效地避免了说人情、托关系等现象发生，使社科评奖工作更加规范化、科学化，进一步提高评奖工作的公信度，确保评出优秀成果、推出优秀人才。本次评奖工作，严格按照《贵州省第九次哲学社会科学优秀成果评奖实施细则》的规定程序进行，通过广泛宣传动员，共有 841 项成果申报参评，经过三级评审，评出拟获奖成果共计 140 项。

【加强“贵州省社科联”网站建设】 重视网

站的运行维护工作，更新改造了网站部分硬件设施设备，使网站系统安全性和运行效率进一步增强。充分利用网站平台开展宣传教育工作，录制并上传“甲秀视线”、“人文社科素养”等报告会、讲座视频，在网上开展视频讲座，使网站内容更加丰富，访问量不断提高，影响力不断扩大。目前，“贵州省社科联”网站网址已被国内各主要网络搜索引擎添加，网页访问量已达近 70 万人次，网站已成为理论宣传、传播社科知识、开展评奖工作、发布社科信息的重要阵地。

【办好《社科新视野》内刊】 坚持办刊宗旨，注重学术性、指导性、社会性和可读性，充分发挥刊物理论性和指导性的作用，紧紧围绕省委、省政府工作大局，组织专家学者撰写理论文章，对中国特色社会主义理论体系的研究阐释、宣传解读，及时反映社科联及学会工作动态、省内外社科研究新动态，为我省广大社科理论工作者的成果提供了交流园地。

【创办内部资料《社科之声》】 《社科之声》今年创刊并发行了 6 期，以其快速、深刻、简捷地反映我省社科界学术动态、决策建议、专家诉求的特点和优势，广泛集纳专家决策建言，及时、快速反映社科界的建议和社科工作动态，得到有关部门和专家的肯定和好评，在服务党委政府决策、服务社科界和推动社科工作方面发挥了积极作用。

【扎实抓好理论学习，强化理论武装】 健全完善学习制度，采取灵活多样的形式，不断丰富学习内容，强化学习效果，使机关理论学习经常化、制度化，推动党组中心组、处级干部和党支部理论学习的有效开展，以学习推动工作、以工作促进学习，用马克思主义中国化最新理论成果武装党员、干部头脑，进一步提高党员、干部的理论素质和业务能力。

【切实加强领导班子建设和党的机关基层组织建设】 认真落实领导班子建设各项制度，推动领导班子思想建设、组织建设、作风建设、制度建设和反腐倡廉建设，努力提升领导班子及领导干部的决策力、执行力和创新力，发挥好领导干部的带头示范作用，为群众树好“标杆”。努力创新基层党组织建设和党员、干部教育管理工作的内容、形式和载体，增强基层党组织的创造力、凝聚力和战斗力，切实发挥党员先进性作用，以党建工作的成效带动和推进各项工作的发展并取得成效。

【深入开展“三个建设年”、“四帮四促”、“万名干部下基层”等活动】 党组定期召开党建工作专题会议，制定落实党建工作责任制，切实加强对机关党建工作的领导和指导，扎实推进“创先争优”、“三个建设年”、“四帮四促”等活动的开展。在组织开展“万名干部下基层”活动中，党组成员率先垂范，多次带领单位党员、干部到帮扶联系点三穗县良上乡上寨村进行调研，实地查看灾情，深入了解情况，帮助乡、村出谋划策，协力抓好抗旱救灾工作和扶贫帮困工作，切实帮助基层及群众办实事、解难题。

贵州日报报业集团工作

【概述】 2011 年，贵州日报报业集团深入学习贯彻党的十七届六中全会和省委十届十二次全会精神，认真贯彻中央和省委、省政府的决策部署，在省委宣传部的直接领导下，按照我省“加速发展、加快转型、推动跨越”的主基调，以科学发展为主题，以转变发展方式为主线，以深化改革为动力，抓住机遇，持续创新，发扬“实干有成、创新无败”的集团精神，扎实开展“改革发展年”各项工作，媒体影响力进一步增强，报业经营再上新台阶，管理水平明显提高，呈现出昂扬奋进的发展态势。

【舆论宣传取得丰硕成果，媒体影响力持续提升】 2011 年，贵州日报及其系列报网紧紧围绕省委工作中心，推出的一系列主题报道、重点报道、深度报道等得到社会各界和读者广泛好评，省委、省政府领导多次批示给予肯定，中宣部《新闻阅评》5 次对贵州日报的报道给予高度评价。集团媒体在第九届全国少数民族传统体育运动会宣传报道中成绩突出，受到省委、省政府和省委宣传部的表彰。

【重大主题宣传形成声势规模】 按照我省"两加一推"的主基调，围绕重大主题和重大活动，集团报刊网和新媒体专版专题不断推出重点报道、深度报道、典型报道和系列报道，反映省委、省政府的重大决策部署，反映全省各族人民积极奋发进取的创造精神。报网互动联动形成规模打好宣传战役，大力宣传党的十七届六中全会和省委十届十二次全会精神，深入做好"两加一推"主题报道、工业强省战略和城镇化带动战略报道、新型工业化报道，圆满完成抗凝冻保民生报道、全国和我省"两会"报道、纪念建党 90 周年报道、全国民运会报道、中国(贵州)国际酒类博览会暨投资贸易洽谈会报道等重大报道任务。贵州日报的"家事国事？调研行"《贵阳看工业》系列深度报道、《奋进贵州》、《京华传真》全国"两会"报道、《贵州感动了他，他感动了中国》——"阿里木事迹"系列报道、"文化兴邦？高原壮歌"贵州文化大发展大繁荣特别报道、报网的《九运会特别报道》、贵州日报和金黔在线以报网融合报道"贵州？香港投资贸易活动周"、深圳"文博会"，特派记者随团图文报道"《多彩贵州风》美国巡演"，开展"泛珠——东盟？新南行记粤桂滇黔党报跨省大型联合采访"国外采访等，有气势、有新意、有特点，在社会各界产生强烈反响，充分发挥舆论引导作用，取得了良好的宣传效果。

【报道创新与策划活动特色鲜明】 贵州日报精心策划先后推出的《红色贵州行》大型宣传报道和《党在我心中》征文活动，借全国文化名家和媒体助力创办贵州日报《27°黔地标》文化周刊，举办了"全国名家看贵州"、"贵州文化大讲堂"系列活动，延伸党报影响力创办了《遵义新观察》、《黔中大视野》；贵州都市报连续开展"贵州年度都市人物评选"活动，全新打造推出《解读周刊》和《7 周刊》；贵州商报推出 88 个版的纪念建党 90 周年大型特刊，组织开展"爱我贵州、奉献盛会"活动；金黔在线网站推出《伟大历程》、《红旗飘飘》等专栏，配置运行网络卫星直播车，承办民运会官网和开闭幕网络直播式，开展《文明有礼贵州人》活动《我的五年》网络征文活动，打造"金黔播报"，升级"贵州社区"和"贵州名博"，率先在全省网络媒体中推出"金黔微博"平台；新报瞄准时尚群体推出"高校寻天使"大型活动；西部开发报全新创办《西部旅游》周刊和《扶贫开发》周刊；贵州都市网《贵阳，你真的成功了》网媒组合报道；经济信息时报、天下文摘报也推出特色专题专版。集团报网媒体融合不断创新拓展，进一步宣传了贵州，同时也扩大了媒体影响力。

【扎实深入开展"走基层、转作风、改文风"活动】 集团领导带头走基层实地调查采访，进村入户察民情解民意反映心声。贵州日报先后组建了 7 支"走转改"采访小分队深入全省 9 个市州基层一线，贵州都市报、贵州商报、金黔在线网站、新报、西部开发报等媒体记者也以不同方式走基层，采写了大量真实、鲜活、生动的新闻，4 个多月刊发报道 3000 多条。组织联合省内媒体到毕节小坝镇开展"走转改"大型采访活动，在促膝沟通中体察民情，在心贴心的交流中了解民意，刊登了一批有公信力、亲和力、吸引力和感染力的报道。贵州日报"走基层转作风改文风 · 家事国是基层行？百姓话发展"专栏、《努力才会有希望——普安县龙吟镇乡村走访记》、《充满希望的田野》等报道，《贵州都市报》的"爱心午餐"行动及相关报道，贵州商报、西部开发报等媒体的"走企业 · 看市场"、"记者进社区"、"投资西部调研行"等栏目，在读者中引起强烈共鸣。中宣部新闻局《新闻阅评》以"政府想着百姓百姓信心倍增贵州日报走基层深入研究问题有特色"为题，专文肯定了贵州日报走基层、转作风、改文风取得的实际成效。中宣部、广电总局、新闻出版总署、全国记协联合检查组来黔检查"走转改"工作实施情况时，对集团扎实的工作作风给予了高度评价。

【文化体制改革步伐加快，转企改制工作稳妥推进】 《贵州日报报业集团传媒有限责任公司组建方案》，经省委、省政府正式批复后实施。6 月 26 日，贵州日报报业集团传媒有限责任公司正式挂牌,标志着贵州日报报业集团文化体制改革进入实质性操作阶段。集团传媒公司转企改制和非时政类报纸改革等各项工作,稳妥有序推进。按照集团传媒公司转企改制时间表,开展了文改政策宣讲活动,基本完成改制单位清产核资工作,三家已转企改制公司完备了注销事业法人和与在职在编职工签订劳动合同等程序手续,启动了集团传媒公司转企改制人员分流安置、社保接续等工作。2011年12月30日,集团传媒公司贵州都市报分公司挂牌成立,非时政报纸改革迈出重要步伐,新体制新机制下,都市报全力向外拓展,更加开放,更具活力。实验成立集团遵义分社,在党报主流媒体向市州扩展上积极探索。集团制定实施《项目制奖励办法(试行)》、《经营奖励办法(试行)》、《项目创业激励办法(试行)》等配套政策,从体制机制和政策上为加快改革发展创造条件。

【经营目标任务全面完成】 2011年,集团经营面对新闻纸等原材料大幅上涨,外部竞争激烈、竞争成本上升,建设资金压力沉重、自筹能力有限,政策限制导致部分行业广告下滑萎缩等多种困难,采取了积极的应对措施,力争好中求快、快中保好。为实现经营收入增长目标,在集团的统一指挥下,各经营单位努力稳定存量,千方百计挖掘增量,拓展经营项目,增加经营收入。各系列报、网也全力拓展市场,积极扩大经营份额,努力增加经济效益。广告、发行、印刷三大传统收入板块稳定增加,保持了集团收入大盘稳定;系列报、网全力增收,保证了基本经营收入稳定,没有出现大的起落;部分新媒体、文化经营公司收入上扬,利润水平提升,成为重要的收入增长板块,集团整体经营收入实现了确保目标增长13%,达到了力争目标增长15%。

【重大项目建设进展顺利】 2011年集团实施了一批重大项目。列为贵州省十大文化产业基地的集团印务传媒研发基地,印务、发行部分完成投资5031.5万元,主体工程全面封顶并完成主体验收,二期工程设计、招标工作已近完成;进口中型印刷机招标工作加紧推进。新媒体集群发展,集团网络、手机媒体和信息产品研发形成规模。金黔在线持续提升拓展,倾力打造的《贵州社区》、《贵州名博》、《金黔微博》形成品牌,实施"贵州动漫映像馆"项目、大型动漫《金稻种》制作完成17集,《贵州手机报》研发出生活服务类信息产品《生活好管家》。集团控股成立都市网络公司和爽爽网络公司,《贵州都市网》、《爽爽的贵阳网》及手机网上线营运,显现出良好成长性。集团"贵州舆情信息监测实验项目"也在积极推进中。集团传媒公司贵州都市报分公司与福建报业集团海峡都市报合作公众服务平台项目,引进资金、管理团队和盈利模式,为集团重大项目建设进行了积极有益的探索。

【影视文化产业闪亮高端平台】 影视创作生产继续领先全省。2011年全国"两会"期间,集团黔森影视文化工作室主要策划运作的电影《幸存日》、《云下的日子》在国内院线公映,并在北京举办了盛大的首映式,京城媒体争说"贵州制造"。电影《旷继勋蓬遂起义》在央视电影频道播出,都市虎子传媒制作的电影《炫舞天鹅》同期在全国院线放映,在全国形成宣传贵州、展示贵州的热点之一。集团创新发展影视文化产业的做法,受到中央有关领导和省领导的充分肯定,也得到社会各界的广泛认可和好评。2011年11月,由贵州省委宣传部、八一电影制片厂出品,集团黔森影视文化工作室、毕节地委行署等联合拍摄的28集电视连续剧《奢香夫人》在央视一套黄金时间播出,收视率位居前列,引起各方高度关注,社会反响热烈,获得广泛赞誉,不仅高密度、宽视野对外宣传了贵州,也获得了社会效益和经济效益双丰收。

【贵州都市报积极发挥主流媒体作用为报纸拓展新出路】 2011年贵州都市报再次改版,不断以内容上的独到性、贴近性更好地为读者服务。从周一到周日,天天不同的周刊,成为贵州都市报的一大看点。全新推出的《解读周刊》周刊,对贵州都市报深度报道进行整合,定期展现在读者面前。《旧闻新说》,则致力于对贵州都市报成立十几年来的重大事件和给人留下深刻印象的新闻人物进行回访,唤起老读者对新闻旧事的回忆,对新闻主人公现状的关注。国际新闻基本摸索出自己

“第四媒体，寻找落点”的报道思路。做有观点的国际新闻。

此次改版重装推出的《7周刊》，将一周的国际、国内、财经新闻热点进行深度展现，做有观点的报纸，有观点的新闻，吸引了不少高层次的读者。

年龄最长的《文化周刊》，以76%的阅读率高居所有周刊榜首。《都市小舒》周刊、教育周刊、旅游周刊、收藏周刊、生活周刊各具看点，精彩纷呈。

2011年3月，由集团控股、都市报主办的“贵州都市网”正式上线。目前网站有注册用户28万余人，日均访问量35万左右，贵州都市网已成为立足贵阳辐射全省的贵州本地最有影响力的网络互动平台之一。

都市报与都市网的互动，“城管题材”、“贵阳题材”等表现，得到省委书记栗战书、省长赵克志的表扬。在全省“加强和创新社会管理”电视电话会上，栗书记两次提到并表扬贵州都市报关于贵阳城管的报道；在《贵阳，你真的成功了》的网帖上，得到赵省长的好评。

从2011年4月份开始，杭州日报报业集团下属的《都市快报》实地到贵州探访山区孩子，联手《凤凰周刊》等媒体在全国范围内发起了免费午餐公益项目。截至7月11日，都市快报免费午餐公益项目共收到爱心款635万元。5月，贵州都市报与都市快报进行了对接，决定联手在普安县推进爱心午餐项目。并将双方的合作上升到报业集团的合作，由杭州日报报业集团与贵州日报报业集团共同打造爱心午餐项目。

【贵州商报做足特色搞好重大报道】 贵州商报编采人员根据自身特点，内强筋骨、外树形象，在继续强化经济报道的同时，在重大事件、重大社会新闻上，做到不失语、不乱语，继续凸显报道的权威性、服务性和指导性。年初的一场凝冻灾害导致贵阳周边高速公路交通事故频发，1月2日至8日连续发生多起重特大交通事故。每当交通事故发生时，本报记者都在第一时间赶赴事故现场，进行新闻采访和报道，在凝冻灾害期间，本报见报200余篇幅优秀的新闻报道，在同城媒体中是最多的一家。根据自身特点，做足商报特色，坚持以创意来带动完成重大报道任务报道。商报推出的“七一特刊”，“七一”当天推出88个版，其中64个广告版，25个新闻版，是当日同城媒体中最厚的一份报刊，创商报创刊以来最多单额广告版，最大单日广告产值，单日广告95.5万元。特刊由贵阳市浙江商会、市西商会两大商会参与，在新闻报道上，选取最基层的村委会、办事处，将最基层的党员、党支部作为报道对象，获集团领导表扬。在广告经营方面，确定专刊运作和媒体主题活动为立足点，以“新闻产生影响，影响创造价值，专刊促进广告、活动拉动经营”为经营方略。商报承办组织从10月开始至2012年2月6日结束的贵阳观山湖公园春节灯会庙市活动，所有参展商实现销售额920万元，多数参展商是满意而来、满意而去，来自外地的参展商对贵阳首次举办的这次庙市活动给予了极高的评价，纷纷表示明年愿意继续参加庙市活动。

【“爽爽的贵阳网”和“爽爽手机网”开通】
2011年6月18日，由贵阳市委、市政府和贵州日报报业集团主办的“爽爽的贵阳网”（网址 www.coolgy.com）和“爽爽手机网”（wap.coolgy.com）同时开通上线。“爽网双网”由贵阳市委、市政府主办，由贵州日报报业集团控股的贵州爽爽网络传媒股份有限公司全面负责运营。公司由贵州日报报业集团、贵阳市旅游产业发展中心、贵阳日报传媒集团等股东单位发起组建，与贵州移动通信有限责任公司贵阳分公司进行深度战略合作，集中媒体资源，创新体制机制，联袂打造“爽网双网”。爽网的新建，将与贵阳同步成长，肩负起领军贵阳城市推广营销数字核心平台的责任，为省会城市旅游的推广营销插上新媒体的翅膀。爽网开通运行后，充分调动贵州日报报业集团和贵阳日报传媒集团的优势传媒资源，合理整合运用好贵阳市政府网群网站的信息资源，开发服务好广大网民和用户，积极探索，开拓创新，合力打造一个立足贵阳、着眼贵州、面向中国、国际视野的强力推广“宜居、宜游、宜业”爽爽贵阳的旅游生活门户网站。网站建设运营秉承一个“爽”字，做足一个“爽”字，让市民和游客在享用便利实惠的数字化服务后，吃得更爽、游得更爽、住得更爽、购得更爽、玩得更爽。

贵州省人民广播电台工作

【概述】 2011年，贵州人民广播电台在贵州省委、省政府领导下，在省委宣传部和省广电局的直接领导下，充分发挥全台一盘棋的优势，在新闻宣传工作中紧紧围绕省委、省政府2011年工作重心，以创新的思维一手抓经营，一手抓创优，全年新闻宣传引导有力，健康向上，各项改革稳步前进，为我省经济社会又好又快、更好更快发展营造了良好的氛围，提供了有力的舆论支持，全台发展态势良好，实力得到壮大，经营收入跃上新台阶，显现出新的生机与活力。同时，随着各频率节目质量不断提高，全台收听率占据贵阳地区市场份额达到60、3%。

【不断推进文化体制改革】 在推进文化体制改革工作中，我台按照局党组的统一部署和相关政策要求，完成了公司聘用人员合同规范管理、资产评估、财务审计和资产划转等工作。并在管理机构推行薪酬绩效考核，实行台内绩效工资制度，制定了《关于加强管理严肃工作纪律的规定》等配套的绩效考核和考勤办法；各系列频率继续推行和完善分值化管理，鼓励创新创优，严格考评制度。科学合理的薪酬制度改革调动了职工的工作积极性。

【广播覆盖率扩大　收听质量进一步改善】 2011年，电台共投入资金797万元，对新闻广播、经济广播等进行了备播机房的改造和外出扩声系统的安装。故事广播录播系统、小关发射台经济广播10千瓦发射机及多工器、经济广播六台地州覆盖发射系统、贵阳市花溪公园调频广播覆盖工程等项目也如期按时完成，使各系列频率的覆盖率和收听质量得到大幅度提升。

【勇于创新主题宣传　为贵州加速发展营造积极氛围】 2011年是"十二五"的开局之年。一年来，围绕"两加一推"、"三个建设年"的主题，我台各频率及今日传播网共播出刊载有关稿件6000多条，仅《贵州新闻联播》栏目就播出2600多条。新闻广播、经济广播还浓墨重彩地推出《记者工业园区行》、《新贵州 新征程》等栏目，大批记者编辑深入基层，采写了《茶乡行》、《寻找失落的黔酒品牌》、《抗旱保民生 记者走基层》、《寻找消逝的记忆》、《贵州工业建设巡礼》、《漫步城镇看变化》等一批高质量的系列主题报道。年终特别节目《莽莽黔山行》、七小时大型直播《跨越的号角·记录2011》以鲜活的方式，全景记录贵州2011年的发展历程和取得的成绩，在年末的时间节点上，以有力度、有深度、有广度的新闻报道，再一次掀起了宣传高潮。

【全国"两会"和省"两会"宣传给力】 近年来，我台高度重视"两会"报道工作，在做好大会转播工作的同时，大胆突破、勇于创新。七个播出频率和"今日传播网站"内聚合力，外联兄弟媒体，使报道影响力不断扩大。今年全国"两会"期间，我台共计在中央台和国际台《新闻和报纸摘要》等节目发稿7条，参与《做客中央台》节目2次，我省人大代表参加中央台晚间《政务直通》直播节目2次，节目时长累计90分钟。省"两会"期间，贵州新闻广播联合贵州省人大常委会办公厅、贵州政协报联合开通特别节目《聆听春天的声音》，在贵州新闻广播和贵州人民广播电台今日传播网同步直播。节目以《百姓对"两会"的期盼》、《代表委员专家眼中的"两会"热点》、《工业强省战略中的转变和突破》、《招商引资，引凤入黔，推动跨越》、《雪凝天气下应急机制如何运作》、等为主题，邀请代表和委员做客直播间。并将每天的直播节目内容整理后在第二天的贵州政协报特刊中专版刊发，受到委员们的好评。

【用声音追寻我党光辉历程】 20111年是中国共产党建党90周年的重要日子，在这一重要宣传节点，为进一步激发广大群众的爱党爱国热情，我台整合现有资源优势，精心策划了一系列纪念建党90周年报道计划，用声音追寻我党90年的光辉历程，进一步播撒"红色文化"，营造良好的舆论氛围。在这个重要播出期，我台播发了有关建党90周年的稿件达300多条次，并圆满完成了《庆祝中国共产党成立90周年纪念大会》的转播任务。同时，我台各频率还与各地媒体开展联动，新闻广播先后参与中国之声直播节目《光辉足迹——遵义1935》、与全国十二家省级电台合作特别节目《红色信念 创世纪》；交通广播和湖南交通广播合作在仁怀举行了《圆梦红土地》公益活动、与浙江交通广播合作在贵阳和荔波举行《红船精神永存》贵州站活动等。音乐广播还积极配合省委宣传部，完成了“唱响中国”全国人民最喜爱歌曲展播任务，在重大主题报道中较好地体现了广播的特色。

【以创新的理念宣传第九届全国少数民族传统体育运动会】 为做好此次盛会的宣传，贵州人民广播电台以极大的热情和专业的姿态投入其中，采取台网一体、内引外联的创新形式，再次显示了作为主流媒体的广播在重大报道活动中的主导地位。据统计，从2010年11月至运动会结束，我台7个频率共播出第九届全国少数民族传统体育运动会新闻报道10000多条；宣传片花计15396(次)；开设专题95期，时长1010分钟；现场直播3场，开闭幕式我台6个频率进行同步直播，今日传播网同步视频直播。同时我台今日传播网还上载相关文字稿件138条，图片450张，上载视频12个，开办特别专题一个，视频栏目《民族之声炫多彩》大联播回放一个。并向中央人民广播电台中国之声、华夏之声、民族之声、中国广播网和中国国际广播电台报送民族运动会稿件139条次。中国日报网、中国民族广播网共转载我台今日传播网文字稿件91条，图片212张，视频12个。交通广播上传中国交通宣传委员会网站有关稿件共计160多条；音乐广播制作“九运会”音乐专辑与“音乐先锋榜联盟”各成员台交换播出。

运动会期间，我台在“外宣引领内宣，内宣服务外宣”理念的指导下，还携手中国广播联盟旗下兄弟电台，制作播出10期特别节目《民族之声炫多彩》。这是中国广播联盟继广州亚运会、深圳大运会后，第三次与地方台的合作，也是贵州广播史上第一次持续关注非竞技类体育赛事的直播节目。运动会结束后，中央人民广播电台发来感谢信，特别感谢贵州台给予的大力协助和支持。通过资源共享，进一步扩大了我台对“第九届全国少数民族传统体育运动会”的宣传效果。

【快速、客观、准确报道突发事件】 在突发事件的报道中，贵州人民广播电台经过多年的实践已形成了一套完整的应急机制，培养了一支来时能战、战时能胜的采编播队伍。2011年，无论是对凝冻灾害的报道，望谟特大洪灾的记录，还是对防汛抗旱救灾的宣传，我台都打破常规节目编排，全方位多角度、大时段给予关注，及时客观准确地播发相关新闻。这种快速的反应能力、播报能力得到省领导及兄弟媒体的赞誉。仅开年以来的低温凝冻灾害天气报道，全台各频率连续大时段、高密度、全天候直播，累计播出特别节目和报道352小时，接听听众热线上万个，播发新闻稿及各种信息上万条，温暖片花(提示)400多条次。并与中央台、广东台、河北台等省外媒体连线23次，让更多的人对贵州的灾情有了了解。

【“走基层、转作风、改文风”活动扎实开展】 最美丽的风景在基层，最感人的故事在基层，最锻炼人的舞台在基层。在“走转改”活动中，我台把抗旱保民生的报道与“走转改”活动紧密结合，台领导亲自带领记者深入基层一线，采写了一大批来自抗旱一线、反映民族团结和谐的报道，并在全台七大频率、今日传播网及《贵州广播》杂志推出的“走基层、转作风、改文风”专栏、专页和专题上刊播。做到广播中有声音，网络上有文字和图片，扩大了活动的影响力。同时，通过“走转改”活动，培养锻炼了一批吃苦耐劳、能打硬仗、专业素质高的采编队伍，使“走转改”活动找到了落脚点和抓手。

【创新宣传管理手段　节目创优取得丰硕成果】 2011年是贵州人民广播电台的节目创优年，为使各频率节目具备更强的竞争力，我台不定期召开各类节目听评会，制定了收听率考评制度，按季度对各频率和节目主持人进行考核，在全台树立“节目有质量，质量有标准”的节目生产和管理理念。通过不断完善节目评估体系、规范节目生产流程，有效地推动了各频率节目质量的提升，2011 年，全台共获各级、各类奖项 130 个。

在 2009—2010 年度中国广播影视大奖的评选中，我台有 3 篇作品获提名奖，其中《情系旱区 - 大水井爱心渴望工程竣工直播特别节目》获广播现场直播提名奖，《凌云夜话》获广播栏目提名奖，《政府三次建房，村民为何不愿出山洞》获广播消息提名奖。在第 26 届贵州新闻奖的评选中，我台共有 15 篇作品分获一、二、三等奖、21 篇作品获贵州广播影视节目奖、14 篇作品获贵州省广播电视播音、主持人作品奖。《旱灾中，我们走到一起来——全国 15 省电台携手抗击西南大旱》被评为 2010 年贵州宣传思想工作创新方案征集活动工作创新类优秀方案。

【引入市场竞争机制　文艺创作迸发生机与活力】 在新闻作品喜获丰收的同时，我台广播文艺制作中心采编人员也积极投身到火热的生活中，挖掘第一手丰富、鲜活的资料，制作了一批宏扬主旋律、反映时代精神广播文艺作品。10 集广播纪实小说《贵州威宁四大名捕》先后在安徽、江苏、福建等电台播出，受到听众普遍好评，并实现我台文艺节目的首次商业出售。该节目还荣获中国广播电视作品奖专家奖二等奖；创作歌曲《手牵着手 心连着心》、《平安回家》在中国音乐家协会歌曲编辑部等单位主办的第十二届“人文之春 中国民族歌曲演创大奖赛”中分别荣获“中国民歌精品”金奖和铜奖。这是经过多年沉寂后我台具有独立自主知识产权的作品获得全国歌曲大奖；以全国公民道德模范阿里木为原型创作的广播剧《羊肉串串阿里木》，先后在新疆、北京、江苏、福建、河南和我台多次播出；完成省委宣传部“七一”重点剧目之一的 3 集广播连续剧《黎平曙光》创作生产和播出。高质量完成贵州省庆祝中国共产党成立 90 周年十个重点文艺项目之一的 3 集广播连续剧《月亮河月亮山》，该节目先后在中央、黑龙江、安徽、江苏、福建等电台播出，取得很好的宣传效果；基本完成“贵州非物质文化音乐专题”15 篇，节目时间长度共计 450 分钟；此外，还圆满完成省委办公厅重要盒带资料转录工作。

【请进来、走出去，外宣再创佳绩】 对外宣传一直是我台这些年的一项主要工作，我台在加大向中央台和国际台发稿的同时，还主动采取请进来、走出去的办法，进一步提升贵州人民广播电台的影响力。2011 年，我台仅新闻广播在中央台级媒体及全国兄弟电台发稿共计 590 条（次），直播 23 场、专题节目 12 组，广播剧 7 集，210 分钟；在中国之声发稿 154 条，发稿总量居西南四省市首位。同时与中央人民广播电台中国之声联合直播的“春运 2011”特别节目——《向着春天，出发!》，这次多频次、多地点密集直播的成功，也为今后的继续合作创立了一个成功的模式。我台新闻综合广播还荣获了中央人民广播电台颁发的新闻报道突出贡献奖。此外，舆情信息工作保持良好的势头，在数量和质量上都上了一个新台阶。其中我台参与采写的分析性舆情信息《建设文化强省 促进贵州文化跨越发展》还得到了省委书记栗战书的批示。

同时，我台还充分整合资源，以构建大外宣格局为目标，多形式开展各类全国性大型采访活动。2011 年成功举办了第四届“听多彩之声 说魅力贵州”全国 50 家广播电台著名节目主持人入黔采访大型直播活动，这是集中全国广播资源对一个地区进行宣传的成功推介，已成为贵州省对外宣传重点品牌活动；举办了“和谐中华 · 多彩贵州”全国广播电台少数民族记者主持人走进第九届少数民族运动会、“旅游论导暨 2011 黄果树 · 贵州旅游行业年会”、“声动新贵州 醉美黔东南”、《缤纷十一行 乐游好推介》等活动，记者所写稿件在北京、上海、广东、福建等全国 115 家广播电台同时播出；贵州音乐广播与广东电台音乐之声联合《音乐先锋榜》全国音乐广播联盟共同制作《红歌唱响红土地》大型联播节目，在全国成员台播出后引起强烈反响。此项活动得到了贵州省委宣传部的高度赞扬，活动的开展不仅提升了音乐广播的知名度、美誉度，也为音乐广播带来了经济效益。

【大型户外活动提升广播品牌知名度和影响力】 面对新媒体的竞争，2011 年，贵州人民广播电台七大频率纷纷结合各自特点，策划举办了 200 多场次大型地面户外活动，广泛涉及了地产、家居、旅游、服务业以及公益等不同领域,以开放的姿态和开拓的举措提高贵州人民广播电台的知名度、收听率、公众形象,为广播影响力的提升和事业发展起到了积极的助推作用。

【抓好党建工作　提高党员干部队伍素养】 为进一步提高全台党员干部队伍的素质,台机关党委坚持从全台的改革和发展出发,根据"三个建设年"的要求,结合党建扶贫、"双万"结对帮扶、"万名干部下基层,扎扎实实帮群众"等工作,认真做好各项党务工作,为全台事业和产业发展提供了强大动力和组织保障。2011 年我台先后派出六批处级干部下到正安县杨兴乡新建村对 23 户特困党员、老战士和特别贫困户进行一对一的结对帮扶;全台十五个党支部的负责人到荔波县甲良镇甲良村等地开展结对帮扶调研活动。此外,我台积极发动广大党员干部职工,为遭受暴雨洪涝灾害的望谟县和旱灾的安龙县德卧镇大水井村捐款八万多元,帮助灾区群众恢复生产,重建家园,充分体现了我台广大党员干部和职工高度的社会责任感和对灾区人民的一片爱心。

【加强职业培训　营造良好工作氛围】 坚持每两周举办一次职业培训,邀请专家、学者有针对性的举办新闻业务系列培训讲座和交流学习,不断提高职工的理论水平和业务能力。如今,讲业绩、比贡献、赛水平、较能力的氛围蔚然成风,精神文明建设硕果累累。2011 年,我台荣获省委、省政府授予的第九届民族运动会承办单位先进集体称号,荣获省委宣传部舆情信息工作先进单位,有四个支部、21 名个人分别被贵州省广播电影电视局授予 2009—2011 年度先进基层党组织、优秀共产党员、优秀党务工作者荣誉称号,计划生育工作获得省计生委目标管理第一名,贵州交通广播荣获"全省文明号"称号,贵州新闻广播荣获全省"五四红旗"团支部荣誉。全台共有 30 多位同志荣获全国广播影视系统、贵州省委、省政府以及省直机关行业的先进表彰。

贵州电视台工作

【概述】 2011 年,贵州电视台宣传工作坚持以邓小平理论、"三个代表"重要思想和科学发展观为指导,以"围绕大局、做好喉舌、改革创新、服务观众"为统领,弘扬主旋律,打好主动仗,开拓进取,各项宣传工作取得了显著成效,在营造良好舆论氛围的同时,为宣传贵州做出了一定的贡献。

【贵州电视台迅速报道贵州遭遇雪凝天气】 2011 年 1 月 2 日,全省大部分地区遭受凝冻灾害。贵州电视台反映及时,立即部署,紧紧围绕"保民生、保生产、保稳定"组织拍摄。《贵州新闻联播》全力反映,1 月 2 日上稿量 10 多条,1 月 3 日时长 25 分钟的《贵州新闻联播》中,有近 24 分钟的时间全部用来反映凝冻。而在中央电视台短短两天内上稿量为 70 多条,其中 3 条在中央台的《新闻联播》播出,其余在央视的新闻频道、CCTV－4 等频道、栏目播出,当中还有 6 场直播。此次报道受到中央电视台的高度评价:"反映迅速 组织有力 报道全面"。

【圆满完成 2011 年全国"两会"报道】 2011 年的全国"两会"贵州电视台的报道有如下特点:

(1)与《小丫跑两会》和《小崔会客》密切配合,专访栗战书书记、赵克志省长。

(2)全程直播长达 90 分钟的贵州代表团记者会;

(3)在央视播出的新闻,数量、质量均有突破,据统计,"两会"期间贵州在央视共播发新闻 35 条,其中《新闻联播》14 条。

(4)报道内容有突破、报道手段有新意。《贵州新闻联播》共播出全国"两会"新闻 83 条,为历年最多。另外报道手段有新意。3 月 8 日播出的《两会观察:水润民生》,实现了北京记者与《新春黔边行》报道组的双视窗连线,一条新闻串起会上和会下、中央和地方、会场和现场。新闻特写、新闻综述等,也都推陈出新;

(5)晚间黄金时段重播重要节目,扩大影响力，为扩大重要节目的宣传影响，贵州电视台先后3 次在贵州卫视黄金时段推出“特别节目”，完整地重播《小丫跑“两会”》专访战书书记、《小崔会客》专访克志省长，和“贵州代表团记者会”。播出时间特意安排在央视《新闻联播》结束后最好的时段，以不插入广告的方式完整播放，获得良好反响和社会效益。

【圆满完成中国（贵州）国际酒博会暨 2011 中国贵阳投洽会宣传任务】 贵州电视台举全台之力，整合全台资源，按照省委省政府省委宣传部和贵州电视台的统一部署，高规格、高标准地完成了此次活动的开幕式直播及相关宣传报道工作。

（1）出色完成了大会开幕式直播工作；

（2）新闻报道量多质优、丰富多彩。节目形式有消息、访谈、专题等，《贵州新闻联播》《午间道》《酒博会暨投洽会开幕式特别节目》《百姓关注》《法治第一线》等播出有关酒博会暨投洽会的报道200 多条次，大会举行的 3 天期间报道达 60 多条次。还在《贵州新闻联播》中推出系列主题报道“激荡酒业”，对贵州酒业发展现状、存在的问题及发展前景等进行深度报道；会中报道及时准确、有点有面。大会召开期间，《贵州新闻联播》《午间道》《百姓关注》等栏目对酒博会暨投洽会的相关动态活动进行了准确、及时报道。尤其是做好新闻发布会、大会开幕式、签约仪式、各项论坛等重要内容的相关报道，充分、全面展示大会盛况和成果。同时，新闻中心还安排主题报道记者，围绕大会主题对参会领导、专家进行访谈，展现大会对于贵州白酒产业发展的积极意义；紧扣展会特色，进行深入报道，展示大会在国内外嘉宾中引发的强烈反响，反映贵州扩大开放、加速发展的信心与决心；继续推出“激荡酒业”系列报道，展示贵州白酒产业发展成果及前景。集中、有力地展示了大会的成果和影响力。会后报道总结全面，提精神、振士气。酒博会暨投洽会各项主要议程结束后，《贵州新闻联播》及时推出了综述报道《以酒为媒 促进开放 构建贵州白酒产业发展新格局》，对大会来的成果集中展示，体现大会对于贵州扩大开放和加速白酒产业发展的促进作用，对大会的意义进行了阐述；《美食娱乐面对面》录制了 29 场高端访谈节目，其中包括对国外参展企业、组委会官员等的访谈；“黔龙网”对《美食娱乐面对面》配合组委会录制的 29 场高端访谈节目进行了全程现场直播，并发各类新闻 120 余条，其中 75 条是自采。

【圆满完成第九届全国少数民族传统体育运动会宣传报道】 第九届全国少数民族传统体育运动会是贵州省有史以来规模空前的全国综合性赛事，对于贵州电视台也是有史以来规模空前的电视宣传报道工作。贵州电视台圆满完成了此次报道任务：

（1）与中央电视台紧密沟通，确保上片质量。相关报道在央视上稿量达 496 条次，主要在央视《新闻联播》、新闻频道、体育频道播出。其中，在《新闻联播》中播出了开闭幕式、民族大联欢等 8 条新闻。本届运动会期间，贵州电视台在央视新闻上稿量、直录播节目播出频次和播出时长是历届民族运动会中最多也最长。

（2）全景展现运动会盛况，实现立体化宣传。直播开闭幕式、民族大联欢三大活动，其中，开幕式当晚，央视 1、4、5、9 频道，贵州电视台 1、2、4 频道并机直播了开幕式盛况，信号由贵州电视台全程提供；录直播独竹漂、马术、摔跤等 9 个项目 12 场比赛共约 1920 分钟；开设了“九届民族运动会特别频道”（贵州 4 频道），全天 24 小时滚动播出；新开设《看台》等 9 个专栏，让观众集中了解赛事情况。其中《看台》时长 30 分钟，9 月 10 日至 9 月 18 日每天 19:35 在卫视频道首播；《贵州新闻联播》2010 年 11 月起推出“当好东道主 办好第九届民族运动会”特别节目，连续播出了 10 个月，对各个体育场馆的建设、改造进度，宾馆接待、安保、交通、指挥等相关工作的准备情况，进行了不间断的报道。报道充分利用电视优势，展现了开闭幕式、民族大联欢和各项赛事的亮点，让盛会精彩纷呈的场面和各民族运动员昂扬向上的风采，生动而深刻地呈现在广大电视观众面前；其它还有服务类的电视专题《56 朵花》等，；贵州电视台天马广告公司设计制作了 400 套“中华人民共和国第九届少数民族运动会集锦”纪念光盘，作为贵州省人民政府的礼品赠予国家联合工作组的各级领导。

贵州电视台对第九届少数民族运动会的报

道，收视效果明显。根据目前国内最权威，全国各省、市级电视台使用率最高的收视数据调查公司——央视－索福瑞媒介研究有限公司收视调查数据显示：9月10日开幕式当天，在全国35中心城市网中，平均收视率为0.37%，在全国省级上星卫视同时段排位中列第10位，在西部省级上星卫视中列第1位；闭幕式、大联欢在全国省级上星卫视同时段排位中列第15位。在贵州本土，贵州卫视《第九届少数民族运动会开幕式》的收视表现更为突出，在贵阳市网的平均收视率高达18.4%；在贵州省网的收视率也达到了11.22%，超过当天中央台各频道、湖南卫视、江苏卫视、浙江卫视等强势频道在贵州本土同时段的收视表现，在贵州省网和贵阳市网的收视排名均为第一，成为在贵州落地的所有频道的收视之首。

【浓墨重彩迎接建党90周年】 建党90周年特别节目，贵州电视台从5月底就开始安排节目陆续播出，一直持续到7月份，卫视频道、公共频道、3频道、4频道、5频道、科教健康频道等频道都有相关节目播出，节目形式多样，为建党90周年营造了浓厚的舆论氛围。“七一”前后，贵州电视台共在央视新闻频道、财经频道播发报道共11条，其中《新闻联播》4条，新闻专题1期，名为《红色足迹：贵州的故事》，时长25分钟。此报道有如下特点：

（1）新闻中心重磅推出系列报道《光辉历程》，由三个独立系列报道“中国红地标”“时代先锋”“红色贵州”构成，在《贵州新闻联播》中播出。系列报道之一《中国红地标》，于5月底就开始陆续派出报道组分赴浙江嘉兴（南湖红船）、江西吉安（井冈山）、贵州遵义（遵义会议）、陕西延安（延安窑洞）、河北石家庄（西柏坡）五个最具意义的红色地点进行采访拍摄。共五个系列十五集报道，6月16日起在《贵州新闻联播》播出；

（2）大型文艺节目《党旗高高飘扬》，节目选择在遵义这个历史圣地来举办，分五个篇章《信仰的力量》《伟大的足迹》《红色的土地》《迈步新世纪》《激情颂江山》。节目形式有现场拉歌、全场齐唱、独唱、合唱、故事讲述、圣地连线、齐诵《共产党宣言》，现场气氛宏大、庄重而热烈。贵州省委书记栗战书、省长赵克志、省委副书记王富玉等领导出席活动并观看了精彩演出。

（3）大型音乐活动《民歌韵 红歌情——我唱山歌献给党》，用电视及音乐手段重新架构、演绎贵州红色民歌。10首红歌MTV以贵州原创民族风格的红色歌曲为基础元素，改编制作成新民族红歌，精选苗族、侗族、布依族等少数民族传唱较广的民族民间歌曲作为蓝本，重新进行编配。十首不同形式的MV从不同角度折射出贵州各地风光、民俗、人文景观，歌唱改革开放所带来的巨大变化和美好生活，抒发对祖国的无限热爱。曲目有《十谢共产党》（侗族大歌）、《红军来到我家乡》（洪州琵琶歌）、《苗岭的早晨》（苗族飞歌）、《桂花开放幸福来》（布依族民歌）等。6月20日—30日每天在贵州卫视及多个地面频道滚动播出；西部作品均在中视协电视文艺委员会组织的纪念建党90周年全国文艺作品评选中获最高奖——最佳作品奖。

（4）公共频道的《追寻红色足迹》，通过探访红色故地，重温红色历史，以今天的视角去回顾党在革命战争年代、社会主义建设时期和改革开放以来带领贵州各族人民群众走过的光辉历程，反映贵州各地在党的领导下，拼搏奋进，经济社会发展取得的巨大成就和百姓生活的巨大变化。共10集，每集4分钟，6月20日起播出；《我爱唱红歌》以《百姓关注》为主要平台、全频道联动举办的一次观众互动活动，活动以歌唱党、歌唱祖国为主旨，让普通观众参与到节目中，共同祝福党的生日；《书记访谈录》专访全省9个市州地委书记和部分县市区委书记，展现各地在党的建设和经济社会发展、保障民生方面所做的工作和取得的成绩。共20集，每集30分钟。公共频道6月中下旬每晚10:00－10:30播出。

（5）五频道与贵州省政法委合作大型电视活动《我是党员》，展现全省政法系统的精神面貌。另外，《党员风采》、访谈节目《90看90》、党史知识竞赛等形式多样的节目在各频道陆续推出，为迎接建党90周年营造良好的舆论氛围。

（6）卫视频道精心编排“红色幸福季”，晚间《黄金剧场》推出《烈火红岩》《国际大营救》等优秀红色主旋律电视剧；晚间10点档编播以家庭和谐幸福为主的大型自办节目带;同时,多档栏目也有庆祝"七一"特别节目播出。《论道》特邀中国华夏文化遗产基金会理事长、国务院前副总理耿飚将军之女耿莹女士,以及解放军总装备部后勤部原副政委、开国大将罗瑞卿将军之子罗箭将军,录制了特别节目《青春·信仰》。在《真相》栏目中,由著名演员、主持人马跃讲述加视频资料的形式来讲述中国共产党成立前后的历史风云,让珍贵的历史档案走进电视。

(7)制作宣传片在各频道高频次播出。

【录制播出《纪念入世十年"跨越十年·融入世界"电视晚会》】 晚会由中国入世首席谈判代表龙永图担任主席,中央电视台著名主持人沈冰主持,分为《十年·谈判未来》、《十年·坚信市场》、《十年·面向世界》、《十年·期待领袖》四个篇章,回顾与盘点了入世开放的历史进程,并关注和思考中国经济的未来。联想控股董事长柳传志、中粮集团董事长宁高宁、新希望集团董事长刘永好、TCL集团公司董事长兼总裁李东生、新东方教育科技集团董事长兼总裁俞敏洪、万科集团总裁郁亮、青岛啤酒股份有限公司董事长金志国、著名主持人白岩松等政商界媒体界重量级人物出席了晚会。作为对入世十年的总结,晚会特别颁发了最具影响力的中国企业领袖奖,并独具匠心地设计了"巅峰对话"环节,晚会主席龙永图与获奖企业领袖现场问答,内容涵盖入世之后中国经济面临的核心问题、企业发展战略等时代命题,双方精彩互动,妙语连珠,充满智慧。

晚会还力邀著名小提琴家吕思清到场助兴。整台晚会,集思想性、艺术性于一体,白岩松、宁高宁、柳传志分别做主题引入,抒发各自对入世十年的体味与感慨,表达了对未来中国发展路径的深切期许;在巅峰对话环节,获奖企业家结合企业发展经历和个人体会与龙永图就谈判、底线、市场、国际化、企业领袖等话题展开了精彩对话。晚会由贵州电视台高端访谈节目《论道》团队策划制作,在北京朝阳体录制,12月24日晚贵州卫视播出。

贵州出版集团公司工作

【概述】 2011年是"十二五"的开局之年,也是贵州出版集团公司发展上重要的一年。党的十七届六中全会及省委十届十二次全会的召开,坚定了我们发展的信心、强化了我们发展的决心,为集团公司跨越发展指明了方向、提出了要求,并提供了积极有力的支持和保障。集团公司党委在省委、省政府,省委宣传部的领导下,高度重视集团公司的稳定和发展,进一步深化体制改革、着力做好股改上市工作,努力实现编印发业务的协调发展,数字出版的基础工作进一步夯实,印刷物流产业园区落地清镇,全年销售、利润、净资产、国有资产保值增值率等经济指标稳步增长。

【继续深化体制改革,启动股改工作】 2011年集团公司党委对股改工作高度重视,继续把深化改革、完善公司治理结构作为重点来抓,确定了"以股改为基础,以上市为目标"的思路,将启动股改工作作为2011年的工作重点。集团公司总部成立了以许明、彭晓勇、童俭、李立朴、施建新5人组成的股改上市工作领导小组,下设股改上市办公室。集团所属各单位相应成立股改上市工作领导机构,全集团股改上市工作全面启动:向社会公开招聘专业人员;通过竞争性谈判方式从十来家券商中选聘华创证券有限责任公司辅导股改上市,并于12月初正式进驻集团开展工作。12月6日,召开由集团公司主管以上、所属成员单位中层以上人员约150人参加的股改上市动员大会。所属各单位也召开了本单位全体员工动员大会。出台了《贵州出版集团公司关于加快股改上市工作的意见》。该"意见"上报省委宣传部后,省委常委、省委宣传部长谌贻琴同志作出重要批示,对集团公司加快推进的股改上市工作加以充分肯定,并提出了具体明确的工作要求。

贵州新华书店(集团)改制后续工作及其各地、州、市新华书店中心支店和区、县新华书店公司化改造方案等相关工作进一步抓紧落实,省店绩效薪酬等系列管理办法正在讨论修改中。

各单位进一步深化内部改革，进行了内设机构岗位的调整合并规范，完成了定员定岗工作。

【积极拓宽主业发展路径，提升市场竞争力】 转企改制后，各出版社都在探索自己的发展路径，都在思考如何根据既有的资源积累及优势，体现特色、形成品牌，谋求可持续的发展；如何积极策划“双效”型图书选题，实现社会效益与经济效益的双赢；各社对图书结构进行了调整优化，发展思路清晰，在发展的路径上迈得更稳健。

截至目前，四家出版社完成年度选题834种，其中67种列入省新闻出版局年度重点选题计划。《社会主义宗教观》、“重温马克思主义经典”丛书、“世界意义的中国发明”（原名：影响世界的中国发明丛书）、“香港艺术设计史”4种图书列入“十二五”国家重点图书出版规划。各社还紧扣建党90周年、纪念辛亥革命100周年、第9届全国少数民族传统运动会召开等重大庆典活动，策划推出了一批重点图书。贵州人民出版社《中共风云九十年》列入总署“庆祝中国共产党成立90周年和纪念辛亥革命100周年重点出版物”。《中共风云九十年》、《百姓记忆》（贵州教育出版社出版）、《共和国少数民族英烈传》（贵州民族出版社出版）列入中宣部、总署庆祝中国共产党成立90周年200种优秀图书书目。教育社合作出版的《共产党宣言》（党员干部读本）在纪念建党90周年之际成为了热销图书。民族社《苗族文化大观》《珠郎娘美》《叙根由——仡佬族古歌》，人民社《苗族贾理》入选新闻出版总署、国家民委“首届向全国推荐百种优秀民族图书”。人民社、民族社为配合省委、省政府在民运会期间做好贵州民族地域文化、中国少数民族体育文化的宣传，以不同形式策划了向民运会献礼的图书。

各出版社积极实施“走出去”战略。人民社突破地域限制与民营公司合作在北京成立文化公司，充分利用北京的资源与平台，2011年出版图书120余种，其中21种图书的版权已签约输出到美国，实现了批量向欧美国家输出版权的突破。

各出版社不仅唱响主旋律，还积极寻求经济效益的最大化。几家出版社在“农家书屋”建设工作中不仅为本省7000余个农家书屋提供了优质的图书，同时走出省境，在全国农家书屋图书采购中，集团所属各出版社多种图书在数省中标，取得较好的社会效益与经济效益。有的出版社还针对农家书屋等项目图书需求趋于饱和的形势，提前进入馆配图书开发的前期准备工作。

集团公司组织所属出版社及省新华书店参加了1月份的北京图书订货会、5月份的第21届全国图书交易博览会。在订货功能式微的情况下，仍有不俗表现，人民社《东亚三国志》、《骚土》、《昆仑秘史》、《盗墓迷城》、《线人》等图书在展会上受到关注，《垃圾车来了！》、《昆虫大奥秘》等少儿类图书广受现场参展人员青睐。贵州展团还获得了全国图书交易博览会首届展台“最佳设计奖”。

图片社在2010年完成改制第一年就超额完成集团公司的各项经济指标实现扭亏为盈的基础上，成功举办了“2011全国画报媒体行暨多彩贵州大型采风活动”和“中国名家书画作品展（贵阳）暨回赠邓小平生前珍藏茅台酒”活动。这两项活动的举办，不仅宣传展示了贵州，同时也扩大了《贵州画报》的影响，提高了画报的知名度和影响力。

新印厂和物资公司为进一步开拓市场，增加社会印件，在运用新技术上下功夫。在省委宣传部领导关心、省政府相关部门的支持下，“CTP排版系统数字制版项目”已进入实施阶段。

集团数字出版中心进一步加大数字出版工作的开拓力度，申报的“贵州亚洲青年动漫复合型新媒体数字出版运营平台”项目于2011年5月列入新闻出版总署“新闻出版改革发展项目库”。手机杂志已在河北、云南、青海等省上线，集团出版的部分图书通过手机阅读平台进入三大运营商阅读基地，取得较好效益。

【强化管理，提升企业竞争力】 集团公司一直致力于规范的现代企业制度的建立，努力实现管理的规范化、制度化、精细化。并进一步强化集团管控的力度和深度，完善企业内控体系，增强企业竞争能力，从而为集团做强做大提供有力支撑。在出版管理方面，积极探索对各出版社的选题扶持模式，强力推进出版主业的发展。在人事薪酬管理方面，进一步完善了对所属各单位的绩效考核制度及薪酬分配体系。集团总部2011年4月份对全部中层干部进行述职上岗，对全部主管、主办岗位进行竞聘上岗。财务管理方面，强化了财务管理，实行严格的预算制度，全集团系统统一更新了财务软件，拟在同一信息平台上实现精细化管理。

【继续推进重大项目建设工程】 集团公司一方面根据国家和省的“十二五”发展规划纲要精神，积极制订和规划并落实集团“十二五”项目库建设，另一方面大力推进现有的大项目建设工程并取得实质进展。集团公司2011年11月28日与清镇市政府签署协议，集团公司印刷物流基地正式落户清镇。该项目占地约500亩，建设面积约15万平方米，拟投资5亿元。为了确保园区的顺利建成，集团公司党委高度重视，搭建了由党委主要领导牵头，分管领导主抓，相关单位及部门人员参与的工作班子，力求尽快开展工作。金阳办公大楼的移交工作正抓紧进行，裙楼出租已初步落实。与贵州省经济适用房中心联建经适房投资项目正常进行。集团党委为谋划集团公司的多元发展，寻找新的经济增长点进行了有益的尝试。

【切实加强党的建设、重视纪检监察工作】 集团公司党委高度重视党建工作，切实抓好党的基层组织建设各项工作的完成。集团公司2011年党建工作的重点主要抓紧抓好防腐反腐倡廉工作。2011年初在集团公司年度总结表彰大会上请省纪委领导作了专题报告会，在全系统党员领导干部中开展廉政教育。并结合省店清产核资开展全面审计工作，对审计中发现的问题责成各子公司抓紧整改，健全制度，加强管理。并对进一步改进工作作风、进一步提高工作效能、进一步强化廉洁自律等方面提出了工作要求。

当代贵州杂志社工作

【概述】 2011年，是“十二五”的开局之年，也是全省宣传思想文化工作的“创优年”。一年来，杂志社坚持以邓小平理论和“三个代表”重要思想为指导，深入贯彻落实科学发展观，围绕中心、服务大局，在省委、省政府的正确领导下，按照“高举旗帜，围绕大局，服务人民，改革创新”的总要求，根据全省宣传思想文化工作创优年的具体部署，坚持走科学办刊建社之路，抢抓机遇，求实创新，在提高党刊质量、扩大刊物发行、创新市场经营、推进体制改革、加强内部管理等方面不断创新创优，党刊亲和力、吸引力和感染力不断增强，影响力和传播力不断提升，为我省党刊事业和文化产业发展做出了积极贡献，为全省“两加一推”营造了良好的舆论氛围。2011年，当代贵州杂志社被省委、省政府，省委宣传部评为“宣传工作先进集体”。

【坚持正确舆论导向，努力打造党刊精品，发挥党刊的影响力和传播力】 （1）围绕中心、服务大局，营造良好舆论氛围。2011年，围绕省委、省政府工业强省、城镇化带动战略，“两加一推”主基调，当代贵州杂志社策划了系列专题报道，全面、准确传递了中央和省委的声音，努力发挥党刊舆论引导作用，着力提振干部群众精气神，为全省又好又快、更好更快发展营造良好舆论氛围。旬刊改版第一期推出“省委书记栗战书致全省共产党员的一封信”，在全省干部群众中引起热烈反响；策划推出“关于作风建设和诚信农民建设”的宣传报道获得省领导批示；相继策划的建党90周年专刊“时代先锋”和“红色经典”，第九届全国少数民族传统体育运动会专刊“34双眼睛看贵州”，酒博会专刊“贵州之醉”，投洽会专刊“贵州之魅”获得良好的社会反响；“社会管理：老课题、新试卷”、“工业强省元年”、“文化的春天”等专题，“走、转、改”活动的一系列有深度、有特色的报道，得到省委主要领导的肯定和读者普遍好评，取得了良好的宣传效果。编辑出版《领导关注》23期，为各级领导干部提供了较好的决策参考。

（2）优化党刊质量，努力打造精品党刊。一是成功推出旬刊。为适应党刊事业发展的需要，经过充分调研，精心谋划和准备，从2011年第一期成功推出全新改版的旬刊，刊物的容量更大、时效更强、形象更新，为打造全国精品党刊迈出坚实步伐。二是坚持“三贴近”原则，深入开展“走转改”活动。按照围绕中心、服务大局的要求，杂志社领导班子、中层干部及编辑记者深入县区乡镇、企业、社区调研，采访报道基层的鲜活典型，推出一系列鲜活、生动的先进典型和采访报道，深受广大干部群众喜欢，增强了党刊的可读性、生动性、吸引力和感染力。三是注重品牌栏目建设。今年以来，以“当代评论”领衔党建主题，以“名家专栏”压轴社会话题，以本刊策划展示报道重点，不断创新宣传方式，先后策划了当代视线、“两加一推”科学发展笔谈、深入开展“三个建设年”活动等品牌栏目，深入挖掘、重点宣传相关领域的发展经验和典型。四是在九市（州）建立记者站，加大面向基层的报道力度和工作联系，读者意识、主体意识增强，得到市州、县区党委和基层党组织的好评和广泛认可。五是圆满完成省委、省政府及省委宣传部等安排的摄影采访任务。2011 年，习近平、李克强等党和国家领导人多次视察贵州，杂志社安排资深记者圆满完成了有关摄影采访任务，同时完成了省领导考察、调研、会见及省内外重大活动摄影任务。

（3）拓展文化产品，增强党刊影响力。紧紧围绕省委省政府中心工作，完成“省委系列外宣品”之《东西南北向黔看》、《多彩贵州：开放、合作、发展、共赢》港澳招商画册、《回眸‘十一五’、展望‘十二五’贵州经济社会发展成就展》。策划庆祝建党 90 周年《红色经典》、《时代先锋》，酒博会《贵州之醉》，投洽会《贵州之魅》等专刊，《贵州省高校创先争优群英谱》、《一张派给世界的原生态文化名片：黔东南的世博之旅》画册、《红色贵州记忆》、《天地绝唱》系列音像制品等项目。通过推出系列专刊文化产品，进一步提升了党刊影响力。

（4）加强对外交流，影响力不断增强。一是承办全国党刊年会“重走长征路·走进红色贵州”活动。来自中央宣传部出版局、中国期刊协会及全国各省（市、区）46 家党刊社的 100 余名领导和记者参加了此项活动，活动以“重温辉煌历史、体认长征精神、锤炼理想信念、宣传发展成就”为主题，为建党 90 周年营造良好氛围。二是策划开展“当代贵州高雅文化行”公益活动。12 月 9 日，成功推出“当代贵州高雅文化行”揭幕之作《彼·岸》，社会反响很好，进一步扩大了杂志社的文化交流，增强了社会影响力。三是加强与全国党刊界的互动交流。杂志社作为中国期刊协会党刊分会秘书长单位，积极组织开展征文、学习考察、交流互访活动，编辑出版《全国党刊通讯》会刊。

【坚持服务为本，拓展经营渠道，提升党刊经营水平和覆盖面】 （1）拓展多元经营，创优广告经营服务水平。一是树立把推进广告经营工作作为做好贵州形象宣传重要抓手的意识，充分发挥党刊发行量较大、覆盖面广、读者群清晰，期刊印制精美、视觉呈现效果好等特点，大力挖掘酒类、通讯、金融等重点广告资源的开发潜力。二是不断提升广告经营的服务水平，通过开展活动、举办论坛、展览展出等形式创优“当代贵州”品牌经营的内涵和外延，完善“当代贵州”广告产品的服务体系，努力形成“以产品打动客户，以质量征服客户，以服务感动客户”的良性广告经营格局，实现《当代贵州》杂志广告经营工作的可持续发展，继续保持在全国省级党刊中的领先地位。

（2）党刊发行量稳中有升，覆盖面进一步扩大。一是加强和改进服务质量。社领导分别带领发行人员，先后赴全省各市（州）和县（市、区）了解实施工业强省战略和城镇化带动战略和“两加一推”情况，对办刊和发行进行调研，收集了很多宝贵建议和意见，改进了我们的服务，为刊物发行打下坚实基础。2011 年《当代贵州》杂志（旬刊）单期发行超过 13 万份。二是建立健全通讯员队伍。按照“一支队伍、专人管理、共同使用”的原则，通过各市（州）、县（区）党委部门和采编部门的推荐，在全省聘请了 145 名通讯员，建立了一支来自基层、服务基层、带头学刊用刊办刊的通讯员队伍。三是积极探索发行渠道。通过自办发行和物流业务，开展“党刊进非公有制经济组织”、“党刊进大学生宿舍”、“党刊进大学党支部、班级”、党刊进报刊亭等活动，进一步提升党刊服务基层、服务读者的水平。

（3）依托品牌优势，延伸性经营服务成效显著。先锋设计创意公司在完成主刊设计排版任务的同时，积极探索开展设计创意经营业务；论坛工作室与省委组织部等联合举办“观风论坛：贵州省领导干部周末大讲堂”等有影响力的活动；先锋书社不断创新经营思路，市场业务进一步拓展，图书批发稳步上升；贵州图片库进一步加强图片建设，承接画册制作、承办电子期刊《贵州文明》、举办影展等方式，经营工作有新进展；专刊部紧紧围绕中心、服务大局，策划推出了一系列专刊图书，取得了较好的社会效益和经济效益。

【深化文化体制改革，切实推进非时政类报刊出版单位转企改制和文化产业发展】 (1)成立当代贵州期刊传媒集团有限责任公司。2011年6月，按照省委、省政府加快文化体制改革的有关精神，以当代贵州杂志社为基础，整合省内期刊及其他出版资源，正式挂牌成立当代贵州期刊传媒集团有限责任公司，我社文化体制改革迈出了实质性步伐，对整合我省期刊文化资源，推动期刊产业发展具有重要意义。

(2)推进子刊子报改革发展。子刊《晚晴》通过内容形态调整，整体呈现进一步优化，发行推广路径进一步明确，走出去战略进一步实施，全年发行量达2.2万份。子报《法制生活报》积极开展“三贴近”活动，联合在全省开展《法制大讲堂》活动，深入基层采访，以加强法制教育为主题，报道质量不断提高，多篇报道被全国法制媒体转载，完成全年订阅任务4.2万多份，实现经营收入800余万元。《大众科学》杂志改版、《科学快报》深化改革、文化音像出版社转企改制工作有序推进。

(3)积极拓展新产品和新项目。贵州先锋网建设质量稳步提高，在坚持党建网站定位的同时，积极探索市场化经营，网站内容建设和经营拓展取得明显成效；《当代党员》手机杂志在打造红色移动媒体上取得积极成效；在论坛培训方面，策划、协办“2011·贞丰布依风情节活动”等重大活动；同时，在先锋创意设计、贵州图片库、图书销售、网络舆情监控、航空拍摄等方面也有新的探索和业务开拓。

(4)大力推进“党刊数字化”工程。继续推进贵州先锋网、《当代党员》手机杂志、《法制生活》手机报等移动新媒体建设，依托资源优势，运用数字技术、网络技术，丰富和提升传统媒体，为实施“党刊数字化工程”打下良好的基础。

【加强自身建设，完善体制机制，为实现党刊事业更好更快发展奠定基础】 (1)加强党的建设。高度重视杂志社的基层党建工作，社务会经常听取机关党委的工作情况汇报，对机关党委的工作作出安排、提出要求，协调解决工作中遇到的困难和问题，为抓好我社的基层党建工作提供了坚强的保证、给予了有力的指导。社务会还高度重视并切实抓好责任落实，初步形成了“一把手”亲自抓，分管领导具体抓，各司其职，一级抓一级，层层抓落实的良好机制。机关党委认真履行职责，按照要求组织全社干部职工深入学习了党的十七届六中全会和省委十届十二次全会精神，深入开展了“走转改”、“创先争优”、“四帮四促”等活动；完善了《党建工作绩效考核办法》，把抓党建工作的情况纳入了绩效考核，进一步提高了杂志社党的基层组织建设科学化、制度化、规范化水平；各支部结合工作实际，不断创新活动方式，党支部的战斗堡垒作用、党员的先锋模范作用得到了有效发挥，党组织的凝聚力、战斗力明显的增强。

(2)深化人事改革。继续深化选人用人制度改革，全面推行中层干部竞聘上岗、职工双向选择制度，初步形成优胜劣汰的竞争机制；继续深化人事管理制度改革，进一步完善了岗位管理、绩效考核制度，规范干部职工的绩效评价体系；继续深化分配制度改革，进一步完善了以岗位工资为主要内容的结构工资管理制度，调动了干部职工的积极性和主动性，为推动党刊事业和文化产业发展提供了坚强保证。注重队伍建设。坚持干部队伍“四化”方针和德才兼备原则，不断扩大识人选人视野，面向社会招聘了部分中层管理人员和业务骨干，为党刊事业发展储备了一批采编、经营和管理人才。深入开展创建学习型刊社活动，继续举办“双周五”讲座和“共读一本好书”等活动，为打造一支“政治强、业务精、作风好”的人才队伍作出了积极的努力。2011年，全社有2人荣获贵州省“四个一批”人才称号，133人次获得全国、全省及社外各种奖励，13名同志的23篇次作品、95组次照片被省内外各家平面媒体转载。强化内部管理。结合采编工作的实际,探索建立了以人员工资总量控制、职工收入与实际完成工作任务量紧密挂钩为主要内容的采编绩效考核制度,建立并逐步完善了较为科学合理的分配机制。进一步完善了广告经营规章制度,强化经营成本管理和考核,使广告经营效益有大幅度提高。加强综合运营成本管理,全面推行部门预算管理,有效降低了运营成本,提高了经营效益。制订和完善行了《当代贵州杂志社关于进一步加强内部管理的若干暂行规定》等规章制度,并抓好落实,使各项工作进一步规范化、制度化。

(3)加快办刊业务基地建设。经省委宣传部批准,杂志社以购买方式加快推进办刊业务基地建设,解决了省委当代贵州杂志社和划转的7家报刊出版单位办公用房困难,为杂志社及期刊集团发展提供基础保障,为推进我省党刊事业和期刊事业发展创造良好条件。

多彩贵州文化产业发展中心工作

【概述】 2011年,贵州省多彩贵州文化产业发展中心坚持以科学发展观为指导,认真贯彻落实省委省政府关于将文化产业打造成支柱产业的重大战略部署,在省委宣传部的领导和支持下,以"多彩贵州"品牌为基础,以改革创新为动力,积极推进工作开展,取得较好成效。

【夯实"多彩贵州"品牌基础】 (1)做好"多彩贵州"品牌发展规划的编制工作。中心基于借助资深品牌管理机构的力量,为"多彩贵州"品牌的资源整合、产品开发、产业延伸、品牌传播、资产管理以及相关政策设计等提供系统指导意见的考虑,委托中国十大策划机构之一的天进品牌管理机构编制《"多彩贵州"品牌"十二五"发展规划》。该项目于去年12月正式启动,历时半年多,先后在省内多地进行了实地调研并召开了多场主题座谈会。经过多位专家和专业策划团队的反复论证和调整,数易其稿,于8月将相关成果编撰成《"多彩贵州"品牌价值研究与品牌"十二五"发展规划报告》,提出了推动品牌持续发展和提升的具体策略,设计了"一个中心、两大体系、三大标准、四个平台、五大利润模式"的"多彩贵州"群体品牌运营模式。

(2)做好"多彩贵州"品牌VI系统的设计工作。作为贵州省的省份文化品牌,"多彩贵州"在进行整体的价值体系梳理及产业化发展规划之后,形成了自身的品牌内涵与基本的品牌框架,如何对其进行整体的形象宣传,成为下一步要深入进行的工作。同时,近期的运作过程中,"多彩贵州"品牌VI形象出现了应用不规范、随意组合、整体形象不统一的情况,制约着品牌的发展。让"多彩贵州"品牌拥有一套完整而固定的视觉传达系统,以传达品牌所具有的丰富内涵,中心决定启动"多彩贵州"品牌VI系统的设计工作,该工作前后历经四次修改调整,于年前全面完成。

(3)做好"多彩贵州"品牌的日常维护和管理工作。中心为认真履行品牌使用过程中监督、效果跟踪、规律总结等职责,指派了专人建立和维护"多彩贵州"商标数据库和项目库,加强"多彩贵州"商标使用的动态管理,对已使用"多彩贵州"商标的十余个项目进行跟踪测评,按公益性和商业使用的不同性质,总结商标使用经验和规律,积极做好"多彩贵州"商标所涉及商品(服务)项目的统计及分析,为商标的推广使用提供科学依据,为省委宣传部打造和宣传"多彩贵州"系列公益性活动提供决策参考意见。

【加大"多彩贵州"品牌宣传】 (1)做好第七届深圳文博会的布展参展工作。第七届中国(深圳)国际文化产业文博会于2011年5月13日至16日举办,这次贵州展厅定位为"多彩贵州"品牌馆,以多彩贵州品牌为主题,以各市州地文化品牌为辅,以使用多彩贵州品牌的企业的产品和服务项目为具体内容,展示多彩贵州品牌的培育、推广、使用,中心负责具体的布展事宜。"多彩贵州"品牌馆内参展的有十余家多彩贵州品牌授权企业。一改过去传统参展模式,以品牌馆的形式代替以往的区域馆，在全国几十家省级展馆中独树一帜，引起了来宾们极大的兴趣，《光明日报》和《深圳特区报》的头版头条刊发了"多彩贵州"品牌馆的照片。通过介绍品牌来介绍全省的文化产业资源，这在文博会历史上是个首创之举。这一运作举措，不但有效传播了贵州文化影响力，还通过"多彩贵州"品牌来统领全省文化资源的产业化运作，增加了"多彩贵州"品牌的含金量，进一步提升了"多彩贵州"品牌的知名度。

(2)做好赞助第九届民族运动会借势宣传的协调工作。第九届全国少数民族传统体育运动会于2011年9月在贵阳市举办，中心与"多彩贵州"品牌的授权使用企业认为主题为"和谐中华、多彩贵州"的本届民族运动会是"多彩贵州"品牌、品牌授权使用企业和相关产品宣传推广的良机。中心积极配合"多彩贵州"品牌授权使用企业多次与第九届民族运动会筹委会财务集资部对接，经过反复协调和磋商，最终由贵州安酒有限公司出资300万，作为本届民族运动会火炬传递独家冠名商；贵州信友实业有限公司核桃乳厂出资30万，作为本届民族运动会核桃乳饮品指定供应商，获得相关赞助资源和权益。同时两家企业抓住契机，借助这一全国性的平台，通过大规模的电视广告、电台广告、户外广告、报纸杂志广告及公关活动全方位整合传播"多彩贵州"品牌，带动"多彩贵州酒"和"多彩贵州核桃乳"在市场的快速拓展，在全国范围内迅速提升"多彩贵州"品牌的知名度和品牌价值。

(3)做好多彩贵州品牌角逐品牌大奖的申报工作。9月26日，中心申报的多彩贵州品牌成功获得中国元素国际创意大赛的最高奖项——年度社团文化贡献奖。中国元素国际创意大赛是于2006年由国家工商总局批准，中国广告协会主办的文化跨界创意平台，是每年一度中国国际广告节的核心板块，文化贡献奖是中国元素国际创意大赛的最高奖项。9月27日，中心凭借多彩贵州品牌建设案例，在同两百余个国内外知名品牌的角逐中脱颖而出，获得了"第七届中国最佳品牌建设案例城市品牌奖"，这也是本次评选唯一一个非企业品牌类奖项。"第七届中国最佳品牌建设案例"评选由中国顶尖的财经传媒《21世纪经济报道》携手全球最大的综合性品牌咨询集团 Interbrand 主办，旨在树立中国品牌建设的榜样。

【推进"多彩贵州"品牌运作】 (1)做好"多彩贵州品牌研发基地"项目建设工作。为贯彻落实省委省政府继续做响做强"多彩贵州"品牌，推动形成以"多彩贵州"为主的品牌集群的有关精神，中共贵州省委宣传部决定实施"多彩贵州品牌研发基地"项目，形成集品牌研发、展示、孵化、培训等为一体的品牌基地，中心具体实施项目，该项目已列入省2011年重点项目。"多彩贵州品牌研发基地"项目选址定在南明区小碧乡云盘村古堡下的相关区域，项目用地面积65.681亩，实际用地面积57.5610亩，规划道路用地8.12亩，总建筑面积约46000㎡，项目总投资2.5亿元。主要功能有品牌研发中心、展示中心、文化交流中心和管理中心。项目进展如下：1)项目农用地转建设用地已获批复，正在办理相关手续；2)项目选址意见书已报至贵阳市城乡规划局审批；3)项目建议书报省发改委，已通过专家评审。

(2)做好"多彩贵州"商标授权使用工作。"多彩贵州"品牌只有通过广泛的商业使用，形成一个产业集群，占据更大的市场，带来更大的经济效益，才能实现更好的社会效益。中心本着积极支持、适度收费的原则大力推进"多彩贵州"商标的公益性及商业性使用。2011年，共有5个项目签订了商标使用合同。中心无偿提供品牌支持了省体育彩票管理中心发行以贵州省少数民族风情、自然风光作为设计理念的"多彩贵州"系列"顶呱刮"即开型体育彩票，支持省广播电视信息网络股份有限公司开设"多彩贵州"旅游文化咨询频道，支持贵州彩乐动漫文化传播有限公司运作"多彩贵州梦"儿童剧。中心另外对贵州黄果树扶梯有限公司、贵州省多彩贵州文化传播有限公司进行了"多彩贵州"商标授权有偿使用许可。"多彩贵州"作为统领全省的文化品牌，实现了内聚人心，外树形象的目标，走出了一条以公益性活动培育品牌，以市场机制推广和巩固品牌的有效路径。目前"多彩贵州"商标授权企业已达14家，已使用在贵州省网站、金融、地产、白酒、茶叶、饮料、演出、会展、民族工艺品等行业中，将拉动投资在40

亿元以上，已初步形成产业集群，取得了一定成效。

【加强“多彩贵州”品牌保障】 （1）做好工作机制创新工作。实行项目负责制。结合商标使用申请的情况，将拟申请使用项目分解到每个部室，落实到每个人身上，形成事事有人干、人人有人干的工作氛围。安排职工到中心参股的公司担任董事、监事，在实际工作中提高业务水平，更好地维护中心权益。创新奖惩机制。制定《多彩贵州文化产业发展中心绩效考核实施暂行办法》，推行绩效考核和奖金挂钩，改过去一年一次考核为半年一次考核，把考核结果作为晋升、聘任、奖惩、培训、辞退以及确定、调整工资待遇的依据。

（2）做好职工学习培训工作。一是实行工作学习调度会制度。经中心办公会研究决定，将隔周五下午作为固定的学习时间，要求干部职工汇报近期工作进展情况、交流学习心得和工作经验。通过工作学习调度会制度，凝聚了力量，营造了团结、和谐的工作氛围。二是派人员参加了两期省委宣传部举办的全省文化产业和文化经营管理人才专题培训班。三是作为贵州省第三批知识产权试点单位，中心顺利完成了知识产权试点工作验收工作。2012 年中心将按照党的十七届六中全会“加大对拥有自主知识产权、弘扬民族优秀文化的产业支持力度，打造知名品牌”以及省委十届全委会“以‘多彩贵州’品牌为龙头，构建省市（州、地）品牌体系，形成具有民族文化特色和自主知识产权的品牌群”的精神为指导思想，以“多彩贵州”品牌建设为主题，做好品牌公益和商业推广使用及外宣活动等各方面工作，继续推行绩效工资考核机制、对外引入项目合作机制、加强品牌管理跟踪机制，争取多彩贵州品牌研发基地项目开工建设、品牌重点项目的市场推广、品牌交流、研发和品牌推广运行模式四个方面的重点突破，使“多彩贵州”在国内的知名度进一步提升，品牌直接拉动投入超过 40 亿元。

各市(州)宣传思想工作

贵阳市宣传思想工作

【概述】 2011 年是中国共产党成立 90 周年,是“十二五”规划开局之年,是深入实施新一轮西部大开发战略的起步之年。贵阳市宣传思想文化工作始终按照“高举旗帜、围绕大局、服务人民、改革创新”的总要求,紧紧围绕生态文明城市建设、“三创一办”总体目标和“加速发展、加快转型、推动跨越”的主基调,全面贯彻落实党的十七届六中全会、省委十届十二次全会的精神,不断深化文化体制改革、推动全市文化大发展大繁荣,为我市实现经济社会又好又快、更好更快发展营造了良好的舆论氛围。

【理论武装工作】 (1)理论学习不断深入。组织广大党员干部深入学习宣传贯彻胡锦涛总书记“七一”重要讲话精神和党的十七届五中、六中全会、省委十届十次、十二次全会及市委八届十次全会、市第九次党代会精神,着力用中国特色社会主义理论体系、生态文明城市理念武装全市党员和干部群众。举办了贵阳市学习宣传贯彻胡锦涛同志“七一”重要讲话精神和贵阳市宣传理论骨干学习党的十七届六中全会精神两期培训班,近 200 名宣传理论骨干参加了培训,采取省市宣讲团联动的形式,精心组织了 33 场巡回宣讲活动。

(2)理论宣传广泛开展。进一步加大中国特色社会主义理论体系、党的十七届五中、六中全会、省委十届十次、十二次全会、市委八届十次全会、市第九次党代会精神及省、市主要领导重要讲话精神的理论宣传工作。在贵阳日报开设《学习贯彻胡锦涛总书记“七一”重要讲话精神》和《学习贯彻党的十七届六中全会精神》专版,组织社科理论文化界和实际工作部门同志撰写学习心得体会和理论文章近 20 篇。

(3)理论研究卓见成效。先后组织召开了“贵阳市社科理论界学习贯彻胡锦涛总书记在庆祝中国共产党成立 90 周年大会上的讲话精神座谈会”及“全市宣传理论文化界学习宣传贯彻党的十七届六中全会和省委十届十二次全会精神座谈会”,结合实际认真学习领会讲话和全会的重大意义、深刻内涵,积极为我市贯彻落实讲话和全会精神建言献策。编印了《长青树》——县级领导干部调研文集、《加速发展.加快转型.推动跨越》——贵阳市发展、学习、思考论文选、《榜样的力量》——贵阳市学习型党组织建设示范点经验交流文集等,交流心得、指导实践、推动工作。出版发行《贵阳发展研究》——贵阳市 2010 年度哲学社会科学规划课题研究成果选编文集。

(4)学习型城市建设工作积极推进。认真开展学习型党组织建设活动:举办了“贵阳市纪念建党 90 周年暨建设学习型党组织研讨会”和“建设学习型党组织,推进社会管理创新” 2011 · 林城论坛;开展了贵阳市 2011 年县级和中青年干部读书评书活动和“学习理论、指导实践”读书征文活动,荣获省征文活动二等奖 2 篇、三等奖 2 篇。深入开展了以“我读书、我快乐、我进步”为主题的“2011 · 林城读书月”等系列活动:组织开展“贤惠美德耀筑城”系列活动,以“做贤惠母亲,育优秀子女”为主题,开展“弘扬传统美德”百场宣讲进社区(村寨)活动;举办了市民文化讲坛、贵阳市“弘扬中华文化”研讨会、“爽爽贵阳飘书香 读书女性最优雅‘悦读’”征文活动及贵阳市 2011 年“书香人家”评选活动等。

【舆论引导工作】 (1)围绕中心,加强正面新闻宣传。组织开展好“一抗三保”,“三创一办”,建党90周年活动,实施“两加一推”、工业强省和城镇化带动战略,项目建设年,酒博会等各类重大活动、中心工作的宣传报道。市属各新闻媒体根据各自特点,发挥优势,以消息、特写、花絮、言论、专版、专题、特刊、系列报道(访谈)等形式营造良好舆论氛围。

(2)把握方向,做好舆论监督引导工作。积极组织媒体做好涉及政治敏感、社会热点问题的舆论引导工作,引导新闻媒体增强政治意识、大局意识和社会责任感,确保新闻宣传工作做到实事求是,客观公正,有利于改进工作,有利于问题解决,有利于社会稳定。全市新闻战线将“走、转、改”活动与“创先争优”、“三个建设年”、“四帮四促”三项主题活动,与抓好全省宣传思想文化工作“创优年”等各项工作结合,鼓励编辑记者深入改革建设前沿,深入群众生产生活一线,挖掘现实素材、采写现场报道,鼓励把笔、话筒和镜头对准普通群众,把版面和时段多给基层群众,不断增强宣传报道的实际效果。

(3)围绕重要节庆日、纪念日,重大活动,搞好社会宣传工作,营造良好社会氛围。利用户外大型广告牌、LED大屏幕、出租车LED广告、公益灯箱、空飘彩球、楼宇终端视频、摆放鲜花字牌、悬挂标语等多种方式,积极做好元旦、春节、“五·一”、“十·一”等重大节庆日和省市“两会”、生态文明贵阳会议、酒博览会暨投洽会、民族运动会、避暑季、温泉季、“创卫”、“创文”、多彩贵州歌唱大赛等重大活动及重要会议的社会宣传和环境布置工作,营造了简约、大方、隆重、热烈的城市氛围。

【对外宣传工作】 (1)树形象、固品牌。以“2011中国·贵阳避暑季”、“贵阳温泉季”活动为载体,继续加强对“爽爽的贵阳,中国避暑之都”城市形象品牌的推广。围绕“避暑、生态、产业”的主题,以“避暑”为抓手,将“贵阳避暑季”打造成具有影响力的城市活动品牌,全面促进我市旅游文化产业的发展,整体提升贵阳在国内外的知名度和美誉度。在经济日报、新华每日电讯刊等全国性媒体刊发避暑季宣传专版,形成宣传声势。全力做好“贵阳温泉季”的宣传工作,大力宣传和打造冬季旅游产品,为促进贵阳“春赏花、夏避暑、秋登高、冬泡泉”四季旅游格局的成熟和完善,提升“爽爽的贵阳·中国避暑之都·温泉之城”的城市旅游品牌形象。市级网络媒体开设温泉季官网,官网含有定制新浪微博讨论发布平台、视频直播窗口,新闻专区,十爽评选,手机报专题,五场温泉PARTY专题,各家温泉专题,内容新颖,元素时尚。并且同时开通掌上温泉季官网。活动的宣传工作得到省委书记栗战书同志的充分肯定。

(2)以“2011生态文明贵阳会议”为契机,全面加强我市的对外宣传工作。为确保会议新闻宣传报道紧凑有序、社会氛围喜庆热烈,会议召开前期在中央电视台1频道及新闻频道《新闻30分》、4频道《中国新闻》投放2011生态文明贵阳会议的宣传片;新华网贵州频道、人民网贵州频道、新浪网财经频道、金黔在线、多彩贵州印象网、贵州信息港和贵阳新闻网分别推出专题。为扩大会议的影响力和宣传覆盖面,邀请了新华社、人民日报、中央电视台、贵州电视台等作为大会重点报道媒体;新华网贵州频道和新浪网财经频道对生态文明会议开幕式进行了视频直播和图片直播;与腾讯微博和新浪微博合作开通官方微搏,引起了网民广泛关注。活动的宣传工作得到省委书记栗战书同志的充分肯定。

(3)拓宽宣传载体,扩大外宣领域,积极组团赴外省城市开展城市推介宣传工作。圆满完成贵阳市组团参加贵州(香港)投资贸易活动周的宣传工作。组织市属媒体随团全程报道,协调香港文汇报、大公报、香港商报及省市媒体对贵阳市代表团的活动进行报道;在文汇报制作贵阳城市形象宣传专版,对外宣传贵阳市“爽爽的贵阳·中国避暑之都”城市形象品牌和良好的旅游、投资环境,专版在投资座谈会上向各港澳客商和嘉宾分发;组织文汇报专访市委副书记、市长李再勇。

(4)高度重视,合理应对,加强新闻发布和突发事件新闻应急处置工作。全力做好凝冻灾害、金阳新区阳关村在建违法建筑垮塌、金阳国际车展打架、雪花啤酒厂职工围堵厂门、金阳新区富宏煤矿透水、金狮小区在建道路塌陷、“8·12”疑似爆炸物等突发事件的新闻应急处置,做好第九届全国民族运动会的民族宗教问题和突发事件新闻报道应急预案。及时、客观、科学应对,有效化解了事件向舆论热点的转化,正确引导舆论,为事件的顺利处置提供了良好的外部舆论环境。

(5)坚持规范管理,合理利用,切实加强网络宣传的监管。逐步完善网络文化建设和管理相关机制,加强网评员管理,举办网络新闻宣传管理业务骨干培训班,加强对网上涉筑舆情进行跟踪、研判、报送和引导工作,在报送的网络舆情中,多期得到粟战书书记、李军书记、谌贻琴部长、李再勇市长等省市领导的批示,为事件的有效处置提供了决策参考。

【精神文明建设工作】 (1)以测评迎检为重点,成功跻身"全国文明城市"行列。今年是创建全国文明城市工作迎检关键之年,在市委、市政府的坚强领导下、在各级各部门艰苦奋斗下、在各行各业的对标创建下、在全市人民共同努力下,出色地完成了创建全国文明城市各项工作,确保了9月18日至25日顺利通过中央文明办检查验收,贵阳市荣获第三批全国文明城市。

(2)大力弘扬"传统美德",提高市民思想道德素质。以实施"传统美德弘扬工程"为重点,加强市民教育,广泛开展公民道德实践活动,组织推荐、学习和宣传道德模范,积极营造弘扬自强不息、忠孝仁爱、敬老慈幼、尚礼崇义、重诺守信等中华传统美德的浓厚氛围。推荐评选的道德模范彭文军入选"第三届全国诚实守信道德模范提名奖"。

(3)弘扬志愿服务精神,广泛开展"绿丝带"志愿服务。组织开展形式多样的志愿服务活动。协助中央文明办在我市举行"关爱农民工志愿服务活动"启动仪式,全市10余家爱心企事业单位向中国志愿服务基金会捐赠人民币100万元,捐款全部用于为农民工提供技能培训、素质提升培训、权益维护等服务。广泛开展"三关爱"、交通协勤、文明劝导、抢险救灾、社区服务、环境保护、大型会展服务等各项志愿活动。

(4)营造良好社会环境,加强和改进未成年人思想道德建设。组织开展"红歌唱响校园"活动、童心向党"歌咏活动、"祖国好、家乡美"中华经典诵读、优秀童谣传唱大赛,弘扬和传播优秀传统文化知识。其中,我市录制的5首优秀童谣得到中央文明办肯定,被安排在中国未成年人网和中国文明网上进行展播。加强"乡村学校少年宫"建设。在全市挂牌成立101所"乡村学校少年宫",重点打造中央彩票公益金支持建设点,我市有6所"乡村学校少年宫"各获中央彩票公益金20万元支持建设。与贵阳学院、市教育局合作,在贵阳学院大学生心理健康咨询中心的基础上,挂牌成立"贵阳市未成年人心理健康辅导站"。推荐命名"小道德模范",其中1名应邀参加全国道德模范表彰晚会,并获得全国"美德少年"荣誉称号。

【文化艺术工作】 (1)打造文艺精品,促进文艺创作发展。群众性文化活动亮点突出。与中央电视台合作录制大型文化专题节目《欢乐中国行·魅力贵阳》在央视3套播出,展现了"爽爽的贵阳,中国避暑之都"文化魅力。组织开展2011年观山湖元宵灯会,近60万市民前往观看,群众反响热烈。组织大型群众文化活动"2012贵阳筑城广场迎新仪式",打造本土群众文化品牌活动,进一步丰富群众精神文化生活。重大文艺赛事频频夺奖。2011'多彩贵州歌唱大赛贵阳代表队获得2金2银1铜的优异成绩,团体总分排名全省第一;电视剧《知行天下》等6部作品入选《"十二五"时期贵州文艺精品创作重点目录》,《彝山魂》获第八届中国舞蹈"荷花奖"民族民间舞决赛大赛作品金奖,土家族男子群舞《恋傩》获十佳优秀节目;广播剧《渡口》获得第十一届中国广播剧研究会广播剧专家奖连续剧银奖;儿童木偶剧《黄果树传奇》获"金狮奖"第三届全国木偶皮影戏比赛"银奖"。舞蹈《银项圈》赴京参加第六届中央电视台舞蹈大赛决赛取得了第7名的成绩。

(2)切实服务群众,不断完善公共文化服务体系。全年建成52个农民文化家园、60个数字农家书屋、15个数字图书进农家,完成20个乡镇综合文化站设备配置、22个社区文化中心(文化室)配备设备,20个文化信息资源共享工程基层点建设;实施2个县级两馆维修建设、组织"文化下乡"演出45场、建成4个"乡镇农民体育健身工程",15个村级"农民体育健身工程",20条社区"全民健身路径工程",完成13992场农村公益电影放。

(3)进一步推动文化体制改革向纵向深入,振兴文化产业发展。继续完善深化贵阳演艺(集团)公司、贵阳广播电视台、贵阳市文化市场综合执法支队及县(区)综合执法大队的改革,完善相关机构和人员配置;深化党报发行体制改革,不断整合资源,提高发行时效,优化服务质量;组建并成立了贵阳文化广播电影电视局;完成了贵州京剧院转企改制,成立了贵州京剧院有限责任公司;完成非时政类报刊转企改制工作,将《花溪》、《校园歌声》并入贵阳日报传媒集团,《贵阳文史》、《新世纪体育报》、《健康之友》、《旅游休闲报》完成转企改制。贵阳演艺(集团)、贵阳演出有限责任公司、贵阳文物商店、贵阳音响发行社、贵阳甘荫塘剧场5家单位全面完成转企改制工作。

遵义市宣传思想工作

【概述】 2011年遵义市宣传思想工作,按照“高举旗帜、围绕大局、服务人民、改革创新”的总要求,以学习宣传贯彻党的十七大和十七届五中、六中全会精神为主线,创新工作思路,加强工作措施,深入推进学习型党组织建设,强化理论武装工作、强化舆论引导、推进社会主义核心价值体系建设、深化精神文明创建活动、大力实施公共文化服务体系建设、深化文化体制改革、推进文化产业快速发展、加大对外宣传力度、认真做好舆情信息和调研工作、加强干部队伍建设,着力提升宣传思想文化工作水平,为全市经济社会发展提供了强有力的思想保证、舆论支持和精神动力。

【理论武装】 坚持以领导干部为重点,推动全市党员干部理论教育学习。邀请专家学者相继为市委中心学习组开展了党的十七届六中全会精神、胡锦涛同志“七一”重要讲话精神、习近平同志在贵州省党政领导干部座谈会上的讲话精神、刘云山同志考察贵州时的讲话精神以及招商引资的策略和方法等九次集中学习。充分发挥党委(党组)中心组网络学习平台作用,组织近3万名干部参加了全市网络理论知识测试。组织参加了中宣部举办的“全国党建知识竞赛”活动,提交答卷2000余份。组织开展了纪念建党90周年专题理论研讨和征文活动,共收征文208篇。在全省推出《深化“四在农家”创建活动存在的问题及思考》、《在创建学习型党组织中开创事业新局面》、《扎实推进“三关”工程,努力构建和谐社会》等一批高质量的研究成果。紧紧围绕学习贯彻党的十七届五中、六中全会精神、“提速赶超、转型跨越”、“十大民生工程”、“三个建设年”、“四帮四促”、“创先争优”、“四型”机关建设等主题,组织理论骨干深入各地各单位巡回宣讲30多场。组织市级领导和县、区(市)主要领导到高校作形势报告,积极参加全省“县、区(市)学习型党组织建设网上谈”活动。

【舆论引导、新闻、对外宣传】 坚持正确舆论导向,深入开展社会主义核心价值体系宣传教育。广泛宣传优秀共产党员王中勤先进事迹,深入一线采访报道抗旱救灾保民生工作。开展纪念建党90周年系列活动主题宣传。精心组织第九届全国少数民族运动会、纪念辛亥革命100周年、中心城市道路柔化改造工程、遵义市第五届农民科技文化周、娄山卫士2011军演等活动的宣传报道。对“提速赶超、转型跨越”主基调和实施工业强市、城镇化带动、农业产业化战略以及“全国文明城市创建”、“满意在贵州·遵义在行动”、“整脏治乱”、“十大民生工程”、“三个建设年”、“创先争优”、“四帮四促”等重点工作进行深入报道。组织市属各媒体积极开展“走基层、转作风、改文风”活动。加强与市外网络媒体的联系和交流,集中采访报道我市酒、茶、辣椒产业,成功举办了2011“多彩贵州踏春行”第三届全国网络媒体多彩贵州行“红色经典,丹霞滴翠”线路采访活动,与新华网联合举办了“天翼高端访谈走进遵义”。

【精神文明建设】 思想道德建设:围绕社会主义核心价值体系建设,继续在全市深入推进“五心教育”活动。结合“五心教育”、“三关工程”,组织开展“祖国好·家乡美”主题系列活动1085场次,录制了《遵义市“童心向党”歌咏活动专辑》,我市报送的12个节目在《中国文明网》、《人民网》、《光明网》等网页展播,并选送《十谢共产党》、《我的妈妈叫中华》参加全国“童心向党”歌咏活动汇演。贵州日报、贵州电视台等省级媒体对“五心教育”活动进行了重点报道。2011年，“五心教育”活动写入省委十届十二次全会精神。由中央文明办等7个部委主办，中国志愿服务基金承办，遵义市文明委协办的遵义市关爱农民工志愿服务活动启动仪式在老城纪念广场举行，活动组织部分市直文明单位、企业向中国志愿服务基金会捐款90万元。精神文明创建活动：紧紧围绕“四民社区”、“整脏治乱”、“满意在贵州·遵义在行动”等主题活动，不断深化全国文明城市创建工作。深入学习宣传2011版《文明城市测评体系》，编印出版创建全国文明城市系列丛书——《图说全国文明城市测评体系》8万册。组织开展了全国第三批文明城市、文明村镇、文明单位及2009——2011年度全省文明城市、文明村镇、文明单位等推荐评选工作。“四在农家”投入不断增加、内涵不断丰富、层次不断提升、覆盖面不断扩大。2011年，全市总投入195822万元，新增创建点1012个，20万户88余万农民参与创建活动，全市累计覆盖率80%。其中，红花岗区、余庆县、赤水市、湄潭县、仁怀市等覆盖率已达85%以上。中央电视台《新闻联播》、《焦点访谈》、《经济半小时》、《生活567》等栏目还专门赴湄潭县、余庆县等地对“四在农家”创建活动再次进行了深度采访。

【文化体制改革和文化产业发展】 文化体制改革深入推进。基本完成国有文艺院团转企改制工作，遵义市杂技团、遵义市文工团、遵义川剧团3家国有文艺院团转企改制工作全面完成，演出演艺市场得到进一步拓展；全面完成遵义市文化市场综合执法支队及14个县（区、市）文化市场综合执法大队伍的组建任务，职能整合、班子配备等工作全面完成，组建的综合执法机构正式履行职责；完成了遵义市电视台、遵义市人民广播电台合并工作，组建了遵义广播电视台；遵义日报社严格按照中央关于党报党刊分开的改革要求，将广告、印刷、发行、网络媒体从事业体制中剥离组建了新的市场主体，于2011年10月挂牌组建了遵义日报传媒集团有限责任公司，遵义报业传播力、市场竞争力得到进一步拓展；遵义市文化体育局、遵义市广播电影电视局合并组建成遵义市文化体育广播电影电视局，方案得到省编办审批，挂牌工作正在推进中；全面完成习水电影放映公司、红花岗区电影演出公司、北京路影剧院等电影放映发行单位转企改制工作均按标准完成了改革任务；全市各级图书馆、文化馆全部实行了免费开放，公共图书馆、文化馆、文化体育服务站、全国文化信息资源共享工程、“农家书屋”等设施不断完善，作用得到进一步凸显。2011年6月，遵义市作为贵州省唯一入选的城市被文化部、财政部列入全国首批28个创建国家公共文化服务体系示范区名单中。文化产业持续发展。遵义红色旅游集团公司业务得到进一步拓展，新增了会展、酒店、酒业经营业务，经济效益进一步提升，实现年收入3000万元；遵义市杂技歌舞艺术公司实现了经济效益与社会效益的双丰收，2011年演出场次接近1000场次，出国人数达80多人，演出足迹遍及法国、瑞士、俄罗斯、土耳其、台湾等国家和地区；市歌舞剧团有限公司承办一年一度的“遵义激情广场·红歌之星选拔赛”活动。2011年8月市群众艺术馆已接受文化部地市级国家一级馆评估复查。按照省委“六个一批”文化工程的要求，扎实推进遵义会展基地、中国（遵义）长征文化博览园、中国（遵义）酒文化产业园相关工作，积极推进遵义广电传媒集团、遵义文化演艺集团的组建工作，为全市的文化产业快速发展打下坚实基础。据统计，2011年全市文化产业产值为19.3亿元，占GDP比重明显增加。

【组织人事工作】 遵义市委宣传部核定编制数33人，在编24人。内设13个科室（中心）。新设立遵义市志愿服务指导中心，为市委宣传部所属正科级事业单位，财政全额预算管理，核定编制5名。11月21日，田茂松同志任市委常委、宣传部长，原常委部长张明辉同志调任省文化厅副厅长。调整充实了红花岗区、汇川区、遵义县、桐梓县、绥阳县、凤冈县、正安县、道真自治县、务川自治县常委宣传部长共9名。加强干部队伍建设，从市委宣传部推荐两名科级干部到遵义日报社和道真县担任副县级领导干部，从红花岗区选调一名同志到市文明办工作。开展宣传干部挂职锻炼工作,从正安县选送一名干部到省委宣传部挂职锻炼,从务川、正安、遵义等县选送数名干部到市委宣传部、市文明办挂职锻炼,安排本单位一名年轻干部到赤水市白云乡参加党建帮扶。深化干部人事制度改革,部机关5名科级干部通过竞争上岗进入了新的工作岗位。组织开展了宣传思想文化人才统计工作,选送了11名优秀人才申报第四批全省宣传文化系统“四个一批”人才。

【焦点访谈栏目组专访市委书记】 2月9日~14日,中央电视台《焦点访谈》栏目组到遵义市湄潭、余庆等地就以“四在农家”为载体的农村精神文明建设现场采访,并专访了市委书记慕德贵,2月18日晚7:38分在中央电视台《焦点访谈》栏目播出。该报道指出,“四在农家”以富为核心、以学为根本、以乐为动力、以美为目标,充分发挥群众的主体作用,创新了机制,让农民得到了实惠、提升了农民的综合素质、加强了农村精神文明建设、增进了党群干群关系、推进了城乡一体化、创新了社会管理。遵义的实践,是实实在在的落实科学发展观。

【我们的节日·清明大型文艺活动】 3月25日,由中共中央宣传部、中央文明办主办,中央电视台和中共遵义市委、遵义市人民政府承办的“我们的节日·清明篇”大型电视文艺演出在遵义会议纪念馆举行。活动以传承优秀传统文化、缅怀先烈丰功伟绩为主题。4月5日在中央电视台一频道黄金时段播出,活动取得良好效果和社会反响。

【深入开展道德模范巡讲活动】 以“公民道德宣传月”活动为契机,组织开展了“第三届全国道德模范”推荐工作,我市石建成获得第三届全国道德模范提名奖,习水县二郎中学学生钟利被评为美德少年参加了第三届全国道德模范颁奖典礼。为了深入宣传道德模范先进事迹,我市组织开展了以“感动·传承”为主题的“遵义市道德模范、‘身边好人’事迹巡讲暨现场交流活动”,从近年来我市涌现出的各级各类道德模范、“身边好人”中筛选出全国道德模范提名奖、全省道德模范及提名奖获得者及入选“中国好人榜”和事迹突出、影响广泛的先进人物16人作为宣讲对象。整个活动历时20天,涉及全市15个县、区(市),共宣讲16场。活动于3月26日开始,4月14日结束,历时20天,行程2000余公里,到15个县、区(市)、大中专院校、市直部门共宣讲17场。

【红色耀中国走进遵义】 5月16日,由遵义市、嘉兴市、吉安市、延安市、石家庄市5地联合举办的纪念建党90周年大型新闻行动“红色耀中国”在遵义会议纪念馆举行启动仪式。“红色耀中国”大型新闻行动以主题活动、大型系列报道、专题片等形式,通过对5个红色城市历史的追溯,经济社会发展成就的展示和对富有代表性、典型性的人、物、事、史的叙述,生动反映老区人民对长征精神、红船精神、井冈山精神、延安精神和西柏坡精神的传承和发扬,进一步激励和人们奋发有为、开拓创新,再建新功。在启动仪式上,97岁的老红军王道金代表遵义赠送嘉兴市一瓶红土。遵义、嘉兴两市互赠了具有意义的南湖红船和遵义会址模型。

【遵义市第五届农民科技文化体育活动周】 6月10日,由遵义市精神文明建设指导委员会主办,中共绥阳县委、县人民政府承办的遵义市第五届农民科技文化体育活动周在绥阳举办,活动周以“和谐新农村·盛世感党恩”为主题。来自各县、区(市)15支代表队1500名农民运动员,以农村适用技能竞赛、传统体育赛事、趣味体育比赛、农村精神文明建设知识抢答赛、农民家庭才艺展示等方式,全方位展示了遵义新农村、新农家、新农民的形象。

【十谢共产党节目受中央领导表扬】 遵义市湄潭县龙凤村田家沟自编自演的花灯戏《十谢共产党》,在中央各大媒体报道后产生很大影响。7月22日,中共中央政治局委员、中央书记处书记、中宣部部长刘云山到田家沟村民院坝观看了这台村民们自编自演的节目后,高兴地说:“建设社会主义新农村,不仅要抓物质文明,还要抓精神文明。农民生活要提高,不光要有吃有穿,还要有文化。文化生活丰富了,老百姓就会有幸福感。看了你们的节目,我感到农村文化建设的主体还是我们农民群众,文艺创作的源泉来自最基层、来自老百姓的生活,有这样好的演出,要感谢你们”。

【文改工作会暨文改单位授牌】 10月13日,遵义市文化体制改革工作会议暨文改单位授牌仪式在市委一号会议室召开。各县、自治县、区(市)党委宣传部部长、市直宣传文化系统班子成员参会。市委常委、市委宣传部部长、市文改领导小组副组长张明辉主持会议。市委副书记、市政府代市长王秉清出席会议并讲话。市委副书记、市政府代市长王秉清为“遵义广播电视台”授牌,市广电局副局长、遵义电视台台长罗林陆接牌,市政府副市长田刚为“遵义文化旅游演艺有限责任公司”授牌,红花岗区文体广电旅游局副局长许艺接牌,省新闻出版局副局长杨庆武应邀出席会议,并为“遵义日报传媒集团有限责任公司”授牌,遵义日报社党委书记、社长、总编戴林接牌。

【19集电视剧《青山绿水红日子》在央视播出】 由遵义市委宣传部、贵州电视剧制作中心、贵州盛黔文化产业投资有限公司等单位联合拍摄、以“四在农家”为题材的19集电视连续剧《青山绿水红日子》,于12月22日在北京举行新闻发布会,12月25日—29日在中央电视台第八套黄金时段播出。这是反映遵义新农村建设的首部电视连续剧,对宣传贵州,展示黔北新农村建设取得的巨大成就起到积极的作用。中央政治局委员、书记处书记、中宣部部长刘云山同志专程到遵义市视察农村精神文明建设工作,对“四在农家”创建活动取得的成绩给予了高度评价。

【特色文化活动精彩纷呈】 以纪念建党90周年活动为契机,围绕“回顾党的历史,颂扬党的伟业,激发爱国热情,推动跨越发展”主题,先后组织开展了表彰先进基层党组织、优秀共产党员、优秀党务工作者大会、“颂歌献给党”大型红歌会、党史党建理论研讨会、“光辉的历程”党史知识大赛,举办了“感恩共产党、和谐奔小康”遵义市第五届农民科技文化体育活动周活动,与革命圣地和周边市(区)联合举办纪念建党90周年活动,与贵州电视台联合举办“党旗高高飘扬”大型文艺节目。在全市6个县、(市)集中开展以“明星汇·颂党恩”的主题的文化下乡活动,把文化惠民工程落实到了千家万户。与中国文联联合开展了“送欢乐·下基层”革命老区慰问演出活动和“送欢乐·下基层”活动暨《人间正道是沧桑》摄影展览,与中央电视台联合承办了“我们的节目·清明”大型文化活动。积极争取国家爱国主义教育“一号工程”,加强了以遵义会议会址为代表的爱国主义教育基地建设。在2011年多彩贵州歌唱大赛中,我市夺得了1金1银3铜1个优秀奖的优异成绩,充分展示了名城遵义的良好形象。各县、区(市)也组织开展了各具特色的社会文化活动。

六盘水市宣传思想工作

【概述】 2011年,六盘水市宣传思想文化工作坚持以邓小平理论、“三个代表”重要思想和科学发展观为指导,以“高举旗帜、围绕大局、服务人民、改革创新”为统领,紧紧围绕市委“加速发展,加快转型,推动跨越”主基调,推进实施“工业强市、城镇化带动和农业现代化”战略,弘扬主旋律,打好主动仗,求真务实,开拓进取,各项工作取得了显著成效,为全市经济社会又好又快、更好更快发展提供了强大精神动力、坚强舆论支持、坚实思想保证和良好社会氛围。

【理论武装工作扎实推进】 以提高中心组学习质量和水平为重点,着力抓好党员干部群众的学习。各级各单位中心组加强对党的方针政策,以及经济、科技、历史等知识的学习,为全市科学发展奠定坚实的领导干部基础、有力的政治思想保障。通过召开全市社科理论界纪念中国共产党成立90周年座谈会,开展全市“学习理论、指导实践”征文活动、全市纪念中国共产党成立90周年征文活动,编辑出版《西部大开发10年研讨会文集》,开展学习宣传《从怎么看到怎么办——理论热点面对面2011》的活动,广泛组织党员领导干部集中收看和学习党的十七届六中全会、省委十二次全会精神等方式,推进理论学习广泛开展。通过宣讲,促进党的方针政策深入人心。组织开展学习胡锦涛总书记“七一”重要讲话精神宣讲活动,组成市委宣讲团分赴各县(特区、区)宣讲,宣讲了13场,近万人听取宣讲报告。党的十七届六中全会召开后,认真做好省委宣讲团及基层宣讲团的宣讲活动的组织服务工作。省委宣讲团在全市成功进行了5场宣讲,听众达2000余人。

【舆论引导水平明显提高】 (1)认真宣传党的方针政策,深入宣传党的十七届五中、六中全会、省委十届十一、十二次全会、市委五届七次全会精神、六盘水市“两会”精神等。围绕“三个建设年”活动、重大项目建设、创业型城市试点、平安六盘水建设、千名村官下基层、“双创双建”活动等“六大主题”,积极开展宣传,进一步振奋精神,增强各级干部和群众信心。

(2)认真做好中国凉都消夏文化节活动、中国共产党成立90周年纪念活动、全国第九届少数民族运动会、多彩贵州、全省园区建设现场观摩会、市第六次党代会等重大活动的宣传报道传工作,为六盘水经济社会“加速发展、加快转型、推动跨越”而努力奋斗。

(3)创造性地开展宣传报道工作。组织市级新闻媒体到贵州“金三角”贵阳、遵义、毕节开展采访报道活动,组织六盘水电视台到张家港实地采访社会管理创新工作,学习外地经验,为全市找准差距和弥补薄弱指明方向,为实现全市经济社会发展增比进位突破提供借鉴。

(4)设立“哨卡”,加强舆论监督工作。建立舆论监督工作机制,开通舆论监督热线,发挥舆论监督在经济社会发展中的作用。在新闻媒体上开设了“舆论监督亮剑行”、“舆论监督曝光台”等栏目,把职能部门推到“聚光灯”下,把公务人员推向“舆论焦点”,把领导干部勤政廉政情况向社会“曝光”,对市直部门上班工作纪律松散、机关作风不实、环境建设不优、各项重点工程建设不力等现象和问题进行了公开曝光和通报,进一步增强了各级干部的公信力和执行力,为实现全市“加速发展、加快转型、推动跨越”营造了良好的舆论氛围。同时,做好日常网络舆情监控,坚持每周监看六盘水涉网舆情,累计完成《网络新闻周报》26期、《网络舆情专报》12期、《网络社区论坛专报》11期。定期梳理网络社区论坛动态和六盘水涉网新闻上报市委信息办和省委宣传部,敏感事件直接报知市委领导。

(5)切实加强舆论引导。每月定期召开一次新闻阅评会,总结成绩,分析问题,策划安排宣传重点,提高舆论引导水平;不定期、有针对性地召开新闻通气会和联系会,邀请有关部门领导向新闻媒体通报工作情况,组织新闻媒体有计划、有重点开展新闻宣传,更好地服务经济社会发展。组织召开新闻阅评会12次,新闻通气会7次。

【精神文明建设成效明显】 (1)加强公民思想道德教育,着力构建社会主义核心价值体系。以“喜迎民族团结九运会,争做文明有礼六盘水人”为主题,通过组织开展“迎九运、讲文明、树新风”活动、全国、全省道德模范宣讲活动、“整脏治乱”和“满意在六盘水”加强整治与巩固成果活动、“和谐六盘水三关爱”活动、“真情三月,关爱女性”等“三八”妇女维权系列宣传活动、“3·12植树节”、“百城万店无假货”活动等,加强公民思想道德教育。

(2)加强和改进未成年人思想道德建设工作。印发《关于深入推进未成年人思想道德建设工作的意见》,安排部署今后相当长一段时间内工作。全市有60多万中小学生参与“祖国好·家乡美”主题实践活动,覆盖面达85%以上。多家省级媒体到我市集中采访和宣传报道,向外界展示了我市未成年人的精神风貌,发挥了良好的品牌效应。争取到首批中央福利彩票专项资金乡村学校少年宫项目建设点6个,已初步建成。建有多个活动室,成立30多个兴趣小组,配备60多名专兼职教师,参加活动人数达近万人次。按常规开展校园周边环境整治的督查工作。

(3)开展全国、全省文明城市(村镇、单位)申报推荐活动和“农民文化家园”的申报建设工作。我市有3个单位入选全国文明单位候选名单,2个村镇入选全国文明村镇候选名单,进入全省拟推荐命名名单的有1个全省文明城市、2个全省文明村镇、21个文明单位、5个全省创建文明村镇工作先进村镇、44个全省精神文明建设工作先进单位。全市申报、获批和建设农民文化家园28个，建成农民文化家园13个、在建15个。

（4）推动“整脏治乱”专项行动和“满意在六盘水”主题活动向纵深发展。市委、市政府制定下发2011年实施方案、2011－2015五年实施纲要，召开全市工作推进会议，与各县（特区、区）签订工作目标责任状，为有力推进三项工作提供了强大的政策和制度环境保障。市、县领导干部深入一线，率先垂范，推动了“整脏治乱”工作纵深推进。“双创双建”及“整脏治乱”工作取得阶段性成效。市、区、县市政设施建设、改造资金投入达20余亿元，环境卫生与秩序不断优化，群众满意度不断提高，总体呈逐步上升趋势，第三季度省文明办（整治办）电话调查中，我市提升至第五名。水城县申报“省级卫生县城”已通报专家验收评审通过，申报“贵州省文明城市”已经公示，钟山区、六枝特区、盘县在省“整脏治乱”和“满意在贵州”考核中整体名次有所提升。市文明办与市交警支队联合牵头组织开展“文明交通行动计划”活动，投入经费50余万元，直接受到教育人数达60余万人（次）。

【大力培育和发掘先进典型】 先后推出了全国先进基层党组织六枝特区新干线党支部、全国优秀共产党员余留芬、全国道德模范提名奖获得者周家德、全国十佳教师左相平和全国十大见义勇为英雄司机汪正学，并大张旗鼓开展宣传报道。拟定了《六盘水市荣誉称号评选表彰实施办法》，并首次开展“感动凉都十大人物”评选活动，积极弘扬社会正气，凝聚团结拼搏、昂扬向上、奋勇争先的精气神，激发全市干部群众奋发有为、干事创业的决心和信心。组织了全市道德模范先进事迹巡回报告会和创先争优先进事迹巡回报告会。

【充分利用重大纪念日开展爱国主义教育】 “七一”前后，组织开展了系列表彰会、座谈会以及群众性纪念活动，使干部群众受到一次深刻的理想信念教育，打牢了全市各族人民团结奋斗的共同思想基础。6月29日、30日晚，经过层层选拔上来的24支代表队，在人民广场汇聚一堂，将“红歌唱响凉都”活动推向最高潮，市四大班子领导悉数登场，以饱满的热情，唱响一曲曲红色经典歌曲。演唱会采用超大立体高清LED屏幕等现代高科技声光电表现形式，将一幕幕党带领全国各族人民开展革命、建设和改革开放的历史性瞬间，再次呈现在广大干部群众眼前，高扬了主旋律。

【文化艺术工作日益繁荣】 积极组织参与“多彩贵州”歌唱大赛，取得“一金、两银、一铜”的好成绩，六盘水市民族特色文化在展示、交流中进一步扩大了知名度、提高了美誉度。稳步推进“三下乡”工作，改集中下乡为根据群众需求分季下乡，改联合下乡为各专业服务队根据农时需要和群众需求分头下乡，进一步增强了“三下乡”活动的针对性和实效性。全年“三下乡”活动共发各种宣传资料212700多本，发放医疗健康学习宣传资料40000余份；发放药品9000余件，发放避孕药具近34000余份，义诊义疗8400余人次；计生咨询1200余人次，法律咨询3400余人次；义务书写春联1000余幅，义务发放春联400幅，活动深受农民群众的欢迎。面向群众，广泛开展文化活动。继续以节庆为载体，借助消夏文化节和民族传统节日为平台，开展少数民族传统节日活动，举办各类民俗文化活动，“中国凉都·六盘水特色文化村寨”的评选和命名工作，继续举办好广场文化周、少儿艺术展演等丰富多彩的群众文化展示展演活动。

【文化体制改革重点突破】 改革中创新发展思路，取得《乌蒙新报》和“传媒集团”两个新成果。树立走出去、请进来的合作发展、双赢共享理念，支持六盘水日报社跨区域整合资源，拓宽报业发展空间。六盘水日报社与毕节日报社成功联合创办跨区域、跨媒体的《乌蒙新报》，于11月8日正式出版发行。组建新的六盘水日报传媒集团。电台、电视台成功实现“两台合并”，组建了“六盘水广播电视台”。

【文化产业发展迈出新步伐】 围绕知名度、

影响力不断拓展的"中国凉都"品牌,依托独特的自然生态文化、悠久的人文历史、多姿多彩民族文化和浓郁的乡村民族风情,以项目实施带动产业发展,推动文化、旅游融合发展,构建文化产业与相关产业互动发展的产业链条和体系,已布局启动实施"六盘水会展基地"、"六枝特区牂牁文化园区"两个列入省"六个一批"文化工程等重点项目;把老王山高聚合多梯度运动训练基地项目作为国家级项目进行申报;着手推进钟山区文化创意产业园区、盘县文化旅游基地、水城民族民间文化艺术开发基地等项目的实施。

牂牁文化园区控制性详细规划和可研已编制完成,并专门策划开展了新闻发布会、帐蓬音乐节及野钓大赛、摄影大赛、制作了专题宣传片等一系列宣传推介活动,营造了项目区域的文化氛围,扩大了项目招商引资的知名度。积极进行文化产业项目招商,引进民营企业六枝迴龙溪温泉旅游开发有限公司投资开发六枝岩脚古镇温泉文化旅游综合项目。该项目投资总额为1.88亿元,规划已编制完毕并召开了评审会,一期工程投入签约资金约1500万元。

【对外宣传工作不断升华】 (1)服务工业强市和城镇化带动战略实施,集中宣传全市工业产业园区建设成就。制作《凉都热土》画册和宣传片,助推招商引资活动。在香港举行的"2011六盘水重点项目合作恳谈会"上,组织《香港商报》、《香港大公报》等媒体刊发专版、播发消息,为全市的招商引资活动提供有力的舆论支持。以全省项目建设年现场观摩会在我市举办为契机,与贵州日报、贵州省广播电台、贵州电视台、当代贵州等省级媒体合作,从媒体的特点出发,分别策划制作不同的宣传报道方案,形成多形态、多角度、全方位、高密度的宣传态势,为推进我市项目建设营造良好的舆论氛围。

(2)做好重大主题活动的对外宣传工作。继续做好"中国凉都"品牌的推广,与中央电视台国际频道的名牌栏目《见证》合作,拍摄制作了《见证·六盘水》5集系列专题片,以"中国凉都"为轴线,通过讲述人物的故事、经历和变迁,折射出六盘水经济社会的发展和时代的进步。在全国民运会火炬传递活动期间,开办火炬传递活动微博及邮箱,提供展示我市特点、亮点的视频、图片、文字等宣传资料,供前来采访报道火炬传递活动的记者参考,借助活动做好"中国凉都"的宣传和推广。

(3)做好循环经济建设的对外宣传。紧紧抓住国务院将我市纳入资源富集区开展循环经济区试点这一难得的重大历史机遇,把加快发展循环经济作为转变经济发展方式的重要抓手,以循环经济理念布局全市经济发展的推进方向、重点领域和重大项目,唱响循环经济发展的主旋律。中国经济时报、人民网、祖国杂志社等媒体通过引导推介,都对我市循环经济建设做了报道,特别是中国经济时报采写的报道,大篇幅介绍我市循环经济建设成果,数十家媒体和网站进行了转载。

【加强新闻发布制度及新闻发言人队伍建设】 印发《中共六盘水市委办公室印发关于建立党委新闻发言人制度的实施意见的通知》,规范新闻发布活动,严肃新闻发布纪律,提高新闻发布质量。市委和各县(特区、区)党委、市委各部委都确定了新闻发言人,全市共配备了15名党委新闻发言人和6名新闻助理。邀请北京市政府新闻办主任、国家奥委会新闻发言人王惠授课,我市党委、政府46名新闻发言人及市县四大班子、部办委局主要领导参加培训。此外,还组织新闻发言人参加省委外宣办举办的新闻发言人培训班及市外事办举办的《如何同外国记者打交道》等专题讲座培训。

安顺市宣传思想工作

【概述】 2011年,全市宣传思想文化工作以邓小平理论和"三个代表"重要思想为指导,深入贯彻落实科学发展观,认真学习宣传贯彻中央、省委、市委各次重要会议精神,围绕中心、服务大局,超前谋划、开拓创新,奋力推动黔中文化改革发展,为实现十二五开门红、推动全市经济社会跨越发展作出积极贡献。

【理论武装】 (1)深入推进学习型党组织建设。组织开展学习型党组织示范点创建工作,评选出15个市级学习型党组织示范点,推荐6个参加省级示范点评选。认真组织参加全省"学习理论、指导实践"读书征文活动、全省学习型党组织建设县委书记网上访谈活动、全省学习型党组织建设经验交流会等。认真协助开展好省"社科理论下基层"活动。(2)认真抓好干部理论学习宣传。进一步加强党委中心组学习,市委中心学习组坚持每月集中学习讨论1次,其中5次扩大到市直各有关部门单位。发放《从怎么看到怎么办—理论热点面对面·2011》、等书籍1万余册,为广大干部提供优秀精神食粮。组织开展理论宣讲50余场次,听众达2万人。组织全市干部理论学习考试,参考人数为53173人,合格率为98.2%。结合建党90周年活动,组织全市党员干部参加全国党建知识竞赛、全省社会科学理论知识竞赛活动等,我市荣获贵州省普及人文社会科学知识竞赛组织奖。邀请中科院院士欧阳自远为我市广大干部群众和学生作了一场名为《嫦娥工程—中国人的探月梦想》的科普主题报告会。(3)认真开展理论调查研究。积极组织开展各项调研工作,结合全省庆祝建党90周年理论研讨活动的开展,组织全市广大干部群众撰写理论研讨文章,2篇获省级"优秀"。组织26个项目参与贵州省社科规划课题申报,其中8个项目获准立项。设立安顺市社科理论创新课题,目前立项24项。组织参与省社科联理论创新课题研究,组织撰写的课题《乡村旅游与乡村社会经济结构变化研究》评审合格。承担并创作完成贵州省机关党建研究会研究课题《机关党的工作与新闻传播媒体研究课题报告书》。

【新闻宣传】 围绕市委、市政府的工作重心,积极推动全市新闻宣传工作的改进与提高,进一步加强和改进新闻阅评工作,及时、准确掌握和正确分析我市新闻工作动向。

(1)扎实抓好建党90周年等重大活动的宣传报道。精心组织实施庆祝建党90周年、纪念辛亥革命100周年等宣传报道,全面深入报道我市各级各行各业开展的庆祝活动。策划"重走长征路、安顺千里行"大型爱国主义教育活动,活动推出一批宣传报道、活动书画、文集、摄影集等。组织策划实施"加速发展、加快转型、推动跨越"、"三个建设年"等重大主题宣传。结合"走基层、转作风、改文风"活动开展,策划"黔中经济行"主题大型采访报道活动。

(2)加强重大突发公共事件舆论引导。统筹整合有关部门信息资源,进一步建立和完善突发事件新闻报道的协调处理机制,在第一时间主动、准确地对外发布消息。组织应对雪凝灾害、抗旱救灾等重大事件的宣传报道。针对食盐集中购买和开发区"7·22"食物中毒事件,及时组织深入第一线报道,有效缓解市民恐慌情绪。"7·26"安顺摊贩死亡引发群众聚集围观事件发生后,立即启动突发事件新闻应急预案,防止了不实报道和恶意炒作,得到省委常委、省委宣传部长谌贻琴同志的批示肯定。妥善处理"安顺公务员考生体检门"网络炒作事件。

(3)积极推进网络阵地建设管理。大力支持《安顺日报》、《黔中早报》建设新闻网站黔网、贵网,据统计,2011年年底,贵网的访问量位居全省同类网站第二。坚持365天、24小时的网络监看制度。健全网上舆论引导工作机制,目前,我市各县区均组建网评员队伍,涵盖交通、卫生、教育、政法、城建等系统和部门。

(4)构建快速反映的信息机制。紧紧围绕"大局"、"大事"、"大势"和群众关心的热点难点焦点问题,及时收集、分析研究和整理上报信息。全年编发《安顺网络舆情》、《安顺网络舆情专报》、《安顺舆情信息》等共400余期,编发《宣传思想信息》33期。

【精神文明建设】 深入开展文明村镇、文明单位、文明行业等创建,共向中央、省文明办推荐全国文明称号7个、省级称号150余个单位。广泛开展道德评议、星级文明户、文明信用户等活动,共表彰2万余文明户(个人)。认真组织实施牵头的"十大民生工程"项目,组织实施农民文化家园项目建设、"绿色电脑进西部"工程、乡村学校少年宫项目建设等工作。以"三创"工作为统领,深入推进"整脏治乱"和"满意在安顺"工作。一是以开展“六脏六乱”整治行动为重点内容城乡环境卫生、交通秩序及行业服务质量等得到进一步提高,环卫、交通基础、文化等一批大型城市基础设施建设完善并投入使用。二是进一步加大督查力度,分季度组织对县区和乡镇进行考核,对市直和省驻安单位进行考核公示,对工作不力的单位和部门进行责任追究。三是广泛宣传动员,通过开设“三创”专栏、手机短信、制作发放《安顺市民文明手册》、《礼仪安顺系列读本》等开展创建工作宣传。四是开展“群众最不满意问题”征集活动并进行任务分解和整治。经努力,我市荣获省级文明创建工作先进城市称号,平坝县获省级文明县城称号,西秀区、镇宁县获省级文明创建工作先进县城(城区)称号。

【思想道德建设】 深入开展思想道德建设,加强公民素质教育。组织推荐第三届全国道德模范,我市陈芝文获得全国孝老爱亲道德模范提名奖。组织开展第十个公民道德宣传月、宣传日活动。广泛开展“我们的节日”主题活动,大力宣传爱国主义。

(1)扎实推进未成年人思想道德建设。进一步加强文化市场监管,工商、公安、文化、消防等形成合力,加强网吧管理,组织“五老”网吧义务督导员、市民巡访员、新闻媒体督察组等,适时对全市网吧经营户进行督查。通过打击非法游商、无证摊点、“三无商品”、恐怖、迷信、低俗、色情文具、玩具和出版物销售等,加大校园周边环境治理力度。认真做好“西部开发助学工程”工作,共有21名学生获得资助。

(2)扎实开展“全民学礼仪”和志愿者服务活动。以“迎九运、讲文明、树新风”活动为契机,在全市范围内组织开展“百万市民学礼仪”活动。组织开展“百万市民学礼仪”系列竞赛暨“十大文明礼仪标兵”评选活动。健全“党政推动、部门组织、干部(学生)参与、市民配合”的志愿服务工作机制,以治理环境卫生和交通秩序为重点,每月集中开展一次志愿服务行动,“三创”志愿服务“月月行”形成品牌。广泛开展“三关爱”绿丝带志愿服务行动,组建成立市民政社会工作志愿服务队、文化体育志愿服务队等10余支专业志愿服务队伍,全市注册志愿者达6万余人,全年共组织各类大型志愿者服务活动20余次,6万多名志愿者参加服务活动达到30万小时。

【文化艺术工作】 (1)加大文艺创作生产引导和扶持力度,努力推出一批具有地方特色、民族特色,弘扬主旋律、富有感召力的优秀文艺作品。舞台剧《屯堡的传说》、电视剧《大明军屯》、大型歌舞剧《亚鲁王》和小说《非爱》被列入《贵州省精神文明建设“五个一工程”“十二五”规划纲要》重点作品,电视剧《关山度若飞》被列入贵州省文艺精品创作50个重点项目之一。《苗族史诗亚鲁王》进入国家级非物质文化遗产代表作保护名录。组织戏剧《村官断案》、《考察》和电影《狗头金》等3个项目申报贵州文艺作品高端平台展示奖励。编辑出版《市景流光》、《屯堡魅影》、《风物安顺》(上、下)、《赏石安顺》、《重走长征路美术作品集》等一批文化旅游丛书和书籍。

(2)广泛开展群众文化活动。认真组织2011'多彩贵州歌唱大赛安顺赛区各项工作,把活动开展与发掘、宣传安顺文化结合起来,组织创作了上千首体现黔中民族特色和地域特色、歌唱家乡、赞美家乡的歌曲。在全省比赛中,我市吴发健获民族唱法金黔奖,实现了安顺在此项赛事上的历史性突破。继续举办孔子文化节。2011年的孔子文化节包括12项活动。其中,今年举办的第三届屯堡花灯、山歌、地戏大赛,有上百支民族民间队伍,上千名群众参加比赛。春节文化活动精彩纷呈,从农历正月初三到十一,连续举办了9场具有各县区特色的大型文艺演出,各地积极组织开展了“穿洞之光”大型灯展等数十项迎新春活动。举办安顺市第二届围棋文化节、“天翼迎新春全国美术大赛”等活动。组织开展为农民群众送春联、送义诊、送医药、送文化、送演出、送农技、送农资下乡500余次,送电影下乡6000余场。

(3)大力推进公共文化服务体系建设。积极实施市委、市政府十大民生工程中的公共文化服务设施建设。完成市体育场改造并投入使用。中央投资的20个乡镇综合文化站建设项目全部完工。完成508个村级农家书屋、90个农民体育健身工程建设,启动2011年度40个村级农民体育健身工程、3个乡镇农民体育健身工程和20条全民健身路径的建设工作。完成20个文化信息资源共享工程乡(镇)、社区基层服务点及4个社区文化中心(社区文化活动室)的建设工作。完成我市第五批19个省级文保单位的申报文本编制工作。

【文化体制改革和文化产业发展】 (1)继续深化文化体制改革,激发发展活力。先后制定下发《中共安顺市委、安顺市人民政府关于深化文化体制改革的实施意见》、《中共安顺市委关于推动黔中文化大发展大繁荣的实施意见》等,将文化改革发展纳入对地方有关领导的考核内容。推进国有文艺院团黄果树艺术团转企改制,组建黄果树艺术团文化有限责任公司。安顺日报社依托《安顺日报》、《黔中早报》新闻资源,创办新闻门户网站"贵网"、"黔网"、"安顺手机报"和"黔中手机报"等新兴媒体。完成安顺电视台、安顺广播电台合并,组建安顺市广播电视台,于9月26日挂牌。推进市文化局、市广电局合并,组建统一的文化行政主体安顺市文化广播电影电视局(新闻出版局、版权局)。扎实推进文化市场综合执法机构改革,市、县文化综合执法队伍参照公务员法实现参公管理。不断深化市县两级公益性文化改革单位内部"三项制度"改革。

(2)抢抓机遇,大力推动文化产业发展。成立市、县两级文化系统招商引资工作领导小组及办公室,编辑出版《安顺文化产业投资指南》,加大招商引资力度。先后组团参加第七届深圳文博会、第四届海峡两岸文博会,我市"大汉帝国·牂牁古城"遗址公园、"创汇文化产业园"和"安顺人民影剧院"成功签约。扎实推进黔中报业中心、安顺历史文化街区等50个文化产业省、市重点项目库的建设。积极组织实施深圳文博会签约项目,其中"普定穿洞游乐城"已经投入使用。

【对外宣传工作】 (1)围绕党委政府中心工作,积极策划、组织开展外宣活动。以油菜花旅游节、黄果树瀑布节等重大活动为平台,邀请中央、省、市及港澳近百家媒体记者来安采访报道。策划开展安顺"八大"(八大自然景观,八大人文景观,八大寺庙、八大民间艺术、八大民俗、市区八大景点、八大名人、八大名吃)评选活动。组织参加徐霞客国际学术研讨会。先后配合实施"多彩贵州踏春行"采访活动、全国党刊"走进红色贵州"采访活动等活动。

(2)不断加强和改进新闻发布工作。在建立第一批政府新闻发言人的基础上,建立市级党委新闻发言人、新闻助理及首批25家市县党委机关新闻发言人。与清华大学合作开办安顺市首期新闻发言人培训班,对全市党委和政府80余名新闻发言人开展培训。全年相继就百万市民学礼仪等召开新闻发布会和新闻通气会15次,并指导企业就企业运营情况等召开新闻发布会。

(3)认真抓好外宣品制作推介。与中央电视台合作,拍摄制作了《走进安顺》(8集系列专题片)、《欢乐中国行—魅力安顺》(大型文艺节目),在央视多次播出后,获得外界广泛好评,为此,将节目制作成5000套外宣光碟,用于进一步的宣传推广。策划设计具有地方特色的高档礼品—精装安顺地戏面具。全年共发放《中国瀑乡—安顺》(光碟)、《黄果树之旅》(光碟)、《对话—绝地突围》(光碟)、《贵州恋歌》(光碟)、"安顺文化旅游丛书"等外宣光碟和等外宣品2000余份(套)。

【队伍建设】 制定《安顺市〈关于贯彻落实〈关于加强地方县级和城乡基层宣传文化队伍建设的若干意见〉的实施办法〉实施方案》、《2011－2015年安顺市宣传文化系统干部培训规划》,进一步加强宣传文化系统干部队伍建设。举办全市第一期基层宣传文化队伍培训班,45名同志参加培训。组织参加全国县委宣传部长培训、全省宣传部长培训、舆情信息工作培训、文化产业专题培训、新闻发言人培训等培训学习。加强新闻工作者培训教育,开展"杜绝虚假报道,增强社会责任,加强新闻职业道德建设"专项教育活动和"走基层、转作风、改文风"活动,对市级媒体优秀新闻工作者进行褒奖。市级财政从2012年起,每年安排10万元基层宣传文化队伍培训专项资金。市文产办增设2个正科级内设机构,增配内设机构正副科长职数4名。

黔东南自治州宣传思想工作

【概述】 2011年,在州委的正确领导和省委宣传部的有力指导下,全州宣传思想工作以邓小平理论和“三个代表”重要思想为指导,深入贯彻落实科学发展观,按照“高举旗帜、围绕大局、服务人民、改革创新”的总要求,紧紧围绕“加速发展、加快转型、奋力赶超、推动跨越”的主基调,扎实推进宣传思想工作“创优年”各项任务的落实,为我州经济社会又好又快、更好更快发展提供了有力的思想保证、精神动力、舆论支持和文化条件。

【深入推进理论武装工作,用马克思主义中国化最新成果武装干部头脑,指导工作实践】 (1)大力推进学习型党组织创建活动。研究制定《黔东南州学习型党组织创建活动五年规划》和《学习型党组织创建分类达标标准》,拟用五年时间完成全州8159个党组织的达标创建工作,今年已完成第一批试点单位的验收。各级各部门及时召开动员会,安排部署学习型党组织创建工作,并抽派人员组建工作机构、划拨办公经费,确保创建活动稳步推进。

(2)认真抓好理论学习。研究制定《中共黔东南州委中心学习组2011年度学习计划》,积极做好州委中心组学习服务工作,全年共开展8次集中学习。组织编印简明通俗的《2011年黔东南州理论教育读本》9万余册,作为全州干部职工理论学习和创建学习型党组织的必读书目。组织开展全州干部职工政治理论学习考试,参学率、参考率、及格率均达95%以上。

(3)广泛开展理论宣传。组织我州理论骨干参加全省学习党的十七届六中全会精神培训班学习,做好省委十届十二次全会精神宣讲团到我州宣讲的服务工作,精心策划做好对州直科级以上、县市股级以上干部和乡镇干部的宣讲工作。积极配合省委宣传部、省社科联做好省级社科专家赴我州开展“社科理论下基层”活动,先后举办了3场专题报告会、3场座谈会。

(4)积极开展理论研究。组织优秀论文参加全省“庆祝中国共产党成立90周年”理论研讨会和全省“学习理论、指导实践”读书征文活动,共择优推荐15篇上报省委宣传部,其中1篇获省表彰,1篇入选省纪念中国共产党成立90周年理论研讨会交流发言。组织开展课题调研,完成《黔东南发展文化产业》等20篇较高质量的调研报告,择优推荐4篇上报省委宣传部。

【精心策划实施重大主题宣传,为全州经济社会又好又快、更好更快发展营造良好舆论环境】
(1)精心策划实施重大主题宣传活动。组织协调州内主流媒体,集中开设专版、专栏、专题,开展“苗侗人民心向党,团结奋进发展路”、“回顾‘十一五’,展望‘十二五’”、“推动黔东南多民族文化大发展大繁荣”等20多项主题宣传活动,为实现全州经济社会又好又快、更好更快发展营造了良好的舆论氛围。

(2)加强舆论引导,积极主动引导社会热点。制定各项宣传工作方案,适时印发宣传报道提示,指导全州各级新闻媒体组织开展新闻宣传工作。在全州新闻战线开展“走基层、转作风、改文风”活动。在今年我州抗旱最艰苦、最关键的时候,州广播电视台记者与央视记者一起深入抗旱一线采访并在央视“新闻联播”栏目播出的《屯上村放牛老汉杨光树的坚守》,成为央视“走基层”栏目开篇之作,在全国引起巨大反响。建立黔东南州互联网等媒体监督管理工作联席会议制度,指导各县市和州内网站做好网络新闻宣传管理工作。加强黔东南在线的建设和管理,积极扶持开办黔东南手机报。加大对州内网站监管力度,对不实报道、负面报道的文章或帖子要求相关网站及时删除。加强网络舆情监控,积极有效应对网上新闻宣传,避免了负面炒作,维护了社会稳定。

(3)开展典型宣传,发挥示范带动作用。做好王凤刚、张秀昊等一批全国、全省重大先进典型的宣传报道工作。丹寨县退休干部王凤刚同志30多年如一日,在身患重病致瘫情况下,仍矢志不渝保护传承优秀民族文化,受到了中央领导和中宣部、省委、州委主要领导的充分肯定,中央、省、州主要媒体对王凤刚同志先进事迹进行了广泛深入地宣传报道,成为全国备受关注的民族文化大发展大繁荣的生动典型。做好全州“两会”典型宣传报道。州级主要媒体开设“先进人物专访”、“代表委员风采”等专栏，重点选择工业、农业、教育、卫生、科技等方面的代表和农村致富带头人、返乡农民工创业典型、中小企业自主创新先进典型进行宣传。

(4)扎实开展思想道德教育和形势政策教育活动。围绕庆祝建党90周年，组织开展“万人读红书学党史”、“红歌唱响苗乡侗寨”等主题纪念活动，进一步激发了全州干部群众热爱黔东南、建设黔东南的责任感和使命感。以“发扬‘三敢’精神，推动跨越发展”为主题，以加强干部队伍思想作风建设为主线，以大讨论、大学习、大实践为主要形式，在全州广泛开展了敢闯新路、敢于突破、敢于胜利的“三敢”精神教育活动。

【狠抓“整脏治乱”和“满意在贵州”主题活动，精神文明创建活动不断巩固和发展】 (1)深入推进“整脏治乱”专项行动。制定下发《黔东南州“整脏治乱”专项行动工作推进计划》、《黔东南州2011年“整脏治乱”专项行动实施方案》。将“整脏治乱”工作纳入各级党政领导班子政绩考核内容，列入各级党委、政府及纪检监察部门专项督查内容和人大代表、政协委员专项视察内容，定期组织开展督查，形成各部门齐抓共管的立体监督网络体系。各级各部门面向社会公布监督举报电话和信箱，对举报投诉的问题，及时责成有关部门和县市限期整改。各级新闻媒体开设“不满意曝光台”，对存在的突出问题进行跟踪报道和舆论监督。

(2)深入推进“满意在贵州”主题创建活动。制定下发《黔东南州“满意在贵州”主题活动推进计划》、《黔东南州2011年“满意在贵州”主题活动实施方案》，以旅游景区、星级宾馆饭店、旅游商品经营店等为重点，扎实开展旅游服务环境建设。通过发放问卷、电话调查、网络征集等方式，在全州组织开展“不满意问题”征集活动。认真开展省文明网“不满意问题”的回复，共收到不满意问题87条，均已及时回复，回复率达100%。

(3)认真开展“道德模范”评选推荐和学习宣传活动。积极组织开展第三届全国道德模范推荐评选活动，镇远县酱菜坊董事长蔡英获全国“诚实守信”道德模范提名奖。组织我州第二届全省道德模范及提名奖荣获者4人，到各县市开展共12场巡回报告，州内媒体全程跟踪宣传报道，收到了良好的宣传效果。

(4)认真做好未成年人思想道德建设工作。围绕建党90周年主题纪念活动，在全州中小学校开展了“在党旗下成长”诗文大赛、“红歌唱响校园”歌唱大赛、“传统经典红色经典”诵读大赛、“我爱我家”绘画大赛等活动。同时，注重网吧及校园周边环境整治，全面推广网吧连锁经营制度，不断净化未成年人成长的社会环境。

(5)开展文明城市、文明村镇、文明单位评选推荐活动。组织开展全国第三批文明城市、文明村镇、文明单位及2009—2011年度全省文明城市、文明村镇、文明单位等推荐工作，评选申报全国文明城市1个、全国文明单位3个、文明村镇3个，全省文明县城3个、文明村镇4个、先进村镇12个、文明单位34个、先进单位57个。

【积极组织策划对外宣传活动，黔东南知名度和美誉度进一步提升】 (1)浓墨重彩“走出去”。春节期间，由我州120余名演职人员组成的贵州艺术团参加“百花迎春”晚会，为党和国家领导人献上了具有我州浓郁民族风情的精彩表演。在央视春晚上，我州64位侗族姑娘与著名歌唱家宋祖英同台表演歌舞《天蓝蓝》，获得“2011年春节联欢晚会我最喜爱的节目”歌舞类一等奖。在香港举办黔东南(香港)招商引资推介会期间，加强与贵州日报、香港商报、文汇报等媒体合作，开展“民族原生态，魅力黔东南”专题系列报道，加深了香港等地工商界和民众对黔东南的了解和关注。积极配合有关部门开展“湘商黔东南投资洽谈活动”、“六地洽谈”等活动，为我州成功开展招商引资推介活动营造良好氛围。

(2)热情周到“请进来”。借助省委宣传部、省委外宣办策划组织的系列考察采风活动和州内重大民族民间节庆活动，热情邀请国内外媒体记者、作家、艺术家走进黔东南、宣传黔东南，全年共邀请国内外媒体300多家、记者2000多人次，刊播各类稿件2万余篇(幅)，其中省级以上6千余篇(幅)。特别是春节期间邀请央视到雷山拍摄苗族年节文化,在央视新闻、中文国际和英语新闻等频道播出16条专题背景短片,并进行9场现场直播。今年4月,我州还与央视综艺频道联合摄制播出《欢乐中国行,魅力黔东南》节目。

(3)切实推进新闻发布工作。研究制定《贯彻落实〈关于建立贵州党委新闻发言人制度的实施意见〉的实施意见》,建立州委新闻发言人列席州委常委会议或重要会议制度。提请州委研究任命了州委新闻发言人、新闻助理。调整充实州、县两级政府和州直部门新闻发言人,指导各县市区完成党委新闻发言人、新闻助理的任命工作。围绕州委、州政府中心工作,先后召开了20场专题新闻发布会,及时有效掌控新闻舆论主导权,促进了党务、政务信息公开。

【深化文化体制改革,努力推动文化产业文化事业发展】 (1)扎实稳妥,深化文化体制改革。报请州委八届十一次全会审议通过《中共黔东南州委关于深化文化体制改革推动多民族文化大发展大繁荣的实施意见》。研究制定《黔东南州2011年文化改革发展任务及责任分解》,明确今年各项改革工作任务。成立文化体制改革督办组,督促指导州民族歌舞团、黔东南日报社、州广播电视台等单位的改革改制工作,确保了各项改革工作按照中央和省制定的时间和线路图稳步有序地进行。

(2)督促指导,做好文化产业项目规划编制。组织编印《黔东南州"十二五"重点文化产业项目建议书》、《黔东南文化产业招商引资项目推介书》。编制完成贵州省文化产业招商引资项目数据库89项,是全省9个市州地入选项目最多的地区。启动使用贵州省文化产业项目数据库管理平台,优选上报120个文化产业项目,投资总额272.7亿元,其中"中国凯里银饰博览交易城"、"中国历史文化名城镇远保护利用开发"、"黎平县侗族大歌山水实景演出"等3个文化产业项目被列为2011年全省重点建设项目。

(3)狠抓落实,文化产业招商引资工作成效明显。在北京举办黔东南州文化产业招商引资洽谈会,签订各类协议57个,涉及项目协议资金34亿元。引进广州立昌动漫科技有限公司在凯里经济开发区投资1亿元建设贵州立昌民族动漫产业园项目。组团参加第七届中国(深圳)国际文化产业博览交易会,签约17个文化产业项目,协议资金65亿元,成为贵州省签约数量最多、投资金额最多的地区。此外,积极参加州委、州政府组织的赴重庆、北京、宁波等地招商引资洽谈活动,今年,我州文化旅游产业招商引资正式签约项目18个,共计265亿元。

(4)统筹协调,推动文化文艺活动创新发展。精心组织开展"唱响苗乡侗寨"电视歌唱大赛等群众性文化活动,积极组织开展台江苗族姊妹节、雷山苗年暨鼓藏节等民族民间节庆活动,丰富群众精神文化生活。组织做好2011"多彩贵州"歌唱大赛,在全省决赛中取得了1个金黔奖、2个银瀑奖和1个团体铜鼓奖的优异成绩。认真组织实施文艺精品项目建设和创作生产,引资拍摄《镇远镖局》、《寻找牛腿琴》等影视作品,编创《侗族大歌实景演出》、大型苗族歌舞剧《仰阿莎》、《伟大转折从这里开始》等一批重大文艺剧目。我州大型剧本《山雨古镇》、电影《马红军》、歌曲《家乡的味道》等18件作品获2011年度贵州文艺作品高端平台展示奖励。

【加强干部队伍建设和机关作风建设,不断提升宣传思想工作水平】 (1)加强干部队伍建设。报请州委通过了《关于切实加强我州县(市)和城乡基层宣传文化队伍建设的实施办法》,为我州基层宣传文化队伍建设提供了强有力的政策支持,一批年富力强的优秀干部被选拔到宣传部门领导岗位,充实了基层宣传文化队伍的力量。组织开展6期宣传干部培训班,分别赴清华大学、复旦大学等高校和沿海发达地区学习。按时完成全州宣传思想文化人才资源统计工作。配合有关部门做好州直宣传文化系统公务员和事业单位聘用人员的招考、录取工作。

(2)扎实开展"创先争优"、"三个建设年"、"四帮四促"等活动,切实加强机关作风建设。制定了《州委宣传部"首问责任"制度》、《关于严肃干部工作纪律"十不准"的规定》等工作制度。定期公布干部职工"一周工作纪实",激发了干部职工干事创业的热情,有效促进了机关作风建设。做好党员领导干部点评党员活动,每名党员结合各自岗位的职责要求作出公开承诺。分期分批抽派科级干部深入天柱县邦洞镇、渡马乡开展"科级干部下基层"活动,协调有关部门帮助村两委解决实际困难,落实项目资金50余万元,深受基层群众的好评。

黔南自治州宣传思想工作

【概述】 2011年,全州宣传思想文化工作以邓小平理论和"三个代表"重要思想为指导,全面贯彻落实科学发展观,紧紧围绕省委、州委关于"三个建设年"、"四帮四促"、"创先争优"和全省宣传思想文化"创优年"工作要求,深入学习贯彻党的十七大和十七届五中、六中全会精神和省委十届十二次全会、州委九届十三次全会精神,高举发展、团结、奋斗的旗帜,着力在全州营造"加速发展、加快转型、推动跨越"的浓厚氛围,扎实推进宣传思想文化各项工作,为全州经济社会更好更快发展提供强大思想保证、精神动力、舆论支持和文化条件。

【理论武装工作】 (1)扎实推进学习型党组织建设。全州以各级党委(党组)中心组理论学习为龙头,形成了主要领导负总责,分管领导具体抓的学习机制。各级各部门将学习型党组织建设与"三个建设年"、"四帮四促"、"创先争优"和"十大民生工程"紧密结合,充分运用网络学习平台,丰富学习内容,不断提升党委(党组)中心组学习效果。同时创新学习方式方法,开展集中学习活动,州委中心组组织到猴场会议会址开展学习教育,把各级干部思想统一到贯彻落实科学发展观上来,凝心聚力,推动全州经济社会更好更快发展。

(2)积极组织开展党的理论进基层。组织"社科理论下基层暨形势政策教育万场大宣讲"活动。根据全州统一安排,分级分期对全州1000多名理论骨干进行学习培训,组建州县乡三级宣讲团,深入全州13县(市、区)开展宣讲,全州完成各类宣讲报告11000余场次,听众达100万多人次。

(3)以庆祝"建党90周年"为重点,推出一批理论调研成果。一年来,州级媒体专栏刊播理论学习专题、专刊80余期,刊载学习心得文章60多篇。组织开展全州"学习理论、指导实践"读书征文活动,共收到征文33篇,其中3篇被省委宣传部收录于征文集。开展"建党90周年"理论征文活动,收到论文67篇,8篇论文参加全省理论研讨,1篇文章入选研讨会文集。结合省、州"两加一推"主基调,推出一批理论文章,《坚持科学发展,推动民族地区发展新跨越》一文在《求是》发表。抓好舆情信息工作,围绕重大事件和社会热点,分析研判、提出对策建议。全年上报舆情信息近300篇。中宣部、省委宣传部采用50余篇。

【新闻宣传工作】 (1)做好主题宣传。围绕学习贯彻十七届五中全会、十七届六中全会、省委十届十次全会、州委九届十三次全会和省、州"两会"等会议精神,全州各级新闻媒体开设相关专栏、专版。刊播发稿件3321条,其中,黔南日报912多条(幅),黔南电视台928条,黔南人民广播电台519条,黔南热线网站642条,做好"四项活动"主题宣传,各级新闻媒体在重要版面、重要时段统一推出专栏(专题专版),均通过组织系列访谈、系列评论员文章、系列典型报道,以专题、专版、特写、图片等多种形式做好宣传报道,州级新闻媒体共开辟专题专栏专版数为19个,刊播稿件达8023条(篇),省级以上采用达621条。

(2)做好全州经济社会发展中先进模范人物及典型宣传。重点突出抗灾救灾工作的先进模范集体和个人,收集上报各类先进事迹30多个;结合庆祝建党90周年和邓恩铭诞辰110周年活动宣传部署,以开展"纪念邓恩铭诞辰110周年学术研讨会"、参与拍摄红色电影《少年邓恩铭》等为载体,抓好伟人事迹宣传;抓好胡积良、李庆丰等先进人物典型宣传,制定下发学习宣传文件,加强事迹宣传报道,努力在全州营造万众一心,众志成城,迎难而上,勇夺胜利的精神氛围。

(3)努力做好公共突发事件的正面宣传引导。坚持新闻通气阅评制度,加强队伍建设,定期编写新闻阅评简报,防止报道不实和报道不当事件的发生。健全完善突发事件新闻宣传的应急预案,及时快捷做好对“食盐抢购”、“贵广交界煤矿透水事故”、“福泉马场坪爆炸”、“惠水长田乡11·26”等突发事件、群体性事件、热点问题的新闻报道和舆论引导。

【网络舆论引导】 一是加强网络舆情监控信息员和网评员队伍建设。加大通讯员队伍的培训管理力度。以在线、面授等形式加强培训指导,全年受训人员达70余人(次)。二是加强网络信息监管。及时下发《互联网宣传管理工作要点》,《关于认真做好互网联络舆情信息监控工作的通知》,推行网络舆情信息周报制度,加强网上监控,掌握话语权。严格按照省要求,认真开展好“网上涉性用品药品非法信息专项行动”、“药家鑫案”、“集中清理网上政治类有害信息专项行动”、“杜绝虚假报道专项教育活动”等网络舆论引导和舆情监控,号召全州网评员参与网络引导跟帖2万余条(次),及上上报相关信息、简报、总结31期。在应对“食盐抢购”、“贵广交界煤矿透水事故”、“福泉马场坪爆炸”、“惠水长田乡11·26”等突发事件引发的网民强烈反响,及时制定了宣传引导应急预案,组织网络评论员24小时跟踪对各重点网站舆情进行跟帖、掌握动态,加强引导,澄清事实,把握网络阵地主动权和话语权,为事件处置赢得良好社会舆论氛围。

【对外宣传】 (1)强化机制,推动外宣再上新台阶。对外宣传工作围绕州委、州政府工作大局,立足“塑形象、造影响、促发展”,营造更加有利的舆论环境,取得明显成效。据不完全统计,1—11月外宣稿件已达2536篇(条),其中,中央级主流媒体296条,省级媒体2240条。州内媒体刊播外宣稿件3196条,网络媒体发稿5600多条。

(2)拓展载体,切实扩大对外宣传领域。深入实施对外宣传“请进来”工程。通过开展文化宣传、招商活动,实施“走出去”战略宣传。今年仅外宣办直接接待的各级新闻媒体已达80多批次近300人次来访。加强网络宣传。充分利用州最大门户网站“黔南热线”平台等网站平台,积极主动开展“网聚黔南”系列活动。围绕建党90周年,加强外宣工作。通过承办省“纪念邓恩铭诞辰110周年系列活动”,与浙江嘉兴报业传媒集团联合启动“红船精神——一大代表邓恩铭故里行”活动等各种有效形式加强对外宣传。

(3)打造精品,加大对外宣传。立足黔南,制作出版《地球绿宝石、风情黔南州》等外宣品,各县市、州直有关部门也陆续制作一批具有我州经济、文化、旅游、生态特色的外宣品,多渠道、多方式深入宣传黔南,提高黔南知名度和美誉度。

(4)不断提高新闻应急管理能力。健全完善突发公共事件新闻报道工作机制,提高突发事件对外报道的时效性。如3月17日的食盐抢购风潮、7月2日的平塘县克度镇牛棚煤矿发生透水事故、11月1日福泉爆炸事故等突发公共事件,及时启动应对突发公共事件预案,快速作出反应,及时发布信息,正确引导舆论。

(5)不断加强和改进新闻发布工作。一是积极推动党委新闻发言人制度建设,推动我州新闻发布工作制度化、规范化、常态化。二是策划重点新闻发布活动,不断提高应急新闻发布的能力。举办“中国共产党黔南州第十次代表大会新闻发布会”、“黔南州查处损害发展环境典型案例新闻发布会”等。

【思想政治工作】 (1)以迎接建党九十周年为契机,切实深化理想信念教育。通过大力宣传身边的先进典型和先进人物,抓典型,树榜样,努力营造比学赶帮、争先进位、多做贡献的环境氛围。利用重大节日民族节庆为载体,广泛开展喜闻乐见的群众性广场文体活动,增强广大民众对中华民族文化、民族精神的认同感和凝聚力,展示多姿多彩的民族文化,大力弘扬中华民族传统文化、传统美德。

(2)以推荐评选道德模范为契机,扎实加强公民道德宣传教育。积极推荐评选道德模范。全州推荐全国第三届道德模范候选人4名,其中李庆丰获得了全国第三届道德模范提名奖。在全州广泛学习宣传道德模范先进事迹,加强典型引导,用道德模范先进事迹引领社会风尚,弘扬正气,弘扬传统美德。在“3·15”消费者权益保障日期间,开展“百城万店无假货”诚信创建活动。广泛开展文化、科技、卫生“三下乡”和文化、科技、法律、卫生“四进”社区及广场文化活动，丰富城乡群众文化生活，帮助解决群众实际困难，全州“三下乡”活动完成了500多场次。开展以“迎九运、讲文明、树新风”为主题的文明礼仪“六个100工程”活动，在全州普发《文明礼仪手册》5000余册，普及文明礼仪知识；举行5场道德模范报告会；转发10余万条文明礼仪短信，在旅游行业开展了“十大文明礼仪之星”评选。

【精神文明建设】 （1）深入推进“满意在黔南”主题活动和“整脏治乱”专项行动。强化职责任务。州委书记黄家培与各县（市）委书记签订了2011年“满意在黔南”工作责任状，州政府副州长吴胜华和各县（市）政府分管领导签订了2011年“整脏治乱”工作责任状。调整充实并整合州“整脏治乱”和“满意在黔南”主题活动领导小组，由州委主要领导任组长、州四家班子分管、联系领导任副组长，明确工作责任，落实工作任务。推行片区督查责任制，加强督查考核，每季度州分管领导亲自带队深入县（市）城区、村镇、交通沿线进行明察暗访。

（2）广泛开展群众性精神文明创建。今年是国家级、省级、州级文明城市（县城）、文明村镇、文明单位申报创建年，全州共推荐全国文明村镇2个、文明单位3个，向省推荐全省文明县城1个、先进县城3个，全省文明村镇4个、先进村镇9个，全省文明单位30个、先进单位61个。全州共申报创建州级文明城市（县城）1个、文明单位49个、文明村镇34个、文明窗口41个，复查上届文明城市（县城）、文明单位、文明村镇、文明窗口共237个。

（3）以开展“祖国好、家乡美”主题系列活动和乡村学校少年宫建设为重点，扎实推进未成年人思想道德建设。一是州文明委下发了《关于在全州中小学校开展“祖国好、家乡美”主题系列活动的通知》，结合开展“做一个有道德的人”、“我们的节日”、“中小学弘扬和培育民族精神月”等活动，围绕主题，突出重点，统一品牌，统一部署，扎实开展“祖国好、家乡美”主题系列活动。二是切实加强净化社会文化环境活动，营造良好未成年人健康成长环境。加强网吧监管，开展督查，大力整治校园周边环境，努力净化社会文化环境。三是大力加强乡村学校少年宫建设和“千校万师”德育骨干教师培训工作。全州共获得中央专项彩票公益金支持乡村学校少年宫项目建设10个，获得省级专项彩票公益金支持乡村学校少年宫项目建设7个。四是扎实抓好“十大民生”工程，努力改善农村生产生活环境。制定工作实施方案，细化、量化、具体化工作目标和任务，积极落实和分解细化我州的工作任务与相关指标。2011年省下达的农民文化家园建设42个项目，已全面完成建设任务。

【文化体制改革工作】 （1）完成州市舞剧团改革。州歌舞剧团和都匀市歌舞剧团的两注两销、清产核资工作全部完成，共核销事业编制126名。

（2）黔南人民广播电台、黔南电视台完成合并。挂牌成立“黔南广播电视台”，完成了台领导班的任命、中层干部竞聘上岗、招聘人员考核考试等工作。

（3）州文化局和州广播电影电视局完成合并。组建成“黔南州文化和广播电影电视局”，并任命主要负责人。

（4）完成州县两级文化市场综合执法改革工作。州县（市）文化市场综合执法机构全部成立，机构编制154人。

（5）完成文化事业单位内部管理三项制度改革。全州公益性文化事业单位内部管理三项制度改革工作与事业单位改革工作同步开展并全面完成。

（6）认定并发布4家国有经营性文化单位转制企业名单，并办理财税优惠政策。

【文化产业发展工作】 （1）积极培育发展了一批文化企业。培育了贵州广电网络黔南分公司、平塘牙舟工艺美术陶瓷厂、黔南黔视传媒文化有限责任公司、三都县凤之羽文化传播有限公司等骨干文化企业。

（2）实施一批文化产业项目。荔波大剧院、龙里“创意产业园”、“欢乐水世界”、“国际体育休闲度假中心”等一批文化产业项目开工建设。大型方言剧《大桥头人家》、《搞倒事》开机拍摄。

(3)完成《黔南州文化产业发展规划》编制工作。委托贵州省社科院编制的《黔南州文化产业发展规划(2010—2020)》已印发实施。

(4)组织参加第七届深圳文博会。我州的电视连续剧《邓恩铭》、贵州特色旅游文化综合服务平台、平塘年产20万件花石旅游工艺品等3个项目在会上成功签约,签约资金5980万元。

【文艺创作工作】 (1)电影《少年邓恩铭》完成拍摄并公映;

(2)在2011'多彩贵州歌唱大赛中,都匀《苗毽恋歌》、三都《金秋端节》分获原生态类铜鼓奖,罗甸《嗦喳》获合唱类单项赛优秀奖。

(3)承办贵州省第十一届杜鹃曲艺节,出版了《黔南美术作品集》,50多部文艺作品获省级以上奖励,公开出版30多部专著。

【干部队伍建设】 (1)出台了《关于加强和改进基层和城乡宣传文化队伍建设的实施意见的实施办法》。落实了干部培训经费60万元,“四个一批”人才专项经费10万元,杨敏、杨长沙、潘兴周等3名同志入选省宣传文化系统第四批“四个一批人才”。

(2)加强县(市)委宣传部领导班子建设。10个县(市)部长进行调整,其中2名提拔使用,全州12县(市)有15名副部长进行轮岗交流,部机关3名干部走上副县级领导干部岗位。

(3)加强干部培训。采取“请进来”和“走出去”的方式,在厦门大学举办全州宣传文化干部培训班1期,组织全州宣传文化干部到文化产业发展先进地区培训学习,在州内先后举办舆情信息和文明办主任培训班等两期300余人。

(4)加强州县宣传干部学习交流。从县(市)委宣传部抽调15名年轻干部到州跟班学习锻炼,选派年轻干部到省委宣传部学习锻炼。

黔西南自治州宣传思想工作

【概述】 2011年,全州宣传思想文化工作坚持以邓小平理论和“三个代表”重要思想为指导,深入贯彻落实科学发展观,按照“高举旗帜、围绕大局、服务人民、改革创新”的总要求和全省宣传思想文化“创优年”的各项任务,齐心协力,开拓进取,较好地完成了年度各项工作,为全州经济社会又好又快、更好更快发展提供了强有力的思想舆论支持,营造了良好的社会环境。

【紧密联系实际,着力抓好理论武装】 (1)深入推进全州学习型党组织建设。运用各种载体,创新学习形式,丰富全州各级党委(党组)中心组学习内容,保证了学习效果。加强对全州各县(市)区及州直各有关单位党委(党组)中心组学习的督导、检查。认真组织开展全省学习型党组织建设示范点的推荐上报工作,州委中心组、普安县委中心组、晴隆县委中心组3份经验交流材料入选经验交流会和入编《全省党委中心组暨学习型党组织建设经验交流会文集》。认真组织开展“学习理论、指导实践”读书征文活动,共向省里推荐上报了10篇征文,其中有1篇荣获一等奖、3篇荣获三等奖,共有5篇入选《论文集》。

(2)认真组织开展“社科理论下基层”活动。配合省社科联在兴义举行了贵州省“社科理论下基层”活动主题报告会,在兴义市开展了社科理论知识宣传普及活动。组织报告团深入全州各县(市)区举行报告会和开展社科理论知识宣传普及活动,在全州产生了广泛影响。

(3)扎实抓好理论学习宣传。组织开展《中国共产党历史》第二卷和《理论热点面对面2011》等通俗理论读物的学习宣传。组织开展学习贯彻胡锦涛总书记“七一”重要讲话精神系列活动和纪念中国共产党成立90周年征文活动。组织撰写以“周宣文”、“鼓夫”为笔名的金州时评文章在州内媒体刊播,为全州经济社会又好又快、更好更快发展营造良好的舆论环境。

(4)积极宣传贯彻中央、省委全会精神。及时组织开展了党的十七届六中全会和省委十届十二次全会精神宣讲。结合黔西南实际出台了《中共黔西南州委贯彻〈中共贵州省委关于贯彻党的十七届六中全会精神推动多民族文化大发展大繁荣的意见〉的实施意见》。

（5）努力构建社会主义核心价值体系。通过推荐评选，2011年，我州获得全国、全省道德模范以及提名奖12人（朱昌国荣获全国敬业奉献道德模范提名奖）。我们从中确定了具有代表性的4位宣讲对象，制作了宣传专题片《德馨盘江》，采取"一观"（观看专题片）、"一听"（现场听报告）、"一谈"（谈心得谈感受）的方式，组织报告团赴8县（市）和顶效开发区、各高等院校开展宣讲报告11场次，直接受众达6000余人，并通过电视、广播、报纸等媒体延伸，宣传受教育人数达10万人次以上。

【服务发展大局，着力加强舆论引导】 （1）通过强有力的主题宣传报道，为全州广大干部群众提供了强有力的思想动力和精神支柱。紧紧围绕州委、州政府中心工作，精心策划组织了以党的十七届五中、六中全会、中央经济工作会、省委全会、州第六次党代会、州"两会"等重要会议的宣传报道；做好我州"三个建设年"、惠民惠农政策措施、民族、体育、教育等重大主题宣传。在州内各媒体开辟了《强力推动经济社会又好又快更好更快发展》、《金州党旗红》、《当好东道主、办好旅发会》等专栏，营造了良好的舆论氛围；组织以纪念建党90周年、辛亥革命100周年、第九届全国少数民族传统体育运动会、全省产业园区（开发区）暨项目建设年现场观摩会、2011年中国（贵州）国际酒类博览会等重大主题的宣传报道。

（2）有效提高应对突发事件、自然灾害等的舆论引导能力。认真落实《黔西南州突发公共事件新闻报道应急方案》，进一步完善新闻通气会制度和新闻阅评制度，推进新闻宣传的及时性、准确性和有效性。及时协调中央、省级和州内媒体对抗旱、望谟"6·06"抗洪救灾等突发事件、自然灾害的舆论引导，及时引导了"食盐抢购"事件等热点和敏感问题，切实维护社会和谐稳定。

（3）提升亮点，用典型宣传引领社会风尚。重视"典型"的引领作用，培养和树立可亲、可敬、可信、可学，能引起群众感情共鸣的先进典型，充分运用先进典型的动人事迹感染人、教育人、引导人，发挥典型引路的聚集效应，引领社会风尚。2011年我们以优秀基层村干部朱昌国、"最美乡村女医生"钟晶、望谟"6·06"抗洪英雄民警向翔、刘克庄、何会洋等为主的先进典型，在中央媒体、省级媒体和州内媒体的大力宣传下产生了良好的宣传效果。

（4）通过开展学习教育活动，提高新闻从业者素质，提升我州新闻宣传水平。在全州新闻单位开展了"走基层、转作风、改文风"教育活动和"杜绝虚假新闻、增强社会责任感、加强新闻职业道德建设"专项学习教育活动，推动新闻媒体记者深入基层一线，挖掘现实素材，撰写生动鲜活的新闻报道。

（5）强化管理，不断完善网络运行机制。结合实际修订完善了《关于加强网络舆情监管工作的意见》，对相关部门和人员的工作职责、监控范围、监控原则和监测内容进行了明确和规定。目前，《中国黔西南网》、《金州广电传媒网》、《金州快报》、《黔西南手机报》获得省人民政府新闻办审批，成为引导社会舆论的重要阵地。探索并建立了《网络舆情引导暂行办法》，出台了《网评员管理办法》，不断壮大了全州网评员队伍。加强网络舆论引导，及时消除负面影响，全年共组织引导网上舆情30余件，编发舆情通报20余期，以其他方式转告的舆情50余次。积极与新浪、天涯、人民网、新华网等百余家全国、省级和地州新闻网站沟通合作，采取论坛发帖或转载黔西南人文历史、山水风光、民族风情等内容，州内手机报每天刊登《黔西南历史上的今天》等内容，达到了内聚人心，外塑形象的目的，大力提升了黔西南的知名度和美誉度。

【深化体制改革，着力加强文化建设】 （1）公共文化服务体系建设不断完善。完成全州41个乡镇（街道办）综合文化站、2个社区文化中心、9个社区文化活动室设备配置。完成543个农家书屋、50个数字农家书屋、30个数字图书进农家建设工作。完成第三批村村通安装任务数36335

座。完成全州农村电影公益放映25973场次,观影人数达296.85万人。建设县乡干线光缆1403公里,实现109个县乡联网和部分乡镇的本地网改造,建成20个乡镇广播电视综合服务站。

(2)文化体制改革任务基本完成。顺利完成州民族歌舞剧团改革、文化市场综合执法改革、公益性文化事业单位内部三项制度改革等任务;顺利完成两局、两台合并,分别组建黔西南州文化和广播电影电视局、黔西南广播电视台。

(3)文化产业发展工作扎实推进。全州文化产业统计顺利完成。通过统计,2010年全州文化及相关产业从业单位(含个体工商户)1174个,从业人员15905人,实现增加值3.63亿元(含文化旅游业),占我州GDP的1.18%。《黔西南州文化创意产业发展规划》完成编制并通过专家评审。省、州文化产业发展专项资金重点支持了17个项目,兴义两江文化创意产业园区、晴隆24道拐抗战文化园等重大项目加快推进。睿驰国际休闲娱乐健身会馆项目、万峰林自然遗产展示中心、兴义市布谷鸟民族风情园等3个深圳文博会签约项目顺利落地实施。我州民营资本投资建设的睿驰国际休闲娱乐健身会馆项目已营运,兴义市数字电影建设项目已投入使用,产生了较好的经济效益和社会效益,兴义刘氏庄园维修、兴义南龙布依生态博物馆建设等一大批项目顺利实施。

(4)抓好文艺精品创作。全程在我州拍摄的电影《幸存日》、《云下的日子》于3月6日在北京举行了首映式。总投资250万元,由黔西南州晴隆县政府、北京青年电影制片厂共同投资拍摄的电影《阿妹戚托》于10月19日-22日在安徽合肥举行的“第20届中国金鸡百花电影节”上荣获民族电影参展纪念奖和国产新片参展纪念奖,并在全国院线上映。认真组织创作中长篇小说《笔山书院》。组织参加2011年“多彩贵州”歌唱大赛,经过州级海选,选送10个节目参加省半决赛,最终望谟县选送的山花组合进入省决赛,并获得原生态类别铜鼓奖。

(5)广泛开展文化娱乐活动和“文化下乡”活动。组织开展了纪念中国共产党成立九十周年文艺演出活动;抓好望谟三月三、贞丰六月六、兴仁八月八、顶效查白歌节、安龙荷花节、普安春茶节、册亨布依文化年活动、第六届贵州旅游产业发展大会等重大节庆文化活动;指导社区、企业、校园、机关、军营、乡镇等开展好各种文化活动。

【拓宽外宣渠道,着力打造我州全新形象】

(1)丰富载体“请进来”,开展系列外宣活动。创新推介渠道和形式,把新闻外宣、旅游外宣、体育外宣、文化外宣、经贸外宣、典型外宣、节庆外宣有机结合起来,不断拓展我州外宣工作的广度和深度。2011年,通过系列活动“请进来”的国内各级媒体、境外媒体达100余家,千余名记者参与黔西南州经济社会发展及旅游文化宣传推介工作,邀请了中央电视台、凤凰卫视、福建海峡卫视、台湾东森电视台等媒体到黔西南州拍摄专题宣传片。全年开展了“第六届贵州旅游产业发展大会”宣传、“多彩贵州踏春行”——“魅力黔西南·神奇喀斯特”大型采访活动、“全国卫视贵州行”、“广播名嘴话金州”旅游推介大型直播活动、2011百名青年摄影家走进“水墨金州”自驾采风摄影创作活动、“贵州文化名人重返兴义看发展”、“中国旅游日·万峰林旅游推广”、“迎旅发·激情万峰林”越野车穿越等活动。

(2)精心策划“走出去”,提升黔西南整体形象。借助全国第九届少数民族运动会等大型活动在贵阳举办的机遇,在贵阳新闻中心召开推介我州经济社会发展和旅游资源新闻发布会,陈鸣明书记、龙长春州长亲自到新闻发布会上宣传推介黔西南,这在九个地州市中是唯一的一家,树立了我州开放发展的良好形象,起到了很好的宣传效果。借省“两会”在贵阳召开之际,组织黔西南州“十一五”经济社会发展成就宣传展板在会场展出;积极搞好协调,做好州委、州政府赴香港、广州、深圳等地开展重大招商引资洽谈活动新闻宣传。

(3)“搭建平台”,深入挖掘我州文化资源,向外展示地域特色文化。继续办好《黔西南历史上的今天》、《天南地北金州人》、《千奇百怪黔西南》、《金州地名溯源》等四个栏目。为全面深入挖掘我州丰富的历史文化资源,去年我们组织州内外文化名人,举办“金州文化讲坛”,报纸、电视、电台同步刊播,进一步提升了黔西南人的文化自信和文化自觉，展示了黔西南的深厚文化内涵。

(4)切实抓好新闻发布工作。围绕经济社会发展和对外宣传的需要，精心策划新闻发布活动，全年共自主召开 9 场新闻发布会，树立了“公开、透明、务实”的党委、政府形象。

(5)突出特色，制作和推介外宣品。全年编撰了《黔西南历史文化二十二讲》、《黔西南文化旅行图》、《黔西南旅游指南》、《今日黔西南》等 7 本书籍(专刊)，制作了《开放的金州》、《峰升水起·和谐金州》等 10 余张外宣光碟；各县市根据自己的亮点制作发放了画刊 20 余种 8 万余册，光碟 20 余种 3 万余张，其他外宣品 20 余类，成为推介宣传黔西南的重要载体。

【创新载体内容，着力培育文明风尚】 (1)深入开展精神文明创建工作。全州共创建全国文明村镇 3 个，全国文明单位 3 个、全省文明县城 1 个、全省精神文明创建工作先进县城 1 个、全省文明村镇 4 个、全省精神文明建设工作先进村镇 9 个、全省文明单位 24 个、全省精神文明建设工作先进单位 55 个。

(2)扎实推进“整脏治乱”和“满意在黔西南”工作。研究制定了《黔西南州“整脏治乱”专项行动纲要(2011—2015)》、《黔西南州“满意在黔西南”主题活动实施纲要(2011—2015)》，出台《黔西南州“整脏治乱”、“满意在黔西南”工作问责暂行办法》。经过艰辛努力，在 2011 年全省年度考核中，“整脏治乱”工作从 2010 年全省挂末上升到第二位，“满意在黔西南”工作从 2010 年挂末上升到第三位，实现了州委、州政府提出的增比进位、位次前移的目标要求。

(3)着力提升农村精神文明建设。按时完成了全州 31 个“农民文化家园”申报工作。撰写《以“四在农家”品牌为统领着力打造黔西南州生态文明建设的构想》等理论文章，指导做好农民文化家园建设项目的建设、管理工作。各乡镇、村充分利用已建成的“乡镇精神文明活动中心”、“农民文化家园”对群众进行劳动技能、科技种植养殖、致富能手等培训，确确实实让人民群众得到实惠，感受到了党和政府的关心。

(4)大力提高志愿者服务水平。坚持以“学业辅导、亲情陪伴、自护教育、爱心捐赠”为主题，利用“学雷锋日”、“6.1”、“国际志愿者日”、周末等节假日，组织志愿者开展关爱空巢老人、留守儿童、残疾人等活动。

(5)开展“文明城市文明人、水墨金州我的家”品牌创建活动。以“今天我要学雷锋”、“文明卫士周末行，环卫工人大比拼”、“义务劳动树新风”、“金州十佳文明服务窗口”、“金州十佳文明服务之星”、“十佳文明护士”、“十佳文明医师”、“十佳文明药店”等系列活动为载体，为宣传黔西南、推介黔西南、打造黔西南名片做出积极贡献。

(6)以生态家园文明示范村为载体，抓好兴义南龙布依生态博物馆建设规划和项目申报。完成了《南龙古寨布依生态博物馆保护与可持续发展规划》、《项目建议书》编制、申报和前期建设工作。挂牌成立了“兴义南龙布依生态博物馆”、“黔西南州布依文化研究中心”、“黔西南州布依生态家园文明示范基地”。

【加强自身建设，着力提升队伍素质】 (1)着力提升干部能力。认真执行《关于贯彻落实〈关于加强地方县级和城乡基层宣传文化队伍建设的若干意见〉的实施办法》，研究制定了实施细则和干部培训计划。结合县乡两级换届工作，配齐配强了各县市党委宣传部领导班子。组织了两次较大规模干部培训，对全州 130 多名乡镇(街道办)宣传委员或分管领导、50 多名各县(市)文明办主任、文产办主任以及民间文化人才进行了为期 7 天的培训。加大“四个一批”人才培养管理力度，2011 年有 1 名同志入选。目前，全州共有 4 名“四个一批”人才。

(2)着力激发创优活力。结合州委、州政府创先争优、“三个建设年”、“四帮四促”主题活动，在全州宣传思想文化系统开展了“天天有激情，时时在状态”学习实践活动，结合“万名干部下基层，扎扎实实帮群众”活动，广泛发动宣传思想文化干部深入农村、社区、企业、学校、军营开展调查研究。扎实抓好党员干部廉政教育和警示教育。组织开展“军事日”和国防教育活动，切实解决影响和制约宣传思想文化工作创优的薄弱环节，提升了全州宣传思想文化战线干部的精气神，调动了工作积极性,特别是在完成以办好旅发大会为重点的各项急、难工作中,全州宣传文化系统都能识大体、顾大局,以更高的标准、更严的要求、更实的作风出色地完成了任务。

铜仁市宣传思想工作

【概述】 2011 年,铜仁市宣传思想工作在市委、市政府的正确领导和省委宣传部的精心指导下,坚持以邓小平理论和“三个代表”重要思想为指导,深入贯彻落实科学发展观,认真落实全省宣传部长会议和市委确定的目标任务,全市宣传思想工作保持了昂扬向上的发展态势,为推动全市经济社会又好又快发展提供了有力的思想保证、精神动力、舆论支持和文化条件。

【理论武装工作】 (1)推进学习型党组织建设。以推进学习型党组织建设为重点,加强党员领导干部理论学习教育。指导全市党委(党组)中心组学习,加强网络学习平台建设。推荐了松桃、德江县委中心组等 3 篇文章入选全省党委(党组)中心组学习暨学习型党组织建设经验交流材料;参加全省“学习理论、指导实践”读书征文和“纪念建党 90 周年理论征文”活动,1 篇理论文章获征文二等奖。对全市 120 余名理论骨干进行了培训,对 100 多名新提拔的科级干部任前理论考试。

(2)集中开展理论宣讲。组织市县乡宣讲队,深入机关、学校、企业、农村,围绕胡锦涛“七一”重要讲话、党的十七届五中、六中全会和省委十届十二次全会等精神,举办了 2800 多场次理论宣讲活动,35 万多名干部群众接受了教育。组织 10 多名社科专家深入基层开展了“社科理论下基层”系列活动。

(3)组织理论研究和评奖。开展了铜仁地区第六次哲学社会科学课题申报及评奖工作,201 件课题参加了申报评奖,评出 36 项成果奖、30 项荣誉奖和 13 个组织奖;出版了《“三化”新论——铜仁地区工业化城镇化农业现代化对策方略》等 5 部理论调研文集。

【新闻舆论引导工作】 (1)狠抓主题宣传。紧扣“加速发展、加快转型、推动跨越”主基调,构建“两带两圈”产业体系、推动“六个新跨越”发展战略,庆祝建党 90 周年、“三个建设年”、“创先争优”、“四帮四促”等主题,精心策划宣传方案,下发 8 期《宣传提示》,组织协调市内新闻媒体开设 10 多个专栏专版专题,对全市系列重大活动进行宣传报道。组织了 2011 年中国(贵州)国际酒类博览会暨中国·贵阳贸易洽谈会、第九届全国少数民族传统体育运动会火炬传递等重大活动的宣传报道。组织典型推介。发挥先进典型示范作用,推出了张蕾荣获第三届全国道德模范“孝老爱亲”模范称号。组织开展了龙果山、王媛媛先进典型事迹巡回报告会,编写出版了《道德模范田景国—82 岁老党员、民营企业家的爱心历程》。市内新闻媒体开辟“科技人才风采”、“党旗飘飘”等专栏,对我市获得表彰的 2009—2010 年度科技奖励先进个人和科技成果、先进基层党组织、优秀共产党员等进行了宣传报道,在全市上下营造了崇尚先进、学习先进、争做先进的社会氛围。

(2)加强舆论引导。健全重大突发公共事件新闻报道机制,组织 32 名网评员加强网络舆情收集和研判。加强与信访局、涉法涉诉部门和各县(市)党委、政府的沟通联系,及时做好了网上敏感信息的监控处理和风险舆情化解。先后召开 10 次媒体通气会、6 次新闻发布会,有效引导低温凝冻灾害、日本大地震抢盐风波、“7.23”铜仁丽景名苑爆炸、“11.5”梵净山雷击事件、铜仁城区立面改造和更换行道树等热点问题进行了有效舆论引导,促进了社会和谐稳定。

(3)强化阵地建设。加强新闻队伍学习教育,开展新闻战线“走基层、转作风、改文风”活动。在全市 47 家网络媒体开展文明网站创建活动,有力推动网络文化发展和网络法制建设。铜仁日报推出《手机报》。铜仁网站被评为 2011 年度“全国地方十大创新网站”。

【对外宣传工作】 (1)举办系列重大活动。策划开展了纪念中国共产党成立 90 周年暨黔东革命根据地创立 77 周年活动“火把”传递万人启动仪式、“颂党恩·赞家乡——红歌唱遍梵净山”

歌咏比赛、"6.23"《红色黔东·桃源铜仁》万人红歌会等6项活动。组织举办了2011贵州梵净山文化旅游节、中国铜仁国际龙舟邀请赛、环梵自行车邀请赛等节庆活动。

(2)组织新闻外宣活动。协调新华社、人民日报等媒体25批次320余人来铜采访报道,深度报道了我市经济社会发展新思路、新经验和新成效。市内报纸、广播电视、网站积极向中央、省级媒体推荐高质量的稿件,中央及境外媒体刊载、播发铜仁新闻380余条次,省级以上媒体刊载、播发铜仁新闻4000条次以上,《人民日报》头版刊发《武陵山下新桃源——来自国家扶贫攻坚重点地区贵州铜仁的报告》产生较大反响。铜仁广播电视台荣获2011年度贵州广播电视台最高上片数量奖和通联工作优秀合作团队奖。

(3)开展文化推介活动。组织了"全国名家看贵州·梵净山采风行"、"全国百名书法家写梵净"等5个系列外宣活动,贾平凹、梁衡、叶辛等文化名家走进铜仁采风,创作了《梵净山》、《人间最短的河》等文章到国家级媒体刊载。组织松桃县民族鼓舞《四面鼓》和石阡县《嘣嘣鼓》参加2011年全国农民春节大联欢表演。指导碧江、松桃、石阡等区县分别举办了"桃源铜仁·明清古城"文化旅游节、第十届中国民间文艺山花奖"梵净山杯"中国(松桃)梵净山全国绝技绝活邀请赛、石阡首届台茶文化旅游节等节庆活动,进一步提升了"梵天净土·桃源铜仁"知名度。

(4)制作发放外宣品。制作了100张铜仁风情卡和印章、2000册《文化铜仁》、3000张《梵天净土·桃源铜仁》、1000册《2010年媒体看铜仁》、2000张《梵净山下画龙师》等外宣品,在第九届全国少数民族传统体育运动会、贵州酒博会、深圳文博会等平台发放。

【精神文明建设工作】 (1)推进"整脏治乱"专项工作。制定了《铜仁地区"整脏治乱"专项行动纲要(2011—1015)》和《铜仁地区2011年"整脏治乱"专项行动实施方案》,市与各区县签订了2011"整脏治乱"工作责任状,把"整脏治乱"列为"一把手工程"实行"一票否决"。各区县加快实施了河道清理、房屋立面改造、污水处理厂等工程,加强对"整脏治乱"工作的专项督查和量化考核评比,确保整治效果。

(2)开展精神文明创建活动。组织各区县收集、整理、编发了精神文明创建典型材料,在全市各级各行业开展了"喜迎第九届民族运动会、讲文明、树新风"、"满意在铜仁—大家行"、"三关爱"志愿服务和文明诚信等创建活动,市民文明素质得到进一步提升。铜仁《诚信农民建设》工作信息,得到国家副主席习近平同志批示。组织开展了全国第三批和全省2009-2011年度文明城市(县城)、文明村镇、文明单位推荐申报工作,德江县平原乡等3个村镇荣获全国文明村镇,铜仁气象局等3个单位荣获全国文明单位称号,103个县城(村镇、单位)进入全省文明县城(村镇、单位)候选名单。

(3)加强公民道德建设和未成年人思想道德建设。开展公民道德宣传月系列活动,开展活动12场,发放各类宣传画册25000多份。加强未成年人思想道德建设。组织全市80余万中小学生参加了"祖国好·家乡美"系列活动。加强网吧专项治理和校园周边环境治理,查处违规网吧3家,查处刮刮卡、口袋书等500多册(张),收缴违法出版刊物600余册,纠正违规电视广告15起。加强农村青少年活动场所建设,启动建设乡村少年宫项目9个、农村学校乡村少年宫项目6个,争取45.7万元对30名贫困学生进行了就学资助。中央文明办捐赠我市基层乡镇文化站和学校绿色电脑750台,碧江区川硐小学代表西部地区承办了全国"绿色"电脑捐赠仪式。周逸群烈士故居等10个陈列馆(室)免费向未成年人开放。

(4)加强农村思想政治建设工作。组织开展了"惠民政策宣讲、文艺电影服务、科学技术服务、计生卫生服务、法律法规服务和先进典型创建"农村思想建设"六进村"工作,创建了12个重点示范村和36个示范村,10640人次干部和专家进村入户开展服务,300多万群众从中受益。组织开展了25场科技、文化、卫生"三下乡"活动,接受群众咨询630余人,义诊240余人,发放资料15800余份,向困难群众捐助物资价值3多万元,进一步转变了干部作风,密切了党群干群关系,维护了农村社会和谐稳定。

【文化改革发展工作】 (1)公共文化服务体系不断完善。文化基础设施建设步伐加快。松桃图书馆、玉屏文化馆建设进展顺利,铜仁市数字图书馆已挂牌对外开放。建成159个乡镇综合文化站、45个村级农体工程、20个农民文化家园、2个乡镇农民体育健身工程。完成709个农家书屋和50个数字农家书屋的选点申报、151个有线电视网络联网改造、148个数字化转换、26个乡镇广播电视综合服务站建设。组织申报了26个影视拍摄基地。指导印江和松桃县成功申报了"中国书法艺术之乡"、"中国绝技绝活艺术之乡"。在全市组织开展了体育、歌唱、钓鱼、舞蹈、文艺表演、摄影展、龙灯展、图片展等200余场(次)群众性文化活动,进一步丰富了群众文化生活。

(2)文艺创作推介成效显著。制定铜仁市"十二五"文艺创作规划,协调数字电影《旷继勋蓬遂起义》在央视六频道黄金时段播出,并荣获第23届全军电视剧金星奖电视电影二等奖;电视连续剧《风雨梵净山》将在北京等5家电视台播出。出版《鸽子花开》、《走进红色岁月》等12部文集。编演《铜仁·铜人》、《爱在梵净山》等3部情景歌舞剧。专题片《印象梵净山》荣获2011年第四届中国视协旅游电视评选二等奖。松桃县绝技《武陵神功》、沿河县鼓舞乐《开山围猎》分别荣获第十届中国民间文艺山花奖展演大赛金奖。推荐《云上青山》、《我的家乡梵净山》等7首歌曲入选"多彩贵州"歌唱大赛推荐曲目,歌手黄旭获"多彩贵州"歌唱大赛原生态组银奖,歌曲《蓝色乌江》被评为全省十大优秀歌曲。挖掘《土家盘歌》、《薅草打闹歌》等10首原生态歌曲录制成《天地绝唱:走向世界的贵州原生态音乐》专题片。

(3)文化体制改革实现突破。撤销了梵净山民族歌舞团事业建制,组建了贵州省铜仁梵净山歌舞团有限公司,公司年内实现创收41.4万元。组建了铜仁梵净山报业有限公司,报社印刷厂年收入达1000多万元;合并铜仁电视台和广播电台组建了铜仁市广播电视台。市、区(县)分别成立了副县级文化市场综合执法支队和副科级执法大队。市、区(县)图书馆(站)、文化馆、群众艺术馆等公益性文化单位建立完善了内部运行机制,进一步提高了管理水平和服务质量。

(4)文化产业发展态势良好。编制了《铜仁市文化事业和文化产业"十二五"规划》和100个文化产业项目,建立了市、区(县)两级文化产业项目库。组团参加深圳文博会开展文化产业项目招商,签约项目13个资金40多亿元。梵净山紫袍玉带石开发等2个项目被列入省"十二五"重点项目。启动了玉屏箫笛研发生产基地、印江文化旅游城等项目建设。实施了铜仁市锦江水上风情(大明边城)旅游区等重点文化产业项目。出台了《关于推动铜仁多民族文化大发展大繁荣的实施意见》,建立了促进文化发展繁荣的投入和激励机制。完成了2011年度铜仁市文化产业统计工作。

【舆情信息调研工作】 (1)组织开展调查研究。组织全市宣传文化系统开展了调查研究,共撰写调研报告40余篇,其中,1篇文章获省委宣传部创优年理论征文奖,1篇调研文章获省委宣传部2011年度优秀调研报告。

(2)加强舆情信息编发。认真收集编写舆情信息。全年编报各类信息568期(条),编发《铜仁宣传》10期121篇(条)、《铜仁宣传信息》(专报)18期(篇)、《铜仁舆情信息》283期。举办1期信息员培训班,对25名信息员进行了业务培训。报送16个宣传思想工作创新创意方案,其中《桃源铜仁旅游城》创意方案获优秀奖。

【干部队伍建设工作】 (1)抓干部队伍建设。制定印发《铜仁市宣传文化干部队伍建设十二五规划》,举办了6期宣传干部培训班,对400多名宣传文化干部进行了培训。开展全市宣传文化系统"四个一批"人才选拔、培养、管理工作,推荐7名宣传文化干部参加了省委宣传部和武汉大学联合举办的硕士研究生考试。开展了宣传文化系统干部、人才统计工作,完善了全市宣传文化系统人才库档案。

(2)抓廉政勤政建设。认真贯彻落实党风廉政建设有关精神,逐级签订党风廉政建设责任书,切实推进全市宣传文化系统党风廉政和反腐败建设,塑造了宣传文化队伍作风正、学风浓、操守好的良好形象。

【组织开展纪念建党90周年系列活动】 2011年6月9日至7月10日,铜仁市委、市政府与省文明办、贵州日报报业集团、省委党研室、省文化厅、省旅游局、省政府研究室共同策划举办了纪念建党90周年暨黔东革命根据地创立77周年系列活动。活动内容包括:庆祝建党90周年·黔东革命根据地创立77周年特别活动万人启动仪式、"重走老区路·推动新跨越——黔东革命根据地万人火把传递"活动、"红色贵州行·走进红地标——黔东革命根据地"特别报道月活动、"颂党恩·赞家乡——红歌唱遍梵净山"歌咏比赛活动、"红色黔东·桃源铜仁"大型文艺演出、"老区铜仁——经济社会发展成果展"。活动期间,20多家中央、省级新闻媒体对系列活动的开展情况进行了全方位的宣传报道。中央电视台对"6.23"万人红歌大型文艺演出活动进行了全国联播,贵州卫视7月1日、2日分上下集进行了录播,铜仁电视台进行了直播,在省内外产生了强烈反响。

【策划举办2011贵州梵净山文化旅游节】 11月5日至6日,策划举办了2011贵州梵净山文化旅游节,旅游节期间,先后举行旅游节开幕式、中国梵净山绝技绝艺大型文艺演出、中国梵净山"环梵"公路自行车挑战赛、全国"百名书法家写梵净"暨中国书法之乡授牌式、湘桂黔渝边区经济协作会、武陵山区《名嘴话铜仁——走读梵净山》20家电台采访并机直播等活动,市内外30多家新闻媒体对旅游节系列活动进行了采访报道。中国梵净山绝技绝艺大型文艺演出于12月3日在央视四频道播出。贵州梵净山文化旅游节在成都市举行的第七届中国节庆产业年会上荣获2011年度中国"十大旅游类节庆"大奖。

毕节市宣传思想工作

【概述】 2011年,毕节市宣传思想工作按照"高举旗帜、围绕大局、服务人民、改革创新"的总要求,认真贯彻落实全国、全省宣传部长会议精神,切实发扬敢与强的比、敢同勇的争、敢向高的攀、敢跟快的赛的"四敢"精神,着力实施理论武装工程、宣传精品工程、文化建设工程、文明创建工程、队伍建设工程"五大"工程,亮点纷呈,成果丰硕,为促进试验区新一轮改革发展提供了强有力精神动力、智力支持、思想保证和文化条件。

【理论武装工作有新举措】 (1)强化中心组专题化学习。学习过程中突出抓好调查研究、讨论交流、宣传成果、形成措施四个环节,采取集中学习、个人自学、调查研究、外出考察、网络学习等形式,不断增强各级党委(党组)中心组学习效果。在市直部门每月举办一个专题或系列专题讲座,邀请专家学者为市直单位干部职工进行专题辅导授课,不断提高党员干部理论素养。

(2)创新开展领导干部工作讲坛。在股级以上干部中组织开展了以"读一本好书、搞一次调研、写一篇文章、讲一堂好课、提一条建议"的"五个一"领导干部工作讲坛,让他们结合学习和工作实际为干部职工讲一堂课,促进学习型党组织建设工作向纵深推进。

(3)形式多样开展理论宣讲。各级党员领导干部带头组织"千支队伍万名干部"开展理论下基层活动,集中开展胡锦涛总书记"七一"重要讲话精神、党的十七届六中全会和省委十届十二次全会精神、毕节试验区新一轮改革发展推动大会精神和"十二五"宣讲行动,共培训宣讲员1万余人,巡回宣讲1万余场次,宣讲覆盖全市3605个行政村。

(4)深入开展理论调研。组织召开了纪念建党90周年理论研讨会,遴选54篇优秀论文汇编成册,并在《贵州宣传》、《毕节日报》、《毕节党史研究》、《乌蒙论坛》等刊物上陆续刊发,推荐2篇优秀文章入选参加全省纪念建党90周年研讨会交流。组织社科理论骨干结合实际撰写了《论毕节试验区的底气、骨气、志气》等23篇《毕节日报》评论员文章,帮助群众解疑释惑。

(5)集中开展了"做毕节试验区人、为毕节试验区添光彩"主题教育活动。在试验区700余万干部、学生和农民中广泛开展试验区读书活动知识竞赛、"感恩之心奋斗之行"主题采访报道活动、试验区百名模范评选等十项主题活动,帮助全市干部群众和学生认识、认知毕节试验区,激发了干部群众热爱毕节、建设毕节的斗志。

【宣传舆论工作有新成效】 (1)以"十二五"规划等重大主题宣传为契机,全力打造试验区宣传、重大工程建设宣传、工业强市宣传、城镇化发展宣传等十大新闻宣传品牌。在全国"两会"、全省项目建设年现场观摩会、毕节试验区新一轮改革发展推动大会召开之机,邀请人民日报、新华社、中央电视台、贵州日报等中央、省有关主流媒体专门对其进行集中采访报道。6月16日至20日,由新华网贵州频道主办的"天翼高端访谈"栏目走进毕节试验区,集中采访了市委、各县(区)及市直有关部门主要负责人,有效提升了试验区外在知名度和美誉度。

(2)协调中央电视台、新华社、人民日报、光明日报、新疆日报等对全国、全省道德模范、"中国网事·感动2010"年度网络人物的阿里木进行宣传报道,播出和刊载宣传报道稿件17条,并在中央电视台"焦点访谈"栏目进行正面专场播出。

(3)在"2011中国贵州国际百里杜鹃花节","2011'中国贵州·织金国际溶洞文化节"等活动中,邀请人民日报、新华社、中央人民广播电台等20余家中央、省新闻媒体对活动进行全方位的深度报道。

(4)协调联系中央人民广播电台,全省新闻媒体"走基层、转作风、改文风"采访团百余名记者深入毕节试验区基层一线,从不同角度全面宣传、展示毕节试验区。

(5)加强网络舆情监测,收集网络舆情50期(其中,领导批示34件),为市委领导决策提供参考;在黔西"8·11"等突发事件中,宣传战线第一时间到现场了解事实真相,并通过主流媒体在第一时间向外发布有关工作进展和处置情况,有效掌握舆论的主动权和话语权。整合资源组建了"毕节试验区网",使其成为继报纸、电视、广播之后第四大外宣媒体。

(6)编辑制作外宣品推介毕节试验区。专门摄制招商引资宣传光碟,旅游形象宣传片《磅礴乌蒙魅力毕节》,先后两次修改编辑制作了《迈向跨越发展的毕节试验区》宣传画册,制作8000张《奢香夫人》电视剧光碟。同时还利用毕节试验区建设成就展馆接待各级领导和客商,努力宣传推介毕节,不断提升了毕节试验区的知名度和美誉度。由省委宣传部牵头组织开展的"走基层、转作风、改文风"活动中,市委宣传部获优秀组织奖。

【精神文明创建有新提高】 (1)强力推进"整脏治乱"专项行动和"满意在毕节"工作。全力抓好250个乡(镇、办事处)"整脏治乱"月考核排名推进机制和"六比一评"工程,争取县(区)整治创建办设为常设机构,统一核定了5至10人的专项编制。在全市集中开展"十大文明"专项创建工程,推动各级各部门构建了一批管用、灵活的长效管理机制,城乡面貌大为改观。

(2)组织开展了20余场"三下乡"、"四进社区"、"五进家园"、"廉政文化六进"和春节系列活动,不断丰富城乡干部群众的精神文化生活。

(3)在清明节期间组织学生开展文明祭奠革命烈士活动,开展"在党旗下成长"诗文大赛、"革命诗词"书法大赛、"红歌唱响校园"歌唱大赛、"传统经典红色经典"诵读大赛、"我爱我家"绘画大赛等活动,引导青少年在活动中健康成长。

(4)开展道德模范、百名模范暨"中国网事·感动2010"年度网络人物事迹巡回报告活动19场,在全市掀起学先进、赶先进,争当道德模范的热潮;结合"我推荐身边好人"活动,抓好全国第三届道德模范人选推荐,其中阿里木被评为全国第三届助人为乐道德模范和2011感动中国十大人物,彭文忠获全国道德模范提名奖。

(5)以"继承革命传统,弘扬民族精神,推动强市升位"为主题,以红色景点和革命先烈、先驱、先贤为题材,在广大城乡开展诗词曲联创作、征集和诵读活动,在烈士陵园开展了文明祭奠革命烈士活动以及唱红歌活动。

(6)精心组织开展2011多彩贵州歌唱大赛毕节市选拔赛,推选10个节目参加全省比赛,1个获金黔奖,1个获铜鼓奖,3个获优秀奖。以建党90周年为契机,在全市机关、企事业单位组织开展了庆祝建党90周年红歌大赛、演讲比赛等系列活动。

(7)以打造致富田园、特色庄园、生态庭园、文化乐园、和谐家园“五园新村”为目标,结合实施“两宜一满意”幸福小镇建设,整体推进农村精神文明创建,效果明显。全市“整脏治乱”工作综合排名在全省 9 个市州中排名第三。

【文改文产工作有新突破】 (1)将原市文化和体育局(市新闻出版局、版权局)、市广播电影电视局的职能职责,整合组建市文化体育广播电影电视局(市新闻出版局、版权局)。市执法支队由原来的正科级机构升格为副县级,各县(区)执法大队由原来的正股级机构升格为副科级,新增人员编制 115 名,执法经费(含装备)纳入财政预算,实现了“执法主体、执法权责、执法力量”三统一。成立了毕节乌蒙演艺集团有限责任公司,并按有关要求完成了事业单位法人、事业编制注(核)销,全团 117 人重新签订了劳动用工合同。市图书馆、群艺馆、博物馆三个公益性事业单位和各县(区)公益性文化事业单位内部劳动人事制度、收入分配制度、社会保障制度等三项制度改革已全面完成。经营性文化单位转企改制工作成效显著,整合经营性文化资源,10 月 17 日挂牌组建了毕节日报传媒集团有限责任公司、毕节广播影视传媒集团有限责任公司、毕节乌蒙演艺集团有限责任公司、毕节试验区网络传媒集团有限责任公司等四大文化集团公司,实行现代企业制度管理制度和市场化运作,增强了文化企业的市场竞争力。广播影视业按照自愿参与、相互尊重、开放公平、优势互补、资源共享、互利共赢、精诚团结、共同发展的原则,与云贵川三省毗邻的 10 个地(州、市)形成了广播影视媒体合作联盟,较好实现媒体联动互动,资源优势互补。

(2)历时四年投资近 2400 万元拍摄的 28 集电视剧《奢香夫人》已于 11 月 10 日至 23 日在中央电视台一套黄金时段播出,社会反映强烈;30 集电视连续剧《磅礴乌蒙》已于 11 月 14 日正式开机拍摄,电影故事片《草海》正在筹拍中。毕节日报社按照“优势互补、自愿结合,跨地区、跨部门办报,做大做强产业”的原则,与六盘水日报社合办《乌蒙新报》,注册成立“贵州大乌蒙文化传媒有限公司”,两市财政共投入 1000 万元,按现代企业制度进行管理,报纸已于 9 月 10 日全国民运会期间试刊,11 月 8 日创刊发行,并纳入 2012 年度订阅发行计划。

(3)启动了 133 个“五古”(古城、古镇、古寨、古建筑、古驿道)建设项目,慕俄格古城、织金古城、天河古城、后山古镇、海子街古镇、官寨古镇等一批古城、古镇、古寨建设初具规模,谋划了 51 个“六个一批”文化产业建设项目,投资规模达 120 多亿元。投资近 8 亿元快速推进“一院四馆一场”(毕节大剧院、博物馆、图书馆、科技馆、绣山体育馆、三板桥体育场)工程建设。

(4)安排资金 242 万元对毕节演艺集团精典剧目打造、大方古彝文化产业园规划建设等 11 个项目补助。市财政全年安排 100 万元财政资金,用于毕节乌蒙演艺集团有限责任公司打造经典剧目、开拓市场、培育市场主体等方面的扶持,从 2011 年起每年对毕节试验区网络传媒集团有限公司补助 50 万元,连续补助 3 年,用于加大网络对试验区宣传推介、走市场化等方面的扶持;对成立广电影视传媒、报业传媒、演艺、网络传媒四大文化产业集团中涉及到的清产核资、资产评估等相关费用,明确由市财政据实解决。

(5)组织编制组 7 次反复对《毕节市 2011—2020 年文化产业发展规划》进行修改,8 月 2 日在省委组织部培训中心举行了规划编制终审会,通过了规划编制评审,正式文稿已全部印发。

(6)在第七届中国深圳国际文化产业博览交易会上,金沙县安底温泉古镇建设项目、板桥村旅游区综合建设项目、大方县慕俄格古城开发系列项目参加了现场签约,达成意向投资近 40 亿元。按 2011 年第 7 次地委委员会议要求组织开展了《毕节地区文化产业招商引资指导目录》编制。

(7)纳雍“滚山珠”艺术团 2011 年参加了全国第九届少数民族传统体育运动会开、闭幕式表演、中国首届民间艺术节非物质文化展演和中央七台农民春晚等演出,在国内外的影响率不断增强。赫章县夜郎歌舞团与多彩贵州演出公司签订了一年的商演框架合作协议及浙江、福建等地的商演合同,主打《铃铛舞》、苗族《大迁徙舞》等民族歌舞的演出,并应邀参加第九届全国少数民族传统体育运动会开、闭幕式表演。文化体制改革工作受到中宣部和国家文化部的表彰肯定。

【干部队伍建设充满活力】 (1)制定了《关于贯彻落实〈关于加强地方县级和城乡基层宣传文化队伍建设的若干意见〉的实施方案》;在全市采取自下而上的方式选拔推荐全省"四个一批"优秀人才3名;在市直宣传文化系统推荐了2名同志参评全市第五批突出贡献人才奖;推荐市委宣传部3名副县级领导干部被市委提拔重用,5名骨干推荐提拔到中层领导岗位,充分激活宣传文化系统干事创业的人才培养机制。(2)积极增编设岗定责,将思想政治工作科更名为宣传教育科,增设了文艺科和未成年人思想道德建设工作科,新调入了7名干部充实到相关科室工作。

【"四帮四促"成效明显】 (1)部领导班子成员率先垂范,结合"万名干部下基层"、"科长下基层"等活动,每月带队坚持深入到集团帮扶联系点和生态文明家园建设联系点,坚持问计于民、问需于民,帮助当地经济社会发展出主意、想办法。专门抽调1名副县级干部、1名干部职工驻联系点帮助指导开展工作。共争取各类项目资金550余万元帮助赫章县河镇乡发展半夏13500亩,联系项目资金2万元帮赫章县城关镇维修桥面,争取资金20余万元帮助百管委普底乡箐门村抓好"五园新村"建设。(2)共争取省专项资金167万元为46个村建设农民文化家园,争取各级资金180万元实施乡村少年宫项目9个,在抗旱救灾等活动中,市委宣传部先后组织捐款15000元。

文件选编

关于深入开展2011年文化科技卫生“三下乡”活动的通知

各市、自治州、地区党委宣传部，文明办，教育、科技、司法、农业、文化、卫生、广播电影电视、新闻出版局，人口计生委，团委，妇联，科协，社科联，省有关新闻单位：

今年是深入贯彻落实党的十七届五中全会、省委十届十次全会精神，实施“十二五”规划和新一轮西部大开发战略的开局之年。在新的起点上，进一步动员社会各界关心、支持全省社会主义新农村建设，推动农村经济社会又好又快、更好更快发展。省委宣传部等15部门和单位决定，今年继续在全省深入开展文化科技卫生“三下乡”活动。

今年的“三下乡”活动，要以中宣部等14部门《关于2011年深入开展文化科技卫生“三下乡”活动的通知》(中宣发〔2010〕30号)为指导，结合我省农村工作实际，发挥自身优势，认真研究，统筹安排，务求实效。今年全省“三下乡”集中示范活动已于2010年12月19日在平塘县大塘镇成功举行，全省各级各有关部门“三下乡”活动要进一步整合资源，切实加大“三下乡”工作力度，更好地服务于“三农”工作，推动新农村建设的发展。省直有关单位的主要工作安排如下：

1. 省委宣传部负责组织各地各部门广泛深入地开展宣讲活动，着力宣传建党90周年的光辉历程、重大成就和宝贵经验；宣传全省上下高举发展、团结、奋斗的旗帜，把思想统一到发展上、把心思集中到发展上、把力量凝聚到发展上，正在进行加速发展、加快转型、推动跨越的生动实践；宣传全省各条战线深入开展“创先争优”、“三个建设年”、“四帮四促”活动取得的成效；宣传实施工业强省、城镇化带动战略和“十大民生工程”，推动经济社会又好又快、更好更快发展的新形势。

2. 省教育厅、团省委组织开展大中专学生志愿者暑期文化科技卫生“三下乡”社会实践活动，引导广大青年学生在社会实践中认真学习科学发展观，深入了解基本省情，进行正确的社会观察，不断增强奋发成才的使命感和责任感。结合贵州青年志愿者行动工作实际，组织志愿者以群众喜闻乐见的方式深入开展义诊、科普宣传、家电维修、法律咨询、文艺表演等多形式、多内容、多层次的服务，使志愿者在奉献中增长才干，以实际行动给基层群众带去实惠。

3. 省科技厅组织科技人员深入农村进行科普宣传和实用技术培训；组织省级科研院所技术人员、省级科技特派员为县级科技特派员和农村专业示范户进行专题技术培训，丰富精神文化生活和科技应用的能力。

4. 省司法厅组织有关人员深入基层进行调研，进村入户特别是对重点地区、重点人群、矿区、库区、工区工地等有针对性地开展法制宣传教育；进一步加强农村法制宣传队伍和阵地建设，促进农村稳定。

5. 省农委负责组织科普比赛、科普讲座等活动，开展多层次的实用技术培训工作，扶持农村科技示范户和乡土科技骨干人才；组织专家深入田间地头，帮助农民解决种、养过程中出现的问题；组织科技人员带技术、带项目、带资金进村入户，引导农民学科技、用科技，依靠科技致富；向农民赠送农业技术资料和科技图书，组织农资生产、经营企业开展“放心农资下乡进村”活动，向农民赠送或优惠销售农业生产资料，推动农村经济发展。

6. 省文化厅组织全省艺术团体深入革命老区、民族地区和贫困地区，开展歌颂党、歌颂祖国、歌颂中国特色社会主义、歌颂社会主义新农村建设的文艺慰问演出500场。

7. 省卫生厅组织有关人员深入农村开展义诊活动，加强对乡镇卫生院医生的培训，规范农村卫生机构管理和乡村医生的服务；积极开展城乡医院对口支援工作，继续实施"万名医师支援农村卫生工程"；实施中医药文化建设"五个一"工程和中医药知识宣传普及项目，扎实开展中医药进农村、进家庭的活动。

8. 省广电局推进广播电视村村通工程长效机制的建立，对农村用户普及卫星地面接收设备的调试和维修等知识，让广大农村群众更好地收听收看广播电视节目。

9. 省新闻出版局深入调查农民群众的阅读需求，进一步做好出版发行工作；指导农家书屋建设，加强对管理人员的指导，满足广大农民群众的文化需求。

10. 省人口计生委深入开展"新农村新农家新农民"活动，计划新增"三新"试点村20个和人口文化建设试点县，分期分批在试点村建设"三新"书屋；全面深入开展婚育新风进万家活动；开展"关爱女孩——扶助自强女孩"结对帮扶和机关党建扶贫工作；开展以计划生育基本国策、优生优育、生殖健康等为主要内容的宣传教育。

11. 省妇联以"面对面宣传科学发展、手把手传授实用技术、心贴心维护妇女权益"活动为载体，加强"低碳家庭、时尚生活"等节能减排为主题的宣传咨询活动。同时，深入贫困家庭，开展走访慰问活动，关心帮助贫困群众的生产生活。

12. 省科协组织开展全国科普示范县(市、区)和省级科普示范县(市、区)的检查评估验收及命名授牌工作，申报实施"科普惠农兴村计划"项目；充分发挥科技大篷车的作用，组织开展"科普大篷车"进农村、"科普报告团"进农村等活动，建农村科普图书室10个、农村科普宣传栏20个；实施"农村科技致富二传手培训工程"，培训"二传手"1000名、农民50000名，向农村发放科技图书10万册，科普挂图1000套，科技光碟3000盘。

13. 省社科联继续创建社会科学普及基地，在巩固毕节、六盘水、安顺科普基地的同时，在铜仁地区新建1个科普基地，常年开展社科普及主题活动，推动人文社会科学走进百姓生活。在以上4个科普基地开展以学习十七届五中全会精神，解读国家"十二五"规划为主题的6场讲座。以贵州日报为载体举办1期人文社科知识有奖问答活动。举办普及社科知识骨干培训班，出版《贵州人文社科素养读本》(农村版)5万册。

各地要在配合开展上述工作的同时，结合实际组织开展一些富有地方特色、民族特色、农民群众喜闻乐见的活动，积极扩大"三下乡"各项品牌活动的社会影响。

各地各部门要高度重视"三下乡"工作，切实纳入工作日程，加强组织领导，落实和完善相关政策，建立健全激励机制，加大人员和经费投入，为"三下乡"工作提供坚实保障。

要坚持科学安排、有序推进。在春节期间深入基层开展活动，丰富农村文化生活，营造欢乐、喜庆、祥和的节日氛围。在全国、全省"两会"后及时把形势政策送下乡，按照"十二五"规划提出的新任务新举措充实各项活动内容。要把"三下乡"工作和党成立90周年纪念活动结合起来，唱响爱党爱国爱社会主义的主旋律。在暑期重点组织大中专学生到农村进行社会实践和调研，面向农民开展服务活动。通过精心组织、合理安排，确保全年工作有计划、分阶段持续开展。要坚持突出重点、务求实效。加大对少数民族地区、革命老区、边远地区、贫困地区和受灾地区的支持力度，促进解决贫困人口脱贫致富、帮扶困难群众生产生活、农民工就业和社会保障等实际问题，不断增强工作的针对性和影响力。要坚持统筹协调、扩大宣传。各地党委宣传部要认真履行牵头职责，及时加强与各部门沟通联系，及时总结好经验好做法，指导协调各级各类新闻媒体做好宣传报道，积极营造全社会关心、支持、参与"三下乡"活动的浓厚舆论氛围。

中共贵州省委宣传部

贵州省文明办

贵州省教育厅

贵州省科技厅
贵州省司法厅
贵州省农业委员会
贵州省文化厅
贵州省卫生厅
贵州省人口计生委
贵州省广播电影电视局
贵州省新闻出版局共青团
贵州省委
贵州省妇联
贵州省科协
贵州省社科联
2011年1月31日

关于印发《2011年全省文化改革发展工作要点及任务分解》的通知

省文化体制改革工作领导小组各成员单位，各市、自治州、地区文化体制改革工作领导小组、党委宣传部，省直宣传文化系统有关单位：

现将《2011年全省文化改革发展工作要点及任务分解》（下称《要点及任务分解》）印发给你们。按照《要点及任务分解》明确的职责分工，牵头单位要不定期召集召开相关会议协调推动工作，组织实施单位和责任单位要切实抓好各项任务的具体落实，配合单位要积极主动协助配合完成相关任务。工作任务的完成情况原则上要按照“两周一报”的要求，由牵头单位按时报省文改文产办；未设牵头单位的，则由组织实施单位和责任单位按时报省文改文产办。请各单位结合实际，认真履职、狠抓落实。省文改文产办要进一步加强督促检查，确保各项任务保质保量完成。届时，省文改文产领导小组将对各部门完成任务情况进行考核。

贵州省文化体制改革和文化
产业发展工作领导小组
2011年2月13日

2011年全省文化改革发展工作要点及任务分解

2011年是实施“十二五”规划的开局之年，也是文化改革发展加速推进的关键一年。2011年文化改革发展工作能否扎实推进，关系到2012年文化体制改革各项任务能否基本完成，也关系到“十二五”文化发展专项规划的实施能否开好头、起好步，为整个“十二五”时期我省文化发展打好基础。按照中央和省委、省政府的部署，文化改革发展要深入贯彻落实胡锦涛总书记在中央政治局第二十二次集体学习时的重要讲话精神，加快文化体制机制改革创新，加快构建公共文化服务体系，加快发展文化产业，加强对文化产品创作生产的引导，以加大力度、加快进度、巩固提高、重点突破、全面推进为总体思路，认真学习贯彻落实党的十七大和十七届三中、四中、五中全会精神、全国文化体制改革工作会议精神、全国宣传部长会议精神和省委十届十次全会精神，进一步深化完善文化体制改革，不断推动我省文化事业和文化产业又好又快、更好更快发展。

一、加快经营性文化事业单位转企改制，培育合格市场主体

1. 贵州文化演艺集团公司、贵州广电（产业）集团有限责任公司、贵州日报报业集团传媒有限责任公司、当代贵州期刊传媒集团公司在上半年前完成组建挂牌工作并不断深化完善改革；贵州出版集团公司要全面深化完善公司法人治理结构，改善经营管理方式，打造合格的市场主体；启动网站资源整合，探索组建并打造网络传媒骨干企业。（责任单位：省文化厅、省广播电影电视局、省新闻出版局，贵州日报报业集团、当代贵州杂志社、贵州出版集团公司）

2. 按照中央关于今年国有文艺院团体制改革要有突破性进展的要求,完成省杂技团、省文化演出中心、北京路影剧院、朝阳影剧院、人民剧场、河滨剧场、贵州民族歌舞剧院、省话剧团转企改制;省黔剧团、省花灯剧团体制问题按程序完成认定审核后,纳入贵州文化演艺集团管理。(组织实施单位:省文化厅;责任单位:省文化厅所属相关单位、企业)

3. 贵州人民广播电台、贵州电视台要不断深化剥离转制企业改革,完善相关手续;完成贵州电视剧制作中心、贵州广电网络中心、贵州卫星收视管理中心、贵州广播电视工程队、贵州广播电视音像制品发行社转企改制;进一步健全完善贵州省广播电视信息网络股份有限公司、贵州家有购物集团有限公司法人治理结构,不断打造合格市场主体,并力争在上半年完成公司申报上市的准备工作。(组织实施单位:省广播电影电视局;配合单位:贵州证监局;责任单位:省广播电影电视局所属相关单位、企业)

4. 完成贵州文化音像出版社等变更主管主办单位并划转进入相应企业实施转企改制;抓紧完成《晚晴》杂志社、《大众科学》杂志社、《科学快报》社整合进入当代贵州杂志社相关工作并转企改制;深化贵州日报报业集团所属金黔报业物流发行有限责任公司、金黔在线报业数字传媒有限责任公司和新报文化传播有限责任公司改革。(组织实施单位:省新闻出版局;责任单位:省广播电影电视局、省科协、省老龄委办公室,贵州日报报业集团、当代贵州杂志社)

5. 按照中央关于今年非时政类报刊社体制改革要有突破性进展的要求,根据新闻出版总署和省文改文产领导小组的部署,组织实施并完成非时政类报刊社转企改制任务。(组织实施单位:省新闻出版局;责任单位:各报刊社主管主办单位)

6. 各市(州、地)要深化党报发行体制改革,不断整合资源,提高发行时效,优化服务质量;深化完善电台、电视台剥离转制企业的改革;深化完善市(州、地)文艺院团改革,全面实施整体转企改制,并推动县级文艺院团改革取得重大突破;深化完善各市(州、地)、县(区、市)文化市场综合执法改革;有条件的地方积极探索市(州、地)、县(区、市)整合相关业务组建综合性的集团公司。(责任单位:各地文改领导小组;配合单位:省文化厅、省广播电影电视局、省新闻出版局)

二、积极推进公益性文化事业单位改革,创新机制,提高服务水平

7. 制定出台关于文化系统公益性文化事业单位内部机制改革指导意见;加快推动完成省博物馆、省图书馆、省群众艺术馆等省直公益性文化事业单位内部机制改革;贵州京剧院要进一步建立健全内部管理制度,探索面向市场经营。(组织实施单位:省文化厅;责任单位:省直公益性文化事业单位)

8. 各市(州、地)、县(区、市)公益性文化事业单位要加快实施三项制度改革步伐,全面完成内部机制改革任务。(责任单位:各地文改领导小组;配合单位:省文化厅、省广播电影电视局、省新闻出版局)

三、加快转变政府职能,推进文化管理体制改革

9. 贵州人民广播电台、贵州电视台要完成两台合并组建贵州广播电视台。(牵头单位:省广播电影电视局;责任单位:贵州人民广播电台、贵州电视台)

10. 各市(州、地)要组建文化、广电、新闻出版综合行政主体;各市(州、地)电台、电视台两台要合并组建广播电视台。(责任单位:各地文改领导小组)

11. 制定出台贵州省国有文化资产监督管理有关措施,进一步落实国有文化资产管理职责,理顺管理关系。(牵头单位:省财政厅、省文改文产办;配合单位:省委宣传部、省文化厅、省广播电影电视局、省新闻出版局)

12. 按照政策将各市(州、地)、县(区、市)文化市场综合执法机构上报参照《中华人民共和国公务员法》管理,抓紧落实综合执法机构三定方案、执法经费(含装备)纳入财政预算、完善综合执法机构整合后执法职能的合法性等,全面完成文化市场综合执法改革任务,推动文化市场执法工作进一步法制化、科学化、规范化。(牵头单位:省文化市场综合管理办公室;配合单位:省编委办、

省财政厅、省人力资源和社会保障厅)

四、进一步落实并完善相关优惠政策,加大扶持力度

13. 进一步贯彻落实国办发〔2008〕114 号、黔府办发〔2009〕143 号等文件精神,支持推动文化改革发展。(责任单位:省委宣传部、省财政厅、省人力资源和社会保障厅、省国土资源厅、省国税局、省地税局、省工商局、贵州银监局、人行贵阳中心支行等)

14. 认真执行财税〔2009〕105 号、黔财税〔2009〕73 号文件,抓紧组织申报、认定并发布转制文化企业名单,确保转制文化企业及时享受财税优惠政策。(牵头单位:省文改文产办;责任单位:省财政厅、省国税局、省地税局、省文化厅、省广播电影电视局、省新闻出版局,各地文改领导小组办公室)

15. 针对改革发展中的新情况新问题新困难,研究制定更有针对性、更具操作性、更加优惠的政策措施,切实加大对文化改革发展尤其是民族文化产业发展的扶持力度。(牵头单位:省文改文产办;配合单位:省编委办、省民委、省财政厅、省人力资源和社会保障厅、省国土资源厅、省国税局、省地税局、省工商局、贵州证监局、贵州银监局、人行贵阳中心支行等)

16. 增加省文化产业发展专项资金额度,按照省政府办公会议纪要要求设立省文化产业发展基金。(牵头单位:省财政厅;配合单位:省委宣传部)

17. 探索组建贵州文化保护基金会。(牵头单位:省委宣传部)

五、加快推动文化产业发展取得突破

18. 按照《贵州省国民经济和社会发展第十二个五年规划纲要》(待印发)、《贵州"十二五"时期文化事业和文化产业发展专项规划纲要》、《省人民政府关于振兴文化产业的意见》(待印发)等关于文化产业发展的要求,将发展文化产业的任务纳入省直有关部门的"十二五"规划,并推动各市(州、地)拟定发展文化产业的五年规划。(责任单位:省文化厅、省广播电影电视局、省新闻出版局、省经济和信息化委、省科技厅、省民委、省国土资源厅、省商务厅、省旅游局、省知识产权局等,各地文改领导小组)

19. 组织实施一批演艺剧目、动漫网络等项目,尤其是打造实施一批以民族文化为内容的演艺精品剧目、动漫网络项目、非物质文化遗产产业化等重大项目;组织提升凯里原生态艺术节、镇远龙舟节、台江姊妹节、黎平鼓楼节等一批重点民族文化节庆水平;认真筹备并组织开展好中国少数民族文化产业博览会。(责任单位:省文化厅)

20. 组织拍摄和制作播出一批群众喜闻乐见的高质量影视剧目、音像作品和广播电视节目、栏目等。(责任单位:省广播电影电视局等有关单位)

21. 组织出版发行一批产品质量高、群众评价好的图书、报刊等,突出体现民族文化特色,打造民族文化品牌。(责任单位:省新闻出版局)

22. 组织打造一批具有代表性的民族村寨;以贵州民族文化宫为依托,打造民族文化展示展览交易平台;组织开展民族文化的保护与开发利用研究等。(责任单位:省民委)

23. 制定、实施利用旅游市场渠道促进文化产业尤其是民族文化产业发展的方案。(责任单位:省旅游局)

24. 组织推动实施一批文化尤其是民族文化方面的会展、贸易项目,促进文化走出去。(责任单位:省商务厅)

25. 组织实施一批文化企业技改项目,尤其是提升民族文化企业技术含量,打造民族民间精品项目。(责任单位:省经济与信息化委)

26. 大力实施以"多彩贵州"为龙头的文化品牌战略,完成"多彩贵州"品牌规划,加强品牌推广,组织实施一批以"多彩贵州"品牌整合民族文化资源的项目。(责任单位:省多彩贵州文化产业发展中心)

27. 推动实施一批教育与文化结合、科技与文化结合、城镇化建设与文化结合的文化产业项目。(牵头单位:省文改文产办;责任单位:省教育厅、省科技厅、省住房与城乡建设厅)

28. 实施贵州文化广场、贵州文化演艺中心、多彩贵州城、贵州文化出版产业园、贵州日报报业集团印务传媒研发基地、多彩贵州品牌研发基地、贵州电视台家有购物集团电子商务文化产业基地等一批重大文化产业项目。（责任单位：省发改委、省文化厅、省广播电影电视局、省新闻出版局、省旅游局、贵州日报报业集团、省多彩贵州文化产业发展中心）

29. 建立完善文化产业项目数据库，作好省级文化产业发展专项资金项目的组织申报和管理工作，组建贵州省文化产业促进会和全省文化产业发展专家咨询小组。（牵头单位：省文改文产办）

30. 开展全省文化产业统计工作，发布《贵州省2010年文化产业统计报告》。（牵头单位：省文改文产办、省统计局；责任单位：省文化厅、省广播电影电视局、省新闻出版局、省经济和信息化委、省民政厅、省住房和城乡建设厅、省林业厅、省体育局、省工商局、省旅游局、省档案局、省通信管理局，各地文改领导小组）

31. 推动银企合作，建立银企合作平台，定期会同有关部门举办银企对接会议和项目洽谈活动，加大对文化产业尤其是民族文化产业发展的扶持力度。（组织实施单位：贵州银监局；责任单位：人行贵阳中心支行、国家开发银行贵州省分行等；配合单位：省文改文产办）

32. 搭建文化产业投融资平台，组建贵州文化产业股份有限公司。（牵头单位：省文化厅）

33. 大力开展招商引资工作。积极创造条件吸引省外有实力的企业入黔投资发展文化产业；通过加强政府引导，开展招商引资，鼓励并吸引省内矿产企业、房地产企业等投资发展文化产业。（组织实施单位：省商务厅；责任单位：省文化厅、省广播电影电视局、省新闻出版局、省民委、省旅游局等）

34. 利用深圳文博会等平台，组织一批文化产业项目对外开展招商引资。（牵头单位：省文改文产办；责任单位：省文化厅、省广播电影电视局、省新闻出版局，各地文改领导小组）

35. 结合市（州、地）实际，推动文化与旅游相结合，规划实施一批文化产业园区和基地。推动贵阳数字内容产业园、贵阳阳明文化产业园、中国（遵义）长征文化博览园、中国（遵义）酒文化产业园、黔中国际屯堡文化生态园、中国（凯里）民族文化产业园、毕节大方古彝文化产业园、黔南平塘国际射电天文科普文化园、黔西南兴义文化产业园、贵阳会展基地、遵义会展基地、六盘水会展基地、铜仁玉屏萧笛研发生产基地、贵州民族民间工艺品交易基地的建设。（责任单位：各地文改领导小组；配合单位：省文改文产办、省文化厅、省广播电影电视局、省新闻出版局、省经济和信息化委、省商务厅、省旅游局等）

六、切实加强组织领导，确保改革发展取得积极成效

36. 切实将文化改革发展工作纳入党委、政府工作的重要议事日程，纳入对省直有关部门、单位和各地有关领导干部的考核内容。省文改文产领导小组适时就考核等有关工作进行部署。（牵头单位：省文改文产办；责任单位：省委组织部、省委宣传部）

37. 省文改文产领导小组成员单位和各市（州、地）文改领导小组对本工作要点所涉及的工作任务要认真研究制定具体实施方案，确保任务保质保量完成。（牵头单位：省文改文产办；责任单位：省文改文产领导小组各相关成员单位，各地文改领导小组）

38. 组织召开全省民族文化产业发展研讨会、全省文化产业发展工作调度会。筹备召开全省深化文化体制改革和加快文化产业发展工作会。（牵头单位：省文改文产办）

39. 加强文化事业和文化产业人才培训，建立人才培养机制，制定相关配套政策。开展综合性和专业性的文化事业和文化产业人才培训工作，推动省内高等院校和各行业部门加大文化事业和文化产业人才培训力度。（牵头单位：省文改文产办；责任单位：省文化厅、省广播电影电视局、省新闻出版局、省教育厅）

40. 进一步加大宣传报道力度，为改革发展营造良好的舆论氛围。（牵头单位：省委宣传部；责任单位：贵州日报报业集团、当代贵州杂志社、贵州人民广播电台、贵州电视台、贵州都市报、商报、黔中早报等新闻媒体）

关于做好2011"多彩贵州踏春行"大型采访活动筹备工作的联合通知

各市(州、地)党委宣传部、民委(民宗委)、体育局、旅游局:

根据2011年全省外宣工作要点关于"拓宽对外宣传领域,力求经济社会等方面的外宣与旅游文化外宣并重,在多彩贵州整体形象宣传上创造优秀成绩"的要求,经省委领导同意,省委宣传部、省民委、省体育局、省旅游局定于4月6日至13日举办2011"多彩贵州踏春行"大型采访活动(以下简称"活动",方案附后)。

活动拟邀请约120家中央、境外、各省(区、市)主流媒体(含网络媒体)分六组赴我省各地采访,旨在按照"加速发展、加快转型、推动跨越"的主基调,展示我省"十二五"经济社会发展思路和愿景,介绍我省工业强省战略实施和投资环境、工业园区建设成效;结合建党90周年,展示我省厚重的红色文化;结合第九届全国少数民族传统体育运动会的举办,展示我省和谐的民族关系、丰富的民族文化及民族体育发展状况;结合第六届贵州旅游产业发展大会的举办,展示我省多彩的旅游文化资源。综合树立我省"宜业、宜游、宜居"的对外形象。为做好活动筹备工作,现将有关事项通知如下,请遵照执行:

1.请各市(州、地)党委宣传部会同民委(民宗委)、体育局、旅游局对照"活动"方案,立即组建活动筹备小组,其中要有1名宣传部领导、1名民委(民宗委)或体育局或旅游局领导,并于3月15日前将筹备小组人员名单报送省委宣传部、省民委或省体育局或省旅游局。

2.请各市(州、地)党委宣传部准备好向采访组提供各市(州、地)总体情况及采访线路所涉及采访点的背景资料,并于3月15日前向省委宣传部报送。

3.各市(州、地)党委宣传部、民委(民宗委)、体育局、旅游局根据"活动"方案,做好采访组在各地采访期间的行程和食宿等事宜。3月20日起,省委宣传部有关负责人将分组赴各市(州、地)考察活动准备情况。

4.目前,省委宣传部将向拟邀媒体发送邀请函。3月下旬末,来黔记者名单汇总后,将向各地活动筹备小组下发。

特此通知。

附件:1.《2010"多彩贵州踏春行"大型旅游文化采访活动方案》;

2.2011"多彩贵州踏春行"大型采访活动分组线路。

中共贵州省委宣传部
贵州省民族事务委员会
贵州省体育局
贵州省旅游局
2011年3月10日

附件1

2011"多彩贵州踏春行"大型采访活动方案

根据省委省政府主要领导关于进一步整合资源构建"大外宣"格局、加大我省对外宣传力度的指示,以及《2011年全省对外宣传工作要点》关于"紧紧围绕我省实现经济社会又好又快更好更快发展的安排部署,拓宽对外宣传领域,力求经济社会等方面的外宣与旅游文化外宣并重,在多彩贵州整体形象宣传上创造优秀成绩"的要求,拟订本方案。

一、活动目的

紧扣"加速发展、加快转型、推动跨越"的主基调,展示我省"十二五"经济社会发展思路和愿景,介绍我省工业强省战略实施和投资环境、工业园区建设成效；结合建党 90 周年，展示我省厚重的红色文化；结合第九届全国少数民族传统体育运动会的举办，展示我省和谐的民族关系、丰富的民族文化及民族体育发展状况；结合第六届贵州旅游产业发展大会的举办，展示我省多彩的旅游文化资源。综合树立我省“宜业、宜游、宜居”的对外形象。

二、活动名称

2011“多彩贵州踏春行”

三、活动主题

行多彩贵州 观锦绣“黔”程

四、活动时间

4 月 6 日至 4 月 13 日

五、组织机构

主办：省委宣传部、省旅游局、省民委、省体育局

承办：省政府新闻办、贵阳市委市政府、遵义市委市政府、安顺市委市政府、黔东南州委州政府、黔西南州委州政府、毕节地委地区行署

协办：有关市（州、地）党委宣传部、政府新闻办、旅游局、民委（民宗委）、文体局，贵州日报报业集团、当代贵州杂志社、贵州人民广播电台、贵州电视台、金黔在线网站

六、参与媒体

共 125 家

（一）邀请中央、省外、境外媒体 106 家

1. 中央媒体 10 家

人民日报、新华社、光明日报、经济日报、中央人民广播电台、中国文化报、中国体育报、中国旅游报、环球时报、中央电视台

2. 中央对外宣传媒体 7 家

中国国际广播电台、中国新华新闻电视网、人民中国、中国新闻社、中国日报、中国画报、北京周报

3. 中央外宣办边境外宣期刊 8 家

布达拉、金桥、大陆桥、伙伴、友邻、索伦嘎、湄公河、荷花

4. 境外媒体 8 家

凤凰卫视、香港文汇报、香港大公报、香港商报、台湾东森电视台、澳门卫视、台湾联合报、台湾美丽宝岛杂志

5. 各省（区、市）媒体 16 家

浙江日报、江西日报、陕西日报、钱江晚报、东方早报、新民晚报、三秦都市报、南方都市报、兰州晨报、南国早报、潇湘晨报、重庆晨报、华西都市报、新疆人民广播电台、江苏电视台、西藏电视台

6. 中央、地方及门户网站网络媒体 46 家

人民网、新华网、中国网、中国网络电视台、中青网、光明网、中经网、中国日报网、中国质量新闻网、中国台湾网、中国广播网、中国西藏网、大众网、国际在线、浙江在线、中国吉林网、中国江西网、四川新闻网、东北新闻网、宁夏新闻网、青海新闻网、南方新闻网、海南新闻网、云网、东北网、内蒙古新闻网、东方网、北方网、红网、荆楚新闻网、千龙新闻网、大河网、长城网、长城在线、东南新闻网、天山网、西部网、华龙网、黄河新闻网、中国江苏网、中国安徽在线、桂龙新闻网、新浪网、搜狐网、腾讯网、网易

7. 其他媒体 11 家

经济观察报、南方周末、财经、中国商人、三联生活周刊、中国国家地理、旅游世界、时尚旅游、看历史、中国新闻周刊、华夏地理

（二）安排随团采访省内媒体 19 家

贵州日报、贵州人民广播电台、贵州电视台、当代贵州杂志社、贵州画报、贵州都市报、贵州商报、贵阳晚报、黔中早报、贵州民族报、新世纪体育报、金黔在线、贵阳新闻网、多彩贵州印象网、贵州农经网、贵州信息港、今日传播、贵州法制网、当代党建网

七、采访安排

分为六条主题线路进行采访：

主题一　红色经典　丹霞滴翠

——做好建党 90 周年宣传活动，挖掘我省红色文化内涵，提升其在全国红色文化中的地位和影响

主题二　民族体育　共襄盛会

——反映第九届全国少数民族传统体育运动会筹备情况，展示我省民族体育发展状况

主题三　加速发展　推动跨越

——反映我省实施工业强省战略，大力创建良好投资环境、推进工业园区建设的成效

主题四　神奇喀斯特　魅力黔西南

——采访我省第六届旅发大会筹备情况，展现黔西南州的旅游文化资源

主题五　穿苗乡走侗寨　探访和谐贵州

——配合第九届民族运动会的筹备，充分展示我省和谐民族关系及丰富的民族文化

主题六　行走花海鹤乡　感悟奢香情怀

——整体展现黔西北旅游线路，由奢香夫人对民族团结所作贡献探寻我省民族和谐之源

八、时间安排

1.3月15日前，向媒体发送邀请函；收集各采访线路背景资料

2.3月20日前，汇总赴黔媒体记者名单

3.3月20日，落实各采访线路的准备工作、准备活动手册、礼品等事宜

4.3月25日，筹备新闻发布会

5.4月6日，记者报到

6.4月6日晚，宴请

7.4月7日，新闻发布会暨启动仪式

8.4月13日，活动结束

九、职责分工

（一）省委宣传部、省政府新闻办

1.总体组织协调活动进程：

省政府新闻办对外联络处、省委宣传部网络处牵头，新闻办事业发展处、新闻发布处，宣传部新闻出版处共同参与筹备及陪同。

2.邀请媒体：

网络媒体由网络处负责邀请，中央、省（区、市）及省内媒体由新闻出版处负责邀请，中央对外宣传媒体、中央外宣办边境外宣期刊、境外媒体和其他媒体由对外联络处负责邀请。

3.负责筹备新闻发布会暨启动仪式，邀请省领导出席，准备省领导讲话稿并送审。准备活动接待手册。协调省发改委、省商务厅提供我省工业强省战略、工业园区建设、招商引资背景资料，或召开记者见面会介绍有关情况。

4.负责所有记者在贵阳的接机、接站和送行，安排主题采访线路一、四、六记者在贵阳期间食宿，准备所有记者礼品。

（二）省旅游局

负责安排主题采访线路一、四、六全程的用车；协调有关市（州、地）旅游局报当地政府安排主题采访线路一、四、六采访活动在当地的食宿；负责准备我省旅游文化包括红色旅游文化资源整体背景资料；负责安排主题采访线路四记者对第六届贵州旅发大会有关筹备情况的采访，并准备相关背景资料。

（三）省民委

负责安排主题采访线路五记者在贵州期间的食宿行，协调安排主题采访线路五采访行程；负责准备有关第九届全国少数民族传统体育运动会有关筹备工作情况，我省民族文化、民族体育的背景资料。

（四）省体育局

负责安排主题采访线路二记者在贵州期间的食宿行；负责准备第九届全国少数民族传统体育运动会筹备工作情况、我省民族体育的背景资料。

（五）贵阳市委宣传部、市政府新闻办

负责安排主题采访线路三在贵阳市的食宿行，与旅游、民族、体育部门共同协调安排主题采访线路一、二在贵阳市采访行程；负责协调准备有关贵阳市经济社会发展思路、工业园区建设情况、招商引资政策、红色旅游文化资源等背景资料。

（六）遵义市委宣传部、市政府新闻办，安顺市委宣传部、市政府新闻办，黔东南州委宣传部、州政府新闻办，黔西南州委宣传部、州政府新闻办，毕节地委宣传部、行署新闻办

负责与当地旅游局、民委（民宗委）、文体局等共同协调主题采访线路一、四、五、六有关采访行程安排、接待，协调准备有关当地经济社会发展思路、工业园区建设情况、招商引资政策，当地旅游文化包括红色旅游文化资源等背景资料。

关于组织召开纪念中国共产党成立90周年理论研讨会的通知

各市、自治州、地区党委宣传部,省直机关工委宣传部,省委教育工委社政处,省国资委党建处,省委国防工委宣传处,省军区政治部宣传处,省武警总队宣传处及有关单位:

根据中共中央《关于中国共产党成立90周年纪念活动的通知》要求和中共贵州省委关于《贵州省中国共产党成立90周年纪念活动实施方案》安排,为隆重纪念中国共产党成立90周年,由省委宣传部牵头,省社科院承办,省委组织部、省委党校、省委党史研究室、省委教育工委、省军区政治部、省武警总队协办,于2011年6月下旬联合召开纪念中国共产党成立90周年理论研讨会。现将有关事项通知如下:

一、指导思想

高举中国特色社会主义伟大旗帜,以邓小平理论和"三个代表"重要思想为指导,深入贯彻落实科学发展观,全面贯彻党的十七大、十七届三中、四中、五中全会和省委十届四次、七次、十次全会精神,联系我省实际,深入阐释我们党90年的光荣历史、丰功伟绩、宝贵经验,努力营造良好的思想理论氛围,激励全省党员和各族人民紧密团结在以胡锦涛同志为总书记的党中央周围,在省委的坚强领导下,继续解放思想,坚持改革开放,推动科学发展,促进社会和谐,为实现我省"十二五"奋斗目标,加快推动经济社会发展历史性跨越而努力奋斗。

二、研讨内容

以纪念中国共产党成立90周年为主题,围绕党的光荣历史、丰功伟绩、宝贵经验等问题进行研讨,重点研讨深入推进学习型党组织建设,加强党的先进性和执政能力建设,正确把握国际国内形势并抓住和用好我省发展面临的重要战略机遇期,推动科学发展,促进社会和谐,巩固干部群众团结奋斗的思想基础,凝聚发展力量,推动实现"十二五"宏伟目标。

三、论文组织

1. 成立筹备组。由省委宣传部、省委组织部、省委党校、省委党史研究室、省教育厅、省社会科学院、省军区政治部、省武警总队各明确一名负责同志组成纪念中国共产党成立90周年理论研讨会筹备组,各确定一名处级干部为联络员。筹备组办公室设在省社科院党建研究所。

2. 组织推荐论文。各市(州、地)党委宣传部,省直机关工委宣传部、省委教育工委社政处、省国资委党建处、省委国防工委宣传处、省军区政治部宣传处、省武警总队宣传处根据本通知要求,组织理论工作者和实际工作者撰写理论文章,择优推荐论文,于2011年6月1日以前寄送筹备组办公室。筹备组办公室组织专家对各地各系统推荐的论文进行评阅,从中遴选60篇优秀论文,通知论文作者参加研讨会。

推荐论文总数为100篇。九个市(州、地)各5篇,省直机关工委6篇,省委教育工委6篇,省国资委5篇,省委国防工委5篇,省军区5篇,省武警总队5篇。此外,省委党校6篇,省委讲师团3篇,省委党史研究室5篇,省社科院6篇,省社科联3篇。

四、论文要求

1. 坚持党的基本理论、基本路线、基本纲领和基本经验,坚持正确政治方向,解放思想,求真务实。

2. 坚持理论联系实际,主题鲜明、观点正确、史论结合,有较高的理论价值和实践指导意义。

3. 逻辑严谨,语言流畅,文风朴实,有较强的感染力和说服力。

4. 论文应为未公开发表,字数不超过4500字。

5. 推荐的论文以纸质文本和电子文本形式寄送到筹备组办公室。论文统一用A4纸打印,格式为标题、作者姓名、正文,论文末尾请注明作者的工作单位、职务和联系电话。

五、工作要求

认真贯彻中发[2010]18号和黔党发[2011]7号文件精神,确保研讨会组织筹备工作顺利开展。

1.突出主题。紧紧围绕深入学习宣传贯彻党的十七大、十七届三中、四中、五中全会和省委十届四次、七次、十次全会精神,深入总结、深刻阐释我们党90年来的光荣历史、丰功伟绩、宝贵经验,深入推进学习型党组织建设,坚持改革开放、推动科学发展、促进社会和谐。

2.坚持正确导向。理论研讨会具有很强的政治性、理论性、政策性,必须旗帜鲜明地同以胡锦涛同志为总书记的党中央保持高度一致,毫不动摇地坚持党的基本理论、基本路线、基本纲领和基本经验。

3.坚持团结鼓劲。注重从整体上总结建党90周年的历史进程和重大意义,对重大事件和重要人物的评价,要严格遵照中央有关决定和文件精神。避免纠缠具体历史问题,不给错误的东西提供传播渠道。

4.精心筹备组织。各有关单位要认真贯彻落实中央和省委关于建党90周年纪念活动的总体要求,高度重视、周密安排、精心实施、密切配合,切实做好研讨会的各项工作。

六、其他事项

1.研讨会召开的具体时间和地点另行通知。

2.研讨会结束后,择优编辑出版研讨文集。

3.由省委宣传部负责协调贵州日报、省电视台、省电台、《当代贵州》及贵州信息港、金黔在线等省内网络媒体做好研讨会报道。

附件:《理论研讨会重点参考选题》

中共贵州省委宣传部

2011年3月30日

理论研讨会重点参考选题

1.中国共产党成立的历史必然性和重大意义研究;

2.党领导革命武装斗争的主要实践、基本理论和历史经验研究;

3.建党90年来党的理论创新与历史经验研究;

4.党领导改革开放和社会主义现代化建设的成功实践和丰功伟绩研究;

5.党关于创新社会管理的认识和实践研究;

6.党内集中学习教育活动与加强党的思想理论建设研究;

7.学习型党组织建设的重要性和紧迫性研究;

8.建设马克思主义学习型政党与我省学习型党组织建设实践研究;

9.学习型党组织建设的有效途径、方法措施和创新做法研究;

10.学习型党组织建设与提高党的执政能力研究;

11.学习型党组织建设与提高党组织的创造力、凝聚力和战斗力研究;

12.学习型党组织建设与提高党员干部政治素养、理论水平、实践能力研究;

13.马克思主义中国化、时代化、大众化的历史进程及经验研究;

14.我省在推进马克思主义大众化方面的实践与经验研究;

15.新时期加强和改善党群关系与我省实践研究;

16.党的执政能力和先进性建设与我省实践研究;

17.我省加强党的基层组织和党员干部队伍建设问题研究;

18.党的建设与我省经济社会发展问题研究;

19.我省重要党史事件、党史人物研究;

20.党在我省领导人民进行革命、建设和改革开放取得的光辉成就和实践经验研究;

21.我省农村基层党组织建设的创新发展研究;

22.我省民族地区党的建设的成功经验研究;

23.我省生态文明建设理论与实践研究;

24.贯彻落实科学发展观,构建和谐贵州理论与实践研究。

关于在全省组织开展“社科理论下基层”活动的通知

各市(州、地)党委宣传部、社会科学界联合会:

根据《中共贵州省委常委会2011年工作要点》、《中共贵州省委党的建设工作领导小组2011年工作要点》要求及《中共贵州省委宣传部2011年宣传思想工作要点》安排,为认真开展学习型党组织建设工作,推进中国特色社会主义理论体系宣传普及和社科理论下基层,省委宣传部、省社科联决定在全省组织开展“社科理论下基层”活动。具体事项通知如下:

一、指导思想

高举中国特色社会主义伟大旗帜,以邓小平理论和“三个代表”重要思想为指导,深入贯彻落实科学发展观,坚持理论联系实际,坚持贴近实际、贴近生活、贴近群众,组织开展“社科理论下基层”活动,加强中国特色社会主义理论体系宣传普及,满足广大干部群众日益增长的社科理论需求,不断提高广大干部群众人文社科理论素养,为推进我省经济社会又好又快、更好更快发展提供思想保证、文化条件和智力支持。

二、活动内容

1.组织举办主题报告会。围绕中国特色社会主义理论体系、中国共产党成立90周年、“十二五”规划、新一轮西部大开发和地区发展热点问题等内容,组织省内外知名专家学者组成社科理论下基层报告团,赴全省各市(州、地)、县(市、区、特区)开展巡回报告。组织各地党政机关干部、企事业单位职工、中高等院校师生等参加报告会。

2.组织开展咨询调研。邀请省内知名专家学者到各市(州、地)、县(市、区、特区)开展现场咨询答疑和实地考察调研等活动,与当地党政部门干部、理论工作者、教学科研工作者等相关人员进行座谈交流,就有关当地经济社会发展的重要问题提供咨询服务。

3.开展社科理论普及系列活动。组织社科类学会(协会、研究会)深入各市(州、地)、县(市、区、特区)开展社科理论宣传普及、社科知识有奖问答,向基层及参加报告会听众赠送人文社科知识读本及社科理论宣传资料。

4.开展社科普及基地建设工作。组织举行部分地区社科普及基地揭牌仪式,开展社科理论宣传普及工作。

三、组织机构

主办:中共贵州省委宣传部、贵州省社会科学界联合会

协办:各市(州、地)党委宣传部、各市(州、地)社会科学界联合会

四、组织方式

活动采取统一安排部署,分层组织实施,省、地、县三级联动的方式进行。省委宣传部、省社科联负责组织社科专家学者分别到九个市(州、地)作专题报告至少一场,同时,开展咨询调研及社科理论宣传普及等活动。各市(州、地)党委宣传部、社科联要负责组织当地社科专家学者到所属每个县(市、区、特区)作专题报告至少一场,并根据实际情况有针对性地开展社科理论宣传普及活动,同时,要做好省社科专家学者赴各地开展活动的人员组织、场地布置、食宿安排、宣传报道等组织协调工作。

五、活动安排

1.3月下旬制定下发活动通知,进行工作部署。

2.4月中、下旬组织15位专家学者组成社科理论下基层报告团,收集整理材料,撰写报告提纲,开展座谈培训,进行集中备课;

3.5月中、下旬分赴贵阳市、黔东南州、六盘水市开展报告会、咨询调研及社科理论宣传普及系列活动,并在黔东南州举行社科普及基地揭牌仪式;

4.6月上、中、下旬分赴遵义市、黔西南州、黔南州开展报告会、咨询调研及社科理论宣传普及

系列活动；

5.7月上、中、下旬分赴铜仁地区、毕节地区、安顺市开展报告会、咨询调研、社科理论宣传普及系列活动，并在铜仁地区举行社科普及基地揭牌仪式；

与此同时，各市（州、地）党委宣传部、社科联要参照省里的做法组织当地专家学者到所属各县（市、区、特区）开展"社科理论下基层"活动。

六、工作要求

1.加强领导、注重实效。"社科理论下基层"活动已列为2010年市州地党委宣传部业务目标绩效考核的重点考核项目，各市（州、地）党委宣传部、社科联要把本次活动纳入今年工作的总体安排，按照统一部署，切实加强领导，明确工作职责，精心组织实施，注重社会效果，推进社科理论走向基层、走向大众。

2.创新形式、丰富内容。各主、协办单位要围绕活动主题，结合自身特点积极探索创新，采取丰富多彩的形式充实活动内容，并做好相关服务工作，确保活动顺利开展，力争取得良好社会效益。活动结束后，各市（州、地）党委宣传部、社科联要认真总结经验，形成总结材料，及时报送省委宣传部和省社科联。

3.做好宣传、营造氛围。各级党委宣传部门要组织新闻媒体做好活动的宣传报道，不断扩大社会影响力，营造全社会共同关注社科理论宣传普及的良好氛围。

中共贵州省委宣传部

贵州省社会科学界联合会

2011年3月31日

关于认真做好全省党史知识大赛宣传工作的通知

各市（州、地）党委宣传部，省直机关工委宣传部、省委国防工委宣传部、省委教育工委宣传处、省国资委党建处，贵州日报报业集团（含贵州都市报、贵州商报、金黔在线网站）、当代贵州杂志社、贵州人民广播电台、贵州电视台、劳动时报、贵州画报、贵州民族报：

根据《中共贵州省委关于印发〈贵州省中国共产党成立90周年纪念活动实施方案〉的通知》（黔党发［2011］7号）的安排部署，中共贵州省委组织部、中共贵州省委宣传部、中共贵州省委党史研究室、贵州省广播电影电视局定于2011年4月至6月在全省开展群众性党史知识大赛。为认真做好大赛的宣传工作，现将有关事宜通知如下：

一、指导思想

以邓小平理论和"三个代表"重要思想为指导，深入贯彻落实科学发展观，紧紧围绕党团结带领全国各族人民奋力推进革命、建设、改革开放事业的光辉历史，及时报道全省各地开展党史知识大赛的情况，调动全省党员、干部群众学习党史的自觉性、积极性，增强广大党员、干部和各族群众对党的认识，坚定共产主义理想和中国特色社会主义信念，进一步继承和发扬党的光荣传统和优良作风，为贵州经济社会"加速发展、加快转型、推动跨越"而努力奋斗。

二、宣传重点

1.认真宣传党史知识大赛的指导思想、主要原则、目的意义的宣传，营造良好的比赛氛围和舆论环境。

2.重点宣传好党史知识。省各级各类媒体要通过各种手段大力宣传党团结带领全国各族人民奋力推进革命、建设、改革开放事业的光辉历史，在全社会普及中共党史知识。

3.重点宣传大赛各项工作开展的情况。宣传报道各赛区为筹备全省党史知识大赛所做的准备工作、大赛各阶段情况以及开展的其他系列活动的宣传报道。

4.积极报道全省党员、干部、群众及青少年学习党史、普及党的基本知识的情况。

5.宣传大赛取得的实际成效，及时反映社会各界、广大人民群众对开展党史知识大赛的热烈反响。

三、报道安排

1.2011年4月至5月，全省各级各类新闻媒体要适度反映各地、各单位组织开展党史知识大赛的情况。

2.5月上旬，贵州日报、贵州都市报、贵州商报、劳动时报、贵州民族报、金黔在线网站刊登党史知识大赛试题及答题卡，各地各相关媒体要及时转载。

3.6月1日起，全省各级各类新闻媒体和网站要加大对大赛的宣传报道力度，保持“常流水、不断线”的态势，6月下旬全省党史知识大赛进入复赛和决赛时形成报道高潮。

4.贵州电视台要认真策划决赛及颁奖仪式，并进行实况录像，及时在贵州卫视播出。

5.全省各级各类新闻媒体要在自主采访报道的基础上，及时报道大赛组委会办公室（设在省委党史研究室）提供的关于大赛指导思想、主要原则、重要意义、形式内容、工作步骤的稿件，党史知识介绍的稿件，各地、各单位工作动态的稿件，各地、各单位好经验、好做法、好典型和取得的成效的稿件以及新闻线索，引导大赛顺利健康发展。

6.全省各地、各单位要利用宣传橱窗、黑板报、标语横幅等多种形式，为开展党史知识大赛营造良好的舆论氛围。

四、工作要求

1.搞好全省党史知识大赛宣传报道工作是当前新闻单位的一项重要政治任务，要精心组织、周密安排、统筹兼顾、采取措施，抓好落实。

2.各家新闻媒体要认真做好党史知识大赛全过程的宣传报道，特别在复赛、决赛阶段要加大力度，形成声势。

3.全省各地、各单位要把比赛的过程作为教育干部群众的过程，使广大干部群众在大赛中进一步了解党的基本知识，增强坚持中国共产党的领导、坚持走中国特色社会主义道路的信念，唱响共产党好、社会主义好、改革开放好的时代主旋律。

4.大赛组委会办公室要加强和新闻单位的联系，及时提供报道稿件和新闻线索，对重要稿件要把好关，配合新闻单位共同做好宣传报道工作。

中共贵州省委宣传部

2011年4月29日

关于印发《第九届全国少数民族传统体育运动会社会宣传工作方案》的通知

各市、自治州、地区党委宣传部，省直机关工委、省委教育工委、省委国防工委、省国资委、省军区政治部、省武警总队政治部及有关单位：

2011年9月10日至19日，第九届全国少数民族传统体育运动会将在贵阳隆重举行。为做好第九届少数民族运动会的社会宣传工作，确保举办一届有特色、高水平的民族运动会，现将《第九届全国少数民族传统体育运动会社会宣传工作方案》印发给你们，请结合实际，抓好落实。

中共贵州省委宣传部

第九届民族运动会筹委会

新闻宣传部

2011年5月12日

第九届全国少数民族传统体育运动会社会宣传工作方案

2011年9月10日至19日，第九届全国少数民族传统体育运动会将在贵阳隆重举行。这是我省历史上第一次承办的全国性大型综合运动会，是党和国家交给我省的一项重大而光荣的任务，更是一次展示贵州、宣传贵州、发展贵州的难得机遇，对于推动贵州经济社会又好又快、更好更快发展具有重要意义。为做好第九届少数民族运动会的社会宣传工作,确保举办一届有特色、高水平的民族运动会,按照《第九届全国少数民族传统体育运动会宣传工作总体方案》的要求,特制定本工作方案。

一、指导思想

以邓小平理论和"三个代表"重要思想为指导,深入贯彻落实科学发展观,按照构建社会主义和谐社会的要求,积极整合各种社会资源,充分利用各种宣传载体,积极采取各种宣传形式,大力营造团结友爱、欢乐祥和、喜庆热烈、昂扬向上、顽强拼搏的社会舆论氛围,为运动会成功举办创造良好环境,并以此为契机,大力弘扬主旋律,引导全省各族人民为我省"加速发展、加快转型、推动跨越"而努力奋斗。

二、主要任务及责任单位

1.充分发动基层和群众。各地、各部门,特别是在筑单位要积极行动起来,动员全社会力量,充分依靠基层和群众,调动机关、学校、企业、农村、社区、部队各种组织及干部群众的积极性和主动性,加强环境卫生整治,广泛开展各种创建活动,充分利用宣传橱窗、宣传栏、板报、墙报、横幅条幅、标语牌、宣传画、工作简报、户外广告牌、电子显示屏、楼宇音视频广告、广播电视、报纸刊物、网站网页等宣传载体,层层宣传发动,形成全民参与、人人有责、家喻户晓的社会宣传格局。省直有关单位和部门在抓好本单位、本部门社会宣传的同时,要加强本系统、本行业的管理,指导推动下属单位及服务对象做好第九届少数民族运动会的社会宣传工作。

(责任单位:各市州地党委宣传部、省直机关工委、省委教育工委、省委国防工委、省国资委、省军区政治部、省武警总队政治部)

2.突出重点区域。以贵阳市主城区、赛事及活动举办地为重点区域,以各市州地党委政府所在地、省级以上景点景区和爱国主义教育基地、接待宾馆、机场、火车站、客车站、码头、高速公路沿线等为重点,通过户外广告牌、电子显示屏、音视频广告、宣传橱窗、宣传栏、板报、墙报、横幅条幅、标语牌、彩旗灯笼等形式广泛进行宣传。在第九届少数民族运动会开幕式倒计时100天始,在重要地段制作安装倒计时牌。

(责任单位:各市州地党委宣传部、省交通运输厅、省旅游局、省体育局、成都铁路局贵阳办事处、贵阳机场集团公司)

3.发挥窗口服务行业的示范作用。全省旅游、商务、金融、铁路、交通、民航、医疗、通信、邮政、宾馆、环卫、供电、燃气、风景园林、物业服务、自来水、工商、税务、派出所、交警等窗口服务行业,在抓好优质服务的同时,在营业网点、服务窗口、建筑工地等显著位置张贴(悬挂、展示)有关宣传资料及标语标识等。

(责任单位:各市州地党委宣传部、省公安厅、省民政厅、省人力资源社会保障厅、省环境保护厅、省住房城乡建设厅、省交通运输厅、省商务厅、省卫生厅、省地税局、省国税局、省工商局、省旅游局、省通信管理局、省邮政局、贵州银监局、贵州电网公司、成都铁路局贵阳办事处、贵阳机场集团公司)

4.广泛运用各种载体。充分利用各种商业广告平台,适滚动播第九届少数民族运动会公益广告;运用公交车、出租车、长途客车、飞机、火车等载体扩大宣传覆盖面;运用好楼宇音视频、手机短信等新兴媒体发布第九届少数民族运动会公益广告。6月1日至9月26日,全省闭路电视网络开机画面植入第九届少数民族运动会公益广告。

(责任单位:各市州地党委宣传部、省交通运输厅、省工商局、省广电局、省通信管理局、成都铁路局贵阳办事处、贵阳机场集团公司)

5.积极开展主题宣传教育活动。各地、各部门要把第九届少数民族运动会与建党90周年群众性纪念活动、"三个建设年"、"四帮四促"、"创先争优"活动、"整脏治乱"专项行动、"满意在贵州"主题活动、青年志愿者活动结合起来。注意时间节点,把握宣传节奏,做好第九届少数民族运动会倒计时100天和30天、比赛场馆落成、圣火采集和火炬传递等重要活动节点的社会宣传。结合全民健身日、国际奥林匹克日、六一儿童节、七一党的生日、八一建军节、十一国庆节等节庆活动,开展有关第九届少数民族运动会的广场宣传和咨询活动。

(责任单位:各市州地党委宣传部、文明办,省

直机关工委、省委教育工委、省委国防工委、省国资委、省军区政治部、省武警总队政治部)

6.深入开展“喜迎第九届民族运动会、讲文明、树新风”活动。各地、各部门要深入开展“喜迎第九届民族运动会、讲文明、树新风”活动,大力弘扬中华美德、传播文明礼仪、倡导文明新风,重点开展好文明礼仪“六个100工程”。推动文明城市、文明村镇、文明单位创建,整治美化环境,在全省兴起“喜迎第九届民族运动会,争做文明有礼的贵州人”热潮,充分展示全省人民热情好客的精神风貌、优美有序的公共环境、优良满意的窗口形象、优质高效的志愿服务,为成功举办第九届民族运动会营造文明祥和的社会环境。

(责任单位:各市州地党委宣传部、文明办,省直机关工委、省委教育工委、省委国防工委、省国资委、省军区政治部、省武警总队政治部)

三、三个阶段的宣传重点

各地、各部门要遵循宣传规律,坚持有序开展,逐渐升温的原则,结合本地本部门实际,突出不同阶段的宣传重点。第一阶段(2011年4月1日至8月31日)做好宣传发动、预热和升温工作。各地、各部门,特别是学校、企业、农村、社区、部队等基层单位要广泛动员,形成人人参与的浓厚氛围;第二阶段(9月1日至9月19日)进一步加大社会宣传的密度和强度,掀起第九届少数民族运动会社会宣传的高潮;第三阶段(9月20日至9月26日),保持一定的宣传力度,延伸社会宣传影响,圆满完成第九届少数民族运动会的社会宣传任务。

四、工作要求

1.提高认识、加强领导。各地、各部门要充分认识开展第九届少数民族运动会社会宣传的重要意义,把这项工作摆上重要日程,认真研究部署。各地党委宣传部要牵好头,各有关部门、群团组织要密切合作,加强协调,不断提高指导水平,确保活动有序开展,整体推进。各地、各部门要把好政治关,严肃社会宣传的工作纪律,把握正确的宣传导向,以团结友爱、欢乐祥和、喜庆热烈、昂扬向上为主基调,确保宣传工作取得实效。

2.明确责任、狠抓落实。各地、各部门要按照责任分工及三个阶段的宣传重点,结合实际,制定目标明确、切实可行的具体工作方案,将任务层层落实、明确到人,各司其职、相互配合,形成社会宣传的强大合力,确保第九届少数民族运动会社会宣传工作层层推进。请各市州地党委宣传部、省直机关工委、省委教育工委、省委国防工委、省国资委、省军区政治部、省武警总队政治部于5月31日前上报有关工作落实情况。

3.积极发动,全民参与。各地、各部门要加大宣传力度,引导好、利用好、保护好广大群众参与第九届少数民族运动会社会宣传的热情,动员人民群众广泛参与,共享成果,注意从群众关心的具体问题入手,力求在创意上新颖独特、内容上丰富多彩,形式上生动活泼,不断提高广大干部群众的关注和参与程度,采取扎实有效的措施,扩大覆盖面和知晓率,提高吸引力和感染力,使宣传的过程成为教育干部群众,提高全民素质的过程,推动第九届少数民族运动会社会宣传的深入开展。

4.加强督促检查。各地、各部门要加强第九届少数民族运动会社会宣传工作的督促检查力度,确保工作顺利推进,确保达到预期效果。要将各阶段工作进展情况书面报告第九届少数民族运动会筹委会新闻宣传部,第九届少数民族运动会筹委会将进行跟踪检查,对工作进展不力的单位进行通报批评,督促整改。

关于转发《关于2011年深入开展“百城万店无假货”活动的通知》的通知

各市(州、地)党委宣传部、文明办、发展改革委、经济贸易主管部门、物价局、商务主管部门、工商行政管理局、质量技术监督局、总工会、团委:

现将全国《关于2011年深入开展“百城万店无假货”活动的通知》转发给你们,请结合实际,切实抓好落实,具体要求如下:

1. 加强领导,确保工作落到实处。各地各部门要根据《通知》要求,切实加强领导,结合工作职能,制定具体的工作方案,细化任务分工,明确到人,采取切实有效的措施,抓好落实。

2. 突出重点,确保活动取得实效。各地各部门要结合实际,突出工作重点,有针对性地开展专项行动。物价管理部门通过广泛开展“12358·价格连万家”、“12358·情系你我他”等活动,进一步完善明码标价,健全诚信体系,打击商业欺诈,维护市场秩序;商务主管部门以“诚信经营”、“诚信市场”、“文明集市”示范创建活动为载体,集中开展好“诚信兴商宣传月”活动;工商行政管理部门进一步加大“红盾护农”、“红盾保知”执法力度,切实加强广告市场监管,提高广告发布质量和公信力;质量技术监督部门深入开展“农资打假三下乡”活动,加大食品、“家电下乡”产品执法打假力度,开展建材市场专项整治行动;工会组织结合诚信建设,认真做好第十二届全国职工职业道德建设标兵单位和个人的推荐工作;团委以“满意在贵州——青年文明号诚信行动”为载体,广泛开展“百城万店青年文明号助万家”活动,提供诚信服务,帮扶困难群体。

3. 相互配合,确保活动形成合力。各地各部门要根据《通知》要求,各司其职、各负其责,在重大节假日和相关活动集中宣传周、宣传月期间,开展专项行动和便民活动,并将“百城万店无假货”活动作为创建文明城市(城区、县城)、文明村镇和文明单位的重要载体,不断形成工作合力,营造活动声势,推动活动整体推进。

4. 不断创新,推动工作再上台阶。各地各部门要结合新的市场、新的业态以及群众新的消费观念,不断创新工作思路、工作方法与工作形式,创新开展各项惠民、安民、乐民的工作,不断推动“百城万店无假货”活动取得新的成果,认真做好今年下半年全国、全省示范街、示范店重新申报前的筹备工作。

5. 加强监督,营造良好社会氛围。省委宣传部将组织相关部门对我省“百城万店无假货”活动1条全国示范街、13条全省示范街和4家全国示范店、35家全省示范店,进行随机明察暗访和群众满意率调查,对虚假宣传、销售假冒伪劣商品等违法行为进行曝光,对诚信建设取得明显进展和成效的企业进行宣传报道,为深入开展“百城万店无假货”活动营造良好的社会氛围。

中共贵州省委宣传部
贵州省文明办
贵州省发展和改革委员会
贵州省经济和信息化委员会
贵州省物价局
贵州省商务厅
贵州省工商行政管理局
贵州省质量技术监督局
贵州省总工会
共青团贵州省委员会
2011年5月17日

中共贵州省委　贵州省人民政府
关于深化文化体制改革的意见

（6月7日）

为推动我省文化事业和文化产业又好又快、更好更快发展，努力把文化产业培育成我省国民经济支柱性产业，按照中央关于深化文化体制改革的部署，结合贵州实际，就深化文化体制改革，提出以下意见。

一、充分认识深化文化体制改革的重要意义

（一）重要意义。文化是民族凝聚力和创造力的重要源泉，是综合国力竞争的重要因素，是经济社会发展的重要支撑。加快推进文化体制机制改革、促进文化事业全面繁荣和文化产业快速发展，关系全面建设小康社会奋斗目标的实现，关系中国特色社会主义事业总体布局，关系中华民族的伟大复兴。党中央、国务院高度重视文化体制改革和文化建设，作出了一系列重要决策部署。明确提出要通过加快文化体制机制改革，积极发展公益性文化事业，大力发展文化产业，推动文化产业成为国民经济支柱性产业，为加快转变经济发展方式提供有力支撑。近年来，按照中央关于文化体制改革的精神和要求，我省加大力度、加快进度、逐步推开、重点突破，全省文化体制改革工作取得了积极进展和成效。但是，一些地方和单位旧的体制机制和思想观念未能完全从根本上转变，个别领域的改革还处在初期阶段，尤其是认识滞后、体制落后、投入不足、人才缺乏、开放不够等问题，依然较为严重地制约和束缚着我省文化发展。解决上述问题，必须进一步深化文化改革发展重要性的认识。要深刻认识到我省又好又快、更好更快发展的新形势，要求我们增强文化自觉、加快文化改革发展。我们正经历着广泛而深刻的社会变革，发展机遇期、改革攻坚期、矛盾凸显期并存，促进改革发展、维护社会和谐稳定，需要更好地发挥文化的引领功能、凝聚作用。深刻认识到文化日益广泛而深刻的社会影响，要求我们增强文化自觉、加快文化改革发展。一个文明进步的社会必然是物质财富和精神财富共同进步的社会，我省要实现现代化，必然要实现经济、政治、文化、社会的协同发展。必须把文化改革发展摆在更加重要的位置，更好地用文化引导社会、教育人民、推动发展。深刻认识到推动科学发展，实现“两加一推”，要求我们增强文化自觉、加快文化改革发展。加速发展、加快转型、推动跨越是实现我省经济社会又好又快、更好更快发展的必然选择。实现“两加一推”，既需要文化提供有力的思想舆论支持，也给文化繁荣发展提供了前所未有的机遇和广阔空间。尤其是我省具有丰富的文化资源，大力发展文化产业，对于促进我省经济社会发展的历史性跨越，具有特殊意义和作用。各地各部门要切实将思想和行动统一到中央关于加快文化体制改革的要求和部署上来，进一步增强责任感紧迫感，提高认识、抢抓机遇、攻坚克难，深化文化体制机制改革，推动我省公益性文化事业快速健康发展，推动文化产业成为我省国民经济支柱性产业。

二、深化文化体制改革的指导思想和基本原则

（二）指导思想。以邓小平理论和“三个代表”重要思想为指导，深入贯彻落实科学发展观，遵循文化发展规律和社会主义市场经济规律，根据胡锦涛总书记关于“加快文化体制机制改革创新，加快构建公共文化服务体系，加快发展文化产业，加强对文化产品创作生产的引导”的重要指示，按照中央关于文化体制改革要“加大力度、加快进度、巩固提高、重点突破、全面推进”的总体要求，进一步解放思想，着力构建充满活力、富有效

率、更加开放、有利于文化科学发展的体制机制，依靠改革创新，建设文化强省，促进历史跨越。

（三）基本原则。坚持在改革中将社会效益放在首位，体现社会效益最大化，经济效益最优化，实现社会效益与经济效益的有机统一；坚持解放思想、勇于探索、因地制宜、分类指导，以改革促发展，以发展完善改革；坚持加快深化改革，既适度提速超前，又注重质量标准，完成既定改革任务，巩固壮大改革成果；坚持行政推动与市场运作相结合，以资本为纽带，推动资源整合，实行改革改组改造紧密结合；坚持完善落实改革配套政策，增强改革动力；坚持统筹协调，强化谁主管谁负责的管理责任制，充分调动各方积极性，形成改革发展合力。

三、深化文化体制改革的目标与主要任务

（四）目标。国有经营性文化单位按照“创新体制、转换机制、面向市场、增强活力”和“可核查、不可逆”的要求，通过加快转企改制，形成党委领导、政府管理、行业自律、企事业单位依法运营的新体制。公益性文化事业单位通过内部机制改革，强化公益属性，真正形成责任明确、行为规范、富有效率、服务优良的公共文化服务运行机制，搭建人民群众共享文化发展成果的平台，切实保障广大人民群众尤其是农村、民族地区群众的基本文化权益。力争在2012年省第十一次党代会召开前，基本完成国有经营性文化单位转企改制任务，基本完成建设一批国有骨干文化企业任务，基本完成有线电视网络整合任务，基本完成文化市场综合执法改革任务，基本完成公益性文化事业单位内部机制改革任务，基本完成文化行政管理体制改革任务，并不断巩固提高；努力在党的十八大召开前全面完成上述6项改革任务。到“十二五”期末，通过进一步改革创新，培育形成一批骨干企业和企业集团，其中有2至3家文化企业产值各实现百亿元，2至3家文化企业实现融资上市；建设形成一批文化产业园区、文化产业基地；打造推出一批有影响力的影视剧、歌舞剧目、文学艺术作品和图书等精品力作；培养和引进一批文化产业的领军人才、高端人才；组建一批有较高水准的文化咨询、策划、创意、市场交易、文艺评论等中介服务机构；搭建一批文化产业投融资平台和产权交易平台等。力争在“十二五”期末，把文化产业培育并发展成为我省国民经济支柱性产业。

（五）国有经营性文化单位转企改制。国有经营性文化单位转企改制包括整体转企改制和剥离转企改制。要紧紧抓住国有经营性文化单位转企改制这一中心环节，加快推动转制文化单位按规定注销事业法人、核销事业编制、进行国有资产产权登记和工商登记、依法与在职职工签订劳动合同，建立和接续社会保险关系等。并在此基础上，把建立现代企业制度作为核心目标，推动已转制的文化企业以市场为主导，完善法人治理结构，加强经营管理，健全绩效考评和激励约束机制，成为真正合格的市场主体。在改革过程中，要把转企改制与资源整合、结构调整结合起来，加快打造一批产权清晰、管理科学、特色突出、富有活力、实力雄厚的国有或国有控股文化企业和企业集团。通过深化改革，不断解放文化生产力，有效盘活国有文化资产，实现保值增值，提升文化产品质量，促进文化快速发展，不断满足人民群众多样化、多层次、多方面的精神文化需求，实现社会效益和经济效益的统一。

——加快组建文化企业集团，培育壮大骨干文化企业。充分发挥市场在国家宏观调控下对文化资源配置的基础性作用，打破条块分割、地区封锁、城乡分离的市场格局，把加快深化文化体制改革与有效整合资源有机结合起来，推动业务相近、资源相通的文化企业组建集团公司。尽快完成贵州广电传媒集团有限责任公司、当代贵州期刊传媒集团有限责任公司、贵州日报报业集团传媒有限责任公司和贵州文化演艺集团有限责任公司的组建工作并不断深化完善。推动贵州省广播电视信息网络股份有限公司全面完成各项改革任务。加快推动全省互联网资源整合，组建并打造网络传媒骨干企业。有条件的市（州、地）要积极探索整合相关文化资源组建集团公司。鼓励国有文化集团互相参股以及省属文化集团与各地文化企业以资源或产权为纽带进行整合重组，在新闻出版、影视产业、文化旅游等领域开展跨地区、跨行业、跨所有制兼并重组，不断提高产业集中度，培育打造我省有实力、有竞争力、有影响力的龙头和骨干文化企业。积极推动成长性较好、竞争力较强的

贵州省广播电视信息网络股份有限公司、贵州家有购物集团有限公司、贵州星空影业股份有限公司和贵州出版集团公司在“十二五”期间引进战略投资者进行股份制改造,实现融资上市。

——加快推动文艺院团转企改制。根据中央有关文艺院团改革的精神和要求,按照区别对待、分类指导的原则,采取“转企一批、合并一批、撤销一批”的办法,加快推动一般性国有文艺院团实施转企改制。对歌舞、杂技、曲艺、话剧、地方戏曲等市场发育相对成熟的国有文艺院团,要加快整体转企改制进程。在实施转企改制过程中,要把转企改制与推进演艺业资源整合、结构调整结合起来,同一地区不同层级重复设置的国有院团要进行资源整合,共同组建演艺企业。对部分经营困难、缺乏进入市场条件的文艺院团,可以并入其他企业性质的文艺院团或予以核销。鼓励转制院团进行跨区域、跨所有制兼并重组,鼓励引进民营企业等战略投资者,支持其以控股、参股等形式参与文艺院团股份制改造。要通过改革,把演艺业发展的主体培育好、结构调整好、环境营造好、体制机制建设好。积极推动演艺与旅游结合,借助旅游市场,大力发展旅游演艺产业,充分体现和展示贵州民族文化特色。探索演艺院线建设,加快形成统一、开放、竞争、有序的现代演艺市场体系。

——加快完成非时政类报刊出版单位转企改制。按照统筹规划、分类指导、突出重点、分批实施的原则,本着“做大做强一批,调整重组一批,淘汰退出一批”的要求,制定并抓紧组织实施非时政类报刊出版单位转企改制方案。对具有独立法人资格的非时政类报刊出版单位一律在2012年上半年前完成转企改制的任务;对不具有独立法人资格的非时政类报刊编辑部,原则上不单独转制,区别不同情况,并入其他新闻出版传媒企业或予以撤销;明确非时政类报刊出版单位转制的条件,设置门槛、提高标准,“关停并转”一批不符合资质或严重亏损的报刊,切实提高报刊集中度。要以拥有品牌的省级党报集团和期刊传媒集团为重点,着力推动非时政类报刊出版单位完成转企改制后整合进入以党报党刊为出资人的综合性报刊集团公司,加强联合重组,推动地方报刊传播力建设。

——加快完成新闻媒体经营性部分转企改制。在坚持党管媒体、坚持正确导向的前提下,加快推进全省党报、党刊、电台、电视台的经营性部分从事业体制中剥离出来,组建面向市场的经济实体,做大做强主流媒体。推动省级和有条件的市(州、地)党报党刊剥离发行部分组建独立的发行公司,鼓励其对区域内报刊发行资源进行整合,不断完善营销网络、降低发行成本、提高市场占有率。积极探索党报党刊与邮政等单位重组发行企业的新模式,提高发行时效和覆盖面。省、市电台电视台要加快完善规范制播分离改革,扎实推进频道频率制改革,稳妥地探索发展影视、体育、娱乐等视听节目市场化运作的途径,鼓励民营等社会资本发展影视产业。切实把好导向、把好关口,不断提高舆论引导能力和事业发展水平。坚决防止社会资本特别是境外资本直接或变相介入宣传编辑业务,禁止频道、频率出租,禁止刊号、版面出卖、出租、转让,禁止编播人员与经营人员混岗。按中央有关文件要求,省的重点新闻网站要全面转企改制、做大做强,并在此基础上推动资源配置向重点新闻网站倾斜,整合省内网络资源,建立规范的运营和赢利模式,同时推动其他具有新闻资质的国有新闻网站转企改制。

(六)公益性文化事业单位内部机制改革。要按照中央关于分类推进事业单位改革的指导思想,围绕“加大投入、转换机制、增强活力、改善服务”的要求,针对存在的布局不当、管理不善、活力不足、效率不高等问题,以政府为主导,坚持公益性、基本性、均等性、便利性,与国家事业单位改革相衔接,加快推进公益性文化事业单位完成人事、收入分配和社会保障制度改革。结合行政管理体制改革和政企、政事分开、管办分离,探索建立公益性事业单位法人治理结构,转换运作机制、强化服务职能、增强发展活力,切实保障文化民生。加大政府公益性文化事业投入,保证文化事业经费的增长幅度高于同级财政经常性收入的增长幅度,形成稳定的投入保障机制。把加大财政投入力度与改进财政投入方式结合起来,采取政府购买、项目补贴、定向资助等办法,提高财政资金在扶持公益性文化事业单位改革和发展上的使用效益。各级图书馆、博物馆、群众艺术馆、文化馆

(站)、美术馆、科技馆、文艺创作与研究、文物和非物质文化遗产保护等公益性文化事业单位要加快完成内部机制改革,引入竞争和激励机制,全面推行聘用制度和岗位管理制度,创新服务方式,扩大服务范围,整合服务资源,提高服务质量。继续推进文化基础设施建设,健全公共文化服务网络、扩大覆盖范围,切实抓好已有阵地的管理和使用,确保建好一个、管好一个、用好一个,使公共文化服务体系的效能得到充分发挥。推进美术馆、公共图书馆、文化馆(站)等免费开放。党报、党刊、电台、电视台等实行事业体制的新闻媒体,要把牢正确导向,强化社会责任,切实履行好承担意识形态和公共文化宣传的职能,同时完成内部三项制度改革,调动职工积极性、激发创造活力,坚持贴近实际、贴近生活、贴近群众,推出更多深受群众喜爱的文化精品。加强内部管理,改进宣传方式,充分发挥党和人民的喉舌作用,及时有效地宣传党和政府的各项方针政策和重大事项。通过全面深化完善公益性文化事业单位内部机制改革,初步形成覆盖广泛、布局合理、资源整合、管理规范、运行高效的公共文化服务网络格局。

(七)文化行政管理体制改革。加快转变政府职能,实现文化行政管理由管微观向管宏观、由办文化为主向管文化为主、由以行政手段为主向综合运用法律、经济、行政管理手段转变,健全文化法律法规和政策体系,构建科学有效的文化宏观管理体制,努力做到依法管理、科学管理、有效管理。加快推进政企分开、政事分开、政资分开、政府与市场中介组织分开和管办分离,进一步理顺文化行政管理部门与所属企事业单位的关系,推动文化行政管理部门切实履行好政策调节、市场监管、社会管理、公共服务等职能。各市(州、地)加快完成组建文化、广电、新闻出版综合行政主体任务,科学设置内设机构,统一履行原文化、广电、新闻出版部门的行政管理职能。加快完成省及各市(州、地)电台、电视台合并组建广播电视台任务,促进广播电视优势互补,融合发展。全面深化各市(州、地)、县(区、市、特区)文化市场综合执法改革,落实人员参公、执法机构三定方案、执法经费纳入财政预算等,真正形成权责明确、行为规范、监督有效、保障有力的执法体制,建设廉洁公正、作风优良、业务精通、素质过硬的执法队伍,推动文化市场执法工作进一步法制化、科学化、规范化。

四、加快实施和完善深化文化体制改革的配套政策

(八)落实国家和省已出台关于文化改革发展的各项政策。深化文化体制改革必须坚持用政策引路、用政策推动、用政策保障。国家出台的政策,要不折不扣落实;省的配套政策,要执行到位。在落实国家和省的政策中,要做到原则性和灵活性相结合,要善于借鉴外省推进改革的成功做法。各地各有关部门要认真落实《国务院办公厅关于印发〈文化体制改革中经营性文化事业单位转制为企业和支持文化企业发展两个规定〉的通知》(国办发〔2008〕114号)、《中共贵州省委贵州省人民政府关于推进文化体制改革和加快文化发展的若干意见》(黔党发〔2006〕15号)、《中共贵州省委办公厅贵州省人民政府办公厅关于加强公共文化服务体系建设的实施意见》(黔党办发〔2009〕2号)、《省人民政府办公厅关于经营性文化事业单位转制后人员分流、社会保险和支持文化企业发展有关问题的意见》(黔府办发〔2009〕143号)等文件精神,加快办理资产处置、人员安置、工商注册、社保接续、土地使用、事业单位法人注销、事业编制核销等各项手续,确保改革单位真正受益,促进文化发展。进一步落实好国家已出台的关于文化艺术、广播影视、广电网络、新闻出版等方面扶持文化事业和文化产业发展的各项经济政策。

(九)完善相关改革配套政策。改革越是深入推进,越需要有完善的配套政策,发挥好政策的杠杆作用。要在认真落实国家和省已出台相关政策的基础上,有针对性地完善配套政策,增强政策的实效性和可操作性,创造有利于改革和发展的政策环境。

——人员分流安置政策。省、市、县各级国有艺术院团转企改制中,年龄偏大、难以从事原职业的演职人员,经审核同意,原则上可安排到博物馆、图书馆、文化馆、社区文化活动中心等文化单位,充实基层文化工作队伍。

——社会保障政策。国有经营性文化单位转企改制时,列入转制范围的转制前离退休人员(含提前退休人员),基本养老金由社会保险经办机构按照《省人民政府办公厅关于经营性文化事业单位转制后人员分流、社会保险和支持文化企业发展有关问题的意见》(黔府办发〔2009〕143 号)规定项目按时足额确保发放,未纳入规定的待遇部分由转制企业负责发放。转制企业原已参加机关事业单位养老保险的,如转制后仍保留在原渠道参加养老保险,提前退休人员退休待遇支付办法按照我省机关事业单位养老保险有关规定执行。

——改革扶持政策。各级财政要加大对文化体制改革费用的投入力度。转制单位可用评估后预留的净资产或国有产权转让收入支付转制单位已离退休人员和提前退休人员未纳入基本养老金的有关政策规定项目。净资产不足的,按《省人民政府办公厅关于经营性文化事业单位转制后人员分流、社会保险和支持文化企业发展有关问题的意见》(黔府办发〔2009〕143 号)有关规定予以妥善解决。人力资源和社会保障部门、财政部门要从实际出发,积极推进公益性文化事业单位岗位设置和分类管理,完善职称评聘,落实绩效工资兑现、社保接续的相关经费。

(十)国有文化资产管理政策。制定国有文化企业综合评估考核政策。由省委宣传部会同省财政厅研究出台省直文化企业国有资产监督管理的有关政策措施;由省委宣传部会同各有关文化行政主管部门,省人力资源和社会保障厅、省财政厅等有关部门积极配合,针对国有文化企业的不同特点和实际,研究制定相应的国有文化企业经营业绩考核及薪酬水平审核具体办法,进一步推进建立权利义务责任相统一、管人管事管资产相结合的国有文化企业管理体制和运行机制,确保国有资产保值增值。

(十一)转制文化企业出资人政策。对于按要求实施转企改制但尚未与原主管主办单位完全脱钩的国有经营性文化单位,继续由原主管主办单位暂代履行出资人职责,由同级财政部门负责监管;对于按要求实施转企改制并与原主管主办单位完全脱钩的国有经营性文化单位,凡原主管主办单位为党政机关、民主党派、人民团体、行业协会、社会团体的,由同级财政部门代表本级政府履行出资人职责,根据实际情况,同级财政部门可对其实行授权管理;凡原主管主办单位为事业或企业单位的,由原主管主办单位作为出资人,同级财政部门对其履行监管职责。

(十二)经济扶持政策。党报、党刊、电台、电视台的经营性部分从事业体制中剥离出来后,对继续保留事业体制的部分由机构编制部门重新核定机构和编制,并由财政部门本着积极扶持的原则核定其定补数额及定补方式。国有经营性文化单位转制后培育发展期间,其国有资本收益金实行收支两条线管理,先上缴同级财政部门,由同级财政部门再按单位上缴的国有资本收益金额,通过项目支出方式专项用于支持转制文化企业发展。在对因转制而形成的新增税收依法进行征收的同时,以相应的项目资金扶持方式支持转制文化单位。认真落实国家关于城市住房开发按投资总额 1% 的比例用于社区文化活动场所建设的政策。将全省性文化产业重点示范项目或先导性重点文化产业项目,列入省文化产业发展专项资金的重点支持项目,给予前期经费补助或贷款贴息,并按有关规定积极争取国家相关专项资金的进一步支持。

五、进一步加强对深化文化体制改革工作的领导

(十三)加强领导,纳入工作考核。各级党委、政府要按照中央要求,把文化体制改革和文化建设摆在全局工作的重要位置,进一步加强对文化体制改革的组织领导,列为"一把手"工程,纳入党委、政府工作的重要议事日程,纳入经济社会发展总体规划,纳入科学发展考核评价体系,做到与经济建设、政治建设、社会建设一同部署、一同实施,确保思想上高度重视、工作上强力推进、政策上全力支持文化体制改革。进一步强化文改文产工作机构建设,切实解决落实好机构设置、人员编制、工作经费等方面的问题。省直有关部门文化体制改革工作要纳入省直机关绩效目标考核内容,由省委组织部、省委宣传部、省直机关目标绩效管理领导小组办公室共同配合抓好落实;各市(州、地)要比照执行。

(十四)加强统筹协调,加快改革进程。按照中央提出的"党委统一领导、政府组织实施、党委宣传部门协调指导、文化行政主管部门具体落实、各有关部门密切配合”的要求,各部门要根据职责分工,认真履职、切实负责、形成合力、务求实效,加快推进完成文化体制改革各项工作任务。各级党委宣传部门要加强组织协调和分类指导,充分调动各方面的积极性和主动性;各级文化行政主管部门要进一步认真履行具体落实职责,切实抓好本系统、本领域的改革,尤其要组织制定审核好国有经营性文化单位转企改制方案,加强具体指导协调,不断实现新突破、打开新局面;承担具体改革任务的文化单位要围绕改革任务,精心组织、周密部署,加快推进、不断深化提高;机构编制、发展改革、财政、人力资源和社会保障、国土资源、税务、工商、金融、证监等部门要主动做好政策指导、决策咨询和服务工作,发挥各自优势,落实并完善各项政策规定,通过真正用好、用活、用足各项改革政策,为加快深化改革提供有力支撑。

(十五)狠抓落实,确保改革任务完成。各地各部门要进一步细化工作任务、明确责任分工、落实工作责任制,确保责任到岗、责任到人,层层抓落实。各级文改文产工作机构要围绕改革的各项任务和验收标准,加强对文化体制改革各项工作的调度和督促检查力度,以目标倒逼进度、以时间倒逼程序、以督查倒逼落实,尤其要围绕国有经营性文化单位转企改制中的重点、难点问题,深化改革中出现的新情况新问题,及时协调、组织有关部门研究解决问题的办法和措施,充分发挥典型示范作用,宣传推广先进经验,为改革营造良好氛围,确保改革顺利推进、加快完成。

本《意见》自下发之日起执行。其他有关文件与本《意见》不一致的,以本《意见》为准。各地各有关部门要按照本《意见》精神,紧密结合实际,抓紧制定实施细则,认真抓好落实。

关于印发《贵州省推进学习型党组织建设工作方案》的通知

各市(自治州、地区)、县(市、区、特区)党委宣传部、组织部、学习型党组织建设工作协调小组,省委各部委、省级国家机关各部门、各人民团体宣传部门、组织部门,省军区、省武警总队政治部宣传部门、组织部门:

《贵州省推进学习型党组织建设工作方案》已经贵州省学习型党组织建设工作协调小组同意,现印发给你们,请结合实际,认真抓好贯彻落实。

中共贵州省委宣传部
中共贵州省委组织部
2011年6月22日

贵州省推进学习型党组织建设工作方案

为进一步推进我省学习型党组织建设,根据《中共中央办公厅印发〈关于推进学习型党组织建设的意见〉的通知》(中办发〔2009〕44号)、《中共贵州省委办公厅印发〈关于推进全省学习型党组织建设的实施意见〉的通知》(黔党办发[2010]9号)要求,结合我省实际,特制定以下方案。

一、指导思想

高举中国特色社会主义伟大旗帜,坚持以邓小平理论和“三个代表”重要思想为指导,深入贯彻落实科学发展观,全面贯彻中央和省委重要会议精神,围绕省委、省政府工作大局,按照科学理论武装、具有世界眼光、善于把握规律、富有创新精神的要求,以学习实践党的创新理论为根本,以领导班子和领导干部为重点,以争创学习型党组织、学习型领导班子和争做学习型个人为抓手,不断推动学习向广度和深度发展,为我省经济社会又好又快、更好更快发展提供强有力的思想保证、精神动力和智力支持。

二、基本目标

在巩固学习型党组织建设阶段性成果基础上,通过更加扎实、更加有效的工作,努力实现以下基本目标：进一步坚定理想信念，树立正确的世界观、人生观、价值观，做共产主义远大理想和中国特色社会主义共同理想的忠实信仰者；进一步提高政治素养和政治水平，增强政治敏锐性和政治鉴别力，努力在纷繁复杂的环境中牢牢把握正确的前进方向；进一步掌握新思想新知识新经验，深入研究把握形势的新特点新变化，努力提高解决复杂矛盾和问题的能力；进一步深刻认识我省“欠发达、欠开发”的省情，深刻领会省委重大决策部署，增强党员、干部关于“加速发展、加快转型、推动跨越”的紧迫感责任感，提高执行力。

三、工作方式

进一步推进学习型党组织建设，必须坚持党委统一领导、党委宣传部牵头、有关部门齐抓共管的要求，形成“分层推进、分类落实、品牌带动、示范引领”的工作格局，确保取得新成效。

（一）分层推进

从纵向上，省、市（州、地）、县（市、区、特区）、乡镇（街道）、村（社区）等层级的各级党组织，要按照省委统一部署，依据不同层级的职责要求，明确任务，上下联动，共同推进学习型党组织建设。

省直各系统要把学习型党组织建设作为重要工作，立足本系统实际和职能要求，制定具体实施方案，明确学习重点，突出自身特色，精心策划，认真组织，扎实推进。省直机关工委、省委教育工委、省委国防工委和省国资委党委在做好本部门学习型党组织建设的同时，要结合本系统所属单位实际和工作需要，做好统筹指导、督促检查工作，提出明确要求和考核标准，推进本系统学习型党组织建设工作。

各市（州、地）、县（市、区、特区）党委要按照中央和各级党委要求，结合本地实际，建立健全本级组织协调机构，明确目标任务，做好工作安排，精心组织实施。要充分发挥自身优势，开展本地各具特色的学习教育活动；制定本地学习型党组织建设工作方案、创建标准和验收评定办法，努力使学习型党组织建设规范化、制度化；要从实际出发，因地制宜，组织市（州、地）、县（市、区、特区）直各部门在职干部及乡镇（街道）党委领导干部进行学习型党组织建设有关知识培训，特别要把基层党员纳入培训计划，不断扩大培训学习覆盖面。

各级学习型党组织建设工作协调小组要结合实际，加强对各地各系统的协调指导，按照“强化制度、强化考核、强化落实、强化效果”的要求组织学习。各级党委宣传部门作为学习型党组织建设的牵头单位，要切实发挥组织协调作用，及时制定工作方案，组织开展学习活动，编发、报送简报材料，加强督促检查，召开工作协调会、经验交流会，推广典型，表彰先进；加大宣传报道力度，努力形成浓厚学习氛围。

（二）分类落实

从横向上，党政机关、学校、企业、社区、农村等各类党组织，要紧密结合各自实际，针对不同类别的特点采取不同措施，加强协调，统筹兼顾，贯彻落实好学习型党组织建设各项任务。

党政机关学习型党组织建设，要围绕服务中心、建设队伍的要求，把学习型党组织建设作为机关党组织建设和提高党员干部综合能力的重要抓手。要充分考虑机关工作性质和队伍建设实际，结合“创先争优”等主题活动，加强对政策理论、经济、管理、法律、电子政务等知识的学习教育，进一步坚定领导班子和领导干部政治立场，进一步提高决策水平、管理能力和服务水平。

教育系统学习型党组织建设，要围绕全面贯彻党的教育方针、培养中国特色社会主义事业建设者和接班人的要求，把学习型党组织建设作为思想政治工作的重要内容。要充分发挥高校科研力量雄厚、人才密集的优势，结合高校思想政治理论教育、教学科研骨干研修、大学生社团活动等平台，开展形式多样、生动活泼的学习活动。着重加强对教学科研骨干和学生党员骨干的培训，着重加强理想信念、国情省情、教学业务等方面的学习教育，不断提高教师党员的综合素质和教书育人本领，不断增强学生党员对国家和民族的自豪感使命感责任感。

企业学习型党组织建设，要围绕建设高素质经营管理者队伍、人才队伍、党员队伍和职工队伍的要求，把学习型党组织建设工作纳入企业年度工作目标责任体系和管理考核体系。企业党委要结合工作实际和企业中广大党员的不同需求，大力加强现代管理知识、业务知识和新知识新技能培训，进一步提高广大党员职工的思想修养和业务技能，进一步增强企业的核心竞争力，进一步夯实企业创新发展的基础。

城市街道社区学习型党组织建设，要围绕服务群众、凝聚人心、优化管理、维护稳定的要求，根据社区成员不同的年龄结构、文化层次和实际需要，结合“整脏治乱”、“满意在贵州”、道德模范评选等群众性精神文明创建活动，组织开展社区志愿者服务、再就业培训、创学习型家庭、创文明社区等活动，建立健全社区学习网络和学习体系，普遍提高人们综合素质、生活质量和文明程度。要注意抓好离退休人员、非公有制经济组织和新社会组织中党员、下岗失业人员和流动人口中党员的学习，努力使建设学习型党组织的任务覆盖到城市社区的基层党组织和党员。

农村学习型党组织建设，要围绕发展现代农业、培养新型农民、带领群众致富、维护农村稳定的要求来开展。根据农村乡镇、村组自身特点及一些村民居住较为分散、文化水平不高、文化学习及娱乐设施较为欠缺等实际，结合“四帮四促”、“四在农家”创建及文化科技卫生“三下乡”等活动，充分发挥乡镇综合文化站、农家书屋、农民文化家园、文化信息资源共享工程、农村党员干部远程教育基地等功能。组织举办村支部读书活动、党员集中学习、党员帮扶贫困户等形式多样的活动，提高村干部及广大农村党员的文化素质、致富能力和道德修养。

（三）品牌带动

打造学习品牌，已成为开展学习型党组织建设的重要载体。各级党组织要立足实际，抓好载体、创新形式，打造具有影响力的学习活动品牌，进一步提升学习型党组织建设成效。

精心打造党委中心组学习品牌。县以上党委中心组在学习活动上，要做到“四个一”：每个成员每月读一篇马克思主义经典著作，更好地掌握和运用马克思主义立场、观点、方法，提高马克思主义理论素养，坚定理想信念；每季度举办一期“高端讲坛”，邀请知名专家学者作专题辅导，开阔视野，扩大知识面，提高科学决策、执行能力和水平；每个成员每半年写一篇调研报告，深入分析研究解决工作中存在的突出问题；每个成员每年深入机关、高校、企业等作至少一场形势报告，带头开展理论宣讲和学习辅导。在学习方式上，要采取“四结合”：把学习马克思主义创新成果与研读马克思主义经典著作相结合，把理论学习与推动中心工作相结合，把开展专题调研与解决实际问题相结合，把“请进来”进行辅导与“走出去”学习先进相结合。

精心打造全省学习型党组织建设品牌。一是以领导班子、领导干部和广大党员为学习主体，开展“四学四创”主题学习活动。“四学”为：向书本学习，学习理论、业务及现代化建设所需知识；向实践学习，把学习的着眼点放到研究解决实践中的问题上，在实践中不断提高综合素质；向群众学习，牢固树立马克思主义群众观点，虚心向群众请教，在服务群众中提高工作能力；向先进学习，学习先进党组织、先进领导班子、先进单位和先进个人。“四创”为：创学习型党组织、创学习型领导班子、创学习型单位、创学习型个人。要把“四学四创”活动作为学习型党组织建设的有力抓手，形成崇尚学习、善于学习的良好氛围。二是省委宣传部、省委组织部以“甲秀讲坛”为载体，举办服务省委中心组的“甲秀高端讲坛”、服务省直各部门党员干部的“甲秀视线讲坛”，各系统要结合实际组织多种类型的学习讲坛。三是各地各部门要适应时代条件、社会环境、科技进步和生活方式的新变化，根据各级党组织特别是基层党组织的实际状况和特点，兼顾党员干部的不同需求、兴趣、爱好，创新多种载体，打造“特色鲜明、长期管用、干部认可、富有成效”的学习品牌，最大限度吸引党员干部群众参与，更广泛、更深入地推进我省学习型党组织建设工作有效开展。

（四）示范引领

各级党组织要注重发挥典型的示范引领作用，重点抓好领导班子、领导干部的学习及示范点建设，使学习型党组织建设工作学有榜样、赶有目标。

切实抓好领导班子和领导干部的学习，使之成为建设学习型党组织的组织者、带动者、促进者、实践者。要把领导班子建设成为全省学习型党组织建设的排头兵，在推进学习制度化、科学设置学习主题、学习成果转化等方面起带动作用。要把领导干部培育成为广大党员干部学习的排头兵,积极倡导领导干部带学帮学促学,以身作则、率先垂范,带头读经典、讲党课、作报告、搞调研,带头组织活动、创新方法、学以致用,学得更深更透一些、更超前更丰富一些。

认真搞好示范点建设,注重发挥示范点的示范引领作用。省协调小组按照"重点打造、双向联系、定期总结、督查考核、动态管理"的原则,根据"有明确目标、有鲜明特色、有品牌载体、有健全机制、有显著成效、有推广潜力"的"六有"标准,在充分调研和综合评定的基础上,在全省范围内确定一批单位,作为省级学习型党组织建设工作示范点。示范点要涵盖机关、学校、企业、街道社区、农村五个类别党组织。要从学习内容、方法、制度等方面给予具体指导,每两年进行一次调整。各地各有关部门要重视省级示范点创建工作,并结合实际,建设好本级示范点。省协调小组适时召开示范点总结会,总结典型经验,充分发挥示范作用。引导示范点之间互相学习、互相交流、互相促进,形成"纵向互动、横向联动、以点带面、以面促点"的创建格局。

努力抓好典型推广表彰,注重运用先进典型影响和带动党员干部的学习。要深入调查,选择一批不同层次、不同类别、可信可学的学习型先进党组织、领导班子和先进个人,广泛宣传其创建经验和先进事迹。省协调小组适时对学习先进典型进行表彰,使示范、激励和引导作用辐射不同领域、不同群体。

四、工作要求

(一)高度重视,务求实效。各级党委要进一步加深对学习型党组织建设重要性、紧迫性的认识,真正把这项工作纳入重要议事日程,作出周密部署,提出明确要求,精心组织,狠抓落实。要把推进学习型党组织建设与党委、政府中心工作结合起来,与加强和改进新形势下党的建设结合起来,与"创先争优"等主题活动结合起来,与推动本地区本部门本单位的工作结合起来。

(二)分类指导,督促检查。各级党组织要根据不同层次、不同类别、不同岗位党员干部的特点,把学习的普遍性要求与特殊需要结合起来,分别提出相应的任务和要求。要经常了解下属部门和单位党组织的学习情况,根据不同特点,有针对性地加强指导。要加强对学习的自查互查和对下级党组织的督促检查。党委组织部门要把学习考核结果纳入领导干部综合评价体系和领导班子建设目标管理体系,把考核结果作为选拔任用的重要依据,形成注重学习的用人导向。

(三)反馈情况,交流经验。各市(州、地)协调小组、省协调小组成员单位于每年1月底前将上一年度学习情况总结和本年度学习计划报送省协调小组办公室。各地各部门要及时将好经验、好做法、好典型报省协调小组办公室。省协调小组办公室根据调研情况及各地各系统各部门上报的材料,编发《学习型党组织建设工作简报》,及时反映全省学习型党组织建设工作动态。

(四)加强宣传,营造氛围。各地各单位要把学习型党组织建设的宣传作为重要任务,充分利用报刊、广播、电视、网络等媒体及多种宣传方式,加大对学习型党组织建设的宣传报道力度,扩大社会影响。省各级新闻媒体要开设专版、专栏或专题,推出有分量、有影响的深度报道和专题节目,播发内容丰富、生动鲜活的通讯综述,刊发把握准确、说服力强的评论和理论文章。各媒体要结合自身特点,各展所长,形成合力,为我省学习型党组织建设工作营造良好舆论氛围。

附件:《贵州省2011年学习型党组织建设主要工作》

附件

贵州省2011年学习型党组织建设主要工作

根据《中宣部中组部印发〈关于2010年学习型党组织建设工作总结和2011年工作安排〉的通知》(中宣发[2011]10号)、《中共贵州省委办公厅印发〈关于推进全省学习型党组织建设的实施意见〉的通知》(黔党办发[2010]9号)要求,抓好以下主要工作。

一、认真抓好党委(党组)中心组学习

1.组织召开"全省党委(党组)中心组学习暨

学习型党组织建设经验交流会”。

牵头单位:省委宣传部、省委组织部;责任单位:各市(州、地)党委、省直机关工委、省委教育工委、省委国防工委及省国资委党委。

2. 做好省委中心组学习服务工作。

牵头单位:省委宣传部;责任单位:省委办公厅、省委组织部、省直机关工委、省委讲师团。

3. 抓好党委(党组)中心组网络学习平台建设。对各地各系统中心组网络学习平台系统进行升级,对管理人员进行操作运用辅导。扩大平台覆盖范围,适时启动第二批平台终端建设。

牵头单位:省委宣传部、省委讲师团;责任单位:各市(州、地)党委宣传部、讲师团,各县(市、区、特区)党委宣传部,省直三个工委及省国资委宣传思想工作部门。

二、切实加强理论学习研讨

4. 在全省范围内组织开展“学习理论、指导实践”读书征文活动。

牵头单位:省委宣传部;承办单位:省委讲师团、贵州日报社、当代贵州杂志社等。

5. 举办“推进经济社会又好又快更好更快发展”系列研讨会,围绕“实施工业强省战略”、“实施城镇化带动战略”、“大力推进扶贫开发”专题组织研讨。

牵头单位:省委宣传部;承办单位:省委讲师团、省社科联、省农经学会。

6. 召开省直机关学习型党组织建设工作推进会,表彰先进,交流经验,宣传典型。

责任单位:省直机关工委。

7. 开展高等学校基层党组织主题实践优秀方案评选活动,推进高校基层党建创新和学习型党组织建设。

责任单位:省委教育工委。

8. 组织省委党校主体班学员开展以“推动贵州工业强省战略和城镇化带动战略”为主题的学员论坛。

责任单位:省委党校。

三、深入开展专题调研

9. 开展推进学习型党组织建设专题调研,撰写调研报告。

牵头单位:省委宣传部;责任单位:省委讲师团等。

10. 组织学习考察组赴省外考察,学习借鉴学习型党组织建设的好经验好做法。

牵头单位:省委宣传部;责任单位:省协调小组有关成员单位。

11. 围绕推进国有及国有控股企业学习型党组织建设,组织调研组深入企业开展专题调研,适时召开座谈会和经验交流会,总结、宣传和推广好经验好典型。

责任单位:省国资委、省委国防工委。

12. 组织省委党校主体班学员外出学习考察,开展现场教学,进行革命传统教育、党性教育和知识能力培训。

责任单位:省委党校。

四、精心搭建学习活动新载体

13. 组织“四学四创”主题学习活动,形成崇尚学习、善于学习的良好氛围。

牵头单位:省委宣传部;责任单位:省协调小组成员单位。

14. 认真抓好省级示范点建设。

牵头单位:省委宣传部;责任单位:各市(州、地)协调小组、省协调小组成员单位。

15. 以“甲秀讲坛”为载体,举办服务省委中心组的“甲秀高端讲坛”、服务省直各部门党员干部的“甲秀视线讲坛”。

牵头单位:省委宣传部、省委组织部;责任单位:省协调小组成员单位。

16. 依托农家书屋,开展以“知书识理新农民”为品牌的阅读讲演比赛等系列活动,进一步调动广大农村基层党员干部的读书学习热情。

牵头单位:省委宣传部、省文明办。

五、广泛推进社科知识的宣传普及

17. 组织开展“社科理论下基层”活动。

主办单位:省委宣传部、省社科联;责任单位:各市(州、地)党委宣传部、社科联,各县(市、区、特区)党委宣传部。

18. 在全省组织开展人文社会科学知识竞赛活动。

责任单位:省社科联。

六、精心组织党员干部培训

19. 举办全省学习党的十七届六中全会精神

宣讲骨干培训班。

牵头单位:省委宣传部;承办单位:省委讲师团。

20.举办全省哲学社会科学教学科研骨干研修班。

责任单位:省委宣传部、省委组织部、省委党校、省教育厅、省财政厅。

21.从今年起,用一至两年时间,组织市县领导干部、乡镇干部、开发区负责人、省管专家、学科带头人等进行培训,使各级干部熟悉和掌握现代化建设所需的专业知识,提升业务能力。

牵头单位:省委组织部。

22.开展"万名书记"大培训。

牵头单位:省委组织部。

23.组织举办第四期全省党委政研干部培训班。

责任单位:省委政研室。

24.省直机关开展"领导讲党课、专家讲理论、先进人物讲事迹、党员讲体会"的"四讲"活动,结合形势和任务,举办2-3次专题讲座。

责任单位:省直机关工委。

七、扎实开展纪念建党90周年系列活动

25.举办全省党史知识大赛。

牵头单位:省委宣传部;责任单位:省委党史研究室;配合单位:贵州电视台。

26.组织反映贵州解放以来不同时期优秀共产党员先进事迹的宣讲活动。

牵头单位:省委宣传部、省委组织部;承办单位:省委讲师团。

27.组织全省干部群众学习贯彻胡锦涛同志在庆祝中国共产党成立90周年大会上的重要讲话及省委主要领导相关讲话精神。

责任单位:省委组织部、省委宣传部。

28.制作播出反映党领导贵州各族人民进行革命、建设和改革开放伟大历程的电视文献片《红色贵州》。

责任单位:省委党史研究室;承办单位:贵州电视台。

八、积极利用新兴媒体开展学习教育

29.组织开展"县市书记学习型党组织建设网上谈"活动。

主办单位:省委宣传部;承办单位:金黔在线、贵州信息港、贵州党建网、贵州文明网、贵阳新闻网等。

30.利用互联网、手机等新兴媒体进行党的历史、党建知识和党的路线方针政策的宣传教育。

牵头单位:省委宣传部;责任单位:省经信委;配合单位:省委党史研究室、省委政策研究室。

31.实施"百万公众网络学习工程",在省直机关开展"享受学习、提高素质、充实人生"网络学习系列工作。

责任单位:省直机关工委。

以上31项工作,除有特别说明外,均在年内完成。

关于印发《推进"六个一批"文化工程加快文化强省建设责任分解方案》的通知

省文化体制改革和文化产业发展工作领导小组成员单位,省直宣传文化系统有关单位,各市(州、地)文化体制改革工作领导小组:

现将《推进"六个一批"文化工程 加快文化强省建设责任分解方案》(下称《方案》)印发给你们,请认真抓好落实,并就有关事宜通知如下:

一、提高认识,增强主动性和责任感

"六个一批"文化工程是我省当前和"十二五"时期发展文化产业的重要抓手和重点内容,是贯彻落实李长春同志重要讲话精神和全国文化体制改革工作会议精神的具体体现,是省委、省政府推动文化又好又快、更好更快发展作出的重大战略决策,能否优质及时、高标准高质量地完成各项任务,事关全省文化发展大局。各部门各地区要予以高度重视,不断提高认识,增强推动实施"六个一批"文化工程的主动性和责任感。

二、加强领导，确保抓出成效

按照《方案》明确的任务分工，省直相关部门（单位）和各市（州、地）要进一步加强领导，切实将“六个一批”文化工程列为“一把手”工程推进实施。省直相关部门主要领导要对本部门所承担的任务负总责，分管领导具体抓，相关处室分工协作；各市（州、地）主要领导要亲自过问和安排部署本地承担的相关任务，分管领导要牵头组织实施。要分项落实，务必将“六个一批”文化工程作为各部门各地区“十二五”时期发展文化产业的重点工作抓紧、抓实、抓出成效。

三、细化方案，落实责任

《方案》涉及的各牵头单位和责任单位要结合实际，认真研究制定实施办法，明确时间进度，落实责任分工，提出保障措施。实施方案请于 7 月 15 日前报省文改文产办。

四、加大宣传力度，营造良好氛围

为更好地推进“六个一批”文化工程、加快文化强省建设，各部门各地区要积极配合贵州日报社、当代贵州杂志社、贵州人民广播电台、贵州电视台等新闻媒体加大宣传报道的力度，及时提供宣传信息，报道工作亮点和经验，本部门本地区也要组织开展相关宣传活动，做好宣传和舆论引导，为文化发展营造更加有力有利的社会氛围。

附：《推进“六个一批”文化工程 加快文化强省建设责任分解方案》

贵州省文化体制改革和文化
产业发展工作领导小组
2011 年 6 月 23 日

附件：

推进“六个一批”文化工程 加快文化强省建设 责任分解方案

为全面贯彻落实好李长春同志在参加十一届全国人大四次会议贵州代表团审议时发表的重要讲话精神，根据栗战书同志提出的“依靠改革创新，建设文化强省，促进历史跨越”，重点要在“十二五”时期实施好“六个一批”文化工程的工作要求，结合有关规划和贵州实际，制定本方案。

一、指导思想及工作目标

（一）指导思想：以邓小平理论和“三个代表”重要思想为指导，深入贯彻落实科学发展观，遵循文化发展规律和社会主义市场经济规律，按照中央关于文化体制改革要“加大力度、加快进度、巩固提高、重点突破、全面推进”的总体要求，落实李长春同志关于贵州文化发展的重要指示精神，进一步解放思想，着力构建充满活力、富有效率、更加开放、有利于文化科学发展的体制机制，依靠改革创新，建设文化强省，促进历史跨越。

（二）工作目标：在贵州“十二五”时期，建设文化产业“六个一批”文化工程，即要有一批文化单位通过实施转企改制，建立现代企业制度，做大做强，要有几家文化企业在“十二五”期间实现上市，要有几家产值上百亿元的文化企业；要有一批“文化固体物”的打造，规划和建设好文化园区、基地，建成一些既是旅游景点、又是文化载体的精品工程；要有一批有影响的作品问世，努力推动创作有广泛影响的文化力作；要有一批文化产业的“尖子人才”的培养和聚集，带动文化产业快速发展；要有一批文化中介机构的组建成立，包括咨询、策划、创意、法律服务、市场交易和文艺评论队伍等，为文化产业大发展提供服务；要有一批文化产业投融资平台的搭建，拓宽文化产业发展的资金渠道，满足文化建设的资金需求。通过“六个一批”文化工程目标的实现，努力把文化产业培育并发展成为我省国民经济支柱性产业。

二、“六个一批”文化工程任务分解

（一）要有一批文化单位通过实施转企改制，建立现代企业制度，做大做强，要有几家文化企业在“十二五”期间实现上市，要有几家产值上百亿元的文化企业。

任务分解：

1. 省直六大集团公司

（1）深化贵州出版集团公司法人治理结构（责任单位：省新闻出版局、贵州出版集团公司）

（2）组建贵州广电传媒集团有限责任公司（责

任单位:省广播电影电视局)

(3)组建当代贵州期刊传媒集团有限责任公司(责任单位:省新闻出版局)

(4)组建贵州日报报业集团传媒有限责任公司(责任单位:贵州日报报业集团)

(5)组建贵州文化演艺集团有限责任公司(责任单位:省文化厅)

(6)组建贵州网络传媒有限责任公司(暂名)(牵头单位:省委宣传部;责任单位:省新闻出版局、省广播电影电视局、省通信管理局、贵州日报报业集团)

2. 省直四个拟申报上市公司(牵头单位:省委政研室、贵州证监局)

(1)贵州省广播电视信息网络股份有限公司(责任单位:省广播电影电视局)

(2)贵州家有购物集团有限公司(责任单位:省广播电影电视局)

(3)贵州出版集团公司(责任单位:省新闻出版局、贵州出版集团公司)

(4)贵州星空影业股份有限公司(责任单位:省广播电影电视局)

3. 打造省直两个产值过百亿公司

(1)贵州广电传媒集团有限责任公司(责任单位:省广播电影电视局)

(2)贵州家有购物集团有限公司(责任单位:省广播电影电视局)

4. 各市(州、地)转企改制组建文化骨干企业

(1)贵阳日报传媒集团公司(责任单位:贵阳市)

(2)贵阳广电传媒有限公司(责任单位:贵阳市)

(3)贵阳影业发展有限公司(责任单位:贵阳市)

(4)贵阳演艺集团有限责任公司(责任单位:贵阳市)

(5)贵阳市旅游文化产业投资(集团)有限公司(责任单位:贵阳市)

(6)遵义日报传媒集团(责任单位:遵义市)

(7)遵义市杂技团(责任单位:遵义市)

(8)遵义红色旅游(集团)有限公司(责任单位:遵义市)

(9)黔中报业集团(责任单位:安顺市)

(10)安顺广电传媒集团公司(责任单位:安顺市)

(11)安顺市文化旅游集团公司(责任单位:安顺市)

(12)安顺市黄果树艺术团有限公司(责任单位:安顺市)

(13)六盘水日报传媒集团公司(责任单位:六盘水市)

(14)黔西南州新视线电视文化传媒有限公司(责任单位:黔西南州)

(15)黔西南州歌舞团有限责任公司(责任单位:黔西南州)

(16)黔东南州歌舞团有限公司(责任单位:黔东南州)

(17)黔东南州侗族大歌艺术团(责任单位:黔东南州)

(18)毕节地区闻达报业有限公司(责任单位:毕节地区)

(19)毕节歌舞团有限公司(责任单位:毕节地区)

(20)黔南州歌舞团有限公司(责任单位:黔南州)

(21)铜仁玉屏萧笛有限责任公司(责任单位:铜仁地区)

(22)梵净山文化演艺有限公司(责任单位:铜仁地区)

(23)铜仁松桃绝技有限公司(责任单位:铜仁地区)

(二)要有一批“文化固体物”的打造,规划和建设好文化园区、基地,建成一些既是旅游景点、又是文化载体的精品工程。

任务分解:

1. 省直部门组织实施的文化产业园区、基地

(1)贵州文化出版产业园(责任单位:省新闻出版局、省文化厅)

(2)多彩贵州城(责任单位:省旅游局)

(3)贵州文化广场(责任单位:省文化厅)

(4)贵州日报报业集团印务传媒研发基地、贵州现代文化创意与数字出版产业基地(责任单位:贵州日报报业集团)

(5)贵州广电家有购物集团电子商务文化产业基地(责任单位:省广播电影电视局)

(6)多彩贵州品牌创意研发基地(责任单位:多彩贵州文化产业发展中心)

(7)贵州(贵阳)民族民间工艺品交易基地(责任单位:省经信委)

2.各市(州、地)组织实施的文化产业园区、基地

(1)贵阳数字内容产业园(责任单位:贵阳市)

(2)贵阳阳明文化产业园(责任单位:贵阳市)

(3)贵阳会展基地(责任单位:贵阳市)

(4)贵阳花溪艺术设计产业聚集区(责任单位:贵阳市)

(5)贵阳甲秀楼-阳明路-河滨公园段南明河沿岸休闲文化街区(责任单位:贵阳市)

(6)遵义会展基地(责任单位:遵义市)

(7)中国(遵义)长征文化博览园(责任单位:遵义市)

(8)中国(遵义)酒文化产业园(责任单位:遵义市)

(9)黔中国际屯堡文化生态园(责任单位:安顺市)

(10)安顺市历史文化街区(责任单位:安顺市)

(11)安顺市文化产业园(责任单位:安顺市)

(12)中国(凯里)民族文化产业园(责任单位:黔东南州)

(13)黔东南黎从榕侗寨文化产业聚集区(责任单位:黔东南州)

(14)黔东南雷山台江剑河凯里苗族文化产业聚集区(责任单位:黔东南州)

(15)贵州(凯里)民族民间工艺品交易基地(责任单位:凯里市)

(16)黔南平塘国际射电天文科普文化园(责任单位:黔南州)

(17)黔南荔波瑶族文化与喀斯特旅游聚集区(责任单位:黔南州)

(18)晴隆抗战文化园(责任单位:黔西南州)

(19)兴义市布依文化与喀斯特旅游聚集区(责任单位:黔西南州)

(20)毕节大方古彝文化产业园(责任单位:毕节地区)

(21)毕节织金洞苗乡彝街文化区(责任单位:毕节地区)

(22)毕节夜郎文化园区(责任单位:毕节地区)

(23)毕节大方漆器产业园(责任单位:毕节地区)

(24)毕节乌鸦洞航空文化旅游产业园(责任单位:毕节地区)

(25)铜仁玉屏箫笛研发生产基地(责任单位:铜仁地区)

(26)铜仁梵净山旅游文化聚集区(责任单位:铜仁地区)

(27)铜仁紫袍玉带石创意产业园(责任单位:铜仁地区)

(28)铜仁锦江龙舟文化休闲区(责任单位:铜仁地区)

(29)六盘水会展基地(责任单位:六盘水市)

(30)六枝特区牂牁文化园区(责任单位:六盘水市)

(三)要有一批有影响的作品问世,努力推动创作有广泛影响的文化力作。

任务分解:

加强对文化产品创作生产的引导,在"十二五"期间实施62部文化精品力作打造工程,推出一批以贵州民族文化、红色文化等为创作题材,既叫好又叫座的高质量高品位的影视、舞台、图书出版、文学等类别的精品力作。〔牵头单位:省委宣传部;责任单位:省文化厅、省广播电影电视局、省新闻出版局、省委党史研究室、省文联、省作协、贵州日报报业集团、贵州出版集团公司及各市(州、地)〕

1.电视剧类

(1)《奢香夫人》(历史题材,责任单位:贵州日报报业集团黔森影视文化工作室)

(2)《二十四道拐》(历史题材,责任单位:贵州日报报业集团黔森影视文化工作室)

(3)《伟大的转折》(历史题材,责任单位:贵州日报报业集团黔森影视文化工作室)

(4)《张露萍》(历史题材,责任单位:贵州电视台)

(5)《十个连长一个班》〔历史题材,责任单位:遵义市委宣传部、中视星程(北京)文化传媒有限公司〕

(6)《战俘营:1938》(历史题材,责任单位:贵州电视剧制作中心)

(7)《辣婆》(现实题材,责任单位:贵州电视剧制作中心)

(8)《一江木材向东流》(历史题材,责任单位:贵州电视剧制作中心)

(9)《图云关往事》(历史题材,责任单位:省文联)

(10)《遵义会议》(历史题材,责任单位:贵州电视剧制作中心)

(11)《女子炸弹部队》(历史题材,责任单位:贵州电视台)

(12)《女子炸弹英雄》(历史题材,责任单位:贵州电视台)

(13)《谍海幻影》(历史题材,责任单位:贵州电视台)

(14)《乌蒙磅礴》(历史题材,责任单位:贵州日报报业集团黔森影视文化工作室)

(15)《风雨梵净山》(历史题材,责任单位:贵州日报报业集团黔森影视文化工作室)

(16)《知行天下》(历史题材,责任单位:贵州日报报业集团黔森影视文化工作室)

(17)《大明军屯》(历史题材,责任单位:贵州日报报业集团黔森影视文化工作室)

(18)《大歌》(民族题材,责任单位:贵州日报报业集团黔森影视文化工作室)

(19)《解放贵阳》(历史题材,责任单位:贵州日报报业集团黔森影视文化工作室)

(20)《沸腾的群山》〔工业题材(三线建设),责任单位:贵州日报报业集团黔森影视文化工作室〕

(21)《春晖》(现实题材,责任单位:贵州日报报业集团黔森影视文化工作室)

(22)《蓝色乌江》(历史题材,责任单位:贵州日报报业集团黔森影视文化工作室)

(23)《夜郎春秋》(历史题材,责任单位:贵州日报报业集团黔森影视文化工作室)

(24)《花灯》(民族题材,责任单位:贵州日报报业集团黔森影视文化工作室)

(25)《关山度若飞》(历史题材,责任单位:安顺市委宣传部)

2. 电影类

(1)《少年邓恩铭》(历史题材,胶片电影,责任单位:省委党史研究室)

(2)《红军菩萨》(历史题材,数字电影,责任单位:省文联)

(3)《二战飞虎队》(历史题材,胶片电影,责任单位:贵州电视台)

(4)《三叠纪》(科幻题材,3D 动漫电影,责任单位:贵州日报报业集团黔森影视文化工作室)

(5)《断河》(历史题材,胶片电影,责任单位:贵州日报报业集团黔森影视文化工作室)

(6)《周逸群》(历史题材,数字电影,责任单位:贵州日报报业集团黔森影视文化工作室)

(7)《母亲》(现实题材,数字电影,责任单位:贵州日报报业集团黔森影视文化工作室)

3. 动画片类

《红孩子》(动画连续剧,历史题材,责任单位:贵阳市委宣传部)

4. 戏剧类

(1)《鱼玄机》(京剧,历史题材,责任单位:贵阳市委宣传部)

(2)《黔人端菜》(京剧,历史题材,责任单位:省文化厅)

(3)《龙岗悟道》(京剧,历史题材,责任单位:贵阳市委宣传部)

(4)《苍琴》(黔剧,历史题材,责任单位:省文联)

(5)《古彝魂》(舞剧,历史题材,责任单位:毕节地委宣传部)

(6)《严寅亮与颐和园》(花灯剧,历史题材,责任单位:铜仁地委宣传部)

(7)《铁骨丹心》(话剧,历史题材,责任单位:省文化厅)

(8)《一同成长》(儿童音乐剧,责任单位:省文化厅)

5. 图书出版类

(1)《贵州民族民间体育》(责任单位:贵州出版集团公司)

(2)“贵州历史文化画库”(16册)(责任单位:贵州出版集团公司)

(3)“贵州生态博物馆丛书”(4册)(责任单位:贵州出版集团公司)

(4)《贵州文化遗产丛书》(责任单位:贵州出版集团公司)

(5)《彝文典籍图录》(上、下册)(责任单位:贵州出版集团公司)

(6)《中国少数民族古籍总目提要》(贵州侗族卷、贵州苗族卷)(责任单位:贵州出版集团公司)

(7)《续黔南丛书》(责任单位:贵州出版集团公司)

(8)《贵州世居民族迁徙史》(责任单位:贵州出版集团公司)

(9)《贵州少数民族传统文化大词典》(责任单位:贵州出版集团公司)

6. 长篇小说类(含长篇纪实报告文学)

(1)《铁血破晓——贵州辛亥革命百年祭》(纪实报告文学,历史题材,责任单位:贵州人民出版社)

(2)《让石头花开的村庄》(纪实报告文学,农村题材,责任单位:贵州人民出版社)

(3)《四在农家》(纪实报告文学,农村题材,责任单位:遵义市委宣传部)

(4)《理想与行动》(纪实报告文学,现实题材,责任单位:贵阳市委宣传部)

(5)《霜晨月》(长篇小说,历史题材,责任单位:省文联、省作协)

(6)《水土》(长篇小说,农村题材,责任单位:遵义市委宣传部)

7. 广播剧类

(1)《月亮河,月亮山》(现实题材,责任单位:贵州人民广播电台)

(2)《阿里木》(现实题材,责任单位:贵州人民广播电台)

(3)《文军西征》(历史题材,责任单位:贵州人民广播电台)

(4)《走进维也纳》(现实题材,责任单位:贵州人民广播电台)

(5)《火辣辣的红云乡》(农村题材,责任单位:贵阳市委宣传部)

(6)《渡口》(历史题材,责任单位:贵阳市委宣传部)

(四)要有一批文化产业的“尖子人才”的培养和聚集,带动文化产业快速发展。

任务分解:

在“十二五”期间大力实施“文化产业金黔人才培养工程”。培养和引进100名在文化产品研发、文化创意、经营管理方面的拔尖人才,成为文化旅游、民族民间演艺、文艺创作、影视制作、新闻出版、民族民间工艺品、现代会展、动漫网游、文化创意设计等行业的领军人才,进一步提高我省文化产业的发展活动力和核心竞争力。突破体制局限,打破身份界限,注重培养民营文化企业中的文化产业拔尖人才。

1. 教育培训

把文化产业拔尖人才培训工作列入“十二五”期间全省干部教育培训规划和全省宣传文化干部培训规划,培训经费纳入各级组织、宣传部门干部教育培训经费预算。加强与高校的合作,选送文化产业拔尖人才到高校学习深造。加强与省外成熟文化产业园区合作,选送文化产业拔尖人才到文化产业项目实践锻炼。发挥各类学会、协会、研究会等社会组织的作用,为文化产业拔尖人才开展形式多样的研修、交流活动搭建平台。〔牵头单位:省委组织部、省委宣传部;责任单位:省文化厅、省广播电影电视局、省新闻出版局、省教育厅、各市(州、地)〕

2. 资助扶持

以人才为核心、以文化产业项目为依托、以政策资金为抓手,形成“人才—项目”一体化文化产业拔尖人才培养模式,加大资助力度。引导和鼓励文化产业拔尖人才与高校加强合作,推动在文化产品研发、文化产业项目开发和文化创意策划等方面实现双赢发展。以贵州省文化产业创新人才基地为依托,以全省宣传文化系统“四个一批”人才为平台,加大对文化产业拔尖人才的扶持力度。每年在全省宣传文化系统选拔培养15名文化经营管理人才,注重体制外人才的选拔吸纳。

在贵州省文化产业创新人才基地设立文化产业拔尖人才培养专项资金，专项用于文化产业拔尖人才开展课题研究、创意策划、项目设计、产品研发、学习交流、实践锻炼等。“十二五”期间，省委宣传部每年牵头评选 20 名左右“文化产业金黔人才”并予以项目扶持，其所在单位、或行业主管部门、或所在地区按照不少于 1:1 的比例匹配相应项目资金。〔牵头单位：省委宣传部；责任单位：省文化厅、省广播电影电视局、省新闻出版局、省教育厅、各市（州、地）〕

3. 引才引智

制定文化产业紧缺人才目录，重点引进一批创新型、复合型、外向型文化产业拔尖人才。以文化产业项目为依托，开辟“刚性引才”的绿色通道，面向全国公开招聘文化产业拔尖人才和创新团队，引进人才享受省委、省政府在引才方面的有关优惠政策，组织人事部门要在办理聘用手续、工资报酬、职称评定等方面给予支持，积极为引进人才解决住房、医疗、子女教育等生活问题。加大“柔性引智”力度，面向全国公开招聘文化产业拔尖人才和创新团队在文化企业兼职，参与管理，提供咨询，探索灵活多样的用人途径。（责任单位：省委宣传部、省委组织部）

4. 优化环境

加大舆论宣传力度，积极营造“鼓励创新、宽容失误、积极创业、追求卓越”的文化产业优秀人才成长环境，打破以提高行政级别为主的单一晋升途径为重点，通过提供项目平台，加大培养力度，使文化产业拔尖人才各得其所。加大文化产业拔尖人才的表彰奖励力度，对做出突出贡献的文化产业拔尖人才，采取“以奖代补”的形式进行表彰奖励。建立文化产业拔尖人才联系制度，构建人才信息库，完善人才服务体系。（责任单位：省委宣传部、省委组织部）

（五）要有一批文化中介机构的组建成立，包括咨询、策划、创意、法律服务、市场交易和文艺评论队伍，为文化产业大发展提供服务。

任务分解：

1. 建立健全咨询、策划、创意、市场交易的中介机构〔牵头单位：省委宣传部；责任单位：省工商局、省商务厅、省文化厅、省广播电影电视局、省新闻出版局及各市（州、地）〕

2. 组建贵州文化产业促进会（牵头单位：省委宣传部；责任单位：省文改文产领导小组相关成员单位）

3. 建设文艺评论队伍（责任单位：省文联）

4. 推动成立文化产业律师顾问团（责任单位：省司法厅）

（六）要有一批文化产业投融资平台的搭建，拓宽文化产业发展的资金渠道，满足文化建设的资金需求。

任务分解：

1. 省直单位

（1）2011 年内设立贵州省文化产业投资基金（牵头单位：省政府办公厅；责任单位：省财政厅、省委宣传部、省发改委、省文化厅、省广播电影电视局、省新闻出版局、贵州银监局、贵州证监局及贵州日报报业集团传媒有限责任公司、贵州广电传媒集团有限责任公司、当代贵州期刊传媒集团有限责任公司、贵州文化演艺集团有限责任公司）

（2）引导担保机构为“六个一批”文化工程项目提供融资担保服务（责任单位：省经信委）

（3）2011 年内组建公益性文化发展基金会（责任单位：省委宣传部）

（4）组建文化产权交易所（责任单位：省知识产权局）

（5）搭建文化产业融资平台，组建贵州文化产业股份有限公司（责任单位：省文化厅）

2. 各市（州、地）构建各自的文化产业投融资平台〔责任单位：各市（州、地）〕

三、工作要求

（一）“十二五”期间，省直各部门及各市（州、地）要本着“第一年打基础，第二年取得重大突破，第三年基本完成主要任务”的原则，制定具体实施方案，加快推进“六个一批”文化工程。其中，对省直各部门及各市（州、地）列入“六个一批”文化工程的部分文化改革发展项目，省已经有具体完成时限要求的按省的时限要求完成；

（二）省文改文产办要将“六个一批”文化工程任务的落实作为“两周一督办、一月一通报、一季一调度、一年一督查”的重要工作内容加强督办。各部门、各地区要将任务落实进度及实施情

况,按照"两周一报"的要求上报,省文改文产办将及时编发《"六个一批"文化工程快报》上报省委省政府;

(三)本方案未尽内容,由各地各部门各单位根据自身情况增补到本地本部门本单位落实"六个一批"文化工程实施方案中,及时上报省文改文产办;

(四)本方案从下发之日起实施。

关于印发《贵州省哲学社会科学规划课题管理办法》的通知

各市、州、地党委宣传部,高校及相关科研单位:现将《贵州省哲学社会科学规划课题管理办法》印发给你们,请遵照执行。

中共贵州省委宣传部
2011年7月20日

贵州省哲学社会科学规划课题管理办法

第一章 总 则

第一条 为了促进贵州经济社会发展的历史性跨越,促进贵州文化的大发展大繁荣,促进贵州哲学社会科学事业的发展,加强省哲学社会科学规划课题(下称省社科规划课题)的管理,制定本办法。

第二条 省社科规划课题的管理,坚持以马克思列宁主义、毛泽东思想和中国特色社会主义理论体系为指导,深入贯彻落实科学发展观,坚持正确政治方向,遵循哲学社会科学发展规律,增强服务意识,改进工作方法,努力开拓创新,逐步建立健全哲学社会科学研究的良好竞争机制、效益机制、效率机制和创新机制,全面发展和繁荣哲学社会科学,更好地为党委、政府决策服务,为社会主义文化发展服务。

第三条 省社科规划课题面向全省,公平竞争,择优立项。在课题申报和研究工作中,充分发挥老专家学者的带头作用,积极扶植中青年研究者。

第四条 在中共贵州省委宣传部领导下,贵州省哲学社会科学规划办公室(下称省社科规划办)全面负责省社科规划课题的管理;市、州、地党委宣传部负责本地区省社科规划课题统一申报工作,有关单位负责具体申报和管理工作;省直单位、高等院校、科研院所负责本单位省社科规划课题的申报和管理。

第五条 省社科规划办建立"省哲学社会科学规划专家库"各地各部门推荐政治立场坚定、思想作风优良、治学态度严谨、学术水平较高的老、中、青专家学者作为人选,负责指南制定、课题评审、成果鉴定、信息咨询等工作。专家库成员每两年进行部分调整充实。

第二章 课题类别、成果形式和经费资助

第六条 课题类别

1. 设"贵州省哲学社会科学规划年度课题"包括招标课题、一般课题和青年课题。招标课题以应用对策研究为主,采取招标形式确定课题承担者。一般课题和青年课题坚持应用对策研究和基础理论研究并重。

2. 设"贵州省哲学社会科学规划委托课题"(下称委托课题)。省委、省政府向省委宣传部提出的哲学社会科学研究课题,可作为省社科规划课题,委托有关部门研究。

3. 设"贵州省哲学社会科学规划自筹经费课题"(下称自筹经费课题)。当年完成国家社科基金项目结项、在全省哲学社会科学优秀成果评奖中获一等奖的单位,可审批立项同等数额的自筹

经费课题。经省级行政主管部门证明已基本具备社科类博士点、硕士点申报条件并已启动申报程序的,可根据实际情况一次性审批立项3-5个自筹经费课题。

以上课题均按本办法管理。

第七条 成果形式和完成时间

1. 省社科规划课题最终成果限专著、研究报告、论文集三种形式。从课题管理合同签订之日算起,成果形式为专著类课题的完成时间为两年,字数原则上要求十万字以上;研究报告类课题完成时间为一年,字数原则上要求三万字以上;论文集类课题完成时间为两年,篇数原则上要求十篇以上,其中要求在省级以上公开刊物发表三篇以上,且每篇字数必须在六千字以上。

2. 专著、研究报告类课题完成时限以送交鉴定成果日期为准,论文集类课题以结集报审和论文发表日期为准。立项课题逾期未能完成,原则上不再延期,作自行终止课题研究处理。确有特殊情况需要延期,经课题负责人在完成时限前提出申请,所在单位同意,省社科规划办批准,论文集、研究报告类课题可延期三个月,专著类课题可延期六个月,到期未能完成,作自行终止课题研究处理。

3. 延期课题的成果通过鉴定验收后,按鉴定等次的第三等结项并给予资助。

4. 无故延期超过半年的课题,做撤消课题处理,并由省社科规划办通报相关单位,课题负责人三年内不得申报国家和省社科规划课题。

第八条 经费资助

1. 研究经费由省委宣传部和课题负责人所在单位共同承担。省委宣传部资助额度根据当年经费预算、立项课题数,按课题类别分类统一确定。

2. 课题资助经费的使用范围限于该课题所需的资料费、数据采集费、小型会议费、调研差旅费、设备费、专家咨询费、劳务费、印刷费、管理费、研究成果内部出版补贴费和编印补贴费等。

3. 省委宣传部资助的课题经费按课题类别统一核定,包干使用,超支不补。招标课题分两次拨款,立项时拨付资助经费的60%,其余40%为预留经费,待课题验收后按等次拨付,未通过验收的,不予拨付。一般课题和青年课题在课题验收合格后一次性全额拨付。资助经费由课题负责人所在单位财务部门按财务制度管理。课题负责人所在单位可以按资助金额的5%提取管理费,不能超比例或重复提取。在财务制度和本办法规定范围内,课题负责人全权负责资助经费的使用,并接受所在单位科研管理、财务部门和省社科规划办的检查。

4. 研究成果鉴定费由省社科规划办拨付。每位鉴定组成员的鉴定费,根据最终成果形式和字数掌握在300元至1000元。根据省社科基金增长等情况,经省委宣传部同意后可作适当调整。

5. 对自行终止课题研究或因违反本办法有关规定而被撤消课题者,课题负责人及其所在单位负责退回省委宣传部拨付的资助经费。

第三章 课题申报和评审立项

第九条 省社科规划办每年上半年发布省社科规划课题招标公告和申报通知,并组织课题申报和评审。凡申请招标课题,以发布的招标公告为依据。申请一般课题和青年课题,范围限于全国社科规划办明确的学科。

第十条 从招标公告和申报通知发布之日起一个月内受理申请。申请人先向本单位或市、州、地党委宣传部申报课题,统一到省社科规划办索取《贵州省哲学社会科学规划课题申请书》及有关资料。申请人将填好的申请书(原件一份、复印件五份)交所在单位或市、州、地党委宣传部,在规定的申报期限内报送省社科规划办。

第十一条 课题申请人应享有中华人民共和国公民权,遵守我国宪法,拥护社会主义制度和中国共产党的领导,是课题研究的真正组织者和参与者,担负具体科研任务。申请人所在单位须审定申请人资格,审核申请书内容,并签署明确意见。

第十二条 招标课题、一般课题、委托课题、自筹经费课题负责人应具有副高级以上专业技术职务或正处级以上行政职务。青年课题负责人(包括课题组成员)应具有中级专业技术职务(或相当于中级专业技术职务),年龄不得超过39周岁(以申报截止日期为准)。

第十三条 多人参加申报或以单位名义申报

的课题，须明确一位课题负责人，课题申请书由负责人填报。未明确负责人的申请不予受理。课题负责人不得同时申报两个以上课题。正在承担国家社科规划课题或省社科规划课题研究的负责人，未结项前不得申请省社科规划课题。

第十四条 评审审批程序

1. 省社科规划办在省哲学社会科学规划专家库中，按学科随机确定课题评审专家。申请本年度课题者不参加当年课题评审。

2. 省社科规划办对课题申请书进行资格审查、前期成果真实性核对并组织专家审读后，将符合填报要求的申请书提交课题评审组评审。评审工作分初评和复评两个阶段。

3. 初评阶段对不显示申报者个人信息的课题设计活页进行评审。初评通过的课题提交复评。复评阶段对课题申请书的内容进行全面评审。在充分评议的基础上，专家分别评分。

4. 初评和复评的平均分数相加得出最终得分后，原则上根据立项指标依分数高低取足立项数。在最终得分不低于基本控制分的前提下，对研究贵州问题的课题、青年研究人员申报的课题和地方院校申报的课题，优先立项，并适当考虑立项单位的平衡。

5. 评审结果经省社科规划办审核并提出综合意见后，报省委宣传部审批。

第十五条 课题评审的主要标准：对于建设中国特色社会主义特别是富民兴黔事业有重大实践和理论意义；有较高的学术价值，对于促进我国先进文化建设特别是弘扬我省优秀文化，促进学科建设有重大意义；课题设计科学性强，研究计划详细明确，经费预算合理，有一定的资料积累和前期研究成果。对这些标准应根据申报课题的学科特点掌握和运用。

第十六条 课题评审工作社会关注度高，责任重大，评审专家要秉公评审，注意保密，严格执行各项规章制度，自觉抵制不正之风；参与评审的工作人员须严格遵守保密、回避等各项规章制度，不得对外泄露评审情况，不得干扰评审专家的评审工作，做到公正严谨、清正廉洁。

第十七条 经省委宣传部批准立项的课题，课题负责人及其所在单位与省社科规划办签订《贵州省哲学社会科学规划课题管理合同》，各方按合同履行有关权利和义务，并承担相应责任。

第四章 课题管理和鉴定验收

第十八条 在省委宣传部的领导下，省社科规划办对立项课题进行全面管理。主要内容有：办理课题立项手续；对课题研究状况和资助经费使用情况进行检查；对研究成果是否达到鉴定标准进行资格审查、组织成果审读并审批鉴定申请；组织成果鉴定并根据鉴定等次提出经费资助意见；将鉴定结果报省委宣传部验收并办理结项手续；做好研究成果的推广和宣传。

第十九条 课题负责人所在单位对立项课题管理的内容主要有：定期检查课题研究进展情况；按财务规定管理课题资助经费；参与重大课题联合攻关的协调工作；对研究成果是否达到鉴定标准进行初审并对鉴定申请签署意见；负责退回课题负责人因违反本办法有关条款而必须退还的资助经费；将省社科规划课题作为本单位科研重点，在人力、物力、财力等方面支持课题研究；承担课题研究的信誉担保，完成社科规划办委托的其它有关任务。

第二十条 课题组因特殊原因需要更改课题名称、更换课题负责人、增减课题组成员、变更研究计划或中止课题研究者，应提出申请报告，经所在单位同意并报省社科规划办批准后方能实施。对违反这一规定者，省社科规划办将视情节采取通报批评、撤消课题、追回资助经费，三年内不受理课题负责人的省级以上社科规划课题申请等措施。

第二十一条 研究工作结束后，课题负责人将成果和《贵州省哲学社会科学规划课题成果鉴定申请书》送本单位初审。初审合格后，本单位签署意见，并向省社科规划办报送以下鉴定结项材料：招标课题、委托课题和一般课题最终成果打印稿一式六份，青年课题和自筹经费课题最终成果打印稿一式四份；鉴定申请书一份；三千字左右的书面成果摘要一份；包含所有文字材料的光盘一份。省社科规划办对申请鉴定的成果和有关材料进行复审。主要检查课题负责人和成员、课题名称、研究内容、成果结构、最终成果形式、管理单位等基本情况和其它重要事项，是否符合课题申请书上的表述及本办法的规定。复审合格的成果，属政治性较强的基础性、学术性成果，送相关学科一名有较高政治、学术水平的学者审读；属应用性、对策性成果，送相关实际工作部门一名负责同志审读。审读后不需要作较大修改的成果，提交鉴定。

第二十二条 鉴定申请经省社科规划办同意后组织鉴定。原则上采用通讯鉴定方式，对政治性较强的课题成果，可以在通讯阅评的基础上进行会议鉴定。

第二十三条 省社科规划办在省哲学社会科学规划专家库中，按学科随机确定鉴定组成员。鉴定组成员一般为三至五人。鉴定组成员和工作人员在鉴定过程中，做到公正严谨、清正廉洁，遵守鉴定工作保密规定。

第二十四条 研究成果鉴定的一般标准和内容：政治方向正确；具有较大理论意义、较高学术水平或较好预期经济社会效益；所依据和使用的资料和数据准确和完整；研究中运用的方法及手段具有科学性和先进性；存在的不足和修改意见；该课题研究领域还有什么问题值得深入研究；成果框架结构完整，数字运用和文字表述准确。

对上述标准和内容，应针对不同课题成果的学科特点掌握和运用。

第二十五条 鉴定程序

1. 省社科规划办将鉴定成果和《贵州省哲学社会科学规划课题成果鉴定表》寄送鉴定组成员。

2. 鉴定组成员在认真通读、分析鉴定成果的基础上，在鉴定表上写出文字评语，依照成果评估量化指标评分，将鉴定表及鉴定成果返还省社科规划办。省社科规划办汇总鉴定意见，并将修改意见通知课题负责人。

3. 省社科规划办根据鉴定组成员个人评分计算平均分值，确定成果等次，提出资助意见。招标课题、一般课题和委托课题资助经费按三个等次确定。90 分以上为一等；80 分至 89 分为二等；70 分至 79 分为三等。此三等为鉴定通过。60 分至 69 分需修改后复审，课题组在三个月内对成果进行修改并申请复审；59 分以下为未通过鉴定，作撤项处理。修改后复审达 70 分以上的，作为第三等通过，复审未通过的，作撤项处理。青年课题成果的鉴定，80 分以上为合格，资助经费在鉴定验收合格后全额拨付。70 分至 79 分的需修改后复审，三个月内修改复审达 80 分以上的，全额拨付资助经费，达不到的作撤项处理。鉴定为 69 分以下的作撤项处理。自筹经费课题的鉴定，80 分以上为合格，79 分以下为不合格，作撤项处理。

4. 通过鉴定的成果，课题组按鉴定组的意见修改完善后报送验收。

第二十六条 具备下列条件之一者可以免于鉴定 1. 研究成果获得“贵州省社会科学优秀科研成果评奖”一、二等奖励。

2. 研究成果中提出的理论、方案、意见和建议，已被地厅级以上党政机关或相应企事业单位采纳，并取得明显经济社会效益。

3. 研究成果涉及党和国家机密而不宜公开，成果质量得到地厅级以上部门认可。

属上述情况者须由课题负责人填写《贵州省哲学社会科学规划课题成果免鉴定申请书》，注明免鉴定理由并附有关证明材料，经所在单位同意并送省社科规划办审核后，报省委宣传部验收。

第二十七条 鉴定通过的成果由省委宣传部验收。验收材料包括：鉴定申请书、成果鉴定表、课题成果和有关材料。验收合格的，发给《贵州省哲学社会科学规划课题结项证书》。

第二十八条 通过鉴定验收的最终成果出版或编印时，应在封面或扉页醒目位置标明“贵州省哲学社会科学规划课题成果”，未经鉴定验收或鉴定验收不合格的，不得作此标注。具有重大政治性的成果，须鉴定验收通过后方可出版或发表。出版或编印的成果，由课题负责人报送省社科规划办五套(册)，省社科规划办对省社科规划课题成果有推介、宣传权。

第二十九条 建立健全省社科规划课题成果推广制度，形成良好机制，拓展转化渠道，充分利用报刊、网站、广播、电视等媒体宣传优秀成果。省社科规划办坚持和完善成果摘要印发、成果报送、成果转化情况反馈等制度。

第三十条 本办法自 2011 年起施行。解释权属省社科规划办，修改权属省委宣传部。原省社科规划课题管理办法中凡与本办法不符者，以本办法为准。

关于印发《贵州省哲学社会科学研究“十二五”(2011—2015年)规划纲要》的通知

省社科工作领导小组成员单位,各市、州、地党委宣传部,省直有关单位、高校科研(人文社科)处:

现将《贵州省哲学社会科学研究“十二五”(2011—2015年)规划纲要》印发给你们,请结合实际认真贯彻执行。

中共贵州省委宣传部

2011年7月21日

贵州省哲学社会科学研究“十二五”(2011—2015年)规划纲要

“十二五”时期,是我省经济社会发展实现历史性跨越、全面建设小康社会的加速时期,是我省调整经济结构、转变发展方式的攻坚时期。开创科学发展新局面、夺取全面建设小康社会新胜利,对哲学社会科学提出了更高要求。为进一步繁荣发展哲学社会科学事业,更好地为我省经济社会发展服务,根据《贵州省国民经济和社会发展第十二个五年规划纲要》和《国家哲学社会科学研究“十二五”规划》,制定本纲要。

一、“十一五”时期哲学社会科学研究取得的主要成绩和“十二五”时期面临的新形势

“十一五”时期,在省委、省政府的正确领导下,各级党委、政府对哲学社会科学重要地位的认识进一步深化,各科研机构、高等院校及有关单位对哲学社会科学研究的支持力度进一步加大,哲学社会科学工作者的创造性和积极性进一步增强,全省哲学社会科学事业呈现出健康向上、全面发展的良好局面。

五年来,全省哲学社会科学战线高举中国特色社会主义伟大旗帜,坚持正确的政治方向,紧密结合经济社会发展实际,积极开展理论研究和实践探索,充分发挥了认识世界、传承文明、创新理论、咨政育人、服务社会的重要作用。全省哲学社会科学工作者努力研究和回答事关全省乃至全国改革发展稳定大局,以及干部群众思想上迫切需要解决的重大理论和实际问题,提供了一批有价值的优秀成果,其中入选国家哲学社会科学优秀成果文库2项,国家社科基金项目立项189项。国家重大招标课题、重大委托课题、特别委托课题和后期资助课题都取得零的突破。省哲学社会科学优秀成果奖291项。同时,涌现出一批功底扎实、富有创新精神的学科带头人和中青年专家学者,队伍建设得到加强。哲学社会科学研究工作机制、体制逐步健全和完善,基础理论研究、应用对策研究明显加强,传统学科、新兴学科和交叉学科共同发展,为哲学社会科学繁荣发展提供了有力保障。我省的哲学社会科学研究工作,对党委、政府的决策服务作用持续发挥,对经济社会发展的智力支持作用不断增强,对高等院校的育才引领作用切实提高,对地域文化的传承发扬作用全面扩大,为“十二五”时期哲学社会科学的进一步繁荣发展奠定了良好基础。同时,也要清醒地看到,我省哲学社会科学研究还不能很好地适应新形势、新任务、新发展的要求。突出表现在:对哲学社会科学研究的投入还不够;哲学社会科学研究的创新能力还不强;有影响、有深度的重大成果还不多;研究成果的应用转化机制还不健全,服务社会的能力和水平还不高;在国内外知名的专家和优秀中青年人才还比较缺乏。

“十二五”时期,我省要加速发展、加快转型、推动跨越,实现又好又快、更好更快的发展,迫切需要哲学社会科学围绕中心,服务大局,深入研究

具有宏观性、前瞻性、战略性和综合性的重大问题。面对新形势新任务，哲学社会科学工作者要充分认识自身肩负的历史使命，以高度的历史责任感、强烈的忧患意识和宽广的世界眼光，牢固树立和认真落实科学发展观，进一步统一思想、坚定信心、振奋精神、开拓创新，努力开创哲学社会科学繁荣发展的新局面，为实现经济社会发展"十二五"规划确定的宏伟目标提供思想保证、精神动力和智力支持。

二、"十二五"时期哲学社会科学研究的指导思想和基本原则

（一）指导思想

高举中国特色社会主义伟大旗帜，以马克思列宁主义、毛泽东思想和中国特色社会主义理论体系为指导，深入贯彻落实科学发展观，坚持正确政治方向，遵循社科研究规律，牢固树立精品意识，注重引导学风建设，努力实现哲学社会科学创新，进一步增强哲学社会科学研究的战略性和前瞻性，更好地为实现我省经济社会发展的宏伟目标、夺取全面建设小康社会新胜利服务。

（二）基本原则

坚持马克思主义对哲学社会科学研究的指导。用中国特色社会主义理论体系统领哲学社会科学研究工作，把马克思主义的立场观点方法贯穿到哲学社会科学研究的全过程，把科学的理论指导同崇高的学术追求更加有机地统一起来，使我省哲学社会科学研究始终沿着正确方向发展。坚持为人民服务、为社会主义服务的方向和百花齐放、百家争鸣的方针。立足贵州改革开放和现代化建设实际，紧紧围绕加速发展、加快转型、推动跨越和实施工业强省战略、城镇化带动战略，不断深化重大问题研究，更好地服务于全省经济社会发展和广大人民群众。在坚持正确政治方向的前提下，充分发扬学术民主，提倡不同学术观点、学术流派的争鸣切磋，平等交流，努力营造尊重差异、包容多样、生动活泼、健康和谐的学术环境。

坚持理论联系实际，推进理论创新。坚持以我省经济、政治、社会、文化建设的生动实践为源泉，以顺应时代潮流、不断与时俱进的创新精神为动力，鼓励和引导广大哲学社会科学工作者贴近实际、贴近生活、贴近群众，深入开展调查研究，从实践中提炼研究题材，从群众中汲取思想营养，提出真知灼见，推出精品力作。坚持继承与创新相结合，着眼于新的实践和新的发展，积极推进学科体系、学术观点和科研方法创新，不断开拓新的理论视野，作出新的理论概括。

坚持统筹兼顾、协调发展。统筹基础理论研究与应用对策研究、传统学科与新兴学科、国家层面研究与地方层面研究、研究成果转化与哲学社会科学知识普及，推动各学科、各领域均衡发展、形成合力。努力盘活科研力量，不断壮大科研队伍；努力提升科研质量，多出优秀成果和人才，切实增强哲学社会科学研究的可持续发展能力。

坚持立足贵州、服务全国，立足当代、面向未来。在继承民族传统优秀文化基础上，着力于当代学术的创新。既立足贵州又充分吸收省外、境外优秀文化成果；处理好研究贵州问题与研究全国问题之间的关系，努力寻求立足贵州与服务全国的结合点，突出具有中国特色和贵州特点的哲学社会科学研究重点。实施"走出去、请进来"战略，加强学术交流和合作，进一步增强我省哲学社会科学研究在省内外的影响力。

三、"十二五"时期哲学社会科学研究的主要任务

1.加强对中国特色社会主义理论体系的研究，推进马克思主义中国化、时代化、大众化。中国特色社会主义理论体系是马克思主义中国化的最新理论成果，在新的实践中不断丰富和发展这一理论体系，是哲学社会科学研究的首要任务。深入研究阐释党的理论创新成果，深化对我省贯彻落实科学发展观的重大理论问题和实际问题的研究。总结中国特色社会主义理论体系在贵州实践的成功经验，积极探索有贵州特点的经济、政治、社会、文化和生态文明发展道路。运用百姓喜闻乐见的文化形式、思维习惯和表达方式来阐述马克思主义理论，使马克思主义理论的学习、宣传、教育普及深入，通俗易懂。

2.加强对全省经济社会发展重大问题的研究，不断提高服务党委、政府决策的能力和水平。紧紧围绕我省"十二五"时期省委、省政府的战略部署，着力开展重大理论和现实问题研究，是我省哲学社会科学研究的根本任务。要研究阐释我省

"十二五"时期经济社会发展的指导思想、奋斗目标和环境条件；研究加快转变经济发展方式、实现跨越式发展的根本要求、中心环节、主要途径、基本方法；研究大力实施工业强省、城镇化带动战略；研究扎实推进新一轮西部大开发、新阶段扶贫开发和社会主义新农村建设；研究深化文化体制改革、促进文化产业发展；研究推进黔中经济区建设的政策措施；研究大力发展现代服务业的总体思路、重点方向、优先领域、体制机制保障和政策措施；研究推进生态文明建设和生态环境保护；研究加快构建现代综合交通体系和现代水利体系；研究加快科技教育发展和人才开发；研究保障和改善民生、推进社会主义和谐社会建设等重大问题。通过扎实研究，推出一批重大成果，更好地为党委、政府科学决策服务，为全省工作大局服务，为经济社会发展服务。

3.加强基础理论研究，拓展贵州特色的哲学社会科学研究重点领域。基础理论研究是哲学社会科学持续发展和提升应用对策研究能力的基础，加强基础理论研究，是哲学社会科学研究的基础性工作。要从实现哲学社会科学可持续发展的战略高度，加大对基础理论研究的投入，大力扶持对巩固和加强马克思主义指导地位有重要现实意义、关系哲学社会科学发展全局和学科创新发展、对弘扬民族精神传承地域文化有重大作用、对经济社会发展和国家文化安全有长远影响的基础理论研究。加强对重要文献资料的整理和研究，实施原创性基础理论重大专项研究，推出一批具有重大理论创新和文化传承价值的标志性成果。充分发挥我省的人才和学科优势，重点扶持优长学科，积极支持特色学科，鼓励发展交叉学科，努力拓展新兴学科，提倡哲学社会科学与自然科学研究的交叉融合，努力拓展结构合理、特色鲜明的学科重点领域。支持马克思主义理论、经济学、社会学、法学、历史学、中国语言文学、哲学等学科的发展，增强学科发展活力，瞄准学术前沿，推出一批优秀研究成果，发挥优势学科的引领作用，带动全省哲学社会科学繁荣发展。重点扶持有一定基础的民族学、宗教学、考古学和地方文化（如水书、清水江文书、彝文文献、屯堡文化、夜郎文化、阳明文化）等具有贵州地方特点和区域优势的特色学科，充分体现地域性、民族性的要求。重点培育发展对贵州经济社会发展有重要影响的生态经济、旅游管理、艺术、资源环境等新兴学科。大力促进学科之间的渗透融合，培育新的学科增长点。

4.加强文化体制改革和文化建设研究，推动文化发展繁荣。"十二五"时期，是实现贵州文化跨越发展的重大战略机遇期，积极开展文化体制改革和文化建设研究，是全省哲学社会科学工作者义不容辞的责任。要紧紧围绕加快推进文化体制改革、加快构建公共文化服务体系、加快发展文化产业，研究进一步推进文化管理体制改革的思路和政策，提出加强公共文化产品和服务供给、促进基本公共文化服务均等化和推进文化产业结构调整、培育新的文化业态、提高文化产业规模化集约化专业化水平的政策措施，推动建立有利于文化科学发展的体制机制。围绕深入挖掘特色地域文化、保护和弘扬我省世居民族优秀传统文化，大力扶持对我省山地文化、夜郎文化、屯堡文化、红色文化等独特历史文化遗产的研究，积极开展对我省民族政策、民族教育、民族语言、民族文学、民族服饰和民族文化保护等问题研究。实施特色地域文化和民族传统文化重大专项研究，力争推出一批既具有浓厚贵州特色，又能在全国产生影响的高质量研究成果。加强贵州历史文化特别是历史文献和考古资料的整理研究，推进古籍档案资料的抢救和保护工作。加强贵州历史文物、民族文物、红色文物和非物质文化遗产的挖掘、保护与开发研究。加强文化会展、文化旅游、文化创意、动漫、出版发行、影视制作、演艺娱乐等文化产业发展研究。开展全省文化发展战略及文化艺术产业、文化艺术市场、文化安全及农村文化建设等问题研究。加强艺术学各门类学科与其他学科间的新兴、交叉、边缘学科研究。配合实施贵州文化"走出去"战略，深入研究促进文化贸易发展、增进对外文化交流协作的措施。

5.加强社会建设和社会管理研究，推动贵州和谐社会建设。积极探索具有中国特色、贵州特点的社会管理新路子，对于大力加强平安贵州、和谐贵州与幸福贵州建设具有重大意义。要围绕建设中国特色社会主义社会管理体系，深入研究新中国建立60多年来特别是改革开放30多年来，我省在加强和创新社会管理方面的有效做法和成功经验，积极探索新形势下的社会管理规律，大力提升我省社会管理科学化水平。围绕加强和创新社会管理的重点领域和重点任务，深入研究社会管理体制改革方向、基本格局、体制架构和管理机制，积极探索做好新形势下群众工作的思路和举措，有效化解社会矛盾，维护社会公平正义，努力建设平安贵州、和谐贵州、幸福贵州，为实现与全国同步建成全面小康社会打下坚实基础。围绕加强和创新社会建设，深入研究社会建设的基本内涵、重点领域和主要途径，研究影响社会和谐稳定的突出问题和人民群众最关心最直接最现实的利益问题，探索解决脱贫、就业、教育、卫生、收入分配、农村危房改造等重大民生问题的思路和办法，更好地推动以保障和改善民生为重点的社会建设。

四、充分发挥社科规划管理在繁荣发展全省哲学社会科学研究中的作用

1. 加强课题管理工作。修订全省哲学社会科学规划课题管理办法，进一步推进课题申报、立项、结项等制度建设，做到科学管理。坚持公平竞争、优中选优的评审原则，严把课题立项“入口关”，努力杜绝学术造假行为，逐步克服浮躁风气，确保立项质量；搞好开题报告，加强中期管理；完善评价机制，严把课题验收结项“出口关”，确保课题成果的质量；严格执行财务制度，加强课题经费的管理，保证科研的需要，使资金最大限度地发挥作用。健全课题类别，招标课题以应用对策研究为重点，一般课题和青年课题坚持基础理论研究和应用对策研究并重，努力发挥省级课题研究为申报国家课题作准备的铺垫作用。

2. 加强项目成果转化工作。重点加强与贵州省党政部门的联系，畅通与党政部门的信息传递渠道，及时发挥社科研究成果对党和政府决策的参考作用；努力加强与全国社科规划办的联系，推荐重大研究成果，切实发挥贵州哲学社会科学研究对国家经济建设的服务作用；办好《社科信息》和《成果要报》，加大项目成果推介力度。

3. 加强全省哲学社会科学统筹工作。在重点抓好省属主要高校和科研院所研究工作的同时，深入调查研究，密切联系广大社科工作者，不断推动市、州、地院校和科研单位的研究工作；建好“贵州省社科规划网站”，完善社科数据库信息资源整合系统，逐步实行项目网上申报与管理，推进运用现代化手段加强哲学社会科学规划管理的工作。

4. 加强对哲学社会科学阵地的管理。依法加强对社会科学各类学会的管理，强化服务功能，推进社科社团管理进一步科学化、规范化；加强学术论坛、学术报告会的管理，对涉外的学术交流和研究活动，严格按照有关政策和法规履行报批手续，确保对外学术交流与合作健康、有序开展。

五、“十二五”时期哲学社会科学研究的保障措施

1. 加强对哲学社会科学研究的领导。各级党委、政府要充分认识繁荣发展哲学社会科学的重大意义，加强对哲学社会科学研究的领导，努力把握哲学社会科学研究的规律，改进领导方式，提高领导水平；要坚持党管干部、党管人才的原则，加强哲学社会科学研究单位的机构建设和领导班子建设，确保哲学社会科学研究单位的领导权牢牢掌握在马克思主义者手中；要进一步加强各级领导部门与广大哲学社会科学工作者的联系，建立经常性的沟通机制，及时向他们传达党和政府的方针政策，引导他们始终坚持正确的政治方向，及时把哲学社会科学研究的优秀成果运用到各项决策中去；省哲学社会科学规划办公室要加强对全省哲学社会科学研究的宏观协调，统筹哲学社会科学研究和发展。

2. 加大对哲学社会科学研究经费的投入。哲学社会科学研究经费投入少，是制约我省哲学社会科学事业发展的最突出问题。“十二五”时期，要努力争取各级财政加大对哲学社会科学研究经费的投入，保证哲学社会科学研究经费每年按比例有所增加；要根据我省哲学社会科学研究队伍状况、学科建设和研究任务的需要，合理确定科研规模、科研结构和经费资助额度；在以财政支持为主的前提下，鼓励有条件的单位和课题组，面向市场和企业需求广开渠道，积极探索与社会各方合作开展研究的途径，形成多元化的科研经费融资渠道；努力促进科研成果的利用和转化，实现研究成果的社会效益与经济效益双赢。

3. 深化哲学社会科学管理体制改革。要完善符合哲学社会科学发展规律、与社会主义市场经济体制相协调的科研体制和管理体制，加强全省哲学社会科学事业发展的统筹协调，整合研究力量，优化资源配置；要健全哲学社会科学人才管理体制和现代科研体制，努力形成高水平、集约型、资源共享的研究基地和创新平台；要激发各级科研管理部门的工作主动性和积极性，加强交流、及时总结和推广成功经验，不断提高课题管理水平和研究成果质量；要继续发挥贵州省哲学社会科学优秀成果评奖活动对哲学社会科学研究的导向作用、激励作用和促进作用，奖励哲学社会科学领域做出突出贡献的个人和优秀研究成果；依法保护哲学社会科学工作者的创造性劳动和知识产权。

4. *加强哲学社会科学研究队伍建设*。牢固树立人才资源是第一资源的观念，尊重劳动、尊重知识、尊重人才、尊重创造，努力开创我省哲学社会科学领域人尽其才、人才辈出的生动局面。要积极探索新形势下哲学社会科学人才培养的新途径，完善哲学社会科学人才培养选拔和管理机制，形成多层次的人才培养格局，努力营造有利于优秀人才脱颖而出的良好机制。要进一步深化哲学社会科学研究机构用人制度改革，真正形成双向选择、有进有出、灵活有效、人尽其才的哲学社会科学人才流动机制。要关心、爱护广大哲学社会科学工作者，帮助他们解决生活和工作中的实际问题，为他们潜心研究、多出成果创造良好条件。要把课题研究和人才培养有机结合起来，通过课题研究汇集人才，搭建人才成长平台。

附：《“十二五”时期贵州省各学科重点研究方向和重点研究课题》

“十二五”时期贵州省各学科重点研究方向和重点研究课题

马列·科社：马克思主义中国化的历史进程、理论成果和基本经验研究；马克思主义基本原理和经典著作研究；毛泽东思想和中国特色社会主义理论体系研究；社会主义核心价值体系研究；贵州落实科学发展观与多民族地区和谐社会建设研究；马克思主义生态理论与贵州生态文明建设研究；中国特色社会主义在贵州的实践研究；贵州多民族地区马克思主义大众化研究；贵州马克思主义理论队伍建设研究。

党史·党建：中国共产党历史分时期综合性研究；中国共产党专题史研究；中国共产党专门史研究；中共党史资料收集整理研究；中共党史上贵州籍重要历史人物、贵州重大事件、贵州重要会议和文献研究；贵州基层党组织建设的历程与经验研究；贵州红色文化资源研究；贵州民族地区基层党组织建设研究；贵州民族地区党员干部培养、选拔和任用研究；贵州党史宣传教育研究。

哲学：马克思主义哲学研究；中国特色社会主义理论体系的哲学基础研究；中国哲学与中华民族精神研究；贵州少数民族哲学思想研究；贵州地方宗教伦理与世居少数民族生态伦理、生命伦理、人口伦理研究；黔中阳明学研究；贵州世居少数民族美学思想研究。

理论经济：贵州加快转变经济发展方式与经济结构战略性调整研究；贵州加快转变经济发展方式与保障和改善民生研究；贵州加快转变经济发展方式与“两型社会”建设研究；贵州社会主义新农村建设研究；贵州现代农业可持续发展研究；贵州新型工业化道路研究；贵州区域经济协调发展研究；贵州低碳经济与循环经济发展研究；贵州城乡基本公共服务均等化研究；贵州收入分配制度改革研究；贵州经济演化研究；贵州空间经济优化布局研究；贵州“三化”（工业化、城镇化、农业现代化）同步发展的内在机制研究。

应用经济：贵州国民经济运行和宏观调控研究；贵州经济社会发展综合评价指标体系研究；社会主义市场经济基本规律与贵州工业化、城镇化发展战略研究；贵州实施工业强省战略研究；贵州实施城镇化带动战略研究；贵州调整优化产业结构研究；贵州扩大居民消费需求研究；贵州保持物价总水平基本稳定研究；新形势下贵州扶贫开发问题研究；贵州农业结构战略性调整研究；贵州耕地保护和粮食安全研究；贵州农村基础设施建设和公共服务研究；贵州培育发展战略性新兴产业研究；贵州科技创新能力研究；贵州综合交通运输体系建设研究；贵州文化体制机制改革研究；贵州推动文化产业成为国民经济支柱性产业研究；贵州民族文化资源的发掘整理与应用开发研究；贵州城乡区域协调发展研究；黔中经济区发展战略研究；贵州实施主体功能区战略问题研究；贵州大力发展县域经济研究；贵州生态建设与资源保护和利用机制研究；贵州资源性产品价格改革研究；贵州防灾减灾体系建设研究；贵州基本公共服务均等化路径研究；贵州提高居民消费能力与扩大内需长效机制研究；贵州国有企业改革研究；贵州财税、金融、外贸和投资体制改革研究；贵州旅游业发展研究；贵州服务业发展研究；贵州非公有制经济发展研究；贵州集体林权制度改革研究；贵州农地适度规模经营研究；贵州人口长期均衡发展研究；贵州同港澳台地区经贸交流合作机制研究；贵州企业和文化“走出去”战略研究。

统计学：贵州国民经济核算专题研究；贵州政府统计标准与质量管理研究；贵州民生问题指标测算方法研究；贵州工业发展速度测算研究；贵州“三化”（工业化、城镇化、农业现代化）同步的指标体系研究；贵州征地价格指数编制方法研究。

政治学：贵州社会主义政治建设与经济、社会、文化、生态文明建设协调发展研究；贵州公共政策制定和执行的科学化、民主化、程序化、规范化研究；贵州社会主义民主政治建设研究；贵州深化政府行政管理体制改革研究；社会思潮与贵州民族地区政治稳定研究；贵州社会稳定与民族地区群体性事件处理研究；贵州民族地区服务型政府建设研究；贵州多民族地区民族和谐问题研究。

法学：贵州加快转变经济发展方式法制建设研究；贵州工业化进程中的法制保障体系研究；贵州改善民生和发展社会事业法制建设研究；贵州政府自身建设相关法律制度研究；贵州政府行为与市场规制法律问题研究；贵州多元化纠纷解决机制研究；贵州社会治安综合防控体系研究；贵州青少年犯罪研究；贵州农村改革发展法律制度研究；贵州构建和谐家庭社会法制建设研究；贵州少数民族习惯法研究；贵州能源资源相关法律制度研究；贵州社会保障和和谐劳动关系法律制度研究；贵州技术自主创新与知识产权保护法律体系研究；贵州民间融资法律制度研究。

社会学：具有中国特色、贵州特点的社会管理体系研究；贵州构建和谐社会的理论与实践研究；贵州经济发展方式加快转型的社会政策体系研究；服务贵州民生工程的社会政策体系研究；贵州社会管理体制和格局创新研究；贵州社区建设和社会工作研究；贵州社会问题和社会矛盾的新变化及应对研究；贵州社会风险预警机制研究；贵州社会分层和社会流动发展趋向研究；新形势下的社会心理研究；贵州社会组织发展及作用发挥研究；贵州社会稳定与公共安全体系建设研究；贵州城乡教育、医疗、卫生发展中的新问题研究；贵州产业调整形势下的就业与再就业问题研究；贵州工业化进程中的企业社会责任研究；贵州新生代农民工状况与城市社会适应研究；贵州慈善业成长与发展研究；贵州社会保障体系建设中的新问题研究；贵州城镇化进程中人口、资源、环境支撑的社会学研究；贵州社会舆情与网络舆情研究；贵州民族文化差异和文化认同研究；贵州社会变迁史研究。

人口学：贵州人口中长期发展与人口政策调整研究；贵州促进人口长期均衡发展研究；贵州自然灾害多发区域人口分布与迁移研究；贵州治理出生性别比对策研究；人口文化建设与贵州人口均衡发展研究；贵州工业化、城镇化进程中的农村人口市民化问题研究；西部大开发背景下贵州农村流动人口调查研究；贵州人口老龄化问题研究；贵州城市流动人口管理与服务研究；近代贵州喀斯特地区人口增长与石漠化关系研究。

民族问题研究：贵州民族工作研究；贵州和谐民族关系研究；贵州少数民族地区转变经济发展方式研究；贵州民族问题的特点与趋向研究；贵州少数民族地区经济发展与社会稳定研究；贵州少数民族地区扶贫开发、社会保障与民生改善研究；贵州少数民族自我发展能力研究；贵州少数民族非物质文化遗产传承保护研究；社会主义先进文化建设与贵州世居少数民族传统文化研究；西南地区跨境民族文化交流及相关问题研究；贵州少数民族妇女研究；贵州少数民族打工群体的文化适应研究；“三化”（工业化、城镇化、农业现代化）建设与贵州民族地区跨越式发展研究；贵州少数民族村寨景观研究；贵州世居少数民族史（志）；贵州少数民族语言调查研究；贵州世居少数民族民间文学及典籍研究;贵州少数民族音乐、歌舞、服饰、建筑、民间工艺研究;贵州少数民族地区民族文化旅游开发与保护研究。

中国历史:西南新出土文献整理研究;西南民族地区历史地理与社会变迁研究;明清贵州开发与建设研究;明清西南民族地区中外文化交流与经贸关系研究;民国时期西南会道门研究;贵州民国史料整理;贵州与中国近现代重大历史事件研究;近现代贵州杰出历史人物研究;近现代贵州知识分子群体研究;近现代贵州乡村历史变迁研究;贵州历代古籍文献的整理与研究;贵州乡土文献的抢救、征集、整理与研究;贵州灾害史研究;贵州交通史研究。

世界历史:中亚史料整理与史学名著翻译;海外贵州籍历史人物研究;近代贵州留学群体研究;明清外国传教士在贵州活动研究;明清贵州对外交流研究。

考古学:贵州远古人类及文化研究;贵州考古重大发现研究;夜郎文化遗存考古;贵州古代墓葬考古;贵州古代城市与村庄考古;贵州古代宗教遗存考古;贵州古代手工业遗存考古;贵州夏商周三代经济、文化、社会历史考古。

宗教学:贵州宗教发展态势及其影响研究;贵州宗教与和谐社会建设研究;贵州民间宗教、民间信仰活动研究;贵州各宗教的历史、流派、理论与典籍整理研究;贵州佛教史;贵州道教史;贵州佛教碑刻研究。

中国文学:贵州历代重要作家作品、文学流派研究;贵州地域文学史和作家群研究;贵州世居少数民族文学史研究;贵州少数民族神话研究;贵州地方戏曲的传承与发展研究;贵州文学古籍整理研究;贵州民间文献抢救整理与研究;贵州文学史研究;贵州当代文学研究;贵州民间文艺学研究。

语言学:贵州方言研究;新时期贵州世居少数民族语言生态调查、濒危语言、双语教学和语言信息化研究;贵州多民族地区方言接触和变异研究;贵州方言词典编撰;贵州社会语言、城市语言、网络语言调查研究;语言学各分支学科数据库建设研究。

新闻学与传播学:马克思主义新闻理论体系研究;社会主义核心价值观引领民生新闻发展走向研究;贵州形象传播与提升文化软实力研究;新时期贵州形象塑造与对外宣传研究;贵州媒体新闻报道现状分析及改进措施研究;贵州文化体制改革与媒介经营管理研究。

图书馆、情报与文献学:贵州经济社会信息化建设研究;贵州信息资源开发利用研究;贵州数字档案资源管理研究;社会转型期贵州图书情报事业发展战略研究;贵州公共图书馆城乡一体化服务研究;贵州图书馆与社会主义新农村建设关系研究;信息公开背景下贵州政府档案开放与信息安全保障问题研究。

体育学:贵州体育教育与改革研究;贵州喀斯特地貌与大众体质健康研究;贵州各阶层体质状况调查研究;贵州体育人才资源开发利用研究;贵州少数民族传统体育文化传承保护研究;贵州少数民族传统体育运动与构建和谐社会研究;贵州体育产业发展现状与对策研究;贵州城市居民体育消费研究;贵州竞技体育优势项目发展长效机制研究;贵州少数民族体育人类学研究。

管理学:贵州社会管理体制改革研究;贵州公共财政管理体制和预算管理研究;贵州区域公共经济和公共服务均等化发展管理研究;贵州主体功能区规划管理研究;贵州就业政策与人力资源管理研究;贵州劳动关系与管理民主化研究;贵州现代企业组织管理研究;贵州电子政务管理研究;贵州事业单位改革研究;贵州农村土地管理制度改革研究;贵州城郊土地资源管理对策研究。

教育学:贵州教育公平的政策措施研究;贵州教育公共服务体系构建研究;贵州师资队伍建设研究;贵州义务教育均衡发展研究;贵州高等教育改革发展研究;贵州职业教育、民族教育、特殊教育、继续教育、国防教育研究;贵州高校理工科学生人文素养培养研究;贵州教育开放与国际交流合作研究;贵州历代著名教育家及教育思想研究;贵州教育改革史研究;贵州少数民族教育史研究;贵州农村教师队伍建设研究;贵州民办教育问题与对策研究;贵州乡镇中心园教育现状与发展模式研究。

国际问题研究、外国文学:有关单位根据现有成果、研究力量和研究重点自行确定课题并上报省社科规划办。

关于在全省组织开展学习贯彻胡锦涛同志“七一”重要讲话精神宣讲活动的通知

各市、自治州、地区党委宣传部，省直机关工委、省委教育工委、省委国防工委、省国资委宣传思想工作部门：

为深入学习宣传贯彻胡锦涛同志“七一”重要讲话精神，进一步深化认识，把广大党员干部和群众的思想统一到讲话精神上来，根据中央和省委关于认真学习贯彻胡锦涛同志在庆祝中国共产党成立90周年大会上的重要讲话精神的通知要求，决定组建省委宣讲团，在全省开展学习贯彻胡锦涛同志“七一”重要讲话精神宣讲活动。现将有关事项通知如下：

一、宣讲时间及场次。省委宣讲团将于8月分赴各市（州、地）及省直机关工委、省委教育工委、省委国防工委、省国资委系统宣讲。具体宣讲时间由省委宣传部理论处与各地各系统商定。省委宣讲团原则上分别在9个市（州、地）各宣讲2场，其中在市（州、地）直属机关宣讲1场，在所属县（市、区、特区）宣讲1场；在省直机关工委、省委教育工委、省委国防工委、省国资委系统各宣讲1至2场。为扩大宣讲效果，让更多的干部群众听宣讲报告，有条件的地区和系统根据实际情况增加宣讲场次或设置分会场。

二、宣讲对象。各地各系统要认真组织好省委宣讲团的宣讲报告会，做好相关服务工作。省委宣讲团在市（州、地）、县（市、区、特区）宣讲时，要组织市（州、地）、县（市、区、特区）党委、人大、政府（行署）、政协机关和所在地高等院校、企事业单位部分党员干部参加听讲；在省直机关工委系统宣讲时，要认真组织各部、委、办、厅、局的部分党员干部参加听讲；在省委教育工委系统宣讲时，要认真组织直属高校部分党员干部、思想政治理论教师和学生干部代表参加听讲；在省国资委和省委国防工委宣讲时，要认真组织省国资委和省委国防工委系统机关企业部分党员干部和职工代表参加听讲。

三、统一会标。省委宣讲团到各地宣讲时，宣讲会场统一悬挂“学习胡锦涛同志‘七一’重要讲话精神报告会”会标，有条件的地方可悬挂场外标和会场回头标，内容自拟。

各地各系统党委（工委）要高度重视，把组织好宣讲工作作为一项重要政治任务，周密安排、制订方案、精心实施。要认真做好新闻报道，扩大宣讲影响。贵州日报社、贵州电视台、贵州人民广播电台对宣讲活动进行报道。各市（州、地）报社、电台、电视台对省委宣讲团的宣讲活动在当地进行报道。要关注干部群众听讲反映和思想动态，宣讲结束后及时将宣讲情况报送省委宣传部。

中共贵州省委宣传部

2011年8月2日

中共贵州省委关于贯彻党的十七届六中全会精神推动多民族文化大发展大繁荣的意见

（2011 年 10 月 28 日中国共产党贵州省第十届委员会第十二次全体会议通过）

党的十七届六中全会站在社会主义现代化建设全局和战略的高度，对深化文化体制改革、推动社会主义文化大发展大繁荣作了全面部署。全会通过的《中共中央关于深化文化体制改革推动社会主义文化大发展大繁荣若干重大问题的决定》（中发〔2011〕14 号，以下简称《决定》），是深入推进我国文化改革发展的纲领性文献，为推动文化繁荣发展指明了方向。为深入贯彻落实党的十七届六中全会精神，结合贵州实际，现就深化文化体制改革，推动贵州多民族文化大发展大繁荣提出如下意见。

一、充分认识推动多民族文化大发展大繁荣的重要性和紧迫性，切实增强文化自觉和文化自信

文化是民族的血脉，是人民的精神家园。贵州是多民族聚居省份，千百年来，贵州各族人民共同创造的多姿多彩的民族文化，是中华文化的重要组成部分，是我省文化繁荣发展的不竭源泉。改革开放特别是党的十六大以来，我省文化建设步伐加快，文化体制改革不断深化，文化事业和文化产业发展取得新成就，人民群众的精神文化需求得到更多满足，为促进全省改革开放和经济社会发展提供了坚强思想保证、强大精神动力、有力舆论支持和良好文化条件，为推动多民族文化繁荣发展奠定了坚实基础。但是也要看到，我省文化改革发展还存在一些突出矛盾和问题：一些党员干部理想信念不坚定，缺乏干事创业的精气神；一些领域道德失范、诚信缺失；一些地方和部门对文化改革发展重视不够，公共文化服务体系不完备，文化基础设施薄弱，文化建设投入不足，优秀历史文化资源有效保护和科学开发不够；束缚文化生产力发展的体制机制问题尚未根本解决，文化产业特色不突出，整体实力不强；文艺精品力作不多，文化人才缺乏等等。我省文化发展与经济社会发展和人民精神文化需求还不相适应，推动贵州多民族文化大发展大繁荣的任务还很艰巨。

当今时代，文化越来越成为民族凝聚力和创造力的重要源泉，越来越成为综合国力竞争的重要因素，越来越成为经济社会发展的重要支撑，丰富精神文化生活越来越成为我国人民的热切愿望。面对日益激烈的国际国内竞争和文化与经济、科技等加速融合发展的新趋势，我们必须深刻认识文化建设是深入贯彻落实科学发展观的根本要求，是中国特色社会主义事业总体布局的重要组成部分，文化更加繁荣是全面建设小康社会的重要目标和重要保证；深刻认识文化对经济社会发展的强大助推作用，充分挖掘和弘扬贵州优秀多民族文化，有利于增强干部群众文化认同感和文化自信心，形成推动贵州跨越发展的强大精神力量；深刻认识文化产业是战略性、导向性、长远性的新兴产业，具有优结构、扩消费、增就业、促跨越、可持续的独特优势；深刻认识文化建设在促进民族团结、增强民族凝聚力、提升公民素养、促进社会和谐中的重要地位和作用。全省各级党组织和广大党员、干部要以强烈的责任感和紧迫感，切实增强文化自觉和文化自信，努力担当起推动多民族文化大发展大繁荣的历史重任,更好地发挥文化助推贵州加速发展、加快转型、推动跨越的重要作用,让人民群众更多地享受到文化改革发展的成果。

二、全面把握指导思想和总体目标,努力推动贵州文化跨越发展

深化文化体制改革,推动我省多民族文化大发展大繁荣,必须全面贯彻党的十七大和十七届六中全会精神,高举中国特色社会主义伟大旗帜,坚持以马列主义、毛泽东思想、邓小平理论和“三个代表”重要思想为指导,深入贯彻落实科学发展观,坚持社会主义先进文化前进方向,坚持以人为本,坚持把社会效益放在首位,坚持改革开放,以科学发展为主题,以改革创新为动力,以建设社会主义核心价值体系为根本任务,以满足人民群众精神文化需求为出发点和落脚点,发展面向现代化、面向世界、面向未来的,民族的科学的大众的社会主义文化,努力实现文化跨越发展。

按照党的十七大提出的全面建设小康社会奋斗目标和党的十七届六中全会提出的新要求,结合贵州实际,到2020年,我省文化改革发展的总体目标是:社会主义核心价值体系建设深入推进,良好思想道德风尚进一步弘扬,公民素质明显提高;文化管理体制和文化产品生产经营机制充满活力、富有效率;基本建立覆盖城乡、结构合理、功能健全、实用高效的公共文化服务体系,实现基本公共文化服务均等化;基本建立文化产品特色鲜明、产业链条完整、市场要素繁荣的文化产业体系,形成公有制为主体、多种所有制共同发展的文化产业格局,到“十二五”期末,文化产业增加值达到全省生产总值的5%以上,文化产业成为我省国民经济支柱性产业;基本建立较为完善的文化法规体系,文化资源得到有效保护和科学开发;基本建立创意理念不断涌现、科技手段广泛运用的文化创新体系,贵州文化凝聚力、竞争力、创新力、辐射力显著增强;基本建立结构合理、素质优良、作风过硬的文化人才体系,文化繁荣发展的人才保障更加有力。努力实现贵州文化跨越发展,为建设文化强省打下坚实基础。

实现上述奋斗目标,必须坚持一手抓公益性文化事业,一手抓经营性文化产业。重点实施好九大文化改革发展工程:实施文明素质工程,努力用社会主义核心价值体系教育干部群众,提高人民群众的道德水准和文明程度;实施文化惠民工程,加快公共文化服务体系建设,保障人民群众基本文化权益;实施优秀文化遗产保护工程,加强多民族文化资源保护与利用,实现文化可持续发展;实施文艺精品工程,丰富群众文艺活动,满足人民群众多层次文化需求;实施文化产业工程,壮大文化产业实力,推进文化产业跨越发展;实施文化科技工程,加快科技创新成果转化,提升文化产业核心竞争力;实施文化融合工程,推进文化与相关产业融合,增加相关产业文化含量、提高附加值;实施文化传播工程,推动文化“走出去”,提升贵州文化影响力;实施文化人才工程,培养造就高素质文化人才队伍,为文化繁荣发展提供有力人才支撑。

在实现奋斗目标、实施文化工程中,必须突出和彰显贵州文化的特质、特点、特色,正确把握五个重要关系:正确把握民族共性文化与个性文化的关系。民族共性文化寓于各民族个性文化之中,各民族个性文化体现并承载着民族共性文化,两者共同构成贵州多民族文化和谐共生的基础。既要发展科学、进步、和谐的共性文化,又要彰显独特、多样、优秀的个性文化,形成共性得到传承、个性得到张扬、共生共存共荣的文化发展格局。正确把握通俗文化与高雅文化的关系。通俗文化植根于人民群众生产生活之中,是高雅文化的创作、发展基础;高雅文化是对通俗文化的提炼与升华。既要创作生产通俗易懂、为人民群众喜闻乐见的通俗文化产品,又要积极支持创作生产格调高雅、艺术精湛、有思想深度的文化产品,不断满足人民群众多样性、多层次、多方面的文化需求。正确把握传统文化与当代文化的关系。优秀传统文化是当代文化的血脉和根基,当代文化是对优秀传统文化的继承、发展、创新。既要对传统文化坚持扬弃的原则,辩证取舍、科学开发,又要在新的实践基础上不断丰富新的内容,发展符合时代要求的当代文化。正确把握整体文化与区域文化的关系。贵州整体文化实力增强有赖于各区域文化发展壮大,区域文化发展要有利于整体文化发展。既要坚持整合资源、统筹协调,形成贵州文化协调发展的总体格局,又要依托各区域资源优势发展地方特色文化，夯实贵州整体文化发展基础。正确把握贵州文化与外来文化的关系。贵州文化是中华文化的重要组成部分。贵州文化要永葆活力，必须广泛吸纳、融汇一切外来优秀文化成果。既要坚守和发展自己的优秀文化，又要以更加开放包容的胸怀，扩大文化交流与合作，推动贵州文化"走出去"，在同外来优秀文化的互动交流中，不断丰富和发展贵州文化。

三、推进社会主义核心价值体系建设，夯实各族人民团结奋斗的共同思想道德基础

推进社会主义核心价值体系建设，必须坚持马克思主义指导地位，坚定中国特色社会主义共同理想，弘扬以爱国主义为核心的民族精神和以改革创新为核心的时代精神，树立和践行社会主义荣辱观。大力实施文明素质工程，把社会主义核心价值体系融入到国民教育、精神文明建设和党的建设全过程，体现到改革开放和社会主义现代化建设各领域。

（一）推进党的创新理论深入人心。坚持用中国特色社会主义理论体系武装党员干部、教育人民群众，不断推动马克思主义大众化。抓好理论强基工作，在全省广泛开展"创学习型党组织、做学习型党员、建学习型示范点"活动。重点在县处级以上领导干部中开展"学习马列经典、坚定理想信念、推动历史跨越"等学习活动。充分运用党委中心组网络学习平台，加强和改进党委中心组学习，深入推进学习型党组织建设。抓好理论凝心工作，充分运用现代传媒，提高理论宣传工作效果。推进省市县"三级联动宣讲"，提升理论宣传品牌效应。抓好理论普及工作，组织编写通俗理论读物，深化拓展理论下基层等活动，推进马克思主义理论研究与建设工程成果的广泛运用，使党的创新理论进机关、进社区、进企业、进学校、进乡村，提升党员干部群众及青年学生的思想理论素养。

（二）在全省倡导"爱国、敬业、诚信、友爱"的价值取向，拓展精神文明创建。加强思想政治工作，强化理想信念教育；推进公民道德建设，搞好道德模范评选学习活动，广泛开展"五心教育"和"祖国好·家乡美"活动；在全社会积极营造干事创业、敬业奉献的浓厚氛围，在各行各业开展"创业之星"评选；扎实推进廉政文化建设，弘扬清正廉洁之风；大力培育诚信文化，加强诚信体系建设，推广"诚信农民"建设活动经验；加强法制宣传教育，弘扬社会主义法治精神，提高全民法律素质；深化"和谐贵州·三关爱"、"春晖行动"等具有贵州特色的志愿服务活动。以"整脏治乱"为重点推进文明城市创建，以"满意在贵州"为重点推进文明单位创建，以"四在农家"为重点推进农村精神文明建设。着力建设黔中经济区文明城市群、高速公路沿线农村千里文明长廊，发挥示范带动作用。力争2015年"四在农家"创建活动覆盖全省80%的行政村、2020年实现农村全覆盖，2015年省级以上文明城市（县城）覆盖50%、2020年覆盖70%。

（三）繁荣发展哲学社会科学。充分发挥哲学社会科学认识世界、传承文明、创新理论、咨政育人、服务社会的重要功能。深入研究践行社会主义核心价值体系中的重大课题。着力研究我省经济社会发展历史性跨越中的重大课题，为党委、政府决策服务。努力开展具有地方特色、民族特点、区域优势的基础理论研究。加强具有贵州特色的哲学社会科学优势学科群建设。推进哲学社会科学研究创新体系建设，提升我省哲学社会科学综合创新能力。加强社会科学知识普及工作，不断提高广大群众的社会科学素养。

（四）大力加强和改进舆论引导。牢牢把握正确导向，壮大主流媒体，建立健全新闻发布制度，提高主流舆论的传播力。以党报党刊、广播电视台为主，整合都市类媒体、网络媒体等宣传资源，借助中央驻黔媒体优势，构建舆论引导新格局。加强媒体规范管理，建立健全新闻从业人员准入退出、媒体负责人考核把关、媒体内部规范管理、新闻职业道德建设等长效机制，确保各类媒体健康有序发展。大力加强和改进网络文化建设和管理，形成一批贵州网络文化品牌。做大做强做优重点新闻网站，支持市（州、地）新闻网站发展，整合资源，打造有影响力的政府综合性门户网站，充分发挥社会网站和手机媒体作用，整体提升贵州网络媒体的传播力和竞争力。

四、发展先进文化思想，弘扬贵州时代精神

围绕践行社会主义核心价值体系，深入挖掘

提炼贵州优秀传统文化，培育适应现代要求、引领先进文化发展方向的文化意识，弘扬贵州时代精神，增强文化自觉和文化自信，提振干事创业的精气神。

（一）深入挖掘贵州优秀文化资源。贵州民族文化资源富集，在长期的历史积淀和文化创造中，形成了鲜明的文化特质，主要表现在景观上的多元性，形态上的原生性，内涵上的厚重性，气度上的包容性。深入挖掘提炼史前文明、夜郎文化、屯堡文化、阳明文化、沙滩文化以及对中国革命产生重要影响的红色长征文化等历史文化资源，挖掘提炼多姿多彩的民族民间文化、原生态文化等资源，取其精华、推陈出新。大力推动贵州优秀文化研究，努力在一些重要领域取得突破，推出一批有深度、有影响的贵州文化研究成果和普及读物。深入挖掘和宣传代表贵州先进文化形象的历史事件、重要人物、人文景观、文化传统和民间艺术。

（二）积极培育贵州先进文化意识。建设贵州先进文化，必须继承和发展贵州优秀文化传统，传承先进、摒弃落后，培育新风、革除陋习，切实改变自大自卑心理，树立自信自强意识；改变固步自封状态，树立开放融合理念；改变畏难等靠惰性，树立艰苦创业精神。在弘扬贵州优秀传统文化的基础上，大力倡导和树立科学精神、市场意识、法治文化和公平理念，培育适应时代要求的先进文化意识，充分发挥文化引领风尚、教育人民、服务社会、推动发展的功能，增强民族凝聚力和创造力，巩固平等团结互助的民族关系，实现各民族共同繁荣发展。

（三）大力弘扬贵州时代精神。依托丰厚的民族文化资源和精神财富，传承长征精神、遵义会议精神、大关精神及在抗旱中彰显的贵州精神，培育和弘扬“开放创新、团结奋进”的贵州时代精神，使其内化于心、外用于形，激励全省人民树雄心、立壮志，在加速发展、加快转型、推动跨越的伟大历史进程中，创先争优、增比进位，敢与强的比、敢向高的攀、敢同勇的争、敢跟快的赛，创造无愧于历史、无愧于时代、无愧于人民的业绩。

五、发展公益性文化事业，更好满足人民群众基本文化需求

按照“公益性、基本性、均等性、便民性”的要求，实施文化惠民工程，健全基础设施，完善服务网络，建立保障机制，构建完善的公共文化服务体系。坚持可持续发展，实施优秀文化遗产保护工程，实现文化资源科学保护、合理开发。

（一）实施八大文化惠民工程。加大革命老区、民族地区、边远山区、贫困地区公共文化服务网络建设支持力度，努力实现城乡居民基本公共文化服务均等化。实施省级重大文化设施建设工程，抓好贵州省博物馆、遵义会议纪念体系项目、贵州日报报业集团印务传媒研发基地建设，新建贵州省美术馆、贵州演艺中心、贵州文艺家之家、当代贵州杂志社办刊业务基地、多彩贵州品牌研发基地、贵州省文化馆、贵州省少儿图书馆、贵州省工人文化宫等重大文化设施。实施市县文化馆（图书馆）建设工程，到2015年，按照国家分类建设标准，建成市（州、地）文化馆、图书馆、博物馆，维修改造好县级图书馆、文化馆。实施乡镇综合文化站工程，实现乡镇（街道）有综合文化站、文化小广场和公共电子阅览室。实施村（社区）文化室工程，实现村有综合文化活动室、农民文化家园、农民阅报栏，城市社区有文化中心。实施文化信息资源共享工程，完善覆盖城乡的文化信息资源共享网络，以数字资源建设为核心，以乡镇及社区基层服务网点为重点，加强基层站点人员的技能培训。实施广播电视“村村通”工程，完成20户以下通电自然村广播电视覆盖，基本实现户户通。推动媒体办好农村版和农村频率、频道，鼓励文化单位面向农村提供流动服务、网点服务。实施好农村电影放映工程，到2020年，实现县有数字电影院，乡镇（街道）有数字电影放映设备。实施农家书屋工程，力争到2012年全面完成农家书屋全覆盖，2020年前实现数字农家书屋全覆盖。

（二）提高公共文化设施服务水平。加强现有公共文化服务设施的管理，提高使用效率。把公共文化服务设施运营维护、主要公共文化产品和服务项目、公益性文化活动纳入公共财政经常性支出预算。加强文化馆、博物馆、图书馆、美术馆、科技馆、纪念馆、工人文化宫、青少年宫等公共文化服务设施和爱国主义教育示范基地建设并完善向社会免费开放服务，完善服务于妇女、未成年人、老年人、残疾人的公共文化设施，各类公共文化场所要为群众性文化活动提供便利。采取政府采购、项目补贴、定向资助、贷款贴息、税收减免等政策措施,鼓励各类企业参与公共文化服务。鼓励其他国有文化单位、教育机构等开展公益性文化活动。引导和鼓励社会力量通过兴办实体、资助项目、赞助活动、提供设施等形式支持和参与公共文化服务。鼓励国家投资、资助或拥有版权的文化产品无偿用于公共文化服务。鼓励城市对农村进行文化帮扶,把支持农村文化建设作为评选省级文明城市的基本指标。支持地市级城市开展国家公共文化服务体系示范区创建活动。

(三)加快建设现代传播体系。支持各级党报党刊、广播电视台完善采编、发行、播发系统,加快数字化转型,发展新媒体,扩大覆盖面。建立贵州图书出版中心。建立安全可靠的紧急广播信息发布和传播系统。加强"贵州省数字图书馆"建设管理,建立贵州特色数字资源中心,推动各级图书馆数字化、文化馆网络平台建设。发挥省内各类信息网络设施的文化传播作用,实现互联互通、有效运行。

(四)实施优秀文化遗产保护工程。加强我省红色文化遗址、自然遗产地、重点文物保护单位、非物质文化遗产、历史文化名城名镇名村、重要工矿遗址保护和文化传承。实施全省文化遗产保护"百村计划",建立多彩贵州文化线路保护和利用体系。积极推进非物质文化遗产数据库建设。编辑出版《贵州文库》,扶持非物质文化遗产传承。积极申报建立黔东南苗族侗族、黔南水族和黔西南布依族苗族国家级文化生态保护实验区,建立一批少数民族省级文化生态保护实验区,建设一批少数民族博物馆。

六、激发创新活力,创作生产更多文艺精品力作

坚持"二为"方向和"双百"方针,实施文艺精品工程,创作生产更多具有贵州特色、贵州风格、贵州气派的优秀作品,为人民立言、为时代放歌、为发展鼓劲、为跨越抒情。

(一)打造文学艺术精品。认真组织实施精神文明建设"五个一工程",努力创作生产更多文艺精品并在全国高端平台展示。建设原生态摄影基地、音乐创作基地、影视创作基地、文学创作基地、书画创作基地等,吸引国内外文艺名家到贵州创作生产。培育骨干影视企业,推进重大革命和历史题材、民族题材、现实题材影视剧目创作生产,力争每年打造出3部以上思想性、艺术性和观赏性相统一的好片好剧。大力扶持具有民族特色、地方特点的重点演艺集团公司,加强地方特色舞台剧目创作生产,力争更多剧目入选国家舞台艺术精品工程。实施文学、音乐、舞蹈、美术"原创振兴计划",努力打造一批精品力作。

(二)培育民族文艺品牌。扶持具有民族特色、地方特点的优秀艺术品种,挖掘民族音乐、舞蹈、戏曲等资源,实施民族艺术创作生产项目,支持各类具有民族特色的剧目进入旅游市场。办好全省民族文艺会演,办好具有鲜明民族文艺特色的节庆活动,促进民族文艺互相交流、借鉴并不断创新。开展"民族艺术之乡"评选,建设民族艺术文化地标。支持开办民族文艺传习所,鼓励各级各类学校开展民族民间文艺教育,将优秀的民族民间文艺引入课堂教学。支持优秀民族文艺团体出国出境演出,争取民族文艺项目更多地参与国家对外文化交流活动。

(三)丰富群众文艺活动。继续办好"多彩贵州"系列活动,提升"多彩贵州"品牌影响力。推进各级各类艺术团体开展"送欢乐下基层",鼓励和支持机关、校园、企业、农村、社区开展丰富多彩的文艺活动,积极举办优秀文化产品展演、展播、展映、展销、展览等活动,满足城乡群众精神文化需求。组织开展全省各类专业艺术比赛。更多地开辟渠道、搭建平台、创造条件,充分调动广大群众进行文化创造的积极性、主动性。

(四)完善激励机制。把人民群众是否满意作为评价文艺作品的根本标准,实现群众评价、专家意见和市场检验相统一,建立全面客观的评价体系。开展积极健康的文艺批评,与人为善、以理服人,褒优贬劣、激浊扬清。积极支持各文艺门类优秀作品和优秀人才参评全国性文艺奖项,组织开展全省精神文明建设"五个一工程"奖、贵州省文艺奖、"新长征"职工文艺奖等评选。各文艺门类可设立奖项,鼓励更多的文艺工作者积极创作。继续实施贵州文艺作品高端平台展示奖励,不断加大奖励力度。

七、做大做强特色文化产业，培育形成国民经济支柱性产业

坚持把社会效益放在首位、社会效益和经济效益相统一，创新发展理念，大力实施文化产业工程、文化科技工程和文化融合工程。重点实施好“六个一批”，即完成一批文化单位转企改制并建立现代企业制度，规划和建设一批文化产业园区、基地和重点项目，创作生产一批有广泛影响的文化力作，培养和集聚一批文化产业“尖子人才”，组建一批文化中介机构，搭建一批文化产业投融资平台。努力使文化产业成为新的经济增长点、转变经济发展方式的重要着力点，为推动经济社会发展历史性跨越提供重要支撑。

（一）构建多民族特色文化产业布局。充分发挥文化资源优势，积极引导产业集聚发展，形成贵州多民族文化与丰富多彩的历史文化、区域文化、生态文化相结合的总体产业格局。将贵阳建设成为以生态文化、阳明文化为特色，以会展为重点，集多门类文化产业于一体的聚合、辐射、带动能力强的文化产业核心区；建设遵义红色文化、白酒文化与绿茶文化产业集聚区；建设以中国·凉都品牌为主的六盘水城市避暑文化产业集聚区；建设安顺屯堡文化、生态文化与古生物文化产业集聚区；建设黔东南苗族侗族文化产业集聚区；建设黔南布依族苗族水族文化与世界自然遗产地生态文化产业集聚区；建设黔西南布依族苗族文化与喀斯特生态文化产业集聚区；建设毕节彝族文化与喀斯特生态文化产业集聚区；建设铜仁环梵净山生态文化、佛教文化与土家族文化产业集聚区。各区域要突出核心文化资源、实现优势互补、形成区域合作、促进联动发展。

（二）形成多民族特色文化产业结构。以科技创新为引擎，以多民族文化内容创意为核心，以文化与旅游结合为重点，以实施文化产业重大项目为载体，“十二五”时期，加快建设省“十大文化产业园”、“十大文化产业基地”和规划建设一批市县文化产业园区、基地。到2020年，创建20个以上国家文化产业示范基地和100个以上省级文化产业示范基地，形成多民族特色鲜明的文化产业结构。着力扶持培育多民族特色文化产业，利用数字化技术和多媒体平台，促进多民族特色文化产业转型升级，形成具有竞争优势的民族影视、民族出版、民族动漫、民族演艺、民族音乐、民族服饰、民族节庆、民族民间工艺等特色文化产业群，举办好中国（贵州）国际酒类博览会、“两赛一会”、“三赛一展”、生态文明贵阳会议、多彩贵州·中国原生态国际摄影大展、中国少数民族文化产业交易博览会、亚洲青年动漫大赛等重大文化会展赛事活动。着力发展壮大文化旅游产业，坚持在旅游开发中充实文化内涵，在文化产业发展中提升旅游品质，使文化在与旅游的深度融合中实现繁荣发展，形成一批民族文化旅游中心城市和大型民族文化旅游景区，带动发展一批民族文化旅游特色乡镇村寨。着力促进多民族文化与相关产业融合发展，谋划实施一批与科技、创意、金融、贸易相融合，与现代工业、特色农业、城乡建设相结合，覆盖康体养生、民族医药、白酒绿茶、赏石藏石、风味餐饮、地质景观等方面的文化产业项目，延长文化产业链，开发文化衍生品，提升文化附加值。

（三）建设现代文化市场体系。加大贵州文化市场体系建设，促进文化产品的生产、流通、消费。以省广电、报业、出版、期刊、演艺等集团公司为龙头，发展壮大国有骨干文化企业，尤其要在少数民族文化、红色文化等领域，培育发展骨干企业和中小微型文化企业，积极扶持民营文化企业，实施跨区域、跨行业、跨所有制兼并重组，推动一批文化企业上市。加快形成一批经纪、代理、评估、鉴定、咨询、策划、研发、法律服务、产权交易等文化产业中介机构和投融资平台。大力发展现代文化流通组织，推进全省广电传输、图书报刊发行、电视购物等网络和电影院线、演艺院线建设，规划建设一批贵州特色文化市场，形成覆盖城乡的文化产品流通渠道。以“多彩贵州”品牌为龙头，构建省市（州、地）品牌体系，形成具有民族文化特色和自主知识产权的品牌群，以文化提升产品价值，以品牌促进文化消费。鼓励有条件的地方采取补贴等方式，引导广大群众进行文化消费。

（四）提供文化产业政策保障。认真落实国家和省关于支持文化产业发展的各项优惠政策。民族自治地方文化企业应缴纳的企业所得税中属于地方分享的部分，报省政府批准后决定减征或者免征。新办文化企业经认定后在一定年限内对所缴营业税给予财政补贴。对经认定的文化创新型企业、文化高新技术企业或高新技术项目,各项行政性收费地方留成部分予以免征,实际缴纳的企业所得税地方留成部分一定年限内由财政全额奖励企业。每年安排一定量的土地指标,保障重点文化产业项目建设需要。转制文化企业原划拨土地需转为经营性用地的,所上缴的土地有偿使用费作为扶持经费返还企业。国有文化企业因土地置换而产生的土地级差收益,以“先征后返”的方式扶持文化企业。经各级认定的文化产业园区、基地比照关于加快产业园区发展的相关优惠政策给予扶持,省级文化产业园区、基地比照国家关于高新技术开发区的优惠政策给予扶持。设立省文化产业发展基金,投资文化产业项目。提高彩票公益金用于文化事业的比重。大力鼓励民营企业实施文化产业项目,对进入文化领域的民营企业,在投资核准、信用贷款、土地使用、税收优惠、申请各类文化产业专项资金和人才培养等方面,与国有文化企业享受同等待遇。

八、深化文化改革开放,构建促进多民族文化繁荣发展的体制机制

坚定不移地推进和深化文化体制改革,建立健全文化管理体制和生产经营机制。实施文化传播工程,促进贵州文化“走出去”,大力释放和促进文化生产力,提高多民族文化的影响力和竞争力。

(一)深化完善国有经营性文化单位改革。以建立现代企业制度为重点,完善法人治理结构,培育合格市场主体。加快完成国有文艺院团和非时政类报刊出版单位转企改制任务,加速省直文化集团公司管理体制和经营机制改革,深化出版发行、电影放映、网络传输等企业改革。健全绩效考评和激励约束机制,形成党委领导、政府管理、行业自律、社会监督、企事业单位依法运营的文化管理体制和富有活力的文化产品生产经营机制。进一步创新和完善文化投融资体制,支持国有文化企业面向资本市场融资发展,吸引社会资本进行股份制改造。各地各有关部门要切实采取有力措施确保已有政策执行到位,并根据发展需要,进一步制定和完善相应配套政策。

(二)深化完善公益性文化事业单位改革。加快推进和完善文化事业单位内部人事、收入分配、社会保障制度改革,形成责任明确、行为规范、富有效率、服务优良的运行机制。在博物馆、文化馆、图书馆等文化事业单位探索建立法人治理结构,允许引入社会力量参与单位的发展与内部运营管理。积极推动党报党刊和广播电视台等文化事业单位进一步完善管理体制和运行机制,加强公益性产品和服务的评估考核。推动一般时政类报刊社等事业单位实行企业化管理。组建公益性文化事业基金会,鼓励社会各界捐赠兴办公益性文化事业,引导社会资本进入政策许可行业。

(三)深化完善文化管理体制改革。加快政府职能转变,推动政企分开、政事分开,探索运用资产监管、政策法规、行业自律、经济奖惩等多种方式实施管理,建成管人与管事、管资产、管导向相结合的国有文化资产管理体制。坚持主管主办制度,落实谁主管谁负责和属地管理原则,提高文化导向管理水平。组建和完善综合文化行政责任主体,科学设置内设机构,不断提高行政效能。深化文化市场综合执法改革,构建健康有序的城乡文化市场管理机制。

(四)建立健全文化交流合作机制。构建和完善宣传、文化、旅游、农业、经贸、体育等部门“党政推动、政企联合、多位一体、聚合发力”的大外宣格局,充分利用各类文化交流合作平台,以“多彩贵州”整体形象的塑造和提升为重点,推出一批外宣精品,大力开展经贸外宣和文化旅游外宣。创新贵州文化“走出去”体制机制,统筹开展对外文化交流,鼓励开展民间文化交流。建立文化产品与服务出口贸易协调机制,为文化企业“走出去”提供良好服务。重点培育一批外向型文化出口企业和产业基地,支持有条件的文化企业开拓省外、国外市场,扶持具有贵州特色和竞争力的影视动漫、出版物、民族歌舞、少儿杂技、民族民间工艺品参与文化交流与对外贸易。加大招商引资力度,以招商引资带动文化开放,以文化交流促进经贸合作。

九、建设高素质文化人才队伍,为加快文化改革发展提供人才支撑

人才是第一资源。要坚持党管文化、党管干部、党管人才的原则和德才兼备、以德为先的选人用人标准,坚持尊重劳动、尊重知识、尊重人才、尊重创造，实施文化人才工程，培养造就一支锐意创新、结构合理、作风过硬的高素质队伍。

（一）加强文化领域领导班子和干部队伍建设。各级党委要选好配强文化领域各级领导班子，加大文化领域与其他领域领导干部交流任职力度。新闻媒体主要负责人由组织选拔任用，国有及国有控股文化企业领导人员实行组织选配与市场选聘相结合，选聘优秀文化产业人才担任国有文化企业经营管理领导职务。切实落实文化领域重要阵地、重要岗位领导干部管理监督制度，建立健全科学规范的文化干部管理体制，不断提升全省文化领域干部工作能力水平。加强文化事业单位、国有及国有控股文化企业党组织建设。重视文化领域非公有制企业和新社会组织党的建设。

（二）加强文化工作拔尖人才和高素质专业队伍建设。加大全省宣传文化系统“四个一批”人才选拔培养管理力度，实行重大文化项目首席专家制度，发挥贵州省文化产业创新人才基地作用，实施“文化产业金黔人才培养工程”，培养一批在国内有较大影响力的文化专业人才，培养一批懂文化、会经营的文化产业复合型人才。加大省内高校培养文化人才力度，整合利用文化专业教育、职业教育和社会教育资源，支持高校、文联、科研机构和文化企业开展产学研一体化文化产业人才培训。坚持评聘分开，拓展评审范围，深化职称评审改革。实现非公有制文化企业人员在评定职称、参与培训、申报项目、表彰奖励方面同等对待。

（三）加强基层文化人才队伍建设。市县党委要健全宣传部门理论宣传普及、新闻宣传报道、思想政治工作、文化事业发展、文化体制改革与文化产业发展、精神文明创建、网络文化建设等工作机构，根据工作需要增加人员编制，充实工作力量。配好配齐乡镇（街道）党委宣传委员、宣传干事和乡镇综合文化站专职人员。落实公共文化机构的人员编制和经费投入。设立城乡公共文化服务岗位并落实基本津贴，采取“县聘乡管村用”方式配备工作人员，引导高校毕业生到岗工作，服务期满报考文化部门公务员、相关专业研究生实行定向招录。加强对民间文化人才队伍的教育引导、培养培训、管理服务，建立对非物质文化遗产传承人的保护、培养和激励机制。扶持基层尤其是农村业余文化人才建设，培育和支持文化志愿者参与基层文化工作。

（四）加强文化工作者职业道德和作风建设。各级党委宣传部和文化行政部门要认真履行教育管理职能，各级文联、社科联、作协、记协等人民团体和行业协会要切实发挥行业自律功能。健全完善文化工作者挂职锻炼、调研采风、民情体察制度。逐步实行文化工作职业资格制度。改革文化工作高层次和专业技术人才社会分配形式。设立贵州省文化荣誉制度，对推动文化跨越发展作出突出贡献者及重大文化成果进行表彰奖励。

十、加强组织领导，为推动多民族文化大发展大繁荣提供有力保障

加强和改进党对文化工作的领导，是深化文化体制改革、推动多民族文化繁荣发展的根本保证。必须站在战略和全局的高度，把握文化发展规律，健全领导体制和工作机制，加大支持力度，形成合力推动的工作局面。

（一）进一步加强组织领导。各级党委、政府要切实担负起推进文化改革发展的政治责任，把文化建设摆在全局工作重要位置，纳入经济社会发展总体规划，与经济建设、政治建设、社会建设以及生态文明建设一同研究部署、一同组织实施、一同督促检查，深入研究意识形态和宣传文化工作新情况新特点，及时解决文化改革发展中的重大问题。自2012年起，把文化改革发展成效纳入科学发展考核评价体系，作为衡量领导班子和领导干部工作业绩的重要依据，不断提高推进文化改革发展科学化水平。省、市、县各级要建立完善相应的精神文明建设指导委员会、对外宣传领导小组、文化体制改革和文化产业发展领导小组，每个领导小组下设办事机构，归口同级党委宣传部管理。

（二）进一步加大投入力度。各级政府要确保每年对文化建设投入的增长幅度高于同级财政经常性收入增长幅度，不断提高文化支出占财政支出比例。各级要设立农村文化建设专项资金，保证一定数量的中央和省级财政转移支付资金用于乡镇和村文化建设。进一步加大对重点公益性文化事业发展的扶持力度，各级要足额征收文化事业建设费，认真落实从城市住房开发投资中提取1%用于社区公共文化设施建设的政策。设立省文艺精品创作专项资金、省互联网发展专项资金。省级文化产业发展资金、对外宣传资金、哲学社会科学规划资金在现有基础上,根据工作需要和财政收入增长逐年增加。各地要设立相应的专项资金,加大对文化建设的财政投入。

(三)进一步加强文化法规建设。制定和完善有关文化建设的法规或政府规章,制定出台促进公共文化服务体系建设、加强非物质文化遗产保护、促进文化产业发展、加强公益性文化事业单位管理、文化产业示范基地管理等地方性法规、规章。加大执法力度,严厉打击侵权盗版、淫秽、反动内容传播等侵犯、破坏文化建设行为,加强文化法制宣传,营造良好法治环境。

(四)进一步健全工作机制。建立健全党委统一领导、党政齐抓共管、宣传部门组织协调、有关部门分工负责、社会力量积极参与的工作体制和工作格局,形成文化建设强大合力。文化领域各部门各单位要认真落实文化改革发展目标任务,发挥文化建设主力军作用。相关政府部门要为文化改革发展提供积极有力的支持和保障。支持各级人大、政协履行职能,调动各部门积极性,支持民主党派、无党派人士和人民团体发挥作用,共同推进文化改革发展。

各地各有关部门要根据《决定》和本意见精神,结合实际制定文化改革发展的具体措施,并认真抓好落实。

关于盘点"十二五"规划开局之年集中做好年终形势宣传报道工作方案

今年以来,在省委、省政府的正确领导下,全省呈现出团结奋斗、积极向上、发展加速、社会进步、民生改善的良好局面,实现了"十二五"的良好开局。社会各界对今年成就和明年形势的关注相对集中,切实做好当前的形势宣传,正确引导社会舆论,对于进一步统一思想、凝聚人心、振奋精神、鼓舞士气,圆满完成全年经济社会发展任务,为明年工作开好局、起好步,具有十分重要的意义。现就盘点"十二五"规划开局之年,集中做好年终形势宣传报道工作制订方案如下。

一、总体要求

深入学习宣传贯彻落实党的十七届六中全会和省委十届十二次全会精神,坚持团结稳定鼓劲、正面宣传为主,把握正确舆论导向,以坚定信心、振奋精神为主线,充分展示一年来我省在应对凝冻、洪涝、干旱等严重自然灾害,面临既要"转"又要"赶"的双重压力、双重任务挑战下,在"十二五"开局之年取得的巨大成就,主动回应社会关切,坚定信心、凝聚力量,推出一批有影响的新闻力作,引导广大干部群众把思想认识统一到对当前形势的正确分析判断上来,鼓舞全省上下焕发更加昂扬的工作热情,把各方面工作做得更好,以优异的成绩向党的十八大献礼。

二、宣传重点

1.加强成就宣传报道,充分展示今年以来实施"十二五"规划、推动经济社会发展开好局起好步取得的重大进展。大力宣传今年以来,贵州深入贯彻落实科学发展观,全省上下高举"发展、团结、奋斗"的旗帜,围绕"加速发展、加快转型、推动跨越"的主基调,大力实施工业强省和城镇化带动主战略,坚持以民生带发展,提振精神,全力推动经济社会又好又快、更好更快取得的成果。大力宣传我省开展"三个建设年"、"创先争优"、"四帮四促"等各项重大活动,助推经济社会发展的新举措,取得的新成绩、新经验。

2.加强形势宣传报道,引导全社会增强信心、把握机遇。大力宣传省委、省政府抓住中央支持贵州发展的宝贵机遇,在发展的问题上,始终坚持不动摇、不懈怠、不折腾;始终坚持统一思想、鼓舞士气;始终坚持攻坚克难、奋发有为,牢牢把握了经济发展的主动权。大力宣传一年来,全省经济社会发展速度较快、效益较好、位次前移、后劲增强、民生改善的良好态势。大力宣传始终坚持以科学发展为主题,以加快转变经济发展方式为主线，在“转”与“赶”的发展中，努力做到好中求快、快中保好，发展惠及民生的成功经验和典型事例。及时反映经济运行的新趋势新变化，引导人们既要保持清醒头脑，又要充分认识我省发展的有利条件和积极因素，切实增强做好经济工作的信心。

3. *深入解读重要政策措施，充分宣传改革发展的典型经验*。围绕“两加一推”主基调、“两化”战略，“三个建设年”和“四帮四促”等重大政策以及省委、省政府实施重大项目、开展重大活动，大力宣传国有企业改革发展、自主创新的典型经验，加强对科技创新成果的报道。充分反映民营经济不断发展壮大、转型升级的具体做法。大力宣传文化领域推动体制改革，加大内容形式、体制机制、传播手段创新力度，文化产业发展繁荣的成功实践。充分发挥新闻宣传统一思想、凝心聚力的重要作用，为改革发展提供舆论支持。

4. *积极引导社会热点问题，主动回应社会关切*。要进一步梳理各方面关注的热点，通过权威发布、专题访谈等方式，主动析事明理、解疑释惑。要做好经济领域热点问题的引导，针对加速发展与转变经济发展方式的关系、加大投资与扩大消费的关系、经济发展与环境保护的关系等，开展灵活多样的深度解读，引导广大干部群众增强贯彻省委决策部署的自觉性、坚定性。要做好民生领域问题的引导，针对扶贫脱贫、农村危房改造、教育体制改革、基本医疗保障制度建设、健全城乡公共就业服务体系等，这些人民群众生活密切相关的热点问题，要及时、准确地提供政策信息，做到关键时刻不失语、不乱语，努力争取人们的理解。

三、报道安排

临近岁末，宣传报道工作头绪多、任务重。省委各项重要会议、重要工作部署相对集中，各领域盘点一年工作的情况相对集中。各新闻单位要把从现在到“两会”前形势宣传贯通起来策划，利用好重要会议、重要活动、重要节日等时间节点，使形势宣传有声有色、浓墨重彩。12 月上旬到 2012 年 1 月中旬，结合年终盘点，省内主要新闻单位统一开设“两加一推开新局——盘点 2011”专栏，集中推出相关报道，对“十二五”开局之年的成就、亮点进行总结，推出一批理论、评论文章和典型经验，把统一思想、凝聚共识和推动实际工作结合起来，形成规模、形成声势。具体安排如下：

1. *刊发评论文章*。贵州日报、当代贵州等要刊发一批有针对性、有说服力的重点评论和文章，结合贯彻落实省委十届十二次全会精神，深刻阐述新一届省委常委会提出的新思想、新观点、新举措，深入阐释始终扭住发展这个第一要务，推动经济社会又好又快、更快更好发展的重大意义，充分宣传不甘落后、奋力爬高、开放自信、后来居上的贵州新形象，深入阐释“科学发展、干字当头”的现实意义和基本经验，不断增强做好工作的责任感和紧迫感，为更加扎实有效地推进各项工作营造良好的舆论环境。

2. *反映社会评价*。贵州日报、当代贵州、贵州都市报、贵州商报等要充分反映社会各界对贵州发展取得令人瞩目、令人鼓舞成绩的反响和积极评价，充分报道各级党委政府有针对性地出台相关政策措施，确保“十二五”开好局的成功做法，积极报道贵州深入贯彻落实科学发展观，加速发展、加快转型、推动跨越的火热场景，积极宣传社会各界关心、支持、参与贵州建设的巨大热情。贵州人民广播电台、贵州电视台要在“新闻联播”、“午间关注”、“百姓关注”等栏目精心组织高端访谈，采访权威部门负责同志、专家学者，制作一批有深度、有分量，形象鲜活的专题节目，进一步凝聚社会共识。

3. *召开新闻发布会*。12 月起，省委外宣办组织若干场新闻发布会，分别邀请省发改委、工信委、财政厅、农业厅、商务厅、文化厅等相关部门，就当前经济形势和政策措施、公共财政、招商引资、扶贫开发、文化建设等问题，召开新闻发布会。各新闻媒体派记者采访报道。新闻发布会后，中央和省的主要新闻单位对相关负责人进行专访。

4. *组织集中采访*。12 月上旬，省委宣传部选择部分选题(附后)组织中央主要驻黔新闻单位、省级主要新闻媒体赴各地深入采访，深入报道各地区各部门贯彻省委要求，结合各自情况，加快发展的新思路新举措，及时反映基层干部群众盼发展、谋发展的积极成果。报道好各地区各部门在“十二五”开局之年，你追我赶、增比进位、奋勇争先的发展局面。反映基层干部群众对这些做法的积极评价，为“两加一推”实践提供经验和启示。

5. *加强网络宣传*。新华网贵州频道、人民网贵州频道、金黔在线等新闻网站要及时转载主要新闻媒体重点报道、重要文章，制作背景介绍、资料链接，聚集、放大正面舆论。同时，可结合各自特色邀请领导干部作网上系列访谈。注意加强对网民的思想引导，营造积极健康向上的网上主流舆论。

各地州市党委宣传部要参照上述安排，结合实际制订方案，组织好本地新闻媒体的报道。

三、工作要求

1. 高度重视，周密安排。各级新闻单位要切实加强领导，以高度的政治责任感，精心安排、周密部署、迅速行动，制定宣传报道方案和具体计划，新闻单位主要领导要靠前指挥、加强指导，做好采访报道的对接，集中力量、集中资源，确保重点报道落实到重要版面、重要时段，确保形势宣传报道和评论的质量和水平。

2. 围绕主题，精心策划。各新闻单位要增强大局意识、责任意识，加强同有关职能部门的沟通联系，密切关注贵州经济社会发展的新举措、新成绩、新经验，策划专题，深入细致地做好报道，充分反映贵州实际，宣传贵州形象，展示贵州亮点，彰显贵州精神，提振广大干部群众的精气神，确保整个宣传报道形成声势、形成规模。

3. 创新形式，出新出彩。广大新闻记者要结合“走基层、转作风、改文风”活动的深入开展，走进基层、转变作风、改进文风，要创新形式，丰富报道内容，结合各自特点，精心采制稿件和节目，努力提高报道的针对性、实效性，不断增强报道的吸引力、感染力。

4. 把握导向，严格纪律。要着眼团结稳定鼓劲、正面宣传为主，以坚定信心、振奋精神为基调，增强全社会发展信心，把握正确的舆论导向。对拿不准的问题要及时请示，涉及重要敏感问的稿件要按程序送审，防止捕风捉影，防止因报道不慎给发展大局添乱。

附：《盘点“十二五”开局之年重点推荐选题》

中共贵州省委宣传部

2011 年 12 月 4 日

附件

盘点“十二五”开局之年重点推荐选题

1. 贵州“四帮四促”深入基层接地气、转作风

推荐理由：贵州省委、省政府开展“四帮四促”活动一年来，全省各级党组织组织机关党员干部深入农村、厂矿、项目生产一线开展“人对人、面对面、手拉手、心连心”亲民爱民活动，在深接地气中转作风，办实事，帮促基层理清发展思路、提振发展信心、增强发展斗志、鼓足发展干劲。为深入推进“四帮四促”活动的深入开展，省直工委积极开展挂帮工作，把群众的事当自家的事。分批派出 5 个工作组到挂帮联系县长顺开展工作。工作组根据挂帮工作采所写《贵州省直工委开展干部下基层 把群众的事当自家的事》纪实报道在《贵州日报》(11 月 2 日)头版发表，先后被新华网、人民网转载，在社会上引起强烈反响。

2. 贵州前 3 季度完成工业投资 1119 亿

推荐理由：今年以来，贵州省工业战线紧紧围绕“加速发展、加快转型、推动跨越”的主基调，大力实施“工业强省”战略，今年前 3 季度完成工业投资 1119 亿，同比增长 56.4%，完成全年预期目标 1500 亿的 75%，建成投资项目 1392 个，同比增长 95%。全省工业投资主要集中在煤炭、电力、化工、冶金、有色等行业。前 3 季度，全省一批项目建成投产并形成产能，续建项目进展顺利，项目建设总体情况良好，全省新开工项目数同比增加 850 个，创历年新高。

3. 开放举措加速贵州开放促转型

推荐理由：在今年西博会上，贵州省副省长谢庆生谈到，贵州在“十二五”时期将突出加速发展、加快转型、推动跨越的“两加一推”主基调，重点实施工业强省和城镇化带动战略，大力引进省外先进生产力、先进管理经验和先进人才团队，优化经济结构，转变发展方式，实现以开放促转型。具体工作中，一是充分发挥企业在科技创新中的主体地位和作用；二是积极承接产业转移；三是创新招商方式；四是加强国际国内区域合作；五是加大政策支持力度；六是加大财政支持力度，进一步扩大对外开放，加速融入世界。

4. 贵州打造民营经济“黄金期”

推荐理由：近年来，贵州积极贯彻落实中央各项支持民营经济、中小企业的法律法规和政策措施，在完善细化措施、督查政策落实、争取要素保障等方面重点推进，努力打造民营经济、中小企业发展的黄金时期。特别是今年贵州省遭遇严重旱灾，不少企业面临限电停产，各级政府和部门积极采取措施，坚决保障涉及民生、菜篮子和米袋子等消费品生产的中小企业用电，充分发挥中小企业保市场、稳就业的作用。

5. 强化科技支撑 提速贵州经济

推荐理由：10月18日，科技部、贵州省政府在北京举行的第二轮部省会商工作会议。会上，部省双方就组织动员全国科技力量，加快培育壮大贵州科技创新实力、加大对贵州经济社会发展急需解决的科技问题的支持力度；结合国家和省对黔中经济区的战略定位和要求，以“贵遵毕金三角”率先发展为目标，开展科技创新综合试验区试点；加大“科技富民强省工程”计划支持力度，帮助贵州与全国一道同步进入全面小康社会。全国政协副主席、科技部部长万钢强调，要结合贵州省情，将“绿色农药与农业生物工程”、“中低品位磷矿及其伴生资源高效利用”等省级重点实验室培育建设为国家级重点实验室。通过这些国家级创新平台的建设，加快聚集创新人才，提升科技创新能力，推动贵州特色优势产业创新发展。

6. 贵州圈七大重点产业 扶持民营经济三年倍增

推荐理由：贵州省将按照实施工业强省战略和城镇化带动战略的要求，以民营经济三年倍增为目标，大力开展招商引资和项目建设，重点发展能源、原材料、装备制造业、新兴产业、特色优势产业、现代农业、服务业等七大产业，壮大民营经济规模，提高民营经济综合竞争力和可持续发展能力，使民营经济成为支撑贵州经济社会发展的主体力量。到2013年底，全省民营企业超过15万户，个体工商户超过120万户，注册资本达到4000亿元。

7. 贵州用发展型干部、配发展型班子

推荐理由：贵州紧紧围绕“人才强省”战略，推进“人才强市”、“人才强县”、“人才强企”、“人才强校”、“人才强院”，两年内将培训两万四千名发展型人才。面对2015年实现8000亿元生产总值，力争突破1万亿元的目标，贵州省开展以“提高干部经济建设能力、建设发展型干部队伍”为主题的大规模培训干部、大幅度提高干部素质活动，计划在2年内，为全省经济社会发展培训24000名急需人才，以适应新的发展需要。一年来，贵州向外界招聘9名县委书记；在170多家单位引聘700个急需特殊人才；引聘院士、专家对我省进行智力支持和项目支持。通过多种引进人才的形式，壮大发展型人才队伍，在具体工作中，切实用发展型干部、配发展型班子。（省委组织部）

8. 贵阳工业“十二五”开局高歌猛进

推荐理由：今年以来，贵阳市围绕省委、省政府实施“两加一推”的主基调，大力实施“工业强市”与“城镇化带动”战略，努力当好全省经济社会发展的“火车头”和黔中经济区崛起的“发动机”，坚持以园区为载体、产业为依托、项目为抓手，加快产业结构调整步伐，推进新型工业化发展，推动全市工业经济取得突破性进展。全市1—9月完成工业总产值1034亿元，同比增长23.6%，工业增加值完成270.2亿元，同比增长23.1%；与全国中心城市比较，我市工业增加值增速居第5位，较去年同期提升了25位；与西部省会城市比较我市工业增加值增速居第3位，较去年同期提升了3位，创历史最好记录。全市1—9月完成工业投资339.9亿元，同比增长111.6%。全市1—9月完成十大工业园区基础设施建设投入资金151.9亿元，园区内先后开工建设投资1000万元以上的工业项目311个，计划总投资730亿元，项目建成后将年新增产值1200亿元。（贵阳市）

9. 打造白酒千亿产业，引领黔酒加速崛起

推荐理由：2011年4月，省委、省政府主要领导莅遵调研，提出用五年时间把茅台酒和茅台镇打造成“中国白酒之心”，用十年时间把仁怀市打造成“国酒之都”的新要求。从遵义自身发展来看，白酒产业发展潜力巨大，特别是省委、省政府工业强省战略的深入实施，进一步明确白酒产业是我省工业发展的重要支柱产业，在带来白酒产业发展新机遇的同时，也指明了白酒产业发展方

向,更为进一步整合资源优势,推动白酒产业发展上规模、上档次、上水平带来了新的机遇。(遵义市)

10. 六盘水市加大工业产业园区建设步伐

推荐理由:六盘水把加快产业园区建设作为推动工业强省和城镇化发展的重要载体,重点规划了12个产业园区,通过外出招商、以商招商的办法,成功引进了中煤科工、明阳风电集团、青年曼卡等一大批大项目、好项目相继落户工业园区。截至目前,市级引进项目72个,总投资2030亿元。为推进项目落地建设,六盘水建立了"一个项目、一个班子、一抓到底"的责任机制,全市抓园区、建项目、助发展的浓厚氛围正在凉都大地兴起,园区建设如火如荼,项目建设风生水起。2011年六盘水市级重点项目149个,总投资2271亿元,2011年投资计划为268亿元,1—8月,完成投资136.1亿元。1—8月全市全社会固定资产投资完成322亿元,为省下达给该市430亿元目标任务的74.9%,其中规模以上固定资产投资完成233亿元。

11. 全民创业 增强镇宁经济发展动力

推荐理由:2010年2月,在安顺市"温暖农民工万里行"活动中,通过到浙江考察,了解到有3000余名安顺籍民工在当地从事水晶灯饰配件、水晶工艺品制作等工作,不少人还熟练掌握了各种水晶制品的研磨加工技术,并有返乡创业的急切愿望。2010年11月,在镇宁县委、县政府大力支持和推动下,利用原军工企业530厂的现有设施,创建"镇宁县返乡农民工水晶加工创业园"。首批从浙江返乡创业的22户水晶加工户落户入园。经过近一年的发展和建设,镇宁自治县返乡农民工创业园已初具规模,成为了名符其实的创业平台和微、小企业创业孵化园。并在今年项目建设年中列为全省现场会观摩点。该县通过五个方面实施全民创业工程:一是转变政府职能,深化投资、财税、金融改革,完善经济体制,转变发展方式。二是引进世界500强、中国500强企业借助外力加快发展。三是引导和鼓励能人创业,营造人人想创业,言谈必经济的氛围。四是建立党员干部定点联系中小企事业制度。五是发挥村干部的引领和表率作用。每个村要引导培育农民成立2至3个公司,重点培养5至10名年青创业标兵和致富能手。(安顺市)

12. 瓮安从大乱到大治

推荐理由:"6·28"事件发生以前的有关调查统计,2007年当地群众的安全感仅为59%,在全省列居后位,全州倒数第一。3年时间,全县信访量从2008年的2000多起下降到2009年的600余起,2010年降至60多起。广大党员干部深入基层群众,问需于民,化解民怨。公安干警进村入户,与农民同吃同住同劳动。"据贵州省统计局测评,2010年瓮安群众安全感为96.95%,全省排名第三、全州第一。人民日报刊发的《瓮安两个村民组5年纠纷一朝解》、贵州日报刊发的《在痛定思痛中浴火重生——从瓮安之乱到瓮安之变警示录》,充分体现了我县各级党委、政府痛定思痛,站在全心全意为最广大人民群众谋利益的立场上,切实转变作风,增强社会服务意识,加强社会管理,真正坚持发展为了人民、发展依靠人民、发展成果由人民共享的科学发展观,瓮安因此实现了从大乱到大治的转变。(黔南州)

13. 实施"185"工程农民增收得实惠

推荐理由:"185农业产业化工程"实施三年来,强力推进农业产业化进程,激活了黔南州畜牧、蔬菜、茶叶、水果、药材、烤烟等优势产业的发展,催生出一批"万元山"、"万元坡"和"万元水",形成了粮油、果蔬、烤烟、畜牧养殖业为主的农业生产格局,农业产业结构调整步伐不断加快。创优特色产业,积极规划建设农业产业化基地,畜牧、烤烟、茶叶、经果、蔬菜等特色优势种养业初具规模,农业产业化"185"工程向农民人均纯收入"185"工程转变,使广大农民将得到更多的实惠。2010年工程实施面积扩大到100万亩,农民人均纯收入3656元。(黔南州)

14. 黔东南的招商引资增幅全省排名第一的背后

推荐理由:今年以来,黔东南围绕"主基调"和"三州"战略发展重点,实施"走出去、请进来"战略,精心策划和组织实施了"香港投资贸易活动周"、"湘商黔东南投资洽谈活动"、"六地洽谈"、"三地签约"、"贵阳酒博会暨投洽会"、"厦洽会"、"珠三角考察"、"贵州黔东南投资贸易推介会"等等各项招商引资活动。据不完全统计,今年共组建100余个团队外出招商推介达4226人次,客商到该州考察1.4万余人次,全州上下掀起了新一轮招商引资热潮。积极借助"全国民营企业助推贵州发展大会"平台,开展针对500强企业的"百家企业大拜访"活动,争取引进3－5家产业关联度高、核心竞争力强的大型企业集团和项目;同时,在广结商缘上狠下工夫,通过招商引资活动,构建与港商、湘商、粤商等国内有实力的商业团体及企业的战略合作关系,编织招商引资"大网",构筑立体化招商引资关系网络,扩大招商引资成果。招商引资签约项目、签约资金、到位资金排名全省九个市(州、地)中上水平,到位资金增速排名全省第一,创本州历史最好水平。通过各种新闻媒体"走基层、转作风、改文风"深入采访报道,揭示"第一"背后的故事。

15."黔西南文化现象"非公有制经济注入文化产业

推荐理由:黔西南非公有制经济与文化发展结合实现赢。近年来,黔西南大力扶持非公有制经济,成为黔西南经济社会中较有活力的重要组成部分,同时也是全州经济一盘棋的重要组成部分。目前,全州有非公有制企业1013家,在冶炼、水泥、医药、化工、矿产品开采、农副产品加工等行业中,非公有制企业已经成为主要力量。自2006年来,多家民营企业投资黔西南文化、旅游基础设施及项目建设,累计达到20多亿元。民营煤矿企业晴隆万阔集团与黔西南州晴隆县签订协议,投资3.2亿元恢复重建安南古城、抗战文化园遗产;恢复重建的安南古城将作为40集电视连续剧《二十四道拐》的主要外景拍摄地;安南古城、抗战文化园建设完成后,除作为拍摄基地进行经营外,还将作为抗战文化景观进行旅游开发等。(黔西南)

16.毕节地区建设"发展型党组织"成效显著

推荐理由:深化创先争优活动。建立了以"十二看十二比"为标准的发展型领导干部的比选机制、发展型基层党组织创建机制、发展型人才引用机制、发展型文化培育机制、发展型实绩考核机制。相继开展了以进万家门、解万家难、帮万家富、暖万家心为主要内容的"四万"主题实践活动,以服务地方、服务企业、服务项目为主要内容的"三服务"活动,"科长领题下基层、促进作风大转变"活动,"千支队伍、万名干部"宣讲活动,"四进园区"活动以及集团帮扶活动等,全面深化"四帮四促"。目前,全区36名地级领导、658名县级领导均选择了1个工业基地、1个重点项目或企业、1个贫困乡(村),建立了"四帮四促"联系点;2123名科级以上干部共联系贫困户11234户。领导干部开展"四帮四促"活动1.78万人次,提供项目支持2472个,落实帮扶资金5.51亿元,为企业、基层解决具体困难和问题1.45万个。扎实推进"作风建设年"活动。纳雍县"抓住不落实的事,处理不落实的人",掀起作风整治风暴,增强了干部干事创业的激情;大方县念好"晒"、"亮"、"沉"、"干"四字经,营造了良好发展环境,县几大班子领导挂任村"第一书记",带头锤炼党性,为服务群众注入新活力。(毕节)

17.铜仁坚持以民生带发展,大力实施"十大民生工程"加强公共文化服务体系建设

推荐理由:今年是"十二五"开局之年,重点实施好59个乡镇综合文化站建设;完成65个乡镇综合文化站设备安装调试工作;600个农家书屋建设点的图书编目上架工作和709个农家书屋申报工作;完成2个县级图书馆建设;完成45个"农民体育健身工程"建设和6个"乡镇农民体育健身工程"建设;完成25个全民健身站点音响设备配置工作;完成2个县级体育馆的建设和万山特区体育馆、游泳馆的续建工程;完成2个县级体育馆的申报工作和铜仁市体育场建设的前期工作。2015年,基本建立覆盖城乡的公共文化服务体系,达到基本满足人民群众就近便捷享受公共文化服务的需求;2013年,在全区建成覆盖每个行政村的农家书屋;2015年,全区实现村有文化活动室,社区有文化活动中心;2015年,完成300个行政村农民体育健身工程建设;2015年,完成地区文化馆、图书馆、博物馆建设;2012年,完成53个乡镇综合文化站设备安装工作。(铜仁)

18.贵州省农村信用社联合社积极推进农村信用工程建设,促进农村经济发展

推荐理由:近年来,省联社从构建"诚信贵州"出发,破解制约"三农"经济发展过程中反映突出的问题。通过在全省系统范围内认真开展各项活动，切实为广大农民群众办好事、解难事。特别是“农村信用工程”既破解了农民“贷款难”问题，推动了诚信农民建设，改善了农村信用环境，提升了农村信用社的经营服务水平，有力地促进了农村经济发展。

19. 贵州“千校万师”培训促进更好更快

“千校万师”未成年人思想道德建设骨干培训工程：为切实加强和改进我省未成年人思想道德建设工作，2010年9月，由省委宣传部、省文明办、省教育厅、团省委联合实施“千校万师”骨干教师培训工程，着力打造一支政治素质高、业务能力强、为人师表、热心育人的学校思想道德教育工作者队伍。被中央文明办列为“未成年人思想道德建设100例”，目前，已经完成第一阶段培训任务，共举行了22期培训班，培训了2500所中小学共计2600名教师；第二阶段已经启动，拟举行28期培训班，培训3000所以上学校3780名教师。截止2011年10底，已累计举办了41期培训班，培训教师5000余人。

20. 贵州5年将投入120亿解决山区孩子上学吃住难

推荐理由：贵州已确定在未来5年内，投入120亿元，为贫困山区中小学建设“希望食堂”和“希望宿舍”等项目，解决山区孩子上学“吃住”等难题。其中的20亿元为社会公开募集的爱心资金，目前缺口很大，亟需更多爱心人士予以支持，让更多山里孩子早一天吃上热腾腾的饭、睡上温暖的床。

21. 荔波在贵州省首推农民“两权”抵押贷款

推荐理由：日前，荔波县信用联社在全省首家推出农村“宅基地使用权”及“土地承包经营权”两权抵押贷款。“两权”抵押贷款品牌的推出，一改以往单纯以农户小额度信用贷款的做法，同时解决了县城集体土地使用权的抵押权落实的问题，突破了长期以来困扰农村金融服务信贷产品缺乏的瓶颈。

22. 原生态民族文化在惠民中闪光

推荐理由：近年来，黔东南州上下已形成高度的文化自觉与自信，积极收集、整理、挖掘、保护、传承、利用和发展民族民间文化。侗族大歌被列入世界非物质文化遗产，仅国家级非物质文化遗产达52项68个保护点，名列全国地级市第一。黔东南各地在做好保护与传承的同时，依托丰富多彩、独具特色魅力的民族文化资源，合理开发利用，涌现出了雷山西江、古城镇远、黎平肇兴、从江岜沙、丹寨石桥等文化惠民典型。正是这些鲜活生动的典型，折射出黔东南原生态民族文化从资源优势转化成经济优势的成长轨迹，昭示着文化惠民的无限生机和活力。

23. 病榻上的奇迹——家级非物质文化遗产苗族贾理的守护者王凤刚

王凤刚，1982年，王凤刚患肌萎缩侧索硬化症，瘫痪卧床，医生断定他只能活3到5年。王凤刚同志顽强不屈，一方面凭着坚强的生命意志，与病魔抗争，创造了医学史上的奇迹；另一方面，每天仅能坐上1个多小时的王凤刚历时30余年收集整理被称为苗族百科全书的口头经典——贾理80余万字，在病床上出版专著《苗族贾理》，成为国家非物质文化遗产苗族贾理的守护人，为苗族贾理的传承作出了巨大贡献。王凤刚同志目前不能步行，仍然笔耕不止，最近正在整理丹寨苗歌，计划用两年时间完成初稿。贵州省委书记栗战书、省委常委、宣传部部长谌贻琴批示，对王凤刚同志先进事迹进行深入采访报道。王凤刚同志的先进事迹受到中宣部高度重视，列为中宣传部优秀文化传承人集中宣传典型。

24. 老干部工作者的好榜样——省法院离退休干部处处长段石见

推荐理由：贵州省高级人民法院离退休干部处处长段石见，十数年如一日，以儿女之情让老干部感受到“离岗情亦浓，人走茶更香”。2010年经省法院机关100余名老干部无记名投票测评，老干部工作满意率达95.5%，基本满意率4.5%，无不满意票。

25. “最美乡村女好医生”——记黔西南龙河村卫生室乡村女医生钟晶

推荐理由：贵州省黔西南州贞丰县龙河村卫生室乡村女医生钟晶，坚守偏远山村，用所学为当地老百姓解除病痛，网友称为“最美乡村女好医生”，11月26日，新华社将播发钟晶同志事迹的稿件，中央人民广播电台、中央电视当晚“新闻联播”节目播出。（省卫生厅）

2011年省委宣传部工作大事记

大事记

一月

1月1日，谌贻琴出席“2011 中华文化游”启动仪式，周晓云、谢念参加。

1月4日，谌贻琴赴京参加全国宣传部长会议，田茂松参加全国文明办主任会议，谢念参加全国对外宣传工作会议。

1月5日，杨兴举参加省双拥工作领导小组全体成员会议。

1月6日，谌贻琴出席纪念邓恩铭诞辰110周年活动，杨兴举参加。

1月7日至8日，谌贻琴赴遵义出席中国文联“送欢乐下基层”活动，李建国参加；杨兴举参加第四届贵州省人口奖遴选委员会全体会议。

1月9日，谢念参加《泛黄果树旅游经济区概念性规划》汇报会。

1月10日，谌贻琴走访慰问贫困残疾人；肖凯林参加全省政法工作会议。

1月11日，谌贻琴出席全省城镇化推进大会，出席“多彩贵州”旅游商品“两赛一会”五周年纪念颁奖暨全省中小企业、非公有制经济迎新晚会。

1月12日至13日，谌贻琴出席全省宣传部长会议，姚远、李建国、杨兴举、周晓云、肖凯林、杨樱、田茂松、谢念参加。

1月14日，谌贻琴出席第二十四次全国“扫黄打非”电视电话会议和省第二十四次“扫黄打非”电视电话会议，田茂松参加。

1月16日，谌贻琴出席省政协十届四次会议开幕式。

1月17日至22日，谌贻琴出席省十一届人大五次会议，李建国、肖凯林参加。

1月23日，谌贻琴出席十届省纪委六次全会。

1月24日，谌贻琴出席省文明委全会，杨兴举、田茂松参加；谌贻琴出席省文化体制改革和文产领导小组会，李建国、肖凯林参加；谌贻琴出席贵州省春节联欢晚会，李建国参加。

1月25日，谌贻琴出席第四届多彩贵州歌曲创作大赛颁奖音乐会。

1月26日，谌贻琴走访慰问党外朋友、副省级老同志和副省级老同志遗孀；李建国参加双拥慰问团走访慰问活动。

1月27日，谌贻琴出席贵州省高级专家迎春座谈会；谌贻琴出席“农村生活环境改善”和“公共文化服务体系建设”工程协调会，李建国、杨兴举、肖凯林、田茂松参加。

1月28日，谌贻琴出席省委宣传部春节团拜会，李建国、杨兴举、周晓云、肖凯林、杨樱、田茂松、谢念参加；杨樱参加2011年全省卫生工作会议。

1月30日，谌贻琴出席省委迎春团拜会，李建国参加；周晓云参加贵州省备战第九届全国少数民族传统体育运动会第三次工作会议。

1月31日，田茂松参加列席第60次省长办公会。

二月

2月10日，周晓云参加赴香港举行招商引资活动相关工作会议。

2月13日，谌贻琴出席省委、省政府工作汇报会，李建国参加。

2月14日，杨樱参加省政府第四次全体会议。

2月15日，谌贻琴审看多彩贵州形象宣传片；李建国参加传达学习李克强同志视察贵州重要讲话会议；杨兴举参加全国深化医药卫生体制改革工作电视电话会议；田茂松参加关于征求《关于加强和改进新形势下工商联工作的实施意见》（征求意见稿）意见座谈会。

2月16日，谌贻琴出席全省旅游工作会议，杨兴举参加；谌贻琴出席新闻单位表彰暨工作座谈会

2月17日，谌贻琴出席贵阳元宵灯会开幕式；杨兴举参加王富玉带队到省发改委、省环保厅、省扶贫办调研三个建设年活动；周晓云参加研究赴香港举行招商引资活动相关工作会议；肖凯林参加治理非法经营电视接收设施视讯会议，参加全省维稳办主任（扩大）会议。

2月20日，谌贻琴在京出席贵州籍新闻宣传工作者恳谈会，李建国、周晓云、肖凯林、谢念参加。

2月21日至23日，谌贻琴赴中宣部新闻局、新华社、人民日报社、经济日报对接全国"两会"贵州宣传报道工作，周晓云、肖凯林、谢念参加；李建国参加全国党委新闻发布工作培训班；周晓云参加全国党委新闻发言人培训班。

2月21日，杨兴举参加听取贯彻落实"创先争优""三个建设年""四帮四促""十大民生工程"精神情况汇报会；杨樱参加贵州省检察机关2010年度查办和预防职务犯罪工作情况通报座谈会。

2月22日，杨樱参加推进民族团结进步创建活动经验交流视频会，参加全国职业培训工作电视电话会议。

2月23日，杨兴举参加省委防范和处理邪教问题领导小组全体（扩大）会议。

2月24日，谌贻琴出席整脏治乱和满意在贵州电视电话会议；李建国参加国家社科会科学基金重大招标项目《贵州山地文化研究》开题论证会；杨樱参加职业健康状况调查工作启动电视电话会议。

2月25日，谌贻琴出席部机关第二批上挂人员座谈会，李建国参加。

2月25日至26日，杨兴举参加省委农村工作和扶贫开发工作会议。

2月26日，李建国参加全省财政工作座谈会。

2月26至27日，肖凯林在京参加全国宣传部（分管）副部长会议。

2月27日，李建国参加全省农村危房改造领导小组会议。

2月28日，谌贻琴赴平塘县调研，杨兴举参加；谢念参加全省对台工作会议。

三月

3月1日至2日，谌贻琴赴平塘县调研。

3月1日，肖凯林参加全国两会维稳工作会，田茂松参加贯彻实施《全民健身计划（2011—2015年）》电视电话会议。

3月2日，谌贻琴陪同浙江省委常委、省委宣传部部长茅临生一行；李建国参加省委党校2011年春节开学典礼；杨樱参加全省推动非公有制经济中小企业发展工作联席会议。

3月3日，谌贻琴出席省科协七届五次全委（扩大）会议；李建国、周晓云参加第九届民族运动会筹备工作委员会全体会议。

3月4日，谌贻琴出席电影《炫舞天鹅》首映仪式；杨兴举参加传达《中共中央办公厅国务院办公厅关于中东北非地区局势动荡的情况通报》会议；周晓云参加我省赴香港招商引资活动相关工作安排部署会议。

3月6日，谌贻琴出席电影《幸存日》和《云下的日子》首映礼。

3月7日至8日，李建国赴长沙参加各省（区、市）党委宣传部改革办主任座谈会。

3月8日，田茂松参加全省食品安全工作会议。

3月9日，谌贻琴赴京参加十一届全国人大四次会议贵州代表团记者会。

3月10日至11日，肖凯林赴江苏参加2011年全国省区市党委宣传部调研工作会议。

3月11日至20日，谌贻琴赴黔西南调研社会管理及其创新和宣传文化工作。

3月14日，谌贻琴听取《多彩贵州风》演出汇报，审看电视述评片《迈向跨越》，调研《多彩贵州风》（旅游版）。

3月15日，谌贻琴出席多彩贵州歌唱大赛组委会会议；周晓云参加我省赴香港招商引资活动相关工作会议。

3月16日，谌贻琴出席省文联六届九次全委会（扩大会议），出席贵州·香港投资贸易活动周筹备工作进展情况汇报会。

3月17日，谌贻琴出席贵州省传达学习全国"两会"精神领导干部会议，杨兴举参加；田茂松参加全国全面推开村级公益事业建设一事一议财政奖补工作视频会议；谢念参加省长办公会。

3月18日，谢念参加赴香港招商引资活动相关工作推进落实会议。

3月19日，谌贻琴出席"喜迎第九届少数民族运动会、讲文明、树新风"活动启动仪式，杨兴举、田茂松参加；谌贻琴出席贵州·香港投资贸易活动周筹备工作情况汇报会。

3月20日，谌贻琴出席省委常委会。

3月21日，谌贻琴出席最高人民检察院中共贵州省委追授彭文忠同志荣誉称号命名表彰大会，杨兴举参加；肖凯林参加全国安全生产专题视频会议。

3月22日，谌贻琴陪同栗战书书记到贵阳市调研项目建设情况。

3月23日，谌贻琴出席文化体制改革有关工作专题会议；肖凯林参加全国打击传销规范直销工作部署电视电话会议；谢念参加省外国记者管理工作联席会议重点成员单位会议。

3月24日，杨兴举参加听取汇报并研究2011年度十大民生工程有关问题会议；田茂松参加省直机关2011年党风廉政建设及反腐败工作任务分工会议。

3月25日，谌贻琴会见成都军区政治部副主任张建华一行；李建国参加听取我省工青妇十一五时期工作情况会，参加国务院、省政府廉政工作会；杨兴举参加"三项清理"工作会议；周晓云参加孙国强副省长带队赴修文、小孟工业园区调研活动；田茂松赴遵义参加《我们的节目·清明》特别节目系列活动开幕式。

3月28日，谌贻琴出席全省加快民营经济发展暨表彰大会，杨兴举参加；肖凯林参加全省加强和改进工商联工作会议；田茂松参加全省党务公开工作会议；谢念参加我省赴香港招商引资活动相关工作会议。

3月29日，谌贻琴出席省委学习贯彻李长春同志重要讲话精神推动贵州文化跨越发展座谈会，李建国、杨兴举、周晓云、田茂松、谢念参加。

3月30日，谌贻琴出席全国"两会"涉黔宣传报道总结表彰会；周晓云参加我省出席外宣办90周年专题系列党务新闻发布会专题协调会。

3月31日，谌贻琴出席民盟参政议政工作会议，出席全省第七次双拥模范城（县）命名表彰大会；杨兴举参加省"十一五"农业科技十大成就（事件）评选活动情况通报会。

四月

4月1日，谌贻琴出席省委中心组学习；田茂松参加全省教育系统纪念中国共产党成立90周年"学党史、唱红歌、诵红色经典"主题活动启动仪式。

4月2日，谌贻琴出席部领导班子中心组学习，杨兴举、肖凯林、田茂松、谢念参加；周晓云、谢念参加全省互联网管理工作会议；肖凯林参加研究项目建设年现场观摩会。

4月6日，肖凯林参加省直机关2011年度目标绩效管理大会。

4月7日，谌贻琴出席2011"多彩贵州踏春行"大型采访活动启动仪式暨新闻发布会，会见人民日报社副总编辑谢国明一行；周晓云参加研究香港投资贸易活动周相关工作会议。

4月8日，谌贻琴会见人民日报社"开局之年看转变"采访团一行，出席省旅游发展和改革领导小组会和2011年文化旅游推介活动协调会；周晓云参加听取赴香港招商活动有关情况报告会。

4月9日，肖凯林参加省委接待任务协调会。

4月11日，谌贻琴出席毕节试验区建设领导小组会。

4月11日至12日，谌贻琴出席部机关当前"四项重点工作"任务分解情况汇报会，杨兴举、周晓云、肖凯林、田茂松、谢念参加。

4 月 12 日,杨兴举参加全省诚信农民建设推进会议;肖凯林参加省危房改造领导小组会议。

4 月 13 日,谌贻琴出席第九届全国少数民族传统体育运会会动员大会,周晓云、肖凯林参加;谌贻琴参观"辉煌十一五"展览,出席省委近期有关工作汇报会。

4 月 14 日,肖凯林参加广州亚残运会贵州表彰会,参加加强和创新社会管理推进残疾人社会保障体系和服务体系建设座谈会。

4 月 15 日,谌贻琴出席贵州省高校形势政策报告会,审看香港媒体推介会召商片;杨兴举参加省宗教工作协调小组联席会议;肖凯林参加省安委会扩大会议,参加省禁毒委员会 2011 年第一次全体会议。

4 月 17 日,谌贻琴出席 2011'多彩贵州歌唱大赛新闻发布会暨冠名签约仪式。

4 月 18 日,谌贻琴出席贵州香港投资贸易活动周工作会议;李建国参加全国暨全省纠风工作电视电话会议。

4 月 19 日,谌贻琴出席中国贵阳投资贸易洽谈会组委会第一次会议,肖凯林参加;谌贻琴出席中国日报社贵州记者站揭牌仪式。

4 月 20 日,谌贻琴出席全国画报媒体行摄多彩贵州大型采风活动启动仪式。

4 月 21 日,肖凯林参加全省经济形势通报会,参加全国严厉打击实行非法添加和滥用食品添加剂专项工作电视电话会议。

4 月 22 日,李建国参加贵州和广东协作有关会议,参加全省干部监督工作会议;肖凯林参加 2011 年侵权盗版及非法出版物集中销毁活动和"绿书签行动"系列宣传活动。

4 月 25 日,谌贻琴出席部机关当前"四项重点工作"汇报会暨处室碰头会,杨兴举、田茂松、谢念参加;谌贻琴出席"全国名家看贵州"活动启动暨《27°黔地标》文化周刊创刊庆典仪式;李建国参加中央党建工作领导小组调研座谈会;周晓云参加 2011 年综治委第一次全体成员会议。

4 月 26 日,谌贻琴出席第九届全国少数民族传统体育运会会新闻宣传部工作会议,李建国参加;谢念参加 2011 年贵州香港贸易活动周预备会议。

4 月 28 日,肖凯林参加第九届全国少数民族传统体育运会会合作伙伴签约仪式。

4 月 29 日,杨兴举参加 2011 年省委党校春季毕业典礼;肖凯林参加贵州省 2011 年庆祝五一国际劳动节暨表彰大会。

4 月 30 日,谌贻琴赴合肥出席全国文化体制改革工作会议和全国党委宣传部部长座谈会,李建国参加。

五月

5 月 1 日,谌贻琴赴合肥出席全国文化体制改革工作会议,李建国参加。

5 月 2 日,谌贻琴赴香港拜会香港文汇报董事长王树成。

5 月 3 日,谌贻琴在香港拜会华润集团公司董事长宋林;谌贻琴出席贵州? 香港投资贸易活动周媒体推介会,周晓云、谢念参加。

5 月 4 日,谌贻琴在港参观"两岸四地摄影家聚集多彩贵州"摄影展;谌贻琴出席贵州? 香港投资贸易活动周开幕式签约仪式和招待宴会,周晓云、谢念参加。

5 月 5 日,谌贻琴在香港拜会人民日报香港分社社长曹宏亮、香港经济日报社社长麦华章;肖凯林参加接待任务协调会。

5 月 6 日至 7 日,肖凯林赴北京参加全国县乡两级人大换届选举工作学习班。

5 月 8 日,杨兴举参加各省区市办公室主任会议。

5 月 8 日,谌贻琴出席各省区市办公室主任会议晚宴,李建国、周晓云参加。

5 月 9 日,谌贻琴出席叶小文讲座《宗教安全与国家安全》;肖凯林参加 2011 年全国普通高校招生考试工作电视电话会议;谢念参加赴香港投资贸易活动周工作总结会议。

5 月 10 日,谌贻琴出席部分省市党的十七届四中全会精神贯彻落实情况座谈会,出席省委省政府工作汇报会。

5 月 11 日,谌贻琴考察多彩贵州品牌研发基地项目选址,出席省委讲师团干部大会;周晓云参加第九届少数民族传统体育运动会保卫工作动员大会。

5月12日，谌贻琴出席省委常委（扩大）会议，出席对十七届六中全会研究问题征求意见座谈会。

5月12日至15日，李建国赴深圳参加中国（深圳）国际文化产业博览交易会。

5月13日，谌贻琴陪同内蒙乌兰部长在湄潭县考察遵义“四在农家”农村精神文明建设；谢念参加省政府常务会议“关于贵州·香港投资贸易活动周工作总结汇报”议题。

5月14日，田茂松参加研究项目建设年现场观摩会筹备工作事宜会议。

5月15日，谌贻琴走访慰问贵阳市南明区智障人士“助力之桥”工作站。

5月16日，谌贻琴出席部机关中心组学习，李建国、杨兴举、周晓云、肖凯林、田茂松、谢念参加；杨兴举参加毕节试验区新一轮改革发展推动大会的协调会。

5月17日，谌贻琴出席庆祝贵州民族学院成立60周年大会，杨兴举参加。

5月18日，谌贻琴出席贵州省“十二五”6部重点影视剧签约投拍仪式，周晓云参加；谌贻琴出席“项目建设年”现场观摩会预备会；李建国参加加强境外非政府组织在华活动管理工作电视电话会议。

5月20日，谌贻琴赴北京出席国家社科基金年度项目评审工作会议，李建国参加。

5月20日至21日，杨兴举赴北京参加第七次全国法制宣传教育工作会议。

5月19日至23日，肖凯林赴毕节参加“项目建设年”现场观摩会考察。

5月21日，谌贻琴出席毕节试验区新一轮改革发展推动大会，肖凯林参加。

5月21日至23日，谌贻琴赴毕节参加“项目建设年”现场观摩会考察。

5月23日，谌贻琴出席“项目建设年”现场观摩会总结交流大会，肖凯林参加。

5月24日至25日，谌贻琴出席省委十届十一次全会大会，李建国参加。

5月25日，谌贻琴接见出席中国科协八大贵州代表团代表；谢念参加研究部署五月底六月初赴广州、深圳、上海、南京、杭州、成都开展项目推介洽谈会议。

5月26日，李建国参加“六·四”维稳工作会议；田茂松参加省政府常务会“研究计生方面工作”议题。

5月27日，谌贻琴赴北京出席中国科协技术协会第八次全国代表大会开幕式。

5月30日，谌贻琴出席副省级以上领导干部会议。

5月30日，谌贻琴出席省委宣传部传达贯彻省委十届十一次全会精神会议，李建国、杨兴举、田茂松参加；谌贻琴出席部机关“当前四项重点工作”汇报会暨处室碰头会，李建国、杨兴举、周晓云、田茂松参加；

5月30日，谌贻琴出席第九届全国少数民族传统体育运动会媒体大会代表晚宴，周晓云参加。

5月30日，周晓云参加第九届全国少数民族传统体育运动会媒体大会。

5月31日，李建国参加进一步做好“六·四”维稳工作会议。

六月

6月1日，谌贻琴根据省委安排到省环境保护厅督查，到贵阳市政府听取对省环保厅开展“三项活动”以来工作成效及意见建议；田茂松参加听取省直单位选派处长下基层工作情况汇报会。

6月2日，谌贻琴出席第九届民族运动会开幕倒计时100天万人誓师大会，周晓云参加；李建国赴山东烟台参加全国地市级公共文化服务体系建设现场经验交流会；田茂松参加省直部门党组（党委）书记2010年度履行基层党建工作责任述职会议，参加全国普通高校毕业生就业工作电视电话会议。

6月2日至4日，谌贻琴根据省委安排赴铜仁地区督查。

6月4日，谌贻琴出席省委安全生产专题会议；周晓云参加“5·31工作汇报会”。

6月7日，李建国参加全体防汛抗旱指挥部成员会议。

6 月 8 日，谌贻琴出席中国书画名家作品展开展仪式，出席省委常委扩大会议；杨兴举参加“传达学习贾庆林、王刚在贵州调研时的重要讲话精神”会议。

6 月 9 日，谢念参加防汛抗旱形势分析及研究部署下一步防灾抗灾工作会议。

6 月 10 日，谌贻琴赴浙江出席全国推进学习型党组织建设工作经验交流会，李建国参加；谢念参加 2011 年中国（贵州）国际酒类博览会暨中国·贵阳投资贸易洽谈会筹备工作会议。

6 月 10 日至 11 日，杨兴举赴绥阳县参加遵义市第五届农民科技文化体育活动周。

6 月 12 日，杨兴举参加全省“安全生产月”活动。

6 月 13 日，谌贻琴出席省委近期有关工作碰头会；杨兴举、田茂松参加“2010 都市年度人物”颁奖典礼。

6 月 14 日，谌贻琴出席全省文化体制改革领导小组成员会议，出席社科优秀成果评奖工作领导小组扩大会议。

6 月 15 日，谌贻琴出席“两赛一会”动员电视电话会议，出席全国红色旅游工作电视电话会议。

6 月 16 日，谌贻琴出席“纪念建党 90 周年全国党刊重走长征路走进红色贵州”联合调研采访活动启动仪式。

6 月 17 日，谌贻琴出席全省文艺精品创作座谈会；田茂松参加公立医院试点改革电视电话会议；谢念赴赫章县参加全省中药产业发展推进会。

6 月 18 日，谌贻琴出席中国贵阳避暑季开幕式。

6 月 21 日，谌贻琴出席贯彻落实全国学习型党组织建设工作经验交流会议精神会议；李建国参加省直机关纪念中国共产党成立 90 周年暨“七一”表彰大会。

6 月 22 日，谌贻琴出席全省社科界纪念建党 90 周年座谈会，李建国参加；谌贻琴出席贵州工业强省十大产业领导干部与院士专家恳谈会；李建国参加研究落实 6 月 19 日常委会决定的“关于向公安学习”的有关事宜会议。

6 月 23 日，谌贻琴出席 2011 年中国（贵州）国际酒类博览会暨中国·贵阳投资贸易洽谈会动员大会，周晓云参加。

6 月 24 日，谌贻琴出席全国第九届少数民族传统体育运动会筹委会贯彻落实省委常委会等会议精神会议；谢念参加全省城镇居民社会养老保险试点及新型农村社会养老保险扩大试点工作座谈会议。

6 月 25 日，谌贻琴出席观看《党旗高高飘扬专题文艺演出》；李建国赴遵义加“贵州省白酒产业发展有关问题会议”。

6 月 26 日，谌贻琴出席贵州日报报业集团传媒有限责任公司、贵州广电传媒集团有限责任公司、当代贵州期刊传媒集团有限责任公司、贵州文化演艺集团有限责任公司省直四大文化企业集团成立大会，出席中国新闻社贵州分社挂牌仪式。

6 月 27 日，谌贻琴出席“重温《共产党宣言》坚定理想信念，推动历史跨越”主题教育活动；谌贻琴出席省委中心组学习，李建国参加。

6 月 28 日，谌贻琴赴铜仁出席全国“绿色”电脑进西部赠送仪式，审看多彩贵州形象宣传片，出席“迎七一·促跨越”文艺晚会；肖凯林参加关于举办全省市州、县、乡三级人大换届选举学习班协调会。

6 月 29 日，谌贻琴出席全省文化体制改革工作会议，出席贵州省庆祝中国共产党成立 90 周年理论研讨会，慰问老党员老同志；杨兴举参加贵州省庆祝中国共产党成立 90 周年党史知识大赛；周晓云参加全省白酒产业发展推进大会；肖凯林参加非时政类报刊出版单位体制改革工作电视电话会议；田茂松参加全省教育系统纪念建党 90 周年学党史唱红歌颂红色经典主题活动总结表彰大会。

6 月 30 日，谌贻琴赴北京出席全国庆祝中国共产党成立 90 周年预备会议；杨兴举参加落实省委领导“关于向公安系统学习”的批示要求协调会。

七月

7 月 1 日，谌贻琴出席全国庆祝中国共产党成立 90 周年大会；谢念参加 2011 生态文明贵阳会议有关事宜协调会。

7月2日，谌贻琴出席全国纪念庆祝中国共产党成立90周年理论研讨会，李建国参加。

7月4日，杨兴举参加中华人民共和国社会保险法、工伤保险条例宣传周活动启动仪式。

7月5日，李建国参加纪念林青同志诞辰100周年座谈会；田茂松参加关于开展向公安系统学习的协调会。

7月7日，田茂松参加省政府第四十五次常务会。

7月8日，李建国参加中央水利工作电视电话会议；田茂松参加全省勤政廉政先进事迹首场报告会。

7月12日，谌贻琴出席西部省区市社科联第四次协作会议暨西部发展能力建设论坛，李建国参加；谌贻琴出席第九届民族运动会官方微博开通暨与腾讯网合作签约仪式；谌贻琴会见中央人民广播电台华夏之声港澳媒体采访团。

7月13日，谌贻琴出席全省哲学社会科学“十二五”规划工作会议。

7月14日，谌贻琴出席全省人口和计划生育工作电视电话会议，杨兴举参加；肖凯林参加贵州省扶贫开发领导小组会议。

7月15日，谌贻琴出席省委常委会传达学习贯彻中央水利工作会议精神，李建国参加；李建国参加贵阳生态文明会议。

7月16日，谌贻琴出席香港文汇报《贵州报道》创刊暨文汇网贵州频道上线仪式。

7月18日，谌贻琴出席全省经济工作电视电话会议，出席2011中国（贵州）国际酒博会暨投洽会筹备工作会议；李建国参加电影《吴大观》贵阳首映式。

7月19日，谌贻琴出席2011年上半年全省新闻宣传工作总结座谈会；李建国参加“7·23”接待任务协调会。

7月19日至20日，谌贻琴出席全省“整脏治乱”专项行动工作经验交流会，杨兴举、田茂松参加。

7月19日至23日，周晓云参加我省党政代表团赴广东、四川、上海学习考察。

7月21日，谌贻琴出席王玉璞同志遗体告别活动。

7月22日至25日，谌贻琴陪同中共中央政治局委员、中央书记处书记、中宣部部长刘云山到贵阳、遵义等地农村、企业、社区和省直宣传文化单位进行考察调研。

7月25日，杨兴举参加“工业强省·工人当先——工会组织在行动”系列活动誓师大会暨百个工业园区“五比一创”竞赛活动启动仪式。

7月26日，谌贻琴出席省委常委（扩大）会议，会议传达贯彻中共中央政治局委员、中央书记处书记、中央宣传部部长刘云山同志在我省考察工作时的重要讲话精神，李建国参加；谌贻琴出席贵州广播电视业务用房二期工程奠基仪式；肖凯林参加全省旅游工作暨重点旅游项目推进座谈会。

7月28日至29日，谌贻琴出席传达贯彻刘云山同志考察贵州重要讲话精神暨宣传工作座谈会，姚远、李建国、杨兴举、周晓云、肖凯林、田茂松、谢念参加。

7月30日，谌贻琴出席电影《少年邓恩铭》贵阳首映礼，李建国参加。

八月

8月1日，谌贻琴出席马宝善、廖名春先生国学专题讲座。

8月2日，谌贻琴出席贵州省大龙众彩港台产业园合作开发项目签约仪式。

8月3日，肖凯林参加全省政务服务中心工作推进会议。

8月3日至4日，谌贻琴率队赴平塘县开展“四帮四促”活动。

8月5日，谌贻琴出席省委常委（扩大）会议通报贵州省党政代表团7月下旬赴上海、广东、四川学习考察情况，杨兴举参加；谌贻琴出席省人才工作领导小组会议。

8月6日，谌贻琴出席中国（贵州）国际酒类博览会暨2011中国·贵阳投资贸易洽谈会动员大会，周晓云参加。

8月7日，谌贻琴出席中国（贵州）国际酒类博览会暨2011中国·贵阳投资贸易洽谈会执委会议，出席“中天城投杯”2011’多彩贵州歌唱大赛决赛团体赛启幕仪式。

8 月 8 日，谌贻琴出席第九届全国少数民族传统体育运动会筹委会全体会议；杨兴举参加省惩治和预防腐败体系建设工作会议；肖凯林赴宁夏银川参加各省（区、市）党委宣传部改革办主任座谈会。

8 月 9 日，谌贻琴出席全国新闻战线开展“走基层、转作风、改文风”活动动员（视频）会议分会场会议，出席全国第四届“我最喜爱的人民警察”先进事迹报告团成员会见。

8 月 10 日至 23 日，李建国带队赴韩国考察学习文化产业。

8 月 11 日，谌贻琴出席中国・堡子“半边天”文化陈列馆落成开馆典礼。

8 月 12 日，谌贻琴出席全省新闻战线广泛深入开展“走基层、转作风、改文风”活动动员（视频）会议。

8 月 13 日，谌贻琴出席贵州省新闻工作者协会、贵州省新闻学会第六届理事会；周晓云参加关于安顺、毕节城市引发群体事件相关工作会议。

8 月 14 日，肖凯林、田茂松参加省委常委（扩大）会。

8 月 16 日，谌贻琴出席安酒集团・多彩贵州酒冠名赞助第九届民族运动会火炬传递签约仪式。

8 月 17 日，谌贻琴出席渝黔全面战略合作协议签约仪式。

8 月 18 日，谌贻琴出席中国（贵州）国际酒类博览会暨 2011 中国・贵阳投资贸易洽谈会开幕式，杨兴举参加。

8 月 19 日，田茂松参加全国加强和改进流浪未成年人救助保护工作电视电话会议。

8 月 22 日，谌贻琴出席“8. 19”工作汇报会；杨兴举参加《万名群众下基层，扎扎实实帮群众》督察小组组长会议；周晓云参加省人口计生领导小组成员单位会议。

8 月 23 日，谌贻琴出席省委常委（扩大）会议，周晓云参加；谌贻琴陪同省委副书记、第九届全国少数民族传统体育运动会筹委会常务副主任王富玉带队对运动会比赛场馆进行了检查。

8 月 24 日，谌贻琴出席第九届全国少数民族传统体育运动会火种采集暨火炬传递起跑仪式；杨兴举参加贵州公安英模事迹报告会及英模报告会总结会。

8 月 25 日，谌贻琴出席全省抗旱和水利工作会议，李建国参加。

8 月 25 日至 26 日，肖凯林参加全国宣传部（分管）副部长新闻宣传工作会议。

8 月 26 日，谌贻琴赴威宁自治县调研；李建国参加胡锦涛同志在黔工作期间科学发展观思想形成课题研究工作协调会；杨兴举参加全省煤矿安全生产知识竞赛暨落实企业安全生产主体责任知识竞赛摇奖活动。

8 月 28 日，谌贻琴出席“中天城投杯”2011’多彩贵州歌唱大赛颁奖晚会。

8 月 29 日，谌贻琴出席省委中心组集中学习胡锦涛总书记在庆祝中国共产党成立 90 周年大会上的重要讲话学习会，出席“贵州工业强省院士专家论坛暨引聘科技专家活动”开幕仪式，杨兴举参加；肖凯林参加省反恐怖、反劫机工作领导小组全体成员会议。

8 月 30 日，周晓云参加全民科学素质行动实施工作电视电话会议分会场会议。

8 月 31 日，谌贻琴出席第九届全国少数民族传统体育运动会组委会新闻宣传部工作会议。

九月

9 月 1 日，谌贻琴在贵阳出席相关产业与文化融合发展专题会议并讲话。

9 月 2 日，李建国在贵阳参加外交部长杨洁篪形势报告会。

9 月 3 日晚，谌贻琴在贵阳奥体中心审查第九届全国少数民族传统体育运动会开幕式节目。

9 月 4 日，李建国在金阳新区世纪金元宴会厅参加会见香港知名企业家高敬德一行；杨兴举在宁夏回族自治区银川市参加全国直播卫星公共服务试点工作经验交流会。。

9 月 7 日，谌贻琴对第九届全国少数民族传统体育运动会安全保卫、酒店接待和赛场布置等相关工作进行全面检查，肖凯林参加。

9 月 7 日，谌贻琴在贵阳出席“第九届少数民族运动会·贵州最具魅力民族村寨”颁奖授牌仪式并为获奖村寨颁奖,周晓云参加。

9月7日,李建国参加第九届少数民族传统体育运动会开幕式彩排小结会议。

9月8日,谌贻琴在贵阳奥体中心观看第九届少数民族传统体育运动会开幕式带妆彩排,李建国参加。

9月8日,谌贻琴在贵州饭店国际会议中心出席第九届全国少数民族传统体育运动会主媒体中心启动仪式并致辞。

9月8日,谌贻琴带队到贵州师范大学、贵阳市南明区实验幼儿园看望慰问优秀教师代表,并代表省委、省政府向全省教师致以节日问候。

9月11日,谌贻琴出席贵州省作家协会第六次代表大会筹备工作会,李建国参加。

9月15日,谌贻琴在贵阳市金阳新区观山湖公园出席第九届全国少数民族传统体育运动会民族大联欢活动。

9月20日,谌贻琴在北京出席全国道德模范座谈会暨第八届中国公民道德论坛颁奖典礼,杨兴举参加。

9月20日,李建国参加贵州省第十届“新长征”职工文艺创作颁奖大会。

9月21日至22日,谌贻琴在北京参加全国宣传部长座谈会。

9月21日,杨兴举在贵阳参加向道德模范学习座谈会。

9月23日,杨兴举在贵定县定南九年制学校参加中央专项彩票公益金支持乡村学校少年宫项目贵州省启动仪式,田茂松参加。

9月23日,李建国在贵州饭店参加会见英国保守党代表团。

9月24日,李建国在贵阳参加由中央人民广播电台和中共贵州省委宣传部联合组织的《情系大乌蒙》“走基层、转作风、改文风”大型采访活动启动仪式。

9月25日,谌贻琴在贵阳主会场出席我省“2011年全国科普日活动暨贵州矿产资源科普展”启动仪式。

9月26日,谌贻琴在黔西南州兴义市出席第六届贵州旅游产业发展大会,谢念参加。

9月27日,谌贻琴在贵阳出席贵州省作家协会第六次代表大会并致闭幕辞。

9月27日,李建国参加全国少数民族传统体育运动会保卫工作总结表彰大会。

9月27日,肖凯林在贵州分会场参加全国节能减排电视会议。

9月28日,谌贻琴在贵阳会见新华通讯社党组副书记、总编辑何平一行。

9月28日,谌贻琴在贵阳出席并主持多彩贵州城开工仪式。

9月28日,田茂松在贵州分会场参加全国加强和创新社会管理工作电视电话会议。

9月29日,谌贻琴出席贵州民族文化产业发展研讨会并讲话。

9月29日,肖凯林参加全省电煤应急保障工作会议。

9月30日,周晓云在贵阳参加全国工商联十届五次执委会和全国民营企业助推贵州发展大会第一次全体会议。

十月

10月3日至18日,周晓云参加贵州赴美文化旅游推介活动。

10月6日至7日,谌贻琴在毕节出席全省宣传部长座谈会暨文化体制改革工作调度会并讲话。

10月8日和10日,谌贻琴到省有关部门、单位和贵阳市,就我省文化改革发展工作进行专题调研。

10月8日,肖凯林参加全省媒矿安全生产紧急电视电话会议。

10月9日,谌贻琴在锦屏县出席纪念龙大道诞辰110周年座谈会,杨兴举参加。

10月9日,肖凯林主持召开民营文化企业负责人座谈会。

10月11日,李建国主持召开文化改革发展相关政策调研座谈会。

10月13日,谌贻琴出席第九届全国少数民族传统体育运动会新闻宣传表彰大会。

10月13日,谢念参加全国工商联十届五次执委会议和全国民营企业助推贵州发展大会宣传策划工作筹备会。

10月14日,李建国主持召开贵州民族文化发展座谈会。

10月14日,谢念在贵阳参加安顺市紫云县格凸河攀岩大赛协调会。

10月15日至18日,谌贻琴在北京出席中共中央十七届六中全会。

10月17日至19日,李建国率队赴云南就文化体制改革与文化产业发展进行调研。

10月18日,谌贻琴在北京出席全国宣传部长会议。

10月18日至19日,杨兴举在六盘水参加全省农村精神文明会议。

10月21日,谢念参加全国工商联十届五次执委会议和全国民营企业助推贵州发展大会主委会第二次会议。

10月22日,谌贻琴出席省委常委(扩大)会议,李建国、周晓云参加。

10月22日,谌贻琴出席中央在黔和省内主要新闻媒体负责人座谈会。

10月23日,谌贻琴主持召开挂帮平塘县改革发展工作座谈会。

10月23日,谌贻琴在贵阳出席11国旅行商赴贵州考察团贵州旅游推介会暨欢迎晚宴。

10月24日,谌贻琴出席省委召开的民主协商会并介绍《中共贵州省委关于贯彻党的十七届六中全会精神推动多民族文化大发展大繁荣的意见(征求意见稿)》形成的过程和主要内容,肖凯林参加。

10月25日,李建国在北京参加学习贯彻党的十七届六中全会精神研讨会。

10月25日,肖凯林参加省委十届十二次全会筹备工作协调会。

10月26日,谌贻琴在贵阳出席贵州省美术家协会第六次代表大会开幕式。

10月26日,周晓云参加"三赛一展"进展情况汇报会。

10月26日,田茂松参加省政府常务会议关于研究我省基本药物制度实施情况专题会议。

10月27日,谌贻琴在贵阳出席中央电视台贵州记者站成立仪式。

10月27日至28日,谌贻琴出席省委十届十二次全会,李建国出席,杨兴举、周晓云、肖凯林参加。

10月28日,谌贻琴出席全省宣传部长会议,李建国、杨兴举、周晓云、肖凯林、田茂松、谢念参加。

10月29日,周晓云参加贵州省著名商标评审会,参加全省科学技术创新发展大会筹备会议。

10月30日,周晓云参加科学发展思想与毕节试验区理论研讨会。

10月30日,谌贻琴在贵阳出席中央宣讲团宣讲党的十七届六中全会精神报告会。

10月31日,周晓云参加"2011'宏立城杯'多彩贵州旅游商品设计大赛、旅游商品能工巧匠选拔大赛总决赛和旅游商品展销大会暨2011中国(贵州)民族服装服饰能工巧匠大赛、少数民族服装服饰大展"开幕式。

十一月

11月2日,谌贻琴出席贺国强同志在贵阳的调研工作汇报会,出席传达学习贺国强同志讲话精神会议,李建国参加;肖凯林参加全国冬春农田水利基本建设电视电话会议和全省冬春农田水利基本建设电视电话会议。

11月4日,谢念参加2011年贵州省领导干部带头招商引资考核及奖惩办法实施细则会议。

11月4日,李建国参加省委省政府领导与民族运动会主要负责同志的晚宴。

11月5日,肖凯林参加全省加强社会管理创新做好新形势下群众工作现场会协调会。

11月6日,谌贻琴在北京出席《奢香夫人》电视剧首播新闻发布会。

11月8日,谌贻琴出席省政协十届二十三次常委会,出席贵州新闻界座谈会;肖凯林参加省政府常委会。

11月9日,谌贻琴在省直机关作学习贯彻中央和省委全会精神宣讲报告,姚远、李建国、杨兴举、周晓云、肖凯林、田茂松、谢念参加;肖凯林参加产业园区和项目建设年现场观摩会筹备工作碰头会。

11月11日，田茂松参加2011年廉政文化建设工作座谈会。

11月12日，谌贻琴出席全省人大工作会议，李建国参加。

11月13日，谌贻琴出席全省政协工作会议，李建国参加。

11月14至17日，谌贻琴出席全省项目建设年现场观摩会，李建国参加。

11月18日，杨兴举参加2012年“十大民生工程”目标任务协调会议。

11月18日至19日，谢念在瓮安参加全省加强和创新社会管理做好新形势下群众工作经验交流现场会。

11月20日，谌贻琴出席贵州师范大学庆祝建校70周年庆典，李建国参加。

11月21日，谌贻琴出席贵州民族婚育风情文化园落成仪式；周晓云参加省十一届人大常委会第二十五次会议；肖凯林参加贵州省出席党的十八大代表和省第十一次党代会代表选举工作会议。

11月22日，周晓云参加全省烟草产业发展大会。

11月23日，谌贻琴出席当代贵州杂志社干部职工大会、广播电视台干部职工大会；杨兴举参加2011年省名牌产品颁证授牌大会；周晓云参加全省平安建设表彰大会。

11月24日，周晓云参加省政府常务会议，参加贵州少数民族模特大赛和民族服装设计大赛决赛。

11月25日，谌贻琴出席贵州广播电视台成立大会。

11月21日至25日，李建国在北京参加中国文联第九次全国代表大会。

11月26日至27日，谌贻琴出席全省科学技术大会及科技创新成果展示交易会，周晓云参加。

11月27日，谌贻琴出席贵州省科学道德和学风建设宣讲教育活动启动仪式；李建国在北京参加电视剧《奢香夫人》研讨会。

11月28日，谌贻琴出席中纪委督导组与贵州省领导见面会，出席“听多彩之声说魅力贵州”晚宴。

11月29日，谌贻琴出席谌贻琴出席中央扶贫开发工作电视电话会议，李建国参加；出席中纪委专项检查组来黔督查《廉政准则》贯彻执行情况的汇报会。

11月29日，谌贻琴到环保厅督查。

11月30日至12月1日，谌贻琴赴黔西南督查。

十二月

12月2日，谌贻琴到六盘水市开展“三访”活动。

12月5日，谌贻琴在贵阳出席贵州省妇女第十次代表大会开幕式。

12月7日，李建国、杨兴举参加省政府第109次常务会会议。

12月8日至9日，李建国率省十一次党代会报告起草调研组到遵义市调研。

12月9日，李建国在贵阳参加省委全委（扩大）会议。

12月13日，谌贻琴出席省委宣传部在贵阳召开省直宣传文化系统负责人务虚会，姚远、李建国、杨兴举、周晓云、谢念参加。

12月14日，谌贻琴在贵阳出席全省“诚信青年”主题活动启动仪式并讲话。

12月14日，谢念参加省政府研究国办函97号文件贯彻情况会议。

12月16日，李建国参加省委常委扩大会议。

12月17日，周晓云参加会见马来西亚考察团一行有关活动。

12月17日至19日，谌贻琴出席省委中心组集中学习，谢念参加。

12月22日，谌贻琴在贵阳出席全国民营企业助推贵州发展大会。

12月22日，谢念列席省委常委会议。

12月22日至23日，周晓云在北京参加全国宣传部（分管）副部长会议。

12月22日，周飞燕在北京参加长篇电视剧《青山绿水红日子》新闻发布会。

12月24日，谌贻琴出席“聚焦多彩贵州·记录奋进历程——全国卫视贵州行”大型采访活动启动仪式并为采访活动授旗。

12月25日至26日，谌贻琴在贵阳出席全省经济工作会议，李建国参加。

12月26日，谌贻琴在贵阳出席省委议军会议和议警会议，李建国参加。

12月27日，周飞燕在安顺市参加贵州多彩万象旅游城奠基仪式。

12月27日至29日，省文改文产办在贵阳举办全省文化产业培训班。

12月28日，谌贻琴在贵阳出席2011贵州省中小学“祖国好·家乡美”主题活动颁奖典礼。

12月29日，谌贻琴主持召开省委宣传部传达学习全省经济工作会议精神专题会议，姚远、李建国、杨兴举、周晓云、谢念参加。

12月31日，谌贻琴出席2012“诚信友爱贵州人”网络微博征集活动启动仪式，杨兴举、周晓云、谢念参加。

干 部 队 伍

2011 年全省宣传干部统计表

单　位	编制数	2011 年在职数
中共贵州省委宣传部	106	85
中共贵阳市委宣传部	54	52
中共遵义市委宣传部	28	24
中共六盘水市委宣传部	26	25
中共安顺市委宣传部	20	17
中共黔南州委宣传部	21	21
中共黔东南州委宣传部	20	19
中共黔西南州委宣传部	19	22
中共铜仁地委宣传部	30	29
中共毕节地委宣传部	19	18

贵阳市

市　　别	编制数(人)	在职数(人)
贵阳市委宣传部	54	52

区(县)别	宣传部机关		乡　镇		街　道		社区服务中心	
	行政编制数	在职数	乡镇数	宣传委员数	街道数	宣传委员数	社区数	宣传委员数
云岩区委宣传部	15	14	1	1	18	18		
南明区委宣传部	14	10	4	4	16	16		
花溪区委宣传部	12	12	11	11	3	3		
乌当区委宣传部	11	9	8	8	2	2		
白云区委宣传部	8	7	5	5	3	3	2	2
小河区委宣传部	8	7			0	0	12	12
清镇市委宣传部	12	11	9	9	1	1		
修文县委宣传部	7	6	10	10				
开阳县委宣传部	12	9	16	16				
息烽县委宣传部	9	9	10	10				

遵义市

市　别	编制数(人)	在职数(人)
遵义市委宣传部	28	24

区(县)别	宣传部机关		乡　镇		街　道	
	行政编制数	在职数	乡镇数	宣传委员数	街道数	宣传委员数
仁怀市委宣传部	13	15	18	18	3	3
桐梓县委宣传部	12	14	24	24	6	6
湄潭县委宣传部	11	11	15	15		
遵义县委宣传部	12	12	30	30		
赤水市委宣传部	9	7	14	14	3	3
正安县委宣传部	10	10	19	19		
道真县委宣传部	6	8	14	14		
余庆县委宣传部	11	9	10	10		
习水县委宣传部	10	9	24	24		
凤冈县委宣传部	8	9	14	14		
红花岗区委宣传部	10	9	7	7	8	8
绥阳县委宣传部	9	9	15	15		
务川县委宣传部	9	9	15	15		
汇川区委宣传部	7	7	6	6	3	3
新蒲新区			2	2		

六盘水市

市　别	编制数(人)	在职数(人)
六盘水市委宣传部	26	25

区(县)别	宣传部机关		乡　镇		街　道	
	行政编制数	在职数	乡镇数	宣传委员数	街道数	宣传委员数
六枝特区党委宣传部	12	12	19	19(兼职)		
盘县县委宣传部	14	11	37			
水城县委宣传部	11	11	33	33(兼职)	3(社区)	3(兼职)
钟山区委宣传部	7	7	5		4	

安顺市

市　别	编制数(人)	在职数(人)
安顺市委宣传部	20	17

区(县)别	宣传部机关		乡　镇		街　道	
	行政编制数	在职数	乡镇数	宣传委员数	街道数	宣传委员数
西秀区委宣传部	10	7	15	15(兼职)	6	6(兼职)
关岭县委宣传部	8	7	13	13(兼职)		
镇宁县委宣传部	10	8	15	15(兼职)		
平坝县委宣传部	9	7	10	10(兼职)		
普定县委宣传部	8	6	11	11(兼职)		
紫云县委宣传部	8	9	12	12(兼职)		

黔南自治州

市　别	编制数(人)	在职数(人)
黔南自治州委宣传部	21	21

县市区党委宣传部名称	宣传部机关		乡　镇		街　道	
	行政编制数	在职数	乡镇数	宣传委员数	街道数	宣传委员数
都匀市委宣传部	11	11	18	18	5	5
福泉市委宣传部	6	6	15	15	2	2
瓮安县委宣传部	9	8	23	23	0	0
贵定县委宣传部	6	6	20	20	0	0
龙里县委宣传部	6	7	14	14	0	0
惠水县委宣传部	6	14	25	25	0	0
长顺县委宣传部	5	5	17	0	0	0
罗甸县委宣传部	7	7	26	26	0	0
平塘县委宣传部	7	4	19	19	0	0
独山县委宣传部	7	7	18	18	0	0
荔波县委宣传部	6	5	17	17	0	0
三都县委宣传部	7	17	21	21	0	0

黔东南自治州

市　　别	编制数(人)	在职数(人)
黔东南自治州委宣传部	20	19

区(县)别	宣传部机关		乡　镇		街　道	
	行政编制数	在职数	乡镇数	宣传委员数	街道数	宣传委员数
凯里市委宣传部	15	18	9	9	7	7
麻江县委宣传部	6	6	9	9	7	7
丹寨县委宣传部	5	8	7	7	0	0
黄平县委宣传部	7	7	14	14	0	0
施秉县委宣传部	5	7	8	8	0	0
镇远县委宣传部	7	8	12	12	0	0
岑巩县委宣传部	6	4	11	11	1	1
三穗县委宣传部	6	5	9	9	4	4
天柱县委宣传部	7	5	16	16	0	0
锦屏县委宣传部	6	6	15	15	0	0
黎平县委宣传部	10	8	25	25	0	0
从江县委宣传部	7	9	21	21	0	0
榕江县委宣传部	6	5	19	19	0	0
雷山县委宣传部	6	4	9	9	7	7
台江县委宣传部	6	6	8	12	0	0
剑河县委宣传部	5	5	12	12	0	0

黔西南自治州

市　　别	编制数(人)	在职数(人)
黔西南自治州委宣传部	19	22

区(县)别	宣传部机关		乡　镇		街　道	
	行政编制数	在职数	乡镇数	宣传委员数	街道数	宣传委员数
兴义市委宣传部	13	13	22	22(兼职)	8	8(兼职)
兴仁县委宣传部	8	10	14	14(兼职)	4	4(兼职)
晴隆县委宣传部	11	10	14	10	0	0
贞丰县委宣传部	9	9	13	13(兼职)	0	0
册亨县委宣传部	8	5	14	14(兼职)	0	0
安龙县委宣传部	7	6	16	16(兼职)	0	0
普安县委宣传部	10	10	14	0	0	0
望谟县委宣传部	6	6	17	17(兼职)	0	0

铜仁市

市　　别	编制数(人)	在职数(人)
铜仁市委宣传部	17	16

区(县)别	宣传部机关		乡　镇		街　道	
	行政编制数	在职数	乡镇数	宣传委员数	街道数	宣传委员人数
碧江区委宣传部	10	7	9		4	0
玉屏县委宣传部	5	5	5	0	0	0
万山区委宣传部	5	4	8	8(兼职)	1	1(兼职)
松桃县委宣传部	12	12	28	0	0	0
江口县委宣传部	8	6	9	0	0	0
思南县委宣传部	20	15	27	27	0	0
石阡县委宣传部	9	7	18	0	0	0
德江县委宣传部	6	4	20	0	0	0
印江县委宣传部	7	7	17	0	0	0
沿河县委宣传部	9	8	22	0	0	0

毕节市

市　　别	编制数(人)	在职数(人)
毕节市委宣传部	19	18

区(县)别	宣传部机关		乡　镇		街　道	
	行政编制数	在职数	乡镇数	宣传委员数	街道数	宣传委员数
七星关区委宣传部	15	15	35	35	6	6
大方县委宣传部	12	10	34	34	16	16
黔西县委宣传部	10	12	26	26	8	8
金沙县委宣传部	9	7	26	26	6	6
织金县委宣传部	8	9	32	0	0	0
纳雍县委宣传部	9	8	25	25	5	5
威宁县委宣传部	10	15	35	35	10	10
赫章县委宣传部	14	12	27	27	3	3
百里杜鹃管委会宣传部	6	4	4	4	0	0

全省宣传文化系统领导干部名单

(2011年内任职)

一、省委宣传部

谌贻琴(女)　省委常委、宣传部部长、省社科联主席(兼)

姚　远　副部长、贵州日报报业集团党委书记、社委会主任、社长

李建国　常务副部长

杨兴举　副部长、省文明办主任

周晓云　副部长

肖凯林　秘书长(2011年11月离任)

杨　樱　机关党委书记

田茂松　省文明办专职副主任(2011年11月离任)

谢　念　省委外宣办(省政府新闻办)专职副主任

二、省直宣传文化系统

省委讲师团

龚晓宽　团　长(2011年4月离任)

谢　一　团　长(2011年4月任职)

孙若信　副团长(2011年4月离任)

赵崇南　副团长(2011年9月离任)

涂　冰　专职纪检员

吴兰书　副团长(2011年4月任职)

顾明杰　副团长(2011年11月任职)

省文化厅

徐　圻　厅　长

黎盛翔　副厅长

邓　健　副厅长

谢彬如　副厅长(2011年11月离任)

宋　健　副厅长

张明辉　副厅长(2011年11月任职)

孔　锦　纪检组长

王红光　党组成员、省文物局局长

省广播电视局

李新民　党组书记

白方芹　党组副书记、局长(2011年1月任职)

胡德怀　副局长

秦　川　副局长

孙筑平　纪检组长

晏世忠　副局长

张　超　副局长

胡建华　总工程师(2011年1月任职)

省新闻出版局

刘援朝　党组书记、局长

黄定承　党组副书记、副局长(2011年3月任职)

邓兆梅　副局长(2011年5月离任)

陈锦民　机关党委书记(2011年11月离任)

刘　钢　纪检组长

杨庆武　副局长

耿　杰　党组成员、副局长(2011年1月任职)

省社科院

金安江　党委书记

吴大华　党委副书记、院长

吴廷述　副院长

王朝新　副院长

雷厚礼　副院长

谢　一　副院长(2011年4月离任)

逯献珉　纪委书记

唐显良　机关党委书记

省文联

李碧川　党组书记、副主席

杨长槐　主　席

何光渝　副主席

刘世杰　党组副书记、副主席

井绪东　副主席

李　昂　副主席

崔文玉　副主席

汪信山　副主席

李远刚　专职纪检监察员

徐凡军　秘书长

欧阳黔森　副主席

李崇明　机关党委书记

省社科联

唐福金　党组书记、副主席

徐　静　副主席(2011年9月离任)

林永箐　党组副书记、副主席(2011年12月任职)

吴黔斌　秘书长

陈新义　专职纪检员、机关党委书记

贵州日报报业集团

姚　远　省委宣传部副部长、党委书记、社委会主任、社长

刘庆鹰　党委副书记、社委会副主任、总经理

霍邢平　党委副书记、社委会副主任、总编辑

张　兴　党委委员、社委会委员、副总编辑

王贤赓　党委委员、社委会委员、副总经理

曾定洪　党委委员、社委会委员、总会计师

万　群　党委委员、社委会委员、副总编辑(2011年1月任职)

孙明强　党委委员、社委会委员、机关党委书记(2011年4月任职)

陈　麟　党委委员、社委会委员、纪委书记(2011年6月任职)

贵州人民广播电台(2011年8月撤销)

晏世忠　台　长

李正亚　副台长

邹　虹　副台长

贵州电视台(2011年8月撤销)

白芳芹　台　长

谢家谊　副台长

陈海宇　副台长

王　炼　副台长(2011年12月离任)

杨茂林　副台长

孔　炯　副台长

贵州广播电视台(2011年8月成立)

白芳芹　党委书记、台长,贵州广电传媒集团有限公司党委书记、董事长(2011年11月任职)

肖凯林　党委副书记、总编辑(2011年11月任职)

晏世忠　党委副书记、副台长,贵州广电传媒集团有限公司副董事长、总经理(2011年11月任职)

贵州出版集团公司

许　明　党委书记、董事长

彭晓勇　总经理

童　俭　党委副书记、纪委书记

唐流德　副总经理

宛志贤　副总经理

李立朴　副总经理

施建新　副总经理

当代贵州杂志社

赵宇飞　社长、当代贵州期刊传媒集团有限责任公司党委书记、董事长(2011年11月任职)

奚晓阳　总编辑(2011年4月任职)

孙明强　副总编辑(2011年4月离任)

陈　红　副总编辑

王健明　副总编辑(2011年2月任职)

贵州人民出版社

曹维琼　社　长

苏　桦　总编辑(2011年12月任职)

杜培斌　副社长(2011年11月离职)

陈　荣　副总编辑

多彩贵州文化产业发展中心

袁　华　主任(2011年4月任职)

蒋贵吾　副主任

三、各市(州),县(市、区、特区)党委宣传部

贵阳市委宣传部

蒋星恒　市委常委、宣传部部长(2011年10月离任)

兰义彤(女)　(2011年10月任职)

陈　萌　常务副部长

侯　楠　副部长、文明办主任

孙　波　副部长、贵阳日报传媒集团党委书记，贵阳日报社社长

唐　矛　副部长

李　毅　机关党委书记

区(县)党委宣传部

邱　斌　云岩区区委常委、宣传部部长(2011年10月离任)

段　蓓　(2011年10月任职)

刘永贤(女)　南明区区委常委、宣传部部长

张建军　花溪区区委常委、宣传部部长(2011年11月离职)

王光华　(2011年11月任职)

郭　琳(女)　乌当区区委常委、宣传部部长

任　萍(女)　白云区区委常委、宣传部部长

刘建才　小河区区委常委、宣传部部长(2011年11月离职)

熊国玺　(2011年11月任职)

姚红艳(女)　清镇市市委常委、宣传部部长(2011年10月离职)

吴筑蓉(女)　(2011年10月任职)

张　恺　修文县县委常委、宣传部部长(2011年10月离职)

吕念东(女)　(2011年11月任职)

方玉明　开阳县县委常委、宣传部部长

王永平　息烽县县委常委、宣传部部长

遵义市委宣传部

张明辉　市委常委、宣传部部长(2011年11月离职)

田茂松　(2011年11月任职)

胡凤海　常务副部长

周国栋　副部长、文明办主任

王继松　副部长

雷　洪　副部长

毛　锐　文明办专职副主任

县(市、区)党委宣传部

刘兆武　红花岗区区委常委、宣传部部长(2011年10月离职)

周玉新(女)　(2011年10月任职)

姜何卫(女)　汇川区区委常委、宣传部部长(2011年11月离职)

朱　煜　(2011年11月任职)

王　飞　仁怀市市委常委、宣传部部长

马　华　赤水市市委常委、宣传部部长

杨晓珊(女)　遵义县县委常委、宣传部部长(2011年10月离职)

张明勇　(2011年10月任职)

刘安军　桐梓县县委常委、宣传部部长(2011年10月离职)

刘　进　(2011年10月任职)

杨　松　习水县县委常委、宣传部部长

牟　维　湄潭县县委常委、宣传部部长

王全会(女)　凤冈县县委常委、宣传部部长(2011年10月离职)

马朝群(女)　(2011年10月任职)

杨再芬(女)　余庆县县委常委、宣传部部长

张志强　绥阳县县委常委、宣传部部长(2011年10月离职)

赵　薇(女)　(2011年10月任职)

吴桂兰(女)　正安县县委常委、宣传部部长(2011年10月离职)

郑　娟(女)　(2011年10月任职)

胡玉平(女)　道真自治县县委常委、宣传部部长(2011年10月离职)

蒋正海　(2011年10月任职)

江　波　务川自治县县委常委、宣传部部长(2011年10月离职)

杨　怡　(2011年10月任职)

六盘水市委宣传部

袁仁庆　市委常委、宣传部部长(2011年11月离任)

杨宏远　市委常委、宣传部部长(2011年11月任职)

刘　静(女)　常务副部长(2011年12月离任)

龚远鹏　(2011年12月任职)

林书华(女)　副部长、文明办主任

陈　松　六枝特区常委、宣传部部长

叶小尧　盘县县委常委、宣传部部长(2011年10月离职)

段　芳(女)　(2011年10月任职)

蔡永忠　钟山区委常委、宣传部部长(2011年10月离职)

张群芳(女)　(2011年10月任职)

水城县委宣传部部长 2011 年 12 月调离

安顺市委宣传部

颜学丽(女)　市委常委、宣传部部长(2011 年 12 月离职)

杨晓曼(女)　安顺市委常委、宣传部部长(2011 年 12 月任职)

薛　奎　常务副部长

杨　帆　副部长

唐修品　副部长、安顺日报社社长

杨　平　副部长、文明办主任

郑汝林　副部长

戴瑜高　西秀区委常委、宣传部部长(2011 年 9 月离职)

佟建安　(2011 年 9 月任职)

程华恩　平坝县县委常委、宣传部部长(2011 年 9 月离职)

郑　桦(女)　(2011 年 9 月任职)

姜开贵　普定县委常委、宣传部部长

王府燕(女)　镇宁自治县县委常委、宣传部部长(2011 年 9 月离职)

韦　英(女)　(2011 年 9 月任职)

刘廷洪　紫云自治县县委常委、宣传部部长(2011 年 9 月离职)

顾新蔚(女)　(2011 年 9 月任职)

皮颖芳(女)　关岭自治县县委常委、宣传部部长(2011 年 9 月离职)

赵宗舜　(2011 年 9 月任职)

毕节市委宣传部

朱江华　地委委员、宣传部部长(2011 年 11 月离职)

胡吉宏　地委委员、组织部部长、宣传部部长(2011 年 11 月任职)

市委常委、组织部部长、宣传部部长(2011 年 12 月任职)

唐光星　常务副部长

黄中华　副部长、讲师团团长

司　晋　副部长(2011 年 9 月任职)

曾凡亚(女)　副部长(2011 年 11 月任职)

何植林　副部长(2011 年 10 月离职)

陈　贤　副部长(2011 年 11 月离职)

县(市、区)党委宣传部

彭　玲(女)　七星关区区委常委、宣传部部长(2011 年 3 月离职)

胡书龙　(2011 年 3 月任职,2011 年 9 月离职)

何友谊　(2011 年 9 月任职)

沈义勇　大方县县委常委、宣传部部长(2011 年 10 月离职)

徐　萍(女)　(2011 年 10 月任职)

殷从隆　黔西县县委常委、宣传部部长(2011 年 11 月离职)

雷　奕(女)　(2011 年 11 月任职)

敖登雪　金沙县县委常委、宣传部部长(2011 年 2 月离职)

魏其凯　(2011 年 2 月任职)

王丽佳(女)　织金县县委常委、宣传部部长(2011 年 9 月离职)

陈石光　(2011 年 9 月任职)

杨丽霞(女)　纳雍县县委常委、宣传部部长(2011 年 10 月离职)

黄开华　(2011 年 10 月任职)

禄炳军　威宁县县委常委、宣传部部长(2011 年 09 月离职)

李　茂　(2011 年 09 月任职)

李文均　赫章县县委常委、宣传部部长(2011 年 9 月离职)

甘红梅(女)　(2011 年 10 月任职)

铜仁市委宣传部

刘　婕(女)　市委常委、宣传部部长

顾明杰　地委委员、宣传部部长(2011 年 11 月离任)

张选明　常务副部长

任坚强(女)　副部长、文明办主任

田　琼　副部长(2011 年 3 月任职)

庹　颖(女)　副部长(2011 年 10 月任职)

县(市、区)党委宣传部

宋喜成　铜仁市委常委、宣传部部长(2011 年 10 月离任)

张　萍(女)　碧江区委常委、宣传部部长(2011 年 10 月任职)

唐永明　松桃苗族自治县县委常委、宣传部部长(2011 年 10 月离职)

杨红军　(2011年10月任职)

娄　玲(女)　万山区区委常委、宣传部部长(2011年10月离职)

王慧英(女)　(2011年10月任职)

何先美　德江县县委常委、宣传部部长

绕绍君　江口县县委常委、宣传部部长(2011年11月离职)

罗时跃　(2011年11月任职)

周胜龙　石阡县县委常委、宣传部部长(2011年3月离任)

杨芳权　(2011年10月任职)

席　宁　沿河土家族自治县县委常委、宣传部部长(2011年10月离任)

杜　吉(女)　(2011年10月任职)

田　斌　印江土家族苗族自治县县委常委、宣传部部长(2011年10月离任)

代忠义　(2011年11月任职)

陈丽玲(女)　玉屏侗族自治县县委常委、宣传部部长(2011年12月任德江县委常委)

高世娟(女)　思南县委常委、宣传部部长

黔东南自治州委宣传部

耿生茂　州委常委、宣传部部长(2011年11月离任)

唐官莹(女)　州委常委、宣传部部长(2011年11月任职)

杨再新　常务副部长

杨兰田　副部长

王　蕾(女)　副部长

陆居超　副部长

高俊华　外宣办(新闻办)主任

县(市)党委宣传部

廖尚勇　凯里市委常委、宣传部部长

李永胜　丹寨县委常委、宣传部部长(2011年3月离职)

彭　瑶(女)　(2011年3月任职)

张义兵　麻江县委常委、宣传部部长(2011年11月离职)

王万敏(女)　(2011年11月任职)

王锐崛　黄平县委常委、宣传部部长(2011年11月离职)

吴朝兴　(2011年11月任职)

李万秉　施秉县委常委、宣传部部长(2011年11月离职)

刘昌文　(2011年11月任职)

彭秋萍(女)　镇远县委常委、宣传部部长(2011年11月离职)

杨丽春(女)　(2011年11月任职)

龙世勇　岑巩县委常委、宣传部部长(2011年11月离职)

陈永祥　(2011年11月任职)

杨德英(女)　三穗县委常委、宣传部部长(2011年11月离职)

衮政豪　(2011年11月任职)

黄　欣(女)　天柱县委常委、宣传部部长

杨国珍(女)　锦屏县委常委、宣传部部长(2011年11月离职)

范烈梅(女)　(2011年11月任职)

张增辉　黎平县委常委、宣传部部长(2011年11月离职)

高凌平(女)　(2011年11月任职)

石明莲(女)　从江县委常委、宣传部部长(2011年11月离职)

李峥嵘(女)　(2011年11月任职)

杨胜莺(女)　榕江县委常委、宣传部部长(2011年11月离职)

唐　萍(女)　(2011年11月任职)

茹　捷　雷山县委常委、宣传部部长

潘金海　台江县委常委、宣传部部长

杨银珍(女)　剑河县委常委、宣传部部长

黔南自治州委宣传部

王雯洁(女)　州委常委、宣传部部长(2011年11月离任)

罗桂荣　州委常委、宣传部部长(2011年11月任职)

黄光兴　副部长、州文联党组书记

伍强力　副部长(2011年9月任职)

蒋海航　副部长

县(市、区)党委宣传部

谷　华(女)　都匀市委常委、宣传部部长(2011年10月离任)

杨　艳(女)　(2011年10月任职)

黄建菊(女)　福泉市委常委、宣传部部长

（2011年10月离任）

梁玉林 （2011年10月任职）

罗惠平 瓮安县委常委、宣传部部长（2011年10月离任）

曾 薇（女） （2011年10月任职）

郑 琴（女） 贵定县委常委、宣传部部长

王正祥 惠水县委常委、宣传部部长（2011年10月离任）

陈 宇 （2011年10月任职）

郭兴文 长顺县委常委、宣传部部长（2011年11月离任）

万红梅（女） （2011年11月任职）

莫 涛 龙里县委常委、宣传部部长（2011年11月离任）

汪永丽（女） （2011年11月任职）

黄元智 罗甸县委常委、宣传部部长（2011年10月离任）

晏江婷（女） （2011年10月任职）

张建海 平塘县委常委、宣传部部长（2011年10月离任）

杨 东 （2011年10月任职）

曹 燕（女） 独山县委常委、宣传部部长（2011年10月离任）

钟少兰（女） （2011年10月任职）

杨海燕（女） 三都县委常委、宣传部部长（2011年10月离任）

覃友寿 （2011年10月任职）

韦鸿敏 荔波县委常委、宣传部部长

黔西南自治州委宣传部

杨 骏 州委常委、宣传部部长

李泽春 常务副部长（2011年11月离任）

周茂萍（女） 常务副部长（2011年11月任职）

陆才美（女） 纪检组长

张春山 副部长、文产办主任

李国社 文明办主任

刘亚萍（女） 州委外宣办（新闻办）主任

县（市、区）党委宣传部

邓启鹏 兴义市市委常委、宣传部部长（2011年9月离职）

张玉龙 （2011年10月任职）

邱国权 兴仁县县委常委、宣传部部长

杨 琫（女） 安龙县县委常委、宣传部部长（2011年9月离任）

陈 磊 （2011年11月任职）

冯 勇 贞丰县县委常委、宣传部部长（2011年9月离任）

王才丽（女） （2011年9月任职）

秦黔玲（女） 册亨县县委常委、宣传部部长（2011年9月离任）

林昌平 （2011年10月任职）

刘凡林 晴隆县县委常委、宣传部部长

陈建林 普安县县委常委、宣传部部长（2011年11月任职）

范国美（女） 望谟县县委常委、宣传部部长（2011年9月离任）

林凤娥（女） （2011年10月任职）